НЕМЕЦКО-РУССКИЙ
РУССКО-НЕМЕЦКИЙ
СЛОВАРЬ ШКОЛЬНИКА

3-е издание

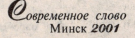

Минск 2001

УДК 808.2-3=30+803.0-3=82(075.3)
ББК 81.2Нем-4 я721
    Н50

Н50 **Немецко-русский и русско-немецкий словарь школьника.** – 3-е изд. – Мн.: «Современное слово», 2001. – 480 с.

ISBN 985-443-180-0.

Настоящий «Немецко-русский и русско-немецкий словарь» содержит около 20 тыс. слов. В словаре приводятся грамматические, орфографические и орфоэпические сведения, показаны строение слова, принципы образования частей речи. Издание содержит в основном слова, вошедшие в обязательный словарный минимум учащихся средней общеобразовательной школы. Первое издание словаря вышло в 1998 году.

Предназначается для школьников, а также для широкого круга читателей, изучающих немецкий язык в различных формах обучения.

УДК 808.2-3=30+803.0-3=82(075.3)
ББК 81.2Нем-4 я721

ISBN 985-443-180-0   © «Современное слово», 1998

УСЛОВНЫЕ СОКРАЩЕНИЯ
ABKÜRZUNGEN

ав.	авиация (Flugwesen)
авто	автомобильное дело (Kraftfahrzeugwesen)
анат.	анатомия (Anatomie)
астр.	астрономия (Astronomie)
безл.	безличная форма (unpersönlich)
биол.	биология (Biologie)
бот.	ботаника (Botanik)
вводн. сл.	вводное слово (Schaltwort)
воен.	военное дело (Militärwesen)
в разн. знач.	в разных значениях (in verschiedenen Bedeutungen)
вчт.	вычислительная техника (Rechentechnik)
геогр.	география (Geographie)
грам.	грамматика (Grammatik)
груб.	грубое слово, выражение (derb)
ж	женский род (Femininum)
ж.-д.	железнодорожное дело (Eisenbahnwesen)
жив.	живопись (Malerei)
иск.	искусство (bildende Kunst)
и т. п.	(и тому подобное) u. dgl. m. (und dergleichen mehr)
канц.	канцелярское слово, выражение (Kanzleiwort, Kanzleiausdruck)
карт.	термин карточной игры (Kartenspiel)
ком.	коммерческий термин (Handel)
кул.	кулинария (Kochkunst)
лит.	литература, литературоведение (Literatur)
м	мужской род (Maskulinum)
мат.	математика (Mathematik)

мед.	медицина (Medizin)
метео	метеорология (Meteorologie)
мех.	механика (Mechanik)
мн	множественное число (Plural)
мор.	морской термин (Seefahrt, Schiffbau)
муз.	музыка (Musik)
опт.	оптика (Optik)
перен.	переносно (in übertragener Bedeutung)
полигр.	полиграфия (Buchwesen)
полит.	политический термин (Politik)
превосх. ст.	превосходная степень (Superlativ)
радио	радиоэлектроника, радиотехника (Radioelektronik, Funktechnik)
разг.	разговорное слово, выражение (umgangssprachlicher Ausdruck)
с	средний род (Neutrum)
см.	смотри (siehe)
спорт.	физкультура и спорт (Sport)
сравн. ст.	сравнительная степень (Komparativ)
с.-х.	сельское хозяйство (Landwirtschaft)
театр.	театральный термин (Theater)
тех.	техника (Technik)
тж.	также (auch)
тк.	только
тлв.	телевидение (Fernsehen)
физ.	физика (Physik)
филос.	философия (Philosophie)
фото	фотография (Fotografie)
эк.	экономика (Wirtschaft)
эл.	электротехника (Elektrotechnik)
юр.	юридическое выражение (Jura)

A	Akkusativ винительный падеж
adj	Adjektiv имя прилагательное
adv	Adverb наречие
conj	Konjunktion союз
D	Dativ дательный падеж
etw.	etwas что-либо
f	Femininum существительное женского рода
G	Genitiv родительный падеж
inf	Infinitiv неопределённая форма глагола
j-m	jemand(em) кому-либо
j-n	jemand(en) кого-либо
j-s	jemandes чей-либо
m	Maskulinum существительное мужского рода
n	Neutrum существительное среднего рода
N	Nominativ именительный падеж
partik	Partikel частица
pl	Plural множественное число
präp	Präposition предлог
pron	Pronomen местоимение
sg	Singular единственное число
usw.	(und so weiter) и т. д. (и так далее)

ЗНАКИ ФОНЕТИЧЕСКОЙ ТРАНСКРИПЦИИ

a: долгое «а»

e: долгое закрытое «е», звук, средний между русскими «е» и «и»

ɛ краткое открытое «е», похожее на «э» в слове «этот»

ə редуцированный безударный звук, похожий на «е» в слове «нужен»

i: долгое «и», произносится более напряженно, чем русское «и»

ɪ краткое открытое «и», звук, средний между русскими «э» и «ы»

o: долгое закрытое «о», звук, средний между русскими «о» и «у»

ɔ краткое открытое «о»

u: долгое «у»

ø: при произнесении этого звука положение губ, как при «о:», а положение языка, как при «е»

y: при произнесении этого звука положение губ, как при немецком «u:», а положение языка, как при «i:»

ã
ɔ̃ } носовые гласные
ɛ̃

j примерно соответствует русскому «й»

ʃ несколько интенсивнее, чем русское «ш»

z произносится как «з»

ʒ произносится как «ж»

ŋ произносится смыканием задней части языка и мягкого нёба

ç похоже на «х» в слове «химия»

НЕМЕЦКО-РУССКИЙ СЛОВАРЬ

DEUTSCH-RUSSISCHES WÖRTERBUCH

О ПОЛЬЗОВАНИИ СЛОВАРЕМ

Немецкие слова расположены в алфавитном порядке.

Сложные слова, имеющие общую основу, объединены в гнезда.

Тильда (~) заменяет все слово или неизменяемую часть основного слова, отделенную вертикальной чертой (|) при изменении слова, в словосочетаниях, напр.:

Brief|tasche *f* =, -n бума́жник *м*
... **~wechsel** *m:* mit j-m im ~wechsel sté̱hen* перепи́сываться с кем-л.

Вертикальная пунктирная черта (⁞) ставится в тех случаях, когда при произнесении слова может произойти ошибка, напр.:

Lini⁞e *f* =, -n ли́ния *ж*

Омонимы (слова, одинаково звучащие и пишущиеся, но имеющие разные значения) обозначаются римскими цифрами, напр.:

Kíefer I *m* -s, = че́люсть *ж*
Kíefer II *f* =, -n сосна́ *ж*

При немецких существительных указывается род с помощью сокращений *m, f, n,* а при русских -- *м, ж, с.*

Разные значения одного и того же слова обозначаются арабскими цифрами.

Близкие по значению переводы отделяются друг от друга запятой, далекие -- точкой с запятой.

При немецких именах существительных дается также окончание родительного падежа единственного числа и форма именительного падежа множественного числа, напр.:

Tisch *m* -es, -e ...

Знак (=) означает, что форма родительного падежа единственного числа или форма множественного числа совпадает с формой заглавного слова, напр.:

Bewóhner *m* -s, = ...

Отточие (..) заменяет в грамматических формах имени существительного неизменяемую часть слова, напр.:

Prozéß *m* ..sses, ..sse...

В тех случаях, когда перевод качественных прилагательных имеет существенные особенности по сравнению с соответствующими наречиями, они (прилагательные и наречия) даются в одной статье за полужирной арабской цифрой со скобкой, напр.:

díenstlich 1) *adj* служе́бный
2) *adv* по дела́м слу́жбы

В необходимых случаях при немецких глаголах, а также при существительных и прилагательных дается предложное управление, напр.:

súchen 1. nach *D* иска́ть, разы́скивать *кого-л., что-л.* ...

За знаком (◊) даются фразеологические и устойчивые словосочетания, напр.:

Áuge *n* -s, -n глаз *m* ◊ únter vier ~n с гла́зу на гла́з

Слово, часть слова или выражения, взятые в тексте в круглые скобки, являются факультативными.

В квадратных скобках даются варианты словосочетания или перевода.

При словах, произношение которых в немецком языке отклоняется от общих норм, даётся фонетическая транскрипция слова или той его части, которая представляет трудность, напр.:

Massage [-´sa:ʒə] *f* =, -n масса́ж *m*

НЕМЕЦКИЙ АЛФАВИТ

Печатные буквы	Названия букв	Печатные буквы	Названия букв
A a	а	N n	эн
B b	бэ	O o	о
C c	цэ	P p	пэ
D d	дэ	Q q	ку
E e	э	R r	эр
F f	эф	S s	эс
G g	гэ	T t	тэ
H h	ха	U u	у
I i	и	V v	фау
J j	йот	W w	вэ
K k	ка	X x	икс
L l	эл	Y y	ипсилон
M m	эм	Z z	цэт

ab 1) *präp* c; ab héute с сегодняшнего дня; ab érsten Júni с первого июня 2) *adv*: auf und ab взад и вперёд; вверх и вниз; ab und zu иногда, временами

Ábbau *m* -(e)s 1. снижение с *(цен, зарплаты)* 2. сокращение с *(штатов)* 3. разработка ж *(месторождений)* 4. снос *m*, разборка ж, демонтаж *m* 5. постепенное упразднение, постепенная ликвидация

ábbauen 1. снижать *(цены, заработную плату)* 2. сокращать *(штаты)* 3. разрабатывать *(месторождение)* 4. сносить, разбирать, демонтировать 5. упразднять, ликвидировать

ábbeißen* откусывать

Ábbildung *f* =, -en изображение *c*; иллюстрация ж; рисунок *m*

Ábbitte *f*: ~ tun* просить прощения

ábblühen отцветать

ábbrechen* 1. отламывать, обламывать 2. сносить *(здание)* 3. прерывать, прекращать *(отношения, связи)* 4. отламываться 5. прекращаться, обрываться

ábbringen* *von D* отговаривать *от чего-л.*

Abc [a:be:´tse] *n* = алфавит *m*

ábdrehen 1. выключать *(свет, газ, радио)* 2. закрывать *(кран)* 3. отвёртывать, откручивать

Ábend *m* -s, -e вечер *m*; добрый вечер!; am ~ вечером; zu ~ éssen* ужинать

Ábend|brot *n* -s, -e ужин *m* ~dämmerung *f* =, -en сумерки *мн* ~essen *n* -s, = ужин *m*

ábends вечером; по вечерам

Ábenteuer *n* -s, = приключение *c*

áber 1) *conj* но, а; однако; 2) *partik* же; ~ doch! а всё-таки!; ~ nein! да нет же!

ábfahren* уезжать, отъезжать; отправляться, отходить *(о поезде и т. п.)*

Ábfahrt *f* =, -en 1. отъезд *m*; отход *m* *(поезда и т. п.)* 2. спуск *m* *(в горнолыжном спорте)* 3. съезд *m* *(с автострады)*

ábfällig пренебрежительный; неблагоприятный

ábfertigen 1. отправлять *(почту, поезд, самолёт)* 2.

обслу́живать посети́телей; Flúggäste ~ проверя́ть докуме́нты у пассажи́ров самолёта *(перед посадкой)*

ábfliegen* вылета́ть *(о самолёте)*

Ábflug *m* -(e)s вы́лет *м*, отправле́ние *с (самолёта)*

Ábgang *m* -(e)s 1. отпра́вка *ж (почты, товаров)* 2. сбыт *м*, прода́жа *ж* това́ра

ábgeben* отдава́ть, сдава́ть, возвраща́ть

ábgehen* 1. отходи́ть, отправля́ться, отплыва́ть 2. сходи́ть, слеза́ть *(о краске, коже)*; откле́иваться; отрыва́ться, отва́ливаться

ábgekocht: ~es Wásser кипячёная вода́

ábgekürzt сокращённый

ábgemacht: ~! договори́лись!, решено́!

ábgeschmackt безвку́сный, по́шлый, бана́льный

ábgesehen: ~ dávon, daß ... не говоря́ о том, что...; поми́мо того́, что...

ábgetan: die Sáche ist ~ де́ло ко́нчено

ábgetragen изно́шенный, поно́шенный *(об одежде, обуви)*

ábgewöhnen *j-m* отуча́ть *от чего-л. кого-л.;* sich (*D*) etw. ~ отучи́ть себя́ от чего-л.; sich (*D*) das Ráuchen ~ бро́сить кури́ть

Ábhang *m* -(e)s, ..hänge склон *м*, отко́с *м*

ábhängen 1. von *D* зави́сеть *от чего-л.* 2. отцепля́ть 3. von *D* снима́ть *(с крючка, с вешалки)*

ábholen 1. заходи́ть, заезжа́ть *(за кем-л., за чем-л.);* ~ lássen* посыла́ть *(за кем-л., за чем-л.)* 2. встре́тить *(кого-л. на вокзале, в аэропорту)*

Abitúr *n* -s, -e выпускны́е экза́мены *(в школе);* das ~ máchen сдава́ть выпускны́е экза́мены

Abituri∥ént *m* -en, -en выпускни́к *м* сре́дней шко́лы

Ábkommen *n* -s, = соглаше́ние *с*; ein ~ tréffen* заключа́ть соглаше́ние

Áblauf *m* -(e)s, ..läufe 1. тече́ние *с*, ход *м (событий)* 2. истече́ние *с (срока);* nach ~ éines Jáhres спустя́ год

áblegen 1. снима́ть *(пальто, шляпу);* légen Sie bítte ab! раздева́йтесь, пожа́луйста! 2.: éine Prüfung ~ сдава́ть экза́мен

áblehnen отклоня́ть, отверга́ть, отка́зываться *(от чего-л.)*

áblichten ксерокопи́ровать

ábliefern сдавать, отдавать; доставлять, поставлять *(товар)*

Ábmachung *f* =, -en договорённость *ж*, уговор *м*, соглашение *с*; éine ~ tréffen* достигнуть соглашения; заключить сделку [соглашение]; договориться

ábmelden выписывать *(кого-л. откуда-л.)*; снимать *кого-л.* с учёта sich ~ выписываться, сниматься с учёта

ábnehmen* 1. снимать *(с чего-л.)* 2. j-m отбирать, отнимать *у кого-л.* 3. уменьшаться; идти на убыль; ослабевать 4. худеть 5. брать трубку, подходить к телефону

Abonnement [-´maŋ *и* -´mã:] *n* -s, -s 1. подписка *ж* 2. абонемент *м*

abonníeren подписываться *(на газету, журнал)*

ábsagen 1. отказывать 2. отменять *(мероприятие, визит и т. п.)*

Ábsatz *m* -es, ..sätze 1. сбыт *м (товара)* 2. каблук *м* 3. абзац *м*

Ábsatzgebiet *n* -(e)s, -e эк. рынок *м* сбыта

ábschaffen ликвидировать, отменять

ábscheulich отвратительный, мерзкий, гнусный

Ábschied *m* -(e)s, -e прощание *с*; von j-m ~ néhmen* прощаться с кем-л.

ábschlagen* 1. von D отбивать, отсекать *что-л. от чего-л.* 2. отказывать *(в просьбе и т. п.)*

ábschließen* 1. запирать на ключ 2. кончать, оканчивать, завершать 3. заключать *(договор)*

Ábschluß *m* ..sses 1. окончание *с*, завершение *с* 2. заключение *с (договора)*

Ábschlußprüfung *f* =,-en выпускной экзамен

ábschneiden* отрезать; стричь *(волосы, ногти)*

ábschrauben отвинчивать

ábschreiben* переписывать, списывать

Ábschrift *f* =, -en копия *ж (документа)*

ábsenden* отсылать, отправлять

Ábsender *m* -s, = отправитель *м*

ábsetzen 1. снимать *(шляпу, очки)* 2. высаживать *(пассажира из машины и т. п.)* 3. отстранять *(от должности)* 4. эк. сбывать *(товар)* sich ~ осаждаться, выделяться

ábsichtlich 1) *adj* (пред)намéренный, умы́шленный **2)** *adv* наро́чно

absolvíeren [-v-] окáнчивать *(учебное заведение)*

ábspielen прои́грывать *(пластинку)* sich ~ происходи́ть; развёртываться *(о событии)*

ábsprechen* 1. договори́ться, сговори́ться *(о чём-л. с кем-л.)* **2.** обговáривать *(условия, цену)* **3.** откáзывать *(в чём-л. кому-л.)*

Ábstand *m* -(e)s, ..stände **1.** расстоя́ние *с* **2.** промежу́ток *м (времени)*, интервáл *м*

ábstatten: j-m ein Besúch ~ посети́ть кого́-л.; j-m séinen Dank ~ приноси́ть (свою́) благодáрность кому́-л.

Ábstecher *m*: éinen ~ máchen a) nach *D* заéхать куда́-л. по доро́ге б) zu j-m заглянýть к кому́-л. по доро́ге

ábsteigen* слезáть *(с коня́, велосипéда)*; спускáться *(с горы)*

ábstellen 1. отставля́ть *(в сто́рону)* **2.** выключáть; отключáть *(двигатель, газ)* **3.** стáвить *(куда́-л.)*; оставля́ть *(где́-л.)*; das Áuto im Hof ~ постáвить маши́ну во дворé

ábstoßend оттáлкивающий, отврати́тельный

abstrákt абстрáктный, отвлечённый

ábstreiten* оспáривать, отрицáть

Ábsturz *m* -es, ..stürze падéние *с*; обвáл *м*; *ав.* катастрóфа *ж*

ábstürzen пáдать, срывáться *(с высоты́)*; разби́ться *(о самолёте)*

absúrd абсу́рдный, нелéпый, бессмы́сленный

Ábteil *n* -(e)s, -e купé *с*; ~ für Níchtraucher купé для некуря́щих

Abtéilung *f* =, -en **1.** отделéние *с*; отдéл *м*; цех *м* **2.** *воен.* отделéние *с*, взвод *м*, рóта *ж*

ábtragen* 1. изнáшивать *(одежду)* **2.** сноси́ть *(здание)*

ábtreten* 1. стáптывать *(обувь)* **2.** уступáть, передавáть *(кому́-л.)* **3.:** sich *(D)* die Füße ~ вы́тереть нóги *(о коврик и т. п.)*

ábwärts вниз; den Fluß ~ вниз по течéнию (реки́)

ábweisen* 1. отклоня́ть, отвергáть **2.** отказáть *(кому́-л. в просьбе, приёме)*

ábwenden* предотвращáть *(бéдствие)* sich ~ отворáчиваться

ábwesend отсу́тствующий; ~ sein отсу́тствовать

ábwickeln 1. разма́тывать 2. проводи́ть, осуществля́ть

Ábzahlung f: etw. auf ~ káufen купи́ть что-л. в рассро́чку

Ábzeichen n -s, = значо́к m

ábzeichnen срисо́вывать sich ~ выделя́ться (на фоне чего-л.)

Ábziehbild n -(e)s, -er переводна́я карти́нка

ábziehen* 1. снима́ть, ста́скивать (перчатки, чулки, сапоги); сдира́ть (шкуру) 2. вычита́ть; уде́рживать 3. полигр. де́лать о́ттиск m; фото печа́тать 4. выводи́ть (войска)

Áchse f =, -n ось ж

Áchsel f =, -n плечо́ c; únter der ~ под мы́шкой; die ~ zúcken пожа́ть плеча́ми

acht I во́семь; ~ Männer во́семь мужчи́н; wir sind (únser) ~ нас во́семь (челове́к); Séite ~ восьма́я страни́ца; um ~ Uhr в во́семь часо́в; étwa um ~ Uhr о́коло восьми́ (часо́в), часо́в в во́семь; ~ Minúten nach zehn во́семь мину́т оди́ннадцатого; vor ~ Jáhren во́семь лет тому́ наза́д; mit ~ zu fünt gewínnen* победи́ть со счётом во́семь : пять; in ~ Tágen че́рез неде́лю; ich bin ~ Jáhre alt мне 8 лет

acht II: ~ gében* auf etw. обраща́ть внима́ние на что-л.; sich in ~ néhmen* остерега́ться; áußer ~ lássen* упусти́ть из ви́ду

áchten 1. уважа́ть 2. обраща́ть внима́ние (на кого-л., на что-л.) 3. присма́тривать (за кем-л., за чем-л.)

áchthúndert восемьсо́т

áchtlos невнима́тельный; неосторо́жный

áchtsam внима́тельный, осмотри́тельный

Áchtung f = 1. уважение c 2.: ~! внима́ние!, осторо́жно!

áchtzehn восемна́дцать

áchtzig во́семьдесят

Áckerbau m -(e)s земледе́лие c

Ádler m -s, = орёл m

Adressát m -en, -en адреса́т m, получа́тель m (письма́)

Adrésse f =, -n а́дрес m

Áffe m -n, -n обезья́на ж

afrikánisch африка́нский

Agentúr f =, -en (информацио́нное) аге́нтство

Agént m -en, -en аге́нт m, шпио́н m, сы́щик m

áhnen предчу́вствовать, подозрева́ть, дога́дываться

ähnlich похожий; j-m ~ sein быть похожим на кого-л.

Áhnung f =, -en предчувствие c, догадка ж; kéine ~! понятия не имею!

Áhorn m -(e)s, -e клён м

Ähre f =, -n колос м

Airbus ['ɛr-] m -ses, -se аэробус м

Akademíe f =, ..míen академия ж; ~ der Wíssenschaften академия наук

Akadémiker m -s, = человек м, имеющий высшее образование

akadémisch академический; ~e Bíldung высшее образование

Akkórd I муз. m -(e)s, -e аккорд м

Akkórd II m: im ~ árbeiten работать сдельно

Akkórdeon n -s, -e аккордеон м

akkreditíeren уполномочивать; дип. аккредитовать

akkurát аккуратный

Akrobát m -en, -en акробат м

Ákte f =, -n 1. дело c, документ м 2. pl деловые бумаги мн, документы мн, материалы мн

Áktentasche f =, -n портфель м

Áktie f =, -n эк. акция ж

Áktiengesellschaft f =, -en акционерное общество

Aktión f =, -en 1. действие c, акция ж 2. (открытое) выступление, кампания ж

Aktiónseinheit f = единство c действий ~fähigkeit f дееспособность ж

aktív активный

aktuéll актуальный, злободневный

Akzént m -(e)s, -e 1. акцент м, (иноязычное) произношение 2. ударение c 3. перен. акцент м

Alárm m -(e)s, -e тревога ж; ~ schlágen* бить тревогу; blínder ~ ложная тревога

álkoholfrei безалкогольный ~haltig содержащий алкоголь, алкогольный, спиртной

all весь (вся, всё); vor ~em прежде всего; ~e acht Táge еженедельно; in ~er Éile наспех; ~es in ~em в конечном счёте; in ~er Frühe очень рано

állbekannt общеизвестный

álle все; das Geld ist ~ деньги кончились

álledem: trotz ~ несмотря ни на что; bei ~ всё-таки, при всём том

alléin 1) *adj* оди́н (одна́, одно́, одни́) 2) *adv* то́лько, лишь; er ~ то́лько он 3) *conj* но, одна́ко

állemal: ein für ~ раз (и) навсегда́

állerhánd всевозмо́жный, вся́кого ро́да

állerlei всевозмо́жный, вся́кий

állerlétzt са́мый после́дний; zu ~ напосле́док; под конец

álles всё

állgemein (все)о́бщий; ~ ánerkannt общепри́знанный; ~ bekánnt общеизве́стный; im ~en в о́бщем

álljährlich ежего́дный

allmählich постепе́нно

allmónatlich ежеме́сячный

állseitig всесторо́нний

Álltag *m* -(e)s 1. бу́дни *мн* 2. повседне́вная жизнь

alltäglich 1. ежедне́вный 2. повседне́вный, бу́дничный, обы́денный

allwöchentlich еженеде́льный

Alphabét *n* -(e)s, -e алфави́т *м*

alpiníst *m* -en, -en альпини́ст

als 1. когда́; ~ wir in Móskau wáren... когда́ мы были в Москве́... 2. как, в ка́честве; er kam ~ Freund он пришёл как друг 3. *при сравнении* чем; er ist älter ~ ich он ста́рше, чем я 4. *при отрицании*: kein ánderer ~ du не кто ино́й, как ты 5.: sowóhl... ~ auch... как..., так и...; ~ob как бу́дто

álso ита́к, ста́ло быть, зна́чит; ~ gut! ну хорошо́!, ну ла́дно!

alt 1. ста́рый; ein älterer Herr пожило́й мужчи́на; ~ wérden соста́риться 2. ста́рый, пре́жний 3. ста́рый, поде́ржанный 4. стари́нный, дре́вний 5.: wie ~ sind Sie? ско́лько Вам лет?; ich bin 20 Jáhre ~ мне 20 лет

áltmodisch старомо́дный

am = an dem; ~ bésten лу́чше всего́

Amateur [-´tø:r] *m* -s, -e люби́тель *м*, непрофессиона́л *м*

Ámeise *f* =, -n мураве́й *м*

Amerikáner *m* -s, = америка́нец *м* ~in *f* =, -nen америка́нка *ж*

Ámpel *f* =, -n светофо́р *м*

Amt *n* -(e)s, Ämter 1. до́лжность *ж*; ein ~ bekléiden занима́ть до́лжность 2. учрежде́ние *с*, управле́ние *с*

amüsíeren (sich) забавля́ть(ся), развлека́ть(ся)

an 1) *präp* **1.** *на вопрос «где?»* у, на, óколо, вóзле; an der Wand stéhen стоя́ть у стены́; an der Wand hängen висéть на стенé **2.** *на вопрос «куда?»* к, на, в; an die Wand stéllen стáвить к стенé; etw. an der Wand hängen повéсить что-л. на стéну **3.** *о времени:* am Móntag в понедéльник; an Féiertagen по прáздникам; am Mórgen у́тром; am Náchmittag пóсле обéда **2)** *adv:* von héute an с сегóдняшнего дня; von jetzt an отны́не

ánbeißen* 1. надку́сывать, отку́сывать **2.** клевáть *(о рыбе)*

Ánbetracht *m:* in ~ déssen, daß... принимáя во внимáние то, что..., ввиду́ тогó, что...

ánbieten* предлагáть

Ánblick *m* -(e)s, -e **1.** взгляд *м* **2.** вид *м*, зрéлище *с*

ánbrennen* 1. зажигáть **2.** загорáться **3.** пригорáть *(о еде)*

ánbringen* an *D* придéлывать, прикрепля́ть *к чему-л.*

Ándenken *n* -s, = **1.** *тк. sg* пáмять, воспоминáние *с;* zum ~ на пáмять **2.** сувени́р *м*

ándere другóй, инóй; nich- ts ~s, als... не что инóе, как...; únter ~m мéжду прóчим

ánders 1. инáче, по-другóму **2.:** níemand ~ als... не кто инóй, как...

ánderswo где-нибу́дь в другóм мéсте

ánderthálb полторá

Änderung *f* =, -en **1.** изменéние *с*, перемéна *ж* **2.** передéлка *ж*

áneignen: sich (*D*) etw. ~ а) присвáивать себé что-л. б) усвáивать что-л. *(изучáть)*

Ánerkennung *f* = признáние *с*, одобрéние *с*

Ánfang *m* -s начáло *с;* am ~ вначáле; ~ Jánuar в начáле января́

ánfangen* 1. начинáть(ся) **2.** дéлать; поступáть; was fánge ich an? что мне дéлать?; mit dir ist nichts ánzufangen с тобóй кáши не свáришь, от тебя́ никакóго тóлку нет

Ánfänger *m* -s, = начинáющий *м;* новичóк *м*

ánfangs вначáле, сначáла

Ánfangs|buchstabe *m* -ns *и* -n, *pl* -n начáльная бу́ква ~gründe *pl* оснóвы *мн* какóй-л. нау́ки

ánfertigen 1. изготовля́ть,

делать 2. составлять *(список, протокол и т. п.)*

ánfordern (за)требовать

Ánfrage *f* =, -n запрос *м*

ánfragen bei *j-m* запрашивать, справляться *у кого-л.*

ánführen 1. приводить *(примеры, цитаты и т. п.)* 2. возглавлять 3. обманывать, подводить

Ángabe *f* =, -n 1. *pl* сведения *мн;* данные *мн* 2. указание *с* 3. *разг.* хвастовство

ángeben* 1. указывать, сообщать, 2. задавать *(тон, тему)* 3. *j-n* доносить *на кого-л.,* выдавать *кого-л.* 4. *разг.* хвастаться (mit *D* чем-л.)

ángeboren врождённый, природный

Ángebot *n* -(e)s, -e 1. предложение *с; j-m* éinen ~ máchen сделать кому-л. какое-л. предложение 2. *тк. sg* an, von *D* выбор *м*, ассортимент *м чего-л.*

ángehend* касаться; das geht mich nichts an это меня не касается

ángehören *D* принадлежать *к чему-л.;* состоять членом *чего-л.*

Ángehörige 1. der -n, -n родственник *м;* die -n, -n родственница *ж;* ~n *pl* родные *мн* 2. der -n, -n член *м*, сотрудник *м*, представитель *м чего-л.*

ángemessen соответствующий, подходящий; уместный

ángenehm приятный

ángenommen: ~, daß... предположим, что...

ángeregt оживлённый, возбуждённый

ángesehen уважаемый, авторитетный

Ángestellte, der -n, -n служащий *м;* die -n, -n служащая *ж*

ángewöhnen *j-m* приучать к чему-л. кого-л.; sich (*D*) etw. ~ привыкать к чему-л.

Ángewohnheit *f* =, -en привычка *ж*

ángrenzend смежный, соседний

Ángriff *m* -(e)s, -e 1. нападение *с* 2. наступление *с, спорт. тж.* атака *ж*

Angst *f* =, Ängste страх *м,* боязнь *ж;* ~ háben; бояться; vor ~ со страху

ängstlich боязливый

ánhaben*: er hátte éinen Mántel an на нём было пальто, он был в пальто

ánhalten* 1. останавливать; задерживать 2. останавливаться 3. mit (*D*) переставáть *(делать что-л.)* 4. продолжáться, длиться

Ánhang *m* -(e)s, ..hänge приложéние *с (к книге и т. п.)*

Ánhöhe *f* =, -n возвышенность *ж*, холм *м*

ánklagen обвинять; des Diebstahls ~ обвинять в краже

Ánklang *m*: ~ fínden* встрéтить одобрéние *с*; имéть успéх *м*

ánknüpfen 1. привязывать 2.: eine Bekánntschaft ~ завязывать знакóмство; ein Gespräch ~ заводить разговóр

ánkommen* 1. прибывáть, приходить, приезжáть 2.: es kommt ihm sehr daráuf an э́то для негó óчень вáжно; hier kommt es daráuf an, ob... здесь вопрóс в том, что...

ánkündigen объявлять зарáнее, сообщáть, извещáть

Ánkunft *f* = прибытие *с*

Ánlage *f* =, -n 1. парк *м*, сквер *м* 2. *тех.* устрóйство *с*, устанóвка *ж* 3. сооружéние *с (военное и т. п.)* 4. *эк.* вложéние *с*, инвестиция *ж* 5. врождённая спосóбность

ánlaufen* 1.: ángelaufen kómmen* прибежáть, подбежáть; éinen Háfen ~ захо-дить в гáвань 2. gégen A ~ налетáть, натыкáться *на что-л.* 3. отекáть, затекáть 4.: die Maschíne ~ lássen* пускáть машину 5. запотевáть *(о стекле)*; тускнéть *(о металле)*

ánlegen 1. an A прикладывать *к чему-л.* 2. вкладывать, помещáть *(капитал)* 3. надевáть *(украшения и т. п.)* 4. причáливать

ánlehnen (sich) an A прислонять(ся) *к чему-л.*

Ánleitung *f* =, -en 1. руковóдство *с*; инструктáж *ж* 2. руковóдство *с (инструкция по чему-л.)*

Ánliegen *n* -s, = 1. желáние *с*, стремлéние *с* 2. an j-n прóсьба *ж к кому-л.*

ánmachen 1. приделывать, прикреплять 2. приправлять *(еду)* 3. зажигáть *(свет, газ)*; включáть *(радио)*

ánmelden 1. объявлять; сообщáть, доклáдывать (о чём-л.) 2. записáть *(кого-л. на приём к врачу, в школу и т. п.)* 3. прописывать *(на жительство)*; регистрировать *(машину и т. п.)* sich ~ 1. сообщить о своём прибытии 2. записáться *(к кому-л., куда-л.)* 3. прописáться *(на жительство)*

Ánmerkung *f* =, -en замечáние *с*, примечáние *с*

ánnähen пришивáть

ánnähernd приблизи́тельный

ánnehmen* 1. *в разн. знач.* принимáть 2. предполагáть, считáть

ánordnen 1. располагáть; расставля́ть 2. распоряжáться, прикáзывать 3. предписáть (*о враче*)

Ánordnung *f* = -en 1. расположéние *с*, поря́док *м* 2. распоряжéние *с*, приказáние *с* 3. предписáние *с* (*врача*)

ánpreisen* расхвáливать

Ánprobe *f* =, -n примéрка *ж*

Ánrecht *n* -(e)s, -e прáво *с*, правá *мн* 2. *театр.* абонемéнт *м*

Ánrede *f* =, -n обращéние *с* (*к собеседнику*)

ánreden заговáривать (*с кем-л.*), обращáться (*к кому-л.*)

Ánreiz *m* -es, -e сти́мул *м*; ~ gében* стимули́ровать, побуждáть

ánrichten 1. приготовля́ть (*еду*) 2. причиня́ть (*ущерб и т. п.*); was hast du da ángerichtet? что ты там натвори́л?

Ánruf *m* -s, -e 1. телефóнный звонóк 2. óклик *м*

ánrufen* 1. звони́ть по телефóну (*кому-л., куда-л.*), вызывáть (по телефóну) (*кого-л., что-л.*) 2. окликáть

ans = an das; bis ~ Énde до концá

Ánsage *f* =, -n *радио, тлв.* объявлéние *с*

Ánsager *m* -s, = 1. *радио, тлв.* ди́ктор *м* 2. конферансьé *м*

ánschaffen приобретáть, покупáть; доставáть

Ánschlag *m* -(e)s, ..schläge 1. афи́ша *ж*; объявлéние *с* 2. удáр *м*, толчóк *м* 3. покушéние *с* 4. смéта *ж*

ánschließen* 1. *D* присоединя́ть к чему́-л. 2. an *A* подключáть к чему́-л. sich ~ *D* присоединя́ться к кому́-л., к чему́-л.

Ánschluß *m* ..sses, ..schlüsse 1. *тех.* подключéние *с* 2. связь *ж* (*по телефóну*); ich bekám kéinen ~ я не смог дозвони́ться 3. *ж.-д.* пересáдка *ж* 4.: im ~ an etw. (*A*) пóсле [по окончáнии] чего́-л.

Ánschrift *f* =, -en (почтóвый) áдрес

ánsehen* 1. смотрéть (*на кого-л.*), осмáтривать (*что-*

л.) 2. für, als *A* принимáть, считáть *за кого-л., за что-л.*

Ánsehen *n* -s 1. уважéние *с*; прести́ж *м* 2.: j-n vom ~ kénnen* знать когó-л. в лицó ◊ óhne ~ der Persón невзирáя на лица

Ánsicht *f* =, -en 1. мнéние *с*, взгляд *м*; méiner ~ nach по моемý мнéнию 2. вид *м* *(мéстности и т. п.)*

Ánsichtskarte *f* =, -n откры́тка *ж* с ви́дом

ánspruchs|los невзыскáтельный ~**voll** требовáтельный

Ánstalt *f* =, -en 1. учреждéние *с*, заведéние *с* 2. *pl* мéры *мн;* -en tréffen* принимáть мéры; kéine ~en máchen не принимáть никаки́х мер

ánständig прили́чный, поря́дочный

anstátt 1. *G* вмéсто *кого-л., чего-л.* 2. вмéсто тогó чтóбы

ánstecken 1. прикáлывать 2. mit *D* заражáть *чем-л.* *(тж. перен.)* sich ~ mit *D* заразиться *чем-л.*

ánstellen 1. приставля́ть 2. включáть 3. принимáть на рабóту sich ~ nach *D* становиться в óчередь *за чем-л.*

Ánstoß *m* -es, ..stöße 1. удáр *м*, толчóк *м* 2. *перен.* толчóк *м*, побуждéние *с*, и́мпульс *м* 3.: den ~ áusführen ввести мяч в игрý *(футбол)* 4.: ~ errégen вызывáть недовóльство

ánstrengend утоми́тельный, напряжённый

Ánstrengung *f* =, -en напряжéние *с*, уси́лие *с*

Ánstrich *m* -(e)s, -e 1. окрáска *ж*, покры́тие *с* 2. *перен.* оттéнок *м*, окрáска *ж*

Ánsuchen *n* -s, = прóсьба *ж*, ходáтайство *с*

Ánteil *m* -(e)s, -e 1. дóля *ж*, часть *ж* 2. *тк. sg* учáстие *с*; ~ néhmen* an etw. *(D)* принимáть учáстие в чём-л.

Anténne *f* =, -n антéнна *ж*

Antiquariát *n* -(e)s, -en букинисти́ческий магази́н

Ántrag *m* -(e)s, ..träge предложéние *с*; ходáтайство *с*; éinen ~ stéllen внести предложéние

ántreffen* заставáть *(напр. дóма)*

Ántrieb *m* -(e)s, -e 1. побуждéние *с* 2. *тех.* привóд *м*

Ántwort *f* =, -en отвéт *м*

ántworten отвечáть

Ánwalt *m* -(e)s, ..wälte адвокáт *м*, защи́тник *м*

ánweisen* 1. давáть указáние 2. предоставля́ть

(*кому-л. что-л.*) 3. переводи́ть (*деньги и т. п.*)

ánwenden* применя́ть, употребля́ть

ánwesend прису́тствующий; ~ sein прису́тствовать

Ánwesenheit *f* = прису́тствие *с*

Ánzahl *f* = число́ *с*, коли́чество *с*

Ánzeige *f* =, -n 1. объявле́ние *с* (*в газете и т. п.*) 2. извеще́ние *с* (*о смерти и т. п.*) 3. заявле́ние *с* (*в полицию и т. п.*)

ánziehen* 1. притя́гивать, привлека́ть 2. надева́ть (*одежду*) sich ~ одева́ться

ánziehend привлека́тельный, зама́нчивый

Ánzug *m* -(e)s, ..züge (мужско́й) костю́м

Ápfel *m* -s, Äpfel я́блоко *с*

Apfelsíne *f* =, -n апельси́н *м*

Apothéke *f* =, -n апте́ка

Appetít *m* -(e)s аппети́т *м*

Appláus *m* -(e)s аплодисме́нты *мн*

Aprikóse *f* =, -n абрико́с *м*

Apríl *m* = *и* -s апре́ль *м*

Äquátor *m* -s эква́тор *м*

arábisch ара́бский

Árbeit *f* =, -en рабо́та *ж*; труд *м*

árbeiten 1. рабо́тать, труди́ться 2. де́йствовать, функциони́ровать (*о механизмах*)

Árbeiter *m* -s, = рабо́чий *м*

Árbeitslosigkeit *f* = безрабо́тица *ж*

Árbeits|platz *m* =, ..plätze 1. рабо́чее ме́сто 2. ме́сто *с* рабо́ты ~**produktivität** [-v-] *f* = производи́тельность *ж* труда́ ~**recht** *n* = трудово́е пра́во ~**schutz** *m* -es охра́на *ж* труда́

Architektúr *f* =, -en архитекту́ра *ж*

arg плохо́й, дурно́й; das ist doch zu ~! э́то уж сли́шком!

argentínisch аргенти́нский

Ärger *m* -s 1. доса́да *ж*, гнев *м* 2. неприя́тности *мн*

ärgerlich 1. серди́тый, раздражённый 2. доса́дный, неприя́тный

árgwöhnisch подозри́тельный, недове́рчивый

Ári|e *f* =, -n а́рия *ж*

Arithmétik *f* = арифме́тика *ж*

árktisch аркти́ческий

arm бе́дный

Arm *m* -(e)s, -e рука́ (*до кисти*); in den ~en в объя́тиях; ~ in рука́ о́б руку; únter dem ~ под мы́шкой

Ármbanduhr *f* =, -en наручные часы *мн*

Armée *f* =, ..mé|en армия *ж*

Ärmel *m* -s, = рукав *m*

Ármut *f* = бедность *ж*

árrogánt заносчивый; высокомерный

Art *f* =, -en 1. род *m*, вид *m*, сорт *m* 2. способ *m*, манера *ж*; auf díese ~ таким образом; auf éigene ~ по-своему

ártig послушный (*о детях*); sei ~! не балуйся!, веди себя хорошо!

Artíkel *m* -s, = 1. статья *ж*, заметка *ж* (*в газете*) 2. товар *m*, предмет *m* торговли 3. пункт *m*, статья *ж* (*договора*) 4. *грам.* артикль *m*

Arzt *m* -es, Ärzte врач *m*

asiátisch азиатский

Ast *m* -es, Äste сук *m*

Asýl *n* -s, -e *sg* 1. *тк.* убежище *c* 2. приют *m*

Átem *m* -s дыхание *c*; ~ hólen перевести дух; áußer ~ kómmen* запыхаться, задыхаться

Athlét *m* -en, -en атлет *m*; силач *m*

athlétisch атлетический; богатырский

átmen дышать

Atóm *n* -s, -e атом *m*

Atóm|bombe *f* =, -n атомная бомба, **~energie** *f* = атомная энергия *ж* **~kraftwerk** *n* -(e)s, -e атомная электростанция *ж*, АЭС **~waffe** *f* =, -n атомное оружие

Attést *n* -es, -e медицинское заключение; (медицинская) справка *разг.*

attraktív привлекательный

Attribút *n* -(e)s, -e свойство *c*, признак *m*

ätzen 1. травить, вытравливать 2. разъедать

auch также, тоже; wenn ~ хотя и; sowóhl... als ~... как..., так и...; was ~ (ímmer)... что бы ни...; wer ~ (ímmer)... кто бы ни...

auf 1) *präp* 1. *на вопрос «где?»* на; по; auf dem Tisch на столе; ~ dem Báhnhof на вокзале; auf der Straße gehen* идти по улице 2. *на вопрос «куда?»* на; в; auf den Tisch на стол; auf den Bahnhof на вокзал; auf den Hof во двор; sich ~ den Weg máchen отправиться в дорогу 3. *о времени, сроке* на; ~ paar Táge на несколько дней; ~ Zeit на время 4. *об образе действия:* auf díese Wéise таким образом; ~ rússisch ~

по-ру́сски; ~s béste как нельзя́ лу́чше 2) *adv*: ~! встава́й!, встать!; er ist schon ~ он уже́ встал [просну́лся]; wann sind die Geschäfte héute ~? *разг.* когда́ сего́дня рабо́тают магази́ны?; ~ und ab взад и вперёд; von klein ~ с де́тства ◇ ~ Wíedersehen! до свида́ния!; ~ Ihr Wohl!, ~ Íhre Gesúndheit! за ва́ше здоро́вье!

Áufbau *m* -(e)s 1. строи́тельство *с*, построе́ние *с* 2. устро́йство *с*; структу́ра *ж*

áufbauen 1. стро́ить, сооружа́ть 2. создава́ть

áufbewahren храни́ть; сохраня́ть

Áufenthalt *m* -(e)s, -e 1. пребыва́ние *с*; прожива́ние *с* 2. остано́вка *ж*, стоя́нка *ж* (*по́езда*); (der Zug hat) fünf Minúten ~ стоя́нка (по́езда) пять мину́т

áuffallen* броса́ться в глаза́, поража́ть

Áufforderung *f* =, -en приглаше́ние *с*, вы́зов *м*; предложе́ние *с*

Áufführung *f* =, -en 1. постано́вка *ж* (*спекта́кля*); исполне́ние *с* (*на сце́не*); демонстра́ция *ж* (*фи́льма*) 2. спекта́кль *м*; конце́рт *м*

Áufgabe *f* =, -n 1. зада́ча *ж*; зада́ние *с* 2. (дома́шнее) зада́ние, уро́к *м*

áufgeben* 1. сдава́ть (*бага́ж и т. п.*) 2. отка́зываться (*от чего́-л.*); прекраща́ть (*что-л. де́лать*) 3. задава́ть (*уро́ки*)

áufgehen* 1. открыва́ться, растворя́ться (*о две́ри и т. п.*); поднима́ться (*о за́навесе*); развя́зываться (*об узле́ и т. п.*); расстёгиваться (*о пу́говице, оде́жде*) 2. всходи́ть (*о семена́х*) 3. восходи́ть (*о свети́лах*)

áufgeregt взволно́ванный

áufgießen* зава́ривать (чай); вари́ть (кофе)

áufhalten* 1. заде́рживать, остана́вливать 2. держа́ть откры́тым sich ~ остана́вливаться (*в гости́нице и т. п.*); находи́ться, пребыва́ть

áufheben* 1. поднима́ть 2. отменя́ть, упраздня́ть 3. сохраня́ть, оставля́ть

áufheitern развесели́ть sich ~ проясня́ться (*о не́бе, пого́де*)

Áufklärung *f* =, -en 1. выясне́ние *с* 2. объясне́ние *с*, разъясне́ние *с*

áufladen 1. грузи́ть, нагружа́ть 2. заряжа́ть (*аккумуля́тор*)

Áuflage *f* =, -n 1. изда́ние

с (книги) 2. тира́ж *m (газеты, книги)*

Áuflauf *m* -(e)s, ..läufe 1. толпа́ *ж*, скопле́ние *с* наро́да 2. *кул.* запека́нка *ж*; пу́динг *m*

áufleben ожива́ть, оживля́ться

áufmachen открыва́ть, отворя́ть *(дверь, окно)*; раску́поривать *(бутылку)*; распеча́тывать *(письмо)*

áufmerksam внима́тельный; j-n ~ auf etw. máchen обрати́ть чьё-л. внима́ние на что-л.

Áufmerksamkeit *f* = внима́ние *с*; éiner Sáche ~ schénken уделя́ть внима́ние чему́-л.

Áufnahme *f* =, -n 1. *тк. sg.* приём *m* 2. (фото)сни́мок *m*; (звуко)за́пись *ж* 3. *тк. sg* съёмка *ж (на плёнку)*

áufnehmen* 1. принима́ть *(кого-л. как-л.)*; Gäste bei sich ~ принима́ть у себя́ госте́й 2. принима́ть *(куда-л.)*; включа́ть *(во что-л.)* 3. снима́ть, фотографи́ровать 4. запи́сывать *(на плёнку)*

áufräumen 1. убира́ть, прибира́ть, наводи́ть поря́док 2. убира́ть на ме́сто *(вещи)*

áufrecht прямо́й, вертика́льный

áufregen (sich) волнова́ть(ся)

Áufregung *f* =, -en возбужде́ние *с*, волне́ние *с*

áufrichten поднима́ть *(упавшего)* sich ~ поднима́ться, выпрямля́ться

áufrichtig и́скренний, открове́нный

Áufsatz *m* -es, ..sätze 1. (шко́льное) сочине́ние 2. статья́ *ж*

áufschieben* откла́дывать, отсро́чивать

áufschließen* отпира́ть; открыва́ть *(замо́к; дверь)*

áufschneiden* 1. разреза́ть, взреза́ть 2. нареза́ть *(хлеб и т. п.)* 3. хва́статься

Áufschwung *m* -(e)s, ..schwünge подъём *m*; взлёт *m*; вдохнове́ние *с*

áufsehen* подня́ть глаза́, взгляну́ть вверх

Áufsehen *n*: ~ errégen привлека́ть внима́ние; производи́ть сенса́цию

áufsein* 1. быть на нога́х, не спать; er ist schon auf он уже́ встал 2. быть откры́тым

áufspringen* 1. вска́кивать *(с места)* 2. распа́хиваться *(о двери и т. п.)* 3. потре́скаться *(о коже)*

áufstehen* встава́ть, поднима́ться

áufsteigen* 1. влеза́ть, сади́ться *(на коня́, велосипе́д и т. п.)* 2. взлета́ть *(о самолёте)*

áufstellen 1. ста́вить, устана́вливать; расставля́ть 2. выставля́ть *(кандида́та)* 3. выдвига́ть *(план, тре́бование и т. п.)*

Áufstieg *m* -(e)s, -e 1. подъём *m*; взлёт *m* 2. *тк. sg* подъём *m*, расцве́т *m*

Áuftrag *m* -(e)s, ..träge 1. поруче́ние *c*; im ~ по поруче́нию; im ~ éiner Fírma по дела́м фи́рмы 2. зака́з *m*; etw. in ~ néhmen* приня́ть зака́з на что-л.

áuftragen* 1. подава́ть на стол 2. поруча́ть

áuftreten* 1. (на)ступа́ть 2. выступа́ть *(на сце́не, на собра́нии)* 3. возника́ть, появля́ться

áufwachen просыпа́ться

áufziehen* 1. выра́щивать, разводи́ть *(живо́тных, расте́ния)*; воспи́тывать *(дете́й)* 2. заводи́ть *(часы́)* 3.: ein Gewítter zieht auf надвига́ется гроза́

Áufzug *m* -(e)s, ..züge 1. лифт *m*; подъёмник *m* 2. де́йствие *c*, акт *m* *(в пье́се)*

Áuge *n* -s, -n глаз *m* ◊ únter vier -n с гла́зу на гла́з

Augúst *m* -(e)s а́вгуст *m*

Auktión *f* =, -en аукцио́н

aus 1. *на вопро́с «отку́да»?* из, из-за; ~ Köln из Кёльна; aus dem Áusland из-за грани́цы 2. из *(чего́-л.)*; ~ Holz из де́рева; ~ drei Téilen bestéhen* состоя́ть из трёх часте́й 3. по, из, от, из-за *(о причи́не)*; ~ díesem Grund по э́той причи́не; ~ Mángel из-за недоста́тка 4.: ~ sein *разг.* ко́нчиться, зако́нчиться

áusbilden 1. in A обуча́ть чему́-л., како́й-л. *специа́льности* 2. развива́ть спосо́бности

áusbreiten расстила́ть, раскла́дывать sich ~ 1. распространя́ться 2. расстила́ться

Áusdauer *f* = вы́держка *ж*, выно́сливость *ж*

áusdehnen растя́гивать, расширя́ть; распространя́ть *(влия́ние и т. п.)*

áusdenken* выду́мывать

áusdrehen выключа́ть *(свет, ра́дио, газ, ла́мпу)*

Áusdruck *m* -(e)s, ..drücke *в ра́зн. знач.* выраже́ние *с*

áusdrücken 1. выжима́ть 2. выража́ть sich ~ 1. выража́ться *(выска́зываться)* 2. найти́ своё выраже́ние, прояви́ться

áusdrücklich 1) *adv*: auf j-s ~en Wunsch по чьей-л. настоя́тельной про́сьбе **2)** *adv*: etw. ~ betónen осо́бо подчёркивать что-л.

auseinándergehen* *в разн. знач.* расходи́ться

auseinándersetzen излага́ть, разъясня́ть **sich** ~ (крити́чески) анализи́ровать, полемизи́ровать *(с кем-л.)*

áuserlesen 1. и́збранный **2.** изы́сканный

áusfahren* 1. выезжа́ть на прогу́лку **2.** отходи́ть *(от вокза́ла)*; выходи́ть *(из по́рта)*

Áusfahrt *f* =, -en **1.** *тк. sg* отправле́ние *с* (по́езда) **2.** пое́здка *ж*, прогу́лка *ж*

áusfallen* 1. выпада́ть **2.** не состоя́ться *(о мероприя́тии)* **3.** выходи́ть из стро́я *(о те́хнике)*

áusfertigen составля́ть, оформля́ть *(докуме́нт)*; выпи́сывать *(квита́нцию)*

áusfindig: j-n ~ máchen разыска́ть кого́-л.

Áusflucht *f* =, ..flüchte отгово́рка *ж*, уло́вка *ж*, увёртка *ж*; Áusflüchte máchen уви́ливать

Áusflug *m* -(e)s, ..flüge экску́рсия *ж*, за́городная прогу́лка

Áusfuhrbewilligung *f* = разреше́ние *с* на вы́воз

áusführen 1. вывози́ть, экспорти́ровать **2.** исполня́ть, выполня́ть

áusführlich подро́бный, обстоя́тельный

Áusführung *f* =, -en **1.** выполне́ние *с*, исполне́ние *с* **2.** *pl* рассужде́ния *мн*

Áusfuhr|verbot *n* -(e)s, -e запре́т *m* на э́кспорт [на вы́воз] ~ zoll *m* = э́кспортная [вывозна́я] по́шлина

áusfüllen *в разн. знач.* заполня́ть

Áusgabe *f* =, -n **1.** *тк. sg* вы́дача *ж* **2.** *pl* расхо́ды *мн* **3.** изда́ние *с (кни́ги)*; но́мер *m (газе́ты, журна́ла)*

Áusgang *m* -(e)s, ..gänge **1.** вы́ход *m (ме́сто)* **2.** оконча́ние *с*, исхо́д *m*

áusgeben* 1. выдава́ть, раздава́ть **2.** тра́тить *(де́ньги)* **3.**: sich für j-n ~ выдава́ть себя́ за кого́-л.

áusgeglichen уравнове́шенный, ро́вный

áusgehen* 1. выходи́ть; идти́ гуля́ть [развлека́ться] **2.** конча́ться, зака́нчиваться *(как-л., чем-л.)* **3.** га́снуть *(об огне́, све́те)*

áusgelassen шаловли́вый, озорно́й

áusgeschlossen: ~! э́то исключено́!, ни в ко́ем слу́чае!

áusgesprochen я́вный, очеви́дный; отъя́вленный

Áusgestaltung *f* =, -en оформле́ние *с*

áusgesucht изы́сканный

áusgezeichnet отли́чный, превосхо́дный

áusgießen* вылива́ть

áusgleichen* 1. выра́внивать 2. ула́живать *(разногла́сия)* 3. компенси́ровать, возмеща́ть

Áusguß *m* ..sses, ..güsse 1. (водопрово́дная) ра́ковина 2. сток *м (водопрово́дной ра́ковины)*

áushalten* выде́рживать, терпе́ть; es ist nicht áuszuhalten это невыноси́мо

áushändigen вруча́ть, выдава́ть на́ руки

aushängen выве́шивать

áushelfen* помога́ть *(кому́-л.)*, выруча́ть *(кого́-л.)*

áuskommen* mit D обходи́ться, дово́льствоваться *чем-л.;* damít kommt er nicht aus э́того ему́ не хва́тит 2. mit *j-m* ла́дить с *кем-л.*

Áuskunft *f* =, ..künfte 1. спра́вка *ж*, информа́ция *ж* 2. *тк. sg* спра́вочное бюро́

áuslachen высме́ивать

áusladen* выгружа́ть, разгружа́ть

Áusland *n* -(e)s зарубе́жные стра́ны, заграни́ца *ж;* im ~ за грани́цей

Áusländer *m* -s, = иностра́нец *м* **~in** *f* =, -nen иностра́нка *ж*

áusländisch иностра́нный, заграни́чный

áuslassen* 1. опуска́ть, пропуска́ть 2. выпуска́ть *(во́ду, пар, газ)* 3.: séinen Zorn an *j-m* ~ вымеща́ть гнев на *ком-л.*

áuslaufen* 1. вытека́ть; высыпа́ться 2. ока́нчиваться *(чем-л.)*

áusleihen* выдава́ть напрока́т; дава́ть в долг [взаймы́, на вре́мя]; sich (*D*) etw. ~ а) брать что-л. напрока́т б) брать в долг [взаймы́, на вре́мя]

áuslesen* выбира́ть, подбира́ть; отбира́ть

áusmachen 1. *разг.* туши́ть, выключа́ть *(свет, газ)* 2.: etw. mit *j-m* ~ договори́ться с *кем-л.* о *чём-л.;* das macht nichts aus э́то не име́ет никако́го значе́ния; es macht mir nicht viel aus а) это не составля́ет для меня́ труда́ б) мне э́то безразли́чно

Áusnahme *f* =, -n исключéние *c*; mit ~ исключáя, за исключéнием

áusnahms|los без исключéния **~weise** в виде исключéния

áuspacken распакóвывать

áusplaudern разбáлтывать, выбáлтывать

áusrechnen подсчи́тывать

Áusrede *f* =, -n отговóрка *ж*

Áusreise|genehmigung *f* =, -en разрешéние *c* [ви́за *ж*] на вы́езд **~visum** *n* [-v-] -s, ..sen выездна́я ви́за

Áusruf *m* -(e)s, -e возглáс *м*

áusrufen* 1. восклицáть 2. провозглашáть

áusruhen (sich) отдыхáть

Áusrüstung *f* =, -en 1. *тк. sg* снаряжéние *c*, оборýдование *c*; вооружéние *c* 2. оснащéние *c*, оборýдование *c*

áusschalten 1. выключáть *(свет, газ)* 2. исключáть, не допускáть *(что-л.; когó-л. до чегó-л.)*

áusschlagen* 1. выбивáть, вышибáть 2.: etw. ~ отвергáть что-л., откáзываться от чегó-л. 3. распускáться, (за)зеленéть 4. лягáть(ся) *(о лошади)*

áusschließen* исключáть; **áusgeschlossen!** исключенó!, и говори́ть нéчего!

áusschneiden* вырезáть; выкрáивать

Áusschuß *m* ..sses, ..schüsse брак *м (в произвóдстве)*

áusschütten высыпáть, просыпáть; выливáть, проливáть

áussehen* выглядеть; Sie séhen gut aus вы хорошó выглядите

Áussehen *n* -s (внéшний) вид, нарýжность *ж*; dem nach на вид, с ви́ду

áussein* *разг.* кóнчиться; es ist aus кóнчено

áußen снарýжи

áußer 1. внe; ~ dem Háuse вне дóма; ~ der Réihe вне óчереди 2. крóме, за исключéнием; ~ álle dir все крóме тебя́

außerdém крóме тогó

Äußere, das -n внéшность *ж*, внéшний вид

áußergewöhnlich необыкновéнный, чрезвычáйный

äußerlich 1) *adj* внéшний, нарýжный 2) *adv* внéшне, снарýжи

äußern выражáть, выскáзывать **sich** ~ выражáться, выскáзываться *(о чём-л.)*

áußerordentlich 1. необыкновéнный; из ря́да вон выходя́щий 2. внеочереднóй, чрезвычáйный

Äußerung *f* =, -en выскáзывание с (мнения); выражéние с (какого-л. чувства)

áussetzen 1. подвергáть (опасности и т. п.) 2. прерывáть; откла́дывать 3. рабóтать с перебóями (о сéрдце; мотóре); прерывáться (о пульсе, дыхании) 4. прекращáть на врéмя (что-л.); mit der Árbeit ~ прерывáть рабóту ◊ an állem áuszusetzen háben находи́ть во всём недостáтки

Áussicht f =, -en 1. вид m, панорáма ж 2. перспекти́ва ж, надéжда ж; gúte ~en háben имéть хорóшие перспекти́вы

Áussprache f =, -n 1. тк. sg произношéние с 2. бесéда ж, обмéн м мнéниями

áussprechen* 1. произноси́ть, выговáривать (звуки, слова) 2. выскáзывать, выражáть; sein Béileid ~ вы́разить соболéзнование

áusstrecken вытя́гивать (руки, ноги) sich ~ растяну́ться, лечь вы́тянувшись

áusströmen 1. испускáть, излучáть 2. вытекáть 3. исходи́ть (о запахе, тепле и т. п.)

áussuchen выбирáть; отбирáть, подбирáть

áustragen* 1. разноси́ть (газеты, письма) 2. спорт. разы́грывать (пéрвенство)

Austráli|er m -s, = австрали́ец м ~in f =, -nen австрали́йка ж

áussteigen* выходи́ть (из машины, автобуса); сходи́ть (с поезда, с трамвая)

áusstellen 1. выставля́ть, экспони́ровать 2. оформля́ть, выдавáть (документ)

Áusstellung f =, -en вы́ставка ж

áussterben* вымирáть

áustreten* 1. выбывáть, выходи́ть (из какой-л. организации) 2. стáптывать (обувь) 3. затоптáть (огонь и т. п.)

áustrinken* вы́пить, допи́ть

Áuswahl f =, -en 1. тк. sg вы́бор м; éinen ~ tréffen* сдéлать вы́бор 2. ассортимéнт м (чего-л.)

áuswählen выбирáть, подбирáть, отбирáть

Áuswanderer m -s, = эмигрáнт м

áuswandern эмигри́ровать

áuswärtig 1. приéзжий, иногорóдний 2. внéшний; инострáнный; die ~en Ángelegenheiten вопрóсы мн внéшней поли́тики

Áusweg m -(e)s, -e вы́ход м (из положéния)

áusweglos безвы́ходный

áusweichen* 1. уступа́ть, дать доро́гу 2. избега́ть *(чего-л.)*, уклоня́ться *(от чего-л.)*; éiner Gefáhr ~ избежа́ть опа́сности; éiner Fráge ~ уклони́ться от отве́та

Áusweis *m* -es, -e па́спорт *м;* удостовере́ние *с;* Íhre ~e bítte! ва́ши докуме́нты, пожа́луйста!

áusweisen* высыла́ть, выдворя́ть *(из страны)* sich ~ предъявля́ть (свой) докуме́нты

Áusweiskontrolle *f* = прове́рка *ж* паспорто́в

áuswendig наизу́сть

áuszahlen выпла́чивать

áuszeichnen награжда́ть (mit *D* чем-л., für *A* за что-л.) sich ~ отлича́ться, выделя́ться (durch *A* чем-л.)

áusziehbar раздвижно́й; выдвижно́й

áusziehen* 1. снима́ть *(одежду, обувь)* 2. раздева́ть *(кого-л.)* 3. вытя́гивать 4. выезжа́ть *(из квартиры)* sich ~ раздева́ться

Áuszug *m* -(e)s, ..züge 1. *тк. sg* перее́зд *м* 2. отры́вок *м,* фрагме́нт *м* 3. *хим.* вытя́жка *ж,* экстра́кт *м*

Áuto *n* -s, -s (áвто)маши́на *ж,* автомоби́ль *м;* ~ fáhren* а) е́хать на (áвто)маши́не б) управля́ть (áвто)маши́ной

Áutobahn *f* =, -e áвто-страда́ *ж*

Áutobus *m* -ses, -se авто́бус *м*

Áutobushaltestelle *f* =, -n авто́бусная остано́вка

Áutocamping [-kɛm-] *n* -s, -s ке́мпинг *м* (для автотури́стов)

Autográmm *n* -s, -e автогра́ф *м*

Automát *m* -en, -en автома́т *м*

automátisch 1. автомати́ческий 2. непроизво́льный

autonóm автоно́мный

Áutor *m* -s, ..tóren а́втор *м*

Autoritä́t *f* = авторите́т *м,* влия́ние *с*

Áutounfall *m* -(e)s, ..fälle автомоби́льная катастро́фа

Avantgarde [aˊvaŋ=] *f* =, -n аванга́рд *м*

Axt *m* =, Äxte топо́р *м*

B

Baby [´be:bi] *n* -s, -s (грудно́й) ребёнок

Bach *m* -(e)s, Bäche ручей *м*

Bácke *f* =, -n щека́ *ж*

bácken* печь

Bäcker *m* -s, = пе́карь *м*, бу́лочник *м*

Bäckeréi *f* =, -en 1. пека́рня *ж* 2. бу́лочная *ж*

Bad *n* -(e)s, Bäder 1. ва́нна *ж;* ~ néhmen* приня́ть ва́нну 2. ва́нная *ж* (ко́мната) 3. бассе́йн *м;* пляж *м* 4. водолече́бный куро́рт

Báde|anstalt *f* =, -en бассе́йн *м;* пляж *м* **~anzug** *m* -(e)s, ..züge купа́льник *м* **~hose** *f* =, -n пла́вки *мн* **~kappe** *f* =, -n купа́льная (рези́новая) ша́почка **~mantel** *m* -s, ..mäntel купа́льный хала́т **~mütze** *f* =, -n *см.* Bádekappe

báden купа́ть, мыть в ва́нне *(кого-л.)* sich ~ принима́ть ва́нну, мы́ться в ва́нне

Bahn *f* =, -en 1. путь *м*, доро́га *ж* 2. желе́зная доро́га; mit der ~ по желе́зной доро́ге, по́ездом 3. *астр.* орби́та *ж* 4. *спорт.* трек *м*

5.: sich den ~ bréhen* пробива́ть себе́ доро́гу

Báhn|hof *m* -(e)s, ..höfe (железнодоро́жный) вокза́л **~station** *f* =, -en (железнодоро́жная) ста́нция **~steig** *m* -(e)s, -e платфо́рма *ж*, перро́н *м* **~übergang** *m* -(e)s, ..gänge (железнодоро́жный) перее́зд

bald ско́ро, вско́ре; ~ möglichst как мо́жно скоре́е; bis ~! *разг.* пока́!; ~..., ~... то..., то...; ~ dies, ~ das то одно́, то друго́е

báldig ско́рый; auf ~es Wíedersehen! до ско́рой встре́чи!; ich wünsche Íhnen ~e Genésung жела́ю вам скоре́йшего выздоровле́ния

Balkon [-´kɔŋ] *m* -s, -s *и* [-´ko:n] *m* -s, -e балко́н *м*

Ball I *m* -(e)s, Bälle 1. мяч *м* 2. шар *м*

Ball II *m* -(e)s, Bälle бал *м*

Ballerína *f* =, ..nen балери́на *ж*

Ballétt *n* -(e)s, -e бале́т *м*

Ballétttänzer *m* -s, = арти́ст *м* бале́та, танцо́вщик *м*

Banáne *f* =, -n бана́н *м*

Band I *m* -(e)s, Bände том *м*

Band II *n* -(e)s, Bänder 1. ле́нта *ж;* тесьма́ *ж* 2. *pl анат.* свя́зки *мн* 3. конве́йер *м* 4. магнитофо́нная плёнка

Band III [bɛnt] *f* =, -s эстрáдный (инструментáльный) ансáмбль, джáзовый ансáмбль

bánge тревóжный; mir ist ~ (zumúte) мне стрáшно

Bank I *f* =, Bänke скамья́ *ж*, скамéйка *ж* ◊ etw. auf die lánge ~ schíeben* отклáдывать что-л. в дóлгий я́щик

Bank II *f* =, -en банк *м*

Bar *f* =, -en 1. бар *м* 2. стóйка *ж* (*в баре и т. п.*)

Bär *m* -en, -en медвéдь *м*

Bárgeld *n* -(e)s налúчные *мн* (дéньги)

bárhaupt с непокры́той головóй

bármherzig милосéрдный

Barométer *n* -s, = барóметр *м*

Bárren *m* -s, = 1. слúток *м* (*золота, серебра*) 2. *спорт.* (параллéльные) брýсья

Bart *m* -(e)s, Bärte бородá *ж*

Básketball *m* -(e)s баскетбóл *м*

Batteríe *f* =, ..ríǀen 1. *воен.* батарéя *ж* 2. *эл.* батарéя *ж*; батарéйка *ж*

Bau *m* -(e)s, -ten 1. здáние *с*, пострóйка *ж*, строéние *с* 2. *тк. sg* строúтельство *с* 3. телосложéние *с*

Báuarbeiter *m* -s, = строúтельный рабóчий, строúтель *м*

Bauch *m* -(e)s, Bäuche живóт *м*

Báuchschmerzen *pl*: ich hábe ~ у меня́ болúт живóт

báuen стрóить

Báuer I *m* -n, -n 1. крестья́нин *м* 2. пéшка *ж* (*шáхматы*)

Báuer II *n*, *m* -s, = клéтка *ж* для птиц

Bäuerin *f* =, -nen крестья́нка *ж*

Baum *m* -(e)s, Bäume дéрево *с*

Báumwolle *f* = 1. хлóпок *м* 2. хлопчатобумáжная ткань

beánspruchen трéбовать; претендовáть (*на что-л.*)

beárbeiten обрабáтывать; разрабáтывать; возделывать (*зéмлю*)

beáuftragen* *j-n* mit *D* поручáть *кому-л. что-л.*

bebáuen 1. обрабáтывать, возделывать (*зéмлю*) 2. застрáивать

bében 1. сотрясáться, содрогáться 2. дрожáть (*от хóлода, злости*) 3. дрожáть, трепетáть (*перед кем-л.*)

Bécher *m* -s, = бокáл *м*, стакáн *м*

Bécken *n* -s, = 1. таз *м*

(для умыва́ния) **2.** *геогр.* бассе́йн *m (реки́)* **3.** *(пла́вательный)* бассе́йн

bedánken, sich bei *j-m* благодари́ть *кого́-л.*

bedáuern жале́ть *(кого́-л.)*, сожале́ть *(о чём-л.)*

bedécken покрыва́ть, укрыва́ть

bedénken* обду́мывать

bedéuten означа́ть, зна́чить; was bedéutet díeses Wort? что означа́ет э́то сло́во?

Bedéutung *f =*, -en значе́ние *с*

bedíenen обслу́живать sich ~: bítte, ~ Sie sich! угоща́йтесь, пожа́луйста!

Bedíenung *f =*, -en **1.** *тк. sg* обслу́живание *с* **2.** официа́нт *м*; продаве́ц *м* **3.** обслу́живающий персона́л

bedíngt 1. обусло́вленный **2.** усло́вный

Bedíngung *f =*, -en **1.** усло́вие *с*, предпосы́лка *ж* **2.** *pl* усло́вия *мн (обстоя́тельства)*

bedíngungslos безогово́рочный; безусло́вный

beéilen, sich торопи́ться, спеши́ть

beéindrucken производи́ть си́льное впечатле́ние

beéinflussen влия́ть, ока́зывать влия́ние *(на кого́-л.)*

Béere *f =*, -n я́года *ж*

Béet *n* -(e)s, -e гря́дка *ж*; клу́мба *ж*

befállen* 1. постига́ть *(о несча́стье)*; поража́ть *(о боле́зни)*; von éiner Kránkheit ~ wérden заболе́ть чем-л. **2.** охва́тывать *(о тяжёлом чу́встве)*

Befángenheit *f =* смуще́ние *с*, ро́бость *ж*

befássen, sich mit *D* занима́ться *чем-л.*

beféhlen* прика́зывать

beféstigen 1. укрепля́ть **2.** прикрепля́ть

befínden*, sich находи́ться

Befínden *n* -s самочу́вствие *с*, состоя́ние *с* здоро́вья

befréien освобожда́ть

Befréiung *f =* освобожде́ние *с*

befréunden, sich подружи́ться *(с кем-л.)*

befríedigen удовлетворя́ть

befríedigend удовлетвори́тельный

Befúgnis *f =*, -se полномо́чие *с* (zu *D* на что́-л.)

befühlen ощу́пывать

begábt одарённый

Begábung *f =*, -en тала́нт *м*; спосо́бность *ж*, дарова́ние *с*

begében*, sich идти́, направля́ться *(куда-л.)*

begégnen: *j-m* ~ встре́тить кого́-л., встре́титься с кем-л. *(обычно случайно)*

Begégnung *f* =, -en встре́ча *ж*

begéhen* 1. пра́здновать, отмеча́ть *(праздник, юбилей и т. п.)* 2. соверша́ть *(ошибку, преступление и т. п.)*; éine Dúmmheit ~ сде́лать глу́пость

begéhren (стра́стно) жела́ть

begéistern 1. воодушевля́ть 2. приводи́ть в восто́рг 3. für *A* увлека́ть *кого-л. чем-л.* sich ~ für *A* восхища́ться *чем-л.*

Begínn *m* -(e)s нача́ло *с*

begínnen* начина́ть(ся)

begléiten 1. провожа́ть, сопровожда́ть 2. аккомпани́ровать

Begléiter *m* -s, = 1. сопровожда́ющий *м*, провожа́тый *м* 2. спу́тник *м*, попу́тчик *м* 3. аккомпаниа́тор *м*

beglückwünschen zu *D* поздравля́ть *с чем-л.*

begnádigen поми́ловать

begnügen, sich mit *D* дово́льствоваться, удовлетворя́ться *чем-л.*

begráben* хорони́ть

Begräbnis *n* -ses, -se по́хороны *мн*

begréifen* понима́ть, постига́ть

Begríff *m* -(e)s, -e 1. поня́тие *с* 2. *тк. sg* представле́ние *с*; sich (*D*) éinen ~ von etw. máchen соста́вить себе́ представле́ние о чём-л. ◊ im ~ sein собира́ться, намерева́ться

begrüßen 1. приве́тствовать *(кого-л.)*, здоро́ваться *(с кем-л.)* sich ~ здоро́ваться друг с дру́гом, приве́тствовать друг дру́га 2. приве́тствовать, одобря́ть *(что-л.)*

Begrüßung *f* =, -en приве́тствие *с*

behálten* 1. оставля́ть (bei sich (*D*) у себя́); сохраня́ть 2. запомина́ть, по́мнить

Behälter *m* -s, = ёмкость *ж*; сосу́д *м*; цисте́рна *ж*; резервуа́р *м*

behándeln 1. обходи́ться, обраща́ться *(с кем-л., с чем-л.)* 2. лечи́ть 3. обсужда́ть, излага́ть

behárren auf *D* наста́ивать *на чём-л.*, упо́рствовать *в чём-л.*

behárrlich насто́йчивый, упо́рный

behaúpten утвержда́ть *(говори́ть)*

behében* устранять *(помехи, недостатки)*; преодолевать *(трудности)*

behérrschen 1. владеть *(чем-л.)*; господствовать *(над кем-л., чем-л.)* 2. владеть *(чем-л.)*; знать в совершенстве *(что-л.)*; éine Spráche ~ владеть каким-л. языком sich ~ владеть собой, сдерживать себя

behílflich: j-m bei etw. (*D*) ~ sein помочь кому-л. в чём-л.

behíndern препятствовать, мешать *(кому-л.)*

bei *указывает на:* 1. *местонахождение* у; около; при; за; под; ~m Éingang у входа; ~ Móskau под Москвой; ich hábe kein Geld ~ mir у меня при себе нет денег; ~ Tisch за столом 2. *время во время (чего-л.)*; ~ Táge днём; ~m Éssen во время еды 3. *обстоятельства* при, в; ~ der Begégnung при встрече; ~ Hítze в жару 4. *занятие* за; ~ der Árbeit за работой; ~m Éssen за едой 5.: ~ der Hand за руку; ~ der Schúlter за плечо

béibringen* 1. научить, обучить *(кого-л. чему-л.)* 2. причинять *(убыток, ущерб)*

béide оба, обе

Béifall *m* -(e)s 1. аплодисменты *мн;* ~ klátschen аплодировать 2. одобрение *с*

Bein *n* -(e)s, -e 1. нога *ж* 2. ножка *ж (стола, стула)*

beináh(e) почти, чуть не

Béiname *m* -ns, -n прозвище *с*

beisámmen вместе

beiséite в сторону; ~ tréten* отойти в сторону

Béispiel *n* -(e)s, -e 1. пример *m;* zum ~ например 2. пример *m*, образец *m (для подражания)*

béispielhaft примерный

béißen* 1. кусать(ся) *(о собаке, насекомых)* 2. in *A* откусывать *(от чего-л.)* 3. клевать *(о рыбе)* 4. жечь, щипать *(о чём-л. едком)*

Béistand *m* -(e)s помощь *ж*, содействие *с;* ~ léisten оказать помощь

béistehen * помогать

béitragen* zu *D* способствовать *чему-л.;* вносить свой вклад *во что-л.*

béitreten* 1. вступать *(в организацию)*; éiner Partéi ~ вступать в какую-л. партию 2. присоединяться *(к соглашению)*

Béiwagen *m* -s, = коляска *ж (мотоцикла)*

béiwohnen *D* присутствовать *на чём-л.*

bekämpfen боро́ться *(с чем-л.)*

beká́nnt 1. изве́стный; **állgemein ~** общеизве́стный **2.** знако́мый; **sich mit j-m ~ máchen** (по)знако́миться с кем-л.

Beká́nnte, der -n, -n знако́мый *m*; **die -n, -n** знако́мая *ж*

beká́nntgeben* опублико́вывать; объявля́ть

Beká́nntmachung *f=*, **-en** объявле́ние *с (письменное)*

Beká́nntschaft *f =* **1.** знако́мство *с*; **~ ánknüpfen** завяза́ть знако́мство **2.** круг *м* знако́мых

bekénnen* признава́ть *(что-л.)* **sich ~** признава́ться, сознава́ться *(в чём-л.)*

beklá́gen, sich über *D* жа́ловаться *на что-л.*

bekómmen* получа́ть; **Húnger ~** проголода́ться; **Angst ~** испуга́ться; **sie hat ein Kind ~** у неё роди́лся ребёнок; **wir haben Besúch ~** к нам пришли́ го́сти

bekrä́ftigen подтвержда́ть

belében оживля́ть

belébt оживлённый, (мно́го)лю́дный

belégen 1. mit *D* покрыва́ть, устила́ть *чем-л.* **2. mit** *D* облага́ть *(налогами)* **3.** занима́ть *(место, комнату и т. п.)* **4. durch** *A* подтверди́ть *что-л. чем-л.*

beléibt ту́чный, по́лный

beléidigen обижа́ть; оскорбля́ть

Beléidigung *f =*, **-en** оби́да *ж*; оскорбле́ние *с*

beléuchten освеща́ть

Beléuchtung *f =* освеще́ние *с*, свет *м*

Bélgi|er *m* **-s, =** бельги́ец **~in** *f =*, **-nen** бельги́йка

bélgisch бельги́йский

Belíeben *n:* **nach ~** по жела́нию; **nach Íhrem ~** как вам уго́дно

belíebig любо́й

belíebt люби́мый, популя́рный

béllen ла́ять

belóhnen (воз)награжда́ть

Bélorusse *m* **-n, -n** белору́с *м*

Bélorussin *f =*, **-nen** белору́ска *ж*

bélorussisch белору́сский

belǘgen* *j-n* лгать *кому-л.*, обма́нывать *кого-л.*

belú́stigen весели́ть, забавля́ть **sich ~** забавля́ться

bemérken замеча́ть

Bemérkung *f =*, **-en** замеча́ние *с*

benáchbart сосе́дний; окре́стный; прилега́ющий

benáchrichtigen уведомля́ть, извеща́ть

benáchteiligen обделя́ть, обходи́ть *(кого-л.)*

benéhmen*, sich вести́ себя́, держа́ться

Benéhmen *n* -s A поведе́ние *c*

benéiden *j-n* um зави́довать *кому-л. в чём-л.*

Benénnung *f* =, -en назва́ние *c*; наименова́ние *c*

benötigen нужда́ться *(в чём-л.)*

benútzen (вос)по́льзоваться *(чем-л.)*

Benzín *n* -s, -e бензи́н *м*

beóbachten наблюда́ть

Bequémlichkeit *f* =, -en удо́бство *c*, комфо́рт *м*

beráten* дава́ть сове́т *(кому-л.)*; консульти́ровать *(кого-л.)* sich ~ сове́товаться *(с кем-л.)*; консульти́роваться *(у кого-л.)*

berëchnen 1. вычисля́ть 2. *перен.* рассчи́тывать, взве́шивать

Berëchnung *f* =, -en 1. вычисле́ние *c*, подсчёт *м* 2. *перен.* расчёт *м;* aus ~ по расчёту

berëchtigen zu *D* дава́ть пра́во *кому-л. на что-л.*

berëchtigt обосно́ванный, опра́вданный

berédt красноречи́вый

beréit zu *D* гото́вый *к чему-л., на что-л.*

beréiten 1. гото́вить, приготовля́ть 2. причиня́ть, доставля́ть *(что-л. кому-л.)*

beréits уже́

Beréitschaft *f* = гото́вность *ж*

beréit|stehen* быть гото́вым, стоя́ть нагото́ве ~**stellen** предоставля́ть

beréitwillig охо́тно

beréuen раска́иваться *(в чём-л.)*, сожале́ть *(о чём-л.)*

Berg *m* -(e)s, -e 1. гора́ *ж* 2. гора́ *ж*, гру́да *ж*, ку́ча *ж* *(чего-л.)*

Bérgarbeiter *m* -s, = горнорабо́чий *м*, шахтёр *м*

bergáuf в го́ру, на́ гору

bérgen* пря́тать, укрыва́ть; спаса́ть

bérgig гори́стый

Berg|steigen *n* -s альпини́зм *м* ~**sturz** *m* -es, ..stürze обва́л *м* в гора́х ~**werk** *n* -(e)s, -e 1. рудни́к *м* 2. ша́хта *ж*

Berícht *m* -(e)s, -e сообще́ние *c*; докла́д *м*, отчёт *м;* ~ **erstatten** дава́ть отчёт

beríchten сообща́ть, расска́зывать; докла́дывать

Berichterstatter *m* -s, = корреспонде́нт *м*

bérsten* тре́скаться, растре́скиваться

berücksichtigen принима́ть во внима́ние, учи́тывать

Berúf *m* -(e)s, -e профе́ссия *ж*, специа́льность *ж*

berúfen, sich auf *A* ссыла́ться *на что-л., на кого-л.*

Berúfs|schule *f* =, -n профессиона́льно-техни́ческое учи́лище, ПТУ **~sportler** *m* -s, = спортсме́н-профессиона́л *м*

berúhen auf *D* осно́вываться *на чём-л.*

berúhigen успока́ивать **sich ~** успока́иваться

berühmt знамени́тый

Berühmtheit *f* =, -en 1. *тк. sg* изве́стность *ж* 2. знамени́тость, знамени́тый челове́к

berühren 1. каса́ться *(чего-л.)*, дотра́гиваться *(до чего-л.)* **2.** *перен.* каса́ться *(чего-л.)*, затра́гивать *(что-л.)* **3.** *перен.* тро́гать, задева́ть *(кого-л.)* **sich ~** соприкаса́ться

beschädigen поврежда́ть

beschäffen I достава́ть, раздобыва́ть

beschäffen II: so ~ тако́й; **die Sáche ist so ~** де́ло обстои́т так

beschäftigen *в разн. знач.* занима́ть *(кого-л.)* **sich ~ mit** *D* занима́ться *чем-л.*

beschäftigt: ich bin sehr ~ я о́чень за́нят, у меня́ о́чень мно́го дел

Beschäftigung *f* =, -en заня́тие *с*, рабо́та *ж*

Beschéid *m* -(e)s отве́т *м*, разъясне́ние *с*; спра́вка *ж*, информа́ция *ж*; **j-m ~ ságen** сообща́ть, переда́ть кому́-л. *(что-л.)*; **~ wissen*** а) знать толк, разбира́ться в чём-л. б) быть в ку́рсе де́ла

beschéiden скро́мный

Beschéinigung *f* =, -en распи́ска *ж*; квита́нция *ж*; спра́вка *ж*

beschlágnahmen конфискова́ть

beschléunigen ускоря́ть

beschlíeßen* реша́ть, постановля́ть

beschränken auf *A* ограни́чивать *чем-л.* **sich ~ auf** *A* ограни́чиваться *чем-л.*

beschréiben* опи́сывать

Beschréibung *f* =, -en описа́ние *с*

beschúldigen *G* обвиня́ть *кого-л. в чём-л.*

beschützen защища́ть, оберега́ть

Beschützer *m* -s, = защи́тник *м*, засту́пник *м*

Beschwérde *f* =, -n 1. *юр.* жа́лоба *ж* 2. *pl* бо́ли *мн;* wélche ~n háben Sie? на что вы жа́луетесь? *(вопрос врача́)*

beséhen* осма́тривать, рассма́тривать

beséitigen устраня́ть, ликвиди́ровать

Bésen *m* -s, = ве́ник *м;* метла́ *ж*

beséssen von *D* одержи́мый *чем-л.*

besétzen 1. занима́ть *(место и т. п. для кого-л.)* 2. mit *D* отде́лывать *(платье и т. п. чем-л.)* 3. оккупи́ровать

besétzt: álle Plätze sind ~ все места́ за́няты; die Númmer ist ~ телефо́н за́нят

besíchtigen осма́тривать *(выставку, город и т. п.)*

besíedeln заселя́ть

besíegen побежда́ть

Besínnung *f* = созна́ние *с,* чу́вство *с;* die ~ verlíeren* потеря́ть созна́ние; zur ~ kómmen* прийти́ в созна́ние

besítzen* владе́ть, облада́ть *(чем-л.),* име́ть *(что-л.)*

besónder 1. осо́бенный, осо́бый; im ~er в осо́бенности 2. отде́льный

Besónderheit *f* =, -en осо́бенность *ж*

besónders осо́бенно

besórgen достава́ть, покупа́ть

Besórgnis *f* =, -se опасе́ние *ж,* трево́га *ж*

bespréchen* обсужда́ть

bésser 1) *adj* лу́чший 2) *adv* лу́чше; désto ~ тем лу́чше

béssern, sich 1. улучша́ться 2. исправля́ться *(о человеке)*

best (наи)лу́чший; beim ~en Willen при всём жела́нии; der érste ~e пе́рвый встре́чный 2.: am ~en лу́чше всего́

Bestánd *m* -(e)s, ..stände нали́чие *с;* запа́с *м,* фонд *м*

bestándig постоя́нный, неизме́нный

Bestándteil *m* -(e)s, -e составна́я часть

bestätigen подтвержда́ть

bestéhen* 1. выде́рживать, переноси́ть 2. aus *D* состоя́ть *из чего-л.* 3. in *D* заключа́ться *в чём-л.* 4. auf *A* наста́ивать *на чём-л.*

bestéllen 1. зака́зывать; ~ Sie bítte ein Táxi вы́зовите, пожа́луйста, такси́ 2. передава́ть *(привет, поручение)* 3. обраба́тывать, возде́лывать *(землю)*

Bestéllung *f* =, -en 1. заказ *m;* доставка *ж* 2. обработка *ж,* возделывание *c (земли)*

bestímmen 1. назначать, устанавливать 2. определять 3. предназначать

bestímmt определённый; ganz ~ совершенно определённо

bestráfen наказывать

bestráhlen 1. освещать *(лучами)* 2. *мед., физ.* облучать

bestréiten* 1. оспаривать 2.: die Kósten ~ покрывать издержки

bestürzt смущённый, озадаченный; поражённый, ошеломлённый

Besúch *m* -(e)s, -e 1. посещение *c,* визит *м;* zu ~ géhen* идти в гости; éinen ~ ábstatten нанести визит; zu ~ sein быть в гостях 2. гость *м,* гости *мн;* wir bekämen ~ к нам пришли гости

besúchen 1. посещать, навещать *(кого-л.)* 2. ходить *(куда-л.),* посещать *(что-л.);* die Schúle ~ ходить в школу

Besúcher *m* -s, = 1. посетитель *м,* гость *м* 2. зритель *м,* слушатель *м*

Béte *f:* (róte) ~ свёкла *ж*

betéiligen, sich an *D* участвовать, принимать участие *в чём-л.*

Beton [-´tɔŋ] *m* -s, -s *и* [-´to:n] *m* -s, -e бетон *м*

betónen 1. делать ударение *(на чём-л.)* 2. *перен.* подчёркивать

Betónung *f* =, -en ударение *c*

betráchten рассматривать

beträchtlich значительный

Betrág *m* -(e)s, ..träge 1. сумма *ж* 2. *тк. sg* an *D* размер *м,* объём *м,* количество *c чего-л.*

betrágen* составлять *(какую-л. сумму);* равняться *(чему-л.)*

betrágen*, sich вести себя

Betrágen *n* -s поведение *c*

betréffen* касаться *(кого-л., чего-л.),* относиться *(к кому-л., чему-л.)*

betréffend 1) *adj* соответствующий; данный 2) *adv* относительно *(чего-л.)*

Betríeb *m* -(e)s, -e 1. предприятие *c,* завод *м,* производство *c* 2.: in ~ sein работать, действовать; in ~ sétzen сдать в эксплуатацию, ввести в строй; áußer ~ sein не работать, не функционировать

Bett *n* -(e)s, -en 1. кровать

ж, посте́ль ж; zu ~ ge´hen* ложи́ться спать; das ~ máchen стели́ть посте́ль 2. ру́сло *(реки)*

béugen сгиба́ть; наклоня́ть sich ~ наклоня́ться, склоня́ться (über A *над кем-л., над чем-л.)*

beúnruhigen (sich) беспоко́ить(ся), трево́жить(ся)

beúrlauben дава́ть о́тпуск

beúrteilen суди́ть *(о ком-л., о чём-л.)*; оце́нивать *(что-л. как-л.)*

Béutel *m* -s, =1. кошелёк *м* 2. (хозя́йственная) су́мка

Bevölkerung *f* = населе́ние *с*

bevór пре́жде чем; пока́ не

bevórstehend предстоя́щий

bevórzugen предпочита́ть

bewáffnet вооружённый

Bewáffnung *f* =, -en *в разн. знач.* вооруже́ние *с*

bewáhren 1. храни́ть, сохраня́ть, бере́чь 2. предостерега́ть sich ~ предохраня́ть себя́ *(от чего-л.)*

bewähren, sich 1. оправда́ть себя́ *(о методе и т. п.)* 2. прояви́ть себя́ *(как-л.)*

bewährt испы́танный, надёжный

bewältigen преодолева́ть *(что-л.)*, справля́ться *(с чем-л.)*

bewándert све́дущий, зна́ющий

bewässern ороша́ть

bewégen* 1. дви́гать; шевели́ть 2. волнова́ть, тро́гать 3. побужда́ть, склоня́ть sich ~ дви́гаться; шевели́ться

Bewégung *f* =, -en 1. движе́ние *с*, жест *м* 2. *тк. sg* движе́ние *с*; in ~ sétzen привести́ в движе́ние; sich in ~ sétzen прийти́ в движе́ние 3. (обще́ственное) движе́ние

bewégungslos неподви́жный

bewírten угоща́ть

bewóhnen жить; обита́ть; населя́ть

Bewóhner *m* -s, = жи́тель *м*

bewölkt о́блачный, па́смурный

bewúndern любова́ться, восхища́ться *(кем-л., чем-л.)*

bewúndernswert удиви́тельный, досто́йный восхище́ния

Bewúnderung *f* = восхище́ние *с*

bezéichnend характе́рный

Bezéichnung *f* =, -en обозначе́ние *с*, назва́ние *с*

beziehen* 1. обтя́гивать; обива́ть *(ме́бель)*; die Betten neu ~ смени́ть посте́льное бельё 2. выпи́сывать *(газе́ту)*; получа́ть *(това́ры, пе́нсию и т. п.)* 3.: éine néue Wóhnung ~ переезжа́ть на но́вую кварти́ру sich ~ auf A относи́ться *к кому́-л., чему́-л.*, каса́ться *кого́-л., чего́-л.*

Bezírk *m* -(e)s, -e о́круг *м*; райо́н *м*

bezúg: in ~ auf... относи́тельно *(чего́-л.)*

bezwéifeln сомнева́ться *(в чём-л.)*

bezwíngen* 1. поборо́ть, преодолева́ть *(како́е-л. чу́вство и т. п.)* 2. победи́ть, одоле́ть *(кого́-л.)*

Bibliothék *f* =, -en библиоте́ка *ж*

bíegen* гнуть; нагиба́ть; um die Écke ~ заверну́ть за́ угол sich ~ гну́ться; нагиба́ться

bíegsam ги́бкий, упру́гий

Bíegung *f* =, -en изги́б *м*; поворо́т *м*

Bíene *f* =, -n пчела́ *ж*

Bier *n* -(e)s, -e пи́во *с*

bíeten* предлага́ть, предоставля́ть sich ~ представля́ться *(о возмо́жности)*

Bild *n* -(e)s, -er 1. карти́на *ж*; портре́т *м* 2. фотогра́фия *ж* ◊ im ~e sein быть в ку́рсе (де́ла)

bílden составля́ть, образо́вывать sich ~ образо́вываться

bíldend: ~e Künste изобрази́тельные иску́сства

Bíldhauer *m* -s, = ску́льптор *м*

bildlich 1. нагля́дный 2. о́бразный; перено́сный

Bíldnis *n* -ses, -se портре́т *м*

Bíldreporter *m* -s, = фоторепортёр *м*

Bíldschirm *m* -(e)s, -e (телевизио́нный) экра́н

Bíldung *f* 1. образова́ние *с*, формирова́ние *с* 2. образова́ние *с*, воспита́ние *с*

Bíldungs|einrichtung *f* =, -en уче́бное заведе́ние ~grad *m* -(e)s, -e у́ровень *м* образова́ния

bíllig дешёвый *(тж. перен.)*

bílligen одобря́ть

Bínde *f* =, -n 1. повя́зка *ж*, бинт *м* 2. нарука́вная повя́зка

bínden* 1. свя́зывать *(что-л. вме́сте)*; an A привя́зывать *к чему́-л.*; завя́зывать *(га́лстук)*; перевя́зывать, повя́зывать *(что-л.,* *чем-л.)* 2. переплетáть *(книги)*

Bíndfaden *m* -s, ..fäden верёвка *ж;* шпагáт *м*

Bíndung *f* =, -en 1. связь *ж;* привя́занность *ж; pl* свя́зи *мн,* отношения *мн* 2. креплéние *с (лыжное)*

bínnen в течéние; ~ kurzem в течéние корóткого срóка; ~ éinem Jahr в течéние гóда; ~ acht Tágen в недéльный срок

Biographíe *f* =, ..phíen биогрáфия *ж*

Biologíe *f* = биолóгия *ж*

Bírke *f* =, -n берёза *ж*

Bírne *f* =, -n 1. грýша *ж (плод)* 2. (электри́ческая) лáмпочка

bis 1) *präp* до; ~ an, ~ auf, ~ zu (вплоть) до; ~ auf mórgen до зáвтра; ~ óben дóверху; ~ wann? до какóго врéмени?; ~ wohin? до какóго мéста?; álle ~ auf éinen а) все до одногó б) все, крóме одногó 2) *conj* покá не; ich wárte, ~ du kommst я подождý, пока ты придёшь

bishér до сих пор

bishérig прéжний, бы́вший

bíßchen: ein ~ немнóго, немнóжко; ein klein ~ чуть-чуть, чутóчку

Bíssen *m* -s, = кусóк *м*

bíssig 1.: der Hund ist ~ собáка кусáется 2. éдкий, кóлкий, язви́тельный

bítte пожáлуйста; néhmen Sie ~ Platz! сади́тесь, пожáлуйста!; ~ sehr! пожáлуйста!, не стóит благодáрности!; wie ~? прости́те, что вы сказáли?; ja,~! слýшаю! *(по телефону)*

Bítte *f* =, -n прóсьба *ж*

bítten* um *A* проси́ть о чём-л.; zu Tisch ~ проси́ть к столý

bítter гóрький

blank 1. блестя́щий, начи́щенный (до блеска) 2.: ~e Wáffe холóдное орýжие

blaß блéдный

Blatt *n* -(e)s, Blätter 1. лист *м, pl тж.* листвá *ж* 2. лист, листóк *(бумаги)*

blättern: in éinem Buch ~ перели́стывать кни́гу

blau си́ний; голубóй; ~er Fleck синя́к *м*

bléiben* *в разн. знач.* оставáться

bleich блéдный

Bléistift *m* -(e)s, -e карандáш *м*

Blénde *f* =, -n *фото* диафрáгма *ж*

bléndend ослепи́тельный, великолепный

blícken смотрéть, глядéть

blind слепóй *(тж. перен.)*

Blínde, der -n, -n слепóй *м;* die, -n, -n слепáя *ж*

blínken 1. сверкáть, мерцáть **2.** *авто* подавáть сигнáл; links ~ давáть сигнáл о поворóте налéво

blítzen сверкáть, блестéть; es blitzt сверкáет мóлния

Blítztelegramm *n* -(e)s, -e телегрáмма-мóлния *ж*

Block *m* -(e)s, Blöcke **1.** глы́ба *ж;* колóда *ж* **2.** блок *м* (жилы́х) домóв; кóрпус *м* *(жилóй дом)* **3.** *полит.* блок *м* **4.** блокнóт *м*

blond белокýрый, светловолóсый

bloß 1) *adj* гóлый, обнажённый; mit ~en Händen гóлыми рукáми; mit ~em Áuge невооружённым глáзом; es war ein ~er Zúfall э́то былá чи́стая случáйность **2)** *adv разг.* тóлько, лишь; прóсто; ich hátte ~ fünf Mark у меня́ оставáлось тóлько пять мáрок

blühen 1. цвести́ **2.** процветáть

blühend цветýщий

Blúme *f* =, -n цветóк *м*

Blumen|kohl *m* -(e)s цветнáя капýста ~**strauß** *m* -es, ..sträuße букéт *м (цветóв)*

Blúse *f* =, -n блýзка *ж*

Blüte *f* =, -n **1.** цветóк *м* **2.** *тк. sg* цветéние *с* **3.** *тк. sg* процветáние *с,* расцвéт *м*

blúten кровоточи́ть

Bóckwurst *f* =, ..würste (горя́чая) сардéлька

Bóden *m* -s, *pl* = *u* Böden **1.** земля́ *ж,* пóчва *ж* **2.** дно *с* **3.** пол *м* **4.** чердáк *м*

Bóden|satz *m* -es, ..sätze осáдок ~**schätze** *pl* полéзные ископáемые

Bógen *m* -s, *pl* = *u* Bögen **1.** дугá *ж;* изги́б *м;* áрка *ж;* свод *м* **2.** лук *м (орýжие)* **3.** смычóк *м* **4.** лист *м (бумáги)*

Bóhne *f* =, -n **1.** боб *м* **2.** *pl* фасóль *ж*

Bóhnenkaffee *m* = **1.** кóфе *м* в зёрнах **2.** (натурáльный) кóфе *(напи́ток)*

bóhnern натирáть *(пол)*

bóhren сверли́ть; бурáвить

Bóhrer *m* -s, = **1.** сверлó *с;* бурáв *м* **2.** бури́льщик *м*

böig поры́вистый, шквáлистый (о ветре)

Bonbon [bɔŋˈbɔŋ] *m, n* -s, -s конфéта *ж,* карамéль *ж,* леденéц *м*

Boot *n* -(e)s, -e лóдка *ж*

bórgen 1. bei *j-m etw.* брать взаймы́, занимáть *что-л.* у *когó-л.* **2.** *j-m etw.* давáть в долг, ода́лживать *кому-л. что-л.*

Börse *f* =, -n би́ржа *ж*

Bórte *f* =, -n кайма́ *ж*, край *м*, обши́вка *ж*

Böschung *f* =, -en отко́с *м*, склон *м*

böse злой, серди́тый; *j-n* ~ máchen серди́ть кого́-л.; auf *j-n* ~ sein серди́ться на кого́-л.

Botánik *f* бота́ника *ж*

Bóte *m* -n, -n курье́р *м*, рассы́льный *м*

Bótschaft *f* =, -en 1. весть *ж*, изве́стие *с* 2. посо́льство *с*

Bótschafter *m* -s, = посо́л *м*

Bótschaftsrat *m* -(e)s, ..räte сове́тник *м* посо́льства

Bóxer *m* -s, = боксёр *м* (*спортсме́н*)

Brand *m* -(e)s, Brände пожа́р *м*; in ~ geráten* загоре́ться

Brándung *f* =, -en прибо́й *м*

Brándwunde *f* =, -n ожо́г *м*

brasiliánisch брази́льский

bráten* жа́рить(ся)

Bráten *m* -s, = жарко́е *с*

Brát|huhn *n* -(e)s, ..hühner жа́реная ку́рица -kartoffeln *pl* жа́реный карто́фель

bráuchbar (при)го́дный

bráuchen нужда́ться (*в чём-л.*); ich bráuche Hílfe мне нужна́ по́мощь

Bráue *f* =, -n бровь *ж*

braun кори́чневый; бу́рый; сму́глый; загоре́лый; ка́рий (*о глаза́х*)

Bráuse *f* =, -n 1. душ *м* 2. лимона́д *м*

Braut *f* =, Bräute неве́ста *ж*

Bräutigam *m* -s, -e жени́х *м*

brav 1) *adj* послу́шный 2) *adv* отли́чно, сла́вно

bréchen* 1. лома́ть 2. наруша́ть (*сло́во, догово́р*) 3. лома́ться, разбива́ться 4.: ich mǘßte ~ меня́ вы́рвало 5.: éinen Rekórd ~ *спорт.* поби́ть реко́рд

Brei *m* -(e)s, -e ка́ша *ж*

breit широ́кий

Bréite *f* =, -n 1. ширина́ *ж* 2. *геогр.* широта́ *ж*

brénnen* 1. горе́ть 2. жечь, сжига́ть 3. жечь; щипа́ть (*о йо́де, пе́рце*) 4.: es brennt! пожа́р!

Brénn|holz *n* = дрова́ *мн* ~stoff *m* -(e)s, -e горю́чее *с*, то́пливо *с*

Brett *n* -(e)s, -er 1. доска́ *ж* 2. ша́хматная [ша́шечная] доска́ 3. *pl* театра́льные подмо́стки

Brief *m* -(e)s, -e письмо́ *с*; mit *j-m* ~e wéchseln перепи́сываться с кем-л.

Brief|kasten *m* -s, ..kästen почто́вый я́щик ~marke *f* =, -n почто́вая ма́рка

Brief|tasche *f* =, -n бумажник *м* **~umschlag** *m* -(e)s, ..schläge (почтовый) конверт **~wechsel** *m*: mit *j-m* im ~wechsel stéhen* переписываться с кем-л.

Brílle *f* =, -n очки *мн*

Bríllengestell *n* -(e)s, -e оправа *ж* очков

bríngen* 1. приносить, приводить, привозить; доставлять 2. провожать; *j-n* nach Háuse [zur Bahn] ~ проводить кого-л. домой [на вокзал] 3. in A приводить (*в какое-л. состояние*)

Brósche *f* =, -n брошь *ж*, брошка *ж*

Brot *n* -(e)s, -e хлеб *м;* belégtes ~ бутерброд

Brötchen *n* -s, = булочка *ж*

Brótröster *m* -s, = тостер *м* (*электроприбор*)

Bruch *m* -(e)s, Brüche 1. поломка *ж* 2. трещина *ж* 3. *мед.* перелом *м* 4. разрыв *м* (*отношений*); нарушение *с* (*договора*) 5. *мат.* дробь *ж*

brüchig ломкий, хрупкий

Brücke *f* =, -n мост *м*

Brúder *m* -s, Brüder брат *м*

Brühe *f* =, -n бульон *м*, отвар *м*

brünétt 1. темноволосый 2. смуглый

Brúnnen *m* -s, = 1. колодец *м* 2. фонтан *м* 3. (минеральный) источник

Buch *n* -(e)s, Bücher книга *ж*

Búche *f* =, -n бук *м*

Büchse *f* =, -n 1. (жестяная) банка *ж* 2. консервная банка 3. охотничье ружьё

Büchsenöffner *m* -s, = консервный нож, открывалка (*разг.*)

Búchstabe *m* -ns *и* -n, *pl* -n буква *ж*

búchstäblich буквальный

Bucht *f* =, -en бухта *ж*, залив *м*

Búchweizen *m* -s гречиха *ж*

Búckel *m* -s, = горб *м*

bücken, sich нагибаться

Búde *f* =, -n 1. будка *ж* 2. лавка *ж*, ларёк *м*

Bügel *m* -s, = 1. вешалка *ж*, плечики *мн* 2. стремя *с* 3. дужка *ж* (*очков*)

Bügeleisen *n* -s, = утюг *м*

bügeln гладить (утюгом)

Bühne *f* =, -n сцена *ж*

Bühnenbild *n* -(e)s, -er декорация *ж*

Bulgáre *m* -n, -n болгарин *м*

Bulgárin *f* =, -nen болгарка *ж*

bulgárisch болгарский

Búllauge *n* -s, -n иллюминатор *м*

Búlle *m* -n, -n бык *м*

Bund I *m* -(e)s, Bünde союз *м*; объединение *с*; лига *ж*; федерация *ж*

Bund II *n* -(e)s, -e связка *ж (ключей)*; пачка *ж (книг)*; охапка *ж*; сноп *м*; пучок *м (укропа и т. п.)*

Bungalow [´buŋgalo:] *m* -s, -s дачный домик

Búnker *m* -s, = бункер *м*; бомбоубежище *с*

bunt пёстрый, цветной, разноцветный

Búntstift *m* -(e)s, -e цветной карандаш

Burg *f* =, -en замок *м*, крепость *ж*

bürgen ручаться *(за кого-л.)*

Bürger *m* -s, = 1. гражданин *м* 2. житель *м (какого-л. города)* 3. буржуа *м* 4. обыватель *м*

Bürgertum *n* -s буржуазия *ж*

Büró *n* -s, -s бюро *с*, контора *ж*

Bürokratíe *f* = бюрократия *ж*

bürokratisch бюрократический

Búrsche *m* -n, -n парень *м*; мальчик *м*; малый *м*

Bürste *f* =, -n щётка *ж*

bürsten чистить щёткой

Bus *m* -ses, -se автобус *м*

Busch *m* -es, Büsche куст *м*; кустарник *м*

Búsen *m* -s, = 1. (женская) грудь 2. (морской) залив

Búshaltestelle *f* =, -n автобусная остановка

büßen поплатиться *(за что-л.)*; *рел.* покаяться *(в чём-л.)*

Bútter *f* = (сливочное) масло

Café *n* -s, -s кафе *с*

campen [´kɛm-] жить в палатке [в кемпинге]

Camping [´kɛm-] *n* -s отдых *м* [проживание *с*] в палатке [в кемпинге]

Camping|hemd [´kɛm-] *n* -es, -en летняя рубашка навыпуск ~liege *f* =, -n раскладная портативная кровать, раскладушка *ж (разг.)* ~lager *n* -s, =, ~platz *m* -es, ..plätze кемпинг *м*

Cello [´tʃɛ-] *n* -s, *pl* -s *и* Célli виолончель *ж*

Champignon [´ʃampinjɔŋ] *m* -s, -s шампиньон *м*

Chance [´ʃas(ə)] *f* =, -n шанс *м*

chaótisch [ka-] хаотичный

Charákter [ka-] *m* -s, ..tére *в разн. знач.* характер *м*

charakterisíeren [ka-] характеризовать

charakterístisch [ka-] характерный, отличительный

charmánt [ʃar-] обаятельный

chartern [´(t)ʃar-] фрахтовать *(судно, самолёт)*

Chauffeur [ʃɔ´før:r] *m* -s, -е водитель *м*, шофёр *м*

Chaussee [ʃɔ´se:] *f* =, ..sé|en шоссе *с*

Chef [ʃɛf] *m* -s, -s руководитель *м*, глава *м* предприятия (учеждения); шеф *м (разг.)*

Chef|arzt [´ʃɛf-] *m* -es, ..ärzte главный врач; главврач *м (разг.)* **-koch** *m* -(e)s, köche шеф-повар *м* **~redakteur** [-tø:r] *m* -s, -е главный редактор

Chemíe *f* = химия *ж*

Chiffre [´ʃifrə *u* ´ʃifər] *f* =, -n шифр *м*

Chinése *m* -n, -n китаец *м*

Chinésin *f* =, -nen китаянка *ж*

chinésisch китайский

chips [tʃips] *pl* картофельные чипсы, хрустящий картофель

Chirúrg *m* -en, -en хирург *м*

Chor [kɔ:r] *m* -s, Chöre хор *м;* im ~ а) хором б) все вместе

Christ [kr-] *m* -en, -en христианин *м*

Chrístentum [kr-] *n* -s христианство *с*

chrístlich [kr-] христианский

Chrónik [kr-] *f* =, -en **1.** хроника *ж*, летопись *ж* **2.** хроника *ж (рубрика в печатном издании)*

chrónisch [kr-] хронический

chronológisch [kr-] хронологический

Clown [klaun] *m* -s, -s клоун *м*

Cocktail [´kɔkte:l] *m* -s, -s *в разн.знач.* коктейль *м*

Computer [kɔm´pju:-] *m* -s, = компьютер *м*, электронно-вычислительная машина, ЭВМ

Container [kɔn´te:-] *m* -s, = контейнер *м*

Couch [kautʃ] *f* =, -es диван *м*

Courage [ku´ra:ʒə] *f* = решительность *ж*, смелость *ж*

Cousin [ku´zɛŋ] *m* -s, -s двоюродный брат

Cousine [kuˊziːnə] *f* =, -n двою́родная сестра́

Creme [kr-] *f* =, -s *в разн. знач.* крем *m*

crémefarben [kr-] кре́мовый, кре́мового цве́та

D

da 1) *adv* 1. там; тут, здесь; da dráußen там на у́лице; da óben там наверху́; kéiner ist da здесь никого́ нет; wer ist da? кто там? 2. тут, тогда́, в э́тот моме́нт; von da an [ab] с тех пор, с того́ вре́мени 2) *partik* вот; der da вот э́тот; da kommt (schon) der Bus вот и автобу́с (идёт) 3) *conj* 1. так как, поско́льку, потому́ что 2. когда́; an dem Táge, da... в тот день, когда́...

dabéi 1. при *(чём-л.)*; ein Haus und ein Gárten ~ дом с са́дом; ~ hat er sein Lében gelássen при э́том он поги́б 2. к тому́ же, вме́сте с тем; sie ist schön und ~ klug она́ краси́ва и к тому́ же умна́

dabéisein 1. быть, прису́тствовать *(при чём-л.)*; уча́ствовать, принима́ть уча́стие (в чём-л.) 2. zu + inf собира́ться *(что-л. делать)*, принима́ться (за *что-л.*)

dádurch 1. через *(что-л.)* 2. э́тим, тем; ~ wirst du nichts erréichen э́тим ты ничего́ не добьёшься 3. всле́дствие *(чего-л.)*, благодаря́ *(чему-л.)*; das gescháh ~, daß... э́то случи́лось потому́, что...

dafür 1. для *(чего-л.)* 2. за *(что-л.)* 3. зато́, а; er trinkt zwar nicht, ~ raucht er он не пьёт, зато́ ку́рит

dagégen 1) *adv* 1. про́тив *(чего-л.)*; ich hábe nichts ~ я ничего́ не име́ю [не возража́ю] про́тив (э́того) 2. по сравне́нию *(с чем-л.)* 2) *conj* а, же; зато́, напро́тив

dáher 1) *adv* 1. отту́да 2. от э́того, оттого́ 2) *conj* поэ́тому, потому́; сле́довательно

dáhin туда́; bis ~ а) до того́ ме́ста б) до того́ вре́мени, до тех пор

dahínten позади́, сза́ди

dahínter за *(чем-л.)*; es ist étwas ~ за э́тим что́-то кро́ется

dámals тогда́, в то вре́мя; seit ~ с тех пор

damít 1) *adv (с чем-л.)* с э́тим; was soll ich ~ (tun)? что мне с э́тим де́лать? 2) *conj* с тем, что́бы

Dámpfer *m* -s, = парохо́д *m*

Dämpfer *m* -s, = глуши́тель *м;* амортиза́тор *м*

danách 1. зате́м, пото́м, по́сле *(чего-л.);* gleich ~ сра́зу по́сле э́того 2. в соотве́тствии *(с чем-л.),* согла́сно *(чему-л.)*

dänisch да́тский

danében 1. ря́дом *(с чем-л.)* во́зле [по́дле] *(чего-л.);* dicht ~ совсе́м бли́зко, ря́дом 2. наряду́ с э́тим, кро́ме того́

dank (*D и G*) благодаря́ *(чему-л.)*

Dank *m* -(e)s благода́рность *ж;* vielen [schönen, besten] ~! большо́е спаси́бо!

Dánkbarkeit *f* = благода́рность *ж*

dánken благодари́ть *кого-л.* (*D* für *A* за что-л.); ich dánke dir sehr большо́е тебе́ спаси́бо

dann 1. пото́м, зате́м; und ~? а (что) пото́м? 2. тогда́, в том слу́чае

daráuf 1. на *(что-л.)* 2. по́сле *(чего-л.),* зате́м, пото́м; den Tag ~ через день, на сле́дующий день; ein Jahr ~ через год, год спустя́ ◊ ich gébe viel ~я придаю́ э́тому большо́е значе́ние

daráus из *(чего-л.);* ~ wird nichts из э́того ничего́ не вы́йдет [не полу́чится] ◊ sich étwas ~ máchen придава́ть чему́-л. значе́ние

dárstellen 1. изобража́ть, представля́ть 2. *театр.* исполня́ть, игра́ть 3. представля́ть собо́й

Dárstellung *f* =, -en 1. изображе́ние *с;* изложе́ние *с* 2. *театр.* исполне́ние *с,* игра́ *ж*

darüber 1. над *(чем-л.)* 2. об э́том, о том 3. свы́ше, бо́льше; ~ hináus сверх (э́)того

darúm 1) *conj* поэ́тому 2) *adv* 1. вокру́г *(чего-л.)* 2.: ich bítte dich ~ я прошу́ тебя́ об э́том

darúnter 1. под *(чем-л.)* 2. в том числе́; среди́ них 3. ме́ньше, ни́же; деше́вле

das 1) *определённый арти́кль сре́днего ро́да* 2) *pron* 1. э́то; das ist... э́то...; was ist ~? что э́то? 2. кото́рое

dásein* прису́тствовать, быть налицо́; er ist da он здесь; sind álle da? все здесь?; in fünf Minúten bin wíeder da через пять мину́т я верну́сь

daß 1. что; ich weiß, ~... я зна́ю, что... 2. чтобы; ich wünsche, ~ er kommt я хочу́, чтобы он пришёл

dassélbe то (же) са́мое

Dátum *n* -s, Dáten да́та *ж,*

число с; wélches ~ háben wir héute? какое сегодня число?

Dáuer *f* = продолжительность *ж*, срок *м;* auf die ~ надолго

Dáumen *m* -s, = большой палец (руки)

Dáune *f* =, -n пушинка *ж; pl тж* пух *м*

davon 1. от (чего-л.); weit ~далеко отсюда; er bekám die Hälfte ~ он получил половину (от) этого; ~ erwáchte er от этого он проснулся **2.** об этом; ich weiß nichts ~ я об этом ничего не знаю ◊ ich hábe genúg ~ с меня довольно, я этим сыт

davónkommen* уйти, (легко) отделаться, уцелеть; mit éinem Schrécken ~ отделаться испугом

davór 1. перед (чем-л.); **2.**: ich wárne dich ~! я тебя предостерегаю от этого!; hüte dich ~! берегись этого!

dazú 1. для (чего-л.); ich hábe kéine Zeit ~ у меня нет на это времени **2.** сверх (э)того, кроме (э)того, к тому же

dazúgeben* *j-m* добавить *что-л. кому-л.*

dazwíschen 1. между (чем-л.) **2.** в промежутке (временном)

Déckel *m* -s, = крышка *ж*

décken 1. über, auf A накрывать, покрывать *чем-л.;* den Tisch ~ накрывать на стол **2.** удовлетворять (потребности); покрывать, возмещать (ущерб, убытки)

defékt повреждённый, испорченный; неисправный, с дефектом

déhnen растягивать, вытягивать; расширять sich ~ **1.** растягиваться; простираться **2.** тянуться (о времени)

dein *m* (déine *f*, dein *n*, déine *pl*) твой (твоя, твоё, твои)

déinetwegen 1. из-за тебя **2.** ради тебя

dekoratív декоративный

Delegatión *f* =, -en делегация *ж*

démnach следовательно, итак, таким образом

démnächst в скором времени, в ближайшее время

demonstríeren 1. устраивать демонстрацию **2.** (про)демонстрировать

dénkbar мыслимый, возможный, допустимый

dénken* 1. думать, размышлять **2.** an A думать о *ком-л., о чём-л.;* du sollst noch an mich ~! ты меня ещё попомнишь! **3.** думать, иметь мнение (о ком-л., о чём-л.);

was denkst du darüber? что ты об э́том ду́маешь?; von j-m gut [schlecht] ~ ду́мать о ком-л. хорошо́ [пло́хо] 4.: das kann ich mir ~! могу́ себе́ предста́вить!; das hábe ich mir gleich gedácht! я так и ду́мал!

Dénkmal *n* -(e)s, ..mäler па́мятник *м*

denn 1) *conj* потому́ что, так как 2) *partik* ра́зве, же; ist er ~ krank? ра́зве он бо́лен?

dénnoch всё-таки, всё же, одна́ко

deponíeren *ком.* депони́ровать, отдава́ть на хране́ние [в депози́т] *(ценные бумаги и т. п.)*

der 1) *определённый артикль мужского рода* 2) *pron* 1. э́тот 2. кото́рый

dérart 1. до тако́й сте́пени, насто́лько 2. тако́го ро́да

derb 1. кре́пкий 2. гру́бый

dergléichen: und ~ mehr и тому́ подо́бное; nichts ~ ничего́ подо́бного

dersélbe *m* (diesélbe *f*, dassélbe *n*, diesélben *pl*) тот же са́мый (та же са́мая, то же са́мое, те же са́мые)

dérzeitig ны́нешний, совреме́нный

déshalb поэ́тому, потому́; ~ weil... потому́, что...

désto: je mehr, ~ bésser чем бо́льше, тем лу́чше; ~ bésser! тем лу́чше!

déswegen поэ́тому

Detail [de´tai] *n* -s, -s дета́ль *ж*, подро́бность *ж*; im ~ подро́бно

déuten 1. толкова́ть, объясня́ть 2. ука́зывать *на что-л.;* álles déutet auf Régen всё предвеща́ет дождь

déutlich я́сный, чёткий, поня́тный

deutsch 1) *adj* неме́цкий; ~e Spráche неме́цкий язы́к 2) *adv* по-неме́цки; ~ spréchen* говори́ть по-неме́цки; wie heißt das auf ~? как э́то бу́дет по-неме́цки?

Déutsche I der -n, -n не́мец *м;* die -n, -n не́мка *ж*

Déutsche II das, -n неме́цкий язы́к

Déutsche Mark (DM) неме́цкая ма́рка *(денежная единица)*

Dezémber *m* = *и* -s дека́брь *м*

Diagnóse *f* =, -n диа́гноз *м*

dich тебя́

dicht 1) *adj* густо́й, ча́стый; пло́тный 2) *adv:* ~ an [bei, nében, vor] etw. (*D*) вплотну́ю к чему́-л.; ~ am Rа́nde на са́мом краю́

díchten сочиня́ть [писа́ть] стихи́

Dichter *m* -s, = поэт *м*

Dichtung *f* =, -en 1. *тк. sg* поэзия *ж* 2. поэтическое произведение 3. *тех.* прокладка *ж*

dick 1. полный, толстый 2. густой, плотный ◊ ~e Freunde *разг.* закадычные друзья

die 1) *определённый артикль женского рода и множественного числа всех трёх родов* 2) *pron* 1. та; *pl* те 2. которая; *pl* которые

diejenige та

diejenigen те

Diele *f* =, -n прихожая *ж*

Dienst *m* -es, -e 1. служба *ж*; im ~ на службе; außer ~ в отставке; на пенсии 2. услуга *ж*; j-m einen ~ leisten оказать услугу кому-л.; j-m zu ~e sein [stehen*] быть к чьим-л. услугам

Dienstag *m* -(e)s, -e вторник *м*

diensthabend дежурный

dienstlich 1) *adj* служебный 2) *adv* по делам службы

Dienst|reise *f* =, -n (служебная) командировка ~stelle *f* =, -n место работы [службы], работа *ж*, служба *ж*

dieselbe та (же) самая

dieser *m* (diese *f*, dieses *n*, diese *pl*) этот (эта, это, эти)

dies|jährig этого года ~mal на этот раз ~seits по эту сторону

diktieren *в разн. знач.* диктовать

Ding *n* -(e)s, -e; 1. вещь *ж*, предмет *м* 2. *pl* дела *мн*, обстоятельства *мн*; vor allen ~en прежде всего

Diplom *n* -(e)s, -e диплом *м*; свидетельство *с*

Diplomat *m* -en, -en дипломат *м*

diplomatisch 1. дипломатический 2. дипломатичный

Direktor *m* -s, ..tóren директор *м*

Dirigent *m* -en, -en дирижёр *м*

Diskothek *f* =, -en 1. собрание *с* грампластинок, фонотека *ж* 2. дискотека *ж*

Diskussión *f* =, -en дискуссия *ж*; обсуждение *с*, прения *мн*

Distanz *f* =, -en расстояние *с*; *спорт.* дистанция *ж*

Disziplin *f* = дисциплина *ж*

doch 1) *conj* но, однако 2) *adv* всё-таки, всё же; das müßte ich ~ wissen я должен был бы всё-таки знать это 3) *partik* ведь, же; sprechen Sie ~! говорите же!

Dokumént *n* -s, -e документ *м*

Dokumentárfilm *m* -(e)s, -e документальный фильм

Dolch *m* -(e)s, -e кинжал *м*

Dólmetscher *m* -s, = (устный) переводчик

dónnern 1.: es dónnert гремит гром 2. громыхать, грохотать

Dónnerstag *m* -(e)s, -e четверг *м*

dónnerstags по четвергам

dóppelt 1) *adj* двойной 2) *adv* вдвойне, вдвое

Dóppelzentner *m* -s, = центнер *м* (100 кг)

dóppelzüngig двуличный; двурушнический

Dorf *n* -(e)s, Dörfer деревня *ж*, село *с*

dórnig колючий

dörren сушить, вялить

Dörrobst *n* -es сушёные фрукты, сухофрукты *мн*

Dorsch *m* -(e)s, -e треска *ж*

dort там; von ~ оттуда

dorthín туда

dórtig тамошний

Dóse *f* =, -n 1. коробка *ж*, коробочка *ж* 2. консервная банка

Dósenöffner *m* -s, = консервный нож, открывалка *ж* (*разг.*)

Dósis *f* =, ..sen доза *ж*

Dótter *m* -s, = желток *м*

Draht *m* -(e)s, Drähte 1. *тк. sg* проволока *ж* 2. провод *м*

Dráhtseilbahn *f* =, -en подвесная канатная дорога, фуникулёр *м*

Dráma *n* -s, ..men драматическое произведение, драма *ж* (*тж. перен.*)

Drang *m* -(e)s nach *D* стремление *с*, влечение *с* к чему-л.

drängen 1. теснить (*кого-л.*), напирать (*на кого-л.*) 2. auf *A* настаивать на чём-л. 3. zu *D* торопить *кого-л. с чем-л.*; die Zeit [die Sáche] drängt время [дело] не терпит sich ~ 1. тесниться, толпиться 2. проталкиваться

draußen 1. снаружи 2. на улице, во дворе

Dréchsler *m* -s, = токарь *м* (*по дереву*)

dréckig 1. *разг.* грязный 2. мерзкий, подлый

Dréh|bank *f* =, ..bänke токарный станок ~**buch** *n* -(e)s, ..bücher (кино) сценарий *м*

dréhen 1. вертеть, крутить 2. поворачивать (*голову*) 3.: éinen Film ~ снимать фильм sich ~ 1. вертеться, вращаться 2. поворачиваться

Dréher *m* -s, = то́карь *м* (*по металлу*)

Dréhung *f* =, -en 1. враще́ние *с* 2. оборо́т *м*, поворо́т *м*

drei три; тро́е; *см.* acht

Dréieck *n* -(e)s, -e треуго́льник *м*

dréifach 1) *adj* тройно́й 2) *adv* три́жды, втро́е

dréihúndert три́ста

dréijährig трёхле́тний; трёхгоди́чный

dréimal три ра́за, три́жды

dréißig три́дцать

dréißigste тридца́тый

dréiviertel три че́тверти

dréizehn трина́дцать

dréizehnte трина́дцатый

dríngen* 1. проника́ть (*куда-л.*) 2. auf *A* наста́ивать *на чём-л.*, тре́бовать *чего-л.*

dríngend, drínglich 1. сро́чный, спе́шный, неотло́жный 2. настоя́тельный

drínnen внутри́

dritt: zu ~ втроём

Drógensucht *f* = наркома́ния *ж*

Drogeríe *f* =, ..ri|en магази́н *м* парфюме́рно-галантере́йных и апте́карских това́ров

dröhen грози́ть, угрожа́ть (mit *D* чем-л.)

dröhnen греме́ть, громыха́ть; гро́мко раздава́ться

Dróhung *f* =, -en угро́за *ж*

dróllig заба́вный, поте́шный

drüben: da [dort] ~ там, на той стороне́, по ту сто́рону

drúcken *полигр.* печа́тать

drücken 1. дави́ть, жать; нажима́ть (*на что-л.*); j-m die Hand ~ пожа́ть ру́ку кому́-л. 2. *перен.* дави́ть, угнета́ть sich ~ an, gégen *A* прижа́ться к кому́-л., к чему́-л.

Druckeréi *f* =, -en типогра́фия *ж*

Drúck|fehler *m* -s, = опеча́тка *ж* ~sache *f* =, -n бандеро́ль *ж* (*с печатным вложением — книгами и т. п.*)

du (*G* déiner, *D* dir, *A* dich) ты

Duft *m* -(e)s, Düfte (прия́тный) за́пах, арома́т *м*

dúften (прия́тно) па́хнуть

dúlden 1. терпе́ть, переноси́ть (*что-л.*) 2. терпе́ть, допуска́ть; die Sáche dúldet kéinen Áufschub де́ло не те́рпит отлага́тельств 3. j-n терпе́ть, выноси́ть *кого-л.*

dumm глу́пый; ein ~er Streich глу́пая вы́ходка; ~es Zeug! вздор!, ерунда́!

Dúmmkopf *m* -(e)s, ..köpfe дура́к *м*, болва́н *м*

dumpf 1. глухой, приглушённый 2. душный, спёртый *(о воздухе)* 3. тупой *(о боли)*

dúnkel 1. тёмный; es wird ~ темнеет, смеркается; 2. *перен.* непонятный, неясный, смутный

dúnkelblau (тёмно-)синий

Dúnkelheit *f* = темнота *ж*, сумрак *м*

dúnkeln 1. темнеть; тускнеть 2.: es wird ~ темнеет, смеркается

durch 1. через, сквозь *(что-л.);* по *(чему-л.);* ~ den Fluß через реку; ~ den Nebel сквозь туман; ~ die Straße по улице 2. благодаря *(чему-л.),* посредством *(чего-л.);* через *(кого-л.);* ~ séine Hílfe благодаря его помощи; ~ j-n erfáhren* узнать что-л. через кого-л.

dúrcharbeiten прорабатывать, подробно изучать

dúrchbohren I просверлить

durchbóhren II пронзить; проткнуть

dúrchbrechen* I переламывать; проламывать

durchbréchen* II пробить *(стену и т. п.)*

dúrchdenken* продумывать *(план и т. п.)*

dúrchdringen* I проникать

durchdríngen* II пронизывать *(о ветре; о чувстве)*

Durcheinánder *n* -s беспорядок *м;* неразбериха *ж*

durcheinánderbringen* 1. приводить в беспорядок 2. спутать, перепутать *(понятия)* 3. приводить в замешательство, сбивать с толку

dúrchfahren* проезжать

Dúrchfahrt *f* =, -en проезд *м;* ~ verbóten! проезд закрыт!; auf der ~ проездом

dúrchfallen* провалиться, потерпеть провал [фиаско]; in der Prüfung ~ провалиться на экзамене

dúrchführen 1. проводить *(мероприятие)* 2. выполнять, исполнять *(задание)* 3. осуществлять, проводить в жизнь

Dúrchführung *f* = 1. проведение *с;* осуществление *с* 2. выполнение *с*

Dúrchgang *m* -(e)s, ..gänge проход *м;* kein ~! прохода нет!

dúrchgehen* 1. проходить *(через что-л.);* kann man ~? можно пройти? 2. проходить, проникать; die Nässe ist durch die Jácke dúrchgegangen куртка промокла насквозь

dúrchgreifend реши́тельный, энерги́чный, радика́льный

dúrchhalten* вы́держать до конца́, продержа́ться

dúrchkommen* 1. проходи́ть, проезжа́ть 2. вы́йти из затрудни́тельного положе́ния; glücklich ~ счастли́во отде́латься

dúrchlassen* 1. пропуска́ть; lássen Sie mich bitte durch позво́льте [разреши́те] мне пройти́; die Vórhänge lássen kein Licht durch занаве́ски не пропуска́ют све́та

dúrchlaufen* 1. пробега́ть, проходи́ть бы́стрым ша́гом 2. протека́ть (о жидкости); hier läuft es durch здесь протека́ет

dúrchlesen* прочи́тывать

dúrchmachen 1. пережива́ть, переноси́ть, испы́тывать; éine schwére Kránkheit ~ перенести́ тяжёлую боле́знь 2.: éine Entwicklung ~ пройти́ *какой-л.* путь разви́тия; éine hárte Schúle des Lébens ~ пройти́ суро́вую шко́лу жи́зни

durchscháuen разга́дывать *(намерения и т. п.);* ви́деть наскво́зь *(кого-л.)*

dúrchschlafen* проспа́ть *(без перерыва какое-л. время)*

Dúrchschlag *m* -(e)s, ..schläge 1. ко́пия *ж (напр., машинописная);* mit ~ ти́ррen печа́тать под копи́рку 2. дуршла́г *м*

dúrchschleichen* прокра́дываться, пробира́ться

dúrchschlüpfen проска́льзывать, прошмы́гивать

Dúrchschnitt *m* -(e)s сре́дний у́ровень; im ~ в сре́днем; über dem ~ вы́ше сре́днего; únter dem ~ ни́же сре́днего

dúrchschnittlich 1) *adj* сре́дний 2) *adv* в сре́днем

dúrchsehen* просма́тривать *(письма, литературу);* проверя́ть *(тетради);* просмотре́ть, пролиста́ть *(журнал и т. п.)*

dúrchsetzen (упо́рно) добива́ться *(чего-л.);* настоя́ть *(на чём-л.);* осуществи́ть *(что-л.)* sich ~ доби́ться призна́ния [успе́ха]

dúrchsichtig прозра́чный

dúrchstreichen* зачёркивать, перечёркивать

dúrchsuchen I обша́рить, прове́рить, пересмотре́ть *(что-л. в поисках чего-л.)*

durchsúchen II обы́скивать *(кого-л.);* обша́ривать *(багаж и т. п.)*

Dúrchsuchung *f* =, -en обы́ск *м;* осмо́тр *м*

durchtríeben хи́трый, проны́рливый

dúrchwühlen переры́ть, обша́рить *(что-л. в поисках чего-л.)*

dürfen* 1. мочь *(иметь разрешение)*; man darf мо́жно; man darf nicht нельзя́; darf ich frágen? мо́жно (мне) спроси́ть?; darf ich heréin? мо́жно (мне) войти́?; darf ich stören? мо́жно вас потрево́жить [побеспоко́ить]? 2. быть в пра́ве, сметь, мочь; Sie ~ nicht so réden! не сме́йте так говори́ть!

Durst *m* -es жа́жда *ж*; ich hábe ~ мне хо́чется пить

dúrstig: ~ sein испы́тывать жа́жду, хоте́ть пить

Dúsche *f* =, -n душ *м*; éine ~ néhmen* приня́ть душ

dúschen, sich мы́ться под ду́шем, принима́ть душ

Eau de Cologne [ˈoː də koˈlɔnjə] *n* = одеколо́н *м*

Ébbe *f* =, -n (морско́й) отли́в

Ébenbild *n*: er ist das ~ séines Váters он вы́литый оте́ц

Ébene *f* =, -n 1. равни́на *ж* 2. *перен.* у́ровень *м;* о́бласть *ж;* сфе́ра *ж*

ébenfalls та́кже, то́же

ébenso 1. так же 2. тако́й же

ébensoviel сто́лько же

ébnen выра́внивать, ровня́ть

echt настоя́щий, натура́льный; по́длинный; ~es Gold чи́стое зо́лото

Éckball *m* -(e)s, ..bälle *спорт.* углово́й уда́р

Écke *f* =, -n у́гол *м*

éckig 1. углова́тый, с угла́ми 2. углова́тый, неуклю́жий

édel 1. благоро́дный 2. драгоце́нный *(о камне);* благоро́дный *(о металле);* поро́дистый *(о собаке и т. п.)*

Édelmut *m* = благоро́дство *с*, великоду́шие *с*

Édelstein *m* -(e)s, -e драгоце́нный ка́мень

Effékt *m* -(e)s, -e эффе́кт *м*, результа́т *м*

effektív эффекти́вный, де́йственный

efféktvoll эффе́ктный

egál: das ist mir ~ *разг.* э́то мне безразли́чно, мне всё равно́

egoístisch эгоистичный

éhe прежде чем, раньше чем

Éhe *f* =, -n брак *м*, супружество *с*

Éhe|frau *f* =, -en *pl* жена *ж*, супруга **~leute** супруги *мн*

éhelich супружеский

éhemalig прежний, бывший

éhemals когда-то, некогда

Éhe|mann *m* -(e)s, ..männer супруг *м* **~paar** *n* -(e)s, -e супружеская чета, супруги *мн*

éher 1. раньше **2.** скорее

Éhe|ring *m* -(e)s, -e обручальное кольцо **~scheidung** *f* =, -en расторжение *с* брака, развод *м* **~schließung** *f* =, -en бракосочетание *с*

éhren 1. уважать, почитать **2.** чествовать

éhrenamtlich 1) *adj* общественный, добровольный 2) *adv* на общественных [добровольных] началах

éhrenhaft честный, порядочный

Éhrenwort *n* -(e)s честное слово

Ehr|gefühl *n* -(e)s самолюбие *с*; чувство *с* чести **~geiz** *m* = честолюбие *с*, тщеславие *с*

éhrlich честный

éhrlos бесчестный

Ei *n* -(e)s, -er яйцо; **wéiches ~** яйцо всмятку; **hártes ~** яйцо вкрутую

Éiche *f* =, -n дуб *м*

Éichel *f* =, -n **1.** жёлудь *м* **2.** *карт.* трефы *мн*

Éichhörnchen *n* -s, = белка *ж*

Éifersucht *f* = ревность *ж*

éifrig усердный, старательный; рьяный

éigen 1. собственный, свой; **mein ~** мой (собственный); **auf ~e Kósten** за свой счёт **2.** своеобразный, особенный

éigenartig своеобразный; особый; странный

éigenhändig собственноручно

Éigenschaft *f* =, -en качество *с*, свойство *с*

éigensinnig упрямый

Éigentum *n* -s собственность *ж*

Éigentümer *m* -s, = собственник *м*, владелец *м*

éigentümlich своеобразный, странный

éigenwillig своенравный

éignen, sich подходить, годиться *(для чего-л.)*

Éil|bote *m* -n, -n курьер *м*,

нáрочный *m* ~brief *m* -(e)s, -e срóчное письмó

Éile *f* = 1. спéшка *ж*, поспéшность; in der ~ второпя́х 2. срóчность *ж*, спéшность *ж*; die Sáche hat ~ дéло не тéрпит

éilen спеши́ть, торопи́ться *(куда-л.)*

éilig 1. поспéшный, торопли́вый; ich hábe es ~ я спешý 2. спéшный, срóчный

Éilzug *m* -(e)s, ..züge скóрый (пассажи́рский) пóезд

Éimer *m* -s, = ведрó *с*

ein *m* (éine *f*, ein *n*) 1) *неопределённый артикль* 2) *пит* оди́н (однá, однó) 3) *pron* ктó-то, чтó-то, ктó-нибудь, чтó-нибудь

einánder друг дрýга

Éinband *m* -(e)s, ..bände переплёт *m (кни́ги)*

éinbegriffen: mit ~ включи́тельно

éinberufen 1. созывáть *(съезд и т. п.)* 2. призывáть *(на вое́нную слу́жбу)*

Éinbettzimmer *n* -s, = одномéстный нóмер *(в гости́нице)*

éinbilden: sich (*D*) etw. ~ вообрази́ть себé чтó-л.; sich (*D*) viel ~ быть сли́шком высóкого мнéния о себé

Éinbildung *f* =, -en 1. воображéние *с*, фантáзия *ж* 2. *тк. sg* высокомéрие *с*

Éinblick *m*: in etw. (*A*) ~ háben имéть представлéние о чём-л.

éinfarbig одноцвéтный, однотóнный

éinfassen обрамля́ть, окаймля́ть; оторáчивать; вставля́ть в оправу *(драгоцéнный кáмень)*

Éinfluß *m* ..sses, ..flüsse влия́ние *с*; ~ auf *j-n* háben имéть [окáзывать] влия́ние на когó-л.

éinflußreich влия́тельный

éinförmig однообрáзный

Éinführung *f* =, -en введéние *с*; предислóвие *с*, вступлéние *с*

Éingabe *f* =, -n 1. заявлéние *с*; жáлоба *ж* 2. *вчт.* ввод *м (дáнных)*

Éingang *m* -(e)s, ..gänge 1. вход *м (в помещéние и т. п.)* 2. подъéзд *м (дóма)*

éingebildet занóсчивый, с больши́м самомнéнием; er ist ~ он мнóго мнит о себé

éingefleischt закоренéлый

éingehen* 1. поступáть *(о пóчте, товáрах)* 2. auf *A* соглашáться *на чтó-л.* 3. auf *A* (подрóбно) останáвливаться *на чём-л. (на вопросе, проблеме и т. п.)* 4. погибáть *(о растениях)* 5. садúться *(о ткани)*

éingehend подрóбный, обстоя́тельный

éingemacht: ~es Obst консервúрованные фру́кты

éingerechnet включáя, считáя

éingeschrieben заказнóй *(о письме)*

éingewöhnen, sich in A привыкáть *к чему-л.*; освáиваться

éingewurzelt укоренúвшийся; закоренéлый *(о предрассудках)*

éingießen* наливáть *(чай, кофе кому-л.)*

éingreifen* вмéшиваться *(во что-л.)*

éindeutig 1. я́сный, недвусмы́сленный 2. однознáчный

éindringen 1. проникáть; вторгáться 2. вникáть *(в проблему и т. п.)*

éindringlich настóйчивый; убедúтельный

Éindruck m -(e)s, ..drücke впечатлéние *с*; ~ machen произвестú впечатлéние

éineinhalb* полторá

einerléi: das ist mir ~ (э́то) мне безразлúчно, мне всё равнó

éinerseits: ~ ... ánderseits... с однóй стороны́ ... с другóй стороны́...

éinfach 1) *adj* простóй, неслóжный; обыкновéнный 2) *adv* прóсто; das ist ganz ~ — это совсéм прóсто

Éinfahrt f =, -en 1. *тк. sg* въезд *м (дéйствие)* 2. въезд *м*, подъéзд *м (мéсто)*; ворóта *мн*

Éinfalt f = наúвность *ж*; простотá *ж*

éinfältig наúвный, простовáтый; глуповáтый

Einfamíli|enhaus n -es, ..häuser дом *м* [коттéдж *м*] для однóй семьú

éinhalten* 1. соблюдáть *(срок, услóвия)* 2. mit D приостанáвливать, прекращáть *что-л.*

éinhändigen вручáть, передавáть (в сóбственные рýки)

éinheitlich 1. единодýшный 2. едúный, единообрáзный

éinholen 1. догоня́ть 2. дéлать покýпки *(в продуктóвом магазúне)* 3. запрáшивать, узнавáть; Áuskunft über etw. (A) ~ наводúть спрáвки о чём-л.

éinig единоду́шный; sich ~ wérden über etw. (A) договори́ться о чём-л.

éinigen, sich über A договори́ться о чём-л., сойти́сь на чём-л.

éinigermaßen 1. в не́которой [како́й-то] сте́пени 2. сно́сно, бо́лее и́ли ме́нее

Éinigkeit f = единоду́шие c; согла́сие c

Éinigung f = 1. едине́ние c 2. согла́сие c

Éinkäufe pl поку́пки мн; ~ máchen де́лать поку́пки

éinkaufen покупа́ть; ~ géhen* идти́ (в магази́н) за поку́пками

éinkehren in D зае́хать перекуси́ть куда́-л. по доро́ге

éinklemmen прищемля́ть

éinkochen 1. консерви́ровать (ягоды, фрукты) 2. ува́риваться

Éinkommen n -s, = дохо́д м

éinladen* I приглаша́ть; zum Míttagessen ~ пригласи́ть на обе́д

éinladen* II грузи́ть

Éinladung f =, -en 1. приглаше́ние c 2. пригласи́тельный биле́т

éinlassen* впуска́ть (посетителей и т. п.) sich ~ свя́зываться (с кем-л.); вя́зываться (во что-л.)

éinlaufen 1. входи́ть в га́вань (о судне); прибыва́ть, подходи́ть к перро́ну (о поезде) 2. поступа́ть (о корреспонденции, товарах)

éinleben, sich обжива́ться (где-л.); вжива́ться (во что-л.); адапти́роваться (в стране); ich hábe mich hier schon ganz éingelebt я уже́ чу́вствую себя́ здесь как до́ма

Éinleitung f =, -en введе́ние c, вступле́ние c

éinleuchten: das léuchtet mir ein э́то я понима́ю, э́то мне я́сно

éinliefern доставля́ть; помеща́ть (в больни́цу)

éinmachen консерви́ровать; маринова́ть

éinmal 1. (оди́н) раз 2. одна́жды, когда́-то; es war ~ … жил-бы́л… (в сказках); auf ~ сра́зу; вдруг, внеза́пно; nicht ~ да́же не

éinmischen, sich вме́шиваться (во что-л.)

éinordnen 1. распределя́ть по поря́дку sich ~ включа́ться (в коллекти́в и т. п.)

éinpacken укла́дывать (вещи)

éinplanen (за)плани́ровать

éinrechnen включа́ть в

числó, учи́тывать; mit éingerechnet включáя, учи́тывая

Éinreise *f* =, -n въезд *м (в страну)*

Éinreise|erlaubnis *f* =, -se, **-visum** [-v-] *n* -s, *pl* ..sa *u* ..sen ви́за *ж* [разреше́ние *с*] на въезд

éinrichten 1. устрáивать, организо́вывать 2. обставля́ть *(квартиру);* оборýдовать *с (лаборато́рию и т. п.)*

Éinrichtung *f* =, -en 1. учрежде́ние *с* 2. обстано́вка *ж (квартиы);* обору́дование *с (лаборато́рии и т. п.)* 3. *тех.* устро́йство *с*

eins 1. оди́н; ~ und zwei ist drei оди́н плюс два равно́ трём 2. раз *(при счёте)* 3. пе́рвый; auf Séite ~ на пéрвой страни́це 4.: es ist ~ врéмя час (но́чи [дня]) 5. одно́; ~ von béiden одно́ из двух

éinsam 1. одино́кий 2. уединённый

Éinsamkeit *f* = одино́чество *с*

éinschalten *эл.* включáть **sich ~** включáться *(во что-л.)*

éinschätzen оцéнивать *(тж. перен.)*

éinschenken разливáть *(напитки)*

éinschlafen* 1. засыпáть 2. (о)немéть, затекáть *(о рукáх, ногáх)*

éinschläfern усыпля́ть

éinschlagen* 1. вбивáть, забивáть 2. завёртывать 3. ударя́ть *(о молнии)* 4. идти́ *(каким-л. путём);* eine Láufbahn ~ вы́брать каку́ю-л. карье́ру

éinschließen* 1. запирáть 2. включи́ть; Bedíenung mit éingeschlossen включáя обслýживание

Éinschreib(e)brief *m* -(e)s, -e заказно́е письмо́

éinschreiben* запи́сывать

Éinschreiben *n* -s, = заказно́е отправле́ние

éinsehen* (о)сознавáть; ви́деть, понимáть

éinseitig односторо́нний

éinsetzen 1. применя́ть, испо́льзовать 2. вставля́ть 3. назначáть *(на до́лжность)* 4. начинáться, наступáть sich ~ für A заступáться, выступáть в защи́ту *(кого-л., чего-л.)*

éinsichtig благоразýмный

éinsitzig одномéстный

Éinspruch *m* -(e)s, ..sprüche возражение *с,* протéст *м;* ~ erhében* заявля́ть протéст

einst 1. однажды; когда-то **2.** когда-нибудь (*в будущем*)

éinstecken сунуть, засунуть

éinsteigen* входить, садиться (*в вагон, автобус и т. п.*); ~ bitte! занимайте места!

éinstellen 1. помещать, размещать, расставлять **2.** *тех.* устанавливать; регулировать; *радио* настраивать; *фото* наводить (на резкость) **3.** принимать [зачислять] на работу **4.** прекращать, приостанавливать

éinstimmen подпевать

éinstöckig одноэтажный

éinströmen вливаться, втекать

éinstürzen обрушиваться, обваливаться

éintägig однодневный

éinteilen распределять, подразделять

éintönig однообразный, монотонный

Éintracht *f* = единодушие *с*, согласие *с*

éintragen* вносить (*в список*); регистрировать

éintreffen* прибывать (*куда-л.*)

éntreten* 1. входить; tréen Sie ein! войдите! **2.** вступать (*в партию и т. п.*) **3.** наступать (*о времени года*) **4.**: für j-n ~ заступаться за кого-л.

Éntritt *m* -(e)s **1.** вход *м;* ~ verbóten! вход воспрещён! **2.** вступление *с* (*в партию и т. п.*) **3.** наступление *с* (*начало чего-л.*)

Éintrittskarte *f* =, -n входной билет

éinüben разучивать

Éinverständnis *n* -ses, -se согласие *с*

Éinwand *m* -(e)s, ..wände возражение *с*

éinwandern иммигрировать, переселяться

éinwandfrei безупречный, безукоризненный

éinwechseln разменивать (*деньги*); обменивать (*деньги на другую валюту*)

éinwenden* возражать

éinwickeln завёртывать sich ~ закутаться

éinwilligen in *A* соглашаться (*на что-л.*)

Éinwohner *m* -s, = житель *м* (*города*); жилец *м* (*дома*)

éinzeln 1) *adj* единичный; отдельный; im ~en в частности **2)** *adv* **1.** отдельно, порознь; в розницу **2.** по одному, поодиночке

éinziehen* 1. вдевать (*ни-*

тку) 2. въезжать *(на новую квартиру)*

éinzig единственный; ~er Sohn единственный сын

éinzigartig единственный в своём роде

Eis *n* -es, -e 1. *тк. sg* лёд *м* 2. мороженое *с*

Éisbahn *f* =, -е каток *м*

Éisen *n* -s железо *с*

Éisenbahn *f* = железная дорога; mit der ~ fáhren* ехать по железной дороге [поездом]

éisfrei свободный ото льда; ~er Háfen незамерзающая гавань

Éisgang *m* -(e)s ледоход *м*

Éiskunstlauf *m* -(e)s фигурное катание

Éisschnellauf *m* -(e)s скоростной бег на коньках

elástisch гибкий, эластичный

Elefánt *m* -en, -en слон *м*

elegánt элегантный

eléktrisch электрический

Elektrizität *f* = электричество *с*

Elektrizitätswerk *n* -(e)s, -е электостанция *ж*

Eléktro|gerät *n* -(e)s, -е электроприбор *м* **~herd** *m* -(e)s, -е электрическая плита

Elemént *n* -(e)s, -е 1. элемент *м* 2. *pl* стихия *ж (природы)*

elf одиннадцать

Elfméter *m* -s, = *спорт.* одиннадцатиметровый штрафной удар

Éllenbogen *m* -s, ..bögen локоть *м*

Éltern *pl* родители *мн*

Emigránt *m* -en, -en эмигрант *м*

emigríeren эмигрировать

empfángen* 1. принимать, встречать *(гостей)* 2. *радио, тлв.* приём *м*

Empfänger *m* -s, = 1. получатель *м* 2. (радио)приёмник *м*

empfänglich восприимчивый, впечатлительный

Empfángschef *m* [-ʃəf] *m* -s, -s администратор *м (в гостинице)*

empféhlen* рекомендовать, советовать

empfínden* чувствовать, ощущать

empfíndlich чувствительный; впечатлительный

empór вверх, ввысь

émsig прилежный, усердный

Énde *n* -s конец *м*; ~ Jánuar в конце января; zu ~ sein оканчиваться, кончаться; zu ~ bringen* доводить до концá ◇ létzten ~s в концé концóв

énden кончáться, закáнчиваться

éndgültig окончáтельный

éndlich наконéц

éndlos бесконéчный

Énd|spiel *n* -(e)s, -e *спорт.* финáл *m*; эндшпиль (*шáхматы*) **~station** *f* =, -en конéчная стáнция

Energíe *f* =, ..gí|en *в разн. знач.* энéргия *ж*

enérgisch энергичный

eng ýзкий, тéсный

Énge *f* = теснотá

Éngel *m* -s, = áнгел *м*

Éngländer *m* -s, = англичáнин *м* **~in** *f* =, -nen англичáнка *ж*

énglisch англи́йский

Énkel *m* -s, = внук *м*

Ensemble [aŋ'sa:mb(ə)l] *n* -s, -s *в разн. знач.* ансáмбль *м*

entdécken открывáть; обнарýживать

Énte *f* =, -n ýтка *ж*

entfálten развёртывать; развивáть (*мысль и т. п.*) sich ~ 1. распускáться (о цветáх) 2. *перен.* развивáться, расцветáть

entférnen удалять sich ~ удаляться

Entférnung *f* =, -en 1. расстояние *с* 2. *тк. sg.* удалéние *с* (*дéйствие*)

entgégengesetzt противоположный

entgégenkommen* идти навстрéчу (*тж. перен.*)

Entgégenkommen *n* -s предупредительность *ж*, любéзность *ж*

entgégenstellen противопоставлять sich ~ встать на (чьём-л.) пути (*тж. перен.*)

entgégnen возразить

Entgégnung *f* =, -en возражéние *с*; отвéт *м*

entgéhen* 1. избегáть (*чего-л.*) 2. *j-m* ускользáть (*от кого-л., от чьего-л. внимáния*); das ist mir entgángen этого я не замéтил

entháltsam умéренный, воздéржанный

enthében* G освобождáть *от чего-л.*; увольнять

enthüllen 1. открывáть (*пáмятник и т. п.*) 2. разоблачáть 3. открывáть (*тáйну и т. п.*)

entkómmen* ускользнýть (*от кого-л.*); избежáть (*чего-л.*)

entkórken откýпоривать

entkräften 1. изнурять, ослаблять 2. опровергáть (*дóводы и т. п.*)

entláden* 1. разгружáть 2. *эл., воен.* разряжáть

entláng вдоль *(чего-л.)*; вдоль по *(чему-л.)*

entlárven разоблачать

entlégen отдалённый

entléihen* 1. брать взаймы 2. брать напрокат; брать на время

Entlóhnung *f* =, -en оплата *ж (труда)*

entnéhmen* 1. *D* брать, заимствовать *из чего-л.* 2. aus *D* заключать, делать вывод *из чего-л.*

entrüsten, sich негодовать, возмущаться

entrüstet возмущённый

entschädigen возмещать *(убытки)*

entschéiden* (sich) решать(ся)

entschéidend решающий

Entschéidung *f* =, -en решение *с*; éine ~ tréffen* принять решение

entschíeden решительный, определённый

entschlíeßen*, sich zu *etw. D* решаться *на что-л.*

entschlóssen решительный

Entschlóssenheit *f* = решительность *ж;* решимость *ж*

Entschlúß *m* ..sses, ..schlüsse решение *с;* éinen ~ fássen принять решение

entschúldigen извинять, прощать; ~ Sie bitte! извините!, прошу прощения! sich ~ bei *j-m* für *A* извиняться *перед кем-л. за что-л.*

Entschúldigung *f* =, -en 1. *тк. sg* извинение *с* 2. оправдание *с*

entspréchend 1) *adj* соответственный, соответствующий 2) *adv* в соответствии (с *чем-л.*), согласно *(чему-л.)*

entstéhen* возникать, происходить

entstéllen 1. искажать, извращать 2. обезображивать, уродовать

enttäuschen разочаровывать

Enttäuschung *f* =, -en разочарование *с*

entwéder: ~ ... óder... или... или..., либо..., либо...

entwéichen* улетучиваться, вытекать *(о газе и т. п.)*

entwérfen* делать эскиз, составлять *(план чего-л.)*

entwíckeln 1. развивать 2. *фото* проявлять sich ~ развиваться

Entwícklung *f* =, -en 1. развитие *с* 2. *фото* проявление *с*

entwöhnen *G* отучать *кого-л. от чего-л.*

Entwúrf *m* -(e)s, ..würfe набро́сок *м*, эски́з *м*; план *м*

entwúrzeln вырыва́ть с ко́рнем; *перен.* искореня́ть

entzíehen* *j-m etw.* лиша́ть *кого-л. чего-л.* sich ~ *D* избега́ть *(чего-л.)*, уклоня́ться *(от чего-л.)*

entzückend восхити́тельный

entzückt восхищённый

entzünden зажига́ть; *перен.* разжига́ть sich ~ загора́ться; *мед.* воспаля́ться

er (*G* séiner, *D* ihm, *A* ihn) он

erbármen, sich *j-s* сжа́литься *над кем-л.*

erbärmlich жа́лкий, плаче́вный

erbármungslos безжа́лостный, беспоща́дный

Érbe I *m* -n, -n насле́дник *м*

Érbe II *n* -s насле́дство *с*

érben унасле́довать, получа́ть в насле́дство

erblícken уви́деть

Érbse *f* =, -n 1. горо́шина *ж* 2. *pl* горо́х *м*; grüne ~n зелёный горо́шек

Érd|beben *n* -s, = землетрясе́ние *с* ~beere *f* =, -n земляни́ка *ж*

Érde *f* = земля́ *ж*; *астр.* Земля́

Érd|gas *n* -es приро́дный газ ~geschóß *n* ..sses, ..sse пе́рвый эта́ж

erdíchten сочиня́ть, выду́мывать

Érd|kugel *f* = 1. *тк. sg* земно́й шар 2. гло́бус *м* ~kunde *f* = геогра́фия *ж* ~öl *n* -(e)s нефть *ж*

erdrücken задави́ть, *перен. тж.* подави́ть

Érd|teil *m* -(e)s, -e часть *ж* све́та ~trabant *m* -(e)s, -e спу́тник *м* Земли́

erdúlden терпе́ть, выноси́ть

Eréignis *n* -ses, -se собы́тие *с*, происше́ствие *с*

erfáhren* I 1. узнава́ть *(о ком-л., о чём-л.)* 2. испы́тывать; подверга́ться *(чему-л.)*

erfáhren II о́пытный, све́дущий

Erfáhrung *f* =, -en о́пыт *м* *(жизненный, практический)*

Erfáhrungsaustausch *m* -(e)s обме́н *м* о́пытом

erfínden* 1. изобрета́ть 2. выду́мывать, приду́мывать

Erfíndung *f* =, -en 1. изобрете́ние *с* 2. вы́думка *ж*; измышле́ние *с*

Erfólg *m* -(e)s, -e 1. *тк. sg* успе́х *м* 2. результа́т *м*

erfólg|los безуспе́шный ~reich успе́шный

erfórderlich необходи́мый

erfórschen 1. иссле́довать 2. разузнава́ть (*подробности*)

erfréulich 1. ра́достный 2. благоприя́тный

erfríschen освежа́ть, бодри́ть (*о ванне, напитке и т. п.*) sich ~ освежаться

Erfríschung *f* =, -en 1. *тк. sg*: er hat éine ~ nötig ему́ ну́жно освежи́ться (*душем и т. п.*) 2. прохлади́тельный напи́ток; лёгкая заку́ска

Erfríschungsraum *m* -(e)s, ..räume буфе́т *m*; кафете́рий *m*

erfüllen выполня́ть, исполня́ть sich ~ исполня́ться, сбыва́ться

ergänzen дополня́ть, добавля́ть

ergében* дава́ть (*в итоге*), составля́ть sich ~ 1. получа́ться, ока́зываться; es ergáb sich, daß... оказа́лось, что... 2. капитули́ровать, сдава́ться (*в плен*) 3. предава́ться (*какой-л. страсти, пороку*)

Ergébnis *n* -ses, -se результа́т *m*

ergréifen* 1. схва́тывать, бра́ться (*за что-л.*) 2. овладева́ть (*кем-л. -- о чу́встве*); растро́гать; tief ~ потрясти́ 3.: das Wort ~ взять сло́во; Máßnahmen ~ приня́ть ме́ры; **éinen Berúf** ~ вы́брать профе́ссию; j-s Partéi ~ стать на чью-л. сто́рону

erhéblich значи́тельный

erhéitern (sich) развесели́ть(ся)

erhítzen нагрева́ть; раскаля́ть sich ~ 1. нагрева́ться 2. разгорячи́ться

erhöhen повыша́ть, увели́чивать

erhólen, sich 1. отдыха́ть 2. поправля́ться, выздора́вливать

Erhólung *f* =, о́тдых *m*

Erhólungsheim *n* -(e)s, -e дом *m* о́тдыха

erínnern *j-n* an *A* напомина́ть кому́-л. о чём-л.; кому-л. кого-л., что́-л. sich ~ an *A* вспомина́ть, по́мнить кого-л., что-л.; о ком-л., о чём-л.

Erínnerung *f* =, -en воспомина́ние zur ~ на па́мять

erkälten, sich простужа́ться

Erkältung *f* =, -en просту́да *ж*

erkämpfen завоёвывать

erkénnen* 1. узнава́ть, распознава́ть 2. сознава́ть (*ошибку, вину и т. п.*)

erklären 1. объясня́ть 2. объявля́ть (*что-л. или о чём-л.*); etw. für úngültig ~ признать что-л. недействительным

erkránken an D заболеть чем-л.

erkúndigen, sich nach D справляться, осведомляться о чём-л.

erlángen добиваться, достигать, приобретать

erláuben позволять, разрешать; es ist erláubt можно, разрешается; sich (D) etw. ~ позволять себе что-л.

Erláubnis f = разрешение c

erläutern объяснять

Érle f =, -n ольха ж

erlében переживать, испытывать

Erlébnis n -ses, -se 1. событие c; приключение c 2. переживание c

erlédigen заканчивать, доводить до конца; die Sáche ist erlédigt дело улажено

erlérnen изучить, выучить

erlésen 1. избранный 2. изысканный (о кушаньях); утончённый (о вкусе)

erlöschen 1. гаснуть 2. перен. угасать, ослабевать 3. прекращаться (об эпидемии и т. п.); терять силу (о договоре)

erlösen von D избавлять кого-л. от чего-л.

ermäßigen снижать, сбавлять (цены)

ermüden (sich) утомлять(ся)

ermúntern ободрять

ermútigen вселять мужество, ободрять

ernähren (sich) кормить(ся), питать(ся)

Ernährung f = питание c; пища ж

ernéuern 1. обновлять 2. возобновлять

ernst в разн. знач. серьёзный

Ernst m -(e)s в разн. знач. серьёзность ж; im ~ серьёзно; ist das dein ~? ты это серьёзно?

Érnte f =, -n 1. урожай м 2. уборка ж урожая

eröffnen открывать, начинать

Eröffnung f =, -en открытие c; начало c

erörtern обсуждать, рассматривать (вопрос и т. п.)

erpréssen 1. шантажировать 2. von j-m вымогать что-л. у кого-л.

erpróben испробовать, опробовать

erráten* отгадывать, угадывать

erréchnen вычислять

errégen возбуждать, волновáть; вызывáть *(какое-л. ощущение)* sich ~ возбуждáться, волновáться

erréichen 1. достигáть *(цели)*; добрáться, доéхать *(до чего-л.)* 2. достáть, дотянýться *(до чего-л. рукóй)* 3. заставáть; wann sind Sie zu ~? когдá вас мóжно застáть?; j-n telefónisch ~ дозвонúться до когó-л. (по телефóну); den Zug ~ успéть на пóезд

errichten сооружáть, воздвигáть; стрóить

erríngen* добивáться, достигáть *(чего-л.)*

erröten (по)краснéть

Errúngenschaft *f* =, -en достижéние *с*

Ersátz *m* -es 1. замéна *ж*; als ~ взамéн 2. заменúтель *м*, суррогáт *м*

Ersátz|spieler *m* -s, = *спорт.* запаснóй игрóк **~teil** *n* -(e)s, -e запаснáя часть [деталь], запчáсть *ж (разг.)*

erschéinen* 1. появляться 2. являться *(куда-л.)* 3. выходúть (из печáти) 4. казáться; das erschéint mir mérkwürdig это кáжется мне стрáнным

erschrécken* 1. (ис)пугáть 2. vor D (ис)пугáться *чего-л.*

erschüttern 1. сотрясáть 2. поколебáть *(увéренность и т. п.)* 3. потрясáть *(взволновáть)*

erschwéren затруднять, осложнять

erschwínglich достýпный (по ценé); zu ~en Préisen по умéренным [достýпным] цéнам

Erspárnis *f* =, -se 1. *pl* сбережéния *мн* 2. экономия *ж*

erst 1. сначáла, сперва 2. тóлько, лишь *(о врéмени)*; ~ héute тóлько сегóдня *(не раньше)*; ében ~ тóлько что

Érstaufführung *f* = *театр.* премьéра *ж*

Erstáunen *n* -s удивлéние *с*, изумлéние *с*

erstáunlich удивúтельный, поразúтельный

érste *в разн. знач.* пéрвый; im ~n Stock на вторóм этажé; zum ~n Mal в пéрвый раз; ~r Güte первосóртный; fürs ~ а) пéрвым дéлом б) для начáла

érstemal: das ~, zum ~ в пéрвый раз, впервые

érstens во-пéрвых

érstklassig первоклáссный

erstrécken, sich 1. простирáться 2. распространяться

ersúchen um A просúть *о чём-л.*

erteilen: éine Áuskunft [die Erláubnis] ~ давáть спрáвку [разрешéние]; éinen Beféhl ~ отдáть прикáз; Únterricht ~ преподавáть

ertönen раздавáться; (за)звучáть

ertrágen* переноси́ть, выноси́ть, терпе́ть

erträglich снóсный, терпи́мый

ertrínken* (у)тонýть

erwáchen просыпáться, пробуждáться

erwáchsen* I aus *D* происходи́ть, возникáть, вытекáть *из чего-л.*

erwachsen II взрóслый

Erwáchsene, der -n, -n взрóслый

erwägen взвéшивать, обдýмывать

erwähnen упоминáть *(когó-л., чтó-л.; о ком-л., о чём-л.)*

erwärmen (sich) согревáть(ся), нагревáть(ся)

erwárten ждать, ожидáть *(когó-л., чегó-л.)*

Erwártung *f* =, -en ожидáние *с*; in ~ von etw. *(G)* в ожидáнии чегó-л.; über álle ~ сверх вся́кого ожидáния; j-s ~en enttäuschen не оправдáть чьих-л. надéжд; die ~en befríedigen оправдáть ожидáния

erwéisen* окáзывать; j-m éinen ~ Dienst оказáть услýгу комý-л.; j-m einen Gefállen ~ сдéлать одолжéние комý-л. **sich ~:** es erwíes sich, daß... оказáлось, что...; sich als etw. ~ оказáться чем-л., кем-л.

erwéitern (sich) расширя́ть(ся), увели́чивать(ся)

erwérben* 1. зарабáтывать **2.** приобретáть; завоёвывать *(успех, славу)*

erwídern 1. отвечáть *(что-л. комý-л.)* **2.** возражáть *(на что-л.)* **3.:** j-s Líebe ~ отвéтить комý-л. (на любóвь) взаи́мностью

erwíschen *разг.* **1.** bei *D* поймáть, засти́гнуть *когó-л. за каким-л. занятием* **2.** bei *D* поймáть *когó-л. на чём-л.;* laß dich nicht ~! смотри́ не попади́сь! **3.** успéть *(на поезд)*; застáть *(когó-л.)*

erzählen расскáзывать

Erzählung *f* =, -en расскáз *м;* пóвесть *ж*

Erzéugnis *n* -ses, -se издéлие *с*, продýкт *м*

Erzéugung *f* =, -en произвóдство *с*, изготовлéние *с*

erzíehen* воспи́тывать

Erzíehung *f* = воспитáние *с*

erzíelen достигáть, добивáться *(чегó-л.)*

es 1. он**ó 2.** э́то; ich weiß es я э́то зна́ю; ich bin es э́то я **3.**: es gibt есть, име́ется *(что-л.)*; es régnet идёт дождь; es ist früh ра́но; es ist dúnkel темно́; es klopft стуча́т; es klíngelt звоня́т

éssen* есть; éssen Sie bítte! е́шьте, пожа́луйста!; zu Míttag ~ обе́дать; zu Ábend ~ у́жинать; sich satt ~ нае́сться (до́сыта)

Éssen *n* -s **1.** еда́ *ж*; ку́шанье *с*, блю́до *с* **2.** (зва́ный) обе́д [у́жин, за́втрак]; j-n zum ~ éin laden* пригласи́ть кого́-л. на обе́д

Eß|löffel *m* -s, = столо́вая ло́жка ~tisch *m* -(e)s, -e обе́денный стол ~waren *pl* проду́кты *мн* (пита́ния)

Etikétt *n* -s, *pl* -e *u* -s этике́тка *ж*, ярлы́к *м*

Etikétte *f* = этике́т *м*

étwa 1) *adv* о́коло, приблизи́тельно; in ~ acht Tágen приме́рно че́рез неде́лю **2)** *partik при вопросе*: kommt er ~ nicht? неуже́ли [ра́зве] он не придёт?; stöle ich ~? я (вам) не меша́ю)? **2.** *при отрица́нии:* ich bin nicht ~ dagégen, áber... я ниско́лько не про́тив, но...

étwas 1) *pron* что́-нибудь, что́-то, не́что **2)** *adv* не́сколько, немно́го; ~ bésser немно́го лу́чше

euch вас, вам

éuer (éure *f*, éuer *n*, éure *pl*) ваш (ва́ша, ва́ше, ва́ши)

éwig ве́чный; auf ~ наве́ки

exákt то́чный

Exámen *n* -s, *pl* = *u* ..mina экза́мен; ein ~ áblegen сдать экза́мен

Exíl *n* -s, -e изгна́ние *с*; эмигра́ция *ж*

Existénz *f* = существова́ние *с*

existíeren существова́ть

exklusív 1. и́збранный; фешене́бельный **2.** специа́льный *(об интервью́ и т. п.)*

Exkursión *f* =, -en экску́рсия *ж*

exportíeren экспорти́ровать, вывози́ть

Expréß *m* ..sses, sse экспре́сс *м (по́езд)*

Fábel *f* =, -n **1.** ба́сня *ж* **2.** фа́була *ж*, сюже́т *м*

Fabrík *f* =, -en фа́брика *ж*, заво́д *м*

Fách|arbeiter *m* -s, = квалифицированный рабочий **~arzt** *m* -es, ..ärzte врач-специалист *m* **~ausbildung** *f* = профессионально-техническое образование **~ausdruck** *m* -(e)s, ..drücke термин *m*

Fächer *m* -s, =веер *m*

Fách|gebiet *n* -(e)s, -e специальность *ж* **~mann** *m* -es, ..leute специалист *m* **~schule** *f* =, -n среднее специальное учебное заведение; техникум *m*

Fáden *m* -s, Fäden нитка *ж*, нить *ж*

fähig 1. способный, талантливый 2.: ~ sein а) für *A* быть способным *(выполнять какую-л. работу и т. п.)* б) *G* или zu *D* быть способным *(совершить что-л.)*

fahl бледный, блёклый

Fáhne *f* =, -n 1. флаг *m*, знамя *с* 2. *полигр.* гранка *ж*

fáhrbar передвижной

Fähre *f* =, -n паром *m*

fáhren* 1. ехать, ездить; mit dem Áuto ~ ехать на машине; mit éinem Schiff ~ плыть на корабле 2. ездить *(на чём-л.)*, водить *(машину и т. п.)* 3. возить (кого-л., что-л.); ~ Sie mich zum Báhnhof отвезите меня на вокзал; j-n mit etw. (spazíeren) ~ катать кого-л. на чём-л.

Fáhrer *m* -s, = водитель *m*, шофёр *m*

Fáhr|erlaubnis *f* =, -se водительские права **~gast** *m* -(e)s, ..gäste пассажир *m* **~geld** *n* -(e)s плата *ж* за проезд **~karte** *f* =, -n (проездной) билет **~plan** *m* -(e)s, ..pläne расписание с движения *(поездов и т. п.)* **~rad** *n* -(e)s, ..räde велосипед *m* **~schein** *m* -(e)s, -e (проездной) билет **~spur** *f* =, -en *авто* полоса *ж* движения, ряд *m* **~stuhl** *m* -(e)s, ..stühle лифт *m*

Fahrt *f* =, -en 1. поездка *ж*, плавание *с* 2. *тк. sg* езда *ж*, ход *m*, движение *с*; éine Stúnde ~ час езды

Fáktor *m* -s, ..tóren фактор *m*

Fakultät *f* =, -en факультет *m*

Fall *m* -(e)s, Fälle 1. случай *m*, происшествие *с* 2. падение *с* 3. *юр.* дело *с* 4. *грам.* падеж *m*

fállen* 1. падать; etw. lássen* уронить что-л. 2. падать *(о давлении, температуре и т. п.)* 3. auf *A* приходиться *(на какой-л. срок)* 4.: ins Áuge ~ бросаться в глаза

falsch 1. фальши́вый 2. непра́вильный, оши́бочный; an die ~e Adrésse не по а́дресу

fälschen 1. подде́лывать 2. фальсифици́ровать

Fálte *f* =, -n 1. скла́дка *ж* 2. морщи́на *ж;* die Stirn in ~n zíehen* мо́рщить лоб

Famíli|e *f* =, -n семья́ *ж*

Famíli|enname *m* -ns, -n фами́лия *ж*

fángen* лови́ть, пойма́ть

Fárbe *f* =, -n 1. цвет *м* 2. кра́ска *ж* 3. *карт.* масть *ж*

färben кра́сить

Fárb|fernseher *m* -s, = цветно́й телеви́зор ~film *m* -(e)s, -e 1. цветно́й фильм 2. *фото* цветна́я плёнка

fárbig цветно́й; кра́сочный, я́ркий

Fárb|stift *m* -(e)s, -e цветно́й каранда́ш ~stoff *m* -(e)s, -e кра́сящее вещество́, краси́тель *м*

Fáserstift *m* -(e)s, -e флома́стер *м*

Faß *n* ..sses, Fässer бо́чка *ж*, бочо́нок *м*

fássen 1. хвата́ть, схвати́ть 2. вмеща́ть 3. вставля́ть в опра́ву 4. понима́ть, схва́тывать 5.: éinen Beschlúß ~ приня́ть реше́ние; Mut ~ собра́ться с ду́хом sich ~ взять себя́ в ру́ки; sich kurz ~ быть кра́тким

fast почти́

fásten 1. *рел.* пости́ться 2. соблюда́ть голо́дную дие́ту

faul 1. гнило́й, ту́хлый 2. лени́вый 3. *разг.*: ein ~er Witz глу́пая шу́тка

fáulenzen лентя́йничать

Fáulheit *f* =лень *ж*

Faust *f* =, Fäuste кула́к *м* ◊ auf éigene ~ на свой страх и риск

Fébruar *m* = *и* -s февра́ль *м*

féchten* фехтова́ть

Féchten *n* -s фехтова́ние *с*

Féchter *m* -s, = фехтова́льщик *м*

Féder *f* =, -n 1. перо́ *с* 2. пружи́на *ж*, рессо́ра *ж*

Féder|ball *m* -(e)s бадминто́н *м* ~bett *n* -(e)s, -e пери́на *ж*

fédern пружи́нить

fégen мести́, подмета́ть

féhlen 1. недостава́ть, не хвата́ть; es fehlt uns ans Geld нам не хвата́ет де́нег 2. отсу́тствовать (*о ком-л., чём-л.);* es ~ noch éinige Gäste не́которых госте́й ещё нет; ihm fehlt séine Bríeftasche у него́ пропа́л бума́жник

Féhler *m* -s, = 1. оши́бка *ж* 2. недоста́ток *м*, изъя́н *м*

féhlerfrei 1. безоши́бочный; безупре́чный 2. без изъя́на

Féier *f* =, -n пра́здник *м;* пра́зднество *с*, торжество́ *с*

Féier|abend *m* - (e) s, -e 1. *тк. sg* коне́ц *м* рабо́чего дня; ~abend máchen конча́ть рабо́ту 2. ве́чер *м* (по́сле рабо́ты); am ~abend ве́чером по́сле рабо́ты ~heim *n* -(e)s, -e дом *м* престаре́лых

féierlich торже́ственный, пра́здничный

féiern 1. пра́здновать 2. че́ствовать 3. ~ müssen* быть [оста́ться] без рабо́ты

Féiertag *m* -(e)s, -e пра́здник *м*

fein 1. то́нкий; ме́лкий *(о песке и т. п.)* 2. то́чный *(о приборе и т. п.)* 3. изя́щный, утончённый; ~ste Sórte вы́сший сорт

Féinbäckerei *f* =, -en конди́терская *ж*

Féinfrostgemüse *n* -s, = свежезаморо́женные о́вощи

Féingefühl *n* -(e)s чу́ткость *ж*, делика́тность *ж*, такт *м*

Féinkost *f* = деликате́сы *мн*

Feld *n* -(e)s, -er по́ле *с*

Fels *m* -en, -en скала́ *ж*, утёс *м*

Fénster *n* -s, = окно́ *с*

Fenster|brett *n* -(e)s, -er подоко́нник *м* ~scheibe *f* =, -n око́нное стекло́

Féri|en *pl* кани́кулы *мн;* о́тпуск *м*

Féri|en|heim *n* -(e)s, -e дом *м* о́тдыха ~scheck *m* -s, -s путёвка *ж* в дом о́тдыха

fern далёкий, да́льний; отдалённый; von nah und ~ отовсю́ду

férnbleiben* отсу́тствовать *(на работе и т. п.)*

Férne *f* = даль *ж*

Férn|gespräch *n* -(e)s, -e междугоро́дный телефо́нный разгово́р ~glas *n* -es, ..gläser бино́кль *м* ~heizung *f* =, -en центра́льное отопле́ние

Férnsehapparat *m* -(e)s, -e телеви́зор *м*

férnsehen* смотре́ть телеви́зор

Férn|sehen *n* -s телеви́дение *с* ~seher *m* -s, = *разг.* телеви́зор

Férnseh|film *m* -(e)s, -e телевизио́нный фильм ~sendung *f* =, -en телевизио́нная переда́ча

Férn|steuerung *f* = дистанцио́нное управле́ние, телеуправле́ние *с* ~studium *n* -s зао́чное обуче́ние ~zug *m* -(e)s, ..züge по́езд *м* да́льнего сле́дования

fértig готовый; ich bin ~ я готов; mit etw. ~ sein справиться с чем-л., закончить что-л.

Fértigkeit *f* =, -en навык *м*; сноровка *ж*, ловкость *ж*

fértigmachen заканчивать, доделывать sich ~ подготавливаться, собираться *(куда-л.)*

fésselnd захватывающий, увлекательный

fest 1. крепкий, прочный **2.** твёрдый

Fest *n* -es, -e праздник *м*

féstigen укреплять

Féstigkeit *f* =**1.** *тех.* прочность *ж.* **2.** твёрдость *ж*, непоколебимость *ж*

féstlich праздничный, торжественный

féstnehmen* задерживать, арестовывать

Féstrede *f* =, -n торжественная речь

féstsetzen устанавливать, назначать; den Tag ~ установить день

Féstspiele *pl* фестиваль *м*

féststellen 1. устанавливать *(обнаруживать)* **2.** констатировать

Fésttag *m* -(e)s, -e праздник *м*, праздничный день

Féstung *f* =, -en крепость *ж*

fett жирный

féttarm нежирный, постный

Fétzen *m* -s, = **1.** лоскут *м*, клочок *м* **2.** *pl* лохмотья *мн*

feucht влажный; сырой

Féuer *n* -s, = **1.** огонь *м*, пламя *с*; darf ich um ~ bitten? разрешите прикурить? **2.** костёр *м* **3.** пожар *м* **4.** *тк. sg* стрельба *ж*, огонь *м* **5.** *тк. sg* пыл *м*, пылкость *ж*

Féuer|wehr *f* =, -e пожарная команда **~werk** *n* -(e)s фейерверк *м* **~zeug** *n* -(e)s, -e зажигалка *ж*

Fíbel *f* =, -n букварь *м*

Fíchte *f* =, -n ель *ж*

Figúr *f* =, -en *в разн. знач.* фигура *ж*

Film *m* -(e)s, -e **1.** (кино)фильм *м* **2.** *фото, кино* плёнка *ж*

Fílmaufnahme *f* =, -n киносъёмка *ж*

fílmen производить (кино)съёмку

Film|festival [-v-] *n* -s, -e, **~festspiele** *pl* кинофестиваль *м* **~schauspieler** *m* -s, = киноактёр *м* **~star** *m* -s, -s кинозвезда *ж* **~vorführung** *f* =, -en демонстрация *ж* [показ *м*] кинофильма

Fílterzigarette *f* =, -n сигарета *ж* с фильтром

Filz *m* -es, -e войлок *м*; фетр *м*

Fílz|stiefel *pl* ва́ленки *мн*
~**stift** *m* -(e)s, -e флома́стер *м*

Finále *n* -s, = *и спорт.*
Finals *спорт.* финал *м*

Finanzíerung *f* = финанси́рование *с*

fínden* 1. находи́ть; оты́скивать 2. счита́ть, полага́ть sich ~ найти́сь, отыска́ться

fíndig нахо́дчивый

Fínger *m* -s, = па́лец *м* (*на руке*)

fínnisch фи́нский

fínster тёмный, мра́чный; *перен.* угрю́мый

Fínsternis *f* =, -se 1. темнота́ *ж*, мрак *м* 2. *астр.* затме́ние *с*

Fírma *f* =, ..men фи́рма *ж*

Fisch *m* -(e)s, -e ры́ба *ж*

físchen лови́ть ры́бу

Físcher *m* -s, = рыба́к *м*

fix 1) *adj* прово́рный, расторо́пный 2) *adv* жи́во, бы́стро ◊ éine ~e Idée навя́зчивая иде́я; álles ist ~ und fértig *разг.* всё в лу́чшем ви́де

flach 1. пло́ский; ни́зкий 2. неглубо́кий, ме́лкий 3. равни́нный

Fläche *f* =, -n 1. пло́скость *ж*, пове́рхность *ж* 2. пло́щадь *ж* (*чего-л.*)

Flágge *f* =, -n флаг *м*

fléggen выве́шивать фла́ги

Flámme *f* =, -n 1. пла́мя *с* 2. горе́лка *ж* га́зовой плиты́

fléchten* плести́; заплета́ть (*косу*); вить (*венок*)

Fleck *m* -(e)s, -e пятно́ *с*; bláuer ~ синя́к *м*

fléckig пятни́стый; в пя́тнах

fléhen um A проси́ть, умоля́ть о чём-л.

Fleisch *n* -es 1. мя́со *с* 2. мя́коть *ж* (*плода*)

Fleischeréi *f* =, -en мясно́й магази́н, мясна́я ла́вка

Fleiß *m* -es прилежа́ние *с*, усе́рдие *с*

fléißig приле́жный, усе́рдный

flícken чини́ть, што́пать

Flíeder *m* -s сире́нь *ж*

Flíege *f* =, -n 1. му́ха *ж* 2. ба́бочка *ж* (*галстук*)

flíegen* лета́ть, лете́ть

Flíeger *m* -s, = лётчик *м*

flíehen* 1. бежа́ть, спаса́ться бе́гством 2. *j-n, etw.* избега́ть кого́-л., чего́-л.

flíeßen* течь, ли́ться

flíeßend бе́гло; свобо́дно; ~ deutsch réden свобо́дно говори́ть по-неме́цки

flink прово́рный

Flínte *f* =, -n ружьё *с*

flírten флиртова́ть, уха́живать

Flítterwochen *pl* медо́вый ме́сяц

Flócke *f* =, -n *pl* снежи́нка *ж* 2. пуши́нка *ж* 3. *pl* хло́пья *мн (мы́льные, овся́ные)*

Flöte *f* =, -n фле́йта *ж*

flott бо́йкий; весёлый

Flótte *f* =, -n флот *м*

flúchen руга́ться; выруга́ться

Flucht *f* = бе́гство *с*, побе́г *м*

flüchtig l) *adj* 1. бе́глый, мимолётный 2. пове́рхностный, небре́жный 3. *хим.* летучий 2) *adv* бе́гло, ме́льком

Flüchtling *m* -s, -e 1. бе́женец *м* 2. бегле́ц *м*

Flug *m* -(e)s, Flüge 1. полёт *м* 2. *ав.* рейс *м;* éinen ~ búchen заброни́ровать ме́сто на самолёт

Flúgblatt *n* -(e)s, ..blätter листо́вка *ж*

Flügel *m* -s, = 1. крыло́ *с* 2. фли́гель *м* 3. роя́ль *м* 4. ство́рка *ж (две́ри)*

Flúg|gast *m* -(e)s, ..gäste авиапассажи́р *м* **~hafen** *m* -s ..häfen аэропо́рт *м,* **~karte** *f* =, -n авиабиле́т *м* **~platz** *m* -es, ..plätze аэродро́м *м* **~verkehr** *m* -s, -e возду́шное сообще́ние **~wesen** *n* -s авиа́ция *ж* **-wetter** *n*: gútes [schléchtes] ~wetter лётная [нелётная] пого́да

Flúgzeug *n* -(e)s, -e самолёт *м*

Flúgzeugführer *m* -s, = лётчик *м,* пило́т *м*

flüssig жи́дкий; распла́вленный

Flüssigkeit *f* =, -en жи́дкость *ж*

flüstern шепта́ть; шепта́ться

Fólge *f* =, -n 1. (по)сле́дствие *с,* результа́т *м* 2. после́довательность *ж,* очерёдность *ж* 3. се́рия *ж,* очередно́й но́мер [том]

fólgen 1. сле́довать; j-m ~ идти́ за кем-л. 2. слу́шаться *(сове́та),* сле́довать *(приме́ру)* 3. aus *D* вытека́ть, сле́довать *из чего́-л.*

fólgend сле́дующий

fólgendermaßen сле́дующим о́бразом

fólgern aus *D* заключа́ть, де́лать вы́вод *из чего́-л.*

fólglich сле́довательно, ита́к

fórdern тре́бовать

fördern 1. соде́йствовать, спосо́бствовать *(чему́-л.);* поощря́ть *(кого́-л.)* 2. добыва́ть *(у́голь, ру́ду и т. п.)*

Form *f* =, -en *в разн. знач.* фо́рма *ж*

formál формáльный

Fórmel *f* =, -n фóрмула *ж*

fórmen 1. придавáть фóрму *(чему-л.)* 2. *тех.* формовáть 3. формировáть *(характер, вкус и т. п.)*

fórschen исслéдовать, изучáть

Fórscher *m* -s, = исслéдователь *м*

Förster *m* -s, = леснúчий *м*

fort прочь; вон; ich muß ~ я дóлжен уйтú ◊ in éinem ~ беспрерывно; und so ~ и так дáлее

fórt|bleiben* отсýтствовать, не являться **~bringen*** уносúть, уводúть, увозúть **~fahren*** 1. уезжáть 2. mit *D* продолжáть *делать что-л.* **~gehen*** уходúть

fórt|pflanzen, sich 1. *биол.* размножáться 2. *физ.* распространяться *(о волнах, звуке)* **~schaffen** убирáть, уносúть

Fórtschritt *m* -(e)s, -e успéх *м*; прогрéсс *(тк. sg)*

fórtschrittlich прогрессúвный, передовóй

fórtsetzen продолжáть

Fórtsetzung *f* =, -en продолжéние *с*

fórtwährend беспрестáнный, постоянный

Fóto *n* -s, -s (фóто)снúмок *м*

Fótoapparat *m* -(e)s, -e фотоаппарáт *м*

Fotografíe *f* =, ..fí|en фотогрáфия *ж*

Fracht *f* =, -en 1. груз *м* 2. плáта *ж* за провóз, фрахт *м*

Fráge *f* =, -n вопрóс *м*

Frágebogen *m* -s, ..bögen анкéта *ж*

frágen спрáшивать; nach j-m [etw.] ~ спрáшивать о ком-л. [о чём-л.]

französisch францýзский

Frau *f* =, -en 1. жéнщина *ж* 2. женá *ж* 3. госпожá *ж*, фрáу *ж (как обращение)*

Fräulein *n* -s, = 1. дéвушка *ж*, бáрышня *ж* 2. госпожá *ж*, фрéйляйн *ж (как обращение)*

frech дéрзкий; нáглый

frei 1. свобóдный, незавúсимый 2. свобóдный, незáнятый 3. бесплáтный; ~er Éintritt бесплáтный вход

Fréie, das: ins ~ на свéжий вóздух; im ~n под открытым нéбом

fréigebig щéдрый *(о дающем)*

fréihaben* быть свобóдным *(от работы и т. п.)*; ich hábe héute ~ сегóдня я выходнóй

Fréiheit *f* =, -en 1. *тк. sg* свобо́да *ж* 2. *pl* привиле́гии *мн*; свобо́ды *мн*

fréilassen* освобожда́ть, выпуска́ть на свобо́ду

Fréilichtbühne *f* =, -n откры́тая сце́на

fréimütig открове́нный, и́скренний

fréisprechen* *юр.* опра́вдывать

Fréitag *m* -(e)s, -e пя́тница *ж*

fréitags по пя́тницам

fréiwillig доброво́льный

Fréizeit *f* = свобо́дное (от рабо́ты) вре́мя, досу́г *m*

fremd 1. чужо́й; посторо́нний; чу́ждый 2. иностра́нный *(о языке, культуре и т. п.)*

Frémde I der -n, -n иностра́нец *m*, прие́зжий *m*; незнако́мец *m*; посторо́нний *m*, чужо́й *m*

Frémde II die -n чужо́й край, чужби́на *ж*

Frémdenführer *m* -s, -s экскурсово́д *m*

Frémd|sprache *f* =, -n иностра́нный язы́к ~wort *n* -(e)s, ..wörter иностра́нное сло́во

fréssen* 1. есть (*о живо́тных*) 2. *груб.* жрать

Fréude *f* = ра́дость *ж*, удово́льствие *с*

fréuen ра́довать; es freut mich, Sie zu séhen я рад вас ви́деть; sich ~ ра́доваться; sich über etw. (A) ~ ра́доваться чему́-л.

Freund *m* -(e)s, -e 1. друг *m*, прия́тель *m* 2. *тк. sg* von *D* люби́тель *m* чего́-л.

Fréundin *f* =, -nen подру́га *ж*, прия́тельница *ж*

fréundlich приве́тливый, дру́жеский, любе́зный; séien Sie so ~! бу́дьте так добры́!

Fréundschaft *f* = дру́жба *ж*

Fríeden *m* -s 1. мир *m*; согла́сие *с*; den ~ erhálten* сохрани́ть мир 2. поко́й *m*; споко́йствие *с*

fríedlich 1. ми́рный 2. споко́йный; миролюби́вый

fríedliebend миролюби́вый

fríeren* 1. мёрзнуть, зя́бнуть 2. замерза́ть *(о воде и т. п.)* 3.: es friert dráußen на у́лице моро́з [моро́зно]

frisch 1. све́жий, неиспо́рченный 2. све́жий, прохла́дный 3. чи́стый, све́жий 4. бо́дрый

Frísche *f* = 1. све́жесть *ж*, прохла́да *ж* 2. бо́дрость *ж*

Friseur [-ˈzøːr] *m* -s, -e парикма́хер *m*

Friseuse [-´zo:zə] *f* =, -n парикмáхерша *ж разг. (женщина)*

frisíeren причёсывать sich ~ причёсываться

Frisíersalon [-lɔŋ] *m* -s, -s парикмáхерская *ж*

Frisúr *f* =, -en причёска *ж*

froh рáдостный, весёлый; ich bin ~, daß... я рад, что...

fröhlich весёлый, рáдостный

fromm 1. нáбожный 2. крóткий

Front *f* =, -en 1. фронт *м* 2. фронт *м*, строй *м* 3. фасáд *м*

Frost *m* -es, Fröste морóз *м*

frösteln: mich fröstelt меня знобит; я зябну

Frucht *f* =, Früchte 1. плод *м*, *pl тж.* фрýкты *мн* 2. *pl перен.* плоды *мн*, результáт *м*

früh 1) *adj* рáнний 2) *adv* рáно; mórgen ~ зáвтра ýтром

früher 1) *adj* прéжний, бывший 2) *adv* рáньше, прéжде; wie ~ по-прéжнему

Frühjahr *n* -(e)s, **Frühling** *m* -s веснá; im ~ веснóй

Frühstück *n* -(e)s, -e зáвтрак *м*

frühstücken зáвтракать

fúchsrot рыжий

fügen an *A* присоединять *что-л. к чему-л.* sich ~ покоряться, подчиняться

fühlen 1. чýвствовать, ощущáть 2. ощýпывать sich ~ чýвствовать себя; wie ~ Sie sich? как вы себя чýвствуете?

führen 1. водить, вести; приводить 2. руководить, комáндовать 3. управлять *(машиной и т. п.)* 4. держáть, имéть в продáже 5. приводить *(к какому-л. результату и т. п.)* 6. *спорт.* лидировать

Führer *m* -s, = 1. руководитель *м* 2. вождь *м*, лидер *м* 3. проводник *м (в горах и т. п.);* экскурсовóд *м (в музее и т. п.)* 4. путеводитель *м*

Führung *f* = 1. руковóдство *с*, управлéние *с* 2. *спорт.* лидерство *с*

Fülle *f* = изобилие *с*, обилие *с*

füllen 1. mit *D* наполнять, заполнять *что-л. чем-л.*; *кул.* фаршировáть 2. *мед.* пломбировáть

Füller *m* -s, =, **Füllerfederhalter** *m* -s, = авторýчка *ж*

Fund *m* -(e)s, -e нахóдка *ж*

fünfte пятый

fünfzehn пятна́дцать

fünfzehnte пятна́дцатый

fünfzig пятьдеся́т

Funk *m* -s ра́дио *с*; радиовеща́ние *с*

Fúnkbericht *m* -(e)s, -e сообще́ние *с* по ра́дио

fúnken передава́ть по ра́дио, ради́ровать

Funktionär *m* -s, -e де́ятель *м (партийный, профсоюзный)*

funktioníeren функциони́ровать, рабо́тать, де́йствовать

Fúnkwesen *n* -s радиовеща́ние *с*

für 1. для *(кого-л., чего-л.);* das ist ~ Sie э́то для вас; das ist kein Buch ~ Kinder э́то кни́га не для дете́й 2. на *(что-л.);* Geld ~ éinen Kauf де́ньги на поку́пку; ein Saal ~ táusend Zúschauer зал на ты́сячу зри́телей 3. за *(что-л., кого-л.);* ~ séine Überzéugungen kämpfen боро́ться за свои́ убежде́ния 4. за *(что-л.);* на *(что-л.);* etw. ~ táusend Mark káufen купи́ть что-л. за ты́сячу ма́рок; ~ hundertáusend Rúbel Wáren káufen купи́ть това́ров на сто ты́сяч рубле́й 5. на *(о времени);* ~ ein Jahr на год; ~ díesmal на э́тот раз; ~ ímmer навсегда́ 6.: Tag ~ Tag и́зо дня в день, день за днём; Jahr ~ Jahr из го́да в год, год за го́дом; Schritt ~ Schritt шаг за ша́гом

fürchten боя́ться, опаса́ться; ich fürchte, daß... я бою́сь, что... **sich** ~ **vor** *D* боя́ться, опаса́ться *кого-л., чего-л.*

fúrchtlos бесстра́шный

fúrchtsam боязли́вый

fürs = für das

Fürsorge *f* = für *A* забо́та *ж* о ком-л., чём-л.

Fuß I *m* -es, Füße 1. нога́ *ж (ступня);* zu ~ пешко́м 2. подно́жие *с (горы)* 3. но́жка *ж (стола, стула)*

Fuß II *m* -es, *pl* -e *и с числ.* = фут *м*

Fúßball *m* -(e)s футбо́л *м*

Fuß|boden *m* -s, *= и* ..böden пол *м* ~gänger *m* -s, = пешехо́д *м* ~note *f* =, n сно́ска *ж* ~steig *m* -(e)s, -e тротуа́р *м*

G

Gábe *f* =, -n дар *м*, дарова́ние *с*

Gábel *f* =, -n 1. ви́лка *ж* 2. ви́лы *мн*

gáffen *разг.* глазе́ть, зева́ть

gähnen зева́ть

Galerie *f* =, ..ri|en 1. галере́я *ж* 2. *театр.* ве́рхний я́рус, галёрка *ж* (*разг.*)

Gang *m* -(e)s, Gänge 1. *тк. sg* ход *м*, движе́ние *с*; in vóllem ~e sein идти́ по́лным хо́дом; in ~ kómmen* а) приходи́ть в движе́ние б) начина́ться, развёртываться 2. *авто* ско́рость *ж* 3. *тк. sg* похо́дка *ж* 4. коридо́р *м*; прохо́д *м* 5. блю́до *с*; der érste Gang пе́рвое (блю́до)

gángbar 1. проходи́мый 2. общепри́нятый

gängig 1. общепри́нятый 2. хо́дкий (о *товаре*)

ganz 1) *adj* 1. весь, це́лый; den gánzen Tag весь день 2. *разг.* це́лый, неповреждённый; die Tásse blieb ~ ча́шка не разби́лась [оста́лась цела́] 2) *adv* 1. совсе́м, соверше́нно; ~ recht соверше́нно ве́рно 2. дово́льно; ~ gut дово́льно хорошо́, непло́хо

gar 1) *adj* гото́вый, сва́ренный (до гото́вности) 2) *adv* совсе́м, соверше́нно; ~ nicht во́все не

Garantíe *f* =, ..ti|en гара́нтия *ж*

Garantíe|reparatur *f* =, -en гаранти́йный ремо́нт ~schein *m* -(e)s, -e гаранти́йный тало́н [па́спорт]

Garderóbe *f* =, -n 1. гардеро́б *м*, раздева́лка *ж* (*разг.*) 2. *тк. sg* гардеро́б *м* (*одежда*)

Gárten *m* -s, Gärten сад *м*

Gärtner *m* -s, = садо́вник *м*

Gásse *f* =, -n переу́лок *м*

Gast *m* -es, Gäste 1. гость *м*, го́стья *ж* 2. посети́тель *м* (*в рестора́не т. п.*); отдыха́ющий *м* (*в до́ме о́тдыха*)

Gástarbeiter *m* -s, = иностра́нный рабо́чий

Gästebuch *n* -(e)s, ..bücher кни́га *ж* о́тзывов (посети́телей)

gástfreundlich гостеприи́мный

Gast|haus *n* -es, ..häuser, ~hof *m* -(e)s, ..höfe (небольша́я) гости́ница ~spiel *n* -(e)s, -e гастро́ли *мн* ~stätte *f* =, -n рестора́н *м*, кафе́ *с*, столо́вая *ж*

Gátte *m* -n, -n супру́г *м*

Gáttin *f* =, -nen супру́га *ж*

Gebäude *n* -s, = зда́ние *с*, строе́ние *с*

gében* 1. дава́ть 2.: es gibt есть, быва́ет, име́ется; was gibt´s Néues? что но́вого?; was gibt's что тако́е?, в чём де́ло?

Gebíet *n* -(e)s, -e 1. область *ж*, территория *ж* 2. *перен.* сфера *ж*, область *ж*

gebíldet образованный *(о человеке)*

Gebírge *n* -s, = горы *мн*

gebóren 1. урождённая; sie ist éine -e Müller она урождённая Мюллер, её девичья фамилия Мюллер 2. коренной *(о жителе)* 3. прирождённый *(о педагоге и т. п.)* 4.: ich bin 1960 ~ я родился в 1960 году

gebráten жареный

Gebráuch *m* -(e) s, ..bräuche 1. *тк. sg* употребление *с*; áußer ~ kómmen* выйти из употребления 2. *pl* обычаи *мн*

gebráuchen употреблять, использовать

gebráuchlich употребительный, принятый

gebráucht подержанный, поношенный, бывший в употреблении

Gebrüder *pl* братья *мн*

Gebühr *f*=, -en 1. плата *ж* (за *пользование чем-л.*) 2. *pl* сбор *м*, пошлина *ж* ◇ nach ~ а) по заслугам б) как полагается

gebühren|frei бесплатный; беспошлинный ~**pflichtig** платный; облагаемый налогом [пошлиной]

Gebüsch *n* -es кустарник *м*

Gedächtnis *n* -ses память *ж*; zum ~ на память

gedämpft 1. приглушённый *(о звуке)*; мягкий *(о свете)* 2. *кул.* тушёный

Gedánke *m* -ns, -n мысль *ж*; идея *ж*

gedánkenlos 1. необдуманный 2. машинальный

Gedéck *n* -(e)s, -e (столовый) прибор

gedénken: j-s ~ помнить кого-л.; чтить чью-л. память; éiner Sáche ~ хранить память о чём-л.

Gedícht *n* -(e)s, -e стихотворение *с*

gedörrt сушёный; вяленый; ~es Obst сухофрукты *мн*

Gedränge *n* -s толкотня *ж*, давка *ж*

gedrúckt печатный

gedrückt угнетённый, подавленный

Gedúld *f* = терпение *с*

gedúldig терпеливый

geéignet 1. подходящий; пригодный *(для чего-л.)* 2. удобный, подходящий; zu ~er Zeit в удобное время

Gefáhr *f* =, -en опасность *ж*

gefährlich опасный; рискованный

gefáhr|los безопа́сный ~voll опа́сный

gefállen* нра́виться; sich (D) etw. ~ lássen* безро́потно сноси́ть что-л.

Gefállen I *m* -s любе́зность *ж* одолже́ние *с*; éinen ~ tun* сде́лать одолже́ние

Gefállen II *n* -s удово́льствие *с*; ~ an etw. (D) fínden* находи́ть удово́льствие в чём-л.

gefällig 1. услу́жливый, любе́зный **2.** прия́тный *(о человеке, манерах)*

gefälscht подло́жный; подде́льный, фальши́вый

Geflüster *n* -s шёпот *м*

gefrágt по́льзующийся (больши́м) спро́сом

gefríeren* замерза́ть; etw. ~ lássen* замора́живать что-л. *(продукты и т. п.)*

gefügig пода́тливый, усту́пчивый

Gefühl *n* -(e)s, -e чу́вство *с*; ощуще́ние *с*

gefühllos 1. бесчу́вственный, чёрствый *(о человеке)* **2.** онеме́вший *(о части тела)*

gefüttert на подкла́дке

gégen =**1.** про́тив *(кого-л., чего-л.)*; вопреки́ *(чему-л.)*; ~ méinen Willen про́тив мое́й во́ли **2.** к, по направле́нию к; ~ Nórden (по направле́нию) к се́веру **3.** по сравне́нию *(с кем-л., с чем-л.)*; по отноше́нию *(к кому-л.)*; ~ j-n höflich sein быть ве́жливым по отноше́нию к кому́-л. **4.** о́коло, приблизи́тельно *(о времени)*; ~ fünf Uhr о́коло пяти́ часо́в **5.** за *(что-л.)*; etw. ~ Dóllar káufen купи́ть что-л. за до́ллары **6.** от *(чего-л.)*; ein Míttel ~ Hústen сре́дство *с* от ка́шля

Gégenbesuch *m* -(e)s, -e отве́тный визи́т

gégenseitig взаи́мный, обою́дный

Gégen|stand *m* -(e)s ..stände **1.** предме́т *м*, вещь *ж*, **2.** те́ма *ж*, объе́кт *м* **-teil** *n* -(e)s, -e противополо́жность *ж*; im ~teil напро́тив, наоборо́т

gegeneinánder 1. друг про́тив дру́га **2.** по отноше́нию друг к дру́гу

gegenüber D **1.** напро́тив *(кого-л., чего-л.)* **2.** по отноше́нию *(к кому-л., к чему-л.)*; sein Verhálten ihr ~ его́ поведе́ние по отноше́нию к ней **3.** по сравне́нию *(с кем-л., с чем-л.)*

Gégenwart *f* = **1.** совреме́нность *ж* **2.** грам. настоя́щее вре́мя **3.** прису́тствие *с*

gégenwärtig 1) *adj* настоящий, современный **2)** *adv* теперь, в настоящее время

Gehált I *m* -(e)s содержание *с (чего-л. в чём-л.)*

Gehált II *n* -(e)s, ..hälter заработная плата, зарплата *ж;* оклад *м*

geháltvoll содержательный

gehässig 1. ненавистный **2.** злобный, язвительный

Gehéimdienst *m* -(e)s *воен.* секретная служба, разведка *ж*

gehéimhalten* держать в тайне [в секрете]

Gehéimnis *n* -ses, -se тайна *ж,* секрет *м*

géhen* 1. идти, ходить; ~ Sie geradeaus идите прямо; zu Fuß ~ ходить пешком; die Uhr geht часы идут; das Fénster geht auf die Stráße окно выходит на улицу; zur Árbeit ~ идти на работу **2.:** wie geht es Íhnen? как вы поживаете?; es geht mir gut а) мой дела идут хорошо б) я чувствую себя хорошо; so geht es nicht так нельзя, так не пойдёт

Gehör *n* -(e)s слух *м*

gehórchen слушаться, повиноваться

gehören 1. принадлежать *(кому-л.)* **2.** принадлежать, относиться *(к чему-л.);* das gehört nicht zur Sáche это к делу не относится **3.:** wie es sich gehört как полагается

gehörlos глухой *(о человеке)*

gehórsam послушный

Géige *f* =, -n скрипка *ж*

Géiger *m* -s, = скрипач *м*

Géisel *f* =, -n заложник *м*

géistig I духовный; умственный

géistig II: -e Getränke алкогольные [спиртные] напитки

Géistliche, der -n, -n духовное лицо, священник *м*

geist|los бездарный; неумный, пустой **~reich** умный; остроумный

Geiz *m* -es скупость *ж;* жадность *ж*

géizig скупой; жадный

Gelächter *n* -s смех *м,* хохот *м*

gelähmt парализованный

Gelände *n* -s местность *ж*

gelángen* 1. достигать; ans Ziel ~ достигнуть цели **2.** добираться *(куда-л.);* попадать *(куда-л.)*

geläufig 1) *adj* (обще)употребительный, (обще)принятый, распространённый **2)** *adv* бегло, свободно *(говорить на каком-л. языке)*

geláunt: gut [schlecht] ~ sein быть в хорóшем [в плохóм] настроéнии

gelb жёлтый

Geld *n* -(e)s дéньги *мн;* das kóstet viel ~ э́то дóрого стóит; báres ~ налúчные дéньги

Géld|schein *m* -(e)s, -e дéнежный знак, банкнóт *m* **~wechsel** *m* -s, = 1. размéн *m* дéнег 2. обмéн *m* валю́ты

gelégen 1) *adj* подходя́щий, удóбный; zu ~er Zeit в удóбное врéмя 2) *adv* вóвремя, кста́ти; das kommt mir sehr ~ э́то мне óчень кста́ти

gelégentlich 1) *adj* случа́йный 2) *adv* 1. при слу́чае 2. иногда́, порóй; ~ Níederschläge временáми осáдки

gelérnt квалифицúрованный, обу́ченный

Gelíebte, der -n, -n возлю́бленный *m;* любóвник *m;* die -n, -n возлю́бленная *ж;* любóвница *ж*

gelíngen* удава́ться; es wird mir ~ э́то мне уда́стся

gélten* 1. стóить; díese Münze gilt nicht viel стóимость э́той монéты невелика́ 2. быть действúтельным; die Fáhrkarte gilt nicht билéт недействúтелен 3.: als etw. ~ счита́ться [слыть] кем-л., чем-л. 4. относúться (к кому́-л.); ~ das gilt dir! э́то отнóсится к тебé!

Gemälde *n* -s, = картúна *ж*

Gemäldegalerie *f* =, ..ríˌen картúнная галерéя

gemäß согла́сно *(чему́-л.),* в соотвéтствии с *(чем-л.)*

geméin 1. óбщий; ich hábe nichts mit ihm ~ у меня́ с ним нет ничегó óбщего 2. пóдлый, нúзкий 3. пóшлый, вульга́рный; ~e Rédensarten вульга́рные выраже́ния

gemíscht смéшанный

Gemüse *n* -s, = óвощи *мн,* зéлень *ж*

Gemüsegarten *m* -s, = огорóд *m*

Gemüt *n* -(e)s душа́ *ж,* нрав *m,* хара́ктер *m*

gemütlich ую́тный

gemütvoll задушéвный

genáu 1) *adj* 1. тóчный, подрóбный 2. тща́тельный 2) *adv* 1. тóчно 2. рóвно *(о врéмени)*

genáuso: ~ wie тóчно та́к же, как

Generatión *f* =, -en, поколéние *с*

genésen* выздора́вливать

Genétik *f* = генéтика *ж*

genétisch генетúческий

geniál гениа́льный

Genie [ʒə-] *n* -s, -s 1. гéний *м* 2. *тк. sg* гениа́льность *ж*

geníeren, sich [зэ-] стесня́ться

geníeßbar съедо́бный

geníeßen* 1. наслажда́ться *(чем-л.)* 2. по́льзоваться *(уважением, доверием и т. п.)*

Genósse *m* -n, -n това́рищ *м*

Genóssenschaft *f* =, -en кооперати́в *м*

genóssenschaftlich кооперати́вный

Genre [´ʒar(ə)] *n* -s, -s *иск.* жанр *м*

genúg дово́льно, доста́точно; ~ jetzt! дово́льно!, хва́тит!

Gepäck *n* -(e)s бага́ж *м*

Gepäck|aufbewahrung *f* =, -en ка́мера *ж* хране́ния ~**ausgabe** *f* = вы́дача *ж* багажа́ ~**stück** *n* -(e)s, -e ме́сто *с* багажа́ ~**träger** *m* -s, = носи́льщик *м*

Gepláuder *n* -s непринуждённый разгово́р; болтовня́ *ж*

geráde 1) *adj* 1. прямо́й; éine ~ Línie прама́я ли́ния 2. *мат.* чётный 3. прямоду́шный, прямо́й 2) *adv* 1. пря́мо 2. пря́мо, открове́нно 3. как раз, и́менно; ~ zur réchten Zeit kómmen* прийти́ как раз во́время

geradeáus пря́мо, напрями́к

Gerät *n* -(e)s, -e 1. прибо́р *м*; инструме́нт *м* 2. *спорт.* гимнасти́ческий снаря́д

geráten* 1. попада́ть, очути́ться; in éine péinliche Láge ~ попа́сть в нело́вкое положе́ние 2. удава́ться, получа́ться ◊ áußer sich ~ выходи́ть из себя́

Geräteturnen *n* -s спорти́вная гимна́стика

geräumig просто́рный, вмести́тельный

Geräusch *n* -es, -e 1. (лёгкий) шум, шо́рох *м* 2. *радио* поме́хи *мн*

geräuschlos бесшу́мный

geré́cht справедли́вый

geréchtfertigt обосно́ванный; опра́вданный

Geréchtigkeit *f* = справедли́вость *ж*

geríng 1. незначи́тельный, небольшо́й, ничто́жный; nicht im ~sten ничу́ть, ниско́лько 2. ни́зкий *(о качестве)*; дешёвый *(о сорте чего-л.)*

geríngschätzig пренебрежи́тельный

geríinnen* свёртываться *(о молоке, крови)*

gérn(e) охо́тно; sehr ~ с удово́льствием; j-n., etw. ~ hában люби́ть кого́-л., что́-л.; ich möchte ~ ... мне хоте́лось бы ...

Gerúch *m* -(e)s, ..rüche 1. за́пах *м* 2. *тк. sg* обоня́ние *с*

Gerücht *n* -(e)s, -e слух *м*, слу́хи *мн*

Gerüst *n* -(e)s, -e (строи́тельные) леса́

gesámmelt со́бранный; ~e Wérke собра́ние *с* сочине́ний

gesámt о́бщий; весь

Gesámt|summe *f* =, -n о́бщая су́мма ~zahl *f* = о́бщее число́

Gesándte, der -n, -n посла́нник *м*

Gesáng *m* -(e)s пе́ние *с*

Geschäft *n* -(e)s, -e 1. де́ло *с*, заня́тие *с* 2. сде́лка *ж*, торго́вая опера́ция; ein ~ ábschließen* заключа́ть сде́лку 3. фи́рма *ж*; магази́н *м*; предприя́тие *с*

geschäftig де́ятельный; делови́тый

Geschäfts|haus *n* -es, ..häuser фи́рма *ж*, торго́вый дом ~mann *m* -(e)s, ..leute коммерса́нт *м* делово́й челове́к, ~partner *m* -s, = делово́й партнёр ~reise *f* =, делова́я пое́здка

geschéhen* случа́ться, происходи́ть; es ist ihm recht gescháh он получи́л по заслу́гам

geschéit у́мный, разу́мный, рассуди́тельный

Geschénk *n* -(e)s, -e пода́рок *м;* etw. als ~ bekómmen* получи́ть что-л. в пода́рок

Geschíchte *f* =, -n 1. исто́рия *ж (наука)* 2. исто́рия *ж*, расска́з *м* 3. *разг.* исто́рия *ж*, происше́ствие *с*

geschíchtlich истори́ческий

geschíckt ло́вкий, иску́сный, уме́лый

Geschírr *n* -(e)s, -e 1. *тк. sg* посу́да *ж* 2. сбру́я *ж*, упря́жка *ж*

Geschlécht *n* -(e)s, -e 1. род *м*, поколе́ние *с* 2. *биол.* пол *м* 3. *грам.* род *м*

Geschmáck *m* -(e)s *в разн. знач.* вкус *м;* das ist ganz nach méinem ~ э́то вполне́ в моём вку́се

geschmáck|los безвку́сный ~voll со вку́сом

geschméidig ги́бкий, эласти́чный, упру́гий

Geschöpf *n* -(e)s, -e существо́ *с*, созда́ние *с*

Geschréi *n* -(e)s крик *м*, кри́ки *мн*

Geschwätz *n* -es болтовня *ж*

geschwätzig болтливый

geschwind быстрый, проворный

Geschwindigkeit *f* =, -en скорость *ж*

Geschwister *pl* братья и сёстры, брат и сестра

gesellen, sich zu *j-m* присоединяться к кому-л.

gesellig общительный

Gesellschaft *f* =, -en 1. *тк. sg* общество *с (формация)* 2. *ком.* общество *с*, компания, товарищество *с* 3. общество *с*, компания *ж*; j-m ~ leisten составить компанию кому-л.

Gesetz *n* -es, -e закон *м*

Gesetz|buch *n* -(e)s, ..bücher *юр.* кодекс *м*, свод *м* законов **~entwurf** *m* -(e)s, ..würfe законопроект *м*

gesetz|los беззаконный, незаконный **~mäßig** 1. закономерный 2. законный

gesetzwidrig противозаконный

Gesicht *n* -(e)s, -e лицо *с*

Gesichts|kreis *m* -(e)s кругозор *м* **~punkt** *m* -(e)s, -e точка *ж* зрения

Gesinnung *f* =, -en образ *м* мыслей, убеждения *мн*

gespannt 1. напряжённый *(о внимании и т. п.)* 2. натянутый *(об отношениях)* 3.: auf etw. (A) ~ sein с нетерпением ожидать чего-л.

gesperrt закрытый; перекрытый, блокированный; ~! проезд [проход] закрыт!

Gespräch *n* -(e)s, -e разговор *м*, беседа *ж*

gesprächig разговорчивый, словоохотливый

Gestalt *f* =, -en 1. вид *м*, форма *ж* 2. образ *м*, персонаж *м* 3. фигура *ж*, телосложение *с*; рост *м*

gestalten придавать вид *(чему-л.)*, оформлять sich ~ складываться *(об обстоятельствах)*

gestatten разрешать, позволять; ~ Sie (mir) ... позвольте (мне) ...; ~ Sie mir die Frage позвольте мне задать вопрос

Geste *f* =, -n жест *м*

gestehen* сознавать, признавать; сознаваться, признаваться *(в чём-л.)*

gestern вчера; seit ~ со вчерашнего дня

gestreift полосатый, в полоску; ein ~er Stoff материя *ж* в полоску

gestrickt вязаный

gestrig вчерашний

Gesúch *n* -(e)s, -e заявле́ние *c*, проше́ние *c*, хода́тайство *c*; ein ~ éinreichen пода́ть заявле́ние [проше́ние, хода́тайство]

gesúnd *в разн. знач.* здоро́вый; wérden ~ выздора́вливать

Gesúndheit *f* = здоро́вье; ~! бу́дьте здоро́вы! *(при чиханье)*

Getränk *n* -(e)s, -e напи́ток *m*

Getréide *n* -s 1. зерновы́е культу́ры 2. зерно́ *c*, хлеб *m*

getréu ве́рный, то́чный

geübt о́пытный, иску́сный

Gewächshaus *n* -es, ..häuser оранжере́я *ж*, тепли́ца *ж*

gewágt сме́лый, риско́ванный

Gewähr *f* = гара́нтия *ж*

gewáltig 1. огро́мный, грома́дный 2. (очень) си́льный, сильне́йший

gewáltsam 1) *adj* наси́льственный 2) *adv* си́лой, наси́льно

gewándt 1. ло́вкий, прово́рный 2. иску́сный, уме́лый

Gewässer *n* -s, = водоём *m*

Gewéhr *n* -(e)s, -e ружьё *c*, винто́вка *ж*

Gewérbe *n* -s, = про́мысел *m*, ремесло́ *c*

Gewícht *n* -(e)s, -e 1. *тк. sg* вес *m* 2. ги́ря *ж* 3. *тк. sg* ва́жность *ж*, влия́ние *c*

Gewínde *n* -s, = *тех.* резьба́ *ж*, наре́зка *ж*

Gewínn *m* -(e)s, -e 1. при́быль *ж*, дохо́д *m* 2. вы́игрыш *m*

gewínnen* 1. выи́грывать 2. добыва́ть *(полезные ископаемые)* 3. приобрета́ть, получа́ть; Éinfluß ~ приобрести́ влия́ние; die Óberhand über j-n ~ взять верх над кем-л.

gewíß 1) *adj* 1. определённый, изве́стный; in gewíssen Fällen в определённых слу́чаях 2. не́кий *(о человеке)* 2) *adv* 1. коне́чно, несомне́нно 2. наве́рно(е), вероя́тно

Gewíssen *n* -s, =́ со́весть *ж*

gewíssenhaft добросо́вестный

gewíssermaßen до [в] не́которой сте́пени

Gewíßheit *f* = 1. уве́ренность *ж* 2. достове́рность *ж*

Gewítter *n* -s, = гроза́ *ж*

gewöhnen an *A* приуча́ть *кого-л. к чему-л.* sich ~: sich an etw. (*A*) ~ привыка́ть к чему́-л.

Gewöhnheit *f* =, -en привы́чка *ж*

gewöhnlich обыкнове́нный, обы́чный

gewöhnt привы́чный; ich bin es ~ я к э́тому привы́к

Gewürz *n* -es, -e припра́ва *ж*; спе́ции *мн*, пря́ности *мн*

Gezéiten *pl* прили́в *м* и отли́в *м* (*на море*)

geziert жема́нный, мане́рный

gießen* 1. лить; налива́ть; Káffee in Tásse ~ нали́ть ко́фе в ча́шку; es gießt in Strömen дождь льёт как из ведра́ 2. полива́ть (*цветы*) 3. *тех.* отлива́ть

Gift *n* -(e)s, -e яд *м*

giftig ядови́тый

Gipfel *m* -s, = верши́на *ж*

Gips *m* -es, -e гипс *м*

Gitárre *f* =, -n гита́ра *ж*

Glanz *m* -es, -e блеск *м*

glänzen 1. блесте́ть, сия́ть 2. блиста́ть, выделя́ться

glänzend блестя́щий, блиста́тельный

glánzlos ма́товый, ту́склый

Glas *n* -es, Gläser 1. *тк. sg* стекло́ *с* 2. стака́н *м*, рю́мка *ж*; ein ~ Bier стака́н пи́ва 3. *pl* очки́ *мн* 4. бино́кль *м*

gläsern стекля́нный

glatt 1. гла́дкий, ро́вный 2. ско́льзкий

Glátteis *n* -es гололёд *м*

glätten разгла́живать, расправля́ть

Gláube *m* -ns 1. ве́ра *ж*, дове́рие *с* 2. *рел.* ве́ра *ж*, рели́гия *ж*

gláuben 1. *D* u an *A* ве́рить *кому-л., чему-л. и в кого-л., во что-л.* 2. ду́мать, полага́ть

gláubwürdig 1. правди́вый 2. правдоподо́бный

gleich 1) *adj* ра́вный, одина́ковый; тако́й же 2) *adv* 1. одина́ково; ~groß а) одина́ковой величины́ б) одного́ ро́ста 2. безразли́чно; ganz ~ всё равно́ 3. сейча́с, неме́дленно; ich kómme ~ я сейча́с приду́ [верну́сь]

gléichen* походи́ть, быть похо́жим; er gleicht séinem Váter он похо́ж на отца́

gléichfalls то́чно так же, та́кже

gléichgültig равноду́шный, безразли́чный

gléichmäßig равноме́рный, ро́вный

glítschen скользи́ть

glítschrig ско́льзкий

Glócke *f* =, -n 1. ко́локол *м*; колоко́льчик *м* 2. звоно́к *м*

Glück *n* -(e)s сча́стье *с*; er hat ~ ему́ везёт

glücken удава́ться

glücklich 1. счастливый 2. удачный

glücklicherweise к счастью

Glückwunsch *m* -es, ..wünsche поздравление *c*; méinen hérzlichsten ~! сердечно поздравляю!

Glut *f* =, -en зной *м*, жара *ж*

Gnáde *f* = милость *ж*, пощада *ж*

gnädig милостивый

Gold *n* -(e)s золото *с*

gólden золотой

Gótik *f* = готика *ж*, готический стиль

Gott *m* -es, Götter Бог *м* ◊ ~ sei Dank! слава Богу!; um ~es willen! Боже упаси!; mein ~! Боже мой!

gráben* копать, рыть

Gráben *m* -s, Gräben ров *м*, канава *ж*

Grad *m* -(e)s, -e 1. *pl с числ.* = градус *м*; héute sind zwánzig ~ Wärme сегодня двадцать градусов тепла; 2. *геогр., мат.* градус *м* 3. степень *ж (тж. мат.);* bis zu éinen gewíssen ~ до некоторой [до известной] степени

Gramm *n* -s, -e *и с числ.* = грамм *м*

Grammátik *f* = грамматика *ж*

Gráphik *f* = графика *ж*

Gras *n* -es, Gräser трава *ж*

gräßlich страшный, ужасный; отвратительный, мерзкий

grátis даром, бесплатно

Gratulatión *f* =, -en поздравление *с*

gratulíeren поздравлять; j-m zu etw. ~ поздравить кого-л. с чем-л.

grau 1. серый 2. седой

gráusam жестокий

gréifen* 1. nach *D* хватать *что-л.*; схватиться *за что-л.* 2. zu *D* браться *за что-л.*; прибегнуть *к чему-л.* zu den Wáffen ~ браться за оружие; zum létzten Míttel ~ прибегнуть к последнему средству

Greis *m* -es, -e старик *м*

grell 1. резкий, пронзительный 2. яркий, кричащий *(о цвете)*

gríechisch греческий

Grieß *m* -es манная крупа, манка *ж (разг.)*

Grílle I *f* =, -n кузнечик *м*

Grílle II *f* =, -n причуда *ж*, каприз *м*

grínsen ухмыляться

groß 1. большой 2. великий; крупный, известный

gróßartig великолепный

Größe *f* =, -n 1. величина *ж*; размер *м*; рост *м*; das ist méine ~ это мой размер 2. знаменитость *ж* 3. величие *с*

Groß|eltern *pl* дедушка *м* и бабушка *ж* **~macht** *f* =, ..mächte великая держава **~mut** *m* -(e)s великодушие *с*

großmütig великодушный

Groß|mutter *f* =, ..mütter бабушка **~stadt** *f* =, ..städte большой [крупный] город

Großvater *m* -s, ..väter дедушка *м*

großziehen* растить (детей)

großzügig великодушный

grün 1. зелёный 2. незрелый, неспелый

Grünanlage *f* =, -n сквер *м*

Grund I *m* -(e)s 1. земля *ж*, грунт *м* 2. дно *с* 3. фундамент *м*, основание *с* ◇ im ~e genómmen в сущности; von ~ auf основательно

Grund II *m* -(e)s, Gründe основание *с*, причина *ж;* aus diesem ~e по этой причине

Grund|gesetz *n* -(e)s, -e основной закон, конституция *ж* **~lage** *f* =, -n основа *ж*, основание *с;* база *ж;* базис *м*

gründlegend 1) *adj* основной, основополагающий 2) *adv* коренным образом, в корне

4 Немецко-русский словарь

gründlich основательный; обстоятельный

Grúppe *f* =, -n группа *ж*

Gruß *m* -es, Grüße 1. приветствие *с* 2. привет *м;* j-m éinen ~ bestéllen передать кому-л. привет

grüßen 1. здороваться, приветствовать 2. передавать привет; er läßt Sie ~ он передаёт вам привет

Grütze *f* =, -n 1. крупа *ж* 2. каша *ж*

gültig действительный, имеющий силу

Gúmmi *m* -s 1. *pl* = *u* -s резина *ж*, каучук *м* 2. *pl* -s резинка *ж*, ластик *м*

günstig благоприятный

gúrgeln полоскать горло

Gúrke *f* =, -n огурец *м*

Gürtel *m* -s, =1. пояс *м*, ремень *м* 2. *геогр.* пояс *м*

gut 1) *adj* хороший, добрый; ~en Tag! добрый день!; ~en Appetít! приятного аппетита!; ~e Nacht! спокойной ночи!; ~e Réise! счастливого пути!; ~e Bésserung! поправляйтесь!, выздоравливайте!; séien Sie so ~ ... будьте так добры ... 2) *adv* хорошо; schon ~!, ládno!, хорошо!; mir geht es ~ а) у меня всё хорошо б) я здоров

Gut *n* -(e)s, Güter 1. имущество *с* 2. товар *м*, груз *м* 3. имение *с*

gútgelaunt в хорошем настроении

gút|heißen* одобрять ~**machen** исправлять *(ошибку)*; заглаживать *(вину)*

gútmütig добродушный

Gymnástik *f* =гимнастика *ж*

Haar *n* -(e)s, -e 1. волос *м*, волосок *м;* um ein ~ почти, на волосок 2. волосы *мн;* шерсть *ж (у животного)*

hában* 1. иметь; ich hábe fünf Bücher у меня пять книг; ich hábe kein Geld у меня нет денег; ich hábe éine Bítte an Sie у меня к вам просьба; ich hábe Angst я боюсь; was hast du? что с тобой?; du hast gut réden тебе хорошо говорить 2. *вспомогательный глагол (не переводится)*: wir ~ das gemácht мы это сделали

háften I an *D* приставать, прилипать *к чему-л.*

háften II für *A* отвечать, нести ответственность *за что-л.*

Hágel *m* -s град *м*

háger худой, тощий; долговязый *(разг.)*

Hahn I *m* -(e)s, Hähne 1. петух *м* 2. самец *м* у птиц

Hahn II *m* -(e)s, Hähne кран *м*

häkeln вязать крючком

Háken *m* -s, = крюк *м*, крючок *м*

halb 1. пол-; половина *ж;* éine ~e Stúnde полчаса; ein ~er Méter полметра; es ist ~ eins половина первого 2. наполовину, вдвое; ~ so téuer вдвое дешевле

Hálb|edelstein *m* -(e)s, -e полудрагоценный камень, самоцвет *м* ~**fabrikat** *n* -(e)s, -e полуфабрикат *м* ~**finale** *f* =, = *спорт.* полуфинал *м* ~**insel** *f* =, -n полуостров *м* ~**mond** *m* -(e)s, -e полумесяц *м* ~**schuhe** *pl* полуботинки *мн*

Hálbzeit *f* =, -en *спорт.* половина *ж* игры, тайм *м*

Hálle *f* =, -n 1. (большой) зал; павильон *м* 2. цех *м*

Hállenbad *n* -(e)s, ..bäder закрытый (плавательный) бассейн

halló! 1. алло! 2. эй! 3. *разг.* привет!

Hals *m* -es, Hälse 1. шея *ж* 2. горло *с*

halt! стой!; стоп!

Halt *m* -(e)s 1. опора *ж*; *перен. тж.* поддержка *ж*; kéinen ~ háben не иметь поддержки 2. остановка *ж*; привал *m*

háltbar 1. долгого хранения (*о продуктах*) 2. прочный; ноский

hálten* 1. держать, удерживать 2. иметь, держать (*напр. животных; товары*) 3. считать, принимать (*кого-л., что-л. за кого-л., что-л.*); für wen ~ Sie mich? за кого вы меня принимаете? 4. останавливаться; ~ Sie bítte! остановитесь, пожалуйста!; wie lánge hält der Zug? сколько времени стоит поезд? 5. соблюдать; Rúhe ~ соблюдать тишину; sein Wort ~ держать своё слово

Hámmer *m* -s, Hämmer молоток *м*; молот *м*

Hand *f* =, Hände рука *ж*, кисть *ж* (*руки*); an [bei] der ~ за руку; die ~ drücken пожать руку ◊ bei der ~ под рукой; es liegt auf der ~ это очевидно

Hánd|arbeit *f* =, -en 1. рукоделие *с*, ручная работа 2. *тк. sg* ручной труд **~ball** *m* -(e)s *спорт.* ручной мяч **~buch** *n* -(e)s, ..bücher руководство *с*; справочник *м*

Hándel *m* -s торговля *ж*

hándeln 1. действовать, поступать 2. вести торговлю, торговать 3.: es hándelt sich um... (*A*) дело [речь] идёт о...

Hand|gepäck *n* -(e)s ручной багаж **~griff** *m* -(e)s, -e 1. приём *м* (*в работе*) 2. ручка *ж*, рукоятка *ж*

hándhaben* уметь обращаться (*с чем-л.*)

Händler *m* -s, = (мелкий) торговец

hándlich удобный в обращении; портативный

Hándlung *f* =, -en действие *с*; поступок *м*

Hánd|schrift *f* =, -en 1. почерк *м* 2. (древняя) рукопись **~schuh** *m* -(e)s, -e перчатка *ж* **~tasche** *f* =, -n дамская сумочка **~tuch** *n* -(e)s, ..tücher полотенце *с* **~werk** *n* -(e)s, -e ремесло *с* **~werker** *m* -s, = ремесленник *м;* рабочий *м* (*по ремонту квартир*) **~wörterbuch** *n* -(e)s, ..bücher краткий словарь

hängen* 1. висеть 2. вешать, повесить 3.: an j-m, etw. ~ быть привязанным к кому-л., к чему-л.

hármlos безобидный

Háse *m* -n, -n заяц *м*

Haß *m* ..sses не́нависть *ж*
hássen ненави́деть
häßlich 1. некраси́вый, безобра́зный 2. отврати́тельный, скве́рный
hásten спеши́ть, торопи́ться
hástig торопли́вый, поспе́шный
háuen* 1. бить, колоти́ть *(кого-л.)* 2. ударя́ть *(по чему-л.)*
Háupt|bahnhof *m* -(e)s, ..höfe центра́льный вокза́л ~mann *m* -(e)s, ..leute *воен.* капита́н *м* ~sache *f* = гла́вное *с*; die ~sache ist, daß... гла́вное, что [что́бы] ...
háuptsächlich гла́вным о́бразом
Háuptstadt *f* =, ..städte столи́ца *ж*, гла́вный го́род
Haus *n* -es, Häuser 1. дом *м*, зда́ние *с*; zu ~e до́ма; nach ~e домо́й 2. дом *м*, дома́шний оча́г; хозя́йство *с*
häuslich 1. дома́шний, семе́йный 2. домови́тый, хозя́йственный
Háus|schuhe *pl* дома́шние та́почки ~tier *n* -(e)s, -e дома́шнее живо́тное
Haut *f* =, Häute 1. *тк. sg* ко́жа *ж* 2. шку́ра *ж (живо́тного)* 3. ко́жица *ж*, кожура́ *ж* 4. плёнка *ж*, пе́нка *ж (на жидкостях)*

Hébel *m* -s, = рыча́г *м*
hében* 1. поднима́ть 2. повыша́ть, поднима́ть
Heft *n* -(e)s, -e 1. тетра́дь *ж* 2. вы́пуск *м*, но́мер *м (газе́ты, журна́ла)*
héften 1. an A прикрепля́ть, прика́лывать *что-л. к чему́-л.* 2. смётывать *(при шитье)* 3. *полигр.* сшива́ть, брошюрова́ть
héftig си́льный; ре́зкий
héikel щекотли́вый, делика́тный
heil невреди́мый, це́лый; méine Hand ist wíeder ~ моя́ рука́ зажила́; ~ davónkommen* оста́ться це́лым и невреди́мым
héilen 1. лечи́ть 2. зажива́ть *(о ране и т. п.)*
héilig свято́й; свяще́нный
Heilige, der -n, -n *рел.* свято́й; die -n, -n свята́я *ж*
Heil|mittel *n* -s, = лече́бное сре́дство, лека́рство *с* ~stätte *f* =, -n санато́рий *м*, кли́ника *ж*, лече́бница *ж*
Heim *n* -(e)s, -e 1. дом *м*, дома́шний оча́г 2. дом *м* о́тдыха 3. де́тский дом; дом *м* для престаре́лых
Héimat *f* =, -en ро́дина *ж*
héimatlos без ро́дины
Héimatmuse|um *n* -s, ..se|en краеве́дческий музе́й

héimbringen* 1. провожа́ть домо́й 2. приноси́ть домо́й

héimisch 1) *adj* 1. дома́шний, родно́й 2. оте́чественный, ме́стный 2) *adv* по-дома́шнему, как до́ма

Héimkehr *f* = возвраще́ние *с* домо́й [на ро́дину]

heiß 1. горя́чий 2. *перен.* горя́чий, пы́лкий 3. жа́ркий; es ist ~ жа́рко

héißen* 1. называ́ться; wie heißt du? как тебя́ зову́т?; wie heißt diese Straße? как называ́ется э́та у́лица? 2. зна́чить, означа́ть; was heißt das? что э́то зна́чит [означа́ет]?; was heißt das auf deutsch? что э́то означа́ет по-неме́цки?

héiter 1. весёлый 2. я́сный (о погоде)

Held *m* -en, -en геро́й *м*

héldenhaft герои́ческий, геро́йский

Héldentat *f* =, -en по́двиг *м*

hélfen* помога́ть; kann ich Íhnen~? могу́ ли я помо́чь вам?

Hélfer *m* -s, = помо́щник *м*

hell све́тлый, я́сный

héllblau голубо́й, светло-си́ний

Hemd *n* -(e)s, -e руба́шка *ж*, (мужска́я) соро́чка

hémmen тормози́ть, препя́тствовать

Hémmung *f* =, -en заде́ржка *ж*, препя́тствие *с*

her 1. сюда́; kom ~! иди́ сюда! hin und ~ туда́ и сюда́; von óben — све́рху 2.: es ist schon éine Wóche ~, daß... уже́ неде́ля, как ...

heráb вниз; den Strom ~ вниз по реке́

herábsetzen 1. снижа́ть, понижа́ть *(скорость; цену)* 2. унижа́ть; умаля́ть

herán сюда́; (по)бли́же; rechts ~! сюда́ напра́во!; näher ~! подойди́(те) побли́же!

herán|kommen* подходи́ть, приближа́ться ~**treten*** 1. an *A* подходи́ть *к* кому́-л., к чему́-л. 2. mit *D* обраща́ться *к кому́-л. с чем-л.*

heráuf вверх, наве́рх

heráufkommen* 1. поднима́ться наве́рх 2. всходи́ть *(о солнце, луне)* 3. надвига́ться *(о грозе и т. п.)*

heráus нару́жу; ~ ! вон!

heráusbilden, sich образо́ваться, сложи́ться

heráus|geben* 1. выдава́ть *(на руки)* 2. издава́ть, выпуска́ть 3. дава́ть сда́чу ~**kommen*** 1. выходи́ть *(из* *помещения*) 2. получа́ться в результа́те, обнару́живаться ~lassen* выпуска́ть ~nehmen* вынима́ть, достава́ть ~putzen, sich наряди́ться ~reißen* вырыва́ть, выхва́тывать; выдёргивать ~stellen, sich выясня́ться, ока́зываться ~ziehen* выта́скивать; выдёргивать; выдвига́ть (*ящик и т. п.*)

herbéi сюда́

herbéi|kommen* подходи́ть, приближа́ться ~rufen* подзыва́ть

Herbst *m* -(e)s, -e о́сень; im ~ о́сенью

herе́in: ~! войди́те!

hérkommen* приходи́ть; подходи́ть; komm mal her! поди́-ка сюда́!

Hérkunft *f* = происхожде́ние *с*

Herr *m* -n, -en 1. мужчи́на *м*, господи́н *м* 2. господи́н *м* (*как обращение*); méine Dámen und -en! да́мы и господа́! 3. хозя́ин *м*, владе́лец *м*

hérrlich великоле́пный, прекра́сный

Hérrschaft *f* =, -en 1. *тк. sg* госпо́дство *с*, власть *ж* 2.: méine ~en! господа́!

hérrschen госпо́дствовать, вла́ствовать

hérstellen 1. изготовля́ть, производи́ть 2. устана́вливать (*связи, отношения*)

Hérsteller *m* -s, = производи́тель *м*, изготови́тель *м*

Hérstellung *f* = 1. произво́дство *с*, изготовле́ние *с* 2. установле́ние *с*

herúnter вниз

herúnter|kommen* 1. спуска́ться, сходи́ть вниз 2. обесси́леть 3. опусти́ться (*морально*) ~stürzen 1. стреми́тельно па́дать (вниз), низверга́ться 2. сбра́сывать (вниз)

hervór нару́жу; вперёд; hínter der Écke ~ из-за угла́; aus dem Schnee ~ из-под сне́га

hervórheben* подчёркивать, отмеча́ть, выделя́ть

hervórrufen* вызыва́ть, приводи́ть к возникнове́нию (*чего-л.*)

Herz *n* -ens, -en се́рдце *с*; léichten ~ens с лёгким се́рдцем; mir fällt ein Stein vom ~en у меня́ отлегло́ от се́рдца, у меня́ ка́мень с души́ свали́лся

hérzig ми́лый, сла́вный

hérzlich серде́чный, и́скренний; ein ~er Empfáng раду́шный [тёплый] приём

hérzlos бессерде́чный, безду́шный

héuchlerisch лицеме́рный, двули́чный

héute сего́дня; von ~ an, ab ~ с сего́дняшнего дня; ~ früh сего́дня утром; ~ nacht сего́дня но́чью

héutig 1. сего́дняшний 2. совреме́нный; ны́нешний

héutzutáge в на́ши дни, сего́дня

Hieb *m* -(e)s, -e уда́р *m*

hier здесь, тут; von ~ an отсю́да

hier|auf 1. на э́то 2. зате́м, пото́м ~**durch** э́тим (са́мым), таки́м о́бразом ~**hér** сюда́; bis ~her до сих пор, досю́да ~**zú** к тому́ же

Hílfe *f* =по́мощь *ж;* ~ léisten ока́зывать по́мощь; ~! на по́мощь!, помоги́те!

hílflos беспо́мощный

Hímbeere *f* =, -n мали́на *ж*

Hímmel *m* -s не́бо *с;* unter fréiem ~ под откры́тым не́бом

hin туда́; ~ und her туда́ и сюда́; ~ und wíeder иногда́

hináb вниз; den Berg ~ вниз с го́ры

hinábgehen* идти́ вниз, спуска́ться

hináuf вверх, наве́рх; den Fluß ~ вверх по реке́

hináufgehen* идти́ наверх, поднима́ться; die Tréppe ~ поднима́ться по ле́стнице

hináus нару́жу; zum Fénster ~ из окна́; darüber ~ сверх того́

hináusgehen* 1. выходи́ть 2. превыша́ть, выходи́ть за преде́лы; das geht über die ánfänglichen Pläne hináus э́то выхо́дит за преде́лы первонача́льных пла́нов

híndern an D препя́тствовать, меша́ть *кому́-л. в чём-л.*

hinéin 1. в; ins Haus ~ в дом 2.: er árbeitete bis in die Nacht ~ он рабо́тал до глубо́кой но́чи

hinéin|gehen* 1. входи́ть 2. входи́ть, вмеща́ться ~**lassen*** впуска́ть ~**legen** 1. положи́ть *(что-л. во что-л.)* 2. вкла́дывать, помеща́ть *(де́нежные сре́дства во что-л.)* ~**reden** вме́шиваться *(в разгово́р)*

híngeben* передава́ть, протя́гивать *(что-л. кому́-л.)* sich ~ отдава́ть, посвяща́ть себя́ *(чему́-л.)*

hingégen напро́тив, наоборо́т; а, зато́

hin|gehen* идти́ *(куда́-л.);* пойти́, зайти́ *(куда́-л.)* ~**geraten*** случа́йно попа́сть *(куда́-л.),* очути́ться *(где-л.)*

hínlegen положить *(куда-л.)* sich ~ ложи́ться, лечь

hínreichend доста́точный

hínreißen* увлека́ть; sich ~ lassen* увле́чься

hínten сза́ди, позади́; nach ~ наза́д

hínter 1) *adv* за, позади́; ~ dem Haus за до́мом **2)** *adj* за́дний

hintereinánder 1. оди́н за други́м, друг за дру́гом **2.** подря́д; éinige Stúnden ~ не́сколько часо́в подря́д

hinterhér 1. позади́, сле́дом **2.** по́сле, пото́м

hínterlassen* оставля́ть по́сле себя́

hinüber на ту сто́рону; на той стороне́

hinüber|fahren* 1. перевози́ть **2.** переезжа́ть, переправля́ться ~gehen* переходи́ть (на другу́ю сто́рону)

hinúnter вниз; den Berg ~ с горы́, под го́ру

hinúntergehen* сходи́ть (вниз), спуска́ться; die Tréppe ~ спуска́ться по ле́стнице

Hínweis *m* -es, -e указа́ние *с*, ссы́лка *ж*

hínweisen* ука́зывать, ссыла́ться *(на что-л.)*

hinzú: ~ kommt, daß... к э́тому на́до доба́вить, что...

hinzú|fügen добавля́ть ~ziehen* привлека́ть *(кого-л. к участию в чём-л.)*

histórisch истори́ческий

Hit *m* -s, -s хит *м*, популя́рная пе́сня [пе́сенка]

Hítze *f* = **1.** жара́ *ж*, зной *м* **2.** пыл *м*; in ~ geráten* вспыли́ть

hítzig горя́чий, вспы́льчивый

Hobby [ˈhɔbɪ] *n* -s, -s хо́бби *с*

hoch 1. высо́кий; fünf Méter ~ высото́й в пять ме́тров **2.** высо́кий, си́льный, большо́й; hóhe Fieber высо́кая температу́ра **3.** влия́тельный, ва́жный; ein hóhes Amt высо́кая до́лжность ◊ hóhes Álter прекло́нный во́зраст; der hóhe Nórden Кра́йний Се́вер

Hóch|achtung *f* = глубо́кое уваже́ние ~druck *m* -(e)s **1.** *мед.*, *метео* высо́кое давле́ние **2.** *полигр.* высо́кая печа́ть

hoch|entwickelt высокора́звитый ~gebildet высокообразо́ванный ~gelegen возвы́шенный *(о местности)*; высокого́рный ~gewachsen высо́кий; ро́слый

Hóchhaus *n* -es, ..häuser высо́тное зда́ние, многоэта́жный дом

hóchmütig высокоме́рный

Hóchsaison [-zɛzɔŋ] *f* = разга́р *м* сезо́на

hóch|schätzen глубоко́ уважа́ть **~schrauben** взви́нчивать *(це́ны)*

Hoch|schule *f* =, -n вы́сшее уче́бное заведе́ние **~sommer** *m* -s разга́р *м* ле́та **~spannung** *f* =, -en *эл.* высо́кое напряже́ние **~sprung** *m* -(e)s *спорт.* прыжки́ *мн* в высоту́

Höchst|geschwindigkeit *f* =, -en максима́льная ско́рость **~leistung** *f* =, -en наивы́сшее достиже́ние; *тех.* максима́льная мо́щность; *спорт.* реко́рд *м*

Hof *m* -(e)s, Höfe 1. двор *м;* auf dem ~ во дворе́ 2. уса́дьба *ж;* ху́тор *м* ◊ j-m den ~ máchen уха́живать за кем-л.

hóffen наде́яться

hóffentlich на́до наде́яться, наде́юсь

Hóffnung *f* =, -en наде́жда *ж;* j-m ~ máchen обнадёживать кого́-л.; ~ háhen наде́яться

hóffnungs|los безнадёжный **~voll** по́лный наде́жд; многообеща́ющий

höflich ве́жливый, учти́вый

Höhe *f* =, -n 1. высота́ *ж,* вышина́ *ж* 2. разме́р *м,* величина́ *ж;* in ~ von húndert Mark в разме́ре ста ма́рок 3. у́ровень *м;* auf der ~ (*G*) на у́ровне, на высоте́ чего́-л.

Höhepunkt *m* -(e)s, -e вы́сшая то́чка, кульминацио́нный пункт

Höhle *f* =, -n 1. пеще́ра *ж* 2. берло́га *ж,* нора́ *ж* 3. *анат.* по́лость *ж (рта, но́са)*

Höhlung *f* =, -en 1. дупло́ *с* 2. углубле́ние *с*, вы́емка *ж*

Hohn *m* -(e)s насме́шка *ж,* издёвка *ж*

hólen 1. приноси́ть; приводи́ть; привози́ть 2. пойти́ *(за чем-л.);* ich muß Brot ~ мне ну́жно сходи́ть за хле́бом; j-n ~ lássen* посыла́ть за кем-л. ◊ Átem ~ перевести́ дух

Holz *n* -es, Hölzer 1. де́рево *с,* древеси́на *ж,* лесоматериа́л *м* 2. дрова́ *мн*

hölzern деревя́нный

Hónig *m* -s мёд *м*

hörbar слы́шный, вня́тный

hórchen 1. auf *A* слу́шать, прислу́шиваться к чему́-л. 2. подслу́шивать

hören 1. слы́шать; слу́шать; soviél ich gehört hábe... наско́лько я слы́шал...; er läßt nichts von sich ~ он ничего́ не даёт о себе знать 2. auf A слушаться *кого-л.;* считаться *(с мнением и т. п.);* auf séinen Rat ~ слушаться его совета

Hörer *m* -s, = 1. слушатель *м* 2. телефонная трубка *м* 3. *радио* наушники *мн*

Horizónt *m* -es, -e горизонт *м;* перен. кругозор *м*

Hörsaal *m* -(e)s, ..säle аудитория *ж (помещение)*

Hörspiel *n* -(e) s, -e радиоспектакль *м*

Hóse *f* =, -n брюки *мн,* штаны *мн (разг.)*

Hósen|rock *m* -(e)s, ..röcke *pl* юбка-брюки *мн* ~träger *pl* подтяжки *мн*

Hotél *n* -s, -s гостиница *ж;* отель *м;* im ~ wóhnen жить в гостинице

hübsch красивый, милый, хорошенький

Húbschrauber *m* -s, = вертолёт *м*

Hüfte *f* =, -n бедро *с*

Hügel *m* -s, = холм *м*

Huhn *n* -(e)s, Hühner курица *ж*

Hülle *f* =, -n оболочка *ж;* обёртка *ж;* упаковка *ж;* чехол *м;* футляр *м*

hüllen укутывать, закутывать sich ~ укутываться, закутываться

Humanität *f* = гуманность *ж*

Humór *m* -s юмор *м*

Hund *m* -(e)s, -e собака *ж*

húndert сто

Húnger *m* -s голод; ich hábe ~ я хочу есть

húngrig голодный

Húpe *f* =, -n звуковой сигнал, гудок *м,* сирена *ж*

hurrá! ура!

hústen кашлять

Hústen *m* -s кашель *м*

Hut I *m* -(e)s, Hüte шляпа *ж*

Hut II *f*: auf der ~ sein быть настороже

hüten охранять, оберегать sich ~ vor *D* остерегаться *кого-л., чего-л.*

Hütte I *f* =, -n хижина *ж;* шалаш *м*

Hütte II *f* =, -n металлургический завод

Hýmne *f* =, -n гимн *м*

Hypnóse *f* =, -n гипноз *м*

ich (*G* méiner, *D* mir, *A* mich) я; zu mir ко мне; ~ und ~ мы с тобой; er kennt mich он знает меня

ideál идеальный

Idée *f* =, -n идея *ж*, мысль *ж*

ihr 1. вы; их; das ist íhre Schuld это их вина **2.** ей; её; ich géhe zu ~ я иду к ней; das ist ~ Váter это её отец

íhrerseits 1. с их стороны **2.** с её стороны

im = in dem

Ímbiß *m* ..sses, ..sse закуска *ж (еда наскоро)*; éinen ~ éinnehmen* перекусить

ímmer всегда; auf ~ навсегда; ~ größer всё больше

ímmer|fort постоянно ~hin всё-таки, всё же ~zu вечно, без конца, постоянно

immigríeren иммигрировать

ímpfen gégen *A* делать прививку *против чего-л.*

Impórt *m* -(e)s импорт *m*, ввоз *m*

imstánde: ~ sein zu + *inf* быть в состоянии *сделать что-л.*

in 1. *на вопрос «где?»* в, на; im Haus в доме; in der Küche на кухне; im Áusland за границей **2.** *на вопрос «куда?»* в, на; in die Stadt в город; in den Nórden на север; in Áusland за границу **3.** *на вопрос «когда?»* в; im Jánuar в январе; im Herbst осенью; in díesen Tágen в эти дни; на днях; héute in acht Tágen через неделю **4.** *указывает на состояние* в; im Schlaf во сне; in Órdnung в порядке; in Órdnung bríngen* привести в порядок; in Verlégenheit geráten* попасть в затруднительное положение **5.** *указывает на способ, образ действия* в, по; in díeser Wéise таким образом; im Scherz в шутку; im Férnsehen по телевизору; im állgemeinen в общем; im besónderen в особенности

indéssen 1) *adj* тем временем; между тем **2)** *adv* всё же, однако

individuéll [-v-] индивидуальный

Industríe *f* =, ..ri|en промышленность *ж*, индустрия *ж*

Industríe|betrieb *m* -(e)s, -e промышленное предприятие ~**gebiet** *n* -(e)s, -e промышленный район

industríell промышленный

Industriélle, der -n, -n промышленник *m*

Industríewaren *pl* промышленные товары, промтовары *мн (разг.)*

Inflatión *f* =, -en эк. инфляция *ж*

infólge вследствие *(чего-л.)*, благодаря *(чему-л.)*

infolgedéssen вследствие этого, поэтому

Information *f* =, -en информация *ж*; сведения *мн*

informíeren информировать, ставить в известность

Ingenieur [inʒe´njø:r] *m* -s, -e инженер *m*

Ínhalt *m* -(e)s, -e 1. содержание *с* 2. содержимое *с* 3. ёмкость *ж* 4. содержание *с*, оглавление *с*

Ínhaltsverzeichnis *n* -ses, -se 1. оглавление *с* 2. опись *ж*, перечень *м*

Initiatíve [-v-] *f* =, -n инициатива *ж*

Ínland *n*: im ~ внутри страны

Ínlandsmarkt *m* -(e)s, ..märkte *эк.* внутренний рынок

ínnen внутри; von ~ изнутри; nach ~ внутрь

ínnere внутренний

ínnerhalb 1. внутри, в пределах; ~ der Stadt в черте города 2. в течение; ~ éiner Wóche в течение недели

ínnerlich внутренний, душевный

ínnig сердечный, задушевный; заветный

ins = in das; ~ Zímmer в комнату

insbesóndere особенно, в частности

Ínsel *f* =, -n остров *м*

Inserát *n* -(e)s, -e объявление *с* (*в газете*)

inseríeren дать объявление (*в газете*)

insgesámt в общей сложности, всего

insófern I в этом отношении

insoférn II насколько, поскольку

ínständig настойчивый, настоятельный; éine ~e Bítte настоятельная просьба

Instínkt *m* -(e)s, -e инстинкт *м*; чутьё *с*

Institút *n* -(e)s, -e институт *м*

inszeníeren 1. *театр.* инсценировать 2. *перен.* инсценировать, разыгрывать

intákt *тех.* исправный; ~ sein быть в исправности; nicht ~ sein быть неисправным

Intellékt *m* -(e)s интеллект *м*

intelligént интеллигентный

Intelligénz *f* = 1. ум *м*, интеллект *м* 2. интеллигенция *ж*

intensív интенсивный

interessánt интересный

Interésse *n* -, -n интерéс *м;* ~ für etw. (*A*) háben интересовáться чем-л.; ~ an etw. (*D*) háben быть заинтересóванным в чём-л.; víelseitige ~n разносторóнние интерéсы

interessíeren, sich für *A* интересовáться *чем-л.;* sich für Sport ~ интересовáться спóртом

Interview [-´vju:] *n* -s, -s интервью́ *с*

intím инти́мный; бли́зкий; ую́тный

Intuitión *f* =, -en интуи́ция *ж*

Invalíde [-v-] *m* -n, -n инвали́д *м*

investíeren [-v-] *эк.* инвести́ровать, вклáдывать, помещáть *(капитáл)*

iránisch ирáнский

Íre *m* -n, -n ирлáндец *м*

írgend|ein какóй-то; какóй-нибудь ~**wann** когдá-то; когдá-нибудь ~**was** чтó-то; кое-чтó; чтó-нибудь ~**welcher** какóй-то; какóй-нибудь ~**wer** ктó-то; кое-ктó ~**wie** кáк-нибудь; кáк-то ~**wo** гдé-то; гдé-нибудь ~**wohin** кудá-то; кудá-нибудь

irónisch ирони́ческий

írre 1. сумасшéдший, помéшанный 2.: ich bin ganz ~я совершéнно сбит с тóлку

írre|führen вводи́ть в заблуждéние ~**machen** сбивáть с тóлку

írren (sich) ошибáться, заблуждáться

írrsinnig 1. сумасшéдший, помéшанный 2. *разг.* сумасшéдший, бéшеный

Írrtum *m* -(e)s, ..tümer оши́бка *ж,* заблуждéние *с*

Ísländer *m* -s, = исландец *м* ~**in** *f* =, -nen исландка *ж*

ísländisch исландский

Isolíerband *n* -(e)s изоляциóнная лéнта

Italiéner *m* -s, = итальянец *м* ~**in** *f* =, -nen итальянка *ж*

italiénisch итальянский

ja 1. да; ja, das weiß ich да, я э́то знáю 2. ведь; же; ich ságte ja schon ведь я ужé сказáл; ja hörst du mal! да послýшай же!

Jacht *f* =, -en яхта *ж*

Jácke *f* =, -n 1. кýртка *ж;* жакéт *м* 2. кóфта *ж*

Jackétt [ʒa-] *n* -(e)s, -e пиджáк *м*

Jagd *f* = охота *ж*

jágen 1. охотиться *(на кого-л.)* **2.** гнаться *(за кем-л.)*, преследовать *(кого-л.)* **3.** мчаться, нестись

Jäger *m* -s, = охотник *м*

Jahr *n* -(e)s, -e **1.** год *м*; in díesem ~ в этом году; ein gánzes ~ круглый год **2.**: ich bin dréißig ~e alt мне тридцать лет; in den bésten ~en sein быть в расцвете сил

jáhrelang 1) *adj* многолетний **2)** *adv* годами, в течение многих лет

Jáhrgang *m* -(e)s, ..gänge **1.** год *м* рождения, wélche ~ sind Sie? какого вы года рождения? **2.** выпуск *м (учащихся)* **3.** год *м* издания *(газеты, журнала)*

Jahrhúndert *n* -s, -e столетие *с*, век *м*

Jáhrmarkt *m* -(e)s, ..märkte ярмарка *ж*

Jahr|táusend *n* -(e)s, -e тысячелетие *с* ~zéhnt *n* -(e)s, -e десятилетие *с*

Jánuar *m* = *u* -s, *pl* -e январь *м*

Japáner *m* -s, = японец *м* ~in *f* =, -nen японка *ж*

japánisch японский

jawóhl да, конечно; совершенно верно

Jazz [dʒɛs] *m* = джаз *м*

je 1) *adv* когда-либо **2)** *präp* по; je drei по три **3)** *conj*: je mehr, désto bésser чем больше, тем лучше

Jeans [dʒi:ns] *pl* джинсы *мн*

jéder *m* (jéde *f*, jédes *n*) каждый (каждая, каждое); любой (любая, любое)

jédesmal каждый раз

jedóch однако же

jémals когда-либо

jémand кто-то, кто-нибудь

jéner *m* (jéne *f*, jénes *n*, jéne *pl*) тот (та, то, те)

jetzt теперь, сейчас; bis ~ до сих пор; von ~ ab отныне

jéweils смотря по обстоятельствам

Jóghurt [ˊjo:gurt] *m*, *n* -s йогурт *м*, кефир *м*

Jo|hánnisbeere *f* =, -n смородина *ж*

Journalíst [ʒur-] *m* -en, -en журналист *м*

júbeln ликовать

Júgend *f* = **1.** молодость *ж*, юность *ж* **2.** молодёжь *ж*

Júgend|gesetz *n* -es, -e закон *м* о правах молодёжи ~hérberge *f* =, -n молодёжная туристская база

júgendlich 1. юный, молодой **2.** юношеский; моложавый; молодёжный *(о моде)*

Júgendliche -n, -n 1. der ~ подро́сток *m*, ю́ноша *m*, молодо́й челове́к 2. die *f* де́вочка-подро́сток *ж*, де́вушка *ж* 3. die *pl* молодёжь *ж*, подро́стки *мн*, несовершенноле́тние *мн*

Júli *m* = *u* -s, *pl* -s ию́ль *m*

jung молодо́й; ~er Mann молодо́й челове́к; die jüngere Schwéster мла́дшая сестра́

Júnge I *m* -n, *pl* -n *u разг.* Jungs 1. ма́льчик *m*; ю́ноша *m*; *pl тж.* ребя́та *мн*, па́рни *мн*

Júnge II das -n, -n детёныш *m* (*животного*)

jüngst 1. неда́вний, после́дний; die ~en Eréignisse после́дние собы́тия 2. (са́мый) мла́дший

Júni *m* = *u* -s, *pl* -s ию́нь *m*

Juríst *m* -en, -en юри́ст *m*

Justíz *f* = юсти́ция *ж*; правосу́дие *с*

Juwél *n* -s, -en драгоце́нный ка́мень (*обрабо́танный*); драгоце́нность *ж*

Juwelírwaren *pl* ювели́рные изде́лия

Kábel *n* -s ка́бель *m*

Káffee *m* =, -s ко́фе *m*; bítte, zwei ~! две (ча́шечки) ко́фе, пожа́луйста!

Káffee|kanne *f* =, -n кофе́йник *m* ~maschine *f* =, -n кофева́рка *ж*

Káiser *f* =, -n импера́тор *m*

Kajüte *f* =, -n каю́та *ж*

Kakao [-´kau *u* -´ka:o] *m* -s кака́о *с*

Kálbfleisch *n* -(e)s теля́тина *ж*

Kalénder *m* -s, = календа́рь *m*

kalt холо́дный; es ist ~ хо́лодно; ~e Plátte холо́дная заку́ска; etw. ~ stéllen ста́вить что-л. на хо́лод; das läßt mir ~ э́то меня́ не тро́гает

káltblütig хладнокро́вный

Kälte *f* = хо́лод *m*, сту́жа *ж*; *перен.* хо́лодность *ж*

Kamél *n* -(e)s, -e верблю́д *m*

Kámera *f* =, -s 1. кинока́мера *ж* 2. фотоаппара́т *m*

Kamerád *m* -en, -en това́рищ *m*, прия́тель *m*

Kámeramann *m* -(e)s, *pl* ..männer *u* ..leute киноопера́тор *m*

Kamílle *f* =, -n ромашка *ж*

Kamm *m* -(e)s, Kämme 1. гребёнка *ж*, расчёска *ж* 2. гребень *м* (*гор; петуха*)

kämmen причёсывать; расчёсывать sich ~ причёсываться

Kampf *m* -(e)s, Kämpfe 1. *тк. sg* борьба *ж*; der ~ um etw. (A) борьба за что-л.; der ~ gégen etw. (A) борьба против чего-л. 2. *воен.* бой *м*, сражение *с*

kämpfen бороться; *воен.* сражаться; um den érsten Platz ~ *спорт.* вести борьбу за первое место

Kanádi|er I *m* -s, = канадец *м*

Kanádi|er II *m* -s, = *спорт.* каноэ

kandidíeren выступать в качестве кандидата

Kanínchen *n* -s, = кролик *м*

Kánne *f* =, -n 1. бидон *м* 2. кувшин *м* 3. кофейник *м*; чайник *м* для заварки 4. лейка *ж*

Kánte *f* =, -n 1. край *м*; ребро *с*; грань *ж* 2. кайма *ж*, кант *м*

Kantíne *f* =, -n столовая *ж* (*на предприятии*)

Kanzléi *f* =, -e канцелярия *ж*

Kapazität *f* =, -en 1. *тех.* производственная мощность 2. ёмкость *ж*, вместимость *ж* 3. крупный специалист; er ist éine ~ auf séinem Gebíet он крупный специалист в своей области

Kapélle *f* =, -n 1. (небольшой) оркестр 2. часовня *ж*

Kapitál *n* -s, *pl* -e *и* -i|en капитал *м*

Kapitálanlage *f* =, -n капиталовложение *с*, помещение *с* капитала

Kapitalísmus *m* = капитализм *м*

kapitalístisch капиталистический

Kapitän *m* -s, -e *мор.* капитан *м*; *ав.* командир *м* экипажа; *спорт.* капитан *м* (*команды*)

Kapítel *n* -s, = глава *ж*

Káppe *f* =, -n 1. шапка *ж*; капюшон *м* 2. *тех.* чехол *м*, крышка *ж*

Karáffe *f* =, -n графин *м*

Karáte *n* = *и* -s *спорт.* каратэ *с*

karg скупой; скудный

karíert клетчатый, в клетку

Kárpfen *m* -s, = карп *м*

Kárre *f* =, -n, **Kárren** *m* -s, = тачка *ж*, тележка *ж*

Karriére *f* =, -n карьера *ж*

Kárte *f* =, -n 1. (географи́ческая) ка́рта 2. биле́т *м (проездно́й, театра́льный)* 3. визи́тная ка́рточка 4. (игра́льная) ка́рта 5. ка́рточка *ж (катало́жная и т. п.)*; gélbe ~ жёлтая ка́рточка *(футбо́л)*

Kartóffel *f* =, -n 1. *pl* карто́фель *м*, карто́шка *ж (разг.)* 2. картофелина *ж*, карто́шка *ж (разг.)*

Karton [-´tɔŋ] *m* -s, -s 1. *тк. sg* карто́н *м* 2. карто́нная коро́бка

Karusséll *n* -s, *pl* -s *и* -e карусе́ль *ж*

Käse *m* -s сыр *м*

Kasérne *f* =, -n каза́рма *ж*

Kásse *f* =, -n ка́сса *ж*

Kasséttenrecorder [-ko:r-] *m* -s, = кассе́тный магнитофо́н

kassíeren 1. получа́ть де́ньги *(с кого́-л.; за что́-л.)* 2. рассчи́тываться *(с кем-л.)*

Kassíerer *m* -s, = касси́р *м*

Kásten *m* -s, Kästen я́щик *м*

Katalóg *m* -s, -e катало́г *м*

Katastróphe *f* =, -n катастро́фа *ж*

Káter *m* -s, = кот *м*

Kátze *f* =, -n ко́шка *ж*

káuen жева́ть

Kauf *m* -(e)s, Käufe поку́пка *ж*

káufen покупа́ть

Käufer *m* -s, = покупа́тель *м* ~in *f* =, -nen покупа́тельница *ж*

Káuf|halle *f* =, -n универса́м *м* ~haus *n* -(e)s, ..häuser универма́г *м*

Káufmann *m* -(e)s, ..leute торго́вец *м*; коммерса́нт *м*

káufmännisch торго́вый, комме́рческий

Káugummi *m* -s, -s жева́тельная рези́нка

kaum 1. едва́; почти́ не 2. едва́, как то́лько; ~ war er éingetreten, da.. едва́ он вошёл, как... 3. едва́ ли, вряд ли; es ist ~ zu gláuben тру́дно пове́рить

Káviar [-v-] *m* -s, -e; икра́ *ж*; körniger ~ зерни́стая икра́; róter ~ кра́сная икра́

Kégel *m* -s, = 1. ке́гля *ж* 2. *мат.* ко́нус *м* 3. *полигр.* ке́гель *м*

kégeln игра́ть в ке́гли

kéhren I мести́, подмета́ть

kéhren II повора́чивать; j-m den Rücken ~ повора́чиваться к кому́-л. спино́й

Kéhricht *m* -(e)s му́сор *м*, сор *м*

Kéhrseite *f* =, -n обра́тная сторона́, изна́нка *ж*

Keil *m* -(e)s, -e клин *м*

Keim *m* -(e)s, -e *бот.* росто́к *м;* *биол.* заро́дыш *м (тж. перен.)*

kein *m* (kéine *f,* kein *n,* kéine *pl*) не; ни оди́н; никако́й; никто́; ~ Mensch ни оди́н челове́к, никто́; auf ~en Fall ни в ко́ем слу́чае; ~ éinziges Mal ~ ни ра́зу; ich hábe ~ Geld у меня́ нет де́нег

Keks *m, n* = *и* -es, *pl* = *и* -e (сухо́е) пече́нье

Kelch *m* -(e)s, -e 1. ча́ша *ж,* ку́бок *м;* бока́л *м,* фуже́р *м* 2. *бот.* ча́шечка *ж*

Kéller *m* -s, = подва́л *м;* по́греб *м*

Kéllner *m* -s, = официа́нт *м* ~in *f* =, -nen официа́нтка *ж*

kénnen* знать *(кого-л., что-л.);* быть знако́мым *(с кем-л., с чем-л.);* kein Maß ~ не знать (чу́вства) ме́ры

kénnenlernen узнава́ть *(кого-л., что-л.);* знако́миться *(с кем-л., с чем-л.)*

Kénner *m* -s, = знато́к *м*

kénnzeichnen обознача́ть, отмеча́ть; характеризова́ть

kénnzeichnend характе́рный, типи́чный

kerámisch керами́ческий

Kerl *m* -(e)s, -e па́рень *м,* ма́лый *м;* тип *м; pl тж.* ребя́та *мн;* lústiger ~ весельча́к; das ist ein ~ вот э́то па́рень, молоде́ц

Kérn|energie *f* = я́дерная эне́ргия ~explosion *f* =, -en я́дерный взрыв

kérngesund абсолю́тно здоро́вый

Kérn|kraftwerk *n* -(e)s, -e а́томная электроста́нция ~reaktor *m* -s, -en я́дерный реа́ктор ~waffen *pl* я́дерное ору́жие

Kérze *f* =, -n свеча́ *ж*

Késsel *m* -s, = котёл *м*

Kétte *f* =, -n 1. цепь *ж* 2. цепо́чка *ж (украшение)* 3. von *D* ряд *м,* цепь *ж* чего-л.

kéuchen задыха́ться, тяжело́ дыша́ть

kíchern хихи́кать

Kíefer I *m* -s, = че́люсть *ж*

Kíefer II *f* =, -n сосна́ *ж*

Kílo *n* -s, *pl* -s *и с числ.* = килогра́мм *м*

Kilo|grámm *n* -(e) s, *pl* -e *и с числ.* = килогра́мм *м* ~méter *n* -s, = киломе́тр *м*

Kind *n* -(e)s, -er ребёнок *м;* ich hábe zwei ~er у меня́ дво́е дете́й; von ~ auf с де́тства

Kíndheit *f* = де́тство *с*

kíndisch 1) *adj* ребя́ческий, несерьёзный 2) *adv* по-де́тски

Kíno *n* -s, -s 1. *тк. sg* кино́ *с;* ins ~ géhen* идти́ в кино́ 2. кинотеа́тр *м;* im ~

läuft ein néuer Film в кинотеатре идёт новый фильм

Kiósk *m* -es, -e киоск *м*

kíppen 1. опрокидывать **2.** опрокидываться

Kípper *m* -s, = самосвал *м*

Kírche *f* =, -n церковь *ж*

Kírschbaum *m* -(e)s, ..bäume вишня *ж*, черешня *ж (дерево)*

Kírsche *f* =, -n вишня *ж*, черешня *ж (плод)*

Kíssen *n* -s, = подушка *ж*

Kíste *f* =, -n ящик *м*

Kitsch *m* -(e)s кич *м*, безвкусица *ж*

Kíttel *m* -s, = рабочая блуза, спецовка *ж (разг.)*

kítz(e)lig щекотливый

kítzeln щекотать

Klang *m* -(e)s, Klänge **1.** звук *м*, звучание *с*; тон *м* **2.** звон *м*

kláng|los глухой *(о звуке)* ~voll звучный

kláppbar 1. откидной **2.** складной

kláppen 1. откидывать, поднимать *(что-л.)* **2.** хлопать, стучать **3.**: die Sáche klappt дело идёт на лад

klar 1) *adj* **1.** ясный; светлый; прозрачный; der Hímmel wird ~ небо проясняется **2.** ясный, понятный **2)** *adv*: na ~ *разг.* ясно, понятно

kláren выяснять; man muß die Sáchlage ~ необходимо выяснить, в чём дело sich ~ проясняться, разъясняться

Klásse I *f* =, -n класс *м (общества)*

Klásse II *f* =, -n **1.** *в разн. знач.* класс *м* **2.** *спорт.* категория *ж*

Klássik *f* = классика *ж*

klássisch классический

klátschen хлопать; шлёпать; in díe Hände ~ хлопать в ладоши; Béifall ~ аплодировать

Klavíer [-v-] *n* -s, -e пианино *с*, фортепьяно *с*; ~ spíelen играть на пианино

klében 1. клеить; склеивать; заклеивать; приклеивать **2.** an *D* прилипать, приставать *к чему-л.*

Kleid *n* -(e)s, -er платье *с*, *pl тж.* одежда *ж*, гардероб *м*

kléiden 1. одевать; sie ist gut gekléidet она хорошо одета **2.** быть к лицу, идти *(кому-л.);* díese Fárbe kléidet dich этот цвет тебе идёт sich ~ одеваться

Kléiderbügel *m* -s, = вешалка *ж*, плечики мн *(разг.)*

Kléidung *f* = одежда *ж*

klein маленький; небольшой; von ~ auf с детства; ein

~ wénig немнóжко; der ~e Fínger мизи́нец m

Kléin|bürger m -s, = мещани́н m; обыва́тель m **~bus** m -ses, -se микроавто́бус **~geld** n -(e)s мéлочь ж, мéлкие дéньги **~handel** m -s рóзничная торгóвля

Klémme f =, -n 1. *тех., мед.* зажим m; скрéпка ж *(канцеля́рская)* 2. зако́лка-невиди́мка ж *(для волос)* ◊ in die ~ geráten* попа́сть в затрудни́тельное положéние

klémmen 1. защемля́ть; прищемля́ть 2.: die Tür klemmt дверь пло́хо открывáется [закрывáется]

kléttern ла́зить, взбира́ться

Klíma n -s, pl -s и ..máte кли́мат m

Klímaanlage f =, -n кондиционéр m

Klíngel f =, -n 1. звонóк m *(дверно́й, велосипéдный)* 2. колоко́льчик m

klíngeln звони́ть; es klíngelt звоня́т

klíngen* 1. звони́ть, звенéть 2. звучáть

Klínik f =, -en кли́ника ж

klópfen 1. стучáть; хло́пать; es klopft (an der Tür) (в дверь) стучáт; j-m auf die Schúlter ~ хло́пать кого́-л. по плечу́ 2. выбивáть *(пыль из чего́-л.)*

klug у́мный; daráus wérde ich nicht ~ в э́том мне не разобрáться

Klúmpen m -s, = глы́ба ж, ком m; комо́к m

knácken 1. щёлкать; трещáть; хрустéть, скрипéть 2. щёлкать, грызть *(орéхи)*

knállen хло́пать; щёлкать; трещáть

knapp 1) *adj* 1. ску́дный 2. тéсный, у́зкий; die Hóse ist ~ брю́ки узки́ 3. кра́ткий, сжа́тый 2) *adv* в обрéз, едвá

knárren скрипéть

knáttern тарахтéть *(о мото́ре)*; трещáть *(о пулемёте и т. п.)*

kneifen* 1. щипáть, ущипну́ть 2. врезáться; жать *(о рези́нке, одéжде и т. п.)* 3. поджимáть *(гу́бы)*; щу́рить *(глаза́)*

Kneifzange f =, -n клéщи мн; куса́чки мн

Knétmasse f =, -n пластили́н m

Knie n -s, = [ˊkniːə] колéно c

kní|en стоя́ть на колéнях

Kníestrümpfe pl го́льфы мн

knítter|fest, ~frei немну́щийся

knitt(e)rig мя́тый

kníttern 1. мять, комкать **2.** мяться *(о ткани)*

Knóblauch *m* -(e)s чеснок *м*

Knóchen *m* -s, = кость *ж*

Knockdown [nɔk´daun] *m* = *и* -s, *pl* -s *спорт.* нокдаун *м*

Knockout [nɔk´aut] *m* = *и* -s, *pl* -s *спорт.* нокаут *м*

Knopf *m* -(e)s, Knöpfe **1.** пуговица *ж*; den ~ ánnähen пришить пуговицу **2.** запонка *ж* **3.** кнопка *ж (звонка и т. п.)*

knöpfen застёгивать *(на пуговицы)*

Knóspe *f* =, -n *бот.* почка *ж*; бутон *м*

Knóten *m* -s, = узел *м*

knüpfen 1. связывать, завязывать **2.** плести *(ковёр и т. п.)*

knúrren 1. рычать *(о собаке)* **2.**: mir knurrt der Mágen у меня урчит в желудке **3.** *разг.* ворчать, бурчать *(что-л.)*

knúsp(e)rig хрустящий; поджаристый

Koch *m* -(e)s, Köche повар *м*

kóchen 1. готовить *(пищу)*; варить *(кофе)*; заваривать *(чай)* **2.** (с)варить; (вс)кипятить *(воду, молоко)* **3.** кипеть, вариться **4.**: vor Wut ~ кипеть от бешенства

Köchin *f* =, -nen повар *м (женщина)*; повариха *(разг.)*; sie ist éine gúte ~ она хорошо готовит

Kóch|platte *f* =, -n **1.** электрическая плитка **2.** конфорка *ж (электроплитки)* ~topf *m* -(e)s, ..töpfe горшок *м*; кастрюля *ж*

Kóffer *m* -s, = чемодан *м*

Kóffer|radio *n* -s, -s портативный [транзисторный] радиоприёмник, транзистор *(разг.)* ~raum *m* -(e)s, ..räume багажник *м (автомобиля)*

Kollége *m* -n, -n коллега *м*, сослуживец *м*; сотрудник *м*; veréhrte ~n! дорогие коллеги!

Kollektión *f* =, -en коллекция *м*

Kollektiv *n* -s, -e коллектив *м*

Kölnischwasser *n* -s одеколон *м*

kolossál 1. колоссальный; грандиозный **2.** *разг.* ужасный, страшный

komfortábel 1) *adj* комфортабельный **2)** *adv* с комфортом, с удобствами

kómisch смешной, комичный

Komitée *n* -s, -s комитет *м*

Kómma *n* -s, *pl* -s *u* -ta запятая *ж*

Kommándo *n* -s, -s 1. команда *ж*, приказ *м* 2. команда *ж*, отряд *м* 3. *тк. sg воен.* командование *с*

kómmen* 1. приходить, приезжать, прибывать; éinen Arzt ~ lássen* позвать врача; komm her! иди сюда! 2. пройти, добраться *(куда-л.)*; wie kómme ich zum Báhnhof? как мне пройти к вокзалу? 3. идти, следовать *(по очереди)*; wann ~ wir an die Réihe? когда наша очередь? 4. наступать, приближаться; der Winter kommt наступает зима 5. происходить, случаться; daß kommt davón, daß... это происходит оттого, что... 6. auf *A* додуматься *до чего-л.*, догадаться *о чём-л.* jetzt kómme ich daráuf a) теперь я догадываюсь б) теперь я припоминаю ◇ an den Tag — обнаружиться; um etw. (*A*) ~ лишиться чего-л.; zu sich ~ прийти в себя

kómmend будущий, грядущий; наступающий *(напр. о празднике)*

Komödi|e *f* =, -n комедия *ж*

kompákt 1. плотный 2. компактный, вместительный

kompetént компетентный

komplétt полный, комплектный

Komplíze *m* -n, -n сообщник *м*, соучастник *м*

komplizíert сложный

Komponíst *m* -en, -en композитор

Komprésse *f* =, -n компресс *м*

Kompromíß *m, n* ..sses, sse компромисс *м*

kompromíßlos бескомпромиссный

Konditoréi *f* =, -en кондитерская *ж*

Konditoréiwaren *pl* кондитерские изделия

Konfékt *n* -(e)s конфеты *мн*

Konfektión *f* =1. готовое платье 2. массовое производство готового платья

Konferénz *f* =, -en конференция *ж*, совещание *с*

Konfitüre *f* =, -n варенье *с*, конфитюр *м*

Konflíkt *m* -(e)s, -e конфликт *м*, столкновение *с*

Kongréß *m* ..sses, ..sse конгресс *м*, съезд *м*

König *m* -(e)s, -e король *м* ~in *f* =, -nen королева *ж*

konkrét конкретный

können* 1. мочь, быть в

состоя́нии; man kann мо́жно; man kann nicht нельзя́; ich kann (nicht) я (не) могу́; kann ich Herr N. spréchen? могу́ я поговори́ть с господи́ном Н.? 2. уме́ть, знать; er kann Deutsch он зна́ет неме́цкий язы́к

Können *n* -s уме́ние *с*; зна́ние *с*; мастерство́ *с*; gróßes ~ высо́кое мастерство́

Konsequénz *f* =, -en 1. *тк. sg* после́довательность *ж* 2. после́дствия *мн;* вы́вод *м;* вы́воды *мн;* die -en zíehen* сде́лать вы́воды

konservatív [-v-] консервати́вный

Konsérven [-v-] *pl* консе́рвы *мн*

Konsultatión *f* =, -en консульта́ция *ж*

Konsúm I *m* -s потребле́ние *с*

Konsúm II *m* -s, -s кооперати́вный магази́н, кооперати́в *м (разг.)*

Kontákt *m* -(e)s, -e конта́кт *м*

Kónto *n* -s, *pl* Kónten *и* -s *фин.* счёт *м*

Kontrást *m* -es, -e 1. контра́ст *м*, противополо́жность *ж* 2. *тлв., фото* контра́стность *ж*

Kontrólle *f* =, -n контро́ль *м*, прове́рка *ж*

Konzért *n* -(e)s, -e конце́рт *м*

Kopf *m* ~ -(e)s, Köpfe 1. голова́ *ж* 2. голова́ *ж,* ум *м;* das ist ein klúger ~ э́то у́мная голова́ 3. коча́н *м (капусты, салата)* ◊ den ~ hängen lássen* па́дать ду́хом; Hals über ~ сломя́ го́лову

Kópf|hörer *pl радио* нау́шники *мн* ~schmerzen *pl* головна́я боль; ich hábe ~schmerzen у меня́ боли́т голова́ ~tuch *n* -(e)s, ..tücher косы́нка *ж*, плато́к *м*

Kopíe *f* -, ..píen ко́пия *ж*

koreánisch коре́йский

Kork *m* -(e)s про́бка *ж (материал)*

Kórken *m* -s, = (буты́лочная) про́бка

Kórkenzieher *m* -s, = што́пор *м*

Korn *n* -(e)s, Körner 1. *тк. sg* зерново́й хлеб; зерно́ *с* 2. зерно́ *с*, зёрнышко *с* 3. крупи́нка *ж*

Körper *m* -s, = те́ло *с*, ту́ловище *с*, ко́рпус *м*

Körperbau *m* -(e)s телосложе́ние *с*

Körperkultur *f* = физкульту́ра *ж*

körperlich физи́ческий

korpulént пόлный, дорόдный

korrékt 1. прáвильный 2. коррéктный

Korrektúr *f* =, -en 1. исправлéние *с* 2. корректýра *ж* 3. *тех.* коррéкция *ж*, попрáвка *ж*

Korrespondént *m* -en, -en корреспондéнт *м*

Kórridor *m* -s, -e коридόр *м*

korrigíeren исправля́ть, вноси́ть попрáвки

kosmétisch космети́ческий; ~es Míttel космети́ческое срéдство

kósmisch косми́ческий

Kosmonáut *m* -en, -en космонáвт *м*

Kósmos *m* = кόсмос *м*

Kost *f* = пи́ща *ж*; питáние *с*, стол *м*; (fréie) ~ und Logie [-´ʒi:] пόлный пансиόн

kóstbar цéнный; драгоцéнный

kósten I стόить; was kόstet das? скόлько э́то стόит?; kόste es, was es wόlle во что бы то ни стáло; es kόstete mich viel Mühe э́то стόило мне большόго трудá

kósten II прόбовать *(пи́щу на вкус)*

Kósten *pl* расхόды *мн*; auf éigene ~ за свой счёт

kóstenlos бесплáтный

kóstspielig дорогόй, дорогостόящий

Kostüm *n* -s, -e 1. (дáмский) костю́м 2. маскарáдный костю́м

kráchen трещáть, грохотáть

krächzen 1. кáркать 2. кряхтéть

Kraft *f* =, Kräfte 1. си́ла *ж*; mit áller ~ изо всех сил 2. *тех., физ.* си́ла *ж*; энéргия *ж* 3. *юр.* си́ла *ж*; in ~ tréten* вступáть в си́лу; ein Gesétz in ~ sétzen вводи́ть закόн

kräftig 1. си́льный, крéпкий 2. питáтельный *(о пище)*

kráftlos слáбый, без сил

Kráft|stoff *m* -(e)s, -e тόпливо *с*, горю́чее *с* ~werk *n* -(e)s, -e электростáнция *ж*

Kran *m* -es, Kräne (грузоподъёмный) кран

krank больнόй; ~ wérden заболéть; j-n ~ schréiben* вы́дать комý-л. больни́чный лист

kränken обижáть; оскорбля́ть

kränkend оби́дный

Kránken|haus *n* -es, ..häuser больни́ца *ж* ~pfleger *m* -s, = санитáр *м* ~schein *m* -(e)s, -e листόк *м* нетрудоспосόбности, больни́чный лист ~schwester *f* =, -n медсестра *ж* ~versicherung *f* =, -en страхование *с* на случай болезни ~wagen *m* -s, = санитарная машина ~zimmer *n* -s, = больничная палата

Kránkheit *f* =, -en болезнь *ж*

kraß резкий, бросающийся в глаза; вопиющий

krátzen царапать; скрести; чесать

kraus курчавый, кудрявый

kräuseln завивать sich ~ завиваться

Kraut *n* -(e)s, Kräuter 1. *тк. sg* ботва *ж* 2. (лекарственная) трава; зелень *ж (приправа, пряность)*

Krawátte *f* =, -n галстук *m*

Kredít *n* -(e)s, -e кредит *m;* auf ~ káufen покупать в кредит

Kréide *f* = мел *м*

Kreis *m* -es, -e 1. круг *м; мат.* окружность *ж* 2. район *м (административный)* 3. *перен.* круг *м;* im éngsten ~ в тесном кругу

krémpeln: nach óben ~ засучить *(рукава),* подвернуть *(брюки)*

kreuz: ~ und quer вдоль и поперёк

Kreuz *n* -es, -e крест *м*

kréuzen 1. скрещивать, перекрещивать 2. пересекать sich ~ пересекаться

Kréuzfahrt *f* =, -en круиз *м*

Kréuzung *f* =, -en пересечение *с (дорог)*, перекрёсток *м*

Kréuzworträtsel *n* -s, = кроссворд *м*

kríechen* 1. ползать 2. ползти *(еле тащиться)*

Krieg *m* -(e)s, -e война *ж*

kríegen *разг.* получать; Húnger ~ проголодаться; das ist nicht zu ~ этого не купишь [не достанешь]

Kriminálfilm *m* -(e)s, -e детективный фильм, детектив *м*

Kriminalität *f* = преступность *ж*

Kriminal|polizei *f* = уголовная полиция ~**roman** *m* -s, -e криминальный роман, детектив *м*

krítisch *в разн. знач.* критический

Króne *f* =, -n 1. корона *ж*, венец *м* 2. крона *ж*, верхушка *ж (дерева)* 3. коронка *ж (зуба)* 4. крона *ж (денежная единица)*

Krónleuchter *m* -s, = люстра *ж*

Krug *m* -(e)s, Krüge кувшин *м;* кружка *ж*

krümeln кроши́ть(ся)

krumm криво́й, искривлённый

Krúste *f* =, -n ко́рка *ж (хлеба)*; ко́рочка *ж (жаркого)*

Küche *f* =, -n 1. кухня *ж (помещение)* 2. *тк. sg* ку́хня *ж*, пи́ща *ж;* die rússische ~ ру́сская ку́хня

Kúchen *m* -s, = (сла́дкий) пиро́г [пирожо́к]; пиро́жное *с*

Kúckuck *m* -(e) s, -e куку́шка *ж*

Kúgel *f* =, -n 1. шар *м*, ша́рик *м* 2. пу́ля *ж* 3. *спорт.* ядро́ *с*

Kúgelschreiber *m* -s, = ша́риковая ру́чка

Kuh *f* =, Kühe коро́ва *ж*

kühl 1. прохла́дный, све́жий 2. холо́дный, сде́ржанный

kühlen охлажда́ть

Kühlschrank *m* -(e)s, ..schränke (дома́шний) холоди́льник

Kultúr *f* = культу́ра *ж*

kulturéll культу́рный

Kúnde *m* -n, -n покупа́тель *м;* клие́нт *м*

Kúndendienst *m* -es, -e 1. *тк. sg* обслу́живание *с (покупа́телей, клие́нтов)* 2. бюро́ *с* обслу́живания *(в гости́нице);* стол *м* зака́зов *(в магази́не)*

kúndig *G* све́дущий, о́пытный *в чём-л.*, зна́ющий *что-л.*

kündigen 1. *j-m* увольня́ть *кого́-л.* 2. расторга́ть *(догово́р)* 3. увольня́ться

Kündigung *f* =, -en 1. увольне́ние *с (с рабо́ты)* 2. расторже́ние *с (догово́ра)*

Kúndschaft *f* = покупа́тели *мн;* клиенту́ра *ж*

künftig 1) бу́дущий 2) *adv* в бу́дущем, впредь

Kunst *f* =, Künste 1. иску́сство *с* 2. мастерство́ *с;* уме́ние *с*

Kúnst|ausstellung *f* =, -en худо́жественная вы́ставка ~**faser** *f* =, -n иску́сственное [синтети́ческое] волокно́

kúnstfertig иску́сный, уме́лый, ло́вкий

Künstler *m* -s, = 1. худо́жник *м* 2. де́ятель *м* иску́сства

künstlerisch худо́жественный, артисти́ческий

künstlich 1. иску́сственный 2. неесте́ственный

Kúnst|seide *f* =, -n иску́сственный шёлк ~**stoff** *m* -(e)s, -e синтети́ческий материа́л; пластма́сса *ж*

kúnstvoll иску́сный

Kúnstwerk *n* -(e)s, -e произведéние *с* искýсства

Kúppel *f* =, -n кýпол *м*

kúppeln 1. an *A* прицеплять *что-л. к чему-л.;* mit *D* сцеплять *что-л. с чем-л.;* von *D* отцеплять *что-л. от чего-л.* 2. *авто* включáть [выключáть] сцеплéние

Kur *f* =, -en лечéние *с*; éine ~ máchen проходи́ть курс лечéния

Kür *f* =, -en *спорт.* произвóльная прогрáмма *(фигурное катание на коньках, гимнастика)*

Kúrbel *f* =, -n рукоя́тка *ж*

Kúrort *m* -(e)s, -e курóрт *м*

Kurs I *m* -es, -e 1. *ав., мор., полит.* курс *м* 2. *эк.* курс *м;* im ~ sinken* понижáться в кýрсе 3. *эк.* обращéние *с;* áußer ~ sétzen изымáть из обращéния

Kurs II *m* -es, -e кýрсы *мн (учебные)*

kurz 1) *adj* корóткий; крáткий; vor ~em недáвно 2) *adv* 1. крáтко, вкрáтце 2.: ~ nach etw. (*D*) вскóре пóсле чегó-л.; ~ vor etw. (*D*) незадóлго до чегó-л.; ~ und gut корóче говоря́

Kürze *f*: in ~ вскóре, на днях

kürzen 1. укорáчивать 2. сокращáть

kürzlich недáвно

kúrzsichtig близорýкий

Kúrzstreckenlauf *m* -(e)s, ..läufe *спорт.* бег *м* на корóткие дистáнции, спринт *м*

Kürzung *f* =, -en сокращéние *с*, уменьшéние *с*

Kuß *m* ..sses, Küsse поцелýй *м*

küssen целовáть sich ~ целовáться

Küste *f* =, -n побережье *с*, морскóй бéрег

Kuvert [-´vɛrt *u* -´ve:r] *n* -s, -s (почтóвый) конвéрт

Labór *n* -s, *pl* -s *u* -e, **Laboratórium** *n* -s, ..ri|en лаборатóрия *ж*

lächeln улыбáться

Lächeln *n* -s улы́бка *ж*

láchen смея́ться; sich krank ~ хохотáть до упáду

láden* 1. грузи́ть, нагружáть 2. *эл.* заряжáть

Láden I *n* -s, Läden (небольшóй) магази́н

Láden II *m* -s, *pl* Läden *u* = стáвень *м*

Láge *f* =, -n 1. расположéние *с*, местоположе́ние *с* 2. положе́ние *с*, ситуа́ция *ж*; обстоя́тельства *мн*; die ~ der Dínge положе́ние *с* веще́й; in der ~ sein, etw. zu tun быть в состоя́нии сде́лать что-л. 3. слой *м*, пласт *м*

Laib *m* -(e)s, -e буха́нка *ж*; карава́й *м*

Láie *m* -n, -n дилета́нт *м*, люби́тель *м*

Láienkunst *f* = худо́жественная самоде́ятельность

Láken *n* -s, = простыня́ *ж*

lakónisch лакони́чный, кра́ткий

Lamm *n* -(e)s, Lämmer ягнёнок *м*; козлёнок *м*

Lámmfellmantel *m* -s, ..mäntel дублёнка *ж*

Lámpe *f* =, -n 1. ла́мпа *ж* 2. (электри́ческая) ла́мпочка

Land *n* -(e)s, Länder 1. страна́ *ж*, госуда́рство *с* 2. земля́ *ж* *(администрати́вно-территориа́льная едини́ца)* 3. земля́ *ж*, су́ша *ж*; бе́рег *м*; an ~ géhen* сойти́ [вы́садиться] на бе́рег 4. *тк. sg* земля́ *ж*, по́чва *ж*; ein Stück ~ уча́сток земли́ 5. *тк. sg* дере́вня *ж*, се́льская ме́стность; auf dem ~e а) в дере́вне; б) за́ городом; на да́че

lánden 1. *ав.* приземля́ться 2. пристава́ть к бе́регу, выса́живаться

Lándenge *f* -n, -n переше́ек *м*

Lándes|meister *m* -s, = чемпио́н *м* страны́ ~**meisterschaft** *f* =, -en чемпиона́т *м* страны́

Lánd|haus *n* -es, ..häuser да́ча *ж*, за́городный дом ~**karte** *f* =, -n географи́ческая ка́рта

ländlich се́льский, дереве́нский

Lándschaft *f* =, -en пейза́ж *м*, ландша́фт *м*

Lándsmann *m* -(e)s, ..leute земля́к *м*, соотече́ственник *м*

Lándstraße *f* =, -n 1. шоссе́ *с* 2. просёлочная доро́га

Lándung *f* =, -en 1. *ав.* поса́дка *ж* 2. *воен.* деса́нт *м*

lang 1) *adj* 1. дли́нный; ein Méter ~ длино́й в оди́н метр 2. до́лгий; auf ~e Zeit на дли́тельное вре́мя; seit ~em давно́ 2) *adv*: zwei Stúnden ~ в тече́ние двух часо́в

lánge до́лго; wie ~ dáuert... ско́лько вре́мени продолжа́ется...; schon ~ уже́ давно́; es ist schon ~ her прошло́ уже́ мно́го вре́мени

längs *G* вдоль *чего-л.*

lángsam мéдленный

Lángspielplatte *f* =, -n долгоигрáющая пласти́нка

längst (давны́м-)давно́; с дáвних пор

lángweilen надоедáть *(кому-л.);* наводи́ть скýку *(на кого-л.);* sich ~ скучáть

lángweilig скýчный

Lángwelle *f* =, -n *радио* 1. дли́нная (рáдио)волнá 2. *тк. sg* дли́нные вóлны

Láppen *m* -s, = тря́пка *ж*

Lärche *f* =, -n ли́ственница *ж*

Lärm *m* -(e)s шум *м*

lärmen шумéть

lássen* 1. оставля́ть; den Schirm kannst du zu Háuse ~ зóнтик мóжешь остáвить дóма; laß mich in Rúhe остáвь меня́ в покóе; das Ráuchen ~ брóсить кури́ть; laß das а) брось э́то!, перестáнь! б) не беспокóйся! 2. велéть, заставля́ть; j-n rúfen [kómmen] ~ позвáть [пригласи́ть] когó-л. (к себé); j-n grüßen ~ передáть комý-л. привéт; sich die Háare schnéiden ~ постри́чься *(в парикмахерской)* 3. позволя́ть, разрешáть; давáть возмóжность; ~ Sie mich Íhnen hélfen! позвóльте вам помóчь!; laß das Kind spíelen! пусть ребёнок игрáет!; laß(t) uns géhen! пойдём(те)!

lässig 1. непринуждённый, раскóванный 2. небрéжный, неря́шливый *(о работе и т. п.)*

Last *f* =, -en нóша *ж;* груз *м; перен.* тя́жесть *ж,* брéмя *с*

lästig 1. обремени́тельный, тя́гостный 2. надоéдливый; j-m ~ sein надоедáть комý-л.

Lástkraftwagen *m* -s, = грузовáя маши́на, грузови́к *м*

Latérne *f* =, -n фонáрь *м*

lau теповáтый, чуть тёплый

Laub *n* -(e)s листвá *ж*

Láube *f* =, -n 1. садóвый дóмик 2. бесéдка *ж*

Láubwald *m* -(e)s, ..wälder ли́ственный лес

láufen* 1. бежáть, бéгать; сбéгать *(куда-л.);* sich müde ~ набéгаться до устáлости 2. *тех.* рабóтать; der Mótor läuft мотóр [дви́гатель] рабóтает; etw ~ lássen* a) остáвить что-л. включённым б) включи́ть что-л. 3. идти́, демонстри́роваться *(о фильме, передаче)* 4. течь; ihm läuft das Blut übers Gesícht у негó по лицý течёт кровь; das Faß läuft бóчка течёт [протека́ет] 5. происходи́ть, протека́ть; wir wérden séhen, wie álles läuft посмо́трим, как всё обернётся 6. быть действи́тельным, име́ть си́лу; der Vertrág läuft drei Jáhre догово́р действи́телен три го́да

láufend теку́щий; das ~e Jahr теку́щий год ◊ auf dem -em sein быть в ку́рсе собы́тий

Láune f =, -n 1. настрое́ние c; gute ~ háben быть в хоро́шем настрое́нии 2. капри́з $м$, причу́да $ж$; -n háben капри́зничать

laut I 1) adj гро́мкий 2) adv гро́мко; вслух

laut II согла́сно; ~ Vórschrift согла́сно предписа́нию; ~ Gesétz согла́сно зако́ну

Laut m -(e)s, -e звук $м$

läuten звони́ть

láutlos 1. беззву́чный 2. бесшу́мный

láuwarm чуть тёплый, теплова́тый

lében жить ◊ es lébe...! да здра́вствует...! lébe wohl! проща́й!

lebéndig 1. живо́й 2. живо́й, оживлённый

Lébens|art f =, -en о́браз $м$ жи́зни ~erfahrung f =, -en жи́зненный о́пыт ~frage f =, -n жи́зненно ва́жный вопро́с

Lébens|lauf m -(e)s, ..läufe биогра́фия $ж$ ~mittel pl пищевы́е проду́кты, проду́кты $мн$ (пита́ния)

Lébens|verhältnisse pl усло́вия $мн$ жи́зни ~versicherung f =, -en страхова́ние c жи́зни ~weise f = о́браз $м$ жи́зни

lébenswichtig жи́зненно ва́жный

lébhaft оживлённый, живо́й

léblos безжи́зненный

lécken I an D лиза́ть, обли́зывать

lécken II течь, протека́ть

lécker вку́сный, аппети́тный

Léckerbissen m -s, = ла́комый кусо́к

Léder n -s ко́жа $ж$ (дублёная)

Léderwaren pl изде́лия $мн$ из ко́жи

lédig холосто́й; незаму́жняя

lédiglich то́лько, лишь

leer 1. пусто́й, поро́жний; неза́нятый, свобо́дный 2. пусто́й; ~e Áusflüchte пусты́е отгово́рки; ~e Hóffnungen тще́тные наде́жды

legál легáльный, закóнный

légen класть, положи́ть, укла́дывать; Éier ~ нести́ я́йца, нести́сь sich ~ ложи́ться

Legislatíve [-və] *f* =, -n законода́тельная власть

legitím закóнный

léhnen an *A* прислони́ть *что-л. к чему-л.* sich ~ 1. an *A* прислони́ться *к чему-л.* 2. auf *A* опере́ться, облокоти́ться *на что-л.*

Léhrbuch *n* -(e)s, ..bücher уче́бник *m*

Léhre *f* =, -n 1. уче́ние *с*, тео́рия *ж* 2. *тк. sg* обуче́ние *с*, учёба *ж* 3. урóк *м;* наставле́ние *с;* das soll ihm éine gúte ~ sein э́то послýжит емý хорóшим урóком

léhren учи́ть, обуча́ть; преподава́ть

Léhrer *m* -s, = учи́тель *m*, преподава́тель *m*

Léhrerin *f* =, -nen учи́тельница *ж*, преподава́тельница *ж*

Léhr|fach *n* -(e)s, ..fächer уче́бный предме́т ~gang *m* -(e)s, ..gänge 1. кýрсы *мн* 2. *pl* слýшатели *мн* кýрсов

leicht 1) *adj* лёгкий, нетяжёлый; нетрýдный; ~er Schlaf лёгкий сон; ~es Fíeber небольша́я температýра 2) *adv* легкó; слегка́

léichtfallen* *j-m* легкó дава́ться *кому-л.*

léichtfertig легкомы́сленный; опроме́тчивый

léichtgläubig легкове́рный, дове́рчивый

Léichtindustrie *f* = лёгкая промы́шленность

léichtsinnig легкомы́сленный

leid: es tut mir ~ мне жаль, я сожале́ю об э́том; er tut mir ~ мне егó жаль

Leid *n* -(e)s гóре *с;* j-m ~ zúfügen причиня́ть комý-л. гóре

léiden* 1. страда́ть; терпе́ть, переноси́ть; Not ~ испы́тывать нуждý, нужда́ться; ich kann ihn nicht ~ я егó не выношý 2. страда́ть, боле́ть; an Schláflosigkeit ~ страда́ть бессóнницей

léider к сожале́нию

léidlich 1) *adj* снóсный, терпи́мый 2) *adv* снóсно, терпи́мо; та́к себе

léihen* 1. *j-m* ода́лживать, дава́ть взаймы́ *что-л. кому-л.* 2 von *j-m* занима́ть, брать взаймы́ *что-л. у кого-л.*

Léine *f* =, -n 1. верёвка *ж;* кана́т *м* 2. поводóк *м;* an der ~ на поводке́

léise ти́хий; едва́ слы́шный; sei bítte ~ не шуми́, пожа́луйста

léisten 1. соверша́ть; де́лать, выполня́ть; éine schwére Árbeit ~ проде́лать тру́дную рабо́ту 2. ока́зывать *(кому-л. сопротивле́ние, услугу и т. п.)*; j-m Hílfe ~ ока́зывать кому́-л. по́мощь 3.: sich (*D*) etw. ~ (können*) (быть в состоя́нии) позво́лить себе́ что-л.

Léistung *f* =, -en 1. вы́полненная рабо́та; достиже́ние *с*, результа́т *м (тж. спорт.)* 2. *тк. sg тех.* производи́тельность *ж*; мо́щность *ж* 3. успева́емость *ж (учащихся)* 4. услу́ги *мн (населению — бытовые, медицинские и т. п.)*

léiten 1. руководи́ть, управля́ть *(чем-л.)*; возглавля́ть *(что-л.)* 2. *физ.* проводи́ть

Leiter I *m* -s, = 1. руководи́тель *м*; заве́дующий *м* 2. *физ.* проводни́к *м*

Léiter II *f* =, -n (приставна́я) ле́стница, стремя́нка *ж*

Léitung *f* =, -en 1. *тк. sg* руково́дство *с*, управле́ние *с (чем-л.)* 2. руково́дство *с*, руководя́щий о́рган 3. трубопрово́д *м*; нефтепрово́д *м*; газопрово́д *м*; водопрово́д *м* 4. (электро)прово́дка *ж*

lérnen 1. учи́ться *(чему-л.)*; учи́ть, вы́учить *(что-л.)*; Spráchen ~ изуча́ть языки́ 2. учи́ться, обуча́ться *(об учащемся)*

Lérnmittel *pl* уче́бные посо́бия, уче́бники *мн*

lésbar разбо́рчивый, чёткий

lésen* I чита́ть; laut ~ чита́ть вслух

lésen* II 1. собира́ть *(плоды и т. п.)* 2. перебира́ть *(крупу, зелёный салат и т. п.)*

Léser *m* -s, = чита́тель *м* ~in *f* =, -nen чита́тельница *ж*

Lésesaal *m* ~ (e) s, ..säle чита́льный зал

létzte 1. после́дний; zum ~n Mal в после́дний раз; in der ~ Zeit в после́днее вре́мя 2. про́шлый; ~n Míttwoch в про́шлую сре́ду

léuchten свети́ть(ся); сверка́ть

Léuchter *m* -s, = подсве́чник *м*

Léuchtturm *m* -(e)s, ..türme мая́к *м*

léugnen отрица́ть; оспа́ривать

Leukaplást *n* -(e)s, -e лейкопла́стырь *м*

Léute *pl* лю́ди *мн*

Léutnant *m* -s, -s лейтенáнт *m*

Léxikon *n* -s, ..ka энциклопéдия *ж*

Libélle *f* =, -n стрекозá *ж*

liberál либерáльный

licht 1. свéтлый 2. рéдкий *(о растительности)*

Licht *n* -(e)s, -er 1. *тк. sg* свет *м*; ~ máchen зажéчь свет 2. свечá *ж* 3. *pl* огни́ *мн*

Lícht|bild *n* -(e)s, -er фотогрáфия *ж*, сни́мок *м (для паспорта)* ~schalter *m* -s, = выключáтель *м*

lieb ми́лый, дорогóй; слáвный, симпати́чный; méine ~en Fréunde! дороги́е друзья́!; er ist ein ~er Mensch он слáвный человéк; sei so ~... будь так добр...

Líebe *f* = любóвь *ж*

líeben люби́ть

líebenswürdig любéзный

Líebenswürdigkeit *f* =, -en любéзность *ж*

líeber 1) *adj* милéе, дорóже 2) *adv* лýчше, охóтнее

liebkósen ласкáть

Liebling *m* -s, -e 1. люби́мец *м*, люби́мица *ж* 2. ми́лый *м*, ми́лая *ж (как обращение)*

líefern поставля́ть *(товары)*; доставля́ть; ins Haus ~ доставля́ть нá дом

Líege *f* =, -n тахтá *ж*

líegen* 1. лежáть 2. быть располóженным, находи́ться; die Stadt liegt am Meer гóрод располóжен у мóря ◊ die Sáche liegt so, daß... дéло обстои́т так, что...; worán liegt es? в чём дéло?, каковá причи́на?; das liegt nicht an mir э́то не моя́ винá, я тут ни при чём

líegenlassen* оставля́ть, забывáть *(что-л. где-л.)*

líla лилóвый

Limonáde *f* =, -n лимонáд *м*

Línde *f* =, -n ли́па *ж*

Lineál *n* -s, -e линéйка *ж*

Líni|e *f* =, -n 1. ли́ния *ж*, чертá *ж* 2. (трáнспортная) ли́ния; маршрýт *м* ◊ in érster ~ в пéрвую óчередь

línke лéвый; ~r Hand слéва; ~ Séite а) лéвая сторонá б) изнáнка *ж*

Línke, die -n а) лéвая рукá

links слéва; nach ~ налéво; von ~ слéва

List *f* =, -en 1. *тк. sg* хи́трость *ж*, лукáвство *с* 2. хи́трость *ж*, улóвка *ж*

Líter *n* -s, = литр *м*

Literatúr *f* =, -en литератýра *ж*

Lob *n* -(e)s похвалá *ж*

lóben хвали́ть

lóbenswert похва́льный

Loch *n* -(e)s, Löcher 1. дыра́ *ж*; отве́рстие *с*; дупло́ *с* (*зуба*) 2. нора́ *ж* 3. *разг.* дыра́ *ж*, лачу́га *ж*

löcherig дыря́вый

Lócke *f* =, -n 1. ло́кон *м* 2. *pl* ло́коны *мн*, ку́дри *мн*

lócken I завива́ть

lócken II мани́ть; привлека́ть

Lóckenwickler *pl* бигуди́ *мн*

lócker 1. ры́хлый; сла́бый; ша́ткий 2. беспу́тный, распу́щенный

lóckig кудря́вый, курча́вый, вью́щийся

Löffel *m* -s, = ло́жка *ж*

Lóge [-ʒə] *f* =, -n *театр.* ло́жа *ж*

lógisch логи́чный

Lohn *m* -(e)s, Löhne 1. за́работная пла́та, зарпла́та *ж* 2. награ́да *ж*

lóhnen (sich) сто́ить; име́ть смысл (*что-л. сделать и т. п.*); es lohnt sich nicht не сто́ит

Lóhn|erhöhung *f* =, -en повыше́ние *с* за́работной пла́ты **~kürzung** *f* =, -en сниже́ние *с* за́работной пла́ты **~stopp** *m* -s, -s заморáживание *с* за́работной пла́ты **~zuschlag** *m* -(e)s, ..schläge надба́вка *ж* к за́работной пла́те

Lok *f* =, -s (*сокр. от* Lokomotíve) локомоти́в *м*

Lokál *n* -(e)s, -e 1. рестора́н *м*, кафе́ *с* 2. помеще́ние *с* (*для собра́ний*)

Lokomotíve [-və] *f* =, -n локомоти́в *м;* парово́з *м;* электрово́з *м*

Lokomotívführer *m* -s, = машини́ст *м* (*локомоти́ва*)

los 1) *adj:* ~ sein оторва́ться, отвяза́ться; j-n, etw. ~ sein *разг.* изба́виться, отде́латься от кого́-л., от чего́-л.; was ist ~? *разг.* в чём де́ло?, что случи́лось? 2) *adv разг.:* ~! дава́й!, начина́й!

löschen 1. туши́ть, гаси́ть 2. стира́ть (*магнитофо́нную запись*) 3. погаша́ть (*долг*) 4. аннули́ровать ◊ den Durst ~ утоля́ть жа́жду

lösen 1. развя́зывать; распуска́ть; отвя́зывать; отделя́ть; откле́ивать; освобожда́ть 2. расторга́ть (*догово́р, соглаше́ние и т. п.*) 3. (раз)реша́ть (*зада́чу*) 4. растворя́ть 5. покупа́ть, брать (*биле́т*) sich ~ 1. развя́зываться; отвя́зываться; откле́иваться; отделя́ться 2. растворя́ться

lósfahren* отходи́ть, отъезжа́ть, отправля́ться

Lösung *f* =, -en **1.** (раз)реше́ние *с*, разга́дка *ж* **2.** расторже́ние *с (договора, соглашения и т. п.)* **3.** раство́р *м*

lóswerden* 1. отде́лываться, избавля́ться *(от кого-л., чего-л.)* **2.** *разг.* сбыва́ть (с рук) *(что-л.)*

löten пая́ть

Lotteríe *f* =, ..ri|en лотере́я *ж*

Löwe *m* -n, -n лев *м*

Löwin *f* =, -nen льви́ца *ж*

Luft *f* = во́здух *м*

Lúft|bad *n* -(e)s, ..bäder возду́шная ва́нна **~ballon** [-lɔŋ] *m* -s, -s **1.** аэроста́т *м* **2.** возду́шный ша́р(ик)

lüften прове́тривать

Lúft|fahrt *f* = **1.** полёт *м* **2.** воздухопла́вание *с*, авиа́ция *ж* **~kurort** *m* -(e)s, -e климати́ческий куро́рт **~matratze** *f* =, -n надувно́й матра́с **~pirat** *m* -en, -en возду́шный пира́т; уго́нщик *м* самолётов **~post** *f* = авиапо́чта *ж*; per ~post авиапо́чтой

Lúft|verkehr *m* -s возду́шное сообще́ние **~verschmutzung** *f* = загрязне́ние *с* во́здуха **~waffe** *f* = вое́нная авиа́ция; вое́нно-возду́шные си́лы **~zug** *m* -(e)s сквозня́к *м*

Lügner *m* -s, = лгун *м*, обма́нщик *м;* врун *м (разг.)* **~in** *f* =, -nen лгу́нья *ж*, обма́нщица *ж*, вру́нья *ж (разг.)*

Lump *m* -en *и* -(e)s, *pl* -en негодя́й *м*, подле́ц *м*

Lúmpen *m* -s, = тря́пка *ж*, лоску́т *м; pl* лохмо́тья *мн*, тряпьё *с*

Lust *f* = **1.** жела́ние *с*, охо́та *ж*; ich hábe ~ bekómmen [verlóren], das zu máchen мне захоте́лось [расхоте́лось] э́то де́лать

lústig весёлый; заба́вный, смешно́й; sich über j-n ~ máchen потеша́ться, смея́ться над кем-л.

Lútscher *m* -s, = ледене́ц *м* на па́лочке

luxuriös роско́шный

Lúxus *m* = ро́скошь *ж*

Lúxus|artikel *m* -s, = предме́т *м* ро́скоши **~wohnung** *f* =, -en роско́шная кварти́ра

máchen 1. де́лать; Éinkäufe ~ де́лать поку́пки; Káffee ~ вари́ть ко́фе; Licht ~ заже́чь свет; das Bett ~ застила́ть [убира́ть] посте́ль; Féhler ~ соверша́ть оши́бки; Dúmmheiten ~ наде́лать глу́постей; was machst du? что ты де́лаешь?; das macht mir Fréude э́то меня́ ра́дует 2. составля́ть; *мат.* равня́ться; zwei mal drei macht sechs два́жды три -- шесть 3. *разг.*: was macht dein Váter? как (пожива́ет) твой оте́ц?; was macht dein Stúdium? как у тебя́ дела́ с учёбой?; mach´s gut! пока́!, счастли́во! sich ~ 1. an *A* принима́ться, бра́ться *за что-л.*; sich an die Árbeit ~ принима́ться за рабо́ту 2.: sich auf den Weg ~ отправля́ться в путь

Macht *f* =, Mächte 1. *тк. sg* си́ла *ж*, мощь *ж* 2. *тк. sg* власть *ж* 3. держа́ва *ж*; госуда́рство *с*

mächtig 1. могу́чий, могу́щественный 2. огро́мный, грома́дный

Mädchen *n* -s, = 1. де́вочка *ж* 2. де́вушка *ж*

Magazín *n* -s, -e 1. иллюстри́рованный журна́л 2. склад *м*, храни́лище *с* 3. *воен.* магази́н *м;* обо́йма *ж*

máhnen 1. an *A* напомина́ть *о чём-л.* 2. предупрежда́ть, предостерега́ть

Máhlzeit *f* =, -en еда́ *ж (за́втрак,* обе́д, *ужин);* ~! а) прия́тного аппети́та! б) до́брый день! *(в обеденное время)*

Mai *m* -(e)s и = май *м*

Majoritä́t *f* = большинство́ *с (голосов)*

mákellos безупре́чный, безукори́зненный; незапя́тнанный

mal 1.: zwei ~ zwei ist vier два́жды два -- четы́ре 2. -ка; sag ~! скажи́-ка!; Momént ~! мину́тку!

Mal *n* -(e)s, -e раз; zum érsten ~ в пе́рвый раз; viéle -e мно́го раз

málen рисова́ть; раскра́шивать; писа́ть кра́сками

Máler *m* -s, = 1. худо́жник *м*, живопи́сец *м* 2. маля́р *м*

Máma *f* =, -s ма́ма *ж*

man *не переводится:* ~ sagt говоря́т; ~ muß ну́жно, необходи́мо; ~ kann мо́жно; ~ kann nicht нельзя́

Manager [´mɛnɛdʒər] *m* -s, = ме́неджер *м*

máncherlei различный, разный

mánchmal иногда

mángel|frei безупречный ~**haft** недостаточный; неудовлетворительный

mángeln an *D* не хватать, недоставать *чего-л.;* es mángelt mir an nichts я ни в чём не нуждаюсь

Mann *m* -(e)s, Männer 1. мужчина *м;* человек *м;* ein gánzer ~ настоящий мужчина; ein ~ der Tat человек *м* дела; júnger ~ молодой человек; wir sind síeben ~ нас семеро (человек) 2. муж *м*

Mántel *m* -s, Mäntel 1. пальто *с;* плащ *м;* шинель *ж* 2. *авто* покрышка *ж*

Manuskrípt *n* ~ (e) s, -e (áвторская) рукопись

Máppe *f* =, -n 1. папка *ж* 2. портфель *м*

Märchen *n* -s, = сказка *ж*

Maríne *f* = (военно-)морской флот

Márke *f* =, -n 1. марка *ж* *(почтовая)* 2. *(фабричная)* марка; знак *м (фирмы)* 3. номерок *м (гардеробный)*

Markt *m* -(e)s, Märkte 1. рынок *м*, базар *м* 2. *эк.* рынок *м*

Marmeláde *f* =, -n джем *м*, повидло *с*

Mármor *m* = мрамор *м*

Maróne *f* =, -n 1. (съедобный) каштан 2. польский гриб

Márschall *m* -s, ..schälle маршал *м*

März *m* = *и* -es март *m*

Maschíne *f* =, -n 1. машина *ж;* станок *м* 2. машинка *ж (пишущая, швейная)*

maschíneschreiben* печатать на (пишущей) машинке

Máske *f* =, -n маска *ж*

Máskenball *m* -(e)s, ..bälle (бал-)маскарад *м*

Maß *n* -es, -e 1. мера *ж* 2. мерка *ж;* ~ néhmen* снимать мерку; ein Ánzug nach ~ костюм *м* на заказ 3. мера *ж*, степень *ж*, предел *м;* ~ hálten* знать меру

Masságe [-ʒə] *f* =, -n массаж *м*

Másse *f* =, -n 1. масса *ж*, большое количество, множество *с* 2. масса *ж*, вязкое вещество

Mássen|bedarfsartikel *pl* предметы *мн* [товары *мн*] широкого потребления ~**medi|en** *pl* средства *мн* массовой информации

mäßig 1. умеренный, воздержанный *(о человеке)* 2. умеренный, небольшой

mäßigen умерять; сдерживать, обуздывать

máßlos безграничный, безмерный

Máßnahme *f* =, -n мероприятие *с*; ~n tréffen* принимать меры

Mast *m* -es, *pl* -e *u* -en мачта *ж*; (телеграфный) столб

Materiál *n* -s, -i̧en 1. материал *м*, сырьё *с* 2. материалы *мн* (*документы*)

Mathematík *f* = математика *ж*

Matrátze *f* =, -n матрас *м*

Matróse *m* -n, -n матрос *м*

matt 1. слабый; вялый, усталый 2. матовый; тусклый 3.: j-n sétzen поставить мат кому-л. (*шахматы*)

Máuer *f* =, -n (каменная) стена [ограда]

Máurer *m* -s, = каменщик *м*

Maus *f* =, Mäuse мышь *ж*

máxi (длиной) макси

maximál максимальный

Mechániker *m* -s, = механик *м*

mechánisch механический

Meer *n* -es, -e море *с*

Méer|busen *m* -s, = морской залив ~enge *f* =, -n морской пролив

Mehl *n* -s мука *ж*

mehr больше, более; noch ~ ещё больше; ~ als более чем; um so ~ тем более; und dergléichen ~ и тому подобное

méhrere несколько; некоторые; различные

méhrfach неоднократный, многократный

méhrgeschossig многоэтажный

Méhrheit *f* =, -en большинство *с*

méhrmals неоднократно, не раз

Méhrzahl *f* = 1. большинство *с* 2. *грам.* множественное число

méiden* избегать (*кого-л., чего-л.*)

Méile *f* =, -n миля *ж*

mein *m* (méine *f*, mein *n*, méine *pl*) мой (моя, моё, мой)

méinen полагать, думать; предполагать; ich méine, er hat recht я думаю, что он прав; was ~ Sie damít? что вы имеете в виду?

méinetwegen 1. ради [из-за] меня 2.: ~! да пожалуйста!, ради бога!

méistens большей частью

Méister *m* -s, = 1. мастер *м*; специалист *м* 2. *спорт.* чемпион *м*

méisterhaft мастерской, превосхо́дный

Méisterschaftsspiel *n* -(e)s, -e *спорт.* игра́ *ж* на пе́рвенство

Méisterwerk *n* -(e)s, -e шеде́вр *м*

mélden сообща́ть, докла́дывать; die Zéitungen ~... газе́ты сообща́ют... sich ~: sich bei der Polizéi ~ прописа́ться в поли́ции; sich zu Wort ~ попроси́ть сло́ва *(на собрании и т. п.);* sich am Telefón ~ отве́тить по телефо́ну

Méldung *f* =, -en сообще́ние *с,* донесе́ние *с*

mélken* дои́ть

Melóne *f* =, -n арбу́з *м;* ды́ня *ж*

Ménge *f* =, -n 1. мно́жество *с,* большо́е коли́чество 2. *тк. sg* толпа́ *ж* (наро́да)

Mensch *m* -en, -en челове́к *м;* víele ~en мно́го наро́ду; kein ~ никто́, ни оди́н челове́к; ~, was machst du? *разг.* послу́шай, что ты там де́лаешь?

Ménschheit *f* = челове́чество *с*

ménschlich 1. челове́ческий 2. челове́чный, гума́нный

Mentalität *f* =, -en склад *м* ума́

mérkbar заме́тный

mérken замеча́ть; sich (*D*) etw. ~ запомина́ть что-л.

mérklich заме́тный; ощути́мый

méssen* ме́рить, измеря́ть

Mésser *n* -s, = нож *м*

Metáll *n* -s, -e мета́лл *м*

Méter *n* -s, = метр *м*

Methóde *f* =, -n ме́тод *м*

Míene *f* =, -n выраже́ние *с* лица́; ми́на *ж*

Míete *f* =, -n кварти́рная пла́та

míeten 1. снима́ть, арендова́ть 2. брать напрока́т

Milch *f* = молоко́ *с;* sáure [dícke] ~ простоква́ша *ж*

Mílchpulver *n* -s сухо́е молоко́

mild(e) *в разн. знач.* мя́гкий

míldern смягча́ть; унима́ть *(боль)*

Militär I *n* -s а́рмия *ж,* вооружённые си́лы

Militär II *m* -s, -s офице́ры *мн* вы́сшего кома́ндного соста́ва

Militärdienst *m* -(e)s вое́нная слу́жба

Milliárde *f* =, -n милли́а́рд *м*

Millión *f* =, -en миллио́н *м*

mínder ме́нее; nicht ~ не ме́нее; ~ wíchtig, als ме́нее ва́жный, чем...

Mínderheit *f* = меньшинство́ *с*

mínder|jährig несовершенноле́тний ~**wertig** недоброка́чественный; низкопро́бный

míndest минима́льный, наиме́ньший

míndestens по ме́ньшей ме́ре, ми́нимум

míni (длино́й) ми́ни

minimál минима́льный

Ministérium *n* -s, ..ri|en министе́рство *с*

Minúte *f* =, -n мину́та *ж*; zehn ~n nach zwölf де́сять мину́т пе́рвого; fünf ~n vor neun без пяти́ мину́т де́вять

míschen меша́ть, сме́шивать; тасова́ть (*карты*) sich ~ in *A* вме́шиваться *во что-л.*

Míschung *f* =, -en смесь *ж*

mißáchten не уважа́ть (*кого-л.*)

mißbílligen не одобря́ть, порица́ть

mißbráuchen злоупотребля́ть (*чем-л.*)

mißdéuten ло́жно истолко́вывать

Míßerfolg *m* -(e)s, -e неуда́ча *ж*

mißhándeln жесто́ко обраща́ться (*с кем-л.*)

mißlíngen* не удава́ться

mißtráuen не доверя́ть

Míßverständnis *n* -ses, -se недоразуме́ние *с*

mit 1. wir géhen ~ Íhnen мы идём с ва́ми; Tee ~ Zitróne чай с лимо́ном; ~ Vórsicht наме́ренно; ~ der Zeit со вре́менем 2. по; на; ~ dem Eísenbahn fáhren* е́хать по желе́зной доро́ге; ~ dem Áuto fáhren* е́хать на маши́не; ~ der Post schícken посыла́ть по по́чте 3.: sich mit etw. beschäftigen занима́ться чем-л.; ~ etw. hándeln торгова́ть чем-л.; ~ ihm steht es gut [schlecht] его́ дела́ обстоя́т хорошо́ [пло́хо]; was ist los ~ dir? что с тобо́й?

mítarbeiten an *D* сотру́дничать *в чём-л.*

Mítarbeiter *m* -s, = сотру́дник *м*

mítbringen* приноси́ть [приводи́ть, привози́ть] (с собо́й)

miteinánder друг с дру́гом; вме́сте

Mítglied *n* -(e)s, -er член *м* (*организации, партии, семьи*)

míthaben* име́ть при себе́ [с собо́й]

mítmachen *разг.* принимáть учáстие *(в чём-л.)*

mítnehmen* брать с собóй

Mítreisende, der -n, -n спýтник *м*, попýтчик *м*

Míttag *m* -(e)s, -e 1. пóлдень *м*; gégen ~ óколо полýдня 2. *тк. sg разг.* обéденный перерыв, обéд *м*; zu ~ éssen* обéдать

Míttagessen *n* -s обéд *м*

Míttagspause *f* =, -n обéденный перерыв

Mítte *f* = середина *ж*

mítteilen сообщáть

Mítteilung *f* =, -en сообщéние *с*

Míttel *n* -s, = 1. срéдство *с*, спóсоб *м* 2. срéдство *с*; лекáрство *с* 3. *pl* материáльные срéдства

míttelgroß 1. срéдней величины 2. срéднего рóста

míttellos неимýщий, без срéдств

míttels при пóмощи; ~ éines Schlüssels при пóмощи ключá

mítten: ~ auf der Stráße посреди ýлицы; ~ im Zímmer посреди кóмнаты

Mítternacht *f* = пóлночь *ж*

Míttler *m* -s, = посрéдник *м*

míttlere срéдний; in ~m Álter срéдних лет; von ~r Größe срéднего рóста

Míttwoch *m* -(e)s, -e средá *ж*; am ~ в срéду

míttwochs по средáм

mítwirken an, bei, in *D* принимáть учáстие *в чём-л.*

Míxer *m* -s, = 1. бáрмен *м* 2. мúксер *м*

Möbel *pl* мéбель *ж*

Móde *f* = мóда *ж*; etw. ist die (gróße) ~ быть в (большóй) мóде; in ~ kómmen* входить в мóду

Modéll *n* -s, -e модéль *ж*; образéц *м*

modérn 1. совремéнный 2. мóдный

módisch мóдный

mögen* 1. желáть, хотéть; ich möchte éine Tásse Káffee (háben) я хотéл бы выпить чáшку кóфе; was möchten Sie? что вы желáете? 2. любúть; ich mag das nicht я этого не люблю 3.: es mag sein мóжет быть

möglich 1) *adj* возмóжный 2) *adv* возмóжно; so schnell wie ~ как мóжно скорéе

Möglichkeit *f* =, -en возмóжность *ж*

Momént I *m* -(e)s, -e момéнт *м*, миг *м*, мгновéние *с*; ~ mal! однý минýтку!

Momént II *n* -(e)s, -e момéнт *м*, обстоя́тельство *с*, фáктор *м*

momentán мгновенный

Mónat *m* -(e)s, -e месяц *м*

Mond *m* -(e)s луна *ж;* auf dem ~ lánden прилуниться

Móntag *m* -s, -e понедельник *м*

Montáge [-зə] *f* =, -n монтаж *м*, сборка *ж*

móntags по понедельникам

Monteur [-´tø:r] *m* -s, -e монтёр *м*, сборщик *м* машин

Móped *n* -s, -e мопед *м*

Morást *m* -es, *pl* -e *и* Moräste болото *с*, трясина *ж*

Mord *m* -(e)s, -e убийство *с*

Mörder *m* -s, = убийца *м, ж*

mórgen завтра; ~ früh завтра утром

Mórgen *m* -s, =утро *с;* am ~ утром; gúten ~! доброе утро!

mórgens утром; по утрам

morsch гнилой, трухлявый; ветхий

Mosaík *n* -s, -e мозаика *ж*

Móskauer I *m* -s, = москвич *м* ~**in** *f* =, -nen москвичка *ж*

Móskauer II московский

Motél *n* -s, -e мотель *м*

Móto-Cross *n, m* = мотокросс *м*

Mótor *m* -s, ..tóren мотор *м*

Mótor|boot *n* -(e)s, -e моторная лодка ~**rad** *n* -(e)s, ..räder мотоцикл *м* ~**roller** *m* -s, = мотороллер *м* ~**schiff** *n* -(e)s, -e теплоход *м* ~**sport** *m* -(e)s мотоспорт *м*

müde усталый, утомлённый; ~ wérden уставать; ~ máchen утомлять

Müdigkeit *f* = усталость *ж*

Mühe *f* =, -n труд *м;* хлопоты *мн,* старания *мн;* sich (*D*) ~ gében* стараться; das kóstete mich viel ~ это стоило мне большого труда; es lohnt die ~ nicht на это не стоит тратить силы

mühsam 1) *adj* трудный, утомительный 2) *adv* с большим трудом

Müllschlucker *m* -s, = мусоропровод *м*

Mund *m* -(e)s, Münder рот *м*

Múndart *f* =, -en наречие *с*, диалект *м*

münden in *A* впадать *во что-л. (о реке);* выходить, упираться *во что-л. (об улице и т. п.)*

Mündung *f* =, -en устье *с*

múnter 1. бодрый; весёлый 2.: ~ sein не спать, бодрствовать; er ist noch nicht ~ он ещё не проснулся

Münze *f* =, -n 1. монета *ж* 2. монетный двор

múrmeln 1. бормота́ть 2. журча́ть (*о ручье и т. п.*)

Mus *n* -es пюре́ *c*

Múschel *f* =, -n 1. ра́ковина *ж*, раку́шка *ж* 2. телефо́нная тру́бка

Muséum *n* -s, ..séen музе́й *м*

Musík *f* = му́зыка *ж*

musikálisch музыка́льный

Músiker *m* -s, = музыка́нт *м*

Múße *f* = свобо́дное вре́мя, досу́г

müssen* *выражает долженствование, необходимость:* er muß fort он до́лжен уе́хать; ich muß nach Háuse мне ну́жно домо́й; man muß ну́жно, необходи́мо

müßig пра́здный

mústern осма́тривать; разгля́дывать

Mut *m* -(e)s му́жество *с*, сме́лость *ж;* den ~ verlíeren* упа́сть ду́хом; den ~ fássen собра́ться с ду́хом

mútig му́жественный, сме́лый

mútlos малоду́шный

Mútter I *f* =, Mütter мать *ж*, ма́ма *ж*

Mútter II *f* =, -n га́йка *ж*

Mútti *f* =, -s ма́ма *ж*, ма́мочка *ж*

Mütze *f* =, -n ша́пка *ж*; фура́жка *ж*

N

na *разг.* ну; na álso! ну вот (ви́дишь [ви́дите])!; na, so was! ну и ну!; na schön! ну хорошо́!

nach 1) *präp* 1. по́сле, че́рез, спустя́; ~ der Árbeit по́сле рабо́ты; ~ zwei Tágen че́рез [спустя́] два дня; fünf Minúten ~ zwei (Uhr) пять мину́т тре́тьего 2. в; на; ~ Berlín fáhren* е́хать в Берли́н; ~ dem Nórden на се́вер; ~ Háuse домо́й; ~ links нале́во 3. по, согла́сно, в соотве́тствии с; ~ méiner Méinung по моему́ мне́нию, по-мо́ему; der Réihe ~ по поря́дку [по о́череди]; ~ Móde по мо́де 4. за, по́сле; éiner ~ dem ánderen оди́н за други́м; ich würde ~ ihm empfángen меня́ при́няли по́сле него́ 2) *adv* 1. (вслед) за; er ging ~ mir он шёл за мной 2.: ~ und ~ постепе́нно; ~ wie vor по-пре́жнему

Náchbar *m* -s *u* -n, *pl* -n сосе́д *м*

náchbestellen зака́зывать дополни́тельно, де́лать дополни́тельный зака́з

nachdém 1. по́сле того́ как, когда́; ~ ich das gehört hátte... после того как [когда] я э́то услы́шал... 2.: je ~ смотря́ по обстоя́тельствам

náchdenken* über A ду́мать *над чем-л.*, размышля́ть *о чём-л.;* denk éinmal gut nach! поду́май хороше́нько!; óhne náchzudenken не заду́мываясь

Náchdruck I *m* -(e)s, -e 1. *полигр.* перепеча́тка *ж* 2. стереоти́пное изда́ние

Náchdruck II *m*: mit ~ насто́йчиво, убеди́тельно

nacheinánder друг за дру́гом

náchgehen* 1. *j-m* идти́ вслед, сле́довать за *кем-л.* 2.: éiner Sáche ~ занима́ться выясне́нием како́го-л. де́ла; séiner Árbeit ~ занима́ться свое́й рабо́той 3.: die Uhr geht nach часы́ отстаю́т

nachhér пото́м, по́сле э́того; bis ~! пока́!

náchholen навёрстывать, нагоня́ть

Náchklang *m* -(e)s, ..klänge о́тзвук *м*, э́хо *с; перен.* отголо́сок *м*, резона́нс *м*

náchlassen* 1. слабе́ть, проходи́ть, спада́ть, уменьша́ться 2.: nicht ~ не отступа́ть(ся) *(от чего-л.)*

náchlässig небре́жный, неря́шливый

náchmittags по́сле обе́да, во второ́й полови́не дня; um fünf Uhr ~ в пять часо́в ве́чера

Náchnahme *f*: per ~ нало́женным платежо́м

Náchricht *f* =, -en 1. изве́стие *с*, сообще́ние *с* 2. *pl* после́дние изве́стия, но́вости *мн (по радио, телеви́дению)*

Náchsommer *m* -s ба́бье ле́то

Náchspeise *f* =, -n десе́рт *м*, сла́дкое *с*

nächste сле́дующий; ближа́йший; in den ~n Tágen в ближа́йшие дни; das ~ Mal в сле́дующий раз

nächstens в ближа́йшее вре́мя, ско́ро

Nacht *f* =, Nächte ночь *ж;* in der ~ но́чью; gúte ~! споко́йной но́чи!

Náchteil *m* -(e)s, -e 1. убы́ток *м*, уще́рб *м* 2. недоста́ток *м*

Náchtigall *f* =, -en соловей *м*

Náchtisch *m* -(e)s десе́рт *м*, сла́дкое *с*

nachts но́чью

Náchweis *m* -es, -e доказа́тельство *с*, свиде́тельство *с*

Náchwort *n* -(e)s, -e послесло́вие *с*

náchzählen пересчи́тывать

Nácken *m* -s, = заты́лок *м*

Nádel *f* =, -n 1. иго́лка *ж*, игла́ *ж*; була́вка *ж* 2. крючо́к *м*, спи́ца *ж (для вяза́ния)* 3. стре́лка *ж (спидо́метра, ко́мпаса)* 4. *pl* хвоя́ *ж*

Nádelwald *m* -(e)s, ..wälder хво́йный лес

Nágel I *m* -s, Nägel гвоздь *м*

Nágel II *m* -s, Nägel но́готь *м*

Nágelfeile *f* =, -n пи́лка *ж* для ногте́й

Nágellack *m* -(e)s, -e лак *м* для ногте́й

nágeln прибива́ть гвоздя́ми

nágen an *D* глода́ть, грызть

náhe 1) *adj* бли́зкий 2) *adv* an, bei *D* близ, о́коло, во́зле *чего-л., кого-л.*

Nähe *f* = бли́зость *ж*; in der ~ поблизости

náhebringen* *j-m* познако́мить *кого-л. с чем-л.*, заинтересова́ть *кого-л. чем-л.*

náhegelegen близлежа́щий

nähen шить

näher 1) *adj* 1. бо́лее бли́зкий 2. бо́лее подро́бный 2) *adv* 1. бли́же 2. бо́лее подро́бно, дета́льно

náhezu почти́

Nähmaschine *f* =, -n шве́йная маши́нка

nähren корми́ть sich ~ von *D* пита́ться *чем-л.*

Náhrung *f* = пи́ща *ж*, пита́ние *с*

Náhrungsmittel *pl* пищевы́е проду́кты

naív наи́вный

Náme *m* -ns, -n 1. и́мя *с*; фами́лия *ж* 2. назва́ние *с* 3.: in j-s ~n от и́мени *кого-л.*

námens по и́мени; по фами́лии

nämlich 1. так как, потому́ что; де́ло в том, что... 2. а и́менно, то́ есть

Narr *m* -en, -en 1. дура́к *м*, глупе́ц *м* 2. шут *м*, пая́ц *м*

náschen von *D* ла́комиться *чем-л.*

Nässe *f* = сы́рость *ж*; вла́га *ж*

Nation *f* =, -en на́ция *ж*

national национа́льный

Nationalität *f* =, -en национа́льность *ж*

Nationaltracht *f* =, -en национа́льный костю́м

Natúr *f* = приро́да *ж*

Natúrkatastrophe *f* =, -n стихи́йное бе́дствие

natürlich 1) *adj* есте́ственный; приро́дный; натура́льный; непринуждённый

2) *adv* конечно, разумеется, естественно

Nébel *m* -s, -n туман *м*

nébelig туманный

nében около, рядом с; ~ uns около нас, рядом с нами; ~dem Eingang у входа; er saß ~ mir он сидел рядом со мной

nebenbéi 1. попутно, между прочим 2. кроме того

nebeneinánder друг около друга, рядом (друг с другом)

nécken поддразнивать

Néffe *m* -n, -n племянник *м*

negativ отрицательный

néhmen* 1. брать, взять 2. *j-m* отнять, отобрать *что-л. у кого-л.*; j-m die Hóffnung ~ отнять у кого-л. надежду 3. воспринимать *(что-л. как-л.)*; etw. für Ernst ~ принимать что-л. всерьёз 4.: Ábschied von j-m ~ проститься с кем-л.; ein Bad ~ принимать ванну; Platz ~ сесть; den Bus ~ поехать на автобусе; ein Taxi ~ взять такси; sich in acht ~ остерегаться

Neid *m* -(e)s зависть *ж*

néidisch завистливый

néigen 1. наклонять, склонять 2. zu *D* иметь склонность, склоняться *к чему-л.* sich ~ наклоняться, нагибаться

Néigung *f* =, -en 1. наклон *м*, склон *м* 2. склонность *ж*, предрасположение *с* (к *чему-л.*) 3. расположение *с*, симпатия *ж*

nein нет; ~ ságen отказывать(ся)

Nélke *f* =, -n гвоздика *ж*

nénnen* (sich) называть(ся)

Nerv *m* -s, -en нерв *м*; das geht mir auf die ~en это действует мне на нервы

nett милый, симпатичный, славный

neu 1) *adj* новый 2) *adv* заново; aufs ~e, von ~em снова, сначала

néuartig новый; оригинальный

Néu|auflage *f* =, -n новое издание, переиздание *с* ~bau *m* -s, -ten новостройка *ж*

Néubauviertel *n* -s, = новый район

Néuerscheinung *f* =, -en новинка *ж* (*о книге, пластинке*)

Néuerung *f* =, -en нововведение *с*, новшество *с*

néugierig любопытный

Néuheit *f* =, -en 1. *тк. sg* новизна *ж* 2. новинка *ж*, новшество *с*

Néuigkeit *f* =, -en но́вость *ж*

Néujahr *n* -s Но́вый год; **Prósit** ~! с Но́вым го́дом!

néulich неда́вно, на днях

Néuling *m* -s, -e новичо́к *м*

Néumond *m* -(e)s новолу́ние *с*

neun де́вять; см. acht

néunhúndert девятьсо́т

néunte девя́тый

néunzehn девятна́дцать

néunzehnte девятна́дцатый

néunzig девяно́сто

neutrál нейтра́льный

nicht 1. не; das weiß ich ~ э́того я не зна́ю; ~ groß небольшо́й 2. нет; ~ doch! да нет же!; noch ~ нет ещё 3. ни; ~ im geríngsten ниско́лько, ни в мале́йшей сте́пени; ~ ein bíßchen ниско́лько, ничу́ть, ни чу́точки 4.: ~ nur..., sóndern auch... не то́лько..., но и...

Níchte *f* =, -n племя́нница *ж*

níchtig 1. ничто́жный, незначи́тельный; пустяко́вый 2. *юр.* недействи́тельный

nichts ничего́; ~ Néues ничего́ но́вого; das macht [schádet] ~ (э́то) ничего́ (не зна́чит)

nícken кива́ть

Nícki *m* -s, -s ма́йка *ж*, футбо́лка *ж*

nie никогда́

nieder доло́й, прочь; ~ mit ihm! доло́й его́!

níederschlagsfrei без оса́дков (*о погоде*)

Níedertracht *f* = ни́зость *ж*, по́длость *ж*

níedlich милови́дный, хоро́шенький; изя́щный

níedrig 1. ни́зкий, невысо́кий 2. по́длый, ни́зкий

níemals никогда́; ни ра́зу

níemand никто́

níeseln: es níeselt мороси́т (дождь)

níesen чиха́ть

Níete *f* =, -n пусто́й биле́т (*в лотерее*)

nírgends, **nírgendswo** нигде́; не́где

noch 1) *adv* ещё; ímmer ~ всё ещё; ~ éinmal ещё раз; ~ éinmal so groß вдво́е бо́льше 2) *conj*: wéder du ~ ich ни ты, ни я

nóchmals ещё раз

nonstóp: ~ flíegen* лете́ть без поса́дки [прямы́м ре́йсом]

Nórden *m* -s се́вер *м*; von ~ с се́вера; nach ~ на се́вер; der hohe ~ Кра́йний Се́вер

Nórdosten *m* -s северо-восто́к *м*

Nórdpol *m* -s Се́верный по́люс

Nórdwesten *m* -s северо-за́пад *м*

normál норма́льный

normálerweise обы́чно

Not *f* = 1. нужда́ *ж*, необходи́мость *ж*; aus ~ по необходи́мости 2. нужда́ *ж*, бе́дственное положе́ние; беда́ *ж*; ~ léiden* терпе́ть нужду́; in ~ geráten* попа́сть в беду́

Nót|ausgang *m* -(e)s, ..gänge запа́сный вы́ход ~**bremse** *f* =, -n стоп-кра́н *м*

Nóte *f* =, -n 1. *муз.* но́та *ж* 2. отме́тка *ж*, оце́нка *ж* 3. *дип.* но́та *ж*

notíeren отмеча́ть, запи́сывать; éine Adrésse ~ записа́ть а́дрес

nötig ну́жный, необходи́мый

Notíz *f* =, -en за́пись *ж*; заме́тка *ж*

Notízbuch *n* -(e)s, ..bücher записна́я кни́жка

nótwendig необходи́мый

nótwendigerweise по необходи́мости, в си́лу необходи́мости

Novémber [-v-] *m* = *и* -s ноя́брь *м*

Nu: im ~ ми́гом, мгнове́нно

nüchtern 1.: auf ~en Mágen на голо́дный желу́док 2. тре́звый; ~ wérden протрезви́ться 3. рассуди́тельный, здра́вый

Null *f* =, -en 1. ноль *м*, нуль *м (цифра)*; es sind zehn Grad únter ~ де́сять гра́дусов ни́же нуля́ 2. *разг.* ничто́жество *с*, нуль *м*

nun 1. тепе́рь; von ~ an отны́не, впредь 2.: ~ éndlich! ну, наконе́ц!; ~ álso так вот

nur то́лько, лишь; nicht ~..., sóndern auch... не то́лько..., но и...

nútzen, nützen 1. *D* быть поле́зным *для кого-л., чего-л.* 2. испо́льзовать *(что-л.)*, по́льзоваться *(чем-л.)*

Nútzen *m* -s по́льза *ж*, вы́года *ж*; aus etw. ~ zíehen* извлека́ть вы́году из чего-л.

nützlich поле́зный

ob ли; ich möchte wíssen, ob er kommt я хотéл бы знать, придёт ли он; als ob как бу́дто, сло́вно

óben наверху́, вверху́; nach ~ вверх; von ~ све́рху

obendréin сверх того́, кро́ме того́, вдоба́вок

Óber *m* -s, = официа́нт *м*

Óberfläche *f* =, -n пове́рхность *ж*

óberhalb *G* пове́рх *чего-л.*, над *чем-л.*

Óber|hand *f*: die ~hand gewínnen* одержа́ть верх ~**hemd** *n* -(e)s, -e ве́рхняя (мужска́я) руба́шка [соро́чка] ~**leutnant** *m* -s, -s ста́рший лейтена́нт ~**liga** *f* =, ..gen *спорт.* вы́сшая ли́га

óberste 1. вы́сший 2. верхо́вный

obgléich хотя́; несмотря́ на то, что

Objékt *n* -(e)s, -e объе́кт *м*

objektív объекти́вный

obligatórisch обяза́тельный

Obst *n* -es фру́кты *мн*, плоды́ *мн*

Óbstsaft *m* -(e)s, ..säfte фрукто́вый сок

Óbus *m* = *u* -ses, *pl* -se тролле́йбус *м*

öde пусты́нный, необита́емый

óder и́ли; entwéder... ~... и́ли... и́ли...

Ófen *m* -s, Öfen печь *ж*, пе́чка *ж*

óffen 1) *adj* 1. откры́тый 2. открове́нный 3. вака́нтный, неза́нятый 2) *adv* ~ geságt [gestánden] открове́нно говоря́

óffenbar очеви́дный

óffenherzig чистосерде́чный, открове́нный

öffentlich обще́ственный; публи́чный; гла́сный; ~e Méinung обще́ственное мне́ние

Öffentlichkeit *f* = 1. обще́ственность *ж* 2. гла́сность *ж*

offiziéll официа́льный

öffnen раскрыва́ть, открыва́ть; die Tür ~ откры́ть дверь sich ~ раскрыва́ться, открыва́ться

Öffnung *f* =, -en отве́рстие *с*

oft ча́сто

óhne 1) *präp* без *(кого-л., чего-л.)*; álle ~ Áusnahme все без исключе́ния 2) *adv* ~ daß без того́, чтобы

Ohr *n* -(e)s, -en у́хо *с* ◊ ich bin ganz ~ я весь внима́ние

Óhr|feige *f* =, -n пощёчина *ж* **~ring** *m* -(e)s, -e серьга́ *ж*

Ökonomíe *f* = 1. эконо́мика *ж* 2. эконо́мия *ж*, бережли́вость *ж*

ökonómisch 1. экономи́ческий 2. эконо́мный; экономи́чный

Október *m* = *и* -s октя́брь *м*

Ölgemälde *n* -s, = карти́на *ж*, напи́санная ма́сляными кра́сками

Olympiáde *f* =, -n олимпиа́да *ж*, *спорт. тж.* Олимпи́йские и́гры

Olýmpiasieger *m* -s, = чемпио́н *м* Олимпи́йских игр

olýmpisch: Olýmpische Spíele Олимпи́йские и́гры; Olýmpische Wínterspiele Зи́мняя олимпиа́да

Óma *f* =, -s ба́бушка *ж*

Ómnibus *m* -ses, -se авто́бус *м*

Ónkel *m* -s, = дя́дя *м*

Ópa *m* -s, -s де́душка *м*

Óper *f* =, -n о́пера *ж*

Operatión *f* =, -en *в разн. знач.* опера́ция *ж*

Operátor *m* -s, ..tóren опера́тор *м* ЭВМ

Operétte *f* =, -n опере́тта *ж*

Óptik *f* = о́птика *ж*

orange [o´raŋʃ] ора́нжевый

Orange [o´raŋʒə] *f* =, -n апельси́н *м*

órdentlich 1) *adj* 1. аккура́тный 2. поря́дочный, че́стный 3. *разг.* поря́дочный, нема́лый 2) *adv* 1. аккура́тно 2. прили́чно, присто́йно 3. *разг.* изря́дно, хороше́нько

órdnen приводи́ть в поря́док, ула́живать

Órdnung *f* =, -en 1. *тк. sg* поря́док *м*; in ~ bríngen* приводи́ть в поря́док 2. (обще́ственный) строй; устро́йство *с*, систе́ма *ж* 3. пра́вила *мн*, поря́док *м*

órdnungsgemäß пра́вильный, надлежа́щий

órdnungswidrig наруша́ющий поря́док; *юр.* противозако́нный

Organisatión *f* =, -en организа́ция *ж*

organisíeren организо́вывать, устра́ивать

Órgel *f* =, -n орга́н *м*

ori|entálisch восто́чный *(о странах; культуре)*

ori|entíeren (sich) ориенти́ровать(ся)

originál оригина́льный, по́длинный

Originálpackung *f* =, -en фи́рменная упако́вка

originéll оригина́льный, своеобра́зный

Orkán *m* -s, -e ураган *м*

Ort *m* -(e)s, -e 1. место *с*; an ~ und Stélle ánkommen* прибывать на место назначения 2. местность *ж*; населённый пункт

orthodóx 1. православный 2. ортодоксальный

örtlich местный

Ósten *m* -s 1. восток *м*; nach ~ на восток 2. Восток; страны Востока; der Férne ~ Дальний Восток; der Náhe ~ Ближний Восток

Osteurópa *n* -s Восточная Европа

östlich 1) *adj* восточный 2) *adv* к востоку, на восток

ovál [-v-] овальный

Ózean *m* -s, -e океан *м*

páar: ein ~ несколько; mit ein ~ Wórten в двух словах

Paar *n* -(e)s 1. *pl* = пара *ж*; ein ~ Schúhe пара ботинок 2. *pl* -e (супружеская) пара

Päckchen *n* -s, = 1. бандероль *ж*; небольшая посылка 2. небольшой пакет [свёрток]; пачка *ж*

pácken 1. укладывать, упаковывать; den Kóffer ~ упаковывать чемодан 2. an, bei *D* хватать(ся) *за что-л.*

Pakét *n* -(e)s, -e 1. пакет *м*, свёрток *м* 2. посылка *ж*

Palást *m* -es, ..läste дворец *м*

Pámpelmuse *f* =, -n грейпфрут *м*

Pápa *m* -s, -s папа *м*

Papagéi *m* -en *u* -(e)s, *pl* -en *u* -e попугай *м*

Papíer *n* -s, -e 1. *тк. sg* бумага *ж* 2. документ *м* 3. *pl* (личные) документы

Páppe *f* = картон *м*

Papst *m* -es, Päpste папа (римский)

Paradíes *n* -es рай *м*

Park *m* -s, -s *в разн. знач.* парк *м*

párken ставить *(машину)* на стоянку; nicht ~! стоянка запрещена!

partéiisch пристрастный

Parterre [-´tɛr] *n* -s, -s 1. первый этаж 2. *театр.* партер *м*

Partíe *f* =, ..tíen 1. часть *ж* *(чего-л.)* 2. *муз., спорт.* партия *ж* 3. партия *ж* *(товара)*

Pártner *m* -s, = партнёр *м*; компаньон *м*

Party [´pa:ti] *f* =, вечеринка *ж*, компания *ж*

Paß *m* ..sses, Pässe 1. (заграничный) паспорт 2. горный перевал 3. *спорт.* пас *м*

Passagier [-´ʒi:r] *m* -s, -e пассажир *м*

Passánt *n* -en, -en прохожий *м*

Páßbild *n* -(e)s, -er фотография *ж* для паспорта

pássen 1. подходить, годиться *(для чего-л.)* 2. быть впору

passív пассивный

Páßkontrolle *f* =, -n контроль *м* паспортов *(на границе)*

Patént *n* -(e)s, -e патент *м*

Patiént *m* -en, -en пациент *м*, больной *м*

Páuse *f* =, -n пауза *ж*; перерыв *м*; *театр.* антракт *м*

péinlich 1. неприятный, неловкий 2. педантичный

Pelz *m* -es, -e 1. шкура *ж* 2. *тк sg* мех *м*

Pélzmantel *m* -s, ..mäntel шуба *ж*

perfékt совершенный, превосходный

Pérle *f* =, -n жемчужина *ж*; *pl* жемчуг *м*

Persón *f* =, -en человек *м*, лицо *с*, персона *ж*

Personálausweis *m* -es, -e паспорт *м*, удостоверение *с* личности

persönlich 1) *adj* личный 2) *adv* лично

Persönlichkeit *f* =, -en личность *ж*, индивидуальность *ж*

Perspektíve [-və]*f* =, -n перспектива *ж*

pessimístisch пессимистический

Petersíli|e *f* = *бот.* петрушка *ж*

Pfad *m* -(e)s, -e тропа *ж*, тропинка *ж*

Pfahl *m* -(e)s, Pfähle столб *м*; свая *ж*

Pfand *m* -(e)s, Pfänder 1. залог *м* 2. фант *м*

Pfánne *f* =, -n сковорода *ж*; противень *м*

pféifen* свистеть

Pféiler *m* -s, = столб *м*; колонна *ж*

Pfénnig *m* -(e)s, *pl* -e *и* и при обозначении цены = пфенниг *м*

Pferd *n* -(e)s, -e лошадь *ж*, конь *м*; zu ~e верхом

Pfíngsten *n* = *и pl* Троица *ж* *(праздник)*

Pfírsich *m* -(e)s, -e персик *м*

Pflánze *f* =, -n растение *с*

pflánzen сажа́ть *(растения)*

Pfláster *n* -s, = 1. пла́стырь *м* 2. (булы́жная) мостова́я

Pfláume *f* =, -n сли́ва *ж (плод)*

Pfle'ge *f* = ухо́д *м (за кем-л., чем-л.)*; забо́та *ж (о ком-л., чём-л.)*

Pfle'ge|eltern *pl* приёмные роди́тели ~**heim** *n* -(e)s, -e дом *м* (для) престаре́лых ~**kind** *n* -(e)s, -er приёмный ребёнок

pfle'gen 1. уха́живать *(за кем-л., чем-л.)*; забо́титься *(о ком-л., чём-л.)* 2.: etw. zu tun ~ име́ть обыкнове́ние [привы́чку] де́лать что-л.

Pflicht *f* =, -en долг *м*, обя́занность *ж*

pflücken рвать, срыва́ть, собира́ть *(цветы, плоды и т. п.)*

Pfóte *f* =, -n ла́па *ж*

Pfrópfen *m* -s, = про́бка *ж*, заты́чка *ж*

Pfund *n* -(e)s, *pl* -e *и с числ.* = 1. фунт *м*; полкило́ *с* 2. фунт *м (денежная единица)*

Pfütze *f* =, -n лу́жа *ж*

Phantasíe *f* =, ..í|en фанта́зия *ж*, воображе́ние *с*

phantástisch 1. фантасти́ческий, невероя́тный 2. *разг.* великоле́пный; необыча́йный

Philatelíe *f* = филатели́я *ж*

Philosophíe *f* = филосо́фия *ж*

Physík *f* = фи́зика *ж*

Physiologíe *f* = физиоло́гия *ж*

Pílle *f* =, -n табле́тка *ж*

Pilz *m* -es, -e гриб *м*

Pínsel *m* -s, = кисть *ж*, кисточка *ж*

plánen плани́ровать; намеча́ть

Planét *m* -en, -en плане́та *ж*

plánmäßig планоме́рный

Plast *m* -es, -e пластма́сса *ж*

platt 1. пло́ский 2. по́шлый; бана́льный

Plátte *f* =, -n 1. плита́ *ж (из камня и т. п.)* 2. (грам)пласти́нка *ж* 3. блю́до *с*; подно́с *м*

Pláttenspieler *m* -s, = прои́грыватель *м*

Platz *m* -es, ..plätze 1. ме́сто *с*; néhmen Sie bítte ~! сади́тесь, пожа́луйста!; den érsten ~ belégen *спорт.* заня́ть пе́рвое ме́сто 2. пло́щадь *ж (в городе)*; площа́дка *ж (детская, спортивная)*

plátzen ло́паться, тре́скаться

Plátzkarte *f* =, -n *ж.-д.* плацкáрта *ж*

Plátzregen *m* -s, = лúвень *m*

pláudern болтáть, разговáривать

plötzlich 1) *adj* внезáпный, неожиданный 2) *adv* внезáпно, вдруг

plündern грáбить, разграблять

póchen 1. стучáть; an die Tür ~ постучáть в дверь 2. бúться *(о сердце)*

Pol *m* -s, -e пóлюс *m*

Polár|fuchs *m* -es, ..füchse песéц *m* ~kreis *m* -es Полярный круг

pólnisch пóльский

Pólster *n* -s, = мягкая обúвка; подýшка *ж*, вáлик *m (дивана)*

Pólstermöbel *pl* мягкая мéбель

póltern громыхáть

polytéchnisch политехнúческий

pompös помпéзный; пышный, роскóшный

Pópmusik *f* = поп-мýзыка *ж*

populär популярный

populärwissenschaftlich наýчно-популярный

Portemonnaie [pɔrtmo´ne: *u* -´nɛ:] *n* -s, -s кошелёк *m*

Portier [-´tje:] *m* -s, -s швейцáр *m*

Portión *f* =, -en пóрция *ж*

Porto *n* -s почтóвый сбор

Porzellán *n* -s, -e фарфóр *m*

pósitiv положúтельный

Póst|amt *n* -(e)s, ..ämter почтáмт *m* ~anweisung *f* =, -en почтóвый перевóд

Pósten *m* -s, = 1. пост *m*, дóлжность *ж* 2. *воен.* часовóй *m;* ~ stéhen* стоять на постý

Póst|fach *n* -(e)s, ..fächer абонемéнтный почтóвый ящик ~karte *f* =, -n (почтóвая) открытка

póstlagernd до востребования

Póst|leitzahl *f* =, -en почтóвый úндекс ~sendung *f* =, -en почтóвое отправлéние

práktisch 1. практúческий 2. практúчный

Praline *f* =, -n шоколáдная конфéта

prállen gégen, auf, an *A* ударяться *обо что-л.;* наскочúть, натолкнýться *на кого-л., что-л.*

Prämi|e *f* =, -n прéмия *ж*

Präsidént *m* -en, -en президéнт *m*

Práxis *f* = прáктика *ж*

präzis(e) тóчный

Preis *m* -es, -e 1. ценá *ж;* um jéden ~ любóй ценóй; um kéinen ~ ни за что 2. приз *m*

Préisausschreiben *n* -s, = конкурс *m*

Préiselbeere *f* =, -n брусника *ж*

préisen* восхвалять, превозносить

préisgeben* отказываться *(от чего-л.)*, поступаться *(чем-л.);* бросать на произвол судьбы *(кого-л.)*

préisgesenkt 1) *adj* уценённый 2) *adv* по пониженной цене

Preis|liste *f* =, -n прейскурант **~senkung** *f* =, -en снижение *с* цен **~steigerung** *f* =, -en повышение *с* цен **~träger** *m* -s, = лауреат *m*

Premiere [-´mjɛ:rə] *f* =, -n *театр.* премьера *ж*

Présse I *f* =, -n *тех.* пресс *m*

Présse II *f* = пресса *ж*, печать *ж*

préssen 1. жать, сжимать 2. aus *D* выжимать *из чего-л. (сок и т. п.)*

príma первосортный, первоклассный; ~ Qualität высшего качества; das ist (ja) ~! *разг.* это великолепно [замечательно]!

Primitív примитивный

Prinzíp *n* -s, -i̭en принцип *m*

privát [-v-] частный; личный

Privát|eigentum [-v-] *n* -s, ..tümer частная [личная] собственность **~leben** *n* -s личная жизнь **~sache** *f* = личное [частное] дело

pro 1. на, с *(кого-л.);* zehn Mark ~ Person а) по десять марок на каждого б) по десять марок с каждого 2. за; fünf Mark ~ Stück по пять марок за штуку

Pro *n*: das ~ und Kóntra все «за» и «против»

Próbe *f* =, -n 1. проверка *ж*, испытание *с* 2. *театр.* репетиция *ж* 3. образец *m*

probíeren 1. (по)пробовать, (по)пытаться *(сделать что-л.)* 2. (по)пробовать *(что-л. на вкус)* 3. примерять *(одежду, обувь)*

Problém *n* -(e)s, -e проблема *ж*

Produktión *f* =, -en 1. производство *с* 2. продукция *ж*

produzíeren производить, выпускать

professionéll профессиональный

Proféssor *m* -s, ..ssóren профессор *m*

Profít *m* -(e)s, -e 1. *эк.* прибыль 2. выгода *ж*

Prográmm *n* -s, -e *в разн. знач.* программа *ж*

programmgesteuert вчт. с програ́ммным управле́нием

programmíeren вчт программи́ровать

Programmíerer *m* -s, = вчт. программи́ст *м*

progressív прогресси́вный, передово́й

Promenáde *f* =, -n ме́сто *с* для прогу́лок *(бульвар, сквер)*

prósit: ~! за твоё [ва́ше] здоро́вье!; ~ Néujahr! с Но́вым го́дом!

protestíeren протестова́ть

provisorisch [-v-] 1) *adj* вре́менный 2) *adv* пока́, вре́менно

Provokatión [-v-] *f* =, -en провока́ция *ж*

Prozént *n* -(e)s, *pl* -e *и и с числ.* = проце́нт *м*

Prozéß *m* ..sses,..sse проце́сс *м*

prüfen 1. проверя́ть, испы́тывать 2. экзаменова́ть

Prüfung *f* =, -en 1. прове́рка *ж*, испыта́ние *с* 2. экза́мен *м*

Prunk *m* -(e)s ро́скошь *ж*, блеск *м*

prúnkvoll роско́шный, великоле́пный

Psychologíe *f* = психоло́гия *ж*

Públikum *n* -s пу́блика *ж*

Pullóver [-v-] -s, = пуло́вер *м*, сви́тер *м*

Púlverkaffee *m* -s, = раствори́мый ко́фе

Punkt *m* -(e)s, -e 1. то́чка *ж* 2. *тк. sg* ро́вно, то́чно; ~ zwölf Uhr ро́вно в двена́дцать часо́в 3. *спорт.* очко́ *с*; nach ~en síegen победи́ть по очка́м

pünktlich 1) *adj* пунктуа́льный, то́чный 2) *adv* во́время; то́чно, ро́вно

Pupílle *f* =, -n зрачо́к *м*

Púppe *f* =, -n ку́кла *ж*

Púppentheater *n* -s, = ку́кольный теа́тр

Púte *f* =, -n инде́йка *ж*

Púter *m* -s, = индю́к *м*

Putz *m* -es штукату́рка *ж*

pútzen 1. чи́стить, мыть 2. наряжа́ть sich ~ наряжа́ться

Qualifikatión *f* =, -en квалифика́ция *ж*

qualifizíert квалифици́рованный

Qualität *f* =, -en 1. ка́чество *с*; сво́йство *с* 2. (вы́сшее) ка́чество; (вы́сший) сорт; béste ~ вы́сший сорт

Quantität *f* =, -en коли́чество *с*

Quark *m* -(e)s творо́г *м*

Quartál *n* -s, -e кварта́л *м*

Quárzuhr *f* =, -en кварцевы́е часы́

Quátsch *m* -es *разг.* чепуха́ *ж*, ерунда́ *ж*, глу́пость *ж*

quátschen *разг.* болта́ть (ерунду́)

quéllen* 1. бить ключо́м **2.** размока́ть, разбуха́ть

quer поперёк; kreuz und ~ вдоль и поперёк

Quér|gasse *f* =, -n переу́лок *м* ~straße *f* =, -n попере́чная у́лица

quétschen 1. дави́ть, мять, размина́ть **2.** прищеми́ть, отдави́ть

quírlen сме́шивать; взбива́ть

Quittung *f* =, -en квита́нция *ж*, распи́ска *ж* (für *A* в получении чего-л.); gégen ~ под распи́ску

Quizsendung [ˊkvɪs-] *f* =, -en телевиктори́на *ж*, радиовиктори́на *ж*

R

rächen мстить (за *что-л., кого-л.*) sich ~ an *j-m* für *A* мстить *кому-л. за что-л., кого-л.*

Rad *n* -(e)s, Räder **1.** колесо́ *с* **2.** велосипе́д *м*

Radáu *m* -s *разг.* шум *м*; сканда́л *м*; ~ máchen галде́ть; сканда́лить

rádfahren* е́хать [ката́ться] на велосипе́де

radíeren 1. стира́ть рези́нкой **2.** гравирова́ть

Radíergummi *m* -s, -s рези́нка *ж* (*для стирания*)

Ráhmen *m* -s, = ра́ма *ж*, ра́мка *ж*

Rakéte *f* =, -n раке́та *ж*

rar ре́дкий; ре́дкостный

Rarität *f* =, -en ре́дкость *ж*, ре́дкостная [антиква́рная] вещь, ритет *м*

rasch 1) *adj* бы́стрый, стреми́тельный **2)** *adv* бы́стро, жи́во

rásen 1. неи́стовствовать; бушева́ть **2.** (бе́шено) мча́ться

Rásen *m* -s газо́н *м*

rásend неи́стовый; стреми́тельный; бе́шеный

Ráspel *f* =, -n тёрка *ж*

ráspeln натирать на тёрке; шинковать

Rásse *f* =, -n 1. раса *ж* 2. порода *ж*

Rássehund *m* -(e)s, -e породистая собака

rássig породистый

Rast *f* = отдых *м*; передышка *ж*; привал *м* (*в пути*)

rásten отдыхать; делать привал

rástlos 1) *adj* неутомимый 2) *adv* без передышки

Ráte *f* =, -n взнос *м*, частичный платёж; in ~n zählen платить в рассрочку; etw. auf ~n kaufen покупать что-л. в рассрочку

ráten* 1. советовать 2. отгадывать, разгадывать

Ráthaus *n* -es, ..häuser ратуша *ж*

rationál рациональный, разумный

rátlos беспомощный; растерянный

Rátschlag *m* -(e)s, ..schläge совет *м* (*рекомендация*)

Rätsel *n* -s, = загадка *ж*

rätselhaft загадочный

Rátte *f* =, -n крыса *ж*

ráuben 1. похищать, красть 2. грабить

Räuber *m* -s, = разбойник *м*, грабитель *м*

Ráubtier *n* -(e)s, -e хищник *м*

Rauch *m* -(e)s дым *м*

ráuchen 1. курить 2. дымить; чадить

räuchern коптить (*мясо, рыбу*)

Räucher|waren *pl* копчёности *мн* ~wurst *f* =, ..würste копчёная колбаса

Ráuchwaren *pl* пушнина *ж*, меха *мн*

rauh 1. шероховатый 2. суровый (*о климате*) 3. грубый, суровый 4. хриплый, сиплый

Ráuhreif *m* -(e)s изморозь *ж*, иней *м*

Raum *m* -(e)s, Räume 1. помещение *с*, комната *ж* 2. *тк. sg в разн. знач.* пространство *с*

räumen 1. освобождать (*место, помещение*) 2. убирать (*вещи*)

Ráum|flieger *m* -s, = космонавт *м* ~flug *m* -(e)s, ..flüge космический полёт

Ráuminhalt *m* -(e)s, -e ёмкость *ж*, вместимость *ж*

räumlich пространственный

ráuschen шуметь; шелестеть

Ráuschgift *n* -(e)s, -e наркотик *м*

reagíeren auf *A* реагировать, обращать внимание *на что-л.*

Reaktión *f* =, -en *в разн. знач.* реакция *ж*

reaktionär реакционный

Reáktor *m* -s, ..tóren (ядерный) реактор

reál реальный

realisíeren реализовывать

Realísmus *m* = реализм *м*

Realität *f* = реальность *ж*

Réchenschaft *f* = отчёт *м*; über etw. (*A*) ~ áblegen отчитываться, давать отчёт в чём-л.

Réchentechnik *f* = вычислительная техника

réchnen 1. считать, вычислять **2.** auf *A* рассчитывать *на кого-л., что-л.* **3.** считаться *(с чем-л.);* mit den Tátsachen ~ считаться с фактами **4.** zu *D* считать, причислять *к кому-л., чему-л.,* считать *кем-л., чем-л.*

Réchner *m* -s, = вычислительная машина; (электронный) калькулятор

recht I 1) *adj* **1.** правый; ~er Hand по правую руку, справа **2.** правильный; подходящий; zur ~en Zeit вовремя **3.** настоящий; das ist éine ~e Fréude это настоящая радость **4.:** die ~e Séite лицевая сторона (ткани) **5.:** ~er Winkel *мат.* прямой угол **2)** *adv* **1.** правильно; ganz ~! совершенно верно [правильно]! **2.** весьма; довольно; ~ gut довольно хорошо, неплохо

recht II du hast ~ ты прав

Recht *n* -(e)s, -e право *с*; mit ~ по праву; законно

Réchte, die -n правая рука

récht|los бесправный ~mäßig законный

rechts справа; nach ~ направо; von ~ справа

Réchtsanwalt *m* -(e)s, ..wälte адвокат *м*

Réchtschreibung *f* = правописание *с*, орфография *ж*

récken вытягивать sich ~ вытягиваться; потягиваться

Recorder [-´ko:r-] *m* -s, = кассетный магнитофон

Redakteur [-´tø:r] *m* -s, -e редактор *м*

Redaktión *f* =, -en редакция *ж*

Réde *f* =, -n **1.** речь *ж*, разговор *м*; wovón ist die ~? о чём (идёт) речь? **2.** речь *ж*, выступление *с*; éine ~ hálten* произносить речь

réden говорить, разговаривать

redigíeren редактировать

Rédner *m* -s, = оратор *м*

rédselig словоохо́тливый

reduzíeren сокраща́ть, уменьша́ть

Reduzíerung *f* =, -en, сокраще́ние *с*, уменьше́ние *с*

Referát *n* -s, -e докла́д *м;* рефера́т *м*

Refórm *f* =, -en рефо́рма *ж*, преобразова́ние *с*

Regál *n* -s, -e (кни́жная) по́лка, стелла́ж *м*

Régel *f* =, -n пра́вило *с*; in der ~ как пра́вило

régel‖los нерегуля́рный, беспоря́дочный ~**mäßig** регуля́рный, пра́вильный

régeln регули́ровать; ула́живать, реша́ть *(проблему и т. п.)*

régen шевели́ть *(чем-л.)* sich ~ шевели́ться

Régen *m* -s, = дождь *м*

regíeren пра́вить, управля́ть

Regíerung *f* =, -en прави́тельство *с*

Región *f* =, -en о́бласть *ж*, райо́н *м*, зо́на *ж*

Regisseur [reʒi´sø:r] *m* -s, -e режиссёр *м*

régnen: es régnet идёт дождь

regulär регуля́рный

Régung *f* =, -en поры́в *м*, побужде́ние *с*

régungslos неподви́жный

Réibeisen *n* -s тёрка *ж*

réiben* 1. тере́ть, натира́ть; протира́ть; blank ~ натира́ть до бле́ска 2. тере́ть, протира́ть *(на тёрке)* 3. тере́ть, натира́ть *(причинять боль)*

reich бога́тый

Reich *n* -(e)s, -e госуда́рство *с*, импе́рия *ж; перен.* ца́рство *с*, мир *м;* ~ der Phantasíe мир фанта́зии

Réichtum *n* -es, ..tümer бога́тство *с*

reif спе́лый, зре́лый

réifen созрева́ть, зреть

Réihe *f* =, -n 1. ряд *м* 2. о́чередь *ж;* der ~ nach по о́череди; по поря́дку

Réihenfolge *f*, -n после́довательность *ж*, очерёдность *ж*

rein 1) *adj* чи́стый *(тж. перен.)* 2) *adv* совсе́м, соверше́нно; ~ gar nichts ро́вно ничего́

réinigen чи́стить

Réinigung *f* =, -en 1. чи́стка *ж;* убо́рка *ж* 2. химчи́стка *ж;* etw. in die ~ gében* отдава́ть что-л. в химчи́стку

Reis *m* -es рис *м*

Réise *f* =, -n пое́здка *ж*, путеше́ствие *с;* auf der ~ в пути; glückliche ~! счастли́вого пути́!

Réise|büro *n* -s, -s бюро́ *с* путеше́ствий ~**führer** *m* -s, = путеводи́тель-спра́вочник *м* ~**gefährte,** der -n, -n спу́тник *м*, попу́тчик *м*

réisen путеше́ствовать

Réisende, der -n, -n путеше́ственник *м;* пассажи́р *м*

réißen* 1. рвать, разрыва́ть; отрыва́ть 2. разрыва́ться, рва́ться

réiten* е́здить верхо́м

Réiter *m* -s, = вса́дник *м;* жоке́й *м*

réizbar раздражи́тельный

réizen 1. раздража́ть; возбужда́ть 2. привлека́ть

réizend преле́стный, очарова́тельный

Rekláme *f* = рекла́ма *ж*

reklamíeren *etw.* заявля́ть прете́нзию *на что-л.*

rénnen* бежа́ть, мча́ться

Rénnen *n* -s, = го́нки *мн;* ска́чки *мн*

renovíeren [-v-] ремонти́ровать *(здание, помещение)*

rentábel рента́бельный

Rénte *f* =, -n пе́нсия *ж*

Réntner *m* -s, = пенсионе́р *м*

Reparatur *f* =, -en почи́нка *ж*, ремо́нт *м*

reparíeren ремонти́ровать, чини́ть

Repertoire [-to´a:r] *n* -s, -s репертуа́р *м*

Repórter *m* -s, = репортёр *м*, корреспонде́нт *м*

Reptíl *n* -s, -i|en *зоол.* пресмыка́ющееся *с*

Repúblik *f* =, -en респу́блика *ж*

Resérve [-və] *f* =, -n резе́рв, *м* запа́с *м*

reservíeren [-v-] зака́зывать, брони́ровать; откла́дывать *(для кого-л.)*

Resonánz *f* =, -en резона́нс *м*, *перен. тж.* о́тклик *м*

respektábel респекта́бельный, почте́нный

Restaurant [rɛsto´raŋ] *n* -s, -s рестора́н *м*

restauríeren реставри́ровать, восстана́вливать

réstlich оста́вшийся, оста́ющийся

Réttich *m* -(e)s, -e ре́дька *ж*

Réttung *f* =, -en спасе́ние *с*

Réttungsring *m* -(e)s, -e спаса́тельный круг

Rhýthmus *m* =, ..men ритм *м*

ríchten 1. направля́ть; éinen Brief an j-n ~ адресова́ть [направля́ть] письмо́ кому-л. 2. выпрямля́ть sich ~ 1. nach *D* руково́дствоваться *чем-л.* 2. an *A*, auf *A* обраща́ться *к чему-л., к кому-л.;* álle Áugen ~ sich auf ihn все взгля́ды устремлены́ на него́

Ríchter *m* -s, = судья́ *м*

ríchtig 1. пра́вильный, ве́рный 2. настоя́щий

Ríchtung *f* =, -en направле́ние *с; ав., мор.* курс *м*

ríechen* 1. ню́хать, обоня́ть; чу́ять 2. nach *D* па́хнуть *чем-л.*

Ríegel *m* -s, = задви́жка *ж*, засо́в *м*

Ríemen *m* -s, = реме́нь *м*, по́яс *м*

ríesig гига́нтский, огро́мный

Rind *n* -(e)s, -er 1. бык *м;* вол *м;* коро́ва *ж* 2. *pl* кру́пный рога́тый скот

Ríndе *f* =, -n 1. кора́ *ж* 2. ко́рка *ж* (*хлеба, сыра и т. п.*)

Ríndfleisch *n* -es говя́дина *ж*

Ring *m* -(e)s, -e 1. кольцо́ *с*, круг *м* 2. кольцо́ *с*, пе́рстень *м* 3. *спорт.* ринг *м*

Ríngbahn *f* =, -en окружна́я [кольцева́я] желе́зная доро́га

ríngen* боро́ться (*тж. перен.*)

ríngsum вокру́г, круго́м

Rínne *f* =, -n жёлоб *м;* кана́вка *ж*

rínnen* течь, струи́ться

Ríppe *f* =, -n ребро́ *с*

Rísiko *n* -s, *pl* -s *и* ..ken риск *м*

Rivále [-v-] *m* -n, -n сопе́рник *м*

Róboter *m* -s, = ро́бот *м*

robúst кре́пкий, здоро́вый

Rock *m* -(e)s, Röcke 1. ю́бка *ж* 2. пиджа́к *м*

Róckmusik *f* = рок-му́зыка *ж*

ródeln ката́ться на са́нках

Ródeln *n* -s са́нный спорт

Ródelschlitten *m* -s, = са́нки *мн*

roh 1. сыро́й, неварёный, нежа́реный 2. сыро́й, необрабо́танный 3. гру́бый, жесто́кий

Rohr *n* -(e)s, -e 1. труба́ *ж* 2. тростни́к *м*

Röhre *f* =, -n 1. труба́ *ж;* тру́бка *ж* 2. *тлв.* тру́бка *ж*

Róhstoff *m* -(e)s, -e сырьё *с*

róllen 1. ката́ть, кати́ть; свёртывать, ска́тывать (во *что-л.*) 2. кати́ться

Róll|schuhe *pl* ро́лики *мн* ~treppe *f* =, -n эскала́тор *м*

Román *m* -s, -e рома́н *м*

röntgen де́лать рентге́н

Röntgenaufnahme *f* =, -n рентгеновский снимок

rósa розовый

Róse *f* =, -n роза *ж*

Rosínen *pl* изюм *м*

Rost *m* -es ржавчина *ж*

Röstbrot *n* -(e)s, ..bröte тосты *мн*, гренки *мн*

rösten ржаветь

róstig ржавый

rot 1. красный, алый 2. рыжий (*о волосах*)

Route [ˊruːtə] *f* =, -n маршрут *м*

Rowdy [ˊraudi] *m* -s, -s хулиган *м*

Rúbel *m* -s, = рубль *м*

Ruck *m* -(e)s, -e толчок *м;* mit éinem ~ одним махом, разом

rücken 1. двигать, подвинуть 2. двигаться, подвигаться; rücke ein wénig! подвинься немножко!

Rücken *m* -s, = 1. спина *ж* 2. хребет *м* (*горный*) 3. корешок *м* (*книги*)

Rückkehr *f* = возвращение *с*

Rúcksack *m* -(e)s, ..säcke рюкзак *м*

Rückschritt *m* -(e)s, -e регресс *м*

Rückseite *f* =, -n 1. задняя сторона (*здания и т. п.*) 2. оборотная сторона; изнанка *ж;* auf der ~ на обороте

Rücksicht *f* =, -en внимание *с*, уважение *с;* mit ~ auf séine Verdíenste принимая во внимание его заслуги

rücksichtslos 1. бесцеремонный 2. беспощадный

rückständig отсталый

rückwärts обратно; назад; ~ géhen* пятиться

rúdern грести

Rúdern *n* -s *спорт.* гребля *ж*

Ruf *m* -(e)s, -e 1. крик *м;* возглас *м;* окрик *м* 2. *тк sg* призыв *м* 3. *тк. sg* репутация *ж,* слава *ж*

rúfen* 1. кричать; nach *j-t* звать *кого-л.* 2. zu *D* призывать *к чему-л.*

Rúfnummer *f* =, -n номер *м* телефона

Rúhe *f* =, -n 1. покой *м,* спокойствие *с* 2. тишина *ж* 3. отдых *м*

rúhen отдыхать

Rúhetag *m* -(e)s, -e выходной [нерабочий] день

rúhig спокойный

Ruhm *m* -(e)s слава *ж*

rühren 1. двигать, шевелить 2. мешать, помешивать 3. (рас)трогать sich ~ двигаться, шевелиться

Ruíne *f* =, -n развалины *мн*

ruiníeren 1. разорять 2. подрывать *(здоровье)* **sich ~** 1. разориться, обанкротиться 2. подрывать своё здоровье

rumänisch румынский

Rumpf *m* -(e)s, Rümpfe 1. туловище *с*, торс *м* 2. остов *м*

rund 1) *adj* круглый 2) *adv* около, примерно; **~ geréchnet** круглым счётом

Rúnde *f* =, -n 1. круг *м*, компания *ж* 2. круг *м*, тур *м (соревнований, переговоров)*; раунд *м (бокс)*

Rúndfunk *m* -s радиовещание *с*, радио *с*

Rúndfunk|gerät *n* -(e)s, -e радиоприёмник *м* **~hörer** *m* -s, = радиослушатель *м* **~sendung** *f* =, -en радиопередача *ж*

rúndheraus откровенно

rúndherum вокруг, кругом

Rúnd|reise *f* =, -n турне *с*, круиз *м* **~schau** *f*, -en обозрение *с*

rúndweg *разг.* наотрез, категорически

Rússe *m* -n, -n русский *м*

Rússin *f* =, -nen русская *ж*

rússisch 1) *adj* русский 2) *adv* по-русски

Rúte *f* =, -n прут *м*

rútschen скользить; сползать

rütteln трясти; шатать

Saal *m* -(e)s, Säle зал *м*

Sáche *f* =, -n 1. вещь *ж*; предмет *м*; *pl* вещи *мн*; одежда *ж* 2. дело *с*; обстоятельство *с*; **das ist nicht méine ~!** это не моё дело!

Sáchlage *f* =, -n положение *с* дел [вещей], обстоятельства *мн*

sáchlich 1. деловой 2. объективный

Sáchverständige, der -n, -n эксперт *м*, специалист *м*

Sack *m* -(e)s, Säcke мешок *м*

Safe [se:f] *m* -s, -s сейф *м*

Saft *m* -(e)s, Säfte сок *м*

sáftig сочный

Ságe *f* =, -n сказание *с*, легенда *ж*

Säge *f* =, -n пила *ж*

ságen сказать, говорить; **man sagt** говорят

sägen пилить

Sáite *f* =, -n струна *ж*

Salát *m* -(e)s, -e салат *м*

Sálbe *f* =, -n мазь *ж*

sálben натирáть [смáзывать] мáзью

Salz *n* -es соль *ж*

sálzen солить

Sálzgurken *pl* солёные огурцы́

sálzig солёный

Sálzkartoffeln *pl* отварнóй картóфель

Sálzstreuer *m* -s, = солóнка *ж*

Sámstag *m* -(e)s, -e суббóта *ж*

Samt *m* -(e)s бáрхат *м*

sämtlich все (без исключéния)

Sand *m* -(e)s песóк *м*

Sandalétten *pl* босонóжки *мн*

Sándbank *f* =, ..bänke óтмель *ж*

sanft крóткий; мя́гкий; нéжный

Sänger *m* -s, = певéц *м* ~**in** *f* =, -nen певи́ца *ж*

satt сы́тый; sich ~ éssen* наéсться дóсыта ◊ ich hábe es ~ мне э́то надоéло

Sáttel *m* -s, Sättel седлó *с*

sättigen (на)корми́ть дóсыта sich ~ утоли́ть гóлод, наéсться

Satz *m* -es, Sätze 1. *грам.* предложéние *с* 2. *муз.* часть *ж* 3. прыжóк *м*, скачóк *м* 4. *хим.* осáдок *м* 5. комплéкт *м* 6. *спорт.* пáртия *ж*; сет *м* (*теннис*) 7. *полигр.* набóр *м*

sáuber чи́стый, опря́тный

sáuber|halten* содержáть в чистотé ~**machen** 1. чи́стить, убирáть (*помещéние*) 2. убирáться, дéлать убóрку

Säule *f* =, -n колóнна *ж*

Saum *m* -(e)s, Säume каймá *ж*; крóмка *ж* (*ткани*); подги́б *м* (*плáтья*); подóл *м*

säumen подрубáть (*ткань*); подшивáть (подол)

Säure *f* =, -n кислотá *ж*

sáusen шумéть; свистéть (*о ветре и т. п.*)

S-Bahn [ˊɛs-] *f* =, -en (*сокр. от* Stádtbahn) (городскáя) электри́чка

Schábe *f*-, -n таракáн *м*

Schach *n* -(e)s шáхматы *мн*; spíelen игрáть в шáхматы

Scháchspieler *m* -s, = шахмати́ст *м*

Schacht *f* =, Schächte *в разн. знач.* шáхта *ж*

Scháchtel *f* =, -n 1. корóбка *ж* 2.: éine ~ Zigarétten пáчка *ж* сигарéт

scháde: wie ~! как жаль!; (es ist) ~, daß... жáлко, что...

Schädel *m* -s, = че́реп *м*

scháden вреди́ть, приноси́ть вред; das schádet nichts э́то ничего́, э́то не беда́

Scháden *m* -s, Schäden 1. вред *м*; убы́ток *м*, уще́рб *м* 2. поврежде́ние *с* (*тж. мед.*); поло́мка *ж*

schädigen вреди́ть, наноси́ть уще́рб

schädlich вре́дный

scháffen* I 1. твори́ть, создава́ть 2. создава́ть; организо́вывать

scháffen II сде́лать (*что-л.*), спра́виться (*с чем-л.*); wir wérden es ~ мы с э́тим спра́вимся

Scháffen *n* -s тво́рчество *с*

Schal *m* -s, *pl* -e *и* -s шарф *м*; шаль *ж*

Schall *m* -(e)s звук *м*

schálldicht звуконепроница́емый

schállen звуча́ть, раздава́ться

Schállplatte *f* =, -n (грам)пласти́нка *ж*

schálten 1. *эл.* включа́ть; подключа́ть 2. *авто* переключа́ть ско́рость

Schálter *m* -s, = 1. *эл.* выключа́тель *м* 2. око́шечко *с* (*на почте, в банке и т. п.*)

Scháltjahr *n* -(e)s, -e високо́сный год

Scham *f* = стыд *м*; стыдли́вость *ж*

schämen, sich стыди́ться; ich schäme mich мне сты́дно

schám|haft стыдли́вый; засте́нчивый ~los бессты́дный; на́глый

Schánde *f* = стыд *м*, позо́р *м*

schändlich посты́дный, позо́рный; гну́сный, ме́рзкий

Schánze *f* =, -n *спорт.* (лы́жный) трампли́н

Schar *f* =, -en 1. толпа́ *ж* 2. ста́я *ж* (*птиц*); кося́к *м* (*рыб*)

scharf 1. о́стрый (*о ноже и т. п.*) 2. ре́зкий, отчётливый 3. е́дкий; о́стрый; пря́ный 4. ре́зкий, пронзи́тельный 5. пронизывающий (*о ветре*) 6. о́стрый, то́нкий (*о слухе, уме*) 7. стро́гий; категори́ческий

Schátten *m* -s, = тень *ж*

Schattíerung *f* =, -en отте́нок *м*

scháttig тени́стый

Schatz *m* -es, Schätze 1. сокро́вище *с*; клад *м* 2. *тк. sg*: mein ~! золото [золотце] ты моё!

schätzen 1. цени́ть, уважа́ть 2. приблизи́тельно определя́ть (*расстояние, вы-*

соту и т. п.) 3. auf A оценивать *во сколько-л.*

Schau *f* = выставка *ж;* демонстрация *ж,* показ *м*

scháudern ужасаться, содрогаться

scháuen смотреть; um sich ~ оглядываться; nach j-m ~ присматривать за кем-л.

Scháufel *f* =, -n лопата *ж*

scháufeln копать лопатой

Scháufenster *n* -s, = витрина *ж*

Scháukel *f* =, -n качели *мн*

scháukeln (sich) качать(ся)

Schaum *m* -(e)s 1. пена *ж* 2. накипь *ж*

scháumen пениться

Scháu|spiel *n* -(e)s, -e 1. пьеса *ж* 2. зрелище *с* ~spieler *m* -s, = актёр *м;* ~spielerin *f* =, -nen актриса *ж*

Scháuspielhaus *n* -es, ..häuser драматический театр

Scheck *m* -s, -s чек *м*

Schéckheft *n* -(e)s, -e чековая книжка

schéckig пёгий; пятнистый

schéiden* расторгать брак; sich ~ lássen* разводиться

Schéidung *f* =, -en развод *м,* расторжение *с* брака

Schein I *m* -(e)s 1. блеск *м;* сияние *с* 2. видимость *ж;* zum ~ для вида

Schein II *m* -(e)s, -e 1. справка *ж;* документ *м;* свидетельство *с;* квитанция *ж* 2. купюра *ж,* банкнот *м*

schéinbar кажущийся, мнимый

schéinen* I светить, сиять

schéinen II казаться; es scheint mir мне кажется

Schéitel *m* -s, = 1. пробор *м* 2. темя *с;* макушка *ж*

schéitern терпеть неудачу [крах]; не удаваться; die Sáche schéiterte an séiner Únfähigkeit дело провалилось из-за его бездарности

Schéitern *n* -s неудача *ж;* провал *м*

Schelm *m* -(e)s, -e плут *м*

Schéma *n* -s, *pl* -s *и* -ta схема *ж*

schénken 1. дарить; etw. geschénkt bekómmen* получить что-л. в подарок 2.: j-m, éiner Sáche Áufmerksamkeit ~ уделять внимание кому́-л., чему-л.

Schérbe *f* =, -n черепок *м;* обломок *м*

Schére *f* =, -n 1. ножницы *мн* 2. клешня *ж*

schéren* стричь; подстригать

Scherz *m* -es, -e шутка *ж*

schérzen шути́ть

scheu ро́бкий, засте́нчивый, боязли́вый

schick элега́нтный; шика́рный

schícken посыла́ть, отправля́ть

schief косо́й; криво́й, накло́нный

schíefgehen* *разг.* не уда́ться, провали́ться, сорва́ться

schíelen 1. коси́ть, быть косогла́зым 2. auf A и́скоса погля́дывать *на кого-л., что-л.*

Schíene *f* =, -n 1. рельс *м* 2. *мед.* ши́на *ж*

schíeßen* стреля́ть

Schíeß|sport *m* -(e)s стрелко́вый спорт ~**stand** *m* -(e)s, ..stände тир *м*

Schiff *n* (e)s, -e су́дно *с*, парохо́д *м*; кора́бль *м* (*тж. косм.*)

Schíffahrt *f* = судохо́дство *с*

Schíff|bau *m* -(e)s судостро́ение *с* ~**bruch** *m* -(e)s, ..brüche кораблекруше́ние *с*

Schíffsverkehr *m* -s судохо́дство *с*

Schild I *n* -(e)s, -er вы́веска *ж*; табли́чка *ж*; этике́тка *ж*

Schild II *m* -(e)s, -e щит *м*

schíldern опи́сывать, изобража́ть

Schímmel I *m* -s пле́сень *ж*

Schímmel II *m* -s, = бе́лая ло́шадь

schímmern мерца́ть, поблёскивать

schímpfen руга́ть(ся)

Schínken *m* -s, = ветчина́ *ж*; о́корок *м*

Schirm *m* -(e)s, -e 1. зонт(ик) *м* 2. абажу́р *м* 3. козырёк *м* (*от солнца*) 4. *тех., тлв.* экра́н *м*

schláchten коло́ть, ре́зать, забива́ть (*скот, птицу*)

Schlaf *m* -(e)s сон *м*

schläfrig со́нный

Schláf|wagen *m* -s, = спа́льный ваго́н ~**zimmer** *n* -s, = спа́льня *ж* (*комната; гарнитур*)

schlágen* 1. (по)би́ть; уда́рить (*кого-л.*) 2. взбива́ть (*яйца и т. п.*) 3. разби́ть, победи́ть (*кого-л.*) 4. ударя́ть, стуча́ть 5.: die Uhr schlägt часы́ бьют; das Herz schlägt се́рдце бьётся sich ~ 1. дра́ться 2. сража́ться (о войска́х)

Schláger *m* -s, = шля́гер *м*, хит *м* (*о песне*); ка́ссовый фильм [спекта́кль]

schlágfertig нахо́дчивый;

ме́ткий *(об отве́те)*; er ist ~ он за сло́вом в карма́н не поле́зет

schlank стро́йный

schlapp сла́бый, вя́лый

schlau хи́трый

Schlauch *m* -(e)s, Schläuche 1. шланг *м*, рука́в *м* 2. ка́мера *ж (автомоби́льная, велосипедная)*

Schláuchboot *n* -(e)s, -e надувна́я ло́дка

schlecht плохо́й

schléchtgelaunt в плохо́м настрое́нии

schléichen* 1. кра́сться, подкра́дываться 2. ползти́

Schléier *m* -s, = покрыва́ло *с*, вуа́ль *ж*

Schléife *f* =, -n 1. бант *м* 2. пе́тля *ж*

schléifen* I 1. точи́ть 2. шлифова́ть

schléifen II тащи́ть, волочи́ть *(по земле́)* sich ~ тащи́ться, волочи́ться *(по земле́ — о пла́тье и т. п.)*

schléndern броди́ть (прогу́ливаясь); брести́

schléppen (с трудо́м) тащи́ть, волочи́ть sich ~ тащи́ться, плести́сь

schléudern (с си́лой) броса́ть, швыря́ть

schléunigst как мо́жно скоре́е, неме́дленно

Schléuse *f* =, -n шлюз *м*

schlicht просто́й, скро́мный

schlíeßen* 1. закрыва́ть, запира́ть 2. конча́ть, зака́нчивать 3. заключа́ть *(догово́р и т. п.)* 4. aus де́лать вы́вод, заключа́ть *из чего́-л.* 5. закрыва́ться *(о две́ри; о магази́не)* 6. mit D зака́нчиваться *чем-л.*

Schlíeßfach *n* -(e)s, ..fächer 1. (абонеме́нтный) почто́вый я́щик 2. сейф *м (в ба́нке)*

schlíeßlich наконе́ц

Schlíeßtag *m* -(e)s, -e выходно́й *м* (день) *(в магази́не и т. п.)*

schlimm 1) *adj* плохо́й, дурно́й, скве́рный 2) *adv* пло́хо; die Sáche steht ~ де́ло обстои́т пло́хо

Schlips *m* -es, -e га́лстук *м*

Schlítten *m* -s, = са́ни *мн;* са́нки *мн*

Schlíttschuh *m* -(e)s, -e *спорт.* конёк *м;* ~ láufen* ката́ться на конька́х

Schloß I *n* ..sses, Schlösser за́мок *м*, дворе́ц *м*

Schloß II *n* ..sses, Schlösser 1. замо́к *м* 2. застёжка *ж*, запо́р *м (бус и т. п.)* 3. затво́р *м (ружья́)*

Schlósser *m* -s, = сле́сарь *м*

Schlucht *f* =, -en ущелье *с*; овраг *м*

schlúchzen всхлипывать; рыдать

Schluck *m* -(e)s, -e глоток *м*

Schlúckauf *m* -s икота *ж*; ~ háben икать

schlúcken глотать

schlúmmern дремать

schlüpfen 1. проскользнуть, прошмыгнуть 2. выскользнуть 3. вылупиться *(о птенцах)*

schlüpfrig 1. скользкий 2. *перен.* скользкий, щекотливый

Schluß *m* ..sses, Schlüsse 1. конец *м*, окончание *с*; zum ~ в заключение 2. вывод *м*, заключение *с*; aus etw. (*D*) Schlüsse zíehen* делать выводы из чего-л.

Schlüssel *m* -s, = 1. ключ *м* 2. код *м*, шифр *м*

Schlúß|folgerung *f* =, -en вывод *м*, заключение *с* ~licht *n* -(e)s, -er *авто* фонарь *м* заднего света ~verkauf *m* -s, ..käufe сезонная распродажа ~wort *n* -(e)s, -e заключительное слово

schmächtig щуплый, тщедушный

schmáckhaft вкусный

schmähen поносить, хулить

schmal узкий, тонкий

Schmalz *n* -es топлёное сало, смалец *м*

schmécken: süß [bítter] ~ быть сладким [горьким] на вкус; nach etw. (*D*) ~ иметь вкус [привкус] чего-л.; das schmeckt gut это вкусно

schméicheln льстить

schmélzen* 1. (рас)плавить; (рас)топить 2. (рас)таять; (рас)плавиться; der Schnee schmilzt снег тает

Schmelzkäse *m* -s плавленый сыр

Schmerz *m* -es, -en 1. боль *ж* 2. страдание *с*

schmérzen 1. болеть; mir schmerzt der Kopf у меня болит голова 2. огорчать, причинять боль; es schmerzt mir, daß... мне больно, что...

schmérzhaft болезненный

schmérzlich мучительный

schmérzlos безболезненный

Schmérzmittel *n* -s, = болеутоляющее средство

Schmínke *f* =, -n грим *м*, косметика *ж*

schmínken подкрашивать; гримировать sich ~ краситься, пользоваться косметикой

schmóren тушить *(мясо, овощи)*

schmuck наря́дный, краси́вый

Schmuck *m* -(e)s украше́ния *мн*, драгоце́нности *мн*

schmücken украша́ть sich ~ наряжа́ться

Schmúckwaren *pl* ювели́рные изде́лия

schmútzig гря́зный

Schnábel *m* -s, Schnäbel 1. клюв *м* 2. но́сик *м* (*чайника и т. п.*)

Schnálle *f* =, -n пря́жка *ж*; застёжка *ж*

Schnécke *f* =, -n ули́тка *ж*

Schnee *m* -s снег

Schnee|fall *m* -(e)s, ..fälle снегопа́д *м* ~flocke *f* =, -n снежи́нка *ж* ~gestöber *m* -s, = мете́ль *ж*, вьюга *ж*

schnéiden* 1. ре́зать; etw. in Stücke ~ наре́зать что-л. на куски́ 2. стричь, подстрига́ть sich ~ поре́заться; sich in den Finger ~ поре́зать (себе́) па́лец

Schnéider *m* -s, = портно́й *м* ~in *f* =, -nen портни́ха *ж*

schnéien: es schneit идёт снег

schnell бы́стрый

Schnéll|bus *m* -ses, -se авто́бус-экспре́сс *м* ~dienst *m* -(e)s, -e сро́чное обслу́живание ~gaststätte *f* =, -n заку́сочная *ж* ~kochtopf *m* -(e)s, ..töpfe скорова́рка *ж* ~reinigung *f* =, -en сро́чная химчи́стка ~reparatur *f* =, -en сро́чный ремо́нт ~zug *m* -(e)s, ..züge ско́рый по́езд

Schnítt|lauch *m* -(e)s зелёный лук ~muster *n* -s, = вы́кройка *ж*

Schnítzel I *n* -s, = (отбивно́й) шни́цель

Schnítzel II *m, n* -s, = обре́зок *м*; стру́жка *ж*

Schnitzeréi *f* = резьба́ *ж* (*по дереву, кости*)

Schnur *f* =, Schnüre верёвка *ж*, шнур(о́к) *м*

schnüren 1. перевя́зывать, свя́зывать (верёвкой) 2. шнурова́ть, зашнуро́вывать

Schnúrrbart *m* -(e)s, ..bärte усы́ *мн*

Schnürsenkel *m* -s, = шнуро́к *м* (*для обуви*)

Schock *m* -(e)s, -e шок *м*; уда́р *м*

Schokoláde *f* =, -n шокола́д *м*

schon уже́ ~ lánge; уже́ давно́; ~ gut! ла́дно (уж)!; es wird ~ géhen! ничего́, всё (ещё) обойдётся [нала́дится]!

schön 1) *adj* краси́вый, прекра́сный ◊ die ~e Literatúr худо́жественная литерату́ра 2) *adv*: (na) ~! хорошо́!, ла́дно!; dánke ~! благодарю!; bitte ~! пожа́луйста!, прошу́!

schöpferisch тво́рческий

Schöpfung *f* =, -en созида́ние *с*, творе́ние *с*; произведе́ние *с*

Schoß I *m* -es, Schösse коле́ни *мн (сидящего человека)*; auf dem ~ sítzen* сиде́ть на коле́нях; j-n auf den ~ néhmen* посади́ть кого́-л. к себе́ на коле́ни

Schoß II *m* ..sses, Schösse побе́г *м*, росто́к *м*

Schrank *m* -(e)s, Schränke шкаф *м*

Schránke *f* =, -n 1. барье́р *м*; *ж.-д.* шлагба́ум *м* 2. *перен.* прегра́да *ж*; преде́л *м*, грани́ца *ж*

schráuben зави́нчивать, вви́нчивать (in *A куда-л.*); приви́нчивать (auf *A к чему-л.*); выви́нчивать (aus *D из чего-л.*)

Schráuben|schlüssel *m* -s, = га́ечный ключ ~zieher *m* -s, отвёртка *ж*

Schráubstock *m* -(e)s, ..stöcke *тех.* тиски́ *мн*

Schreck *m* -(e)s, Schrécken *m* -s испу́г *м*; страх *м*

schrécken* пуга́ть

schrécklich ужа́сный, стра́шный

Schrei *m* -(e)s, -e крик *м*

schréiben* писа́ть; j-n krank ~ вы́дать кому́-л. больни́чный лист

Schréib|maschine *f* =, -n пи́шущая маши́нка ~tisch *m* -es, -e пи́сьменный стол ~waren канцеля́рские това́ры

schréien* крича́ть

schréiend ре́зкий, крича́щий

schréiten* 1. шага́ть; ступа́ть 2. über *A* переша́гивать, переступа́ть через *что-л.* 3. zu *D* переходи́ть, приступа́ть *к чему-л.*

Schrift *f* =, -en 1. по́черк *м* 2. шрифт *м* 3. сочине́ние *с*, труд *м*

schríftlich пи́сьменный

Schríftsteller *m* -s, = писа́тель *м* ~in *f* =, -nen писа́тельница *ж*

schrill пронзи́тельный, ре́зкий

Schritt *m* -(e)s, -e шаг *м*; im Schritt géhen* идти́ ша́гом

schroff 1. круто́й, обры́вистый 2. ре́зкий, жёсткий

schüchtern засте́нчивый, ро́бкий

schúften *разг.* рабо́тать не разгиба́я спины́, вка́лывать *(разг.)*

Schuh *m* -(e)s, -e ботинок *м*, туфля *ж*, башмак *м*

Schúl|abgänger *m* -s, = выпускник *м* школы **~buch** *n* -(e)s, ..bücher (школьный) учебник

schuld: an etw. (*D*) ~ sein быть виноватым [виновным] в чём-л.

Schuld *f* =, -en 1. *тк. sg* вина *ж* 2. долг *м*, долги *мн*

schúlden: ich schúlde Íhnen fünf Mark я вам должен пять марок

schúldig 1. виноватый; виновный 2. должный; was bin ich ~? сколько я должен?

Schúle *f* =, -n школа *ж*

Schüler *m* -s, = ученик *м* **~in** *f* =, -nen ученица *ж*

Schúl|jahr *n* -(e)s, -e учебный год **~pflicht** *f* = обязательное обучение

Schúlter *f* =, -n плечо *с*

Schúltertasche *f* =, -n сумка *ж* (с ремнём) через плечо

Schürze *f* =, -n фартук *м*, передник *м*

Schuß *m* ..sses, Schüsse выстрел *м*

Schüssel *f* =, -n миска *ж*, блюдо *с*

Schúster *m* -s, = сапожник *м*

Schüttelfrost *m* -es озноб *м*

schütteln трясти; j-m die Hand ~ пожать кому-л. руку; mit dem Kopf ~ (по)качать головой

schütten сыпать, насыпать

Schutz *m* -es vor *D*, gégen *A* защита *ж* от кого-л., от чего-л.; охрана *ж*

Schütze *f* =, -n стрелок *м*

schützen vor *D*, gégen *A* защищать *от кого-л., от чего-л.*; охранять sich ~ vor *D*, gégen *A* защищаться *от кого-л., от чего-л.*; ограждать себя *от чего-л.*

schútzlos беззащитный

Schútz|marke *f* =, -n фабричное клеймо **~umschlag** *m* -(e)s, ..schläge суперобложка *ж*

schwach слабый

Schwäche *f* =, -n 1. *тк. sg* слабость *ж* 2. für *A* слабость *ж*, пристрастие *с к кому-л., к чему-л.* 3. *pl* слабые стороны

schwáchsinnig слабоумный

Schwáger *m* -s, Schwäger деверь *м* (*брат мужа*); шурин *м* (*брат жены*); зять *м* (*муж сестры*); свояк *м* (*муж сестры жены*)

Schwägerin *f* =, -nen золовка *ж* (*сестра мужа*); невестка *ж* (*жена брата*);

свояченица *ж (сестра жены)*

Schwálbe *f* =, -n ласточка *ж*

Schwamm *m* -(e)s, Schwämme губка *ж*

Schwan *m* -(e)s, Schwäne лебедь *м*

schwánken 1. шататься, качаться 2. колебаться *(о ценах и т. п.)* 3. колебаться, быть в нерешительности

schwärmen I роиться [виться] в воздухе *(о насекомых)*

schwärmen II für *A* увлекаться *кем-л., чем-л.*, обожать *кого-л., что-л.*; von *D* восторгаться *кем-л., чем-л.*

schwarz чёрный

Schwárzbrot *n* -(e)s, -e чёрный [ржаной] хлеб

schwátzen *разг.* болтать; dummes Zeug ~ болтать вздор

schwédisch шведский

Schwéfel *m* -s сера *ж*

schwéigen* молчать

schwéigsam молчаливый, неразговорчивый

Schwein *n* -(e)s, -e свинья *ж*

Schwéine|braten *m* -s, = жареная свинина *ж* ~fleisch *n* -es свинина *ж*

schwéizerisch швейцарский

Schwélle *f* =, -n 1. порог *м (тж. перен.)* 2. *ж.-д.* шпала *ж*

schwer 1. тяжёлый; трудный; éine ~e Kránkheit тяжёлая [серьёзная] болезнь 2. крепкий *(о напитке, табаке)*

schwérhörig тугой на ухо, глуховатый

Schwér|industrie *f* = тяжёлая промышленность ~punkt *m* -(e)s, -e основная проблема, основной момент; суть *ж*

Schwert *n* -(e)s, -e меч *м*

Schwéster *f* =, -n 1. сестра *ж* 2. медицинская сестра, медсестра *ж*

Schwíegereltern *pl* свёкор *м* и свекровь *ж (родители мужа)*; тесть *м* и тёща *ж (родители жены)* ~mutter *f* =, ..mütter тёща *ж (мать жены)*; свекровь *ж (мать мужа)* ~ tochter *f* =, ..töchter невестка *ж*, сноха *ж (жена сына)* ~vater *m* -s, ..väter тесть *м (отец жены)*; свёкор *м (отец мужа)*

schwíerig трудный, сложный

Schwíerigkeit *f* =, -en трудность *ж*, затруднение *с*

Schwímm|bad *n* -(e)s, ..bäder открытый летний бассейн; зимний [закрытый] бассе́йн ~becken *n* -s, = пла́вательный бассе́йн

schwímmen* пла́вать; плыть

Schwímmer *m* -s, = плове́ц *м*

Schwímmsport *m* -(e)s, -e *спорт.* пла́вание *с*

Schwíndel I *m* -s головокруже́ние *с*

Schwíndel II *m* -s надува́тельство *с*, обма́н *м*

schwíndeln I: mir schwíndelt у меня́ кру́жится голова́

schwíndeln II надува́ть, моше́нничать

schwíndelnd головокружи́тельный

Schwíndler *m* -s, = обма́нщик *м*, моше́нник *м*

schwíngen* 1. маха́ть, разма́хивать 2. кача́ться

Seal [si:l] *m* -s ко́тик *м* *(мех)*

sechs шесть

séchshúndert шестьсо́т

séchzehn шестна́дцать

séchzehnte шестна́дцатый

séchzig шестьдеся́т

See I *m* -s, -n о́зеро *с*

See II *f* = мо́ре *с*

Sée|bad *n* -(e)s, ..bäder морско́й куро́рт ~fahrt *f* =, -en 1. *тк. sg* морепла́вание *с* 2. морско́е путеше́ствие ~gang *m* -(e)s волне́ние *с* на мо́ре ~hund *m* -(e)s, -e тюле́нь *м*

Séele *f* =, -n душа́ *ж*

Sée|macht *f* =, ..mächte морска́я держа́ва ~mann *m* -(e)s, ..leute моря́к *м* ~reise *f* =, -n морско́е путеше́ствие ~streitkräfte *pl* вое́нно-морски́е си́лы

Ségel *n* -s, = па́рус; mit vóllen ~n на всех паруса́х

séhen* ви́деть; смотре́ть; ~ Sie mal посмотри́те; wie Sie ~ как ви́дите; wann ~ wir uns? когда́ мы уви́димся?

Séhenswürdigkeit *f* =, -en достопримеча́тельность *ж*; ich möchte mir die ~en der Stadt ánsehen я хочу́ осмотре́ть достопримеча́тельности го́рода

Séhkraft *f* = зре́ние *с*

séhnen, sich nach *D* тоскова́ть, скуча́ть *по кому-л., чему-л.*; (стра́стно) жела́ть *чего-л.*

Séhnsucht *f* = nach *D* тоска́ *ж по чему-л., кому-л.*; стра́стное жела́ние *чего-л.*

sehr о́чень, весьма́; zu ~ чересчу́р, сли́шком; bitte ~! пожа́луйста!, прошу́!; ~ schön! прекра́сно!; dánke ~! большо́е спаси́бо!

seicht ме́лкий, неглубо́кий

(о воде); *перен.* пове́рхностный

Séide *f* =, -n шёлк *m*

séiden шёлковый

Séife *f* =, -n мы́ло *с*

sein* I 1. быть, явля́ться *(в функции связки в составном сказуемом)*; er ist Arzt он врач; er ist krank [gesúnd] он бо́лен [здоро́в]; es ist kalt хо́лодно 2. существова́ть; áufhören zu ~ прекрати́ть своё существова́ние; er ist nicht mehr его́ нет бо́льше (на све́те); das kann ~ мо́жет быть 3. находи́ться; er ist zu Háuse он до́ма 4. быть, случа́ться, происходи́ть; das war im Sómmer э́то бы́ло ле́том 5. *вспомога́тельный глагол (не переводится)*: er ist gekómmen он пришёл

sein II *m* (séine *f,* sein *n,* séine *pl)* его́; свой (своя́, своё, свой)

séinerseits с его́ стороны́

séinetwegen из-за него́, ра́ди него́

seit 1) *präp* с; со вре́мени; ~ Móntag с понеде́льника; ~ wann? с каки́х пор?; ~ géstern со вчера́шнего дня; ~ kúrzem с неда́внего вре́мени 2) *conj* с тех по́р (как)

seitdém с тех по́р; ~ ich ihn kénne с тех по́р как я его́ зна́ю

Séite *f* =, -n 1. сторона́ *ж;* zur ~ tréten* отойти́ в сто́рону 2. страни́ца *ж* 3. бок *м;* sich auf die ~ légen лечь на́ бок

séitwärts 1. в стороне́, сбо́ку 2. на́бок 3. в сто́рону

Sekretär *m* -s, -e секрета́рь *м*

Sekt *m* -(e)s, -e шампа́нское *с*

Sekúnde *f* =, -n секу́нда *ж*

selbst 1) *pron* сам, сама́, само́, са́ми; das muß ich ~ tun я до́лжен сде́лать э́то сам 2) *adv* да́же; ~ er hat das nicht gewußt да́же он не знал э́того

sélbst|bewußt уве́ренный в себе́ ~gefällig самодово́льный ~gestrickt ручно́й вя́зки

Sélbstkosten *pl эк.* себесто́имость *ж*

sélbstkritisch самокрити́чный

sélbstlos бескоры́стный; самоотве́рженный

Sélbstmord *m* -(e)s, -e самоуби́йство *с;* ~ begéhen* поко́нчить жизнь самоуби́йством

sélbstsicher уве́ренный в себе́

Sélbststeuerung *f* = автоматическое управление

sélten 1) *adj* редкий; редкостный 2) *adv* редко

séltsam странный

Sémmel *f* =, -n булочка *ж*

sénden 1.* посылать; присылать 2. *радио, тлв.* передавать, транслировать

sénken 1. опускать 2. снижать *(цену и т. п.)* 3. наклонять *(голову)*; понижать *(голос)* sich ~ опускаться, снижаться

sénkrecht вертикальный, отвесный

Sensation *f* =, -en сенсация *ж*

Septémber *m* -s *u* = сентябрь *m*

Série|e *f* =, -n серия *ж*

servíeren [-v-] подавать на стол

Servíererin [-v-] *f* =, -nen официантка *ж*

Serviette [-´vjɛtə] *f* =, -n салфетка *ж*

Séssel *m* -s, = кресло *с*

Shorts [ʃɔrts] *pl* шорты *мн*

Show [ʃo(u)] *f* =, -s шоу *с*, ревю *с*

sich 1. *A* себя; *D* себе; er káufte ~ ein Buch он купил себе книгу 2. -ся; ~ fréuen радоваться

sícher 1) *adj* 1. уверенный; ich bin ~, daß... я уверен, что... 2. безопасный; davór ist níemand ~ от этого никто не застрахован 3. надёжный, верный; ein ~es Míttel надёжное средство 2) *adv* наверно; несомненно

Sícherheit *f* = 1. безопасность *ж* 2. уверенность *ж* 3. надёжность *ж*

síchern 1. обеспечивать, гарантировать 2. предохранять, защищать

síchtbar 1. видный, видимый 2. явный, очевидный

síckern сочиться; просачиваться

sie 1. она (*G* íhrer, *D* ihr, *A* sie) 2. они (*G* íhrer, *D* íhnen, *A* sie)

Sie *вежливая форма обращения* вы; Вы (*в письмах*) (*G* Íhrer, *D* Íhnen, *A* Sie)

síeben I просеивать (через сито)

síeben II семь

síebenhúndert семьсот

síebente седьмой

síebzehn семнадцать

síebzig семьдесят

síeden* 1. кипятить; варить 2. кипеть; вариться

Sieg *m* -(e)s, -e победа *ж*

síegen über *A* побеждать *кого-л.*

Síeger *m* -s, = победитель *м*

Signál *n* -s, -e сигнал *м;* знак *м*

Sílbe *f* =, -n слог *м*

Sílber *n* -s серебро *с*

sílbern серебряный

Silvéster [-v-] *n, m* -s, = новогодний вечер, канун *м* Нового года

Sinfoníe *f* =, ..ní|en симфония *ж*

Sinfoníeorchester [-k-] *n* -s, = симфонический оркестр

síngen* петь

sínken* 1. падать, опускаться; zu Bóden ~ упасть [опуститься] на землю 2. тонуть, идти ко дну 3. падать, понижаться, уменьшаться

Sinn *m* -(e)s 1. смысл *м*, значение *с*; es hat kein ~ zu + *inf* нет [не имеет] смысла *(делать что-л.)* 2. чувство *с*; понимание *с (чего-л.);* für etw. (*A*) ~ háben разбираться [знать толк] в чём-л.

Sirúp *m* -s сироп *м*

Sítte *f* =, -n обычай *м, pl тж.* нравы *мн*

Sitz *m* -es, -e 1. сиденье *с*; место *с* 2. *тк. sg* местонахождение *с*; резиденция *ж*

sítzen* *в разн. знач.* сидеть; bléiben Sie bítte ~! сидите [не вставайте], пожалуйста!

Sítzung *f* =, -en заседание *с*

Skízze *f* =, -n 1. эскиз *м*, набросок *м* 2. *лит.* очерк *м*

Sláwe *m* -n, -n славянин *м*

Sláwin *f* =, -nen славянка *ж*

sláwisch славянский

Smarágd *m* -(e)s, -e изумруд *м*

so 1) *adv* так; таким образом; ach so! вот как!; so ein такой 2) *conj*: so daß так что; so..., daß... так..., что...

sobáld как только, едва

soében только что

Sófa *n* -s, -s диван *м*

soférn поскольку

sofórt немедленно, сейчас же, сию минуту

sogár даже

sógenannt так называемый

Sohn *m* -(e)s, Söhne сын *м*

solánge пока, в то время как; ~, bis... пока не...

solch (sólcher *m*, sólche *f*, sólches *n*, sólche *pl*) такой, такая, такое, такие; auf ~e Wéise таким образом

sóllen* *выражает* 1. *долженствование:* ich soll zum Báhnhof fáhren я должен поехать на вокзал; was soll ich tun? что мне делать? 2. *вероятность, возможность;*

недоумение: er soll géstern ángekommen sein говоря́т, что он вчера́ прие́хал; das soll wahr sein? неуже́ли э́то пра́вда? 3. *приказание, пожелание или угрозу:* du sollst éndlich schwéigen! замолчи́ наконе́ц!; du hättest es ságen ~ тебе́ сле́довало э́то сказа́ть; er soll nur kómmen! пусть то́лько попро́бует прийти́!

somít ита́к, таки́м о́бразом

Sómmer *m* -s, = ле́то *с;* im ~ ле́том

sóndern а, но; nicht ich, ~ er не я, а он; nicht nur..., ~ auch... не то́лько..., но и...

Sónnabend *m* -(e)s, -e суббо́та *ж;* am ~ в суббо́ту

sónnabends по суббо́там

Sónne *f* = со́лнце *с*

Sónnen|aufgang *m* -(e)s, ..gänge восхо́д *м* со́лнца ~blume *f* =, -n подсо́лнечник *м* ~brand *m* -(e)s со́лнечный ожо́г ~bräune *f* = зага́р *м* ~brille *f* =, -n (тёмные) очки́ от со́лнца ~schein *m* -(e)s со́лнечный свет ~stich *m* -(e)s со́лнечный уда́р ~untergang *m* -(e)s, ..gänge захо́д *м* со́лнца

sónnig со́лнечный

Sónntag *m* -(e)s, -e воскресе́нье *с;* am ~ в воскресе́нье

sónntags по воскресе́ньям

Sórge *f* =, -n забо́та *ж;* sich (*D*) ~n um j-n, etw. máchen волнова́ться, беспоко́иться о ком-л., о чём-л.

sórgen für *A* заботиться о ком-л., о чём-л. sich ~ um *A* беспоко́иться, трево́житься о ком-л., о чём-л.

sórgfältig тща́тельный, доброcо́вестный

sórglos беззабо́тный

sórgsam 1. тща́тельный 2. забо́тливый

Sórte *f* =, -n сорт *м*

sortíeren сортирова́ть

Sortimént *n* -(e)s, -e ассортиме́нт *м*

sovíel 1) *adv* сто́лько; dóppelt ~ вдво́е бо́льше; halb ~ вдво́е ме́ньше 2) *conj:* ~ ich weiß наско́лько я зна́ю

sowéit наско́лько; ~ mir bekánnt ist наско́лько мне изве́стно ◊ es ist ~ (уже́) пора́

sowíe как и, а та́кже

sowiesó всё равно́; и без того́, так и́ли ина́че

sowóhl: ~ ... als auch... и ..., и ...; как..., так и...

soziál социа́льный, обще́ственный

Soziálfürsorge *f* = обще́ственное обеспе́чение

Soziálversicherung *f* = социа́льное страхова́ние

soziológisch социологи́ческий

sozuságen так сказа́ть

spálten коло́ть, раска́лывать

Spáltung *f* =, -en раско́л *m*; разногла́сие *с*

Spánge *f* =, -n 1. зако́лка *ж* (для воло́с) 2. пря́жка *ж*

spánisch испа́нский

spánnen 1. натя́гивать 2. напряга́ть

spánnend 1. увлека́тельный 2. напряжённый (о моме́нте и т. п.)

Spánnung *f* = 1. эл. напряже́ние *с* 2. *тк. sg* напряже́ние *с*, напряжённое внима́ние 3. *pl* натя́нутые отноше́ния

spärlich ску́дный, бе́дный; ре́дкий (о волоса́х)

spársam бережли́вый, эконо́мный

spáßen шути́ть

spáßig заба́вный, смешно́й

Spáßmacher *m* -s, =, **Spáßvogel** *m* -s, ..vögel *разг.* шутни́к *m*

spät по́здний; wie ~ ist es? кото́рый час?; zu ~ kómmen* опозда́ть

Spáten *m* -s, = лопа́та *ж*

später поздне́е, по́зже; éinige Stúnden ~ че́рез не́сколько часо́в

spätestens са́мое по́зднее; не поздне́е [не по́зже], чем

Spatz *m* -en, -en воробе́й *m*

spazíeren, spazíerengehen* гуля́ть

Spazíergang *m* -(e)s, ..gänge прогу́лка *ж*

Spéise *f* =, -n 1. пи́ща *ж*, еда́ *ж* 2. блю́до *с*, ку́шанье *с*

Spéisekarte *f* =, -n меню́ *с*

spéisen 1. пита́ться (где-л.) 2. *тех.* пита́ть, снабжа́ть

Spéise|wagen *m* -s, = ваго́н-рестора́н *m* **~zimmer** *n* -s, = столо́вая *ж* (ко́мната)

spérren 1. загора́живать 2. закрыва́ть, перекрыва́ть (движе́ние, у́лицу и т. п.) 3. (временно) запреща́ть; *эк.* накла́дывать эмба́рго 4. отключа́ть (телефо́н, газ и т. п.)

Spésen *pl* изде́ржки *мн*; накладны́е расхо́ды

speziéll специа́льный, осо́бый

spezífisch специфи́ческий, специфи́чный

Spíegel *m* -s, = зе́ркало *с*

Spíegelei *n* -(e)s, -er яи́чница-глазу́нья *ж*

Spieg(e)lung *f* =, -en отражение *с*

Spiel *n* -(e)s, -e игра́ *ж*; Olýmpische ~e Олимпи́йские и́гры ◇ etw. aufs ~ sétzen поста́вить что-л. на ка́рту

spíelen игра́ть; Géige ~ игра́ть на скри́пке; das spielt kéine Rólle э́то не игра́ет (никако́й) ро́ли; was wird héute im Kino gespíelt? что сего́дня идёт в кинотеа́тре?; den Dúmmen ~ стро́ить из себя́ дурака́

Spíeler *m* -s, = игро́к *м* (*тж. перен.*)

Spiel|film *m* -(e)s, -e худо́жественный фильм ~plan *m* -(e)s, ..pläne *театр.* репертуа́р *м* ~platz *m* -es, ..plätze де́тская площа́дка ~zeug *n* -(e)s, -e игру́шка *ж*

Spieß *m* -es, -e 1. ве́ртел *м*; шампу́р *м* 2. пи́ка *ж*, копьё *с*

Spießbürger *m* -s, = меща́нин *м*, обыва́тель *м*

Spinát *m* -(e)s шпина́т *м*

Spínne *f* =, -n пау́к *м*

Spionáge [-ʒə] *f* = шпиона́ж *м*

Spirituósen *pl* спиртны́е напи́тки

Spíritus *m* =, *pl* = *u* -se спирт *м*

spitz о́стрый, остроконе́чный; ~e Bemérkung ко́лкое замеча́ние

Spítze *f* =, -n 1. остриё *с*, ко́нчик *м* 2. верши́на *ж*, верху́шка *ж* 3. носо́к *м* (*обуви*) 4. мундшту́к *м* 5.: an der ~ во главе́

spítzen заостря́ть; чини́ть (*каранда́ш*) ◇ die Óhren ~ навостри́ть у́ши

Spítzen *pl* кружева́ *мн*

Sport *m* -(e)s спорт *м*; ~ tréiben* занима́ться спо́ртом

Spórt|art *f* =, -en вид *м* спо́рта ~anzug *m* -(e)s, ..züge спорти́вный костю́м ~artikel *pl* спорти́вные това́ры

Spórtler *m* -s, = спортсме́н *м*

spórtlich спорти́вный

Spráche *f* =, -n 1. язы́к *м;* in déutscher ~ на неме́цком языке́ 2. *тк. sg* речь *ж*, дар *м* ре́чи

Sprách|führer *m* -s, = разгово́рник *м* ~unterricht *m* -(e)s, -e 1. преподава́ние *с* языка́ 2. уро́к *м* языка́

spréchen* говори́ть, разгова́ривать; ~ Sie deutsch? говори́те ли вы по-неме́цки?; ich spréche (nicht) deutsch я (не) говорю́ по-неме́цки; er spricht ein gútes Deutsch он хорошо́ говори́т по-неме́цки; kann ich Sie ~? мо́жно с ва́ми поговори́ть?

Spréch|stunde *f* =, -n приём *m* посетителей, приёмное время; ~stunde(n) приёмные часы; wann hat der Arzt ~stunde? когда принимает врач?; héute ist kéine ~stunde сегодня приёма нет ~zimmer *n* -s, = приёмная *ж*

spréngen I взрывать

spréngen II поливать; спрыскивать

Spríchwort *n* -(e)s, ..wörter пословица *ж*

Spríngbrunnen *m* -s, = фонтан *m*

spríngen* 1. прыгать 2. лопнуть; треснуть

sprítzen 1. брызгать 2. поливать

Sproß *m* ..sses, *pl* ..sse и ..ssen *бот.* побег *m*, отросток *m*

Spruch *m* -(e)s, Sprüche 1. изречение *с*; афоризм *m* 2. *юр.* приговор *m*

Sprühregen *m* -s мелкий дождь

Sprung *m* -(e)s, Sprünge 1. прыжок *m*, скачок *m* (*тж. перен.*) 2. трещина *ж*

Sprúng|brett *n* -(e)s, -er мостик *m* для прыжков (*прыжки в воду*) ~schanze *f* =, -n лыжный трамплин

spúcken плевать; плеваться

Spúle *f* =, -n катушка *ж*; бобина *ж*; шпулька *ж*

spülen полоскать; мыть (*посуду*)

spürbar заметный, ощутимый

spüren 1. чувствовать, ощущать 2. чуять (*о собаке*)

spúrlos бесследно

Staat *m* -(e)s, -en 1. государство *с* 2. штат *m*

Stab *m* -(e)s, Stäbe 1. палка *ж* 2. *тех.* стержень *m* 3. *спорт.* шест *m*

stabíl стабильный, устойчивый

Stáchel *m* -s, -n 1. жало *с* 2. шип *m*, колючка *ж*

Stáchelbeere *f* =, -n крыжовник *m*

Stádion *n* -s, ..di|en стадион *m*

Stadt *f* =, Städte город *m*

Stádt|bahn *f* *см.* S-Bahn ~bezirk *m* -(e)s, -e городской район

Stádtführer *m* -s, = путеводитель *m* по городу

städtisch городской

Stádt|rand *m* -(e)s, ..rände окраина *ж* города ~rat *m* -(e)s, ..räte 1. муниципалитет *m*; городской совет, горсовет *m* 2. муниципальный советник; член *m* горсовета

~rundfahrt *f* =, -en (автóбусная) экскýрсия по гóроду

Stahl *m* -(e)s, Stähle сталь *ж*

stámmen aus *D* 1. происходи́ть *из чего-л.* 2. быть рóдом *откуда-л.;* er stammt aus Móskau он рóдом из Москвы́

Stand *m* -(e)s, Stände 1. (мéсто)положéние *с*, расположéние *с* 2. положéние *с*, состоя́ние *с*; der (jétzige) ~ der Dínge (существýющее) положéние вещéй 3. *тк. sg* ýровень *м* 4. палáтка *ж*, киóск *м*, ларёк *м* 5. стенд *м*

stándhaft стóйкий, непоколеби́мый

ständig постоя́нный

stark 1) *adj* 1. си́льный 2. крéпкий *(о напитках)* 3. тóлстый, пóлный, тýчный 2) *adv* си́льно; óчень

stárkbevölkert густонаселённый

Stärke *f* =, -n 1. си́ла *ж*, *тех. тж.* мóщность *ж* 2. толщинá *ж* 3. крéпость *ж (напитков)* 4. грóмкость *ж* 5. крахмáл *м*

stärken 1. подкрепля́ть, укрепля́ть 2. крахмáлить

starr 1. неподви́жный; méine Fínger sind ~ vor Frost у меня́ пáльцы от хóлода окоченéли 2. твёрдый, жёсткий 3. упря́мый

stárren при́стально смотрéть

stárten *ав.* взлетáть, вылетáть; *косм., спорт.* стартовáть

Statión *f* =, -en 1. стáнция *ж*; останóвка *ж* 2. отделéние *с (в больнице)* 3. стáнция *ж (метеорологическая и т. п.)*

statt 1) *präp* вмéсто *кого-л., чего-л.* 2) *conj* вмéсто тогó чтóбы

státtfinden* имéть мéсто, состоя́ться; die Vórstellung fíndet am Sónntag statt представлéние состои́тся в воскресéнье

státtlich ви́дный; стáтный; импозáнтный

stáubig пы́льный

Stáubsauger *m* -s, = пылесóс *м*

stáunen über *A* удивля́ться, поражáться *чему-л.*

stéchen* 1. колóть, прокáлывать; sich in den Fínger ~ уколóть себé пáлец 2. кусáть, жáлить *(о насекомых)* 3. гравировáть

stécken втыкáть; засóвывать, всóвывать

stéckenbleiben* застря́ть

Stécker *m* -s, = штéпсельная ви́лка, штéпсель *м*

Stécknadel *f* =, -n булавка *ж*

stéhen* 1. стоять 2. *j-m* идти, быть к лицу *кому-л.;* das Kleid steht dir gut платье тебе идёт 3.: wie steht's? как дела?; wie steht's mit...? как обстоят дела с...?; das Spiel steht eins zu zwei счёт матча 1:2 4.: j-m zu Verfügung ~ быть в чьём-л. распоряжении; auf éigenen Füßen ~ быть самостоятельным

stéhenbleiben* останавливаться

Stéhlampe *f* =, -n торшер *м*

stéhlen* воровать, красть

steif 1. жёсткий, твёрдый 2. окоченевший, одеревеневший 3. натянутый, чопорный

stéigen* 1. подниматься, взбираться *(на что-л.)* 2. повышаться, увеличиваться; прибывать *(о воде)*

Stein *m* -(e)s, -e 1. камень *м* 2. косточка *ж (плода)*

Stéinpilz *m* -es, -e белый гриб, боровик *м*

Stélle *f* =, -n 1. место *с;* пункт *м* 2. должность *ж,* работа *ж* 3.: an ~ von (*D*) вместо *чего-л.;* an ~ (*G*) вместо *кого-л.*

stéllen ставить, поставить; éine Fráge ~ задать вопрос

stéllenweise местами

Stéllung *f* =, -en 1. положение *с,* поза *ж* 2. должность *ж;* место *с* (работы) 3. точка *ж* зрения, концепция *ж;* zu etw. (*D*) ~ néhmen* занять определённую позицию по отношению к чему-л.

stémpeln ставить печать [клеймо]

stenografieren стенографировать

stérben* умирать

Stern *m* -(e)s, -e звезда *ж*

stets всегда, постоянно

Stéuer I *n* -s, = руль *м*

Stewardeß [´stju:ərdɛs *и* -´dɛs] *f* =, ..dessen стюардесса *ж*

sticken вышивать

stickig душный; спёртый

Stíefel *m* -s, = сапог *м*

Stíel *m* -(e)s, -e 1. рукоятка *ж,* ручка *ж* 2. *бот.* стебель *м;* ножка *ж (гриба)*

Stift *m* -(e)s, -e 1. *тех.* штифт *м,* штырь *м* 2. карандаш *м*

stíften учреждать, основывать

Stil *m* -(e)s, -e *в разн. знач.* стиль *м*

still ти́хий, споко́йный; im ~en тайко́м

Stílle *f* =, тишина́ *ж*

Stílleben *n* -s, = *жив.* натюрмо́рт *м*

stíllen 1. успока́ивать, унима́ть *(боль и т. п.)*; den Húnger [den Durst] ~ утоля́ть го́лод [жа́жду] 2. корми́ть гру́дью *(ребёнка)*

Stíllstand *m* -(e)s 1. засто́й *м*; зати́шье *с* 2. просто́й *м*

stímmberechtigt име́ющий пра́во го́лоса

Stímme *f* =, -n го́лос *м*

stímmen 1. голосова́ть 2. соотве́тствовать и́стине; das stimmt (nicht) э́то (не)ве́рно 3. настра́ивать *(музыка́льный инструме́нт)*

Stímmrecht *n* -(e)s пра́во *с* го́лоса

Stímmung *f* =, -en настрое́ние *с*

stínken* nach *D* воня́ть *чем-л.*

Stipéndium *n* -s, ..di|en стипе́ндия *ж*

Stock I *m* -(e)s, Stöcke па́лка *ж*

Stock II *m* -(e)s, *pl* = *u* -werke эта́ж *м*; ich wóhne im zwéiten ~ я живу́ на тре́тьем этаже́

Stoff *m* -(e)s, -e 1. вещество́ *с*, материа́л *м* 2. ткань *ж*, мате́рия *ж* 3. материа́л *м*; те́ма *ж*, сюже́т *м*

stöhnen стона́ть

Stólle *f* =, -n **Stóllen** *m* -s, = рожде́ственский кекс

stolz го́рдый; auf j-n, etw. ~ sein горди́ться кем-л., чем-л.

Stolz *m* -(e)s го́рдость *ж*

Stóppuhr *f* =, -en секундоме́р *м*

Stöpsel *m* -s, = про́бка *ж*, заты́чка *ж*

Store [sto:r] *m* -s, -s што́ра *ж*

stören меша́ть *(кому-л.)* беспоко́ить *(кого-л.)*; darf ich ~? я не помеша́ю?; lássen Sie sich nicht ~! не беспоко́йтесь, пожа́луйста!

Stoß *m* -es, Stöße толчо́к *м*, уда́р *м*

stóßen* 1. толка́ть 2. an *A* примыка́ть *к чему-л.* 3. auf *A* ната́лкиваться *на что-л.* sich ~ an, gégen *A* уда́риться *обо что-л.*; an *D* ушиби́ться *обо что-л.*

stóttern заика́ться

Stráfe *f* =, -n 1. наказа́ние *с* 2. штраф *м*

stráfen 1. нака́зывать 2. штрафова́ть

straff туго́й, ту́го натя́нутый

sträflich непростительный, недопустимый

Sträfling *m* -s, -e заключённый *м*

stráflos безнаказанный

Strahl *m* -(e)s, -en 1. луч *м* 2. струя *ж* (*воды*)

stráhlen сиять

Stráhlenkrankheit *f* =, -en лучевая болезнь

Strand *m* -(e)s, Strände морской берег; пляж *м*

Stráße *f* =, -n 1. улица *ж* 2. дорога *ж* 3. пролив *м*

Stráßenbahn *f* =, -en трамвай *м*

Stráßen|kreuzung *f* =, -en перекрёсток *м* ~**verkehr** *m* -s уличное движение

Strauch *m* -(e)s, Sträucher куст *м*

Strauß I *m* -es, Sträuße букет *м*

Strauß II *m* -es, -e страус *м*

strében nach *D* стремиться к чему-л.

Strécke *f* =, -n 1. расстояние *с*; дистанция *ж* (*тж. спорт.*) 2. ав., ж.-д. линия *ж*, маршрут *м*. 3. участок *м* дороги; ж.-д. перегон *м*

strécken вытягивать, растягивать **sich** ~ 1. вытягиваться 2. потягиваться

stréicheln гладить, ласкать

stréichen* 1. гладить, поглаживать 2. окрашивать; красить 3. намазывать 4. вычёркивать, зачёркивать

Stréichholz *n* -es, ..hölzer спичка *ж*

Stréifen *m* -s, = полоса *ж*, полоска *ж*

stréiten* (sich) 1. über *A* спорить о чём-л. 2. um, wegen *G* ссориться из-за чего-л.

stréitig спорный

Stréitkräfte *pl* вооружённые силы

streng строгий; суровый

Streß [st- *u* ʃt-] *m* ..sses, ..sse стресс *м*

stréuen сыпать, посыпать; рассыпать

Strich *m* -(e)s, -e 1. черта *ж*, полоса *ж*, линия *ж*; штрих *м* 2. тире *с*

Strick *m* -(e)s, -e верёвка *ж*

strikt 1) *adj* точный, неукоснительный 2) *adv* 1. точно, пунктуально 2. неукоснительно

Strom *m* -(e)s, Ströme 1. (многоводная) река; поток *м;* es gießt in Strömen дождь льёт как из ведра 2. *тк. sg* течение *с*; mit dem ~ schwímmen* плыть по течению 3. *тк. sg* эл. ток *м*

strömen 1. течь, литься 2. хлынуть, устремиться

Strumpf *m* -(e)s, Strümpfe чулок *м*

Strümpf|hose *f* =, -n колготки *мн* **~socken** *pl* гольфы *мн*

Stúbe *f* =, -n комната *ж*

Stuck *m* -(e)s штукатурка *ж*

Stück *n* -(e)s, *pl* -e *и как мера* = 1. кусок *м (хлеба и т. п.);* zwei ~ Zúcker два куска сахару; in ~e géhen* разбиться вдребезги [на кусочки] 2. штука *ж (единица счёта)* 3. *театр., муз.* пьеса *ж*

Studént *m* -en, -en ~ студент *м* **~in** *f* =, -nen студентка *ж*

Studéntenwohnheim *n* -(e)s, -e студенческое общежитие

studíeren 1. изучать; er studíert Medizín он изучает медицину, он студент медицинского факультета 2. an *D* учиться *(в вузе, на факультете)*

Stúdium *n* -s 1. учёба *ж* 2. von *D* изучение *с чего-л.*

Stúfe *f* =, -n ступенька *ж*, ступень *ж (тж. перен.)*

stúfenweise постепенный

Stuhl *m* -(e)s, Stühle стул *м*

stumpf тупой, притуплённый

stúmpfnasig курносый

stúmpfsinnig тупоумный

Stúnde *f* =, -n 1. час *м;* éine hálbe ~ полчаса 2. урок *м*

Stúndenplan *m* -(e)s, ..pläne расписание *с* уроков [занятий]

stündlich ежечасно

stur упрямый

Sturm *m* -(e)s, Stürme 1. буря *ж*, шторм *м* 2. *воен.* штурм *м*

stürmisch бурный

stürzen 1. столкнуть; опрокинуть 2. свергать 3. падать, упасть sich ~ броситься, ринуться; auf *A* наброситься *на кого-л., на что-л.*

Stütze *f* =, -n 1. подпорка *ж* 2. *перен.* опора *ж*, поддержка *ж*

stützen 1. подпирать 2. поддерживать sich ~ auf *A* опираться *на что-л.;* основываться *на чём-л.*

subjektív субъективный

súchen искать, разыскивать

Süden *m* -s юг *м*

Südósten *m* -s юго-восток *м*

südwärts к югу, на юг

Südwésten *m* -s юго-запад *м*

Súmme *f* =, -n сумма *ж;* итог *м*

Súppe *f* =, -n суп *м*

Surfing [´søfiŋ *и* ´sørfiŋ] *n* -s *спорт.* сёрфинг *м*

süß сладкий

Süßigkeiten *pl* сладости *мн*, кондитерские изделия

Süßkirsche *f* =, -n черешня *ж*

süßsauer кисло-сладкий

Süßwasser *n* -s пресная вода

synchronisíeren [-k-] дублировать *(фильм)*

synthétisch синтетический

Systém *n* -s, -e система *ж*

Scéne *f*, -n сцена *ж (тж. перен.)*

T

Tabélle *f* =, -n таблица *ж*

Tablétt *n* -(e)s, -e поднос *м*

Tablétte *f* =, -n таблетка *ж*

Táfel *f* =, -n 1. доска *ж (для объявлений, классная)* 2. плита *ж*, панель *ж* 3. плитка *ж (шоколада)* 4. таблица *ж*

Tag *m* -(e)s, -e день; am -e днём; éines -es однажды; in acht -en через неделю; gúten -! добрый день!

Tágebuch *n* -(e)s, ..bücher дневник *м*

tágelang целыми днями

tágen 1. заседать 2.: es tagt светает

Tágesordnung *f* = повестка *ж* дня

täglich ежедневный

tákt|los бестактный ~**voll** тактичный, деликатный

Tal *n* -(e)s, Täler долина *ж*

Talént *n* -(e)s, -e талант

talént|los бездарный ~**voll** талантливый, одарённый

Tánnenbaum *m* -(e)s, ..bäume (рождественская) ёлка

Tánte *f* =, -n тётя *ж*, тётка *ж*

Tanz *m* -es, Tänze танец *м*

tánzen танцевать

Tánzmusik *f* = танцевальная музыка

Tapéte *f* =, -n обои *мн*

tapezíeren оклеивать обоями

tápfer храбрый, отважный, мужественный

Tápferkeit *f* = храбрость *ж*, отвага *ж*, мужество *с*

Tásche *f* =, -n 1. карман *м* 2. сумка *ж;* портфель *м*

Táschen|buch *n* -(e)s, ..bücher карманный справочник ~**geld** *n* -(e)s карманные де́ньги ~lampe *f* =, -n карма́нный фона́рик ~messer *n* -s, = перочи́нный нож ~rechner *m* -s, = микрокалькуля́тор *m* ~tuch *n* -(e)s, ..tücher ~ носово́й плато́к wörterbuch *n* -(e)s, ..bücher карма́нный слова́рь

Tásse *f* =, -n ча́шка *ж*

Táste *f* =, -n кла́виша *ж*

tásten ощу́пывать

Tat *f* =, -en посту́пок *м;* де́йствие *с;* де́ло *с;* éine gróße ~ по́двиг *м;* in der ~ a) в са́мом де́ле б) на са́мом де́ле

tätig 1. де́ятельный, акти́вный 2.; er ist als Arzt ~ он рабо́тает врачо́м

Tätigkeit *f* =, -en де́ятельность *ж*

Tátkraft *f* = эне́ргия *ж*, акти́вность *ж*

Tátsache *f* =, -n факт *м*

tátsächlich 1) *adj* факти́ческий 2) *adv* факти́чески, на са́мом де́ле

Tau I *m* -(e)s роса́ *ж*

Tau II *n* -(e)s кана́т *м*, трос *м*

taub 1. глухо́й 2. онеме́лый; die Fínger sind mir vor Kälte ~ gewórden у меня́ от хо́лода онеме́ли па́льцы

táuchen 1. погружа́ть, окуна́ть 2. ныря́ть

Táucher *m* -s, = водола́з *м;* аквалангист *м*

táuen 1. та́ять 2.: es taut наступи́ла о́ттепель

táumeln шата́ться; едва́ держа́ться на нога́х *(от уста́лости и т. п.)*

Tausch *m* -es, -e обме́н *м*

táuschen меня́ть, обме́нивать; etw. mit j-m ~ меня́ться чем-л. с кем-л.

täuschen обма́нывать, вводи́ть в заблужде́ние sich ~ заблужда́ться, ошиба́ться

täuschend обма́нчивый

táusend ты́сяча *ж*

Táuwetter *n* -s о́ттепель *ж*

Táxi *n* = *u* -s, *pl* = *u* -s такси́ *с*

Téchnik *f* = те́хника *ж*

téchnisch техни́ческий

Technologíe *f* =, ..gí|en техноло́гия *ж*

Tee *m* -s, -s чай *м*

Tée|kanne *f* =, -n ча́йник *м (для зава́рки)* ~kessel *m* -s, = ча́йник *м (для воды́)* ~löffel *m* -s, = ча́йная ло́жка

Teig *m* -(e)s, -e те́сто *с*

Téigwaren *pl* макаро́нные изде́лия

Teil *m* -(e)s, -e 1. часть *ж*, до́ля *ж;* in fünf -en на пять часте́й; zum ~ отча́сти 2. райо́н *м*, часть *ж (го́рода)* 3. *n*

-(e)s, -e *тех.* часть *ж*, деталь *ж; авто* запасная часть, запчасть *ж*

téilen делить

téilnehmen* an *D* **1.** участвовать *в чём-л.* **2.** сочувствовать *(чьему-л. горю)*

Téilnehmer *m* -s, = участник *м*

teils частично, отчасти

téilweise **1)** *adj* частичный **2)** *adv* **1.** по частям **2.** отчасти

Telefón *n* -s, -e телефон *м*

Telefón|buch *n* -(e)s, ..bücher телефонный справочник ~**gespräch** *n* -(e)s, -e телефонный разговор

telefoníeren звонить по телефону

telefónisch **1)** *adj* телефонный **2)** *adv* по телефону

Telefón|nummer *f* =, -n номер *м* телефона ~**zelle** *f* =, -n телефонная кабина, таксофон *м*

telegrafíeren телеграфировать

Telegrámm *n* -s, -e телеграмма *ж*

Télex *m* = абонентский телетайп, телекс *м*

Téller *m* -s, = тарелка *ж*

temperaméntvoll темпераментный

Temperatúr *f* =, -en температура *ж*

Témpo *n* -s, *pl* -s *и* ..pi темп *м*

Tenór *m* -s, Tenöre тенор *м (голос и певец)*

Téppich *m* -s, -e ковёр *м*

Termín *m* -s, -e срок *м*; den ~ éinhalten* соблюдать срок

termíngemäß, termíngerecht в (установленный) срок

Test *m* -es, *pl* -s *и* -e тест *м*, испытание *с*

tésten **1.** *тех.* испытывать **2.** тестировать *(кого-л.)*

téuer дорогой; das ist (nicht) ~ это (не)дорого

Text *m* -es, -e текст *м*

Textílwaren *pl* текстильные изделия

Theáter *n* -s, = театр *м*

Theáterstück *n* -(e)s, -e пьеса *ж*

Théke *f* =, -n прилавок *м*; стойка *ж (в баре)*

Théma *n* -s, ..men тема *ж*

theorétisch теоретический

Thermométer *n* -s, = термометр *м*; градусник *м*

Tíefe *f* =, -n глубина *ж*

Tier *n* -(e)s, -e животное *с*, зверь *м*

Tíerarzt *m* -es, ..ärzte ветеринар *м*

Tíerpark *m* -s, -s зоопарк *м*

Tíger *m* -s, = тигр *м*

tílgen 1. погашáть *(долг)* 2. искупáть, заглáживать *(вину)* 3. уничтожáть, искореня́ть

Tínte *f* =, -n чернѝла *мн*

típpen 1. *разг.* печáтать (на пѝшущей машѝнке) 2. учáствовать в лотерéе

Tisch *m* -(e)s, -e 1. стол *м* 2. *тк. sg*: bei ~ за едóй; vor ~ пéред едóй; nach ~ пóсле еды́; zu ~ bítten* просѝть к столý

Tíschdecke *f* =, -n скáтерть *ж*

Tíschler *m* -s, = столя́р *м*

Tísch|tennis *n* = настóльный тéннис ~tuch *n* -(e)s, ..tücher скáтерть *ж*

Títel *m* -s, = 1. 1. тѝтул *м*, звáние *с* 2. названѝе *с (книги, фильма);* заглáвие *с,* заголóвок *м*

Tóchter *f* =, Töchter дочь *ж*

Tod *m* -(e)s смерть *ж*

Tódesstrafe *f* =, -n смéртная казнь

tödlich смертéльный

Toilétte [toa-] *f* =, -n 1. туалéт *м*, (вечéрнее) плáтье 2. туалéт *м*, убóрная *ж*

Tomáte *f* =, -n помидóр *м*

Tomátenmark *n* -(e)s томáтная пáста

Tómbola *f* =, *pl* -s *u* ..bolen вещевáя лотерéя

Ton I *m* -(e)s, Töne 1. тон *м*, звук *м* 2. ударéние *с*

Ton II *m* -(e)s, -e глѝна *ж*

Tónbandgerät *n* -(e)s, -e магнитофóн *м*

tönen звучáть

Topf *m* -(e)s, Töpfe 1. кастрю́ля *ж* 2. (цветóчный) горшóк 3. (ночнóй) горшóк

Tor I *n* -(e)s, -e ворóта *мн;* ein ~ schíeßen* а) забѝть гол б) забрóсить шáйбу

Tor II *m* -en, -en глупéц *м*, безýмец *м*

Tórte *f* =, -n торт *м*

tot мёртвый

totál 1) *adj* тотáльный, пóлный 2) *adv* совсéм, совершéнно

töten убивáть

Tour [tu:r] *f* =, -en 1. поéздка *ж*, прогýлка *ж*, путешéствие *с* 2. *pl тех.* оборóт *м* 3. тур *м (танца, соревнований)*

Tourίst [tu-] *m* -en, -en турѝст *м*

Tournee [tur´ne:] *f* =, *pl* -s *u* ..néen турнé *с*

traditionéll традициóнный

träge ленѝвый, инéртный

trágen* носѝть, нестѝ; éine Brílle ~ носѝть очкѝ; Kósten ~ нестѝ расхóды

Träger *m* -s, =1. носѝльщик *м* 2. носѝтель *м;* представитель *m;* обладатель *(медали)*

trágisch трагический

Tragödi|e *f* =, -n трагедия *ж*

trainíeren [trɛ-] тренировать(ся)

Training [´trɛ-] *n* -s тренировка *ж*

Trainingsanzug [´trɛ-] *m* -(e)s, ..züge спортивный костюм

Tráktor *m* -s, ..tóren трактор *м*

Träne *f* =, -n слеза *ж*

transportíeren перевозить, транспортировать

Tráubensaft *m* -(e)s, ..säfte виноградный сок

Tráuer *f* 1. скорбь *ж*, печаль *ж* 2. траур *м*

Tráum *m* -(e)s, Träume 1. мечта *ж* 2. сон *м*

träumen 1. мечтать 2. видеть сон

tráurig печальный, грустный

tréffen* 1. попадать *(в цель)* 2. встречать *(кого-л., б.ч. случайно)* sich ~ 1. встречаться wo ~ wir uns? где мы встретимся? 2.: das trifft sich gut ~ это очень кстати

Tréffen *n* -s, =1. встреча *ж* 2. *спорт.* встреча *ж*, матч *м*

tréffend меткий

tréiben* 1. гнать 2. zu *D* доводить *до чего-л.* 3. заниматься *(чем-л.);* Sport ~ заниматься спортом

Tréibstoff *m* -(e)s, -e горючее *с,* топливо *с*

trénnen 1. разделять, отделять; отпарывать 2. разделять, различать sich ~ von *D* расставаться *с кем-л, с чем-л.;* разводиться *(о супругах)*

Trénnung *f* =, -en 1. отделение *с* 2. разлука *ж*

Tréppe *f* =, -n лестница *ж*

tréten* 1. ступать; auf *A* наступать *на что-л.* 2. входить *(куда-л.);* выходить *(откуда-л.);* ins Haus ~ войти в дом; aus dem Haus ~ выйти из дома; zur Séite ~ отойти в сторону

treu верный, преданный

Tríckfilm *m* -(e)s, -e мультфильм

Trieb *m* -(e)s, -e 1. инстинкт *м* 2. *бот.* побег *м*

Tríebkraft *f* =, ..kräfte движущая сила

tríftig обоснованный, убедительный; -e Gründe уважительные причины

trínken* пить

Tritt *m* -(e)s, -e 1. шаг *м* 2. походка *ж* 3. пинок *м*

trócken сухой

Tróckenheit *f* = 1. сухость *ж* 2. засуха *ж*

Trócken|obst *n* -(e)s сушёные фрукты, сухофрукты *мн* **~pflaumen** *pl* чернослив *м*

trócknen 1. сушить 2. вялить *(фрукты)* 3. высыхать; сохнуть

Trópfen *m* -s, = капля *ж*

Trost *m* -es утешение *с*

trösten утешать

tröstlich утешительный

tröstlos 1. безутешный 2. безотрадный

trotz несмотря на *(что-л.);* ~ álledem несмотря ни на что; ~ des Beféhls вопреки приказу

Trotz *m* -es упрямство *с;* zum ~ назло

trotzdém несмотря на то что; всё же

trótzig упрямый

trügerisch обманчивый

Trümmer *pl* обломки *мн;* развалины *мн*

Trupp *m* -s, -s группа *ж;* команда *ж,* отряд *м*

Trúppe *f* =, -n 1. *театр.* труппа *ж* 2. *pl* войска *мн*

T-Schirt [ˈtiːʃøːrt] *n* -s, -s трикотажная кофточка, майка *ж*

Túbe *f* =, -n тюбик *м*

Tuch I -(e)s, Tücher платок *м,* косынка *ж*

Tuch II *n* -(e)s, -e сукно *с*

tüchtig 1. дельный, толковый 2. *разг.* порядочный, изрядный

tückisch коварный

tun* 1. делать, сделать; was (soll ich) ~? что (мне) делать?; ich hábe viel zu ~ у меня много дел; ich will damít nichts zu ~ háben я не хочу иметь с этим ничего общего; ich hábe damít nichts zu ~ я тут ни при чём 2.: es tut mir leid, daß... мне жаль, что...; der Fuß tut mir weh у меня болит нога

Túnnel *m* -s, *pl* -s *и* = туннель *м*

Tür *f* =, -en дверь *ж;* дверца *ж (шкафа и т. п.)*

Türkís *m* -es, -e бирюза *ж*

türkisch турецкий

túrnen заниматься гимнастикой

Túrnen *n* -s спортивная гимнастика

Túrner *m* -s, = гимнаст *м*

Tüte *f* =, -n пакет *м;* пакетик *м,* кулёк *м*

týphisch типичный

Ú-Bahn *f* =, -en *(сокр. от* Úntergrundbahn*)* метро́ *с*

übelnehmen* *j-m* обижа́ться *на кого-л. за что-л.*

üben упражня́ться, тренирова́ться; занима́ться; ein Musíkstück ~ разу́чивать музыка́льную пье́су sich ~ in *D* упражня́ться; sich im Spréchen ~ практикова́ться в разгово́рной ре́чи

über 1. *на вопрос «где?» и «куда?»* над *(кем-л., чем-л.)*; das Bild hängt ~ dem Sófa карти́на виси́т над дива́ном; ein Bild ~ das Sófa hängen пове́сить карти́ну над дива́ном 2. че́рез *(что-л.)*, по *(чему-л.)*; ~ die Stráße géhen* перейти́ (че́рез) у́лицу; ~ den Platz géhen* идти́ по пло́щади 3. бо́лее, свы́ше; ~ húndert Mark свы́ше ста ма́рок; fünf Grad ~ Null пять гра́дусов вы́ше нуля́ 4. о *(чём-л., ком-л.)*; ~ etw., j-n spréchen* говори́ть о чём-л., о ком-л.

überáll везде́, повсю́ду

überanstrengen (sich) переутомля́ть(ся)

überáus чрезвыча́йно, весьма́, кра́йне

Überblick *m* -(e)s, -e 1. вид *м* (über *A* на что-л.*)*; обзо́р *м* 2. обзо́р *м*, обозре́ние *с*

überéinkommen* über *A* договори́ться о чём-л., согласова́ть что-л.

Überéinkommen *n* -s, = договорённость *ж*, соглаше́ние *с*

überéinstimmen 1. mit *j-m* in *D* быть согла́сным с кем-л. в чём-л. 2. mit *D* соотве́тствовать чему-л.

übererfüllen перевыполня́ть

überfahren* I 1. переезжа́ть (на друго́й бе́рег) 2. перевози́ть

überfáhren II перее́хать, задави́ть *(кого-л.)*

überfließen* перелива́ться (че́рез край)

Überfluß *m* ..sses изоби́лие *с*, избы́ток *м* (an *D* чего-л.*)*

überflüssig изли́шний; нену́жный

überfüllt перепо́лненный

Übergang *m* -(e)s, ..gänge *в разн. знач.* перехо́д *м*

übergében* передава́ть *(кому-л.)*

übergehen* I zu *D* переходи́ть, приступа́ть к чему-л.

übergéhen* II 1. проходить *(мимо чего-л.)* 2. обходить, обделять *(кого-л.)*

überháupt вообще́

überhéblich надме́нный, зано́счивый

überhö́ren 1. не услы́шать, прослу́шать 2. пропусти́ть ми́мо уше́й

überlássen* предоставля́ть

Überlástung *f =*, *-en* перегру́зка *ж (тж. перен.)*

überláufen* 1. перелива́ться *(через край)*; убежа́ть *(при кипении)* 2. zu *D* переходи́ть *(на сторону противника)*

überlében пережи́ть, испыта́ть

überlégen I обду́мывать, проду́мывать

überlégen II: j-m an etw. (*D*) ~ sein превосходи́ть кого́-л. в чём-л.

Überlégung *f =*, *-en* 1. *тк. sg* размышле́ние *с* 2. *pl* соображе́ния *мн*

überlísten перехитри́ть, провести́

Übermaß *n -es* избы́ток *м*, изли́шек *м* von, an *D* *чего-л.)*

übermäßig 1) *adj* чрезме́рный 2) *adv* сли́шком, чересчу́р

übermenschlich нечелове́ческий, сверхчелове́ческий

übermítteln передава́ть; пересыла́ть

übermorgen послеза́втра

Übermǘdung *f =* переутомле́ние *с*

übernáchten переночева́ть

überprǘfen 1. проверя́ть, контроли́ровать 2. пересма́тривать

überquéren пересека́ть, переходи́ть, переезжа́ть, переплыва́ть

überréden уговори́ть, убеди́ть

überréichen вручи́ть; преподнести́

überschä́tzen переоце́нивать, цени́ть сли́шком высоко́

überschréiten* превы́сить *(полномо́чия)*; нару́шить *(срок)*; преступи́ть *(закон)*

Überschrift *f =*, *-en* загла́вие *с*, заголо́вок *м*

überschüssig ли́шний, нену́жный; избы́точный

übersé́hen* 1. обозрева́ть 2. недосмотре́ть, пропусти́ть

übersétzen I 1. переправля́ть, перевози́ть *(на другой берег)* 2. переправля́ться, переезжа́ть *(на другой берег)*

übersétzen II переводи́ть *(на какой-л. язык)*; aus dem Déutschen ins Rússische ~

переводи́ть с неме́цкого языка́ на ру́сский

Übersétzer *m* -s, = перево́дчик *м*

Übersicht *f* =, -en обзо́р *м*, обозре́ние *с*

übersiedeln переселя́ться

überspríngen* I 1. перепры́гивать *(через что-л.)* **2.** пропуска́ть *(часть текста при чтении)*

überspringen* II auf *A* внеза́пно перейти́, перескочи́ть *(на другую тему и т. п.)*

überstéhen* выде́рживать *(испытания);* переноси́ть *(трудности)*

übertönen заглуша́ть

übertréffen* an, in *D* превосходи́ть *кого-л. по чему-л., в чём-л.*

übertréiben* преувели́чивать

übertríeben преувели́ченный, чрезме́рный

überwältigend подавля́ющий *(превосходящий)*

überwíegen* преоблада́ть

überwíegend 1) *adj* преоблада́ющий **2)** *adv* преиму́щественно, гла́вным о́бразом

überwínden* преодолева́ть

überzéugen (sich) убежда́ть(ся); er ist davón überzéugt он уве́рен в э́том

überzéugend убеди́тельный

üblich 1) *adj* обы́чный, общепри́нятый; so ist es ~ так при́нято **2)** *adv*: wie ~ как обы́чно

übrig 1. остально́й **2.** ли́шний

übrigbleiben* остава́ться *(о деньгах, времени и т. п.)*

übrigens ме́жду про́чим; впро́чем

Übung *f* =, -en **1.** упражне́ние *с* **2.** *тк. sg* на́вык *м*, пра́ктика *ж*

Úfer *n* -s, = бе́рег *м*

Uhr *f* =, -en часы́ *мн;* die ~ geht nach [vor] часы́ отстаю́т [спеша́т]; wíeviel ~ ist es? кото́рый час?; Punkt neun ~ ро́вно в де́вять часо́в

ukraínisch украи́нский

um 1. вокру́г *(кого-л., чего-л.);* éine Réise um die Welt путеше́ствие вокру́г све́та **2.** в *(о времени);* um díese Zeit в э́то вре́мя; um drei Uhr в три часа́ **3.** о́коло *(приблизительно);* um die húndert Mark о́коло ста ма́рок **4.** на *(при сравнении);* um zehn Mark bílliger на де́сять ма́рок деше́вле; um so bésser тем лу́чше; um so mehr тем бо́лее, пода́вно **5.**: Jahr um

Jahr год за го́дом; um kéinen Preis ни за что́

úmarbeiten перераба́тывать, переде́лывать

úmbauen перестра́ивать

úmbilden преобразо́вывать

úmfahren* объезжа́ть, огиба́ть

úmfallen* опроки́нуться, свали́ться

Úmfang m -(e)s, ..fänge объём m; обхва́т m; in vóllem ~ в по́лной ме́ре

umfássen 1. обхва́тывать, обнима́ть 2. содержа́ть в себе́, охва́тывать

umfássend обши́рный, широ́кий

Úmgang m -(e)s 1. знако́мство c, обще́ние c; mit j-m ~ pflégen подде́рживать знако́мство с кем-л. 2. обраще́ние c (с кем-л., с чем-л.)

úmgänglich общи́тельный; обходи́тельный; ужи́вчивый

umgében* окружа́ть

Umgébung f =, -en 1. окре́стности мн 2. окружа́ющая среда́

úmgehen* I 1. обраща́ться, обходи́ться (с кем-л., с чем-л.) 2. обща́ться (с кем-л.) 3. ходи́ть (о слухах)

umgéhen* II 1. обходи́ть; объезжа́ть 2. обходи́ть, избега́ть

úmgekehrt наоборо́т, напро́тив

umhér круго́м, вокру́г

úmkehren повора́чивать обра́тно sich ~ оберну́ться

Úmleitung f =, -en объе́зд m; обхо́д m

úmliegend окре́стный

umríngen окружа́ть кольцо́м, обступа́ть

Úmschlag m -(e)s, ..schläge 1. обёртка ж; обло́жка ж 2. конве́рт m 3. компре́сс m

úmschreiben* I перепи́сывать

umschréiben* II опи́сывать (словами)

úmschulen переквалифици́ровать; переобучи́ть

úmsehen*, sich 1. осма́триваться, огля́дываться 2. nach D высма́тривать, поды́скивать себе́ что-л.

Úmsicht f = осмотри́тельность ж, осторо́жность ж

Úmstand m -(e)s, ..stände 1. обстоя́тельство c 2. разг.: máchen Sie kéine Úmstände! не беспоко́йтесь!

úmständlich 1. обстоя́тельный, (сли́шком) подро́бный 2. затрудни́тельный, хлопо́тный 3. медли́тельный, церемо́нный

úmsteigen* де́лать переса́дку; in *A* переса́живаться (*на другой поезд и т. п.*)

úmstellen 1. переставля́ть 2. перестра́ивать, переводи́ть (*предприятие на выпуск новой продукции и т. п.*)

umstrítten спо́рный

úmwandeln in *A* превраща́ть *во что-л.*

Úmweg *m* -(e)s, -e обхо́д *m*, объе́зд *m;* око́льный путь; éinen ~ máchen сде́лать крюк

Úmwelt *f* = окружа́ющий мир, (окружа́ющая) среда́

Úmwelt|schutz *m* -(e)s охра́на *ж* окружа́ющей среды́ ~verschmutzung *f* = загрязне́ние *с* окружа́ющей среды́

úmwerfen* 1. опроки́дывать 2. наки́дывать (*платок и т. п.*)

umwíckeln mit *D* обёртывать, обма́тывать *что-л. чем-л.*

úmziehen* переезжа́ть (*на другую квартиру*) sich ~ переодева́ться

únabhängig незави́симый

únablässig беспреры́вный, беспреста́нный

únabsichtlich 1) *adj* непреднаме́ренный, неумы́шленный 2) *adv* неумы́шленно, неча́янно

únabwendbar неотврати́мый

únachtsam 1. невнима́тельный 2. небре́жный

únangebracht неуме́стный; изли́шний

únangenehm неприя́тный; доса́дный

únauffällig незаме́тный

únaufhörlich беспреры́вный, беспреста́нный

únaufmerksam невнима́тельный

únausführbar невыполни́мый

unausstéhlich невыноси́мый, несно́сный

únbeachtet незаме́ченный; etw. ~ lássen* оста́вить что-л. без внима́ния

únbedacht необду́манный, опроме́тчивый

únbedeutend незначи́тельный

únbedingt обяза́тельно, непреме́нно

únbefangen 1. непринуждённый 2. непредвзя́тый; объекти́вный

únbefriedigend неудовлетвори́тельный

únbefristet бессро́чный

únbegreiflich непоня́тный, непостижи́мый

únbegrenzt неограни́ченный

únbegründet необоснóванный

únbekannt неизвéстный, незнакóмый

Únbekannte, der -n, -n незнакóмец *m;* die -n, -n незнакóмка *ж*

únbekümmert беззабóтный, беспéчный

únbeliebt нелюби́мый, непопуля́рный

únbemerkt 1) *adj* незамéченный 2) *adv* незамéтно

únbestechlich неподкýпный

únbestimmt неопределённый

unbestraft безнакáзанный

unbestréitbar, únbestritten бесспóрный, неоспори́мый

únbeugsam непреклóнный, непоколеби́мый

únbewaffnet невооружённый; безорýжный

únbeweglich 1. неподви́жный 2. недви́жимый *(об имуществе)*

únbrauchbar непригóдный; etw. ~ máchen привести́ что-л. в негóдность

und 1. и; ich ~ du я и ты; zwei ~ zwei ist vier два плюс два -- четы́ре; ~ so wéiter и так далее 2. а; er ging, ~ ich blieb он ушёл, а я остáлся

úndankbar неблагодáрный

undénkbar невообрази́мый, немы́слимый

úndeutlich нея́сный

úndurchlässig непромокáемый, водонепроницáемый

úneigennützig бескоры́стный

úneingeschränkt неограни́ченный

unéndlich бесконéчный

únentbehrlich необходи́мый

únentgeltlich бесплáтный, безвозмéздный

únentschlossen нереши́тельный

únerfahren неóпытный

unerhört неслы́ханный, небывáлый

únerläßlich необходи́мый, непремéнный

únermüdlich неутоми́мый

únerschöpflich неистощи́мый, неисчерпáемый

unerschütterlich 1. непоколеби́мый, незы́блемый 2. невозмути́мый

únerträglich невыноси́мый

únerwartet неожи́данный

únerwünscht нежелáтельный

únerzogen невоспи́танный

Únfall *m* -(e)s, ..fälle несчáстный слýчай

únfreundlich неприветливый, недружелюбный

Únfug *m* -(e)s безобразие *c*, хулиганство *c*; ~ tréiben* безобразничать

úngarisch венгерский

úngastlich негостеприимный

úngeachtet 1) *präp* несмотря на; ~ der Gefáhr несмотря на опасность 2) *conj*: ~ déssen тем не менее, несмотря на это

úngebildet необразованный

Úngeduld *f* = нетерпение *c*

úngeeignet неподходящий, непригодный

úngefähr приблизительно, около

Úngeheuer *n* -s, = чудовище *c*

úngehindert беспрепятственный

úngehorsam непослушный

úngelegen 1) *adj* неудобный, неподходящий (о *времени*) 2) *adv* не вовремя, некстати

úngenau неточный

úngenügend 1. недостаточный 2. неудовлетворительный

úngerecht несправедливый

úngerechtfertigt неоправданный, необоснованный

úngern неохотно

úngeschickt неловкий; неумелый

úngewöhnlich 1. необычайный 2. необычный

úngezwungen непринуждённый

ungláublich невероятный

únglücklich несчастный

úngültig недействительный

únheilbar неизлечимый

únhöflich невежливый

Unión *f* =, -en союз *м*

Universität [-v-] *f* =, -en университет *м*

únklar неясный

únmittelbar непосредственный

únmöglich невозможный; невыполнимый

únmündig несовершеннолетний

únnachahmlich неподражаемый

únnachgiebig неуступчивый

únnachsichtig не знающий снисхождения; нетерпимый

únnatürlich 1. неестественный, наигранный 2. противоестественный

únnötig ненужный, бесполезный

únnütz 1. бесполезный, ненужный 2. тщётный

Únordnung *f* = беспорядок *m*

únpassend неподходящий; неуместный

únrecht неправильный; неподходящий; zur ~en Zeit в неподходящее время

Únrecht *n* -(e)s несправедливость *ж*

únruhig беспокойный

uns *D* нам, *A* нас; mit ~ с нами

únschlüssig нерешительный

únschuldig 1. невиновный 2. невинный

únser *m* (únsere *f*, únser *n*, únsere *pl*) наш (наша, наше, наши)

únsererseits с нашей стороны

únsicher 1. небезопасный 2. ненадёжный, сомнительный 3. неуверенный; ich bin ~ я не уверен; j-n ~ máchen смущать кого-л.

únsterblich бессмертный

únten внизу; nach ~ вниз; von ~ снизу

unter 1. *на вопрос «где?» и «куда?»* под *(чем-л.)*; подо *(что-л.)*; ~ dem Tisch под столом; ~ den Tisch под стол 2. среди *(кого-л., чего-л.)*; ~ ihnen среди них; ~ uns geságt между нами говоря; ~ ánderem между прочим 3. ниже, менее; fünf Grad ~ Null пять градусов ниже нуля 4. при *(чём-л.)*; ~ der Bedíngung, daß... при условии, что... ◊ ~ vier Áugen с глазу на глаз

unterbréchen* прерывать

únterbringen* помещать, размещать

unterdéssen между тем, тем временем

unterdrücken подавлять, угнетать

untereinánder между собой

Únterführung *f* =, -en пешеходный туннель, подземный переход

Úntergang *m* -(e)s, ..gänge 1. заход *m (солнца, луны)* 2. *тк. sg* гибель *ж*, падение *с*

Úntergrundbahn *f* =, -en метро *с*, метрополитен *m*

unterhálten* 1. поддерживать *(отношения и т. п.)* 2. содержать, иметь на иждивении 3. занимать, развлекать sich ~ 1. беседовать 2. развлекаться

únterirdisch подземный

únterordnen (sich) подчиня́ть(ся)

Únterricht *n* -(e)s 1. обуче́ние *c*, преподава́ние *c* 2. уро́ки *мн*, заня́тия *мн*

unterríchten 1. преподава́ть; j-n in Deutsch ~ обуча́ть кого́-л. неме́цкому языку́, преподава́ть кому́-л. неме́цкий язы́к 2. über *A*, von *D* осведомля́ть, информи́ровать *кого-л. о чём-л.*

Úntersatz *m* -es, ..sätze подста́вка *ж*

unterschätzen недооце́нивать

unterschéiden* 1. различа́ть, распознава́ть 2. von *D* отлича́ть *от кого-л., чего-л.* sich ~ von *D* отлича́ться *от кого-л., чего-л.* (durch *A* чем-л.)

Únterschied *m* -(e)s, -e ра́зница *ж*, разли́чие *c*

unterschréiben* подпи́сывать

Únterschrift *f* =, -en по́дпись *ж*

Úntertasse *f* =, -n блю́дце *c*

úntertauchen 1. ныря́ть 2. погружа́ть, окуна́ть

unterwégs по доро́ге, по пути́; в доро́ге, в пути́

unterwérfen* 1. подчиня́ть, покоря́ть 2. подверга́ть *(опасности и т. п.)* sich ~ подчиня́ться, покоря́ться

unterzéichnen подпи́сывать

únüberlegt необду́манный

unüberwíndlich непреодоли́мый

unumschränkt неограни́ченный

ununterbrochen непреры́вный

unverbésserlich неисправи́мый

únvergeßlich незабыва́емый

únverheiratet холосто́й; незаму́жняя

únverholen нескрыва́емый, я́вный

unvermeídlich неизбе́жный, немину́емый

únvernünftig неразу́мный, безрассу́дный

únversöhnlich непримири́мый

únverständlich непоня́тный

unverzéihlich непрости́тельный

únverzüglich неме́дленный, безотлага́тельный

únvollkommen несоверше́нный

únvorhergesehen непредви́денный

únvorsichtig неосторо́жный

Únwetter *n* -s непого́да *ж*, бу́ря *ж*

únwichtig нева́жный, несуще́ственный

unwiderlégbar неопровержи́мый

únwohl: mir ist ~ мне нездоро́вится

Únwohlsein *n* -s недомога́ние *с*

únwürdig недосто́йный

Únzahl *f* = несме́тное коли́чество

unzählig бесчи́сленный, несме́тный

únzerbrechlich небью́щийся

únzufrieden недово́льный

únzulässig недопусти́мый

únzureichend недоста́точный

üppig роско́шный; пы́шный

Úraufführung *f* =, -en премье́ра *ж*

Úrgroßmutter *f* =, ..mütter праба́бка *ж*, праба́бушка *ж*

Úrgroßvater *m* -s, ..väter пра́дед *м*, праде́душка *м*

Úrheber *m* -s, = 1. инициа́тор *м*; зачи́нщик *м*; вино́вник *м* 2. *юр.* а́втор *м*

Úrkunde *f* =, -n докуме́нт *м*; свиде́тельство *с*

Úrlaub *m* -(e)s, -e о́тпуск *м*

Úrsache *f* =, -n причи́на *ж* ◊ kéine ~! не́ за что!

úrsprünglich первонача́льный

Úrteil *n* -(e)s, -e 1.: мне́ние *с*, сужде́ние *с* 2. *юр.* пригово́р *м*

úrteilen über A суди́ть, отзыва́ться *о чём-л.*

Váse [v-] *f* =, -n ва́за *ж*

Váter *m* -s, Väter оте́ц *м*

Váterland *n* -(e)s, ..länder оте́чество *с*, ро́дина *ж*

väterlich отцо́вский; оте́ческий

Váti *m* -s, -s *разг.* па́па *м*, па́почка *м*

Ventíl [v-] *n* -s, -e кла́пан *м*; ве́нтиль *м*

verábreden, sich догова́риваться (*о встрече и т. п.*)

verábschieden, sich von *j-m* проща́ться *с кем-л.*

veráchten презира́ть

verändern (sich) изменя́ть(ся)

Veränderung *f* =, -en измене́ние *с*, переме́на *ж*

Veránlagung *f* =, -en 1. зада́тки *мн*; спосо́бности *мн* 2. предрасполо́женность *ж*

veránlassen 1. побужда́ть, дава́ть по́вод 2. распоряжа́ться

veránstalten устра́ивать, организо́вывать

verántwortlich отве́тственный

Verántwortung *f* = отве́тственность *ж*

verárbeiten перераба́тывать; обраба́тывать

veráusgaben израсхо́довать, издержа́ть sich ~ издержаться, потра́титься *(о ком-л.)*

verbérgen* vor *j-m* пря́тать; скрыва́ть, ута́ивать *от кого-л.* sich ~ пря́таться, скрыва́ться *от кого-л.*

verbéssern улучша́ть, соверше́нствовать sich ~ улучша́ться

verbíeten* запреща́ть

verbílligen снижа́ть це́ну

verbínden* 1. свя́зывать, соединя́ть 2. перевя́зывать *(рану)*

Verbíndung *f* =, -en связь *ж*, сообще́ние *с*; die ~ áufnehmen* установи́ть связь [конта́кт]

verblühen отцвета́ть

verbórgen I дава́ть взаймы́

verbórgen II скры́тый; та́йный

Verbót *n* -(e)s, -e запре́т *м*, запреще́ние *с*

verbráuchen потребля́ть, расхо́довать

Verbréchen *n* -s, = преступле́ние *с*

Verbrécher *m* -s, = престу́пник *м*

verbréiten (sich) распространя́ть(ся)

verbréitern расширя́ть

verbríngen* проводи́ть *(время)*

Verbündete, der -n, -n сою́зник *м*

Verdácht *m* -(e)s подозре́ние *с*

verdächtig подозри́тельный

verdáuen перева́ривать, усва́ивать *(пищу)*

verdérben* 1. по́ртить 2. по́ртиться

verdíenen 1. зараба́тывать *(деньги)* 2. заслу́живать, быть досто́йным чего́-л.

Verdíenst I *m* -es, -e за́работок *м*

Verdíenst II *n* -es, -e заслуга *ж*

verdóppeln удваивать

verdórben испорченный

verdrängen вытеснять, оттеснять

verdríeßen* раздражать (*кого-л.*)

veréhren почитать; уважать

Veréhrer *m* -s, = почитатель *м*, поклонник *м*

veréinbaren договориться, условиться (*о чём-л.*)

veréinigen (sich) объединять(ся)

Veréinigung *f* =, -en объединение *с*, союз *м*

Verfáhren *n* -s, =1. способ *м*, метод *м;* технология *ж* 2. *юр.* процесс *м*, дело *с*

Verfáll *m* -(e)s упадок *м*, падение *с*; (постепенное) разрушение

verfállen* разрушаться, приходить в упадок

Verfásser *m* -s, = составитель *м*, автор *м*

Verfássung I *f* =, -en конституция *ж* (*основной закон*)

Verfássung II *f* = состояние *с*; настроение *с*

verfügen über *A* 1. располагать *чем-л.*, иметь *что-л.* 2. распоряжаться *чем-л.*

Verfügung *f* =, -en распоряжение *с*; j-m zur ~ stéhen* быть в чьём-л. распоряжении

Vergángenheit *f* =, -en 1. *тк. sg* прошлое *с* 2. *грам.* прошедшее время

vergänglich преходящий

vergébens напрасно, тщетно

vergéblich напрасный, тщетный

vergéhen* 1. проходить, протекать (*о времени*) 2. проходить, пропадать (*о боли, аппетите и т. п.*)

Vergéhen *n* -s, = проступок *м*

vergélten* отплатить (*кому-л. за что-л.*)

Vergéltung *f* = расплата *ж*, возмездие *с*

vergéssen* забывать

vergéßlich забывчивый

vergewíssern, sich *G* убеждаться, удостоверяться *в чём-л.*

vergíeßen* проливать

Vergléich -(e)s, -e сравнение *с*

vergléichen* сравнивать; сверять, сопоставлять

Vergnügen *n* -s, = удовольствие *с*

vergöttern боготворить

vergríffen: das Buch ist ~ кни́га распро́дана

vergrößern (sich) увели́чивать(ся)

verhálten*, sich 1. держа́ться, вести́ себя́ *(как-л.)* 2. обстоя́ть; die Sáche verhält sich so де́ло обстои́т так 3. zu *D* относи́ться *к кому-л., чему-л. как-л.*

Verhálten *n* -s 1. поведе́ние *с* 2. gegenüber *D* отноше́ние *с к кому-л., чему-л.*

Verhándlung *f* =, -en 1. *pl* перегово́ры *мн* 2. *юр.* суде́бное заседа́ние

verháßt ненави́стный

verhéeren опустоша́ть

verhéimlichen *j-m* ута́ивать, скрыва́ть *что-л. от кого-л.*

verhéiratet жена́тый (vom Mann); заму́жняя (von der Frau)

verhíndern 1. предотвраща́ть *(что-л.)* 2. *j-n* помеша́ть *кому-л. что-л. сделать*

verhüten предотвраща́ть; предупрежда́ть *(заболева́ние и т. п.)*

verírren, sich заблуди́ться

Verkáuf *m* -s, ..käufe прода́жа *ж*, сбыт *м*

verkáufen продава́ть

Verkäufer *m* -s, = продаве́ц *м,* **-in** *f* =, -nen продавщи́ца *ж*

Verkéhr *m* -(e)s 1. у́личное движе́ние 2. сообще́ние *с (железнодорожное, автобусное и т. п.)* 3. обще́ние *с,* знако́мство *с*

verkéhren I 1. ходи́ть, курси́ровать, соверша́ть ре́йсы 2. mit *j-m* обща́ться, подде́рживать знако́мство *с кем-л.;* быва́ть *у кого-л.*

verkéhren II извраща́ть, искажа́ть

verkéhrt 1. наоборо́т; непра́вильно 2. наизна́нку

verkléinern (при)уменьша́ть

verkómmen* 1. приходи́ть в упа́док 2. опусти́ться *(о человеке)*

verkörpern воплоща́ть, олицетворя́ть

verkürzen укора́чивать, сокраща́ть

Verlág *m* -(e)s, -e изда́тельство *с*

verlángen nach *D* тре́бовать *чего-л.*

verlängern 1. удлиня́ть 2. продлева́ть; éine Frist ~ продли́ть срок

verlássen* I 1. уходи́ть, уезжа́ть *(откуда-л.)* 2. оставля́ть, покида́ть *(кого-л.,*

что-л.) sich ~ auf A полага́ться на кого́-л., что́-л.

verlássen II поки́нутый, одино́кий

verläßlich надёжный

Verláuf *m* -(e)s тече́ние *с*, ход *м* (*собы́тий*); im ~ der Varhándlungen в хо́де перегово́ров

verláufen* проходи́ть, протека́ть

verlégen I 1. засу́нуть (*куда́-л.*), затеря́ть 2. откла́дывать, переноси́ть (*собра́ние и т. п.*) 3. переводи́ть (*в друго́е ме́сто*)

verlégen II смущённый

Verlégenheit *f* = 1. смуще́ние *с* 2. нело́вкое [затрудни́тельное] положе́ние

verléihen* 1. дава́ть напрока́т 2. награжда́ть (*чем-л., кого́-л.*); присва́ивать (*что-л. кому́-л.*); j-m éinen Órden ~ награжда́ть кого́-л. о́рденом

verlérnen разучи́ться (*де́лать что-л.*)

Verlétzung *f* =, -en 1. ране́ние *с*, ра́на *ж*; поврежде́ние *с*, уши́б *м* 2. наруше́ние *с* (*зако́на и т. п.*); éine ~ der Verkéhrsregeln наруше́ние *с* пра́вил у́личного движе́ния 3. оскорбле́ние *с*

verléumden оклевета́ть

verlíeben, sich влюбля́ться

verlíeren* 1. теря́ть 2. прои́грывать

verlóben, sich обручи́ться (*с кем-л.*)

Verlóbte, der -n, -n жени́х *м*, **die** -n, -n неве́ста *ж* (*до сва́дьбы*)

verméhren увели́чивать, умножа́ть sich ~ *биол.* размножа́ться

verméiden* избега́ть (*чего́-л.*); предотвраща́ть (*что-л.*)

Vermérk *m* -(e)s, -e заме́тка *ж*, отме́тка *ж*

vermíndern уменьша́ть, сокраща́ть

Vermíttler *m* -s, = посре́дник *м*

Vermíttlung *f* =, -en 1. посре́дничество *с* 2. (телефо́нный) коммута́тор *м*

Vermögen I *n* -s состоя́ние *с*, иму́щество *с*

Vermögen II *n* -s спосо́бность *ж*, возмо́жности *мн*, си́лы *мн*

vermögend состоя́тельный, зажи́точный

vermúten предполага́ть; дога́дываться

vermútlich 1) *adj* предположи́тельный 2) *adv* вероя́тно, наве́рное

vernáchlässigen пренебрегать *(чем-л.)*; запустить, забросить *(работу, учёбу и т. п.)*; ein Kind ~ не заботиться о ребёнке

vernéinen отрицать

Vernúnft *f* = разум *m*

vernünftig (благо)разумный, здравомыслящий; рассудительный; ~ wérden образумиться

veröffentlichen опубликовать

verpflíchten, sich обязаться

Verpflíchtung *f* =, -en обязательство *с*

Verrát *m* -(e)s измена *ж*, предательство *с*

verráten* 1. изменять *(кому-л., чему-л.)*, предавать *(кого-л., что-л.)* 2. разглашать *(тайну)*

verréchnen, sich ошибиться в расчёте, просчитаться *(тж. перен.)*

verréisen уезжать

verríngern уменьшать, сокращать

verrückt *разг.* сумасшедший

verságen 1. *j-m* отказывать в чём-л. кому-л. 2. переставать действовать; заглохнуть *(о моторе)*; отказать *(о тормозе)*; séine Kräfte verságten ihm силы оставили его

verscháffen достать, раздобыть *(что-л.)*

verschénken дарить, раздаривать

verschíeben* 1. переносить, откладывать *(срок)* 2. передвигать на другое место

verschíeden разный, различный

verschláfen* I проспать

verschláfen II заспанный

verschléchtern (sich) ухудшать(ся)

verschlóssen замкнутый

verschlúcken проглатывать sich ~ an *D* подавиться чем-л.

Verschlúß *m* ..sses, ..schlüsse 1. запор *м*, замок *м* 2. крышка *ж (банки)* 3. застёжка *ж (бус и т. п.)*

verséhen* mit *D* снабжать чем-л.; оснащать чем-л. sich ~ допустить ошибку, ошибиться

Verséhen *n* -s, = ошибка *ж*, недосмотр *м;* aus ~ по ошибке, по недосмотру

versétzen 1. переставлять, перемещать 2. переводить *(служащего, ученика куда-л.)* 3. приводить *(в какое-л. состояние)* 4.: éinen Schlag ~ нанести удар

verséuchen заражать *(мес-*

тность); отравлять (*воздух, воду*)

Versícherung *f* =, -en 1. уверение *с* 2. страхование *с*

versíegeln запечатывать

versöhnen (sich) помириться(ся)

versórgen mit *D* снабжать, обеспечивать *чем-л.* sich ~ запасаться чем-л.

Versórgung *f* =, -en снабжение *с*, обеспечение *с*

verspäten, sich опаздывать

Verspätung *f* =, -en опоздание *с*

verspíelen проигрывать

verspótten насмехаться (*над кем-л.*); высмеивать (*что-л.*)

verspréhen* *j-m* обещать кому-л. что-л. sich ~ оговориться

Verspréchen *n* -s, = обещание *с*

Verstánd *m* -(e)s разум *м*, рассудок *м*

verständig разумный, рассудительный

verständlich понятный

verstärken (sich) усиливать(ся), укреплять(ся)

verstéhen* 1. понимать; ~ Sie mich? понимаете ли вы меня? 2. уметь; er verstéht zu réden он умеет говорить, у него хорошо подвешен язык

verstímmen расстроить, огорчить

verstóhlen украдкой, тайком

verstópfen затыкать, закупоривать

Verstóß *m* -es, ..stöße gégen *A* нарушение *с* (*чего-л.*)

Versúch *m* -(e)s, -e 1. попытка *ж* 2. опыт *м*, эксперимент *м*

versúchen пробовать, пытаться

vertágen откладывать, отсрочивать

vertéidigen (sich) защищать(ся)

vertéilen распределять, раздавать

vertíefen углублять

Vertrág *m* -(e)s, ..träge договор *м*, контракт *м*

vertrágen* переносить, выносить, терпеть sich ~ уживаться, ладить

vertráuen доверять

Vertráuen *n* -s доверие *с*

vertráut 1. близкий, хорошо знакомый 2. интимный 3.: mit etw. (*D*) ~ sein быть знакомым с чем-л., разбираться в чём-л.

vertréten* 1. замещать (*кого-л.*) 2. представлять

(страну, фирму и т. п.); séine Ánsicht ~ защищáть своё мнéние

verúrsachen 1. причинять, доставлять 2. вызывáть, послужить причиной; Streit ~ вызвать спор

verúrteilen 1. осуждáть, порицáть 2. *юр.* осудить

vervíelfältigen размножáть *(текст на ксероксе и т. п.)*

vervóllkommnen (у)совершéнствовать

verwálten управлять, заведовать *(чем-л.)*

verwándeln (sich) in A превращáть(ся) *во что-л.*

verwándt 1. рóдственный; похóжий 2.: wir sind miteinánder ~ мы рóдственники

Verwándte, der -n, -n рóдственник *м*; die -n, -n рóдственница *ж*

Verwárnung *f* =, -en предупреждéние *с*

verwéigern откáзываться *(сделать что-л.);* откáзывать *(в чём-л.);* j-m éine Éinreise ~ не разрешáть комý-л. въезд

verwéilen пребывáть, пробыть *(где-л. какое-л. время)*

Verwéis *m* -es, -e 1. замечáние *с*, выговор *м* 2. ссылка *ж (на что-л.)*

verwénden* употреблять, применять

Verwéndung *f* =, -en употреблéние *с*, применéние *с*

verwöhnen баловáть

verwúnden рáнить *(тж. перен.)*

verwúndet рáненый

verwüsten опустошáть, разорять

verzählen, sich обсчитáться, ошибиться при счёте

Verzéichnis *n* -ses, -se список *м*; перечень *м*; указáтель *м*

verzéihen* j-m прощáть *что-л. кому-л.;* ~ Sie! простите!, извините!

Verzéihung *f* = прощéние *с*; ~! простите!, извините!

verzérren искажáть

verzíchten auf A откáзываться *от чего-л.*

Verzíerung *f* =, -en украшéние *с*, отдéлка *ж*

verzögern замедлять **sich** ~ замедляться, затягиваться

verzóllen платить пошлину

verzwéifeln отчáиваться; verzwéifelt sein быть в отчáянии

viel 1) *pron* мнóгие, мнóго, мнóгое; ~e Ménschen мнóгие люди; in ~en Fällen во многих случаях; das kostet ~ Zeit это требует много времени ◊ ~en Dank! большое спасибо!; ~ Glück! желаю удачи! 2) *adv* 1. много; er árbeitet ~ он много работает 2. намного, гораздо; ~ bésser намного лучше; ~ zu gut слишком хорошо

víelfach 1) *adj* многократный 2) *adv* неоднократно, много раз, часто

víelfältig многообразный, разнообразный

vielléicht может быть, пожалуй

víelseitig многосторонний, разносторонний, разнообразный

vier четыре; *см.* acht

Víereck *n* -s, -e четырёхугольник *м*

vierhúndert четыреста

víerte четвёртый

Víertel *n* -s, = 1. четверть *ж*, четвёртая часть; es ist ~ nach eins (время) четверть второго 2. квартал *м*, район *м* (*города*)

Víertel|jahr *n* -(e)s, -e квартал *м* (*года*) ~stunde *f* =, -n четверть *ж* часа

víerzehn четырнадцать

víerzehnte четырнадцатый

víerzig сорок

violétt [v-] фиолетовый

Violíne *f* [v-] =, -n скрипка *ж*

Vitamín [v-] *n* -s, -e витамин *м*

Vógel *m* -s, Vögel птица *ж*

Volk *n* -(e)s, Völker народ *м*; нация *ж*; народность *ж*; население *с* (*страны*)

vólkstümlich 1. народный 2. популярный

voll 1) *adj* 1. полный, наполненный 2. полный, целый; ein ~er Mónat целый месяц 2) *adv* полностью

vollénden завершать, заканчивать

Vóll|macht *f* = 1. полномочие *с* 2. доверенность *ж* ~mond *m* -(e)s полнолуние *с*

vóll|wertig полноценный ~zählig полностью; в полном составе

vollzíehen* 1. совершать, осуществлять 2. *юр.* приводить в исполнение (*приговор*) sich ~ происходить, совершаться

vom = von dem

von 1. *в пространственном значении* из, от, с; der Zug kommt ~ Berlin поезд идёт из Берлина; rechts vom Fénster справа от окна; ~ Nórden с севера; ~ áußen снаружи; ~ rechts справа 2.

во временно́м значении с, от; ~ Móntag bis Fréitag с понеде́льника до пя́тницы; ~ früh bis spät с утра́ до ве́чера; ein Brief vom 2 Ápril письмо́ от второ́го апре́ля 3. *ука́зывает на исто́чник, происхожде́ние чего́-л.* от; ein Brief ~ méinem Freund письмо́ от моего́ дру́га; ~ der Árbeit müde sein уста́ть от рабо́ты; was wóllen Sie ~ mir? что вам от меня́ ну́жно?

vor 1. *на вопрос «куда́?» и «где?» (в простра́нственном значе́нии)* пе́ред; man stéllte den Stuhl ~ das Fénster стул поста́вили пе́ред окно́м; der Stuhl steht ~ dem Fénster стул стои́т пе́ред окно́м; ~ mir передо мно́й **2.** *во временно́м значе́нии* пе́ред; до; ~ dem Sónnenaufgang пе́ред восхо́дом [до восхо́да] со́лнца; ~ dem Krieg до войны́; ~ víerzehn Tágen две неде́ли тому́ наза́д; fünf Minúten ~ acht без пяти́ (мину́т) во́семь; ~ kúrzem неда́вно **3.** *ука́зывает на причи́ну* от; ~ Fréude wéinen пла́кать от ра́дости; ~ Angst zíttern дрожа́ть от стра́ха ◊ ~ állem пре́жде всего́

Vórabend *m*: am ~ накану́не

vorán 1. впереди́ **2.** вперёд

voránkommen* продвига́ться, дви́гаться вперёд

voráus впереди́; ра́ньше; im ~ зара́нее

vorbéi ми́мо; an j-m, etw. ~ ми́мо кого́-л., чего́-л.; die Zéiten sind ~ прошли́ те времена́; es ist ~! ко́нчено!

vorbéifahren* an *D* проезжа́ть ми́мо *кого́-л., чего́-л.*

vórbereiten гото́вить, подгота́вливать sich ~ auf *A* гото́виться к *чему́-л.*

Vórbereitung *f* =, -en приготовле́ние *с*, подгото́вка *ж*

Vórbild *n* -(e)s, -er приме́р *м*, образе́ц *м*

vórbildlich образцо́вый, приме́рный

Vórbildung *f* = подгото́вка *ж*, предвари́тельное обуче́ние

Vórfall *m* -(e)s, ..fälle слу́чай *м*, инциде́нт *м*

vórfristig досро́чный

Vórfrühling *m* -s ра́нняя весна́, нача́ло *с* весны́

vórführen демонстри́ровать, пока́зывать

Vórgang *m* -(e)s, ..gänge **1.** собы́тие *с* **2.** ход *м* собы́тий, проце́сс *м*

vórgehen* **1.** идти́ вперёд **2.** поступа́ть, де́йствовать *(как-л.)* **3.** происходи́ть; was

geht hier vor? что здесь происхо́дит? 4.: die Uhr geht vor часы́ спеша́т

vórgestern позавчера́

vórhaben* намерева́ться, собира́ться *(заня́ться чем-л.)*; was háben Sie héute Ábend vor? что вы де́лаете сего́дня ве́чером?

Vórhalle *f* =, -n вестибю́ль *м*

vorhánden име́ющийся (налицо́), нали́чный; ~ sein име́ться

Vórhang *m* -(e)s, ..hänge 1. *театр.* за́навес *м* 2. занаве́ска *ж*, што́ра *ж*

vorhér зара́нее; lange ~ задо́лго до э́того

vórig пре́жний, про́шлый; in der ~en Wóche на про́шлой неде́ле

vórkommen* 1. происходи́ть, случа́ться 2. каза́ться; das kommt mir bekánnt vor э́то мне ка́жется знако́мым

vórläufig 1) *adj* предвари́тельный; вре́менный 2) *adv* пока́ (что)

vórlesen* чита́ть вслух

Vórlesung *f* =, -en ле́кция *ж*; éine ~ hálten* чита́ть ле́кцию

vórletzte предпосле́дний

Vórmittag *m* -(e)s, -e пе́рвая полови́на дня; héute ~ сего́дня у́тром; am ~ в пе́рвой полови́не дня

vorn впереди́, спе́реди; von ~ а) спе́реди б) снача́ла; nach ~ вперёд

Vórname *m* -ns, -n и́мя *с*

vórnehmen*: sich (*D*) etw. ~ наме́тить себе́ сде́лать что-л.

vórnherein: von ~ с са́мого нача́ла

vórrangig 1) *adj* первостепе́нный, первоочередно́й 2) *adv* в пе́рвую о́чередь

Vórrat *m* -(e)s, ..räte запа́с *м*

Vórrichtung *f* =, -en приспособле́ние *с*, устро́йство *с*

vórsagen подска́зывать

Vórsatz *m* -es, ..sätze твёрдое наме́рение

vórschlagen* предлага́ть

Vórschrift *f* =, -en предписа́ние *с*; инстру́кция *ж*

vórsehen* предусма́тривать sich ~ быть осторо́жным, бере́чься; sich dich vor, daß du nicht hínfällst смотри́, не упади́

Vórsicht *f* = осторо́жность *ж*; ~! осторо́жно!

vórsichtig осторо́жный

Vórsitzende, der -n, -n председа́тель *м*

Vórstadt *f* =, ..städte при́город *м*, предме́стье *с*

Vórstand *m* -(e)s, ..stände 1. правле́ние *с* 2. председа́тель *м*

vórstellen 1. представля́ть *(кого-л. кому-л.)* 2.: sich (*D*) etw.~предста́вить себе́, вообрази́ть себе́ что-л. sich ~ предста́виться, назва́ть себя́ *(кому-л.)*

Vórstellung *f* =, -en 1. представле́ние *с*, поня́тие *с*; éine ríchtige ~ von j-m, etw. háben име́ть пра́вильное представле́ние о ком-л., о чём-л. 2. представле́ние *с*, спекта́кль *м;* сеа́нс *м (в кино)*

vórteilhaft вы́годный

Vórtrag *m* -(e)s, ..träge ле́кция *ж;* докла́д *м*

vórtragen* 1. исполня́ть, деклами́ровать 2. де́лать докла́д 3. излага́ть, выска́зывать *(мнение, жалобу и т. п.)*

vórtrefflich отли́чный, превосхо́дный

vorüber ми́мо; an j-m, etw. ~ ми́мо кого́-л., чего́-л.; der Sómmer ist ~ ле́то прошло́ [минова́ло]

Vórwahlnummer *f* =, -n (телефо́нный) код *(какого-л. города)*

Vórwand *m* -(e)s, ..wände предло́г *м;* отгово́рка *ж*

vórwärts вперёд

vórweisen* предъявля́ть *(документ)*

vórwiegend 1) *adj* преоблада́ющий 2) *adv* преиму́щественно

Vórwort *n* -(e)s, -e предисло́вие *с*

Vórwurf *m* -(e)s, ..würfe упрёк *м*

vórziehen* 1. задёргивать *(занавеску)* 2. предпочита́ть

Vórzimmer *n* -s, = приёмная *ж*

vórzüglich превосхо́дный

Vulkán [v-] *m* -s, -e вулка́н *м*

Wáage *f* =, -n весы́ *мн*

wáag(e)recht горизонта́льный

wáchen 1. не спать, бо́дрствовать 2. über *A* наблюда́ть *за кем-л., чем-л.*

wáchs|en* 1. расти́; произраста́ть 2. расти́, возраста́ть

Wächter *m* -s, = ночно́й сто́рож

wáckeln шата́ться, кача́ться

Wáffe *f* =, -n ору́жие *с*

Wáffel *f* =, -n вáфля *ж*

wáffenlos безорýжный

wágen осмéливаться, решáться

Wágen *m* -s, = 1. телéга *ж*, повóзка *ж* 2. (авто)машúна *ж* 3. ж.-д. вагóн *м*

Waggon [-´gɔŋ] *m* -s, -s (товáрный) вагóн *м*

Wahl *f* =, -en 1. *тк. sg* вы́бор *м*; nach ~ по вы́бору 2. вы́боры *мн* 3. сорт *м;* érste ~ пéрвый [вы́сший] сорт

wählen 1. выбирáть 2. избирáть *(кого-л.)*, голосовáть *(за кого-л.)* 3. набирáть *(номер телефона)*

Wähler *m* -s, = избирáтель *м*

wahr úстинный, настоя́щий, вéрный, правдúвый; das ist ~ э́то прáвда; nicht ~? не прáвда ли?

während 1) *präp* во врéмя, в течéние ~ éines Jáhres в течéние гóда; ~ des Kríeges во врéмя войны́ 2) *conj* в то врéмя как, покá

wáhrhaftig действúтельно, в сáмом дéле

Wáhrheit *f* = прáвда *ж*, úстина *ж*

wáhrheitsgemäß, wáhrheitsgetreu правдúвый, достовéрный

wahrschéinlich 1) *adj* вероя́тный 2) *adv* вероя́тно, возмóжно, должнó быть

Wald *m* -(e)s, Wälder лес *м*

Wall *m* -(e)s, Wälle вал *м*, нáсыпь *ж*

Wálnuß *f* =, ..nüsse грéцкий орéх *(плод)*

Wálzer *m* -s, = вальс *м*

Wand *f* =, Wände стенá *ж*

Wándel *m* -s перемéна *ж*, изменéние *с*

wándern 1. путешéствовать (пешкóм), ходúть в похóд 2. гуля́ть, бродúть

Wánderung *f* = -en пешехóдная экскýрсия; турúстский похóд; прогýлка *ж*

Wándleuchte *f* =, -n настéнный светúльник, бра

Wándlung *f* = -en перемéна *ж*; превращéние *с*; преобразовáние *с*

Wánge *f* =, -n щекá *ж*

wann когдá; seit ~? с какúх пор?; bis ~? до какúх пор?

Wánne *f* =, -n вáнна *ж*

Wáre *f* =, -n товáр *м*

warm 1. тёплый *(тж. перен.)* 2. горя́чий *(о еде, напитках)*

Wärme *f* = 1. теплó *с* 2. *перен.* теплотá *ж*

wärmen (sich) грéть(ся)

Wärmflasche *f* =, -n грéлка *ж*

wárnen vor *D* предостерегáть *от чего-л.*, предупреждáть *о чём-л.*

wárten ждать

Wärter *m* -s, = 1. смотрúтель *m (в музее)*; служúтель *m (в зоопарке)*; сторож *m (в парке)* 2. санитáр *m*

Warte|saal *m* -(e)s, ..säle зал *m* ожидáния **~zimmer** *n* -s, = приёмная *ж*

warúm почемý, зачéм

was 1. что; ~ ist das? что это?; ~ ist los? что случúлось?; ~ kóstet es? скóлько это стóит?; ~ méinen Sie damít? что вы имéете в виду?; ~ für ein ...? что за...? 2. *разг.* что-нибудь, что-то; ~ Néues что-то нóвое

Wäsche *f* = 1. бельё *с (постельное, нательное)* 2. стúрка *ж*

wáschen* 1. мыть, умывáть 2. стирáть *(бельё)* **sich** ~ мыться; умывáться

Wäscheréi *f* =, -en прáчечная *ж*

Wásser *n* -s водá *ж*

Wásserball *m* -(e)s *спорт.* вóдное пóло

wásserdicht водонепроницáемый; непромокáемый

Wásser|fall *m* -(e)s, ..fälle водопáд *м* **~farbe** *f* =, -n акварéльная крáска **~hahn** *m* -(e)s, ..hähne водопровóдный кран **~kraftwerk** *n* -(e)s, -е гидроэлектростáнция *ж*, ГЭС **~leitung** *f* =, -en водопровóд *м* **~melone** *f* =, -n арбýз *м* **~skier** [-ʃiːər] *pl* вóдные лы́жи **~spiegel** *m* -s, = 1. повéрхность *ж* воды 2. ýровень *м* воды́ **~sport** *m* -(e)s вóдный спорт. **~stoff** *m* -(e)s *хим.* водорóд *м*

Wéchsel I *m* -s, = 1. перемéна *ж*, изменéние *с* 2. размéн *м (денег)* 3. смéна *ж*, чередовáние *с*

Wéchsel II *m* -s, = *ком.* вéксель *м*

wéchseln 1. менять, сменúть 2.: Geld ~ разменять дéньги; Bríefe ~ перепúсываться

wécken будúть, разбудúть

Wécker *m* -s, = будúльник *м*

wéder: ~... noch... ни..., ни...

weg 1. *разг.*: ~ damít! уберú(те) это (прочь)!; geh ~! пошёл вон!, убирáйся! 2.: er ist ~ егó нет, он ушёл [уéхал]; die Brílle ist ~ очкú пропáли [исчéзли]

Weg *m* -(e)s, -е дорóга *ж*; путь *м (тж. перен.)*; auf dem ~(е) nach (*D*) по дорóге кудá-л.; auf hálbem ~(е) на полпутú; sich auf den ~ máchen отпрáвиться в путь [в дорóгу]; auf fríedlichem

-(e) ми́рным путём; j-m im ~e stéhen* стоя́ть на чьём-л. пути́

wégbringen* уноси́ть; увози́ть

wégen из-за; ра́ди; ~ schléchten Wétters из-за плохо́й пого́ды; únserer Fréundschaft ~ ра́ди на́шей дру́жбы

weg|fahren* уезжа́ть ~fallen* отменя́ться, отпада́ть (о необходимости и т. п.) ~geben* отдава́ть ~gehen* уходи́ть ~nehmen*1. убира́ть (откуда-л.) 2. j-m отнима́ть, отбира́ть у кого-л. ~schaffen 1. убира́ть; уноси́ть; увози́ть 2. устраня́ть

Wégweiser m -s, = 1. путеводи́тель м 2. доро́жный указа́тель

wégwerfen* выбра́сывать

weh: ~ tun* причиня́ть боль; mir tut der Kopf ~ у меня́ боли́т голова́

wéhen 1. дуть (о ветре) 2. развева́ться

wéiblich 1. же́нский 2. же́нственный

weich мя́гкий

wéichen* 1. отходи́ть; отступа́ть; уступа́ть; zur Séite ~ посторони́ться 2. размя́чивать (сухари и т. п.) 3. зама́чивать (бельё)

wéichgekocht: ein ~es Ei яйцо́ всмя́тку

wéigern, sich zu + inf отка́зываться (делать что-л.)

Wéihnachten n = u -s,

Wéihnachten pl Рождество́ с, рожде́ственские пра́здники; zu ~ на Рождество́

wéihnachtlich рожде́ственский

Wéihnachts|abend m -(e)s, -e соче́льник м, кану́н м Рождества́ ~baum m -(e)s, ..bäume рожде́ственская ёлка ~geschenk n -(e)s, -e рожде́ственский пода́рок ~mann m -(e)s, ..männer Са́нта-Кла́ус м, Дед Моро́з м

weil потому́ что, так как

Wéile f: éine ~ не́которое вре́мя

Wein m -(e)s, -e 1. вино́ с 2. тк. sg виногра́д м

wéinen пла́кать

wéise му́дрый

Wéise I, der -n, -n мудре́ц м

Wéise II f = спо́соб м; auf wélche ~? каки́м о́бразом?; auf kéine ~ никои́м о́бразом

Wéise III f =, -n напе́в м, мело́дия ж

wéisen* ука́зывать, пока́зывать

weiß 1. бе́лый 2. седо́й

Wéißbrot n -(e)s, -e бе́лый хлеб

weit 1) adj 1. далёкий, да́льний 2. просто́рный,

широ́кий; das ~e Meer широ́кое мо́ре; ein ~es Kleid широ́кое [просто́рное] пла́тье 2) *adv* 1. далеко́; ~ von hier далеко́ отсю́да 2. широко́; ~ óffen широко́ [на́стежь] откры́тый

wéiter 1) *adj* дальне́йший; óhne ~es неме́дленно, без разгово́ров 2) *adv* да́лее; да́льше; und so ~ и так да́лее

wéitgehend 1. далеко́ иду́щий (*о планах и т. п.*) 2. широ́кий (*о правах, полномо́чиях*)

wéitsichtig 1. *мед.* дальнозо́ркий 2. дальнови́дный, проница́тельный

wéitverbreitet широко́ распространённый

welch (**wélcher** *m*, **wélche** *f*, **wélches** *n*, **wélche** *pl*) како́й, кака́я, како́е, каки́е; кото́рый, кото́рая, кото́рое, кото́рые; an ~em Tag? в како́й день?

Wélle *f* =, -n волна́ *ж* (*тж. перен.*)

Welt *f* = мир *м*, свет *м*; вселе́нная *ж*, земно́й шар

wéltbekannt всеми́рно изве́стный

wéltfremd ото́рванный [далёкий] от жи́зни; не от ми́ра сего́

Wéltraum|fahrer *m* -s, = космона́вт *м* ~flug *m* -(e)s, ..flüge косми́ческий полёт ~schiff *n* -(e)s, -e косми́ческий кора́бль

Wéltruf *m* -(e)s всеми́рная изве́стность

wéltweit всео́бщий; мирово́й

wem кому́

wen кого́

Wénde *f* =, -n поворо́т *м*, переме́на *ж*

wénden 1. повора́чивать; перевора́чивать 2. повора́чивать (обра́тно) sich ~ 1. повора́чиваться; обора́чиваться 2. обраща́ться; sich mit éiner Bitte an j-n ~ обрати́ться к кому́-л. с про́сьбой

Wéndung *f* =, -en 1. поворо́т *м*, разворо́т *м* 2. переме́на *ж*, измене́ние *с*; оборо́т *м* (*де́ла*)

wénig ма́ло, немно́го; ein ~ немно́го; zu ~ сли́шком ма́ло; am ~sten ме́ньше всего́

wénigstens по кра́йней ме́ре

wenn 1. е́сли 2. когда́; mórgen, ~ ich ihn séhe, spréche ich mit ihm за́втра, когда́ я его́ уви́жу, я поговорю́ с ним 3.: ~ auch [schon] хоть [хотя́] и

wer (*G* wéssen, *D* wem, *A* wen) кто; ~ ist es? кто э́то (тако́й)?

wérden* 1. станови́ться, де́латься (*кем-л., чем-л., ка-*

ким-л.); Arzt ~ стать врачо́м; es wird kalt стано́вится хо́лодно; die Táge ~ länger дни стано́вятся длинне́е 2. *вспомогательный глагол — не переводится:* ich wérde schréiben я напишу́

wérfen* 1. броса́ть, кида́ть; *спорт.* мета́ть 2. рожа́ть *(о животных)* sich ~ auf *A* броса́ться, кида́ться *на кого-л., на что-л.*

Werk *n* -(e)s, -e 1. де́ло *с*, рабо́та *ж* 2. труд *м*; произведе́ние *с*, сочине́ние *с* 3. заво́д *м*, предприя́тие *с* 4. механи́зм *м (часов и т. п.)*

wert 1. дорого́й; уважа́емый 2.: 100 Mark ~ sein сто́ить сто ма́рок; es ist der Mühe ~ ра́ди э́того сто́ит потруди́ться; das ist nicht der Réde ~ об э́том не сто́ит говори́ть

Wert *m* -(e)s, -e 1. сто́имость *ж*, цена́ *ж* 2. це́нность *ж*, значе́ние *с*; gróßen ~ auf etw. (*A*) légen придава́ть чему́-л. большо́е значе́ние

Wértbrief *m* -(e)s, -e це́нное письмо́

Wésen *n* -s, = 1. существо́ *с* 2. *тк. sg* суть *ж*, су́щность *ж* 3. *тк. sg* нрав *м*, хара́ктер *м*, поведе́ние *с*

wésentlich суще́ственный, значи́тельный

weshálb почему́, отчего́

wéssen: ~ Buch ist das? чья э́то кни́га?

Wésten *m* -s за́пад *м*

wésteuropäisch западноевропе́йский

wéstlich 1) *adj* за́падный 2) *adv* von *D* к за́паду *от чего-л.*, за́паднее *чего-л.*

Wétte *f* =, -n пари́ *с*; mit j-m éine ~ éingehen* заключа́ть пари́ с кем-л.; was gilt die ~? на что спо́рим?

wétten держа́ть пари́

Wétter *n* -s пого́да *ж;* was für ~ ist héute? кака́я сего́дня пого́да?

Wétter|bericht *m* -(e)s, -e метеорологи́ческий прогно́з, сво́дка *ж* пого́ды ~vorhersage *f* = прогно́з *м* пого́ды

wíchtig ва́жный

wíckeln 1. in *A* нама́тывать *что-л. на что-л.;* завора́чивать *что-л. во что-л.* 2. пелена́ть *(ребёнка)*

wíder про́тив *(чего-л.)*, вопреки́ *(чему-л.);* ~ méiner Willen вопреки́ мое́й во́ли

widerlégen опрове́ргнуть

wíderlich проти́вный, отврати́тельный

wíderrechtlich противозако́нный

wíderspiegeln (sich) отража́ть(ся)

widerspréchen* 1. возража́ть 2. противоре́чить

Wíderstand *m* -(e)s сопротивле́ние *с*; ~ léisten ока́зывать сопротивле́ние

wíderwillig неохо́тно, про́тив во́ли

wídmen посвяща́ть *(что-л. кому-л., чему-л.)* sich ~ посвяща́ть себя́ *(кому-л., чему-л.)*

wie как; каки́м о́бразом; ~ alt ist er? ско́лько ему́ лет?; ~ lánge? ско́лько вре́мени?, как до́лго?; ~ geht es dir? как ты пожива́ешь?; ~ spät ist es? кото́рый час?; ~ bitte? прости́те, что вы сказа́ли?

wíeder опя́ть, сно́ва

wiedergében* 1. возвраща́ть *(долг, пропажу)* 2. передава́ть *(содержание, суть чего-л.)*

widerhérstellen восстана́вливать

wiederhólen повторя́ть

Wíederhören *n*: auf ~! до свида́ния! *(по телефону)*

Wíedersehen *n* -s свида́ние *с*, встре́ча *ж*; auf ~! до свида́ния!

wíegen* I 1. взве́шивать 2. ве́сить

wíegen II кача́ть, баю́кать

Wíese *f* =, -n луг *м*

wiesó: ~? то есть как?; ~ denn? *разг.* э́то почему́ же?

wie|viel ско́лько; den wíevielten háben wir héute? како́е сего́дня число́? ~weit наско́лько, в како́й ме́ре

willkómmen жела́нный; hérzlich ~! добро́ пожа́ловать!

Wíllkür *f* = произво́л *м*

wíllkürlich 1. произво́льный 2. самово́льный

Wímper *f* =, -n ресни́ца *ж*

Wind *m* -(e)s ве́тер *м*

wíndig ве́треный

Wink *m* -(e)s, -e. знак *м (рукой, глазами);* кивóк *м (головой)* 2. намёк *м*

Wínkel *m* -s, = 1. у́гол *м* 2. уголо́к *м*, отдалённое ме́сто

wínken де́лать знак *(рукой, глазами);* подзыва́ть зна́ком (к себе́) *(официанта и т. п.)*

Wínter *m* -s, = зима́ *ж*; im ~ зимо́й

Wínter|mantel *m* -s, ..mäntel зи́мнее пальто́ ~spiele *pl*: Olýmpische ~spiele зи́мние Олимпи́йские и́гры ~sport *m* -(e)s зи́мний вид спо́рта

Wípfel *m* -s, = верши́на *ж*, верху́шка *ж (дерева)*

wir (*G* únser, *D и A* uns) мы; statt ~ вме́сто нас

wírken 1. де́йствовать 2. auf *A* ока́зывать влия́ние, возде́йствовать *на кого-л., что-л.*

wirklich 1) *adj* действительный, настоящий; истинный, фактический **2)** *adv* действительно, в самом деле

Wirklichkeit *f* = действительность *ж*, реальность *ж*

wirksam действенный, эффективный

Wirkung *f* =, -en 1. действие *с* 2. воздействие *с*, влияние *с* 3. эффект *м*, результат *м*

Wirt *m* -(e)s, -e хозяин *м* небольшого ресторана

Wirtschaft *f* = 1. хозяйство *с*, экономика *ж* 2. (домашнее) хозяйство

wirtschaftlich 1. хозяйственный, экономический 2. экономный, бережливый

wischen* вытирать

wißbegierig любознательный

wissen* 1. знать; ich weiß das я это знаю 2. уметь; sich zu benehmen ~ уметь вести себя

Wissen *n* -s знание *с*; meines ~s насколько я знаю

Wissenschaft *f* =, -en наука *ж*

Wissenschaftler *m* -s, = учёный *м*

wissenschaftlich научный

Witz *m* -es, -e 1. острота *ж*, шутка *ж* 2. анекдот *м*

witzig остроумный; забавный, смешной

wo где; ~ ist er? где он?

Woche *f* =, -n неделя *ж*; in dieser ~ на этой неделе

Wochen|ende *n* -s конец *м* недели, уик-энд *м*, выходные *мн* (дни); am ~ в конце недели; übers ~ на субботу и воскресенье; schönes ~! желаю хорошо отдохнуть в выходные! **~schrift** *f* =, -en еженедельный журнал, еженедельник *м* **~tag** *m* -(e)s, -e рабочий [будний] день

wöchentlich еженедельный

woher откуда; ~ weißt du es? откуда ты это знаешь?

wohin куда

Wohl *n*: auf Ihr ~! за ваше здоровье!

Wohlwollen *n* -s благосклонность *ж*, доброжелательность *ж*

wohnen жить, проживать

Wohn|ort *m* -(e)s, -e место с жительства **~raum** *m* -(e)s, ..räume 1. жилое помещение 2. жилая площадь

Wohnung *f* =, -en квартира *ж*

Wolf *m* -(e)s, Wölfe 1. волк *м* 2. мясорубка *ж*

Wolke *f* =, -n облако *с*; туча *ж*

wólkenlos безоблачный

wólkig облачный

Wólle *f* =, -n шерсть *ж*

wóllen* 1. хотéть, желáть; намеревáться; ich will schláfen я хочý спать; wie Sie ~ как хотите 2.: ~ wir séhen! посмотрим!, увидим!; das ~ wir hóffen бýдем надéяться; ~ wir géhen! пойдём(те)!

wóllig пушистый

womít чем; ~ kann ich Íhnen hélfen? чем я могý вам помóчь?

Wort I *n* (-es), Wörter слóво *с* (*отдéльное*); ~ für ~ дослóвно

Wort II *n* -(e)s, -e 1. *pl* словá (*речь*); mit éigenen ~en своими словáми 2. *тк. sg* слóво *с* (*выступлéние*); das ~ ergréifen* взять слóво 3. *тк. sg* чéстное слóво; sein ~ hálten* сдержáть (своё) слóво

Wörterbuch *n* -(e)s, ..bücher словáрь *м*

wórtkarg неразговóрчивый; немногослóвный

wörtlich дослóвный, буквáльный

Wórt|schatz *m* -es, ..schätze 1. словáрный состáв (*языкá*) 2. запáс слов (*отдéльного* человéка) ~wechsel *m* -s, = спор *м*, перекáния *мн*

wozú для чегó; к чемý; ~ das? к чемý э́то?

wríngen* выжимáть, отжимáть (*бельё*)

Wuchs *m* -es рост *м*; von hóhem ~ высóкого рóста

Wúnder *n* -s, = чýдо *с*; kein ~, daß... неудивительно, что...

wúnderbar удивительный, чудéсный, замечáтельный

wúndern, sich über *A* удивляться *чемý-л.*

wúnderschön прекрáсный, чудéсный

Wunsch *m* -(e)s, Wünsche желáние *с*; пожелáние *с*

wünschen желáть, хотéть; was ~ Sie? что вам угóдно?; wie Sie ~ как хотите

wünschenswert желáтельный

würdig достóйный

Würfelzucker *m* -s пилёный сáхар, сáхар-рафинáд *м*

würgen давить, душить

Wurst *f* =, Würste колбасá *ж*

Würstchen *n* -s, = сосиска *ж*

Würze *f* = припрáва *ж*

Wut *f* = я́рость *ж*, бéшенство *с*

x-beinig [´iks-] кривоно́гий

x-beliebig [´iks-] *разг.* любо́й

x-mal [´iks-] неоднокра́тно, мно́го раз

Yacht *f см.* Jacht
Yóga *m см.* Jóga
Yóghurt *m см.* Jóghurt

zághaft ро́бкий, нереши́тельный

zäh 1. тягу́чий; вя́зкий 2. упо́рный, выно́сливый 3. жёсткий *(о мясе)*

Zahl *f* =, -en 1. число́ *с* 2. *тк. sg* коли́чество *с*, число́ *с* 3. ци́фра *ж*

záhlen плати́ть; bítte ~!, ich möchte ~! рассчита́йтесь со мной, пожа́луйста! *(в рестора́не)*; wíeviel hábe ich zu ~? ско́лько с меня́ (сле́дует)?

zählen счита́ть; ich zähle ihn zu méinen Fréunden я причисля́ю его́ к свои́м друзья́м

Zähler *m* -s, = *mex.* счётчик *m*

záhl|los бесчи́сленный ~reich 1) *adj* многочи́сленный 2) *adv* в большо́м коли́честве

Zahn *m* -(e)s, Zähne зуб *м*

Záhn|arzt *m* -es, ..ärzte зубно́й врач ~bürste *f* =, -n зубна́я щётка ~fleisch *n* -es десна́ *ж*, дёсны *мн* ~pasta *f* =, ..ten ~paste *f* =, -n зубна́я па́ста ~schmerzen *pl* зубна́я боль; ich hábe ~schmerzen у меня́ боли́т зуб

zánken 1. брани́ться, руга́ться 2. mit *j-m* брани́ть, руга́ть *кого-л.* sich ~ ссо́риться, руга́ться

Zápfen *m* -s, = 1. заты́чка *ж*, про́бка *ж*, втулка *ж* 2. ши́шка *ж (хвойная)* 3. (ледяна́я) сосу́лька

zart не́жный; то́нкий, мя́гкий

zärtlich не́жный, ла́сковый

Záuber *m* -s 1. обая́ние *с*,

очарова́ние *с* 2. колдовство́ *с*; ча́ры *мн*

záudern ме́длить (mit *D с чем-л.*); не реша́ться *(сде́лать что-л.)*; óhne zu ~ без колеба́ний, не ме́для

zehn де́сять; *см.* acht

zéhnte деся́тый

Zéhntel *n* -s, = деся́тая часть

Zéichentrickfilm *m* -(e)s, -e мультипликацио́нный фильм, мультфи́льм *м*

zéichnen 1. рисова́ть 2. черти́ть

Zéichnung *f* =, -en 1. рису́нок *м* 2. чертёж *м*

Zéigefinger *m* -s, = указа́тельный па́лец

zéigen 1. пока́зывать 2. проявля́ть, обнару́живать sich ~ 1. пока́зываться, появля́ться 2. показа́ть себя́ *(кем-л., каким-л.)* 3. обнару́живаться, оказа́ться

Zéiger *m* -s, =1. стре́лка *ж (часо́в)* 2. указа́тель *м*

Zéile *f* =, -n строка́ *ж*

Zeit *f* =, -en вре́мя *с*; mit der ~ со вре́менем; ich hábe kéine ~ у меня́ нет вре́мени; in létzter ~ в после́днее вре́мя; von ~ zu ~ вре́мя от вре́мени; zur réchten ~ во́время, кста́ти; zur ~ в настоя́щее вре́мя; es ist die höchste ~ zu + *inf* са́мое вре́мя *(де́лать что-л.)*

Zéit|raum *m* -(e)s, ..räume пери́од *м* (вре́мени) **schrift** *f* =, -en журна́л *м*

Zéitung *f* =, -en газе́та *ж*

zéitweilig 1) *adj* вре́менный, преходя́щий 2) *adv* вре́менно; вре́мя от вре́мени

Zelt *n* -(e)s, -e пала́тка *ж*

zélten жить в пала́тке

Zemént *m* -s цеме́нт *м*

Zensúr *f* =, -en 1. оце́нка *ж*, отме́тка *ж* 2. *тк. sg* цензу́ра *ж*

Zentiméter *m*, *n* -s, = сантиме́тр *м*

zentrál центра́льный

Zentrále *f* =, -n 1. коммута́тор *м* 2. *тех.* центра́льный пункт управле́ния

Zéntrum *n* -s, ..ren центр *м*

zerbréchen* лома́ть(ся), разбива́ть(ся)

zerbréchlich ло́мкий, хру́пкий

zerfétzen рвать на ча́сти [в клочки́]

zergéhen* 1. растворя́ться 2. та́ять

zerkléinern размельча́ть; ре́зать, руби́ть *(о́вощи и т. п.)*

zerschlágen* разбива́ть

zerschmélzen* расплавля́ться, та́ять

zerschnéiden* разрезáть

zerspálten колóть, расколóть

zersplíttern расщепи́ть; раздроби́ть

zerstäuben распыля́ть, разбры́згивать

zerstören разрушáть

zerstréuen 1. рассéивать, рассыпáть **2.** развлекáть **sich ~** развлекáться

zerstréut рассéянный, невнимáтельный

Zéttel *m* -s, = **1.** листóк *м* (бумáги) **2.** запи́ска *ж* **3.** наклéйка *ж*, этикéтка *ж*

Zeug *n* -(e)s *разг.* **1.** вéщи *мн*, одéжда *ж*; *груб.* хлам *м*, барахлó *с* **2.**: dúmmes ~ чепухá *ж*, вздор *м*

Zéuge *m* -n, -n свидéтель *м*

Zéugnis *n* -ses, -se свидéтельство *с*; удостоверéние *с*

Zíegel *m* -s, = кирпи́ч *м*; черепи́ца *ж*

zíehen* 1. тяну́ть, тащи́ть; выта́скивать **2.** тяну́ться, (мéдленно) дви́гаться; перемещáться; die Wólken ~ облакá тя́нутся [плыву́т] (по нéбу) **3.** переезжáть; in éine néue Wóhnung ~ переéхать на нóвую кварти́ру **4.**: in Betrácht ~ принимáть во внимáние; die Áufmerksamkeit auf sich (*A*) ~ привлекáть к себé внимáние; Nútzen ~ извлекáть пóльзу **5.**: es zieht hier здесь сквози́т [дýет] **6.** дéлать ход (*шáхматы, шáшки*)

Ziel *n* -(e)s, -e **1.** цель *ж*; das ~ erréichen дости́гнуть цéли **2.** *спорт.* фи́ниш *м*

zíelen nach *D* цéлиться, мéтить *в когó-л., во чтó-л.*

zíerlich изя́щный; грациóзный

Zíffer *f* =, -n ци́фра *ж*; числó *с*

Zímmer *n* -s, = **1.** кóмната *ж* **2.** нóмер *м* (*в гости́нице*)

Zípfel *m* -s, = кóнчик *м*, крáешек *м*

zírka óколо, приблизи́тельно

Zírkel *m* -s, **1.** ци́ркуль *м* **2.** кружóк *м* (*в шкóле и т. п.*)

Zírkus *m* =, -se цирк *м*

Zitát *n* -(e)s, -e цитáта *ж*

zitíeren цити́ровать

Zitróne *f* =, -n лимóн *м*

zíttern дрожáть

zivíl [-v-] граждáнский, штáтский

Zóll‖amt *n* -(e)s, ..ämter тамóжня *ж* **~erklärung** *f* =, -en тамóженная деклара́ция

zóllfrei беспóшлинный

Zóllkontrolle *f* =, -n таможенный контро́ль [досмо́тр]

zóllpflichtig облага́емый по́шлиной

Zóne *f* =, -n *в разн. знач.* зона *ж*

Zoo [tso:] *m* = *u* -s, *pl* -s зоопа́рк *м*

Zopf *m* ~ (e) s, Zöpfe коса́ *ж (из воло́с)*

Zorn *m* -(e)s гнев *м*, я́рость *ж*

zu 1) *präp указывает на* 1. *направление* к, в, на; ich géhe zu ihm я иду́ к нему́; zum Apothéke в апте́ку; zum Báhnhof на вокза́л 2. *время* в, на; zu díeser Zeit в э́то вре́мя; zum Wéihnachten на Рождество́ 3. *цель* для; в; zum Vergnügen для удово́льствия; Wásser zum Trínken питьева́я вода́, вода́ для питья́; zum Spaß в шу́тку; zum Bewéis в доказа́тельство 4. *образ действия:* zu Fuß пешко́м; zu Húnderten со́тнями; zur Hälfte наполови́ну 5. *цену; соотношение:* das Kílo zu drei Mark килогра́мм по три ма́рки; im Vergléich zu dir по сравне́нию с тобо́й; das Spiel steht drei zu zwei счёт игры́ 3:2 2) *adv* 1. сли́шком; zu wénig сли́шком ма́ло; zu téuer сли́шком до́рого 2.: ich hábe viel zu tun у меня́ мно́го дел; die Wóhnung ist zu vermíeten сдаётся кварти́ра 3.: die Tür ist zu дверь закры́та

Zúbehör *m, n* -(e)s принадле́жности *мн*

zúcken вздра́гивать; mit den Áchseln ~ пожима́ть плеча́ми

Zúcker *m* -s са́хар *м*

Zúcker|dose *f* =, -n са́харница *ж* ~**melone** *f* =, -n ды́ня *ж*

zúdecken прикрыва́ть, укрыва́ть sich ~ укрыва́ться

zúdrehen завёртывать *(кран)*

zueinánder друг к дру́гу

zuérst снача́ла, сперва́

Zúfahrt *f* = подъе́зд *м (к зда́нию)*

Zúfall *m* -(e)s, ..fälle слу́чай *м*, случа́йность *ж*

zúfällig случа́йный

zufríeden дово́льный

zúfügen 1. *j-m* причиня́ть, доставля́ть *что-л. кому-л.*; j-m Scháden ~ наноси́ть ущерб кому́-л. 2. *D* прибавля́ть, прилага́ть *(что-л. к чему-л.)*

Zug *m* -(e)s, Züge 1. по́езд *м* 2. ше́ствие *с*, проце́ссия *ж* 3. *тк. sg* тя́га *ж*; сквозня́к *м* 4. черта́ *ж (хара́ктера)*; *pl* черты́ *мн* лица́ 5.

глоток *m;* mit éinem ~ одним глотком, залпом 6. ход *m* (*шахматы, шашки*)

Zúgabe *f* =, -n исполнение *c* на бис

Zúgang *m* -(e)s, ..gänge 1. доступ *м* 2. проход *м*, вход *м*

zúgeben* 1. добавлять, прибавлять, давать впридачу 2. соглашаться (*с чем-л.*) 3. признаваться (*в чём-л.*)

zügellos 1. необузданный 2. распущенный

zugléich одновременно

zugrúnde: ~ géhen* гибнуть, погибать; ~ líegen*(*D*) лежать в основе *чего-л.*

zúhören *D* слушать *кого-л., что-л.*, прислушиваться *к чему-л.*

Zúhörer *m* -s, = слушатель *м*

zúknöpfen застёгивать (на пуговицы)

Zúkunft *f* = будущее *c*; in nächster ~ в ближайшем будущем

zúlassen* допускать, позволять; kéinen Zwéifel ~ не сомневаться

zúlässig допустимый

zulétzt 1. наконец, в конце концов; под конец, напоследок 2. в последний раз; wann sáhen Sie ihn ~? когда вы видели его в последний раз? 3.: ich kam ~ я пришёл последним

zum = zu dem; ~ érstenmal впервые; ~ Béispiel например

zúmachen закрывать; máchen Sie bítte die Tür zu закройте, пожалуйста, дверь; wann máchen die Läden zu? когда закрываются магазины?

zumíndest по меньшей мере

zunächst прежде всего

zúnähen зашивать

zunichte: etw. ~ máchen разбивать, разрушать (*надежды и т. п.*); срывать (*планы*)

zúnicken *j-m* кивать головой *кому-л.*

zunútze: sich (*D*) etw. ~ máchen воспользоваться чем-л., извлечь пользу из чего-л.

zur = zu der

zúreden *j-m* убеждать, уговаривать *кого-л.*

zúreichend достаточный

zurück назад, обратно; er ist noch nicht ~ он ещё не вернулся

zurück|bleiben* отставать ~**blicken** оглядываться ~**geben*** возвращать ~**kehren**,

~**kommen*** возвраща́ться, верну́ться ~**lassen*** оставля́ть ~**weichen*** отступа́ть (наза́д) ~**weisen*** отка́зывать (*кому́-л.*), отклоня́ть (*что́-л.*)

zusámmen 1. вме́сте, сообща́ 2. в ито́ге

Zusámmenarbeit *f* = сотру́дничество

zusámmenbrechen* 1. ру́шиться; разруша́ться; потерпе́ть крах, обанкро́титься (*о фирме*) 2. надорва́ться, ослабе́ть (*от перенапряже́ния*)

Zusámmenhang *m* -(e)s, ..hänge связь *ж*; взаимосвя́зь *ж*

zusámmen|hängen* находи́ться в связи́, быть свя́занным (*с чем-л.*) ~**legen** скла́дывать ~**stellen** составля́ть ~**stoßen*** ста́лкиваться

Zúsatz *m* -es, ..sätze 1. дополне́ние *с* 2. при́месь *ж*

zúsätzlich дополни́тельный

Zúschauer *m* -s, = зри́тель *м*

Zúschauerraum *m* -(e)s, ..räume зри́тельный зал

zúschließen* запира́ть (на ключ)

zúschneiden* крои́ть, раскра́ивать

zúsehen* *D* смотре́ть *на кого́-л., на что́-л.;* наблюда́ть *за кем-л., чем-л.*

zúsein* быть за́пертым [закры́тым]; die Tür ist zu дверь закры́та

Zústand *m* -(e)s 1. состоя́ние *с* 2. положе́ние *с* (дел)

zúständig компете́нтный

zústimmen *D* соглаша́ться *с чем-л.*, одобря́ть *что́-л.*

Zústimmung *f* = согла́сие *с*, одобре́ние *с*

zutáge: ~ **tréten*** обнару́житься, прояви́ться

zúteilen выделя́ть, раздава́ть

zútrauen: das hätte ich ihm nicht zúgetraut э́того я от него́ не ожида́л

zútraulich дове́рчивый

Zútritt *m* -(e)s, -e до́ступ *м;* вход *м;* fréier ~ свобо́дный вход; ~ verbóten! вход воспрещён!

zúverlässig надёжный; достове́рный

Zúversicht *f* = уве́ренность *ж*, глубо́кое убежде́ние

zuvíel сли́шком мно́го; das ist ~! э́то уж сли́шком!

zuwéilen иногда́

zuwénig сли́шком ма́ло

zuwíder 1) *präp* вопреки́, напереко́р 2) *adv*: ~ wérden опроти́веть

zwánglos непринуждённый

zwánzig двадцать

zwánzigste двадцатый

zwéitens во-вторых

Zwíeback *m* -(e)s, *pl* ..bäcke 1. сухарь *м* 2. *тк. sg собир.* сухари *мн*

Zwíebel *f* =, -n 1. *тк. sg бот.* лук *м* 2. луковица *ж*

Zwíllinge *pl* близнецы *мн*

zwíngen* заставлять, принуждать

Zwirn *m* -(e)s нитки *мн*

zwíschen между, среди; ~ den Häusern между домами

Zwíschen|fall *m* -(e)s, ..fälle инцидент *м* **-landung** *f* =, -en *ав.* промежуточная посадка; Flug óhne ~landung беспосадочный полёт **-raum** *m* -(e)s, ..räume промежуток *м*, интервал *м*

zwölf двенадцать

zwölfte двенадцатый

Zyklón *m* -s, -e циклон *м*

zwar правда, хотя; und ~ а именно

Zweck *m* -(e)s цель *ж*

zwéck|los бесцельный; бесполезный **~mäßig** целесообразный

zwei два; *см.* acht

zwéideutig двусмысленный

zwéifach 1) *adj* двойной; двукратный 2) *adv* вдвое, в два раза

Zwéifel *m* -s, = сомнение *с*; óhne ~ без сомнения, несомненно

zwéifelhaft сомнительный

zwéifellos несомненный

zwéifeln an *D* сомневаться в чём-л.

Zweig *m* -(e)s, -e 1. ветвь *ж*, ветка *ж* 2. отрасль *ж*

zwéihúndert двести

zwéimal два раза, дважды

zwéite второй

ГЕОГРАФИЧЕСКИЕ НАЗВАНИЯ

Afghanistan [-´ga:-] *n* Афганистан *м*

Áfrika *n* Африка *ж*

Ägýpten *n* Египет *м*

Álpen, die Альпы *(горы)*

Amérika *n* Америка *ж*

Amsterdám *n* Амстердам *м*

Angóla *n* Ангола *ж*

Ánkara *n* Анкара *ж*

Antárktika, die Антарктида *ж*

Antárktis, die Антарктика *ж*

Argentíni|en *n* Аргентина *ж*

Árktis, die Арктика *ж*

Árktische Ózean, der Северный Ледовитый океан

Ási|en *n* Азия *ж*

Athén n Афи́ны мн
Äthiópi⎮en n Эфио́пия ж
Atlántik, der, Atlántische Ózean, der Атланти́ческий океа́н
Austráli⎮en n Австра́лия ж
Báden-Württemberg n Ба́ден-Вюртемберг (земля в ФРГ)
Bágdad n Багда́д м
Ba⎮háma⎮inseln, die, Bahámes, die Бага́мские острова́
Báikal, der, Báikalsee, der Байка́л м (озеро)
Bálaton, der Балато́н м (озеро)
Bálkan I, der Балка́нские го́ры, Балка́ны мн
Bálkan II, der Балка́нский п-ов
Bángkok n Бангко́к м
Bangladesh [-´dɛʃ] n Бангладе́ш м
Báyern n Бава́рия ж (земля в ФРГ)
Beirut [´be:ru:t] n Бейру́т м
Bélfast [-fa:st] n Бе́лфаст м
Bélgi⎮en n Бе́льгия ж
Bélgrad n Белгра́д м
Belorußland n см. **Wéißrußland**
Béringstraße, die Бе́рингов проли́в
Berlín n Берли́н м
Bermúdas, die Берму́дские острова́
Bern n Берн м
Bolívi⎮en [-v-] n Боли́вия ж
Bonn n Бонн м
Bósporus, der Босфо́р м (пролив)
Brasília n Брази́лиа ж
BRD = **Búndesrepublik Déutschland** ФРГ = Федерати́вная Респу́блика Герма́ния
Brémen n Бре́мен (город и земля в ФРГ)
Brüssel n Брюссе́ль м
Búdapest n Будапе́шт м
Buénos Áires n Буэ́нос-А́йрес м
Búkarest n Бухаре́ст м
Bulgári⎮en n Болга́рия ж
Búndesrepublik Déutschland, die Федерати́вная Респу́блика Герма́ния
Carácas n Кара́кас м
Chile [´tʃi:le] n Чи́ли с
China n Кита́й м
Colómbo n Коло́мбо м
Dákar n Дака́р м
Dákka n Да́кка ж
Damáskus n Дама́ск м
Dänemark n Да́ния ж
Dardanéllen, die Дардане́ллы мн (пролив)
Delhi [´de:li] n Де́ли м
Den Haag n Гаа́га ж
Déutschland n Герма́ния ж
Dónau, die р. Дуна́й
Dórtmund n До́ртмунд м
Drésden n Дре́зден м
Dublin [´dab-] n Ду́блин м

ГЕОГРАФИЧЕСКИЕ НАЗВАНИЯ

Düsseldorf *n* Дюссельдорф *м*
Éisenstadt *n* Айзенштадт *м*
Ekuadór *n* Эквадор *м*
Élbe, die *р.* Эльба *ж*
El-Salvadór [-v-] Сальвадор *м*
Éngland *n* Англия *ж*
Érfurt *n* Эрфурт *м*
Érzgebirge, das Рудные горы
Éssen *n* Эссен *м*
Éstland *n* Эстония *ж*
Európa *n* Европа *ж*
Fínnland *n* Финляндия *ж*
Florénz *n* Флоренция *ж*
Fránkfurt am Main *n* Франкфурт-на-Майне *м*
Fránkfurt (Óder) *n* Франкфурт-на-Одере *м*
Fránkreich *n* Франция *ж*
Gdansk *n* Гданьск *м*
Genf *n* Женева *ж*
Génfer See, der Женевское озеро
Ghana [´ga:-] *n* Гана *ж*
Gólfstrom, der Гольфстрим *м*
Golf von Biskáya, der Бискайский залив
Gríechenland *n* Греция *ж*
Grönland *n* Гренландия *ж*
Großbritánni∣en *n* Великобритания *ж*
Guatemála *n* Гватемала *ж*
Guinéa [gi-] *n* Гвинея *ж*
Guinéa-Bisáu [gi-] *n* Гвинея-Бисау *ж*
Guyana [-´ja:-] *n* Гайана *ж*
Haíti *n* Гаити *с*
Hálle *n* Галле *м*
Hámburg *n* Гамбург *м* (*город и земля в ФРГ*)
Hannóver *n* Ганновер *м*
Hanói *n* Ханой *м*
Havanna [-´va:-] *n* Гавана *ж*
Hélsinki *n* Хельсинки *м*
Héssen *n* Гессен *м* (*земля в ФРГ*)
Hondúras *n* Гондурас *м*
Índi∣en *n* Индия *ж*
Índische Ózean, der Индийский океан
Indonési∣en *n* Индонезия *ж*
Ínnsbruck *n* Инсбрук *м*
Irák, der Ирак *м*
Irán, der Иран *м*
Írland *n* Ирландия *ж*
Ísland *n* Исландия *ж*
Istanbul [´istambu:l] *n* Стамбул *м*
Itáli∣en *n* Италия *ж*
Jakárta *n* Джакарта *ж*
Jamáika *n* Ямайка *ж*
Jápan *n* Япония *ж*
Jéna *n* Йена *ж*
Jordáni∣en *n* Иордания *ж*
Jugosláwi∣en *n* Югославия *ж*
Kabúl *n* Кабул *м*
Káiro *n* Каир *м*
Kambódscha *n* Камбоджа *ж*
Kámerun *n* Камерун *м*
Kánada *n* Канада *ж*
Kanál, der Ла-Манш *м*
Karíbische Meer, das Карибское море
Karpáten, die Карпаты *мн* (*горы*)

ГЕОГРАФИЧЕСКИЕ НАЗВАНИЯ

Kíngston [-t(ə)n] *n* Кингстон *м*
Kinshasa [-´ʃa:-] *n* Киншаса *ж*
Kleinásiǀen *n* Малая Азия (*п-ов*)
Köln *n* Кёльн *м*
Kolúmbiǀen *n* Колумбия *ж*
Kóngo 1. *n* Конго *с* (*гос-во*) 2. der *p.* Конго *ж*
Kopenhágen *n* Копенгаген *м*
Koréa *n* Корея *ж*
Kostaríka *n* Коста-Рика *ж*
Kúba *n* Куба *ж*
Láos *n* Лаос *м*
La-Paz [-´pa:s] *n* Ла-Пас *м*
Latéinamerika *n* Латинская Америка
Léipzig *n* Лейпциг *м*
Léttland *n* Латвия *ж*
Líbanon, der Ливан *м*
Líbyen *n* Ливия *ж*
Líchtenstein *n* Лихтенштейн *м*
Líssabon *n* Лиссабон *м*
Lítauen *n* Литва *ж*
Lóndon *n* Лондон *м*
Los Angeles [-´ɛndʒə-] *n* Лос-Анжелес *м*
Luánda *n* Луанда *ж*
Lübeck *n* Любек *м*
Lúxemburg *n* Люксембург *м*
Madagáskar *n* Мадагаскар *м*
Madríd *n* Мадрид *м*
Mágdeburg *n* Магдебург *м*
Málta *n* Мальта *ж*
Manágua *n* Манагуа *м*
Maníla *n* Манила *ж*
Mapúto *n* Мапуту *м*
Marókko *n* Марокко *с*

Mécklenburg-Vorpómmern *n* Мекленбург — Передняя Померания *ж* (*земля в ФРГ*)
México *n* 1. Мексика *ж* 2. Мехико *м*
Mitteleurópa *n* Центральная Европа
Míttelmeer, das Средиземное море
Moçambique [mosam´bi:k] *n* Мозамбик *м*
Monáco *n* Монако *с*
Mongoléi *n* Монголия *ж*
Montevidéo [-v-] *n* Монтевидео *м*
Mósel, die *p.* Мозель *м*
Móskau *n* Москва *ж*
Moskwá, die *p.* Москва *ж*, Москва-река *ж*
München *n* Мюнхен *м*
Náhe Ósten, der Ближний Восток
Nairóbi *n* Найроби *м*
Neuséeland *n* Новая Зеландия
New York [nju:´jɔ:rk] *n* Нью-Йорк *м*
Níederlande, die Нидерланды *мн*
Níedersachsen Нижняя Саксония (*земля в ФРГ*)
Nigéria *n* Нигерия *ж*
Nikarágua *n* Никарагуа *с*, *ж*
Nórdrhein-Westfálen *n* Северный Рейн-Вестфалия (*земля в ФРГ*)
Nórdsee, die Северное море

Nórwegen *n* Норвегия *ж*
Nürnberg *n* Нюрнберг *м*
Óder, die *р.* Одер *м*
Omán *n* Оман *м*
Óslo *n* Осло *м*
Österreich *n* Австрия *ж*
Óstsee, die Балтийское море
Óttawa *n* Оттава *ж*
Ozeáni|en *n* Океания *(о-ва)*
Pákistan *n* Пакистан *м*
Pánama *n* Панама *ж*
Pánamakanal, der Панамский канал
Paraguay *n* Парагвай *м*
París *n* Париж *м*
Pazífik, der, Stílle Ózean, der Тихий океан
Péking *n* Пекин *м*
Pérsische Golf, der Персидский залив
Perú *n* Перу *м*
Philippínen, die Филиппины *мн*
Pólen *n* Польша *ж*
Port-au-Prince [pɔrto-´prɛ̃:s] *n* Порт-о-Пренс *м*
Port Louis [-´lu:is] *n* Порт-Луи *м*
Portugal *n* Португалия *ж*
Pótsdam *n* Потсдам *м*
Prag *n* Прага *ж*
Republík Südáfrika, die Южно-Африканская Республика
Reykjavik [´raikjavi:k и ´rɛikjavi:k] *n* Рейкьявик *м*
Rhein, der *р.* Рейн *м*

Rhéinland-Pfalz, die Рейнланд-Пфальц *м (земля в ФРГ)*
Rio de Janeiro [-за´nе:rо] *n* Рио-де-Жанейро *м*
Rom *n* Рим *м*
Róstock *n* Росток *м*
Rumäni|en *n* Румыния *ж*
Rúßland *n* Россия *ж*
Sáarland, das Саар *(земля в ФРГ)*
Sáchsen-Ánhalt *n* Саксония-Ангальт *ж (земля в ФРГ)*
Sächsische Schweiz, die Саксонская Швейцария *(горы)*
Sálzburg *n* Зальцбург *м*
San José [-хо´se:] *n* Сан-Хосе *м*
San Marino *n* Сан-Марино *м*
Santiágo (de Chile) [-´tʃi:le] *n* Сантьяго *м*
Saudi-Arábi|en *n* Саудовская Аравия
Schléswig-Hólstein *n* Шлезвиг-Гольштейн *(земля в ФРГ)*
Schóttland *n* Шотландия *ж*
Schwárzwald, der Шварцвальд *м (горы)*
Schwéden *n* Швеция *ж*
Schweiz, die Швейцария *ж*
Schwerín *n* Шверин *м*
Sénegal *n* Сенегал *м*
Siérra Leóne *n* Сьерра-Леоне *ж*
Simbábwe *n* Зимбабве *ж*

ГЕОГРАФИЧЕСКИЕ НАЗВАНИЯ

Singapur [´ziŋgapu:r] *n* Сингапу́р *м*
Slowakéi, die Слова́кия *ж*
Sófia *n* Со́фия *ж*
Spáni⌇en *n* Испа́ния *ж*
Spree, die *р.* Шпре́(е) *ж*
Stílle Ózean, der Ти́хий океа́н
Stóckholm *n* Стокго́льм *м*
Stráße von Calais [-ka-´lɛ:], die, **Stráße von Dóver** [-v-], die Па-де-Кале́ *м (пролив)*
Stráße von Gibráltar, die Гибралта́рский проли́в
Stúttgart *n* Шту́тгарт *м*
Suezkanal [´zu:ɛ(t)s-] *и* **Súeskanal**, der Су́эцкий кана́л
Sýri⌇en *n* Си́рия *ж*
Tansanía *n* Танза́ния *ж*
Tegucigálpa [-si-] *n* Тегусига́льпа *ж*
Té⌇heran *n* Тегера́н *м*
Tel-Aviv [-´vi:f] *n* Тель-Ави́в *м*
Tháiland *n* Таила́нд *м*
Thüringen *n* Тюри́нгия *ж*
Tókio *и* **Tókyo** *n* То́кио *м*
Trier *n* Трир *м*
Trípolis *n* Три́поли *м*
Tschéchi⌇en *n* Че́хия *ж*
Tunési⌇en *n* Туни́с *м (гос-во)*
Türkéi, die Ту́рция *ж*
Ugánda *n* Уга́нда *ж*
Ukraíne *n*, die Украи́на *ж*
Úlan-Bátor *n* Ула́н-Ба́тор *м*
Úngarn *n* Ве́нгрия *ж*
Uruguáy *n* Уругва́й *м*
USA = United States of America [ju´naitid ´stɛ:ts of əmɛrikə] США = Соединённые Шта́ты Аме́рики
Vatikán [va-], der, **Vatikánstadt**, die Ватика́н *м (город и гос-во)*
Venédig [ve-] Вене́ция *ж*
Venezuéla [ve-] *n* Венесуэ́ла *ж*
Veréinigten Arábischen Emiráte, die Объединённые Ара́бские Эмира́ты
Veréinigten Stáaten von Amérika, die Соединённые Шта́ты Аме́рики
Vietnám [vjet-] *n* Вьетна́м *м*
Wárschau *n* Варша́ва *ж*
Washington [´wɔʃiŋt(ə)n] *n* Вашингто́н *м*
Wéimar *n* Ве́ймар *м*
Wéißrußland *n* Белару́сь *ж*
Wéllington *n* Уэ́ллингтон *м*, Ве́ллингтон *м*
Wéser, die *р.* Ве́зер *м*
Wien *n* Ве́на *ж*
Wíesbaden *n* Ви́сбаден *м*
Wittenberg *n* Ви́ттенберг *м*
Wólga, die *р.* Во́лга *ж*
Zaire [za´i:r(ə)] *n* Заи́р *м*
Zürich *n* Цю́рих *м*
Zypern *n* Кипр *м (о-в и гос-во)*

РУССКО-НЕМЕЦКИЙ СЛОВАРЬ

RUSSISCH-DEUTSCHES WÖRTERBUCH

О ПОЛЬЗОВАНИИ СЛОВАРЕМ

Слова расположены в алфавитном порядке и объединены в гнезда. Знак тильда (~) заменяет все слово или неизменяемую часть основного слова, отделенную вертикальной чертой (|) при изменении слова, в словосочетаниях, напр.:

продав|е́ц *м* Verkäufer *m* =,
~щи́ца *ж* (*читай:* продавщи́ца) Verkäuferin *f* -nen

Вертикальная пунктирная черта (¦) ставится в тех случаях, когда при произнесении слова может произойти ошибка, напр.:

пре́мия *ж* prämi¦e *f* -n

Омонимы (слова, одинаково звучащие и пишущиеся, но имеющие разные значения) обозначаются римскими цифрами, напр.:

разря́д I *м эл.* Entládung *f* -en

разря́д II *м категория* Kategoríe *f*, Klásse *f* -n

При русских существительных указывается род с помощью сокращений *м*, *ж*, *с*, а при немецких -- *m*, *f*, *n*.

При немецких именах существительных указывается форма именительного падежа множественного числа или полностью форма множественного числа, напр.:

коза́ *ж* Zíege *f* -n
гвоздь *м* 1. Nágel m, pl Nägel...

Если во множественном числе слово имеет такую же форму, как и в единственном, после него ставится знак (=), напр.:

жук *м* Käfer *m* =

Сильные, т. е. изменяющие при спряжении основу немецкие глаголы, отмечены звездочкой (*).

В необходимых случаях показано управление слов, напр.:

> **интере́с** *м* ...прояви́ть ~ Interésse (*к чему́-л.* für *A*)...

Разные значения одного и того же слова обозначаются арабскими цифрами.

Близкие по значению переводы отделяются друг от друга запятой, далекие -- точкой с запятой, напр.:

> **вы́полнить, выполня́ть** erfüllen; áusführen, erlédigen; vollzíehen* (*исполнить*)

Слово, часть слова или выражения, взятые в круглые скобки, являются необязательными, напр.:

> **спо́соб** *м* Art *f* -en, (Art und) Wéise *f* (*читай:* Art und Wéise *или* Wéise)

В прямых скобках даются возможные варианты словосочетания или перевода, напр.:

> **вкруту́ю:** яйцо́ ~ hártes [hártgekochtes] Ei

Если русскому прилагательному в немецком языке соответствует первая часть сложного слова, то эта часть слова дается с дефисом на конце, напр.:

> **снотво́рн|ый** Schlaf-; ~ое (сре́дство) Schláfmittel *n*

При некоторых немецких словах в квадратных скобках дается транскрипция всего слова или части слова, напр.:

> **бюдже́т** *м* Budget [by´dʒə:]

РУССКИЙ АЛФАВИТ

А а	И и	С с	Ъ ъ
Б б	Й й	Т т	Ы ы
В в	К к	У у	Ь ь
Г г	Л л	Ф ф	Э э
Д д	М м	Х х	Ю ю
Е е	Н н	Ц ц	Я я
Ё ё	О о	Ч ч	
Ж ж	П п	Ш ш	
З з	Р р	Щ щ	

а 1. *при противоположении* und, áber; sóndern, *(после отрицания)* 2. *при присоединении* und (dann); dann áber

абзáц *м* Ábsatz *m* ..sätze

абонемéнт *м* Abonnement [abənə´maŋ] *n* -s; Ánrecht *n* -e *(концертный)*

абрикóс *м* 1. *плод* Aprikóse *f* -n 2. *дерево* Aprikósenbaum *m* ..bäume

абсолю́тный absolút

авáнс *м* Ánzahlung *f* -en, Vórschuß *m* ..schüsse; ~ом im voráus, vórschußweise

авантю́ра *ж* Ábenteuer *n* =

авáрия *ж* Únfall *m* ..fälle; *авто* Pánne *f* -n; Havaríe [-va-] *f* ..i|en *(на судне, самолёте)*

áвгуст *м* Augúst *m*

авиа|билéт *м* Flúgkarte *f* -n, (Flúg)Tícket *n* -s ~**компáния** *ж* Lúftverkehrsgesellschaft *f* -en, Flúggesellschaft *f* -en ~**лúния** *ж* Flúglinie *f* -n

авиапочт|а *ж* Lúftpost *f*; ~ой durch [per] Lúftpost

авиáция *ж* 1. *воздушный флот* Lúftflotte *f*; *воен.* Lúftstreitkräfte *pl* 2. *лётное дело* Flúgwesen *n*

австралúйский austrálisch

австрúйский österreichisch

автóбус *м* Bus *m* -se, Áutobus *m* -se, Ómnibus *m* -se

автовокзáл *м* Búsbahnhof *m* ..höfe

автóграф *м* Autográmm *n* -e; дáйте, пожáлуйста, ваш ~! Ihr Áutogramm, bítte!

автозавóд *м* Áuto(mobil)werk *n* -e

автозапрáвочн|ый: ~ая стáнция Tánkstelle *f* -n

автомáт *м* 1. *аппарат* Automát *m* -en 2. *разг. телефон* Münzfernsprecher *m* =; Telefónzelle *f* -n *(будка)* 3. *оружие* Maschínenpistole *f* -n, MPi [ɛm´pi:] *f* -s

автоматúческий automátisch, sélbsttätig

автомобúль *м* - Áuto *n* -s, Wágen *m* =; легковóй ~ PKW [pe:ka´we:] *m* -s *(сокр. от* Persónenkraftwagen); грузовóй ~ LKW [elka´we:] *m* -s *(сокр. от* Lástkraftwagen)

áвтор *м* Verfásser *m* =; Áutor *m* ..tóre

авторитéт *м* Autoritä́t *f*; Ánsehen *n* *(значение, вес)*

авторитéтный máßgebend; kompetént *(компетентный)*

áвторск|ий Áutor-, Verfásser-; ~ое пра́во Úrheberrecht *n* -e

авторучка Füllhalter *m* =; Füller *m* = *(разг.)*

автосе́рвис *м* Áutoservice [-sø:rvis] *m* -s [-vis(əs)]

автотра́нспорт *м* Kráftverkehr *m*, Áutoverkehr *m*

автотури́зм *м* Áutotouristik [-tu-] *f*

автотури́ст *м* Áutotourist [-tu-] *m* -en

аге́нтство *с* Agentúr *f* -en

агра́рный Agrár-, lándwirtschaftlich

агре́ссия *ж* Agressión *f* -en

агре́ссор Agréssor *m* ..sóren, Ángreifer *m* =

агроно́м *м* Agronóm *m* -e

адвока́т *м* Réchtsanwalt *m* ..wälte

администрати́вный administratív, Verwáltungs-

администра́тор *м* Verwálter *m* =; Empfángs|chef [-´ʃɛf] *m* -s *(в гостинице)*

администра́ция *ж* Verwáltung *f* -en, Administratión *f* -en

адмира́л *м* Admirál *m* -e

а́дрес *м* Adrésse *f* -n, Ánschrift *f* -en; разреши́те записа́ть ваш ~ darf ich um Íhre Ánschrift bítten?

адреса́т *м* Empfänger *m* =

а́дресн|ый: ~ое бюро́, ~ стол Adréßbüro *n* -s

адресова́ть ríchten, adressíeren

а́збука *ж разг. алфавит* Alphabét *n* -e, Abc [a:be:-´tse:] *n*

азиа́тский asiátisch

азо́т *м* Stíckstoff *m*

а́ист *м* Storch *m* -e

ай! ach!; au! *(при боли)*

а́йсберг *м* Éisberg *m* -e

акаде́мик *м* Akademíemitglied *n* -er

академи́ческий akadémisch

акаде́мия *ж* Akademíe *f* ..íen; ~ нау́к Akademíe der Wíssenschaften

аквала́нг *м* (Préßluft)-Táuchgerät *n* -e

аквалангист *м* Táuchschwimmer *m* =

акваре́ль *ж* 1. *краска* Aquaréllfarbe *f* -n, Wásserfarbe *f* -n 2. *картина* Aquaréll *n* -e, Aquaréllbild *n* -er

аккомпанеме́нт *м* Begléitung *f*; под ~ роя́ля mit Klavíerbegleitung [-v-l]

аккомпани́ровать begléiten

аккордео́н *м* Akkórdeon *n* -e

аккура́тный sórgfältig *(тщательный)*; pünktlich

(*пунктуальный*); genáu (*точный*); sáuber (*опрятный*)

акроба́т *м* Akrobát *m* -en

акроба́тика *ж* Akrobátik *f*

акт *м* **1.** *действие* Aktión *f* -en, Hándlung *f* -en **2.** *документ* Ákte *f* -n, Úrkunde *f* -n **3.** *театр.* Áufzug *m* ..züge, Akt *m* -e

актёр *м* Scháuspieler *m* =

акти́вный aktív; tätig (*деятельный*)

актри́са *ж* Scháuspielerin *f* -nen

актуа́льный aktuéll, zéitnah

алба́нский albánisch

алжи́р|ец *м* Algéri|er *m* = ~ка *ж* Algéri|erin *f* -nen

алкого́ль *м* Álko|hol *m*

аллего́рия *ж* Allegoríe *f* ..í|en, Sínnbild *n* -er

аллерги́я *ж* Allergíe *f* ..í|en

алле́я *ж* Allée *f* ..é|en

алло́! halló!

алма́з *м* Diamánt *m* -e

алта́рь *м* Altár *m* -e

алфави́т *м* Alphabét *n* -e, Abc [a:be:´tse:] *n*

алфави́тн|ый alphabétisch; в ~ом поря́дке in alphabétischer Réihenfolge

а́лый rot, hóchrot

альбо́м *м* Álbum *n* ..ben

альпи́йский Álpen-, alpín

альпини́зм *м* Alpinístik *f*, Bérgsteigen *n*

альпини́ст *м* Alpiníst *m* -en, Bérgsteiger *m* =

альт *м* **1.** *инструмент* Brátsche *f* -n **2.** *голос* Alt *m*, Áltstimme *f* -n

алюми́ний *м* Alumínium *n*

америка́н|ец *м* Amerikáner *m* = ~ка *ж* Amerikánerin *f* -nen

америка́нский amerikánisch

амни́стия *ж* Amnestíe *f* ..tí|en

амфитеа́тр *м* Amphitheáter *n* =

ана́лиз *м* **1.** Analýse *f* -n; **2.** *мед.* Próbe *f* -n; ~ кро́ви Blútprobe *f*

аналоги́чный ähnlich

анана́с *м* Ánanas *f* = *и* -se

англи́йский énglisch; ~ язы́к das Énglische

англича́н|ин *м* Engländer *m* = ~ка *ж* Engländerin *f* -nen

анекдо́т *м* Witz *m* -e

анке́та *ж* **1.** *опрос* Úmfrage *f* -n, Rúndfrage *f* -n, **2.** *опросный лист* Frágebogen *m* = *и* ..bögen

ано́нс *м* Ánzeige *f* -n, Annonce [a´nɔŋsə] *f* -n

анса́мбль *м* **1.** Ensemble [ãn´sa:mb(ə)l] *n* -s; архитекту́рный ~ Báuensemble *n*;

2. *музыкальный* Musíkgruppe *f* -n

анте́нна *ж* Anténne *f* -n

антибио́тик *м* Antibiótikum *n* ..ka

антивое́нный Ántikriegs-

антиква́рный: ~ магази́н Antiquitätenladen *m* ..läden

анти́чный antík; ~ мир Antíke *f*

антра́кт *м* Páuse *f* -n

апельси́н *м* 1. *плод* Apfelsíne *f* -n 2. *дерево* Apfelsínenbaum *m* ..bäume

аплоди́ровать applaudíeren, Béifall klátschen

аплодисме́нты *мн* Ápplaus *m* -e, Béifall *m*

аппара́т *м* 1. *прибор* Apparát *m*; слухово́й ~ Hörapparat *m*; косми́ческий лета́тельный ~ Ráumflugkörper *m* = 2.: госуда́рственный ~ Stáatsapparat *m*

аппети́т *м* Appetít *m*; прия́тного ~a! Máhlzeit!, gúten Appetít!

апре́ль *м* Apríl *m*

апте́ка *ж* Apothéke *f* -n; где ближа́йшая ~? wo ist hier die nächste Apothéke?

апте́чка *ж:* доро́жная ~ Réiseapotheke *f* -n

ара́бский arábisch

арби́тр *м* Schíedsrichter *m* =

арбу́з *м* Wássermelone *f* -n

аргенти́нский argentínisch

аргуме́нт *м* Argumént *n* -e

аргументи́ровать argumentíeren

аре́на *ж* Aréna *f* ..nen; *перен.* Scháuplatz *m* ..plätze

аре́нда *ж* Míete *f* -n; Pacht *f* -en *(земли́)*

арендова́ть míeten; páchten *(зе́млю)*

аре́ст *м* Haft *f* -e *и* -en, Verháftung *f* -en

арестова́ть verháften, féstnehmen*

арифме́тика *ж* Arithmétik *f*; Réchnen *n (в шко́ле)*

а́рия *ж* Arí|e *f* -n

а́рка *ж* Bógen *m*, *pl* = *и* Bögen; триумфа́льная ~ Triúmphbogen *m*

аркти́ческий árktisch

а́рми|я *ж* Armée *f* ..mé|en; служи́ть в ~и beim Militär sein

арома́т *м* Aróma *n* ..men *и* -s, Duft *m*, *pl* Düfte

арома́тный aromátisch

арти́ст *м* Künstler *m* =; Scháuspieler *m* = *(актёр)*; ци́рка Artíst *m* -en; заслу́женный ~ респу́блики Verdíenster Scháuspieler der Republík; наро́дный ~ Vólkskünstler *m* =

артисти́ческий künstlerisch; kúnstvoll *(иску́сный)*

артистка ж Künstlerin f -nen; Scháuspielerin f -nen (*актриса*)

археология ж Archäologíe f

архив м Archív [-ç-] n -e

архитектор м Architékt [-ç-] m -en

архитектура ж Architektúr [-ç-] f, Báukunst f

аспирант м Aspiránt m -en ~ка ж Aspirántin f -nen

ассистент м Assisténт m -en, Gehílfe m -n

ассортимент м a Sortimént m -e, (Wáren)Ángebot n -e

ассоциация ж 1. *общество* Veréinigung f -en 2. *психол.* Assoziatión f -en; Gedánkenverbindung f -en

астра ж Áster f -n

астронавт м Ráumfahrer m =, Astronáut m -en

астрономия ж Astronomíe f, Stérnkunde f

асфальт м Asphált m

атаковать *в разн. знач.* attackíeren, ángreifen*

ателье с Atelier [atə´lje:] n -s; ~ мод Módeatelier n, Módehaus n ..häuser

атлас м Átlas m -se *и* ..lánten; ~ автомобильных дорог Áutoatlas m

атлетика ж: лёгкая ~ Léichtathletik f; тяжёлая ~ Schwérathletik f

атмосфера ж *в разн. знач.* Atmosphäre f

атом м Atóm n -e

атомн|ый Atóm-; atomár; ~ая энергия Atómenergie f; ~ая электростанция (АЭС) Atómkraftwerk n -e, Kérnkraftwerk n; ~ое оружие Atómwaffen pl

аттестат м Zéugnis n -se; ~ о среднем образовании ~ Réifezeugnis n

аттракцион м 1. *цирковой номер* Attraktión f -en 2. *мн* ~ы *в парке и т. п.* Vergnügungseinrichtungen pl

аудитория ж 1. *помещение* Hörsaal m ..säle; Seminárrum m ..räume 2. *слушатели* Auditórium n ..i|en, Zúhörerschaft f

аукцион м Auktión f -en, Verstéigerung f -en; продавать с ~а verstéigern

афганский afghanisch [-´ga:-]

афиша ж Ánschlag m ..schläge

африканский afrikánisch

ах! ach!, ah!

аэробус м Airbus [´ɛ:r-] m -se

аэродром м Flúgplatz m ..plätze

аэрозоль ж Spray [ʃpre: *и* sp-] m, n -s

аэропорт м Flúghafen m ..häfen

Б

ба́бочка ж Schmétterling m -e, Fálter m =

ба́бушка ж Gróßmutter f ..mütter; Óma f -s (*в детской речи*)

бага́ж м Gepäck n; ручно́й ~ Hándgepäck n; сдава́ть ве́щи в ~ das Gepäck áufgeben*

бага́жник м Kófferraum m ..räume (*автомобиля*); Gepácktrager m = (*велосипеда*)

бага́жн|ый Gepäck-; ~ая квита́нция Gepäckschein m -e

ба́за ж 1. *основание* Básis f ..sen, Grúndlage f -n 2. *учреждение* Statión f -en; лы́жная ~ Skiausleihstation ['ʃi-] f -en; тури́стская ~ Júgendherberge f -n, Touristenheim [tu-] n -e

база́р м Markt m, pl Märkte; кни́жный ~ Búchbasar m -e

бак м Behälter m =, Tank m -s; Wásserkessel m = (*для воды*)

баклажа́н м Aubergine [obɛr´ʒi:nə] f -n

балала́йка ж Balaláika f -s *и* ..ken

балери́на ж Balléttänzerin f -nen

бале́т м Ballétt n

балко́н м 1. Balkon [-´kɔŋ] m -s 2. *театр.* Rang m, pl Ränge

балова́ть verwöhnen, verziehen*

балти́йский báltisch, Óstsee-

бандеро́ль ж Päckchen n =; Drúcksache f -n; заказна́я ~ éingeschriebene Séndung; посыла́ть ~ю als Drúcksache verschícken [versénden*]

банди́т м Bandít m -en; Räuber m =

банк м Bank f -en; комме́рческий ~ Kommérzbank f; сберега́тельный ~ Spárbank f

ба́нка ж Büchse f -n (*жестяная*); Glas n, pl Gläser (*стеклянная*)

банке́т м Bankétt n -e, Féstessen n =, Éssen n =; дать ~ ein Éssen gében*

банкро́тство с Bankrótt m -e, Pléite f -n

бант м Schléife f -n

ба́ня ж Bádehaus n ..häuser; (Dámpf)Bad n ..bäder (*парная*); фи́нская ~ Sáuna f -s *и* ..nen

бар м Bar f -s; пивно́й ~ Bíerstube f -n

бараба́н *м* Trómmel *f* -n

бара́нина *ж* Hámmelfleisch *n*

бара́нка *ж* Kríngel *m* =

барелье́ф *м* Basrelief [barεˈljɛf] *n* -s *и* -e

ба́ржа *ж* Lástkahn *m* ..kähne

барито́н *м* 1. *голос* Báriton *m* -e, Báritonstimme *f* -n; 2. *певец* Báriton *m* -e, Báritonsänger *m* =

баро́кко *с* Baróck *n*, Baróckstil *m*

баро́метр *м* Barométer *n* =; ~ па́дает, поднима́ется das Barométer fällt, steigt

ба́рхат *м* Samt *m*

барье́р *м* Barríere *f* -n, Schránke *f* -n; *спорт.* Hürde *f* -n; взять ~ die Hürde néhmen*

бас *м* 1. *голос* Baß *m*, *pl* Bässe 2. *певец* Baß *m*, *pl* Bässe, Bassist *m* -en

баскетбо́л *м* Básketball *m*

баскетболи́ст *м* Básketballspieler *m* = ~ка *ж* ~ Básketballspielerin *f* -nen

бассе́йн *м* *плавательный* Schwímmbecken *n* =; Schwímmbad *n* ..bäder, Hállenschwimmbad *n* ..bäder, Schwímmhalle *f* -n (*закрытый*)

батаре́йка *ж* *эл.* (kléine) Batteríe *f* ..íen

бати́ст *м* Batíst *m* -e

бато́н *м* (lánges) Wéißbrot *n* -e

ба́шня *ж* Túrm *m*, *pl* Türme

бая́н *м* *муз.* (gróße) Zíehharmonika *f* -s *и* ..ken

бди́тельность *ж* Wáchsamkeit *f*

бега́ *мн* Pférderennen *n* =

бе́гать láufen*, rénnen*

бе́гло 1. flíeßend; geläufig; ~ говори́ть по-неме́цки flíeßend deutsch spréchen* 2. *поверхностно* flüchtig

бе́глый: ~ взгляд flüchtiger Blick

бего́м im Lauf, láufend

бе́гство *с* Flucht *f*

бегу́н *м* Läufer *m* =; ~ на коро́ткие диста́нции Sprínter [ʃp-] *m* =, Kúrzstreckenläufer *m*; ~ на дли́нные диста́нции Lángstreckenläufer *m*

беда́ *ж* Únglück *n*; Not *f*, *pl* Nöte; попа́сть в ~у́ ins Únglück geraten* ◇ не велика́ ~ das ist nicht so schlimm; лиха́ ~ нача́ло áller Ánfang ist schwer

бе́дность *ж* Ármut *f*

бе́дный arm; dürftig (*скудный*)

бежа́ть láufen*, rénnen*

бе́жевый beige [bε:ʒ], beigefarben

без 1. óhne (*A*); ~ исключе́ния óhne Áusnahme, áusnahmslos **2.:** ~ десяти́ мину́т во́семь zehn Minúten vor acht

безалкого́льн|ый: ~ые напи́тки álkoholfreie Getränke *pl*

безболе́зненный schmérzlos

безвку́сный 1. *о еде* óhne Geschmáck; fáde *(пресный)* **2.** *перен.* geschmácklos

безво́дный wásserarm

безвозду́шн|ый: ~ое простра́нство lúftleerer Raum

безвы́ходный áusweglos

безграни́чный grénzenlos

безда́рный 1. *о человеке* únfähig, taléntlos **2.** *о работе* stümperhaft

безде́йствовать 1. *о человеке* úntätig sein **2.** *о механизме* stíllstehen*

безделу́шка *ж* Kléinigkeit *f* -en, Níppsache *f* -n

безде́тный kínderlos

бездо́мный 1. óbdachlos **2.** *о животных* hérrenlos

безжа́лостный erbármungslos

беззабо́тный sórglos

беззако́нный úngesetzlich, gesétzwidrig

беззащи́тный schútzlos, wéhrlos

безнадёжный hóffnungslos, áussichtslos

безнра́вственный únsittlich, únmoralisch

безоби́дный hármlos

безо́блачный wólkenlos, únbewölkt; héiter

безобра́зный 1. *о внешности* häßlich **2.** *о поступке* geméin

безогово́рочный bedíngungslos

безрабо́тный 1. árbeitslos, erwérbslos **2.** *м* der Árbeitslose *m*, der Erwérbslose *m*

безразли́чно gléichgültig; мне ~ ist mir ganz gleich [ganz egál]

безрезульта́тный ergébnislos

безукори́зненный, безупре́чный tádellos, éinwandfrei

безусло́вно únbedingt; sícherlich *(определенно)*

безуспе́шный erfólglos

безымя́нный: ~ па́лец Ríngfinger *m*

бе́лка *ж* **1.** Eíchhörnchen *n* = **2.** *мех* Feh *n* -e

бело́к *м* **1.** *яйца́* Éiweiß *n* **2.** *гла́за* Wéiße *n* (des Áuges) **3.** *биол.* Eiweiß *n*

белоку́рый blond

белору́с *м* Belorússe *m* -n ~ка *ж* Belorússin *f* -nen

белору́сский belorússisch

белосне́жный schnéeweiß

бе́лы|й weiß ◊ ~e но́чи die wéißen Nächte; ~ гриб Stéinpilz *m* -e

бельги́йский bélgisch

бельё *c* Wäsche *f*; ни́жнее ~ Únterwäsche *f*; посте́льное ~ Béttwäsche *f*

бензи́н *m* Benzín *n* -e

бензоколо́нка *ж* Tánkstelle *f* -n

бе́рег *m* Úfer *n* = (*реки́*, *о́зера*); Strand *m*, *pl* Strände (*мо́ря*); Küste *f* -n (*побере́жье*)

береги́сь! Vórsicht!, Áchtung!

бережли́вый spársam, wírtschaftlich

берёза *ж* Bírke *f* -n

береста́, берёста *ж* Bírkenrinde *f* -n

берестяно́й aus Bírkenrinde

бере́т *m* Báskenmütze *f* -n

бере́чь 1. *оберега́ть* schützen 2. *сохраня́ть* áufbewahren 3. *щади́ть -- здоро́вье*, *си́лы* schónen ~ся sich schónen, sich vórsehen*

бесе́да *ж* Gespräch *n* -e, Unterháltung *f* -en

бесе́дка *ж* Láube *f* -n

бесе́довать sich unterhálten*

бесконе́чный únendlich; éndlos, óhne Énde (*о вре́мени*)

бескоры́стн|ый úneigennützig, sélbstlos; ~ая по́мощь úneigennützige Hílfe

беспереса́дочн|ый: ~ое сообще́ние diréktе Verbíndung

беспла́тно únentgeltlich, grátis

беспла́тный únentgeltlich, kóstenlos; Frei-; ~ вход fréier Éintritt

беспоко́ить 1. *тревожи́ть* beúnruhigen, Sórgen máchen (*кого́-л. D*) 2. *меша́ть* stören; belästigen (*утружда́ть*) ~ся 1. *тревожи́ться* sich beúnruhigen, besórgt sein, sich (*D*) Sórgen máchen (um *A*) 2. *утружда́ть себя́*: не беспоко́йтесь! lássen Sie sich bítte nicht stören!, máchen Sie bítte kéine Úmstände!

беспоко́йный únruhig, rúhelos

беспоко́йство *c* 1. *волне́ние* Únruhe *f* -n, Áufregung *f* 2.: прости́те за ~! entschúldigen Sie bítte die Störung!

беспо́мощный hílflos, rátlos; únbeholfen (*нело́вкий*)

беспоря́док *m* Únordnung *f*

беспоса́дочный: ~ перелёт [рейс] Nonstópflug *m* ..flüge

беспрепя́тственный úngehindert; frei

беспреры́вный ununterbrochen, unaufhörlich, unausgesetzt

беспреста́нно unaufhörlich, fortwährend, unablässig

беспристра́стный unvoreingenommen, unparteiisch, unbefangen

бессерде́чный herzlos, hartherzig

бесси́льный 1. kraftlos 2. *перен.* mächtlos

бессле́дно spurlos

бессозна́тельн|ый: в ~ом состоя́нии in bewußtlosem Zustand

бесспо́рный unstreitig, unbestreitbar

бессро́чный fristlos

бесстра́шный furchtlos

беста́ктный taktlos

бесхозя́йственность *ж* Mißwirtschaft *f*

бесцве́тный farblos

бесце́льный zwecklos

бесчи́сленный zahllos, unzählig

бесшу́мный geräuschlos

бето́н *м* Beton [-´tɔŋ] *m* -s

бе́шен|ый 1. toll, wütend 2.: ~ая ско́рость rasende Geschwindigkeit

биатло́н *м* Biathlon *n*

библиогра́фия *ж* Bibliographíe *f* ..i|en

библиоте́к|а *ж* Bibliothék *f* -en, Bücheréi *f* -en; взять кни́гу в ~e ein Buch in der Bibliothék áusleihen*

библиоте́карь *м* Bibliothekár *m* -e

би́знес *м* Busineß [´biznis] *n*, Geschäft *n* -e

бизнесме́н *м* Geschäftsmann *m* ..leute

биле́т *м* 1. Fáhrkarte *f* -n (*б.ч. на поезд*); Fáhrschein *m* -e (*автобусный, трамвайный и т. п.*); авиацио́нный ~ Flúgkarte *f*; обра́тный ~ Rückfahrkarte *f* 2. *входной* Éintrittskarte *f*; ~ в кино́ Kínokarte *f* 3. *документ;* чле́нский ~ Mítgliedsbuch *n* ..bücher 4.: лотере́йный ~ (Lotteríe)-Los *n* -e; экзаменацио́нный ~ Prüfungszettel *m* =

биле́тн|ый: ~ая ка́сса Fáhrkartenschalter *m* =(*железнодорожная*); Theáterkasse *f* -n (*театральная*)

билья́рд *м* Billard [´biljart] *n* -e

бинт *м* Bínde *f* -n

бинтова́ть verbínden*

биогра́фия *ж* Biographíe *f* ..i|en, Lébenslauf *m* ..läufe

биоло́гия *ж* Biologíe *f*

бирюза́ *ж* Türkis *m*

бис! noch éinmal!, da capo!

[´ka:-]; выступле́ние на бис Zúgabe f -n

бискви́т м Biskuit [-´kvi(:)t] n -s

би́тва ж Schlacht f -en

бить 1. *избивать; ударять* schlágen* 2. *разбивать* zerschlágen*, zerbréchen*

бифште́кс м Beefsteak [´bi:fste:k] n -s

благода́рность ж Dánkbarkeit f -en; Dank m *(изъявление благодарности);* вы́разить (большу́ю) ~ (bésten, hérzlichen) Dank ságen [áussprechen*]

благода́рный dánkbar; я вам очень благода́рен (за э́то); ich bin Íhnen sehr dánkbar dafür

благодаря́ dank (D); ~ тому́, что... ~ dádurch, daß ...; ~ ва́шей по́мощи dank Íhrer Hílfe

благополу́чие с Wóhlergehen n; Wóhlstand m *(благосостояние)*

благополу́чно: я дое́хал ~ ich kam wóhlbehalten an

благополу́чный glücklich

благоприя́тный günstig

благоразу́мие с Vernúnft f

благоразу́мный vernünftig

благоро́дн|ый édel; édelmütig; ~ые мета́ллы мн Édelmetalle pl

благотвори́тельность ж Wóhltätigkeit f

благоустро́енн|ый: ~ая кварти́ра gut éingerichtete Wóhnung

бланк м Formulár n -е; ~ для почто́вого перево́да Záhlkarte f -n; телегра́фный ~ Telegrámmformular n -е

бле́дный blaß, bleich

блеск м 1. Glanz m -е 2. *перен.* Glanz m, Pracht f *(великолепие)*

блесте́ть glänzen; blítzen, fúnkeln *(сверкать)*

блестя́щ|ий glänzend, blank; ~ие достиже́ния glänzende Léistungen

ближа́йший nächst; где здесь ~ телефо́н-автома́т? wo ist hier die nächste Telefónzelle?

бли́же näher

близ náhe an, náhe bei

бли́зкий 1. *в пространстве и во времеки* náh(e) 2. *сходный* ähnlich 3.: ~ друг nächster [intímer] Freund

бли́зко 1. náh (е), únweit; э́то здесь ~ das ist nicht weit von hier 2. nah, intím, eng; мы ~ знако́мы wir kénnen einánder sehr gut

близнецы́ мн Zwíllinge pl

блин м (flácher) Pfánnkuchen m =

блинчик *м* Plínse *f* -n; ~и с мясом mit Fleisch gefüllte Plínsen

блокнот *м* Notízblock *m* ..blöcke

блондин *м* ein blónder Mann, Blónde *m* -n ~ка *ж* Blondíne *f* -n, Blónde *f* -n

блузка *ж* Blúse *f* -n

блюдо *с* 1. *посуда* Plátte *f* -n; Kúchenteller *m* = *(для пирожных)* 2. *кушанье* Gerícht *n* -e; Gang *m*, *pl* Gänge; национальное ~ Spezialität *f* -en; обед из трёх блюд ein Míttagessen mit drei Gängen

блюдце *с* Úntertasse *f* -n

бобёр *м мех* Bíberfell *n*

бобр *м* Bíber *m* =

Бог *м* Gott *m*, *pl* Götter◊ ради ~а! um Góttes wíllen!; слава ~у! Gott sei dank!

богатств|о *с* Réichtum *m* ..tümer; природные ~а Natúrschätze *pl*

богатый reich

бодрствовать wáchen

бодрый múnter; rüstig, frisch

боевой Geféchts-; kámpflustig *(о человеке)*

бой *м* Kampf *m*, *pl* Kämpfe; Gefécht *n* -e

бойкий 1. *о человеке* fix, lébhaft 2. *о торговле, движении* rége, belébt

бок *м* 1. *сторона* Séite *f* -n; по ~ám von béiden Séiten 2. *бедро* Hüfte *f* -n

бокал *м* Glas *n*, *pl* Gläser, Wéinglas *n*; поднять ~ das Glas erhében*

боков|ой Séiten-; ~ые места Séitenplätze *pl*

боком séitwärts

бокс *м* Bóxen *n*

боксёр *м* Bóxer *m* =

болгарский bulgárisch

более mehr; ~ или менее mehr óder wéniger; тем ~ um so mehr

болезнь *ж* Kránkheit *f* -en

болельщик *м* (léidenschaftlicher) Ánhänger *m* =; Fan [fɛn] *m* -s

болеть 1. *быть больным* krank sein 2. *об ощущении боли:* у меня болит зуб ich hábe Zähnschmerzen; что у тебя болит? was tut dir weh?, wo hast du Schmérzen? 3. *спорт.:* я болею за эту команду das ist méine Líeblingsmannschaft

болеутоляющ|ий: ~ее средство Línderungsmittel *n* =

болото *с* Moor *n* -e, Sumpf *m*, *pl* Sümpfe, Morást *m* -e

болтать I *напр. ногами* báumeln, scháukeln

болта́ть II *разг. разгова́ривать* schwátzen, pláudern

больни́ца *ж* Kránkenhaus *n* ..häuser

бо́льно: мне ~ es tut mir weh

больно́й 1. krank 2. *м* der Kránke

бо́льше 1. *сравн. ст. от* большо́й grö́ßer 2. *сравн. ст. от* мно́го mehr; как мо́жно ~ so viel wie möglich; ~ не nicht mehr; спаси́бо, я ~ не хочу́ dánke, das reicht

большинств|о́ *с* Méhrheit *ж*; в ~é слу́чаев méistens

большо́й groß; Большо́й теа́тр das Bolschói Theáter

бомбардиро́вка *ж* Bómbenangriff *m* -e, Bombardement [-´mã] *n* -s

бордо́вый wéinrot

борода́ *ж* Bart *m*, *pl* Bärte

борода́вка *ж* Wárze *ж* -n

борозда́ *ж* Fúrche *ж* -n

боро́ться kämpfen; ríngen* *(тж. спорт.);* ~ за пе́рвое ме́сто um den érsten Platz kämpfen

борт *м* Bord *m* -e; на ~у́ an Bord; с челове́ком на ~у́ *косм.* bemánnt

бортпроводни́ца *ж* Stewardeß [´stjuːərdɛs] *ж* ..déssen

борщ *м* Borschtsch *m*, (róte) Rübensuppe *ж*

борьба́ *ж* 1. Kámpf *m*, *pl* Kämpfe; ~ с престу́пностью Kampf gégen das Verbréchertum 2. *спорт.* Ríngen *n*; Ríngenkampf *m* ..kämpfe; во́льная ~ Fréistilringen *n*; класси́ческая ~ klássisches Ríngen

босо́й bárfüßig

босоно́жки *мн* Sandalétten *pl*

бота́ника *ж* Botánik *ж*

ботани́ческий: ~ сад botánischer Gárten

боти́нки *мн* Schúhe *pl*; ~ жмут ~ die Schúhe drücken

бо́чка *ж* Faß *n*, *pl* Fässer, Tónne *ж* -n

боязли́вый ängstlich, fúrchtsam, bánge

боя́ться Angst háben, sich fürchten (vor j-m); не бо́йся! kéine Angst!; я бою́сь за него́ ich fürchte um ihn

бра́во! brávo! [-v-]

брасле́т *м* Ármband *n* ..bänder

брасс: пла́вать ~ом brústschwimmen

брат *м* Brúder *m*, *pl* Brüder; ~ и сестра́, ~ья и сёстры Geschwíster *pl*

бра́тский brüderlich, Brúder-

брать néhmen*; ~ биле́т éine Kárte lösen; ~ нача́ло

séinen Ánfang néhmen*; ~ примéр sich (D) ein Béispiel néhmen*; *см. тж.* взять

брáчн|ый: ~ое объявлéние Héiratsanzeige *f* -n

бревнó *с* 1. Bálken *m* = 2. *спорт.* Schwébebalken *m* =

бред *м* Fíeberwahn *m*

брéдить irre réden, im Fíeber spréchen*, phantasíeren

брезглúв|ый ékelhaft; ~ое чýвство Ékelgefühl *n* -e

брезéнт *м* Zélttuch *n* ..tücher

бригáда *ж* Brigáde *f* -n

бригадúр *м* Brigádeleiter *m* =

бриллиáнт *м* Brillant [bril´jant] *m* -e; Diamánt *m* -en *(обработанный)*

брúтва *ж*: безопáсная ~ Rasierapparat *m* -e; электрúческая ~ Eléktrorasierer *m* =

брить rasíeren ~ся sich rasíeren *(самомý)*; sich rasíeren lássen* *(у парикмáхера)*

бровь *ж* Áugenbraue *f* -n

бродúть umhérstreichen*; wándern; ~ по гóроду durch die Stadt búmmeln

брóнза *ж* Brónze [-ŋsə] *f*

брóнзовый brónzen [-ŋsən], Brónze-

бронúровать *билéты, местá* reservíeren [-v-]

бронхúт *м* Bronchítis [-ç-] *f* ..tíden

бросáть, брóсить 1. *кинуть* wérfen* 2. *оставить* verlássen* 3. *перестать делать что-л.* áufhören; áufgeben*; я брóсил курúть ich hábe das Ráuchen áufgegeben

брóситься sich wérfen*; sich stürzen ◊ ~ в глазá áuffallen*

бросóк *м* Wurf *m*, *pl* Würfe

брóшка, брошь *ж* Brósche *f* -.n

брошюра *ж* Broschüre *f* -n

бруснúка *ж* Préiselbeeren *pl*

брýсья *мн спорт.* Bárren *m* =

брызгать spritzen

брюки *мн* Hóse *f* -n, Hósen *pl*

брюнéт *м* der Brünétte -n ~ка *ж* die Brünétte -n

бýблик *м* Krínge *m* =

будúльник *м* Wécker *m* =; заведú, пожáлуйста, ~ на шесть часóв stélle bítte den Wécker auf sechs Uhr

будúть wécken

бýдто als ob, als wenn

бýдущ|ее *с* Zúkunft *f*; в

бли́жайшем ~ем in nächster Zúkunft; пла́ны на ~ Zúkunftspläne *pl*

бу́дущ|ий zukünftig; на ~ей неде́ле nächste Wóche, in der nächsten Wóche

буй *м мор.* Bóje *f* -n

бук *м* Búche *f* -n

бу́ква *ж* Búchstabe *m* -n

буква́льный búchstäblich; ~ перево́д wörtliche Übersétzung

буква́рь *м* Abc-Buch [a:be:´tse:-] *n* ..bücher, Fíbel *f* -n

буке́т *м* Strauß *m*, *pl* Sträuße

букинисти́ческий: ~ магази́н Antiquariát *n* -e

була́вка *ж* Stécknadel *f* -n; англи́йская ~ Sícherheitsnadel *f*

бу́лка, бу́лочка *ж* Brötchen *n* =, Sémmel *f* -n

бу́лочная *ж* Bäckeréi *f* -en

бульва́р *м* Boulevard [bulə´va:r] *m*-s

бульо́н *м* Brühe *f* -n, Bouillon [bul´jɔŋ] *f* -s

бума́г|а *ж* 1. Papíer *n*; почто́вая ~ Bríefpapier *n*; обёрточная ~ Páckpapier *n*; туале́тная ~ Toiléttenpapier *n* 2. *мн* ~и докуме́нты Papíere *pl*, Dokuménte *pl*

бума́жник *м* Bríeftasche *f*-n

бума́жный Papíer-; ~ стака́н Páppbecher *m* =

бу́рый schwárzbraun; ~ у́голь Bráunkohle *f* -n

бу́ря *ж* Sturm *m*, *pl* Stürme

бу́сы *мн* Hálskette *f* -n, Pérlenkette *f* -n

бутербро́д *м* belégtes Brot [Brötchen]; ~ с колбасо́й Wúrstbrötchen *n* =

буто́н *м* Knóspe *f* -n

бу́тсы *мн* Fúßballschuhe *pl*

буты́лка *ж* Flásche *f* -n; моло́чная ~ Mílchflasche *f*; ~ молока́ éine Flásche Milch; ~ из-под вина́ (léere) Wéinflasche *f*

буфе́т *м закусочная* Ímbißraum *m* ..räume

буха́нк|а *ж* Laib *m*; две ~и бе́лого хле́ба zwei Wéißbrote

бухга́лтер *м* Búchhalter *m* =

бухгалте́рия *ж отдел* Búchhaltung *f*

бу́хта *ж* Bucht *f* -en

бушева́ть *о стихии* bráusen; wüten; hoch géhen* *(о волнах)*; tósen, tóben *(тж. перен.)*

бы 1. *для выражения жела́ния:* я бы охо́тно посети́л... ich würde gern ... besúchen 2. *для выражения предложения:* вы бы присе́ли! vielléicht néhmen Sie

Platz! 3. *для выражения условного действия:* éсли бы я э́то знал, то ... wenn ich das wüßte, so würde...

быва́|ть 1. *случаться* vórkommen*, geschéhen* 2. *быть* sein* 3. *посещать* besúchen; вы ча́сто ~ете в теа́тре? géhen Sie oft ins Theater?

бы́вший éhemalig, früher; Ex-

бык *м* Búlle *m* -n, Stier *m* -e

были́на *ж* Bylína *f* ..nen, Héldensage *f* -n

бы́ло; он чуть ~ не упа́л fast wäre er gefállen; я чуть ~ не забы́л... ich hätte beináhe vergéssen...

бы́стрый schnell, rasch, flink; schléunig

быть 1. sein*; где вы бы́ли? wo wáren Sie? 2. *иметься:* у них не́ было дете́й sie hätten kéine Kínder 3. *связка* sein*; он был рабо́чим er war Árbeiter; в ко́мнате бы́ло темно́ im Zímmer war es dúkel ◊ как ~? was tun?; так и ~! méinetwegen!; не мо́жет ~! únmöglich!, das kann nicht sein!, бу́дьте так добры́! séien Sie so gut [líebenswürdig]!

бюст *м* 1. *скульптура* Büste *f* -n 2. *грудь* Büste *f* -n, Búsen *m*

в 1. *для обозначения места или направления* in; nach: в мое́й ко́мнате in méinem Zímmer; в мою́ ко́мнату in mein Zímmer; он е́дет в Москву́ er fährt nach Móskau 2. *для обозначения времени* in, an, zu, um; в э́том ме́сяце in díesem Mónat: в э́тот день an díesem Táge; в э́тот час zu díeser Stúnde: в три часа́ um drei Uhr 3. *в течение* während; in, im Láufe von; в не́сколько дней im Láufe von wénigen Tágen

ваго́н *м* Wágen *m* =; Waggon [va´gɔŋ] *m* -s *(товарный);* бага́жный ~ Páckwagen *m*; пассажи́рский ~ Persónenwagen *m*; купи́рованный ~ Schláfwagen mit Abtéilen *m*; мя́гкий ~ Wágen der érsten Klásse ~; ~-рестора́н Spéisewagen *m*

ва́жный *о деле* wíchtig, bedéutend

ва́за *ж* Váse [v-] *f* -n

ва́ленки *мн* Fílzstiefel *pl*

вальс *м* Wálzer *m* =

валю́та *ж* Währung *f* -en, Valúta [v-] *f* ..ten; иностра́нная ~ Devísen [-v-] *pl*; твёрдая ~ hárte Währung

валю́тный Währungs-, Valút- [v-]

вам euch; Íhnen *(форма вежливости)*; мы вам э́то пока́жем wir wérden euch [Íhnen] das zéigen; мы к вам зайдём wir kómmen zu euch [Íhnen]

ва́ми; с ва́ми mit euch; mit Íhnen *(форма вежливости)*; мы за ва́ми зайдём wir hólen euch [Sie] ab

ва́нн|а *ж* 1. Bádewanne *f* -n, Wánne *f* -n; но́мер с ~ой Zímmer mit Bad 2. *купанье* Bad *n*; приня́ть ~у ein Bad néhmen*

ва́нная *ж* Bádezimmer *n*=

ва́рвар *м* Barbár *m* -e

ва́рварский barbárisch

ва́режки *мн* Fáusthandschuhe *pl*, Fäustlinge *pl*

варе́ники *мн* Waréniki *pl*, Quárkknödel *pl*, Béerenknödel *pl*

варёный gekócht

варе́нье *с* Konfitüre *f* -n

вариа́нт *м* Variánte [v-] *f* -n

вари́ть kóchen; bráuen *(пиво)* ~ся kóchen

варьете́ *с* Varieté [v-] *n* -s

вас ihr, euch; Sie *(форма вежливости)*

василёк *м* Kórnblume *f* -n

ва́та *ж* Wátte *f*

ваш [ва́ша, ва́ше] éuer [éure, éuer], der [die, das] éurige; Ihr [Íhre, Ihr] der [die, das] Íhre, der [die, das] Íhrige] *(форма вежливости)*

вбива́ть, вбить éinschlagen*

вблизи́ in der Nähe, únweit

вбок zur Séite

введе́ние *с* Éinführung *f* -en, Éinleitung *f* -en

вверх nach óben; áufwärts; hináuf *(по направл. от говорящего)*; heráuf *(по направл. к говорящему)*; ~ по ле́стнице treppáuf; ~ по тече́нию stromáufwärts; ~ дном *(в беспорядке)* drúnter und drüber

вверху́ óben

ввести́ 1. hinéinführen; herinführen 2. *установить* éinführen; ~ в эксплуата́цию in Betríeb sétzen

ввиду́ in Ánbetracht *(чего-л. G)*; ~ того́, что da, weil

вглубь in die Tíefe; tief hinéin

вдалеке́, вдали́ in der Férne, weit

вдво́е dóppelt, zwéifach; увели́чить ~ verdóppeln

вдвоём zu zweit, zu zwéi(en)

вдвойне́ zwéifach, dóppelt

вдоба́вок óbendréin

вдова́ ж Wítwe f -n

вдове́ц м Wítwer m =

вдо́воль hínreichend, wólláuf, in Hülle und Fülle

вдого́нку hinterhér; пусти́ться за кем-л. ~ j-m náchlaufen*

вдоль längs, entláng; идти́ ~ бе́рега am Ufer entláng géhen*

вдохнове́ние с Begéisterung f, Éingebung f

вдруг plötzlich *(внеза́пно)*; auf éinmal *(ра́зом)*

вдыха́ть см. вдохну́ть

вегетариа́нский vegetárisch [v-]

ве́ден|ие с: в чьём э́то ~ии? wer ist dafür zúständig?

веде́ние с: ~ хозя́йства Wírtschaftsführung f; ~ собра́ния Léitung f der Versámmlung

ве́домость ж Verzéichnis n -se, Líste f -n

ве́домство с Behörde f -n, Amt n, pl Ämter

ведро́ с Éimer m =

веду́щ|ий 1. führend, léitend, Leit-; Haupt- *(гла́вный)*; ~ая кома́нда führende Mánnschaft 2. м *переда́чи* Moderátor m ..tóren

ведь ja, doch

ве́жливость ж Höflichkeit f

ве́жливый höflich

везде́ überáll

вездехо́д м Geländefahrzeug n -e

везти́ 1. fáhren*, führen 2.: ему́ везёт er hat Glück; ему́ не везёт er hat Pech

век м 1. *столе́тие* Jahrhúndert n -e 2. *эпо́ха* Zéitalter n =

ве́ко с Áugenlid n -er

ве́ксель м Wéchsel m =

вели́к zu gróß; э́ти ту́фли мне велики́ díese Schúhe sind mir zu groß

велика́н м Ríese m -n

вели́кий groß; der Gróße *(при имена́х собств.)*

великоду́шие с Gróßmut f

великоду́шный gróßmütig

вели́чественный erháben, majestätisch

величина́ ж Größe f -n

велосипе́д м Fáhrrad n, Rad n, pl Räder; да́мский ~ Dámenrad n; ~-танде́м Tándem n; е́здить на ~е rádfahren*

велосипеди́ст м Rádfahrer m =

венге́рский úngarisch

венгр *м* Úngar *m* -n

венóк *м* Kranz *m*, *pl* Kränze

вентилятор *м* Ventilátor [v-] *m* ..tóren

вентиляция *ж* Ventilatión [v-] *f*, Lüftung *f*

вéра *ж* Gláube(n) *m*

веранда *ж* Veránda [v-] *f* ..den, Terrásse *f* -n

вéрба *ж* Wéide *f* -n

верблюд *м* Kamél *n* -e; Dromedár *n* -e *(одногорбый)*

вербовáть wérben*

верёвка *ж* Strick *m* -e

вéрить gláuben *(кому-л., чему-л. D; в кого-л., во что-л.* an *D)*

вермишéль *ж* Fádennudeln *pl*

вéрно *правильно* ríchtig; совершéнно ~! ganz ríchtig!

вéрность *ж* 1. *правильность* Ríchtigkeit *f*, Genáuigkeit *f* 2. *преданность* Tréue *f (чему-л.* zu *D)*

вернýть zurückgeben*, zurückerstatten, ~ся zurückkommen*, zurückkehren

вéрн|ый 1. *преданный* treu; ~ друг tréuer Freund 2. *надежный* sícher; zúverlässig 3. *правильный* wahr, ríchtig; у вас ~ые часы? geht Íhre Uhr ríchtig?

веролóмный tréubrüchig, wórtbrüchig

вероятност|ь *ж* Wahrschéinlichkeit *f*, по всей ~и állem Ánschein nach

вероятный wahrschéinlich, vermútlich

вéрсия *ж* Versión [v-] *f*

вертéть dréhen ~ся sich dréhen

вертикáльный vertikál [v-], sénkrecht

вертолёт *м* Húbschrauber *m* =

вéрующий *м* der Gläubige

верфь *ж* Werft *f* -en

верх *м* 1. *верхняя часть* Óberteil *m, n* 2. *у автомобиля, экипажа* Wágenverdeck *n* 3. *высшая степень* Gípfel *m*; ~ совершéнства Múster an Vollkómmenheit 4. *превосходство* Óberhand *f*; одержáть ~ die Óberhand gewínnen*, den Sieg davóntragen*

вéрхн|ий óber, Óber-; ~яя одéжда Óberkleidung *f*

верхóм zu Pferd; éздить ~ réiten*

вершина *ж* Gípfel *m* =, Wípfel *m* = *(дерева);* мат. Schéitelpunkt *m*

веселиться sich vergnügen; sich amüsíeren *(забавляться)*

весёлый lústig, héiter, fröhlich

весéлье с Héiterkeit f, Fröhlichkeit f

весéнний Frühlings-

вéсить wíegen*

веслó с Rúder n =

веснá ж Frühling m, Frühjahr n

веснóй im Frühling

весов|óй: ~áя категóрия *спорт.* Gewíchtsklasse f

вести́ 1. führen; кудá ведёт эта дорóга? wohin führt díeser Weg?; ~ разговóр ein Gespräch führen 2. *руководи́ть* léiten, führen 3. *управля́ть маши́ной и т. п.* lénken, stéuern 4.: ~ себя́ sich benéhmen*, sich betrágen* 5. *спорт.* führen, in Führung líegen* [sein]

вестибю́ль м Vórhalle f -n, Vestibül [v-] n -e

весть ж Náchricht f -en, Bótschaft f -en

весы́ *мн* Wáage f -n

весь [вся, всё; все] áll(er) [álle, álles; álle]; ganz *(це́лый)*; ~ день den gánzen Tag

весьмá sehr, höchst

вéтер м Wind m -e

вéтреный wíndig; ~ день ein wíndiger Tag

вéтхий alt; gebréchlich; *(о человéке)*; báufällig *(о здáнии)*; ábgenutzt *(о вéщи)*

ветчинá ж Schínken m

вéчер м 1. Abend m -e; к ~у gégen Ábend; дóбрый ~! gúten Ábend! 2. *собрáние и т. п.* Ábend m -e, Ábendveranstaltung f -en

вечери́нка ж Party ['pa:ti] f -s

вечéрн|ий Ábend-; ~ее плáтье Ábendkleid n -er

вéчером am Ábend, ábends

вéчный éwig

вéшалка ж 1. *для одéжды* Kléiderständer m *(стóйка);* Kléiderhaken m *(крючóк);* Kléiderbügel m *(пле́чики)* 2. *у одéжды* Áufhänger m

вéшать *предмéт* áufhängen

веществó с Stoff m -e

вещ|ь ж 1. Ding n -e, Sáche f -n 2. *мн* ~и Sáchen pl; Kléidungsstücke pl *(одéжда);* Gepäck n *(багáж);* упаковáть ~и die Sáchen pácken

взад: ~ и вперёд *разг.* auf und ab, hin und her

взаи́мный gégenseitig

взаимоотношéни|е с Wéchselbeziehung f; *мн* ~ия Bezíehungen pl

взаимопóмощь ж gégenseitige Hílfe

взаимопонима́ние с gégenseitiges Verständnis

взбить (zu Schaum) schlágen* (*яйца, сливки*); áufschütteln (*подушки*)

взве́сить 1. ábwiegen*, wägen 2. *перен.* erwägen, ábwägen; sich (*D*) überlégen (*обдумать*)

взволнова́ть áufregen -ся sich áufregen

взгляд *m* 1. Blick *m* -e; с пе́рвого ~a auf den érsten Blick 2. *мнение* Ánsicht *f* -en, Méinung *f* -en; на мой ~ méiner Ánsicht nach

взгляну́ть *на кого-л., на что-л.* ánsehen*, ánblicken

вздох *m* Séufzer *m* =

вздохну́ть séufzen

вздра́гивать, вздро́гнуть zusámmenfahren*, zúcken, áuffahren*

вздыха́ть *см.* вздохну́ть

взима́ть erhében* (*пошлину*); éinziehen* (*налоги*)

взлета́ть, взлете́ть áuffliegen* (*о птице*) stárten (*о самолете*)

взлётн|ый: ~ая полоса́ Stártbahn *f*

взмах *m* Schwíngen *n*, Schwénken *n*; Schlag *m* (*крыльев птицы*)

взма́хивать, взмахну́ть schwíngen*; schwénken (*руками*)

взмо́рье с Strand *m*

взойти́ 1. *подняться* hináufgehen*, hináufsteigen* 2. *о светилах* áufgehen* 3. *о семенах* áufgehen*

взро́слый 1. erwáchsen 2. *м* der Erwáchsene

взрыв *м* Explosión *f*; Detonatión *f* (*звук от взрыва*); *перен.* Áusbruch *m*; ~ сме́ха Láchsalve [v-] *f*; ~ аплодисме́нтов Béifallssturm *m*

взять néhmen*; ~ на себя́ отве́тственность die Verántwortung übernéhmen*; ~ с собо́й mítnehmen*; ~ себя́ в ру́ки sich fássen, sich zusámmennehmen* ~ся: ~ за́ руки sich an den Händen fássen; ~ за рабо́ту ans Werk géhen*

вид *м* 1. *внешность* Áussehen *n*, Äußere *n* 2. *местности и т. п.* Áussicht *f*; Ánsicht *f* (*снимок, рисунок*) 3. *род* Art *f*; ~ спо́рта Spórtart *f* -en

ви́део|кассе́та *ж* Vídeokassette [v-] *f* -n ~магнитофо́н *м* Videorecorder [´videorekordər] *m* =

ви́деть séhen*; рад вас ~ ich fréue mich, Sie zu séhen ~ся einánder [sich] séhen*, sich begégnen

ви́димо schéinbar

ви́дно 1. man kann séhen; мне ничего́ не ~ ich séhe nichts 2. *по-ви́димому* es scheint, schéinbar

ви́дный 1. *видимый* sícht- bar 2. *выдаю́щийся* bedéu- tend, hervórragend

ви́з|а *ж* Vísum [v-] *n* ..sen; ~ на въезд Éinreisevisum *n*; ~ на вы́езд Áusreisevisum *n*; получи́ть ~у das Vísum erh- álten*

визи́т *м* Besúch *m* -e; нанести́ ~ éinen Besúch máchen [ábstatten]

виктори́на *ж* Quiz [kvis] *n*

ви́лка *ж* Gábel *f* -n; Stécker *m* = *(штепсельная)*

вина́ *ж* Schuld *f*

винегре́т *м* Salát *m* (mit róten Rüben)

вини́ть beschúldigen

вино́ *с* Wein *m* -e

винова́тый schúldig; вино- ва́т! Entschúldigung!, Verzéihung!

виногра́д *м* Wéintrauben *pl*

виногра́дный Wéintrauben-; ~ сок Tráubensaft *m*

виолончели́ст *м* Cellíst [tʃɛ-] *m* -en

виолонче́ль *ж* Cello [´tʃɛ- lo] *n* -s

висе́ть hängen*

ви́ски *с* Whisky [´vıski] *m*

висо́к *м* Schläfe *f* -n

витами́ны *мн* Vitamíne [v-] *pl*

витри́на *ж* Scháufenster *n* =

вить wínden*; ~ гнездо́ ein Nest báuen

ви́ться 1. sich schlängeln *(о реке, дороге и т. п.)*; sich ránken *(о растениях)* 2. *о волосах* sich kräuseln

ви́це-адмира́л *м* Vízeadmi- ral [v-] *m* -e

ви́це-президе́нт *м* Vízepräsident [v-] *m* -en

вишнёвый Kirsch-; kír- schrot *(о цвете)*; ~ сад Kír- schgarten *m*; ~ сиро́п Kír- schsirup *m*

ви́шня *ж* 1. *плод* (Sáuer) Kírsche *f* -n 2. *дерево* (Sáuer) Kírschbaum *m* ..bäume

вклад *м* Éinlage *f* -n; *перен.* Béitrag *m* ..träge

вкла́дчик *м* Deponént *m* -en

включа́ть(ся) *см.* включи́ть(ся)

включа́я, включи́тельно éinschließlich, mitéinbegriffen

включи́ть 1. éinschließen* 2. *эл.* éinschalten; включи́те телеви́зор schálten Sie den Férnseher ein

вкра́тце in (áller) Kürze, kurz

вкруту́ю: яйцо́ ~ hártes [hártgekochtes] Ei

вкус *м* Geschmáck *m*

вкýсн|ый schmáckhaft; ~о! es schmeckt gut!

владéлец *м* Besítzer *m* =, Ínhaber *m* =

владéть besítzen*, *перен.* behérrschen; hándhaben *(инструментом и т. п.)*; какúм инострáнным языкóм вы владéете? wélche Frémdsprache behérrschen Sie?; ~ собóй sich behérrschen

влáжность *ж* Féuchtigkeit *f*

влáжный feucht

власт|ь *ж* Macht *f*; Gewált *f*; *мн* ~и Behörden *pl*; мéстные ~и die örtlichen Máchtorgane

влéво nach links

влияние *с* Éinfluß *m*; имéть ~ Éinfluß háben

влиятельный éinflußreich

влиять beéinflussen; éinwirken *(воздействовать)*

влюбúться sich verlíeben

вмéсте zusámmen; geméinsam *(сообща)*; ~ с тем zugléich, gléichzeitig

вместúтельный geräumig

вмéсто statt, anstátt

вмешáться, вмéшиваться sich éinmischen

вмиг im Nu, blítzschnell

вначáле zuérst, ánfangs

вне áußerhalb, áußer; ~ игры *спорт.* ábseits; ~ себя áußer sich

внедрéние *с* Éinführung *f*

внезáпно plötzlich, auf éinmal

внеочереднóй außerórdentlich; áußer der Réihe

внестú 1. hinéintragen*, heréintragen* 2. *уплатить* éinzahlen 3. *вписать* éintragen*

внéшн|ий äußerlich, äußerer; Áußen-; ~яя торгóвля Áußenhandel *m*

внéшность *ж* das Äußere

вниз nach únten; hináb *(по направл. от говорящего)*; heráb *(по направл. к говорящему)*; ~ по лéстнице treppáb; ~ по течéнию stromábwärts

внизý únten

внимáние *с* 1. Áufmerksamkeit *f*; ~! Áchtung! 2. *перен.* Rücksicht *f*; принять во ~ in Betrácht zíehen*, berücksichtigen; обратúте, пожáлуйста, ~ на... beáchten Sie bítte...

внимáтельный 1. áufmerksam 2. *любезный* zuvórkommend, líebenswürdig

вновь von néuem

вносúть *см.* внестú

внук Énkel *m* =

внýтренн|ий Ínnen-; der

внутри́ drínnen, ínnerhalb

внутрь nach ínnen, hinéin

вну́чка ж Énkelin f -nen

внуша́ть, внуши́ть éinflößen; suggeríeren *(заставить поверить во что-л.)*

вня́тный vernéhmlich; déutlich *(отчётливый)*

во́время réchtzeitig, zur réchten Zeit; gelégen *(кстати)*; не ~ úngelegen

во́все: ~ нет ganz und gar nicht

во-вторы́х zwéitens

вода́ ж Wásser n, питьева́я ~ Trínkwasser n; кипячёная ~ gekóchtes Wásser; сыра́я ~ úngekochtes Wásser; минера́льная ~ Minerálwasser n

водоворо́т м Strúdel m, Wásserwirbel m

водола́з м Táucher m =

водонепроница́емый wásserdicht

водопа́д м Wásserfall m ..fälle

водопрово́д м Wásserleitung f

водохрани́лище с Wásserbehälter m; Stáusee m *(крупное)*

воева́ть Krieg führen

вое́нн|ый 1. militärisch, Militär-; Krieg-; ~ые расхо́ды Rüstungsausgaben pl **2.** м Militärperson f -en

возбуди́ть, возбужда́ть errégen, hervórrufen*; réizen *(аппетит и т. п.)*

возбужде́ние с **1.** *действие* Réizung f, Ánregung f **2.** *состояние* Errégung f, Áufregung f

возврати́ть, возвраща́ть zurückgeben*; zurückzahlen *(деньги)* ~ся zurückkehren, zurückkommen*

возвы́шенность ж Ánhöhe f, Höhe f

возгла́вить, возглавля́ть léiten, an der Spitze stéhen*

во́зглас м Áusruf m -e; ~ы одобре́ния Béifallsrufe pl; ~ы восто́рга Begéisterungsrufe pl

воздвига́ть, воздви́гнуть erríchten, áufrichten

возде́йствие с Éinwirkung f -en; Éinfluß m ..flüsse *(влияние)*

воздержа́ться, возде́рживаться sich enthálten*; ~ от голосова́ния sich der Stímme enthálten*

во́здух м Luft f; на све́жем ~е im Fréien

возду́шн|ый Lúft-; ~ое сообще́ние Lúftverkehr m

воззва́ние с Áufruf m, Appéll m

вози́ться 1. *с чем-л.* hantíeren; sich ábmühen *(с трудом)* **2.** *резвиться* sich bálgen

возлага́ть 1. áuferlegen **2.**: ~ вено́к на моги́лу éinen Kranz am Grab níederlegen

во́зле nében, an, bei

возме́здие *с* Vergéltung *f*, Stráfe *f*

возмести́ть, возмеща́ть ersétzen *(что-л.)*; entschädigen *(кому-л. что-л. j-n für A)*

возмеще́ние *с* Ersátz *m*, Entschädigung *f*; ~ убытков Schádenersatz *m*

возмо́жно 1. (es ist) möglich **2.** *вероятно* vielléicht, kann sein

возмо́жность *ж* Möglichkeit *f* -en

возмо́жный möglich

возмути́тельный empörend

возмути́ться, возмуща́ться sich empören *(чем-л. über A)*

возмуще́ние *с* Empörung *f*

возмущённый empört

вознагради́ть, вознагражда́ть belóhnen *(чем-л.* mit *D*, *за что-л.* für *A)*

вознагражде́ние *с* **1.** *награда* Belóhnung *f* -en **2.** *плата* Bezáhlung *f*

возника́ть entstéhen*

возникнове́ние *с* Entstéhung *f*

возраже́н|ие *с* Éinwand *m* ..wände, Éntgegnung *f* -en; Wíderspruch *m* ..sprüche; у нас нет ~ий wir háben kéine Éinwände

возрази́ть erwídern, éinwenden*; widerspréchen* (*D*)

во́зраст *м* Álter *n*, Lébensalter *n*

возраста́ть, возрасти́ (án)stéigen*; zúnehmen*

возрожде́н|ие *с* Wiedergeburt *f*; эпо́ха ~ия Renaissance [rənɛˊsã:s] *f*

во́ин *м* Kríeger *m* =, Soldát *m* -en

во́инск|ий Militär-; militärisch; ~ая обя́занность Wéhrpflicht *f*

война́ *ж* Krieg *m* -e; Вели́кая Оте́чественная ~ der Gróße Váterländische Krieg; гражда́нская ~ Bürgerkrieg *m* -e

войска́ *мн* Trúppen *pl*

войти́ hinéingehen*, éintreten*; éinsteigen* *(в ваго́н и т. п.)*;

войди́те! heréin!

вокза́л *м* Báhnhof *m* ..höfe

вокру́г 1. *наречие* um (*A*)... (herúm); ~ го́рода um die Stadt herúm **2.** *предлог* ríngs(her)um, ringsumhér

волейбо́л *м* Volleyball ['vɔle-] *m*

волейболи́ст *м* Volleyballspieler ['vɔle-] *m* =

во́лей-нево́лей wohl óder übel, nólens vólens [v-]

во́лжский Wólgaer, Wólga-

волк *м* Wolf *m*, *pl* Wölfe

волн|а́ *ж* Wélle *f* -n; диапазо́н волн *радио* Wéllenbereich *m* -e; дли́нные ~ы Lángwellen *pl*; сре́дние ~ы Míttelwellen *pl*; коро́ткие ~ы Kúrzwellen *pl*

волне́н|ие *с* 1. *на море* Séegang *m* 2. *взволнованность* Aufregung *f* -en 3. *мн* ~ия *полит.* Unruhen *pl*

волни́стый wéllig

волнова́ть *приводить в возбуждение* áufregen errégen ~ся 1. *о море, о толпе* wállen, wógen 2. *возбуждаться* sich áufregen 3. *беспокоиться* sich (*D*) Sórgen máchen; не волну́йтесь! régen Sie sich doch nicht auf!

волокно́ *с* Fáser *f* -n

во́лосы *мн* Haar *n*

волочи́ть schléppen, schléifen

волше́бник *м* Záuberer *m* =

волше́бный Záuber-, Wúnder-, záuberhaft

во́л|я *ж* 1. Wílle *m*; си́ла ~и Wíllensstärke *f*; Wíllenskraft *f* 2. *свобода* Fréiheit *f*

вон I *вот* da, dort

вон II *прочь* fort!, hináus!

вообще́ überháupt

воображе́ние *с* Éinbildungskraft *f*, Phantasíe *f*

вообрази́ть 1. sich (*D*) etw. vórstellen 2. *выдумать* sich (*D*) etw. éinbilden

воодушеви́ть begéistern, ánfeuern (*на что-л.* zu *D*) ~ся sich begéistern (*чем-л.* für *A*)

воодушевле́ние *с* Begéisterung *f*

во-пе́рвых érstens

вопреки́ zuwíder, gégen, trotz; ~ его́ жела́нию séinem Wunsch zuwíder

вопро́с *м* Fráge *f* -n; разреши́те зада́ть ~ erláuben Sie éine Fráge; э́то ещё ~ das ist noch fráglich

вор *м* Dieb *m* -e

ворва́ться heréinstürmen (*по направл. к говорящему*); hinéinstürmen (*по направл. от говорящего*)

воробе́й *м* Spérling *m* -e, Spatz *m* -en

ворова́ть stéhlen*

во́рон *м* Rábe *m* -n

воро́на *ж* Krähe *f* -n

воротни́к *м* Krágen *m* =

ворча́ть brúmmen; knúrren *(о собаке)*
восемна́дцать áchtzehn
во́семь acht
во́семьдесят áchtzig
восемьсо́т áchthúndert
воск *м* Wachs *n*
воскли́кнуть áusrufen*
восклица́ние *с* Áusruf *m* -e
воскресе́нь|е *с* Sónntag *m* -e; по ~ям sónntags, jéden Sónntag
воспале́ние *с* Entzündung *f* -en; ~ лёгких Lúngenentzündung *f*
воспалённый entzündet
воспита́ние *с* Erzíehung *f*
воспита́тель *м* Erzíeher *m* = ~ница *ж* Erzíeherin *f* -nen; Kindergärtnerin *f* -nen *(в детском саду)*
воспита́ть, воспи́тывать erzíehen*; gróßziehen* *(вырастить)*
воспо́льзоваться benützen; мо́жно ~ ва́шей авторучкой? darf ich Íhren Fǘllhalter benútzen?
воспомина́ние *с* Erínnerung *f* -en *(о ком-л., о чём-л.* an *A)*
воспреща́|ться: кури́ть ~ется! Ráuchen verbóten!
воспринима́ть, восприня́ть wáhrnehmen* *(ощутить)*; áufnehmen* *(отреагировать)*; áuffassen *(понять)*
воссоедине́ние *с* Wiedervereinigung *f*
восста́ние *с* Áufstand *m* ..stände
восстанови́ть wiederhérstellen, wiederáufbauen; restauríeren *(памятник, текст, картину)*
восстановле́ние *с* Wiederhérstellung *f*; Wiederáufbau *m*; Restauríerung *(памятника, текста, картины)*
восто́к *м* Ósten *m (страна света)*; Óriént *m (восточные страны)*; Бли́жний Восто́к der Náhe Ósten; Да́льний Восто́к der Férne Ósten
восто́рг *м* Begéisterung *f*, Entzücken *n*; я в восто́рге от ... ich bin von *(D)* ... begéistert
восхити́ть, восхища́ть entzücken ~ся bewúndern *(кем-л., чем-л. A)*, begéistert sein, entzückt sein *(кем-л., чем-л.* von *D)*
восхище́ние *с* Bewúnderung *f*; Entzücken *n*; прийти́ в ~ entzückt sein
восхо́д *м* Áufgang *m*
восьмо́й der áchte
вот hier, da; ~ тебе́ раз! da háben wir´s!

вот-вот: он ~ придёт er wird gleich kómmen

воткну́ть (hin)éinstecken

впада́ть 1. *о реке* münden, sich ergíeßen* 2. *см.* впасть

впа́дина *ж* Höhlung *f* -en; Vertíefung *f* -en *(углубление)*

впервы́е zum érstenma

вперёд 1. nach vórn(e), vórwärts, vorán 2.: часы́ иду́т ~ die Uhr geht vor

впереди́ vórn(e); vor *(D)*

впечатле́ние *с* Éindruck *m* ..drücke; произвести́ ~ éinen Éindruck máchen

вполго́лоса hálblaut

вполне́ völlig, vollkómmen

впо́ру: э́то пальто́ мне ~ díeser Mántel paßt mir gut

впосле́дствии späterhin, in der Fólge (zeit)

впра́во (nach) rechts

впрок: заготóвить что́-л. ~ éinen Vórrat an etw. *(D)* ánlegen

впро́чем übrigens

впуска́ть, впусти́ть hinéinlassen* *(по направл. от говоря́щего)*; heréinlassen* *(по направл. к говоря́щему)*

враг *м* Feind *m* -e

враспло́х: застать кого́-л. ~ j-n überráschen, j-n überrúmpeln

врата́рь *м* Tórwart *m* -e, Tórmann *m* ..männer

врать lügen*; часы́ врут die Uhr geht falsch

врач *м* Arzt *m*, *pl* Ärzte

враща́ть dréhen ~ся 1. sich dréhen, kréisen; *тех.* rotíeren 2. *часто бывать* verkéhren

вред *м* Scháden *m*; Náchteil *m* -e; быть кому́-л. во ~ j-m zum Náchteil geréichen; причини́ть кому́-л. ~ j-m Scháden zúfügen

вреди́ть schädigen *(кому-л.* j-n*)*, scháden *(кому-л.* j-m*)*

вре́менный zéitweilig; provisórisch [-v-] *(о прави́тельстве и т. п.)*

вре́м|я *с* Zeit *f* -en; ско́лько ~ени? wie spät ist es? ~я го́да Jáhreszeit *f* -en; за́втра в э́то ~я mórgen um díese Zeit; в настоя́щее ~я gégenwärtig; в любо́е ~я zu jéder Zeit, zu jéder Stúnde; в ско́ром ~ени in der nächsten Zeit, bald; в то ~я как während; на ~я für éinige Zeit; со ~енем mit der Zeit; тем ~енем inzwíschen, unterdéssen, mittlerwéile

вро́де in der Art von *(D)*, úngefähr wie *(N)*

врозь getrénnt, auseinánder

вруча́ть, вручи́ть überréichen, éinhändigen; áushändigen; разрешите вам ~ ... erláuben Sie mir Íhnen ... zu überréichen

вручную manuéll, mit der Hand

вряд ли schwérlich, kaum

всадник *м* Réiter *m* =

все álle; ~ здесь? sind álle da?

всё 1. álles; ~ время die gánze Zeit 2.: ~ ещё ímmer noch; ~ равно ganz egál [gleich]

всегда ímmer, stets как ~ wie ímmer

всего 1. *итого* im gánzen, insgesámt 2.: ~ хорошего! álles Gúte!

вселенная *ж* Wéltall *n*, Univérsum [-v-] *n*

всемирно: ~ известный wéltberühmt

всемирн|ый Welt-; wéltweit; ~ая история Wéltgeschichte; ~ое значение wéltweite Redéutung

всенародн|ый: állgemein, Volks-; ~ое достояние das Éigentum des gánzen Vólkes

всеобщий állgemein; ~ее одобрение die állgemeine Billigung

всероссийский állrussisch

всерьёз ernst; ~ принимать что-л. . etw. ernst néhmen*

всесторонний állseitig

всё-таки 1. *частица* doch 2. *союз* trótzdem

вскипятить (áuf) kóchen

вскользь nebenbéi, béiläufig

вскоре bald (daráuf); ~ после ... kurz nach (*D*)...

вскочить áufspringen*, áuffahren*

вскрывать, вскрыть öffnen, áufmachen; áufdecken (*обнаружить*)

вслед hinterhér; nach (*D*); ~ за ... únmittelbar nach ... (*D*); смотреть кому-л. ~ j-m náchsehen*

вследствие infólge (*G*), zufólge (*D*); ~ этого infólgedessen

вслух laut; читать ~ vórlesen*

всмятку: яйцо ~ wéiches [wéichgekochtes] Ei

всплывать, всплыть áuftauchen

вспоминать, вспомнить sich erínnern, zurückdenken* (о *ком-л.*, о *чём-л.* an *A*); я не могу вспомнить его имени sein Náme fällt mir nicht ein

вспомогательный Hilfs-

вспыхивать, вспыхнуть 1. áufflammen, áuflodern (*о пламени*) 2. áusbrechen* (*о пожаре, войне*)

вста́вить, вставля́ть (hin)-éinstellen; éinsetzen *(стекло и т. п.)*

встать 1. áufstehen*, sich erhében* 2. auf etw. (A) stéigen* *(подня́ться на что-л.)*

встре́тить 1. begégnen, tréffen*; ábholen *(прибыва́ющего)*; встре́тьте меня́, пожа́луйста, на вокза́ле hólen Sie mich bítte vom Báhnhof ab 2. *найти́* fínden* 3. *приня́ть кого́-л.* empfángen*; ~ся sich begégnen *(случа́йно)*; sich tréffen*; где мы встре́тимся? wo tréffen wir uns?

встре́ча ж Begégnung f -en; Tréffen n =; Empfáng m ..fänge*(приём)*; дру́жеская ~ Fréundschaftstreffen n =; междунаро́дная ~ по футбо́лу Fúßball-Länderspiel n =

встре́чный Gégen-; ~ по́езд Gégenzug m ..züge

вступи́тельн|ый éinleitend, éinführend; Éintritts-; ~ое сло́во Vórrede f; Éinleitung f -en *(в кни́ге)*; ~ый взнос Béitrittsgeld n -er; ~ый экза́мен Áufnahmeprüfung f -en

вступи́ть 1. *стать чле́ном чего́-л.* éintreten*; в каку́ю-л. па́ртию ~ éiner Partéi béitreten* 2.: ~ в разгово́р ein Gespräch ánknüpfen; ~ в спор éinen Streit ánfangen*

вступи́ться *за кого́-л., что-л.* éintreten*, sich éinsetzen

вступле́ние *с предисло́вие* Éinleitung f -en, Vórwort n -e

всю́ду überáll

вся: ~ страна́ das gánze Land

вся́к|ий 1. jéder; ~ий раз jédes Mal; во ~ое вре́мя zu jéder Zeit 2. *разли́чный* verschíeden ◇ во ~ом слу́чае jédenfalls

вся́чески auf jéde (Art und) Wéise

вта́йне insgehéim, héimlich

в тече́ние im Láufe (G)

вторга́ться, вто́ргнуться éindringen*, éinfallen*

вто́рник м Díenstag m -e

второ́е *с блю́до* Háuptgericht n -e, zwéiter Gang

второ́й der zwéite

второпя́х in der Éile

второстепе́нный nébensächlich

в-тре́тьих dríttens

втро́е dréifach, dréimal

втроём zu dritt

вуз (вы́сшее уче́бное заведе́ние) м Hóchschule f -n

вулка́н м Vulkán [v-] m -e

вход м 1. *дверь и т. п.* Éingang m ..gänge; служе́бный ~ Díensteingang m 2. *вхожде́ние* Éintritt m; ~ воспрещён! Éintritt verbóten!

вчера́ géstern; ~ у́тром géstern früh; ~ ве́чером géstern ábend; ~ днём géstern am Táge

вчера́шний géstrig

вче́тверо víerfach, víermal

вчетверо́м zu viert

въезжа́ть, въе́хать éinfahren*, éinziehen* *(в квартиру)* hináuffahren* *(вверх)*; éinreisen *(в страну)*

вы ihr (*G* éuer, *D* и *A* euch); Sie *(форма вежливости)* (*G* Íhrer, *D* Íhnen, *A* Sie); мы вам э́то пока́жем wir wérden euch [Íhnen] das zéigen; мы к вам зайдём wir kómmen zu Euch [Íhnen]

выбега́ть, вы́бежать hináuslaufen* *(по направл. от говорящего)*; heráuslaufen* *(по направл. к говорящему)*

выбира́ть wählen; áuswählen; выбира́йте! Sie háben die Wahl!

вы́бросить wégwerfen*; hináuswerfen* *(по направл. от говорящего)*; heráuswerfen* *(по направл. к говорящему)*

выбыва́ть, вы́быть áusscheiden*; áustreten* *(из организации)*; он вы́был из соревнова́ния er ist aus dem Wéttbewerb áusgeschieden

вы́везти áusführen, exportíeren *(за границу)*

вы́весить áushängen

вы́веска ж (Áushänge)Schild *n* -er

вы́вих *м* Verrénkung *f* -en, Áusrenkung *f* -en

вы́вихнуть áusrenken, verrénken

вы́вод *м заключение* Schlúßfolgerung *f* -en, Schluß *m*

вы́воз *м* Áusfuhr *f*, Expórt *m*

вы́гладить bügeln

вы́глядеть áussehen*; вы хорошо́ вы́глядите Sie séhen gut aus

вы́гнать hináusjagen

вы́говор *м порицание* Verwéis *m* -e, Rüge *f* -n

вы́года *ж* Vórteil *m* -e; Nútzen *m* =

вы́годный Vórteilhaft

выгружа́ть, вы́грузить áusladen*; löschen *(судно)*

выдава́ть, вы́дать 1. *что-л.* áusgeben*; áushändigen *(вручать)*; áusstellen *(документ)*; де́ньги áuszahlen 2. *предать* verráten*

вы́дача *ж* 1. Heráusgabe *f*; Áuszahlung *f (выплата)*; ~ поку́пок Wárenausgabe *f* 2. *преступника* Áuslieferung *f*

выдаю́щийся hervórragend

выдвига́ть, вы́двинуть 1. vórschieben*; heráusziehen* *(ящик)* 2. *на работе* befördern 3.: ~ в кандида́ты als Kandidáten áufstellen

вы́делиться, выделя́ться ábstechen*, sich ábheben *(на фоне чего-л.)*; sich hervórtun* *(среди кого-л.)*

вы́держанный 1. *владеющий собой* behérrscht 2. *последовательный* konsequént

вы́держать, выде́рживать 1. *испытание* bestéhen* 2. *вытерпеть* ertrágen*, áushalten*

вы́держка I *ж* 1. *самообладание* Sélbstbeherrschung *f;* Áusdauer *f (выносливость)* 2. *фото* Belíchtungszeit *f*

вы́держка II *ж цитата* Áuszug *m* ..züge, Zitát *n* -e

вы́дернуть (her)áusreißen*, (her)áusziehen*

вы́дохнуть áusatmen

вы́думать áusdenken*, erfínden*

вы́думка *ж* 1. *вымысел* Erfíndung *f* -en, Erdíchtung *f* -en 2. *внезапная мысль* Éinfall *m* ..fälle

вы́езд *м* 1. *отъезд* Ábfahrt *f;* Áusreise *f (за границу)* 2. *место* Áusfahrt *f* -en

выезжа́ть, вы́ехать áusfahren*, ábreisen, verréisen *(уезжать);* áusziehen* *(из квартиры и т. п.)*

вы́жать 1. áuspressen; áusdrücken *(выдавить);* wríngen (бельё) 2. *спорт.* drücken

вы́звать 1. kómmen lássen*; ~ врача́ den Arzt kómmen lássen* [rúfen*, bestéllen] 2. *звать* (heráus)rufen* 3. *возбудить* hervórrufen*, errégen; ~ аппети́т den Appetít réizen

выздора́вливать gesúnd wérden, genésen*

вы́здороветь wíeder gesúnd sein

выздоровле́ние *с* Genésung *f*

вы́зов *м* 1. *приглашение* Éinladung *f* -en; Vórladung *f* -en *(официальный)* 2. *на состязание и т. п.* Áufforderung *f;* Heráusforderung *f* 3. *по телефону* Ánruf *m* -e

вы́играть, выи́грывать gewínnen*

вы́игрыш *м* Gewínn *m* -e

вы́йти 1. (hin)áusgehen*; áussteigen* *(из вагона и т. п.)* 2. *появиться* erschéinen*; вышла но́вая кни́га ein néues Buch ist erschíenen 3. *удаться* gelíngen* 4.: ~ из

берегóв über die Úfer tréten* ◇~ **из себя** áußer sich geráten*

выключáтель м Schálter m =

выключáть, вы́ключить áusschalten; *свет тж.* áusmachen; ábdrehen *(газ, воду)*

вы́кройка ж Schnitt m -e, Schníttmuster n =

вылезáть, вы́лезти, вы́лезть heráuskriechen* *(по направл. к говорящему)*; hináuskriechen* *(по направл. от говорящего)*

вы́лет м Ábflug m ..flüge

вылетáть, вы́лететь 1. hináusfliegen* *(по направл. от говорящего)*; heráusfliegen* *(по направл. к говорящему)* 2. ábfliegen* *(на самолёте)*; когдá мы улетáем? wann flíegen wir ab?

вылéчивать, вы́лечить héilen ~**ся** gesúnd wérden*

выливáть, вы́лить áusgießen*, áusschütten ~**ся** überflíeßen*, áusfließen*

вы́ложить heráuslegen, áusbreiten

вы́мыть wáschen*; ~ гóлову sich die Háare wáschen* ~**ся** sich wáschen*

вы́нести 1. hináustragen* *(по направл. от говорящего)*; heráustragen* *(по направл. к говорящему)* 2. *вы́*-*терпеть* ertrágen*, áushalten* 3.: ~ **решéние** éinen Beschlúß fássen; ~ **приговóр** ein Úrteil fällen; ~ **благодáрность** éine Ánerkennung áussprechen*

вы́нудить, вынуждáть zwíngen* *(кого-л.)*; erzwíngen* *(что-л.)*

вы́нуть heráusnehmen*; hólen

вы́писать 1. *сдéлать вы́писку* heráusschreiben* 2. *газéту, журнáл* abonníeren 3. *чек, рецéпт* áusschreiben* 4.: ~ **из больни́цы** aus dem Kránkenhaus entlássen*; ~ **на рабóту** gesúnd schréiben*

вы́писка ж *из кни́ги, статьи́* Áuszug m ..züge, Zitát n -e

вы́пить áustrinken*

вы́плата ж Áuszahlung f

выполнéние с Erfüllung f, Áusführung f

вы́полнить, выполня́ть erfüllen, áusführen; erlédigen *(рабóту, заказ)*; vollzíehen* *(испóлнить)*

вы́пуск м 1. Heráusgabe f *(книг и т. п.)*; Emissión f *(цéнных бумáг)* 2. *продýкции* Produktiónsausstoß m 3. *часть издáния* Líeferung f -en; Heft n -e 4. *в учéбном заведéнии* Jáhrgang m ..gänge

выпуска́ть, вы́пустить 1. *откуда-л.* hináuslassen*; heráuslassen* 2. *отпустить* entlássen*; ~ на свобо́ду fréilassen* 3. *что-л.* heráusgeben* (*кни́гу*); emittíeren (*це́нные бума́ги*) 4. *проду́кцию* produzíeren, hérstellen 5. *из уче́бного заведе́ния* áusbilden

выраже́ни|е с 1. Áusdruck *m* ..drücke, Äußerung *f* -en; найти́ своё ~ Áusdruck fínden*, sich äußern 2. *речево́й оборо́т* Áusdruck *m* ..drücke, Rédensart *f* -en 3. *лица́* Áusdruck *m*, Gesíchtsausdruck *m* ◊ чита́ть с ~ем [без ~я] áusdrucksvoll [áusdruckslos] lésen*

вырази́тельный áusdrucksvoll

вы́разить áusdrücken, äußern; ~ удово́льствие Fréude zéigen ~ся sich áusdrücken, sich äußern

выраста́ть, вы́расти 1. *стать бо́льше* wáchsen*, größer wérden 2. *стать взро́слым* erwáchsen wérden

вы́растить, выра́щивать 1. zúchten (*расте́ния*) 2. gróßziehen*, áufziehen* (*дете́й, живо́тных*)

вы́рвать I 1. heráusreißen*; entréißen* (*у кого́-л. что-л.* j-m etw. A); zíehen* (*зуб*) 2. *спорт.* réißen*

вы́рвать II *стошни́ть* erbréchen*, sich erbréchen*; его́ вы́рвало er hat sich erbréchen

вы́рваться áusreißen*, sich lósmachen, sich lósreißen*; ~ вперёд zur Spítze vórdringen*

вы́рез *м* Áusschnitt *m* -e

выруча́ть, вы́ручить hélfen*, áushelfen*, béispringen* (*кого́-л.* j-m)

вы́садить 1. *с корабля́* an Land sétzen 2. *из маши́ны* áussteigen lássen*, ábsetzen ~ся áussteigen*

вы́садка *ж* Lándung *f* (*с корабля́*) Áussteigen *n* (*из ваго́на*)

вы́свободить fréimachen

вы́сказать äußern ~ся 1. sich äußern 2. *вы́ступить* sich áussprechen* (*за кого́-л., что-л.* für A; *про́тив кого́-л., чего́-л.* gégen A)

выска́зывание с Äußerung *f* -en; Méinung *f* -en (*мне́ние*)

выска́кивать, вы́скочить hináusspringen* (*по напра́вл. от говоря́щего*), heráusspringen* (*по напра́вл. к говоря́щему*)

вы́слушать, выслу́шивать ánhören; *мед.* ábhorchen

высо́кий hoch; hóchgewachsen, groß *(о человеке)* erháben *(возвышенный)*

высоко́ hoch

высокоме́рный hóchmütig, dünkelhaft

высокора́звитый hóchentwickelt

высота́ *ж* Höhe *f* -n

вы́сохнуть 1. trócknen, trócken wérden 2. *о реке, об источнике* áustrocknen

вы́спаться áusschlafen*, sich áusschlafen*

вы́ставить 1. *вперёд* vórschieben* 2. *напоказ* áusstellen 3.: ~ кома́нду éine Mánnschaft áufstellen; ~ кандидату́ру éine Kandidatúr áufstellen [vórschlagen*]

вы́ставка *ж* 1. Áusstellung *f* -en; ~ карти́н Gemäldeausstellung *f* -en; промы́шленная ~ Industrieausstellung *f* -en 2. *витрина* Áuslage *f* -n

вы́стрел *м* Schuß *m*, *pl* Schüsse

вы́стрелить schíeßen*

вы́ступ *м* Vórsprung *m* ..sprünge

выступа́ть, вы́ступить *публично* áuftreten*; ~ по ра́дио [по телеви́дению] im Rúndfunk [im Férnsehen] spréchen*

выступле́ни|е *с* 1. *на собрании, на сцене* Áuftreten *n* =, Áuftritt *m* -e; Réde *f* -n *(речь)*; Ánsprache *f* -n *(по радио)* 2. *действие, акция* Aktión *f* -en; ма́ссовые ~ия Mássenaktionen *pl*

вы́сушить tróknen

вы́сш|ий höher *(более высокий)*; der höchste *(самый высокий)*; ~ о́рган вла́сти höchstes Máchtorgan; ~ее уче́бное заведе́ние Hóchschule *f* -n, höhere Léhranstalt -en; ~ее образова́ние Hóchschulbildung *f*; ~ая ли́га *спорт.* Óberliga *f* ◊ в ~ей сте́пени höchst

высыпа́ть, вы́сыпать áusschütten

выта́скивать, вы́тащить hervórholen; heráusziehen*

вытека́ть 1. heráusfließen*; áusfließen* 2. *о реке и т. п.* entspríngen* *(из чего-л. D)* 3. *следовать* sich ergében*; fólgen *(из чего-л.* aus *D)*

вы́тереть ábwischen, ábtrocknen

вы́теснить, вытесня́ть verdrängen

вытир|а́ть *см.* вы́тереть; ~а́йте но́ги! Füße ábtreten!

вытя́гивать, вы́тянуть 1. *извлечь* heráusziehen* 2. *протянуть* áusstrecken

вы́учить 1. lérnen; erlérnen

(*изучить*) 2. *обучить* béibringen* (*кого-л. чему-л. j-m etw. A*)

выход *м* 1. *место* Áusgang *m* ..gänge 2. *журнала, книги* Erschéinen *n* 3. *из затруднения* Áusweg *m*

выходной: ~ день Rúhetag *m* -e, Schlíeßtag *m* -e (*в магазине и т.п.*); fréier Tag (*рабочего, служащего*); у него сегодня ~ er hat héute frei

вычёркивать, вычеркнуть (áus)stréichen*

вычесть ábziehen*

вышивка *ж* Stickeréi *f* -en

вышить stícken

вышитый gestíckt

вышка *ж* Turm *m*, *pl* Türme; ~ для прыжков в воду Spríngturm *m* ..türme

выяснение *с* Áufklärung *f*, Klärung *f*

выяснить (áuf)klären ~ся sich heráusstellen, sich áufklären; как выяснилось... wie es sich heráusgestellt hat...

вьетнамский viَetnamésisch [v-]

вьюга *ж* Schnéesturm *m* ..stürme, Schnéegestöber *n* =

вяз *м* Úlme *f* -n

вязальн|ый: ~ая спица Strícknadel *f* -n; ~ крючок Häckelnadel *f* -n

вязать 1. *связывать* bínden* 2. strícken (*на спицах*); häckeln (*крючком*)

гавань *ж* Häfen *m*, *pl* Häfen; войти в ~ in den Häfen éinlaufen*

гадать 1. wáhrsagen; ~ на картах Kárten légen 2. *строить догадки* vermúten

гадость *ж*: какая ~! ékelhaft!

гадюка *ж* Ótter *f* -n

газ *м* Gas *n* -e; природный ~ Érdgas *n*; слезоточивый ~ Tränengas *n*

газета *ж* Zéitung *f* -en; вечерняя ~ Ábendzeitung *f*

газированн|ый: ~ая вода Sódawasser *n*, Bráuse *f*

газов|ый Gas-; ~ая плита Gásherd *m* -e

газон *м* Rásen *m* =

газопровод *м* Gásleitung *f* -en

галантерейный: ~ магазин Kúrzwarengeschäft *n* -e

галантерея *ж* Kúrzwaren *pl*

галерея *ж* Galeríe *f* ..ríen; картинная ~ Gemäldegalerie *f*

га́лка ж Dóhle f -n

га́лстук м Krawátte f -n, Schlips m -e

гама́к м Hängematte f -n

гангре́на ж Gangräne f, Brand m

гандбо́л м Hándball m

ганте́ли мн Hánteln pl

гара́ж м Garáge [-зə] f -n

гаранти́йн|ый: ~ая мастерска́я Vertrágswerkstatt f ..stätten; ~ срок Garantíefrist f -en

гаранти́ровать 1. *обеспечивать* síchern, garantíeren, gewährleisten 2. *ручаться* háften (für A), bürgen (für A)

гара́нтия ж Garantíe f ..ti|en

гардеро́б м 1. *помещение* Garderóbe f -n 2. *мебель* Kléiderschrank m ..schränke 3. *одежда* Garderóbe f -n, Kléidung f -en

га́рев|ый: ~ая доро́жка Áschenbahn f -en

гармо́ника ж Zíeharmonika f, pl ..ken *и* -s; губна́я ~ Múndharmonika f

гармо́ния ж 1. *муз.* Harmoníe f ..ni|en 2. *перен. согласие* Éinklang m, Éintracht f

гарни́р м Zúkost f, Béilage f -n

гарниту́р м Garnitúr f -en, Satz m, pl Sätze

гаси́ть 1. *пламя, свечку* (áus) löschen 2.: ~ свет das Licht áusschalten [áusmachen]

га́снуть erlöschen

гастри́т м Gastrítis f

гастро́ли мн Gástspiel n -e; прие́хать на ~ в... ein Gástspiel in ...gében*

гастроно́м м Lébensmittelgeschäft n -e

гвозди́ка ж Nélke f -n

гвоздь м Nágel m -n; приби́ть что-л. ~я́ми etw. ánnageln

где wo

где́-либо, где́-нибудь, где́-то írgendwo

гекта́р м Hektár n

генера́л м Generál m -e *и* ..räle

гене́тика ж Genétik f

гениа́льный geniál

ге́ний м Geníe [зə-] n -s

геогра́фия ж Geographíe f, Érdkunde f

гео́лог м Geológe m -n

геоло́гия ж Geologíe f

геоме́трия ж Geometríe f ..ti|en

георги́н м Dáhli|e f -n

герб м Wáppen n =; госуда́рственный ~ Stáatswappen n

герба́рий м Herbárium n ..ri|en

герма́нский 1. deutsch **2.** *о языках и т. п.* germánisch

герметический hermétisch, lúftdicht

героический héldenmütig; ~ посту́пок heróische Tat

ги́бель *ж* Tod *m (смерть)*; Úntergang *m* ..gänge *(упадок)*

ги́бкий 1. bíegsam; geschméidig *(о теле)* **2.** *перен.* flexíbel

ги́бнуть úmkommen*, ums Lében kómmen* *(о человеке)*; éingehen* *(о растениях, о животных)*

гига́нт *м* Ríese *m* -n

гига́нтский gigántisch, ríesenhaft

гигие́на *ж* Hygiéne *f*

гид *м* Frémdenführer *m* =, Réiseführer *m* =

гимн *м* Hýmne *f* -n; госуда́рственный ~ Stáatshymne *f*, Nationálhymne *f*

гимна́ст *м* Túrner *m* =

гимна́стика *ж* Gymnástik *f*; спорти́вная ~ Túrnen *n*; худо́жественная ~ rhýthmische Spórtgymnastik

гимнасти́ческ|ий Turn-; ~ зал Túrnhalle *f* -n; ~ие упражне́ния Túrnübungen *pl*

гимна́стка *ж* Túrnerin *f* -nen

гипертони́я *ж* Hypertoníe *f*

гипс *м* Gips *m*

гирля́нда *ж* Girlánde *f* -n

ги́ря *ж* Gewícht *n* -e

гита́р|а *ж* Gitárre *f* -n; игра́ть на ~e Gitárre spíelen

гитари́ст *м* Gitarríst *m* -en, Gitárrespieler *m* =

глава́ I *м, ж главное лицо* Haupt *n, pl* Häupter, Chef [ʃɛf] *m* -s; ~ делега́ции Delegatiónsleiter *m* =

глава́ II *ж раздел книги* Kapítel *n* =

гла́вное *с* Háuptsache *f* -n; das Wíchtigste

гла́вн|ый Haupt-; Óber-; ~ го́род Háuptstadt *f* ..städte; ~ врач Chefarzt [´ʃɛf-] *m* ..ärzte ◊ ~ым о́бразом háuptsächlich

гла́дить 1. *ласкать* stréicheln **2.** *утюгом* bügeln

гла́дкий glatt; ében *(ровный)*

глаз *м* Áuge *n* -n ◊ говори́ть в ~á ins Gesícht ságen; с ~у на ~ únter vier Áugen; определи́ть на ~ nach Áugenmaß bestímmen

гла́сный *м звук* Vokál [v-] *m* -e

гли́на *ж* Lehm *m*; Ton *m*

гли́няный *о посуде* írden, tönern

глота́ть schlúcken

глотка ж Kéhle f -n

глоток м Schluck m -e; ~ воды́ ein Schluck Wásser

глубина́ ж Tíefe f

глубо́к|ий 1. tief; ~ое о́зеро tíefer See; ~ая таре́лка tíefer Téller, Súppenteller m **2.**: ~ая о́сень Spätherbst m; ~ая ста́рость hóhes Álter

глубоко́ tief; я ~ потрясён ich bin zutíefst erschüttert

глу́пость ж Dúmmheit f -en

глу́пый dumm; álbern

гляде́ть scháuen, blícken

гна́ться за кем-л. j-m náchjagen

гнев м Zorn m

гнездо́ с Nest n -er

гнёт м Unterdrückung f, Unterjóchung f; Joch n *(иго)*

гном м Zwerg m -e

гнуть bíegen*; krümmen ~ся bíegen*, sich krümmen

гобеле́н м Gobelin [-´lɛ] m -s

говор|и́ть spréchen*, réden; ságen *(сказать);* ~и́те ли вы по-неме́цки? spréchen Sie Deutsch?; что вы ~и́те? wie, bítte?; ~я́т, что... man sagt, daß...

говя́дина ж Ríndfleisch n

год м Jahr n -е; в теку́щем ~у́ díeses [in díesem] Jahr; ~ тому́ наза́д vor éinem Jahr; че́рез два го́да in zwei Jáhren; из го́да в ~ jahráus, jahréin; кру́глый ~ das gánze Jahr (hindúrch); с Но́вым го́дом! glückliches Néues Jahr!

годи́ться 1. *быть пригодным* táugen, sich éignen **2.** *быть впору* pássen

годи́чный Jáhres-; ~ срок Jáhresfrist f

го́дный táuglich, bráuchbar; gültig *(о билете и т. п.)*

годово́й Jáhres-; jährlich; ~ дохо́д Jáhreseinkommen n

годовщи́на ж Jáhrestag m

гол м Tor n -e; заби́ть ~ ein Tor schíeßen*

го́лень ж Únterschenkel m =

голла́ндский hólländisch; ~ сыр hólländischer Käse

голов|а́ ж **1.** Kopf m, pl Köpfe; с ~ы́ до ног von Kopf bis Fuß; у меня́ боли́т ~ ich hábe Kópfschmerzen

головн|о́й Kopf-; ~а́я боль Kópfschmerzen pl

головокруже́ние с Schwíndel m

го́лод м Húnger m; Húngernot f *(бедствие)*

голо́дный húngrig; я го́лоден ich hábe Húnger

го́лос м Stímme f -n; во весь ~ mit vóller Stímme; име́ющий пра́во ~a stímmberechtigt

голосова́ние с Ábstimmung f I.

голосова́ть 1. *подать голос* stímmen, séine Stímme ábgeben* **2.** *ставить на голосование* ábstimmen (über A)

голубо́й héllblau

го́лубь м Táube f -n

го́лый nackt, bloß; kahl (*ничем не покрытый*)

го́льфы мн Kníestrümpfe pl

гомеопати́ческий homöopáthisch

гомеопа́тия ж Homöopathie f

гонора́р м Honorár n -e

го́ночный Renn-; ~ автомоби́ль Rénnwagen m =; ~ велосипе́д Rénnrad n ..räder

го́нщик м Rénnfahrer m =

гора́ ж Berg m -e; в го́ру bergáuf, bergán; под го́ру bergáb

гора́здо viel, bei wéitem

горб м Búckel m =

горбу́шка ж Brótkanten m =

горди́ться *кем-л., чем-л.* stolz sein (auf A)

го́рдость ж Stolz m

го́рдый stolz

го́ре с Kúmmer m; Únglück n (*несчастье*)

горева́ть tráurig sein

горе́лый verbránnt; ángebrannt (*подгорелый*)

горе́ть 1. brénnen* **2.** *блестеть* glänzen

го́рец м Bérgbewohner m =

го́речь ж Bítterkeit f

горизо́нт м Horizónt m

горизонта́льный horizontál, wáag(e)recht

гори́стый gebírgig, bérgig

го́рло с Kéhle f; Hals m; у меня́ боли́т ~ ich hábe Hálsschmerzen

го́рн|ый Gebírgs-, Berg-; Bérgbau-; ~ая цепь Gebírgskette f -n; ~ая верши́на Bérgspitze f -n; ~ая промы́шленность Bérgbau m

горня́к м Kúmpel m =, Bérgarbeiter m =

го́род м Stadt f ..städte; ~-геро́й Héldenstadt f; центр ~а Stádtzentrum n; в черте́ ~а im Wéichbild der Stadt; за ~ом áußerhalb der Stadt

городско́й städtisch, Stadt

горожа́нин м Städter m =

горо́х м Érbsen pl

горо́шек: зелёный ~ grüne Érbsen pl

горчи́ца ж Senf m, Móstrich m

горчи́чник м Sénfpflaster n =

горшо́к м Topf m, pl Töpfe

го́р|ы мн Gebírge n; в ~áх im Gebírge

го́рький bítter

горя́чий 1. heiß *(при противопоставлении тёплому)*; warm *(при противопоставлении холодному)* 2. *вспыльчивый* hítzig

го́спиталь *м* Hospitál *n, pl* -e *и* ..äler

господа́! *обращение* méine (Dámen und) Hérren!

господи́н *м* Herr *m* -en; ~ Мю́ллер Herr Müller *(при обращении)*

госпо́дство *с* Hérrschaft *f*

госпожа́ *ж* Frau *f* -en; Fräulein *n*= *(незамужняя женщина)*; ~ Мю́ллер Frau [Fräulein] Müller *(при обращении)*

гостеприи́мный gástfreundlich, gástlich

гостеприи́мство Gástfreundschaft *f*

гости́ная *ж* Gástzimmer *n* =

гости́ниц|а *ж* Hotél *n* -s; останови́ться в ~е im Hotél ábsteigen*

гости́ть zu Besúch sein

гост|ь *м*, **го́стья** *ж* 1. Gast *m, pl* Gäste; дороги́е ~и те́уре Gäste 2. *мн* ~и *визит* Besúch *m* -e; пригласи́ть в ~и éinladen*; идти́ в ~и éinen Besúch máchen; быть у кого́-л. в ~я́х bei j-m zu Besúch sein; приходи́те к нам в ~и! besúchen Sie uns bítte!

госуда́рство *с* Staat *m* -en

готи́ческий gótisch

гото́вить 1. *приготовля́ть* vórbereiten 2. *стря́пать* zúbereiten 3. *специали́стов* áusbilden ~ся sich vórbereiten

гото́в|ый fértig; вы ~ы? sind Sie fértig?; обе́д гото́в das Míttagessen ist fértig; ~ к отъе́зду réisefertig; ~ое пла́тье *собир.* Konfektión *f*

гра́бли *мн* Réchen *m* =, Hárke *f* -n

гравю́ра *ж* Gravüre [-v-] *f* -n; Kúpferstich *m* -e

град *м* Hágel *m*; идёт ~ es hágelt

гра́дус *м* Grad *m* -e; 20 ~ов тепла́ [моро́за] 20 Gräd Wärme [Kälte]

гра́дусник *м* Thermométer *n* =

граждани́н *м* Bürger *m* =

гражда́нка *ж* Bürgerin *f* -nen

гражда́нский 1. Bürger, bürgerlich 2. *не вое́нный* zivíl [-v-], Zivíl-

грамза́пись *ж* Schállplattenaufnahme *f* -n

грамм *м* Gramm *n* -e; три ~а drei Gramm

граммáтика ж Grammátik f -en

грáмотный 1. *о человеке* lése- und schréibkundig 2. *о работе и т. п.* féhlerlos *(без ошибок)*

грампластинка ж Schállplatte f -n

грандиóзный gróßartig, grandiös

гранит м Granít m

границ|а ж 1. Grénze f -n; за ~ей im Áusland; из-за ~ы aus dem Áusland 2. *предел* Schránke f -n

граничить с чем-л. an etw. (A) grénzen; ánstoßen* *(примыкать)*

грáфик м 1. *мат.* gráphische Dárstellung, Diagrámm n -e 2.: ~ движéния Fáhrplan m

грáфика ж Gráphik f

графин м Karáffe f -n

графит м Graphít m

грациóзный graziös

гребéц м Rúderer m =

грéбля ж Rúdern n; Páddeln n *(на байдарке, каноэ)*

гребнóй: ~ *спорт.* Rúdersport m

грек м Gríeche m -n

грéлка ж Wármflasche f -n; Héizkissen n = *(электрическая)*

гремéть dónnern; dröhnen; kláppern, klírren *(звякать)*

грести вёслами rúdern

гре|ть 1. *нагревать что-л.* warm máchen; áufwärmen *(разогревать)* 2. *согревать что-л., кого-л.* wärmen; ~ рýки die Hände wärmen 3. *излучать тепло* wärmen; сóлнце сильно ~ет die Sónne brennt ~ся sich wärmen

грéцкий: ~ орéх Wálnuß f ..nüsse

гречáнка ж Gríechin f -nen

грéческий gríechisch

гречиха ж, **грéчка** ж Búchweizen m

грéчнев|ый: ~ая кáша Búchweizen m

гриб м Pílz m -e

грива ж Mähne f -n

грим м Schmínke f

гримировáть schmínken ~ся sich schmínken

грипп м Gríppe f

гроб м Sarg m, pl Särge

грозá ж Gewítter n =

гроздь ж Trаube f -n; ~ виногрáда Wéintraube f

грозить dróhen

гром м Dónner m; ~ гремит es dónnert ◊ ~ аплодисмéнтов Béifallssturm m

громáдный ríesig, ríesengroß, gewáltig, kolossál

гро́мкий, гро́мко laut

громо́здкий spérrig, plátzraubend; ~ груз Spérrgut *n*

громоотво́д *м* Blítzableiter *m* =

гро́хот *м* Gepólter *n*, Getöse *n*, Dónnern *n*

грош *м* Gróschen *m* = ◊ э́тому ~ цена́ das ist nichts wert

гру́бость *ж* Gróbheit *f* -en

гру́да *ж* Háufen *m* =; Ménge *f* -n

грудно́й: ~ ребёнок Säugling *m* -e

грудь *ж* Brust *f*, *pl* Brüste, *женская тж.* Búsen *m* =

груз *м* 1. *тяжесть* Last *f* 2. *перевозимое* Ládung *f* -en, Fracht *f* -en

грузи́ть láden; befráchten *(судно)*

грузови́к *м* Lást(kraft)wagen *m* =, Lástauto *n* -s; LKW [ɛlka:'ve: *u* 'ɛl-] *m* -s

грузов|о́й Last-; Fracht *(о судах)*; ~о́е такси́ Gütertaxi *n*

гру́зчик *м* Lástträger *m*=; Scháuermann *m*, *pl* ..leute *(в порту)*

грунт *м* Bóden *m*, *pl* = *u* Böden, Grund *m*, *pl* Gründe

гру́ппа *ж* Grúppe *f* -n; ~ тури́стов Réisegruppe *f* -n; ~ кро́ви Blútgruppe *f* -n

грусти́ть tráurig sein

гру́стный tráurig, betrübt

грусть *ж* Tráurigkeit *f*, Schwérmut *f*

гру́ша *ж* 1. *плод* Bírne *f* -n 2. *дерево* Bírnbaum *m*, *pl* ..bäume

грызть nágen (an *D*); knácken *(орехи)*

гря́дка *ж* Beet *n* -e

гря́зный schmútzig

грязь *ж* Schmutz *m* *(мусор и т. п.)*; Kot *m* *(уличная)*

губа́ *ж* Líppe *f* -n

гуде́ть tönen *(о колоколе и т. п.)*; súmmen *(о моторе, о насекомых)*

гудо́к *м* Siréne *f* -n, Húpe *f* -n

гул *м* (dúmpfes) Getöse [Dröhnen]; ~ голосо́в Stímmengewirr *n*

гуля́нье *с* 1. *прогулка* Spaziergang *m* ..gänge 2.: наро́дное ~ Vólksfest *n*

гуля́ть spazierengehen*

гумани́зм *м* Humanísmus *m*

густо́й 1. dick(flüssig) 2. *о лесе, волосах* dicht

гусь *м* Gans *f*, *pl* Gänse

да I *частица* **1.** *утвердительная* ja **2.** *усилительная* doch; so ...doch; да иди́ же наконе́ц! so komm doch éndlich! **3.**: да здра́вствует ...! es lébe...!

да II *союз разг.* und; ты да я du und ich

дава́ть *см.* дать; дава́йте пойдём! wóllen wir [laßt uns] géhen!

дави́ть drücken

давле́ние *с* Druck *m*; кровяно́е ~ Blútdruck *m*; повы́шенное ~ Überdruck *m*; пони́женное ~ Únterdruck *m*

давно́ längst

да́же sogár, selbst

да́лее wéiter, férner; и так ~ und so wéiter

далёкий, да́льн|ий fern, weit; entférnt *(отдале́нный)*; ~ путь ein lánger Weg; ~ее родство́ wéitläufige Verwándtschaft

да́льше wéiter; dann *(затем)*; пойдёмте ~ géhen wir wéiter; а ~ что? und dann?

да́ма *ж* Dáme *f* -n

да́мба *ж* Damm *m*, *pl* Dämme

да́нные *мн* Ángaben *pl*, Dáten *pl*

да́нн|ый gegében; betréffend; в ~ом слу́чае im gegébenen Fall

дар *м* Gábe *f* -n; Geschénk *n* -e *(подарок)*

дари́ть schénken; ~ на па́мять zum Ándenken schénken

дарова́ние *с* Begábung *f* -en

да́ром 1. *бесплатно* umsónst, únentgeltlich, grátis **2.** *напрасно* vergébens, únnütz

да́та *ж* Dátum *n* ..ten

дать 1. gében*, да́йте, пожа́луйста... gében Sie bítte... **2.** *позволить* lássen*; да́йте ему́ вы́спаться läßt ihn áusschlafen; да́йте мне поду́мать laß mich überlégen

да́ч|а *ж* Wóchenendhaus *n* ..häuser; Láube *f* -n; Dátsche *f* -n; пое́хать на ~у auf die Dátsche fáhren*

да́чник *м* Sómmerfrischer *m* =

два zwei

два́дцать zwánzig

два́жды zwéimal

двена́дцать zwölf

дверь *ж* Tür *f* -en; входна́я ~ Éingangstür *f*

две́сти zwéihúndert

дви́гатель *м* Mótor *m* ..tóren, Tríebwerk *n* -e

двигать bewégen*, schíeben*; vórrücken *(вперёд)* **~ся** sich bewégen*

движéние *с* 1. Bewégung *f* -en *тж. перен.*; привести́ что-л. в движе́ние etw. in Bewégung sétzen [bríngen*] 2. *транспорта, пешеходов* Verkéhr *m*; у́личное ~ Stráßenverkehr *m*; односторо́ннее ~ Verkéhr in éiner Ríchtung

дво́е zwei; ко́мната на двои́х Zwéibettzimmer *n*

дво́йка *ж* 1. *цифра* Zwei *f* -en 2. *спорт.* Zwéier *m* =

двор *м* Hof *m*, *pl* Höfe

дворе́ц *м* Palást *m*, *pl* ..läste

дво́рник *м* Háusmeister *m* =

дворяни́н *м* Ádlige *m* -n

двою́родн|ый: ~ брат Vétter *m* =, Cousin [kuˊzɛŋ] *m* =; **~ая** сестра́ Cousine [ku-] *f* -n

двоя́кий zwéifach

двухко́мнатн|ый: **~ая** кварти́ра Zwéizimmerwohnung *f*

двухме́стный: ~ но́мер *(в гостинице)* Dóppelzimmer *n*

двухэта́жный éinstöckig

деба́ты *мн* Debátte *f* -n

дебю́т *м* Debüt [-ˊby:] *n* -s

де́вочка *ж* (kléines) Mädchen =

де́вушка *ж* (júnges) Mädchen =, Fräulein *n (как обращение)*

девяно́сто néunzig

девятна́дцать néunzehn

девя́тый der néunte

де́вять neun

девятьсо́т néunhúndert

дед *м* Gróßvater *m* ..väter ◇ Дед Моро́з Wéihnachtsmann *m*

де́душка *м* Gróßvater *m* ..väter, Ópa *m* -s; ~ и ба́бушка Gróßeltern *pl*

дежу́рить Dienst háben

дежу́рн|ый 1. díensthabend; **~ая** апте́ка dienstbereite Apothéke 2. *м* der Díensthabende

де́йствие *с* 1. Hándlung *f* -en 2. *воздействие* Wírkung *f*; Éinwirkung *f* 3. *театр.* Áufzug *m* ..züge, Akt *m* -e

действи́тельность *ж* Wírklichkeit *f*

действи́тельный 1. wírklich, tátsächlich 2. *годный* gültig

де́йствовать 1. hándeln 2. *функционировать* funktionieren 3. *оказывать действие* wírken

де́йствующ|ий: **~ее** лицо́ *театр.* (hándelnde) Persón *f* -en

дека́брь *м* Dezémber *m*

декламировать deklamíeren, vórtragen*

декларáция ж Deklaratión f -en, Erklärung f -en; таmóженная ~ Zóllerklärung f

декоратúвный dekoratív

декорáция ж Dekoratión f -en, Bühnenbild n -er

дéлать tun*, máchen; что нам ~? was sóllen wir tun? ~ся 1. *происходить* vórgehen*, geschéhen* 2. *становиться* wérden*

делегáт м der Delegíerte

делегáция ж Delegatión f -en

делúть téilen; *мат.* dividíeren [-v-] ~ся 1. sich téilen 2. *сообщать* mítteilen

дéло с 1. Sáche f -n, Ángelegenheit f -en 2. *работа, занятие* Beschäftigung f -en; Árbeit f -en; у меня мнóго дел ich hábe viel zu tun 3. *канц.* Ákte f -n ◊ как делá? wie geht es?; в чём ~? was ist los; это не моё ~ das geht mich nichts an; в сáмом дéле? wírklich?

деловóй sáchlich; práktisch; ~ подхóд sáchliche Behándlung; ~ человéк Geschäftsmann m ..leute

дéльный tüchtig, geschéit

дельфúн м Delphín m -e

демилитаризáция ж Entmilitarisíerung f

демисезóнн|ый: ~ое пальтó Übergangsmantel m ..mäntel

демократизáция ж Demokratisíerung f

демократúческий demokrátisch

демокрáтия ж Demokratíe f

демонстрúровать 1. demonstríeren 2. *показывать* vórführen

день м Tag m -e; ~ рождéния Gebúrtstag m целый ~ den gánzen Tag; дóбрый ~! gúten Tág!; изо дня в tagáus, tagéin; tagtäglich; в нáши дни héutzutage; на днях а) *о прошлом* díeser Tage б) *о предстоящем* in díesen [in éinigen] Tágen

дéньги мн Geld n

дёргать zíehen* *(за что-л., an D)*

деревéнский Land-, Dorf, ländlich

деревня ж 1. Dorf n, pl Dörfer 2. *сельская местность* Land n

дéрево с 1. Baum m, pl Bäume 2. *материал* Holz n

деревянный hölzern, Holz-

держáть hálten*

держáться 1. за что-л. sich an etw. (D) fésthalten* 2. *вести себя* sich benéhmen* де́рзкий frech

десе́рт м Dessért n, Na´chtisch m

десна́ ж, дёсны мн Za´hnfleisch m

деся́т|ок м 1. Ze´hner m; zehn (Stück) 2. мн: ~ки люде́й Du´tzende von Me´n- schen

деся́тый der ze´hnte

де́сять zehn

дета́ль ж 1. Detail [-´ta:] n -s, E´inzelheit f -en 2. mex. Teil n -e

детекти́в м Kri´mi m разг.; Krimina´lfilm m, Krimina´lroman m

де́ти мн Ki´nder pl

де́тский ki´ndlich, Ki´nder; ~ сад Ki´ndergarten m ..gärten; «Де́тский мир» (магазин) Ki´nderkaufhaus n

де́тств|о с Ki´ndheit f; с ~а von Kind auf

деть hi´ntun*; куда́ вы де´ли ключ? wo ha´ben Sie den Schlüssel hi´ngetan?

дефици́т м Ma´ngel m (чего-л. an D)

дефици́тный: ~ това́р Ma´ngelware f -n

дешёвый bi´llig

де́ятель м: госуда́рственный ~ Sta´atsmann m ..männer; полити́ческий ~ Poli´tiker m =

де́ятельность ж Ta¨tigkeit f

де́ятельный ta¨tig, akti´v

джаз м музыка Jazz [dʒɛs] m

джем м Marmela´de f -n

дже́мпер м Pullo´ver [-v-] m =

джи́нсы мн Jeans [dʒi:ns] pl

диа́гноз м Diagno´se f -n; поста́вить ~ die Diagno´se ste´llen

диале́кт м Diale´kt m -e, Mu´ndart f -en

диалекти́ческий diale´ktisch

диало́г м Dialo´g m -e, Zwi´egespräch n -e

диа́метр м Du´rchmesser m

диапозити́в м Dia n -s, Li´chtbild n -er

диате́з м Diathe´se f

дива́н м So´fa n -s

ди́кий wild

диктова́ть dikti´eren

ди́ктор A´nsager m =, Spre´cher m =

дина́мик м La´utsprecher m =

дипло́м м Diplo´m n -e

диплома́т м Diploma´t m -en

дире́ктор м Dire´ktor m ..to´ren

дире́кция ж Direktio´n f

дирижёр м Dirige´nt m -en

дирижи́ровать dirigi´eren

дискотéка ж Diskothék f -en, Dísko f -s разг.

дискредити́ровать diskreditíeren

диску́ссия ж Diskussión f -en

диспéтчер м Dispatcher [-´pɛtʃər] m =; Fáhrdienstleiter m = (на железной дороге и т. п.)

ди́спут м Dispút m -e

диссертáция ж Dissertatión f -en

дисципли́на ж Disziplín f -en

дисциплини́рованный diszipliníert

дитя́ с Kind n -er

дичь ж Wild n

длин|á ж Länge f -n; ~óй в три мéтра drei Méter lang

дли́нный lang

дли́тельный dáuernd, lángwierig

дли́ться dáuern, währen

для 1. кого-л., чего-л. für; э́то ~ меня́ вáжно das ist wíchtig für mich; местá ~ пассажи́ров с детьми́ Plätze für Fáhrgäste mit Kléinkind 2. чего-л. zu (D); ~ чегó э́то тебé ну́жно? wozú bráuchst du das?; ~ э́того dazú; ~ тогó, чтóбы damít; um ... zu

дневни́к м Tágebuch n ..bücher

дневнóй Táges-

днём am Táge

дно с Grund m, Bóden m

до 1. bis, bis zu, bis auf, bis an; от 5 до 10 дней 5 bis 10 Táge; до понедéльника bis Móntag 2. перед vor; до моегó прихóда vor méiner Ánkunft 3. около úngefähr, étwa, gégen; до 30 человéк gégen [étwa] 30 Persónen

добáвить, добавля́ть 1. кому-л. (da)zúgeben* 2. во что-л., напр. в еду́ tun*, hinzúgeben* 3. к чему-л. dazúgeben*; hinzúfügen (к сказанному)

добивáться чего-л. nach etw. (D) tráchten [strében]

добирáться erréichen

доби́ться erlángen, erréichen; ~ своегó séinen Wíllen dúrchsetzen

добрáться см. добирáться

добрó I с 1. das Gúte 2. имущество (Hab und) Gut n

добрó II: ~ пожáловать! hérzlich willkómmen!

доброду́шный gútmütig

доброжелáтельный wóhlwollend

добросóвестный gewíssenhaft

добрососéдский gútnachbarlich

добротá ж Güte f, Hérzensgüte f

добро́тный gut; háltbar

до́бр|ый gut, gútherzig ◊ бу́дьте ~ы́! séien Sie so gut!; всего́ ~ого! álles Gúte!

добыва́ть, добы́ть 1. *полезные ископаемые* gewínnen*, fördern 2. *достать* verscháffen

добы́ча *ж* 1. *добытое* Béute *f*; Áusbeute *f* 2. *добывание* Gewínnung *f*, Förderung *f*; ~ у́гля Kóhlenförderung *f*

довезти́ bis zu ... fáhren*

дове́ренность *ж* Vólemacht *f* -en

дове́ренн|ый bevóllmächtigt; -ое лицо́ Vertráuensmann *m* ..leute

дове́рие *с* Vertráuen *n*, Zútrauen *n*

дове́рить ánvertrauen, zútrauen

доверя́ть (ver)tráuen, Vertráuen háben

довести́ 1. *проводить кого-л.* bríngen*, begléiten 2. *привести к чему-л.* (sowéit) führen, (es dahín) bríngen*

дово́льно genúg; ~ хо́лодно ziemlich kalt

дово́льный zufríeden; froh; я о́чень дово́лен, что... ich bin sehr froh, daß...

догада́ться о чём-л. etw. erráten*, auf etw. (*A*) kómmen*

дога́дливый schárfsinnig

догна́ть éinholen; náchholen (*наверстать*)

догово́р *м* Vertrág *m* ..träge, Ábkommen *n* =

договори́|ться sich verábreden (*условиться*); überéinkommen* (*прийти к соглашению*); мы ~лись о встре́че wir háben éine Zusámmenkunft verábredet; договори́лись! ábgemacht!

дожда́ться кого-л. auf j-n so lánge wárten, bis er kommt

дождли́вый régnerisch

дождь *м* Régen *m*; проливно́й ~ Régenguß *m* ..güsse; идёт ~ es régnet

дойти́ 1. géhen* bis zu (*D*), kómmen* bis zu (*D*); erréichen (*достигнуть*); письмо́ дошло́ во́время der Brief kam réchtzeitig an 2.: ~ до того́, что ... sowéit kómmen, daß ...

доказа́тельство *с* Bewéis *m* -e

доказа́ть, дока́зывать bewéisen*

докла́д *м* 1. Vórtrag *m* ..träge; де́лать ~ éinen Vórtrag hálten* 2. *отчёт* Berícht *m* -e

докла́дчик *м* Referént *m* -en

докла́дывать 1. *де́лать докла́д* vórtragen* **2.** *сообща́ть* beríchten **3.** *о ком-л.* ánmelden

докуме́нт *м* **1.** *истори́ческий* Dokumént *n* -e **2.** *чаще мн* -ы *документа́ция* Unterlágen *pl*; ли́чные -ы Áusweispapiere *pl*, Papíere *pl*

долг *м* **1.** *обя́занность* Pflicht *f* -e **2.** *де́нежный* Schuld *f* -en; взять [дать] что-л. в ~ etw. bórgen [léihen*]

до́лгий lang

долгоигра́ющ|ий: ~ая пласти́нка Lángspielplatte *f* -n

долгосро́чный lángfristig, Dáuer-

до́лжен 1.: он мне ~ 50 рубле́й er ist mir 50 Rúbel schúldig **2.:** я ~ э́то сде́лать ich muß es tun

должно́ быть wahrschéinlich, wohl

до́лжность *ж* Stélle *f* -n; Amt *n*, *pl* Ämter *(госуда́рственная)*

доли́на *ж* Tal *n*, *pl* Täler

до́ллар *м* Dóllar *m* -s

доложи́ть *см.* докла́дывать 2, 3

доло́й! níeder!

до́льше länger

до́ля *ж* часть Teil *m* -e, Ánteil *m* -e

дом *м* Haus *n*, *pl* Häuser; роди́льный ~ Entbíndungsheim *n* -e; де́тский ~ Kínderheim *n* -e; ~ о́тдыха Erhólungsheim *n*; ~ культу́ры Kultúrhaus *n*; ~ престаре́лых Áltersheim *n*

до́ма zu Háuse, dahéim; он ~? ist er zu Háuse?

дома́шн|ий Haus-; häuslich; Famíli|en- *(семе́йный)*; ~ее хозя́йство Háushalt *m*; ~ее живо́тное Háustier *n* -e

домо́й nach Háuse

домохозя́йка *ж* Háusfrau *f* -en

до́нор *м* Spénder *m* =

доплати́ть náchzahlen

дополни́тельный ergänzend, náchträglich

допро́с *м* Verhör *n* -e

допуска́ть, допусти́ть 1. zúlassen*; ~ оши́бку éinen Féhler begéhen* **2.** *предположи́ть* ánnehmen*; допу́стим, что... néhmen wir an, daß...

доро́г|а *ж* **1.** Weg *m* -e; Stráße *f* -n; уступи́ть кому́-л. ~у j-m aus dem Wége géhen* **2.** *путеше́ствие* Réise *f* -n; отпра́виться в ~у sich auf den Weg máchen; в ~е unterwégs

до́рого téuer; э́то сли́шком ~ das ist zu téuer

дорог|о́й 1. téuer; kóstspielig (*дорогостоящий*) 2. *милый* téuer, lieb; -и́е друзья́! líebe [téure] Fréunde!

дорожа́ть téu(r)er wérden

доро́жн|ый 1. Stráßen-; ~ое строи́тельство Stráßenbau *m*; ~ые зна́ки Verkéhrszeichen *pl* 2. *относящийся к поездке* Réise-; ~ костю́м Réiseanzug *m*

доса́дный ärgerlich, bedáuerlich

доска́ *ж* 1. Brett *n* -er 2.: кла́ссная ~ Táfel *n* -n; ша́хматная ~ Scháchbrett *n*

досло́вный wörtlich; búchstäblich (*буквальный*); ~ перево́д wörtliche Übersétzung

доста́вить 1. *к месту назначения* zústellen (*почту*); bríngen* (*пассажиров и т. п.*); líefern (*товары и т. п.*) 2. *причинить* beréiten; ~ удово́льствие Vergnügen beréiten

доста́вк|а *ж* Líeferung *f*, Zústellung *f*; Áuftragen *n* (*почты*); с ~ой на́ дом frei Haus

доста́ток *м* Wóhlstand *m*

доста́точно genúg, genügend; э́того ~ das genügt

доста́ть 1. *до чего-л.* lángen bis zu... 2. *взять, вынуть* néhmen*, hólen 3. *добыть* verscháffen, besórgen; áuftreiben* (*с трудом*)

достиже́ние *с* успе́х Errúngenschaft *f* -en, Léistung *f* -en; мирово́е ~ Wéltbestleistung *f*

дости́чь erréichen, gelángen

достове́рный zúverlässig

досто́инств|о *с* 1. Würde *f*; чу́вство со́бственного ~а Sélbstbewußtsein *n* 2. *хорошее качество* Wert *m* 3.: моне́та с ~ом в пять копе́ек Fünfkopékenmünze *f* -n

досто́йный wert; würdig (*чего-л.* G); ~ внима́ния beáchtenswert

достопримеча́тельность *ж* Séhenswürdigkeit *f* -en

до́ступ *м* Zútritt *m*, Zúgang *m*

досту́пн|ый zúgänglich; ~ые це́ны erschwíngliche Préise *pl*

досу́г *м* Fréizeit *f*; на ~е in der Fréizeit

дотра́гиваться, дотро́нуться berühren

дохо́д *м* Éinkommen *n*, Éinkünfte *pl*

доце́нт *м* Dozént *m* -en

дóчка, дочь ж Tóchter f, pl Töchter

дошкóльный Vórschul-

драгоцéнность ж Kóstbarkeit f -en *(ценный предмет)*; Juwél n -en *(украшение)*; Kléinod n ..ódi|en *(сокровище)*

драгоцéнный kóstbar; wértvoll; ~ кáмень Édelstein m -e

дразнúть nécken

дрáка ж Schlageréi f -en

дрáма ж Dráma n ..men

драматúческий dramátisch; ~ теáтр Scháuspielhaus n

драматýрг м Dramátiker m =

дрáться sich schlágen*, sich prügeln

древнерýсский áltrussisch

дрéвний alt, áltertümlich; úralt *(очень старый)*

дремáть schlúmmern

дремýчий: ~ лес Úrwald m ..wälder, díchter Wald

дрессировáть dressíeren, ábrichten

дрессирóвщик м Dresseur [-´sø:r] m -e; Dompteur [-´tø:r] m -e

дровá мн Holz n, Brénnholz n

дрожáть zíttern, bében

дрозд м Dróssel f -n; чёрный ~ Ámsel f -n

друг I м Freund m -e

друг II: ~ дрýга, ~ дрýгу einánder; ~ за дрýгом nacheinánder; ~ прóтив дрýга gegeneinánder; ~ с дрýгом miteinánder

другóй 1. ánder(er); в ~ раз ein ándermal; с ~ сторонý ándererseits 2. *следующий* der nächste, der fólgende; на ~ день am nächsten Tag

дрýжба ж Fréundschaft f

дружелюбный fréundlich

дрýжеск|ий fréundschaftlich, Fréundes-; Fréundschafts-; ~ шарж fréundschaftliche Karikatúr; ~ая услýга Fréundesdienst m

дрýжественн|ый: ~ые страны befréundete Länder; в ~ой обстанóвке im fréundschaftlichen Geist

дружúть befréundet sein

друз|ья́ мн Fréunde pl; средú ~éй únter Fréunden

дуб м Éiche f -n

дугá ж Bógen m, pl Bögen

дýмать 1. dénken* (an D) méinen, gláuben *(полагать, считать)*; я (не) дýмаю, что... ich gláube (nicht), daß... 2. *намереваться* (ge)dénken*, beábsichtigen

дуплó с 1. *в дереве* Höhlung f -en 2. *в зубе* Loch n, pl Löcher

ду́ра ж dúmme Gans

дура́к м Dúmmkopf m ..köpfe

ду|ть 1. о *ветре* wéhen, blásen*; здесь ~ет hier zieht es 2. *ртом* pústen, blásen*

духи́ мн Parfüm n -s

духове́нство с Géistlichkeit f

духо́вка ж Báckofen m ..öfen

духо́вный 1. géistig 2. *церковный* géistlich

духов|о́й: ~ы́е инструме́нты Blásinstrumente pl

душ м Bráuse f, Dúsche f; приня́ть ~ (sich) dúschen, éine Dúsche néhmen*

душ|а́ ж Séele f -n; всéй ~о́й, от всей ~и́ von gánzem Hérzen

души́стый wóhlriechend, dúftig

ду́шный schwül, drückend (heiß); сего́дня ду́шно es ist héute schwül

дуэ́т м Duétt n -e

дым м Rauch m

дыми́ть(ся) ráuchen

ды́ня ж Melóne f -n, Zúckermelone f

дыра́ ж, **ды́рка** ж Loch n, pl Löcher

дыха́ние с Átem m; Átmen n; перевести́ ~ Átem hólen

дыша́ть átmen

дя́дя м Ónkel m =

дя́тел м Specht m -e

его́ 1. ihn; вы ~ ви́дели? háben Sie ihn geséhen? 2. sein [séine, sein], der [die, das] séine, der [die, das]; séinige; э́то его́ ме́сто das ist sein Platz

ед|а́ ж Éssen n; Spéise f -n *(кушанье);* во вре́мя ~ы́ beim Éssen; пе́ред ~о́й vor dem Éssen; по́сле ~ы́ nach dem Éssen

едва́ kaum; ~ ли kaum, schwérlich

едини́ца ж 1. *цифра* Eins f -en, Éiner m 2. *величина* Éinheit f -en; де́нежная ~ Géldeinheit f

единогла́сно, единогла́сный éinstimmig

единоду́шие с Éinmütigkeit f, Éintracht f

единоду́шный éinmütig

единомы́шленник м Gesínnungsgenosse m -n, der Gléichgesinnte

еди́нственный der éinzige; ~ в своём ро́де éinzigartig

еди́нство *с* Éinheit *f*

еди́ный éinheitlich, Éinheits-

её 1. sie; мы её сего́дня ви́дели wir háben sie héute geséhen; **2.** ihr [íhre, ihr], der [die, das] íhre, der [die, das] íhrige; её бага́ж здесь ihr Gepäck ist hier

ёж *м* Ígel *m* =

ежеви́ка *ж* **1.** *я́года* Brómbeeren *pl* **2.** *куст* Brómbeerstrauch *m*

ежего́дник *м* Jáhrbuch *n* ..bücher

ежего́дный alljährlich

ежедне́вн|ый täglich; ~ая газе́та Tágeszeitung *f* -en

ежеме́сячник *м* Mónatsschrift *f* -en

ежеме́сячный (áll)mónatlich

ежемину́тно jéden Áugenblick

еженеде́льник *м* Wóchenschrift *f* -en

еженеде́льный (áll)wöchentlich

е́здить fáhren*, réisen *(путешествовать)* ~ верхо́м réiten*

ей ihr; сообщи́те ей об э́том téilen Sie ihr das mit

е́ле 1. *чуть* kaum; ~ заме́тный kaum bemérkbar **2.** с *трудо́м* kaum, nur mit Mühe

е́ле-е́ле kaum, mit Mühe und Not

ёлка *ж* **1.** Tánne *f* -n, Tánnenbaum *m* ..bäume; Fíchte *f* -n; рожде́ственская ~ Wéihnachtsbaum *m*; нового́дняя ~ Néujahrbaum *m* **2.** *пра́здник* Néujahrsfeier *f* -n

ель *ж* Fíchte *f* -n, Tánne *f* -n

ему́ ihm; переда́йте ~ приве́т bestéllen Sie ihm ein Gruß; ~ три го́да er ist drei Jáhre alt

ерунда́ *ж* Únsinn *m*; Quatsch *m*

е́сли wenn, falls

есте́ственный natürlich

есть I éssen*; fréssen* *(о живо́тных)*

есть II 1. *см.* быть **2.** *име́ется* es gibt, es ist; у меня́ ~ ...ich hábe

е́хать 1. fáhren* *(на чём-л.* mit *D)*; куда́ вы е́дете? wohín fáhren Sie? **2.** *уезжа́ть* ábreisen, verréisen; я е́ду за́втра ich réise mórgen ab

ещё noch; мы ~ успе́ем wir scháffen es noch; я ~ не гото́в ich bin noch nicht fértig; ~ бы! und ob!

е́ю sie; мы дово́льны е́ю wir sind zufríeden mit ihr

жа́дный hábsüchtig, gíerig; géizig *(скупо́й)*

жа́жда *ж* Durst *m*

жале́ть 1. *кого́-л.* Mítleid háben (mit *D*), bedáuern, bemítleiden 2. *сожале́ть* bedáuern 3. *бере́чь* schónen

жа́лоба *ж* Kláge *f* -n, Beschwérde *f* -n

жа́ловаться klágen; sich beklágen; sich beschwéren *(на кого́-л., что́-л.* über *A);* на что вы жа́луетесь? was fehlt Íhnen?

жар *м* 1. *зной* Hítze *f,* Glut *f* 2. *повы́шенная температу́ра* Fíeber *n;* у него́ ~ er hat Fíeber 3. *рве́ние* Éifer *m*

жара́ *ж* Hítze *f*

жа́реный gebráten

жа́рить bráten*

жа́рк|ий heiß; ~ая пого́да wármes Wétter; ~ спор héftiger Streit

жа́рко heiß; сего́дня ~ es ist sehr warm héute

жарко́е *с* Bráten *m* =

жва́чка *ж разг. рези́нка* Káugummi *m* -s

ждать wárten *(кого́-л., что́-л.* auf *A);* erwárten *(наде́яться)*

же 1. *ведь* ja, doch; denn *(при вопро́се)* 2. *усили́тельная части́ца* doch 3.: (э́)тот же dersélbe; тогда́ же ébendann, zur sélben Zeit; туда́ же ebendahín 4. *при противопоставле́нии* áber, dagégen, hingégen; und

жева́ть káuen

жела́ни|е *с* Wunsch *m, pl* Wünsche; Verlángen *n* = *(чего́-л.* nach *D);* Begíerde *f* -n; Belíeben *n;* Lust *f (охо́та);* по ~ю nach Wunsch; при всём ~и beim bésten Wíllen

желе́зная доро́га Éisenbahn *f* -en

железнодоро́жник *м* Éisenbahner *m* =

желе́зн|ый éisern, Éisen; ~ая руда́ Éisenerz *n*

желе́зо *с* Éisen *n*

железобето́н *м* Stáhlbeton *m*

желте́ть *де́латься жёлтым* gelb wérden

желто́к *м* Éigelb *n,* Dótter *m* =

жёлтый gelb

желу́док *м* Mágen *m* =

жёлчный 1.: ~ пузы́рь Gállenblase *f* 2. *перен.* gállig, gehässig

жёлчь *ж* Gálle *f*

10 Немецко-русский словарь

жéмчуг *м* Pérlen *pl*

женá *ж* Frau *f* -en, Éhefrau *f*; Gáttin *f* -nen *(супруга)*

женáтый verhéiratet

жени́ться на ком-л. j-n héiraten

жени́х *м* Bräutigam *m* -e *(на свадьбе)*; der Verlóbte *(до свадьбы)*; ~ и невéста Bráutpaar *n*

жéнщина *ж* Frau *f* -en, Dáme *f* -n

жеребёнок *м* Füllen *n* =, Fóhlen *n* =

жéртва *ж* Ópfer *n* =

жéртвовать 1. ópfern 2. *дарить* spénden

жест *м* Géste *f* -n; Gebärde *f* -n; объясня́ться ~ами sich durch Gebärden verständigen

жёсткий hart *(твёрдый)*; rauh *(грубый)*; ~ вагóн úngepolsterter Wágen, Wágen zwéiter Klásse

жечь 1. *сжигать* verbrénnen* 2. *обжигать* brénnen*

жи́во 1. *быстро* rasch 2. *ярко* lébhaft

жив|óй 1. lebéndig; lébend; остáться в живы́х am Lében bléiben* 2. *оживлённый* lébhaft, rége; -áя бесéда lébhafte Unterháltung

живопи́сный málerisch

жи́вопись *ж* Maleréi *f*

живóтное *с* Tier *n* -e

жи́дкий 1. flüssig 2. *не густой* dünn; wässerig *(водянистый)* 3. *о волосах* spärlich

жи́дкость *ж* Flüssigkeit *f* -en

жи́зненный 1. Lébens-; ~ у́ровень Lébensstandard *m* 2. *важный* lébenswichtig, aktuéll

жизнерáдостный lébenslustig, lébensfroh

жизнь *ж* Lében *n* =; общéственная ~ das öffentliche [geséllschaftliche] Lében; óбраз жи́зни Lébensweise *f*; всю (свою́) ~ Zeit séines Lébens

жилéт *м* Wéste *f* -n

жилéц *м* Míeter *m* =; Bewóhner *m* =

жили́щн|ый Wóhnungs-; ~ое строи́тельство Wóhnungsbau *m*

жил|óй Wohn-; -áя плóщадь Wóhnfläche *f*; -áя кóмната Wóhnzimmer *n*

жир *м* Fett *n* -e; рыбий ~ Lébertran *m*

жи́рный fett

жи́тель *м* Éinwohner *m* =; городскóй ~ Stádtbewohner *m*

жи́тельств|о: мéсто ~а Wóhnort *m* -e

жить 1. lében **2.** *проживать* wóhnen; где вы живёте? wo wóhnen Sie?; я живу́ на у́лице Че́хова ich wóhne in der Tschéchowstraße

жужжа́ть súmmen, súrren

жук *м* Käfer *m* =

жу́лик *м* Gáuner *m* =; Spítzbube *m* -n

жура́вль *м* Kránich *m* -e

журна́л *м* **1.** Zéitschrift *f* -en; иллюстри́рованный ~ die Illustríerte, Magazín *n* -e; ~ мод Módezeitschrift *f* **2.**: кла́ссный ~ Klássenbuch *n* ..bücher

журнали́ст *м* Journalíst [ʒur-] *m* -en ~ка *ж* Journalístin [ʒur-] *f* -nen

жу́ткий únheimlich

жюри́ *с* Jury [ʒyˊriː] *f* -s; Préisgericht *n* -e

З

за 1. *сзади* hínter; jénseits *(по ту сторону)*; áußerhalb *(вне)*; hínter dem Haus за до́мом; за реко́й jénseits des Flússes; за го́родом áußerhalb der Stadt **2.** *около* an; сесть за стол sich an den Tisch sétzen **3.** *о цели* für, um; боро́ться за что-л. für [um] etw. kämpfen **4.** *на расстоянии* weit, entférnt; за пять киломе́тров fünf Kilométer weit [entférnt] **5.** *раньше* vor, vorhér; за неде́лю éine Wóche vorhér **6.** *в течение* während, im Láufe (von); э́то произошло́ за не́сколько мину́т das gescháh in wénigen Minúten **7.** *следом* nach; hínter ... her; друг за дру́гом hintereinánder **8.** *взамен* statt; за меня́ statt méiner **9.** *о цене, плате* für; купи́ть что-л. за три́ста рубле́й etw. für dréihúndert Rúbel káufen **10.**: за что? wofür?; за э́то dafür; ни за что um kéinen Preis

заба́ва *ж* Belústigung *f* -en, Spaß *m*, *pl* Späße, Zéitvertreib *m*

забавля́ться sich amüsíeren, sich belústigen

заба́вный spáßig, ergötzlich, dróllig

забинтова́ть verbínden*

забира́ться *см.* забра́ться

заби́ть 1. *гвоздь и т. п.* éinschlagen* **2.** *ящик и т. п.* vernágeln **3.**: ~ гол ein Tor schíeßen*

заблаговре́менно réchtzeitig; beizéiten *(своевре́менно)*

заблуди́ться sich verírren, sich verláufen*

заблужда́ться sich írren, sich täuschen

заблужде́ние *с* Írrtum *m* ..tümer

заболева́ние *с* Erkránkung *f* -en

заболева́ть, заболе́ть erkránken, krank wérden; weh tun* *(начать болеть)*; у меня́ заболе́ла нога́ mir tut das Bein weh

забо́тливый sórgsam

забро́сить 1. *куда-л.* weit wégwerfen*; verlégen *(затерять)* **2.** *перестать заниматься чем-л.* vernáchlässigen

забы́вчивый vergéßlich

забы́|ть 1. vergéssen* **2.** *случайно оставить* líegenlassen*; вы ничего́ не ~ ли? háben Sie nichts vergéssen?

зава́ривать, завари́ть *чай* áufbrühen

заведе́ние: учебное ~ Léhranstalt *f*; вы́сшее учебное ~, ВУЗ Hóchschule *f*

заве́довать verwálten, léiten

заве́дующий *м* Léiter *m* =, Chef [ʃɛf] *m* -s

заве́рить versíchern; begláubigen *(подписью)*

заверну́ть 1. éinwickeln, éinschlagen*, éinpacken **2.:** ~ за́ угол um die Écke bíegen*

заверша́ть, заверши́ть vollénden; ábschließen*

завести́ 1. *куда-л.* (hin)führen **2.** *порядки и т. п.* éinführen **3.** *начать* ánfangen*, ánknüpfen; ~ знако́мство Bekánntschaft máchen; разгово́р ein Gespräch ánknüpfen **4.:** ~ часы́ die Uhr áufziehen*; заведи́ буди́льник на 6 часо́в stélle bítte den Wécker auf 6 Uhr; ~ мото́р den Motor anlassen* **5.** *приобрести* sich (*D*) ánschaffen

завеща́ние *с* Testamént *n*

зави́довать benéiden *(кому-л. j-n)*

зави́сеть ábhängen*, ábhängig sein; э́то зави́сит от того́ ... das hängt davón ab...

за́висть *ж* Neid *m*

зави́ть: ~ во́лосы sich (*D*) die Háare lócken [fresíeren] lássen* ~ся sich (*D*) die Háare lócken, sich frisíeren *(самой)*; sich frisíeren lássen* *(у парикмахера)*

заво́д *м* Betríeb *m* -e, Werk *n* -e

за́втра mórgen; ~ у́тром mórgen früh; ~ ве́чером mórgen ábend; до ~ bis mórgen; auf Wíedersehen bis mórgen! *(при прощании)*

за́втрак *м* Frühstück *n* -e; за ~ом beim Frühstück; что сего́дня на ~? was gibt es héute zum Frühstück?

за́втракать frühstücken

за́втрашний mórgig, von mórgen

завяза́ть 1. zúbinden*; ~ у́зел éinen Knóten máchen [knüpfen] 2.: ~ разгово́р ein Gespräch ánknüpfen

зага́дка *ж* Rätsel *n* =

зага́дочный rätselhaft

зага́р *м* Sónnenbräune *f*

загла́вие *с* Títel *m* =; Überschrift *f* -en *(заголовок)*

заглуша́ть, **заглуши́ть** dämpfen

загля́дывать, **загляну́ть** 1. hinéinblicken; ~ в кни́гу im Buch náchschlagen* 2. *зайти проведать кого-л.* bei j-m vorbéikommen*

за́говор *м* Verschwörung *f* -en

заголо́вок *м* Überschrift *f* -en, Títel *m* =

загоре́лый sónnengebräunt

загоре́ть sónnengebräunt sein

за́городн|ый áußerhalb der Stadt (gelégen); Land-; ~ дом Lándhaus *n* ..häuser; ~ая прогу́лка Áusflug *m* aufs Land

загото́вить, **заготовля́ть** bescháffen, ánschaffen, besórgen

загражде́ние *с* Spérre *f* -n

заграни́ца *ж* Áusland *n*

заграни́чный ausländisch, Áuslands-; ~ па́спорт Áuslandspaß *m* ..pässe

загрязни́ть verúnreinigen, verschmútzen

задави́ть *переехать* überfáhren*

зада́ние *с* Áufgabe *f* -n; Áuftrag *m* ..träge *(поручение)*

зада́ток *м* Vórschuß *m* ..schüsse, Ánzahlung *f* -en

зада́ть áufgeben*; ~ вопро́с éine Fráge stéllen

зада́ча *ж* Áufgabe *f* -n; Problém *n* -e (проблема)

задержа́ть, **заде́рживать** 1. áufhalten*; ánhalten* 2. *арестовывать* féstnehmen* ~ся sich (länger) áufhalten*

заде́ржк|а *ж* Verzögerung *f* -en; без ~и óhne Áufschub

заде́ть 1. ánstoßen* (an *А* - уда́риться обо что-л.); stréifen *(коснуться)* 2. *обидеть* kränken, verlétzen

за́дн|ий der híntere, Hínter-; ~ие ряды́ die hínteren Réihen

задолжа́ть in Schúlden geráten*; ~ кому́-л. j-m schúldig sein

задо́лженность ж Verschúldung f, Schúlden pl

за́дом rűckwärts, rücklings

заду́мать sich (D) vornéhmen*, beábsichtigen

заду́маться náchdenklich wérden, in Gedánken versínken*

заду́мчивый náchdenklich

зае́хать besúchen, vorbéikommen* (bei D -- к кому-л.); мы зае́дем за ва́ми в гости́ницу wir hólen Sie im Hotél ab

заже́чь ánzünden, ánbrennen*; ~ свет das Licht ánmachen

зажи́точн|ый wóhlhabend, vermögend

зажи́ть о ране héilen

заика́ться stóttern

заинтересова́ть interessíeren, j-s Interésse erwécken ~ся sich interessíeren (чем-л. für A)

зайти́ 1. к кому-л. j-n áufsuchen [besúchen]; зайдём в кафе́ géhen wir ins Café; я за ва́ми зайду́ ich hóle Sie ab 2. о солнце, луне úntergehen*; со́лнце уже́ зашло́ die Sónne ist schon úntergegangen

заказа́ть bestéllen; ~ что-л. на у́жин etw. zum Ábendbrot bestéllen; ~ биле́т éine Fáhrkarte vórbestellen; ~ междугоро́дный телефо́нный разгово́р ein Férngespräch ánmelden

заказн|о́й bestéllt; ~о́е письмо́ Éinschreib(e)brief m, éingeschriebener Brief

зака́зчик м Bestéller m =, Kúnde m -n; Áuftraggeber m =

зака́т м Sónnenuntergang m (солнца); перен. Níedergang m

закле́ивать, закле́ить zúkleben

заключа́ть 1. в себе enthálten* 2. делать вывод schlíeßen* 3. см. заключи́ть

заключе́ние с 1. договора и т. п. Ábschluß m 2. окончание Schluß m; в ~ zum Schluß 3. вывод Fólgerung f -en, Schlúßfolgerung

заключи́тельн|ый Schluß-; ~ое сло́во Schlúßwort n; ~ конце́рт Ábschlußkonzert n

заключи́ть 1. договор и т. п. schlíeßen* 2. закончить ábschließen* 3. в тюрьму́ ins Gefängnis sétzen

зако́лка ж для волос Háarspange f -n

заколо́ть 1. штыком и т. п. erstéchen* 2. укрепить була́вкой zústecken

зако́н м Gesétz n -e

зако́нный gesétzlich, réchtmäßig, legitím

законода́тельн|ый gesétzgebend; ~ая власть gesétzgebende Macht

закономе́рность ж Gesétzmäßigkeit f -en

закономе́рный gesétzmäßig

законопрое́кт м Gesétzentwurf m ..würfe

зако́нчить 1. beénden, fértig sein (mit D) 2. *уче́бное заведе́ние* beénden, absolvíeren [-v-]

закрепи́ть, закрепля́ть 1. beféstigen 2. *за кем-л.* síchern; reservíeren [-v-] *(забронировать)*

закры́т|ый geschlóssen; ~ое пла́тье (hoch) geschlóssenes Kleid

закры́ть 1. schlíeßen*, zúmachen; ~ кран den Hahn zúdrehen 2. *покрыть* zúdecken

закуси́ть 1. étwas zu sich néhmen*, éinen Ímbiß éinnehmen* 2. *чем-л.* náchessen*

заку́таться, заку́тываться sich éinhüllen, sich éinwickeln

зал м Saal m, pl Säle; Hálle f -n; ~ ожида́ния Wártesaal m; зри́тельный ~ Zúschauerraum m

зали́в м Méerbusen m =, Golf m -e

заливно́е: ~ из ры́бы Fisch in Aspík

залп м Sálve [-v-] f -n

зама́лчивать verschwéigen*

заме́длить, замедля́ть verzögern

заме́на ж Ersátz m, Wéchsel m

замени́тель м Ersátzstoff m; ~ ко́жи Kúnstleder n

замени́ть, заменя́ть ersétzen

замерза́ть, замёрзнуть éinfrieren*, zúfrieren* *(о реке и т. п.);* erfríeren* *(о живых существах)*

заме́тить 1. bemérken 2. *записать* notíeren 3. *сказать* éine Bemérkung máchen

заме́тка ж Notíz f -en

заме́тн|ый 1. bemérkbar; ~ая ра́зница ein mérklicher Únterschied 2. *выдающийся* bedéutend

замеча́ние с 1. Bemérkung f -en 2. *выговор* Verwéis m -e, Vermérkung f -en

замеча́тельный hervórragend, wúnderbar; áusgezeichnet *(превосходный)*

замеша́тельство с Verwírrung f; Verlégenheit f *(смущение)*

замеща́ть vertréten*

за́мок *м* Schloß *n*, *pl* Schlösser, Burg *f* -en

замо́к *м* Schloß *n*, *pl* Schlösser; вися́чий ~ Vórhängeschloß *n*

замолка́ть verstúmmen

замолча́ть 1. verstúmmen 2. *см.* зама́лчивать

за́морозки *мн* Frühfrost *m*

за́муж: вы́йти ~ за кого́-л. j-n héiraten

за́мужем: быть ~ verhéiratet sein (*за кем-л.* mit *D*)

заму́жняя verhéiratet

за́мысел *м* Vórhaben *n* =, Ábsicht *f* -en

за́навес *м* Vórhang *m* ..hänge

занести́ 1. bríngen* 2. *в список и т. п.* éintragen*, éinschreiben* 3. *снегом, песком* verwéhen

занима́тельный unterháltsam, interessánt; spánnend (*увлекательный*)

занима́ться 1. sich beschäftigen, sich befássen; чем вы занима́етесь? was máchen Sie?; ~ спо́ртом Sport tréiben* 2. *учиться* lérnen; studíeren (*в вузе*)

за́ново aufs néue

зано́за *ж* Splítter *m* =

заня́тие *с* 1. *работа* Beschäftigung *f* -en 2. *учебное* Únterrichtsstunde *f* -n

заня́тия *мн* Stúdien *pl* (*научные*); Únterricht *m* (*в школе*)

занято́й beschäftigt

за́нят|ый besétzt; э́то ме́сто уже́ ~o díeser Platz ist schon besétzt; я сего́дня за́нят ich bin héute beschäftigt

заня́ть 1. *деньги* léihen*, (áus)bórgen

заня́ть II 1. besétzen, belégen (*место*); займи́те места́! néhmen Sie bítte Íhre Plätze ein!; э́то займёт немно́го вре́мени das nimmt nicht viel Zeit in Ánspruch; ~ в состяза́нии пе́рвое ме́сто im Wéttbewerb den érsten Platz belégen 2. *кого-л. чем-л.* beschäftigen (mit *D* -- *делом*); unterhálten* (mit *D* -- *развлечь*)

зао́чник *м* Férnstudent *m* -en

зао́чно *в отсутствие* in Ábwesenheit

зао́чн|ый: ~ое обуче́ние Férnunterricht *m*, Férnstudium *n*

за́пад *м* Wésten *m*

западноевропе́йский wésteuropäisch

за́падный wéstlich; West-; За́падная Евро́па Wésteuropa *n*

запакова́ть éinpacken, verpácken

запа́сный: ~ вы́ход Nótausgang *m*

запасти́ Vórräte ánschaffen **~сь** sich (*D*) versórgen; **~сь биле́тами** sich (*D*) im voráus Kárten besórgen

за́пах *м* Gerúch *m* ..rüche; Duft *m, pl* Düfte *(приятный)*

запере́ть ábschließen*, verschlíeßen* *(на замок)*; éinschließen*, éinsperren (кого-л.)

запеча́тать 1. versíegeln 2. *конверт* zúkleben

записа́ть éinschreiben*, áufschreiben*; éintragen* *(внести в список и т. п.)*; notíeren *(для памяти)*; ~ **адрес** die Ánschrift notíeren; ~ **на плёнку** (auf Tónband) áufnehmen*

запи́ска *ж* Zéttel *m* =, Náchricht *f* -en

запи́ски *мн* 1. Notízen *pl*, Skízzen *pl*; Áufzeichnungen *pl* *(заметки; воспоминания)* 2.: **путевы́е** ~ Réiseskizzen *pl*

записн|о́й: **-а́я кни́жка** Notízbuch *n* ..bücher

заплати́ть bezáhlen

заплы́в *м* Wéttschwimmen *n*

запове́дник *м* Natúrschutzgebiet *n* -e

запозда́ть sich verspäten, zu spät kómmen*

запо́лнить, заполня́ть áusfüllen; (bis zum Ránde) füllen *(до краёв)*

запомина́ть, запо́мнить im Gedächtnis behálten*, sich (*D*) mérken

запра́вить: ~ **маши́ну** *(горючим)* tánken **~ся** *горючим* tánken

запра́вочн|ый: **-ая ста́нция** Tánkstelle *f* -n

запре́т *м* Verbót *n* -e

запрети́ть verbíeten*

запре́тный verbóten

запреще́ние *с* Verbót *n* -e

запро́с *м* 1. Ánfrage *f* -n 2. *мн* ~ы Bedürfnisse *pl* *(потребности)*; Interéssen *pl* *(интересы)*

запроси́ть ánfragen

за́просто úngezwungen, óhne Úmstände

за́пуск *м* *раке́ты, косми́ческого корабля́* Start *m* -s

запуска́ть, запусти́ть *раке́ту и т. п.* stárten

запча́сти *мн* (запасны́е ча́сти) Ersátzteile *pl*

запята́я *ж* Kómma *n* -s

зараба́тывать, зарабо́тать verdíenen

за́работн|ый: **-ая пла́та** Lohn *m, pl* Löhne, Árbeitslohn *m* *(рабочих)*; Gehált *n* ..hälter *(служащих)*

за́работок *м* Verdíenst *m*

зарази́тельный ánsteckend, mítreißend

зарази́ть 1. ánstecken 2. *воздух, воду и т. п.* verséuchen ~ся *какой-л. болезнью* sich ánstecken

зара́нее im voráus; frühzeitig *(заблаговременно)*

зарегистри́ровать éintragen*, registríeren ~ся 1. sich éintragen lassen* 2. *в ЗАГСе* sich stándesamtlich tráuen lássen*

зарпла́та *ж* (зарабо́тная пла́та) Lohn *m, pl* Löhne *(рабочих)*; Gehált *n* ..hälter *(служащих)*

зарубе́жн|ый áusländisch, Áuslands-; ~ая печа́ть Áuslandspresse *f*; ~ая пое́здка Áuslandsreise *f* -n

зар|я́: у́тренняя ~я́ Mórgenröte *f*; на ~é bei Tágesanbruch

заряди́ть láden*

заря́дка *ж спорт.* Gymnástik *f*; у́тренняя ~ Frühsport *m*, Mórgengymnastik *f*

заседа́ние *с* Sítzung *f* -en, Tágung *f* -en; откры́ть [закры́ть] ~ die Sítzung eröffnen [schließen*]

заслу́га *ж* Verdíenst *n* -e

заслу́женный verdíent; ~ ма́стер спо́рта Verdíenter Méister des Sports

заслу́живать, заслужи́ть verdíenen; wert sein *(быть досто́йным)*

засну́ть éinschlafen*

засня́ть áufnehmen*; fotografíeren; fílmen *(на киноплёнку)*

заста́вить, заставля́ть nötigen, zwíngen*, он заста́вил себя́ ждать er ließ auf sich wárten

заста́ть: я его́ не заста́л ich hábe ihn nicht ángetroffen; когда́ вас мо́жно ~? wann sind Sie zu erréichen?

застёгивать(ся), застегну́ть(ся) zúknöpfen *(на пу́говицы)*; zúhacken *(на пря́жку)*

застёжка *ж* Verschlúß *m* ..schlüsse; Spánge *f* -n; Schnálle *f* -n *(пря́жка)*; ~-мо́лния *ж* Réißverschluß *m*

застрели́ть erschíeßen* ~ся sich erschíeßen*

застря́ть stéckenbleiben*

заступа́ться, заступи́ться за кого́-л. sich für j-n éinsetzen, für j-n éintreten*

засу́нуть (hinéin)stécken

за́суха *ж* Dürre *f*

засучи́ть: ~ рукава́ die Ärmel áufkrempeln

зате́м dann; danách; ~ что́бы damít

затеря́ться verlórengehen*

затея ж Éinfall m ..fälle, Unternéhmen n =

затеять ánstiften, ánzetteln

зато dafür, áber

затопить I *печь* ánheizen

затопить II 1. *о воде* überschwémmen 2. *потопить* versénken

затрат|а ж 1. Áufwand m, Verbráuch m; ~ электроэнергии Strómverbrauch m 2. мн ~ы *расходы, издержки* Áusgaben pl, Kósten pl

затронуть 1. berühren 2. *обидеть* verlétzen

затруднение с Schwíerigkeit f -en

затруднить, затруднять erschwéren; вас не затруднит, если...? wird es Íhnen nicht schwérfallen, wenn...?

затылок м Nácken m =, Hínterkopf m ..köpfe

затягивать 1. *узел* féstziehen* 2. *срок* verzögern, in die Länge zíehen* ~ся sich verzögern

заурядный míttelmäßig, Dúrchschnitts-; gewöhnlich (*обыкновенный*)

зафиксировать fixíeren, féstlegen; ~ время die Zeit stóppen

захвати|ть 1. *взять с собой* mítnehmen*; ~те фотоаппарат néhmen Sie die Kámera mit 2. *завладеть* eróbern, ergréifen* 3. *увлечь* ergréifen*, hínreißen*

захлопнуть zúschlagen*, zúwerfen* (*дверь*); zúklappen (*книгу*) ~ся zúfallen*

заход м *солнца, луны* Úntergang m

захотеть den Wunsch bekómmen* ~ся: мне захотелось ... ich bekám den Wunsch [das Verlángen] ...

зацепиться hängenbleiben*, sich ánhaken

зачем warúm (*почему*); wozú (*для чего*)

зачёркивать, зачеркнуть dúrchstreichen*

зачислить, зачислять éinstellen (*на работу*); immatrikulíeren (*в вуз*)

зашивать, зашить zúnähen

защищать vertéidigen; schützen (*охранять от чего-л.* vor D) ~ся sich vertéidigen, sich wéhren; sich schützen

заявить erklären; mélden (*сообщить*)

заявка ж Bestéllung f -en (*заказ*), Bestélliste f -n, Fórderung f -en, Ánforderung f -en (*требование*); концерт по ~м Wúnschkonzert n -e

за́яц *м* 1. Háse *m* -n 2. *разг. безбиле́тный пассажи́р* Schwárzfahrer *m* =

зва́ние *с* Títel *m* =; Rang *m*, *pl* Ränge; почётное ~ Éhrentitel *m*; во́инское ~ militärischer Dienstgrad

звать 1. rúfen* 2. *называ́ть* nénnen*; как вас зову́т? wie héißen Sie?, wie ist Ihr Náme?; меня́ зову́т ... ich héiße... 3. *приглаша́ть* éinladen*

звезда́ *ж* Stern *m* -e

звене́ть klíngeln, läuten *(звуча́ть);* klírren *(о стекле́)*

зверь *м* Tier *n* -e; *перен.* Béstie *f* -n

звон *м* Klang *m*; Geläut *n* *(колоколо́в);* Geklírre *n* *(шпор, стекла́ и т. п.)*

звон|и́ть klíngeln, läuten; ~ кому́-л. по телефо́ну j-n ánrufen*; ~и́те по телефо́ну 09 bítte 09 wählen

зво́нкий (hell)klíngend, hell; klángvoll *(зву́чный)*

звоно́к *м* Klíngel *f* =; телефо́нный ~ Ánruf *m* -e

звук *м* Laut *m* -e; Ton *m*, *pl* Töne

звуково́й Schall-, Ton-; ~ фильм Tónfilm *m* -e

звукоза́пис|ь *ж* Tónaufnahme *f*; сту́дия ~и Tónstudio *n* -s

звуча́ть tönen, klingen*

зда́ние *с* Gebäude *n* =

здесь hier

здоро́ваться begrüßen; sich begrüßen *(взаи́мно)*

здо́рово: вот ~! das ist áber príma!, gróßartig!

здоро́вый gesúnd; бу́дьте здоро́вы! lében Sie wohl! *(при проща́нии);* Gesúndheit! *(при чиха́нии)*

здоро́вье *с* Gesúndheit *f*; как ва́ше ~? wie geht es Íhnen gesúndheitlich?; за ва́ше ~! *тост* zum Wohl!, prósit!; на ~! *во вре́мя еды́* wohl bekómm´s!

здра́вствуй(те)! gúten Mórgen! *(утром);* gúten Tag! *(днём);* guten Abend! *(вечером)*

зелёный grün

зе́лень *ж* 1. *расти́тельность* Grün *n* 2. *о́вощи* Grünes *n*, frísche Kräuter *pl*

земля́ *ж* 1. Érde *f*; Bóden *m* *(по́чва);* Grund und Bóden *(владе́ние);* Féstland *n* *(су́ша)* 2. *администрати́вная едини́ца федера́ции* Land *n*, *pl* Länder

земляни́ка *ж* Érdbeere *f* -n

земля́чество *с* Lándsmannschaft *f* -en

земно́й 1. Erd-; ~ шар Érdkugel *f* 2. *перен.* írdisch

зе́ркало *с* Spíegel *m* =

зерно́ *с* Korn *n*; Getréide *n* (*хлеб*)

зима́ *ж* Wínter *m* =

зимова́ть überwíntern

зимо́й im Wínter

зла́ки *мн* Gräser *pl*, Getréide *n*

злить ärgern ~ся sich ärgern

зло *с* Übel *n*, Böse *n*

злободне́вный aktuéll, brénnend

злой böse, bóshaft

злора́дный schádenfroh

злость *ж* Wut *f*, Bósheit *f*

зло́тый *м* Zlóty *m* (*денежная единица Польши*)

злоупотреби́ть, злоупотребля́ть mißbráuchen

змея́ *ж* Schlánge *f* -n

знак *м* 1. *символ* Zéichen *n* =; дорожный ~ Verkéhrszeichen *n* 2. *клеймо* Márke *f* -n 3. *сигнал* Zéichen *n* =, Wink *m* -e

знако́мая: моя ~ éine Bekánnte von mir

знако́мить bekánnt máchen ~ся sich bekánnt máchen (*с чем-л.*); kénnenlernen (*с кем-л.*); studíeren (*изучать*); ~ся с го́родом die Stadt bisíchtigen

знако́мство *с* Bekánntschaft *f* -en

знако́мый 1. bekánnt 2. *м* der Bekánnte

знамени́тый berühmt

зна́мя *с* Fáhne *f* -n, Bánner *n* =

зна́н|ие *с* Wíssen *n*; *мн* ~ия Kénntnisse *pl*; со ~ием де́ла mit Sáchkenntnis

знато́к *м* Kénner *m* =; Fáchmann *m*, *pl* Fáchleute (*специалист*)

знать 1. wíssen*; дать ~ кому́-л. j-n wíssen lássen*; я зна́ю, что... ich weiß, daß... 2. *быть знакомым с кем-л., чем-л.* kénnen*; я его́ зна́ю ich kénne ihn

значе́ние *с* Bedéutung *f* -en; придава́ть чему́-л. ~ éiner Sáche (*D*) Bedéutung béimessen*; auf etw. (*A*) Wert légen

зна́чит álso; fólglich (*следовательно*)

значи́тельный bedéutend, beträchtlich

зна́чить bedéuten, héißen*; что э́то зна́чит? was soll das bedéuten?

значо́к *м* Ábzeichen *n* =

зной *м* Hítze *f*

зно́йный glühend [drückend] heiß

зо́дчество *с* Báukunst *f*, Architektúr *f*

зо́дчий Báumeister *m* =, Architékt *m* -en

зо́лото *с* Gold *n*

зо́лот|о́й gólden; ~áя меда́ль Góldmedaille [-daljə] *f* -n

зонт *м*, **зо́нтик** *м* Schirm *m* -e; Régenschirm *m* (*от дождя́*); Sónnenschirm *m* (*от со́лнца*)

зооло́гия *ж* Zoologíe *f*

зоопа́рк *м* Zoo *m* -s, Tíergarten *m* ..gärten

зо́ркий schárfsichtig

зрачо́к *м* Pupílle *f* -n

зре́лище *с* Ánblick *m* (*вид*); Scháuspiel *n* (*представле́ние*)

зре́лый reif

зре́ние *с* Séhkraft *f*; у меня́ хоро́шее [плохо́е] ~ ich hábe gúte [schléchte] Áugen

зреть réifen

зри́тель *м* Zúschauer *m* =

зри́тельный 1. *относя́щийся к зре́нию* Seh-; Séhnerv *m* 2.: ~ зал Zúschauerraum *m* ..räume

зря umsónst, únnütz

зуб *м* Zahn *m*, *pl* Zähne

зубн|о́й Zahn-; ~áя щётка Záhnbürste *f* -n; ~áя па́ста Záhnpaste *f* -n; ~áя боль Záhnschmerzen *pl*, Záhnweh *m*; ~ врач Záhnarzt *m* ..ärzte

зубочи́стка *ж* Záhnstocher *m* =

зубр *м* Wísent *m* -e

зубри́ть páuken, büffeln

и 1. *соедини́тельный сою́з* und; вы и я Sie und ich; и так да́лее (*и т. д.*) und so wéiter (usw.) 2. *в ра́зн. знач.* auch (*та́кже*); sogár, selbst (*да́же*); и в э́том слу́чае auch in díesem Fall

и́ва *ж* Wéide *f* -n

игла́ *ж* Nádel *f* -n

иго́лка *ж* см. игла́

игра́ *ж* Spiel *n* -e; насто́льная ~ Bréttspiel *n*; Олимпи́йские и́гры Olýmpische Spíele *pl*; ~ око́нчилась со счётом 1:1 das Spiel éndete mit ein zu eins

игра́ть spíelen; ~ в ша́хматы Schach spíelen; ~ в футбо́л Fúßball spíelen; он игра́ет на роя́ле er spielt Klavíer [-v-]

игро́к *м* Spíeler *m* =

игру́шка *ж* Spíelzeug *n* -e

идеа́л *м* Ideál *n* -e

иде́я *ж* Idée *f* -n

идти́ 1. géhen*; kómmen* (*отку́да-л.*); идёмте! géhen wir!; иди́те сюда́! kómmen Sie her! 2.: часы́ иду́т хорошо́ die Uhr geht gut; доро́га идёт че́рез лес der Weg führt durch den Wald 3. *о предо́-*

ставлениях gegében [gezéigt, áufgeführt] wérden; *сегодня идёт картина...* héute läuft der Film...

из 1. *на вопрос «откуда?»* aus, von; *я приехал из Италии* ich kómme aus Itáli|en 2. *по причине* aus, vor; *из любопытства* aus Néugier(de) 3. *из числа* von; *это, один из моих друзей* das ist éiner von méinen Fréunden 4. *о материале* aus; *из кожи* aus Léder

избавить erlösen, befréien *(от чего-л.* von *D)* ~ся lóswerden*

избалованный verwöhnt; verzógen

избегать (ver)méiden, áusweichen* *(чего-л. D)*

избежать entgéhen* *(чего-л. D)*

избрать (er)wählen

избыт|ок *м* Überfluß *m;* с ~ком im Überfluß

извержение: ~ *вулкана* Vulkánausbruch *m* ..brüche

извести|е *с* Náchricht *f* -en; *последние* ~*я* Náchrichten *pl*

известить benáchrichtigen

известно es ist bekánnt; *как* ~ bekánntlich; *насколько мне* ~ ... sovíel ich weiß...

известность *ж* Ruf *m;* Berühmtheit *f,* Ruhm *m (слава)*

известн|ый 1. *знакомый* bekánnt 2. *знаменитый* berühmt; námhaft 3. *определённый* bestímmt, gegében 4. *некоторый* gewíß; *в* ~*ых случаях* in gewíssen Fällen

известь *ж* Kalk *m*

извещение *с* Benáchrichtigung *f* -en; Ánzeige *f* -n *(объявление в газете)*

извинение *с* Entschúldigung *f* -en

извинить entschúldigen; *извините!* entschúldigen Sie! ~ся sich entschúldigen

извне von áußen

извратить, извращать verdréhen, entstéllen

изготовить, изготовлять ánfertigen, hérstellen

издалека, издали von wéitem, von fern

издание *с* 1. *действие* Heráusgabe *f;* Erláß *m (закона и т. п.)* 2. *о книге и т. п.* Áusgabe *f* -n

издатель *м* Verléger *m=,* Heráusgeber *m =*

издательство *с* Verlág *m* -e

издать 1. *звук* von sich gében* 2. *книгу* heráusgeben*, verlégen 3. *закон и т. п.* erlássen*

изделие *с* Erzéugnis *n* -se; Fabrikát *n* -e *(фабричное)*

изде́ржки *мн* Áusgaben *pl*, Únkosten *pl*, Spésen *pl*

из-за 1. hínter... hervór; ~ ле́са hínter dem Wald hervór; ~ грани́цы aus dem Áusland; встать ~ стола́ von Tisch áufstehen* **2.** *по причине* wégen; infólge; ~ меня́ [тебя́, него́ *и т. д.*] méinetwegen [déinetwegen, séinetwegen *usw.*]

излага́ть *см.* **изложи́ть**

изли́шний überflüssig, überschüssig

изложи́ть wíedergeben*, dárlegen

излуче́ние *с* Stráhlung *f* -en

излю́бленный belíebt, Líeblings-

изма́тывать *утомлять* ermüden

изме́на *ж* Verrát *m*

измене́ние *с* Änderung *f* -en, Veränderung *f* -en

измени́ть 1. *сделать иным* (ver)ändern; ~ маршру́т die Márschroute [-ru-] ändern **2.** *предать* verráten* ~ся sich verändern; вы о́чень измени́лись Sie háben sich sehr verändert

изме́нчивый veränderlich; únbeständig *(непостоянный)*

изме́рить, измеря́ть méssen*; ~ температу́ру die Temperatúr méssen

изму́ченный ábgequält, erschöpft

изму́чить ábquälen, ermüden ~ся sich ábquälen

износи́ть *одежду* ábtragen*

изнутри́ von ínnen

изоби́лие *с* Überfluß *m*

изображе́ние *с* **1.** *действие* Dárstellung *f* -en **2.** *картина* Ábbildung *f* -en, Bild *n* -er

изобрази́тель|ый dárstellend; ~ое иску́сство bíldende Künste *pl*

изобрази́ть dárstellen; schíldern *(описать)*

изобрести́ erfínden*

изобрета́тель *м* Erfínder *m* =

изобрета́тельный erfínderisch

изобрете́ние *с* Erfíndung *f* -en

изо́гнутый gebógen

из-под únter ... hervór; ~ стола́ únter dem Tisch hervór; коро́бка ~ конфе́т Bonbonschachtel [bɔŋ´bɔŋ-] *f* -n

израсхо́довать verbráuchen; áusgeben*, veráusgaben *(деньги)*

и́зредка zéitweise, hin und wíeder

изуми́тельный erstáunlich, wúnderbar

изуми́ть in Erstáuen sétzen ~**ся** sich wúndern, stáunen

изумле́ние *с* Erstáunen *n*, Verwúnderung *f*

изумру́д *м* Smarágd *m* -e

изуче́ние *с* Erlérnen *n*; Stúdium *n*

изучи́ть erlérnen; studíeren

изю́м *м* Rosínen *pl*

изя́щный elegánt, fein

ико́на *ж* Ikóne *f* -n

и́конопись *ж* Ikónenmalerei *f*

иконоста́с *м* Ikonostás *m* -e, Ikónenwand *f* ..wände

икра́ I *ж* *рыбья и т. п.* Laich *m*, Rógen *m*; Káviar [-v-] *m (обработанная);* зерни́стая ~ körniger Káviar; па́юсная ~ geprёßter Káviar

икра́ II *ж ноги́* Wáde *f* -n

и́ли óder; и́ли... и́ли... entwéder... óder...

иллю́зия *ж* Illusión *f* -en

иллюмина́тор *м мор.* Búllauge *n* -n *(судна);* Fénster *n* = *(самолёта)*

иллюмина́ция *ж* Illuminatión *f*, Féstbeleuchtung *f*

иллюстра́ция *ж рисунок* Illustratión *f* -en; Ábbildung *f* -en

им 1. *см.* он; э́то им ска́зано er hat das geságt **2.** íhnen; скажи́те им, что... ságen Sie íhnen, daß...

име́ние *с* Gut *n*, *pl* Güter, Lándgut *n*

и́менно geráde, ében; а ~ und zwar

име́ть háben, besítzen*; ~ успе́х Erfólg háben; э́то не име́ет значе́ния das hat kéine Bedéutung ~**ся**: име́ется es gibt; ~**ся** в прода́же im Ángebot sein

и́ми *см.* они́; ~ уже́ мно́гое сде́лано sie háben schon víeles geschäfft

имигра́нт *м* Éinwanderer *m* =, Immigránt *m* -en

импера́тор *м* Káiser *m* =

императри́ца *ж* Káiserin *f* -nen

импе́рия *ж* Reich *n* -e

и́мпорт *м* Impórt *m* -e, Éinfuhr *f* -e

импорти́ровать importíeren, éinführen

импрессиони́зм *м* Impressionísmus *m*

иму́щество *с* Vermögen *n*; Éigentum *n*; Hab und Gut *(вещи)*

и́мя *с* Náme *m* -n; Vórname *m (без фамилии);* как ва́ше ~? wie ist ihr Náme?; назва́ть по и́мени beim Námen nénnen*

ина́че 1. *по-друго́му* ánders 2. *в проти́вном слу́чае* sonst, ándernfalls; поторопи́сь, ~ мы опозда́ем beéile dich, sonst kómmen wir zu spät

инвали́д *м* Invalíde [-v-] *m* -n

инвента́рь *м* Inventár [-v-] *n*; спорти́вный ~ Spórtausrüstung *f*

инде́ец *м* Indiáner *m* =

индивидуа́льный individuéll [-v-] Éinzel

инди́ец *м* Índer *m* =

инди́йский índisch

индонези́|ец *м* Indonési|er *m* = ~йка *ж* Indonési|erin *f* -nen

индустри́я *ж* Industríe *f* ..í|en

индю́к *м* Trúthahn *m* ..hähne, Púter *m*

индю́шка *ж* Trúthenne *f* -n, Púte *f* -n

инжене́р *м* Ingenieur [inʒeˈnjøːr] *m* -e

инициа́лы *мн* Initiálen *pl*, Ánfangsbuchstaben *pl*

инициати́в|а *ж* Initiatíve [-v-] *f* -n; прояви́ть ~у die Initiatíve zéigen

инкруста́ция *ж* Intársia *f* ..í|en

иногда́ mánchmal; ab und zu *(время от времени)*

ино́й 1. *друго́й* ándere(r) 2. *не́который* mánche(r); ~ раз mánchmal

иностра́нец *м* Áusländer *m* = ~ка Áusländerin *f* -nen

иностра́нный áusländisch; fremd, Fremd- *(не родно́й)*; ~ язы́к Frémdsprache *f* -n

иноязы́чный frémdsprachig

институ́т *м* Hóchschule *f* -n; нау́чно-иссле́довательский ~ (wíssenschaftliches) Fórschungsinstitut *n* -e

инструкти́ровать unterwéisen*, instruíeren

инстру́кция *ж* Ánweisung *f* -en; Vórschrift *f* -en *(предписа́ние)*

инструме́нт *м* Wérkzeug *n* -e, Gerät *n* -e, Instrumént *n* -e; музыка́льные ~ы Musíkinstrumente *pl*

интеллектуа́льный intellektuéll, géistig

интеллиге́нт *м* der Intellektuélle

интеллиге́нция *ж* die Intellektuéllen, Intelligénz *f*

интерва́л *м* Zwíschenraum *m* ..räume; Zéitspanne *f* -n *(о времени)*

интервью́ Interview [-ˈvjuː] *n* -s; дать ~ Interview gewähren

интере́с *м* Interésse *n* -n

интере́сн|о, -ый interessánt; spánnend *(увлекательный)*

интересова́ть interessíeren **~ся** sich interessíeren, Interésse háben (für *A*)

инти́мный intím, *задушевный тж.* vertráut, ínnig

Интури́ст *м* Intouríst [-tu-] *m*

инфекцио́нный Infektións-, ánsteckend

инфля́ция *ж* Inflatión *f*

информа́ция *ж* Informatión *f* -en; Áuskunft *f* ..künfte *(справка)*

информи́ровать informíeren; benáchrichtigen *(уведомлять)*

инциде́нт *м* Zwíschenfall *m* ..fälle

ира́нский iránisch

ирла́нд|ец *м* Íre *m* -n, Írländer *m* = **~ка** *ж* Írin *f* -nen, Írländerin *f* -nen

ирла́ндский írisch

ирони́ческий irónisch; spöttisch

иска́ть súchen

исключа́я áusgenommen, mit Áusnahme (von *D*)

исключе́ние *с* 1. *из организации* Áusschließung *f* 2. *из правил* Áusnahme *f* -n; за **~м** ... mit Áusnahme von ...

исключи́тельный áußergewöhnlich, áußerordentlich; Áusnahme- *(единственный)*

исключи́ть áusschließen*; exmatrikulíeren *(из вуза)*

ископа́емые: поле́зные **~** Bódenschätze *pl*

искорени́ть, искореня́ть áusrotten

и́скра *ж* Fúnke *m* -n, Fúnken *m* =

и́скренн|ий áufrichtig; с **~им** уваже́нием mit áufrichtiger Hóchachtung

иску́сный geschíckt, gewándt *(о человеке)*; kúnstvoll *(о работе)*

иску́сственный künstlich, Kunst-; **~** шёлк Kúnstseide *f*

иску́сство *с* Kunst *f*, *pl* Künste

исла́м *м* Íslam *m*

исла́нд|ец *м* Ísländer *m* = **~ка** *ж* Ísländerin *f* -nen

исла́ндский ísländisch

испа́н|ец *м* Spánier *m* = **~ка** *ж* Spánierin *f* -nen

испа́нский spánisch

испа́чкать beschmútzen; beflécken *(пятнами)*

испе́чь bácken*

исполне́ние *с* 1. Erfrüllung *f*, Áusführung *f* 2. *на сцене* Dárbietung *f*

исполни́тель *м* 1. Vóllzieher *m* =, Vóllstrecker *m* = 2.

Dársteller *(роли)*; Interprét *m* -en *(о музыканте)*

исполнить 1. áusführen; erfüllen *(желание и т. п.)* 2. *театр.* vórtragen*; dárstellen *(роль)* ~ся erfüllen; in Erfüllung géhen*; ему исполнилось 20 лет er ist zwánzig Jáhre gewórden

использование *с* Áusnutzung *f*, Nútzung *f*; Verwértung *f (реализация)*

использовать áusnutzen; verwérten

испортить verdérben*; beschädigen ~ся verdérben*, verdórben wérden

исправить verbéssern; béssern; reparíeren *(починить);* korrigíeren *(ошибки)* ~ся sich béssern

испуг *м* Schreck *m*

испугать erschrécken* ~ся erschrécken*, erschrócken sein

испытание *с* Versúch *m* -e, Test *m* -e, Erpróbung *f* -en *перен. тж.* Prüfung *f* -en; выдержать ~ éine Prüfung bestéhen*

испытать, испытывать 1. *испробовать* prüfen, tésten, erpróben; ~ свои силы séine Kräfte auf die Próbe stéllen 2. *ощутить* empfínden*, erdúlden *(претерпеть)*

исследование *с* 1. Untersúchung *f* -en 2. *научное* Erfórschung *f* -en, Fórschung *f* -en; космические ~ Wéltraumforschung *f*

исследователь *м* Fórscher *m* =

исследовать untersúchen; erfórschen *(научно)*

истекать, истечь *о сроке* verflíeßen*, áblaufen*

историк *м* Histórikеr *m* =, Geschíchtsforscher *m* =

исторический histórisch, geschíchtlich

история *ж в разн. знач.* Geschíchte *f* -n

истратить áufwenden*, áusgeben*

исчезать, исчезнуть verschwínden*

исчерпывающ|ий erschöpfend; ~ие сведения erschöpfende Áuskunft

итак álso, nun

итальянский italiénisch

итог *м* 1. *общая сумма* Gesámtsumme *f* -n; Betrág *m* ..träge 2. *результат* Ergébnis *n* -se, Resultát *n* -e

итого im gánzen, insgesámt

их 1. sie; ты их видел? hast du sie geséhen? 2. ihr [íhre, ihr], der [die, das] íhre, der [die, das] íhrige; это их места das sind íhre Plätze

июль *м* Júli *m*
июнь *м* Júni *m*

йог *м* Jógi, Yogi [´jo:-] *m* -s
йо́га *ж* Jóga, Yoga [´jo:-] *m*
йод *м* Jod *n*

к 1. *при обознач. направления* an, zu; идти́ к врачу́ zum Arzt géhen*; тебя́ зову́т к телефо́ну du wirst an Telefón gerúfen; я пошёл к своему́ дру́гу ich ging zu méinem Freund; прикле́ить к стене́ an die Wand klében **2.** *при обознач. времени* géhen*; я приду́ к пяти́ часа́м ich kómme gégen fünf Uhr **3.** *по отношению* gégen, zu; любо́вь к ро́дине Líebe zur Héimat

ка́бель *м* Kábel *n* =

каби́на *ж* Kabíne *f* -n; ~ автомаши́ны Fáhrerhaus *n* ..häuser, Führerhaus *n* (*грузовика*); ~ для голосова́ния Wáhlkabine *f*

кабине́т *м* Zímmer *n* = (*в учреждении*); Árbeitszimmer *n*; Kabinétt *n* -e (*тж. полит.*)

каблу́к *м* Ábsatz *m* ..sätze

каза́ться schéinen*; erschéinen*; он, ка́жется, дово́лен wie es scheint, ist er zufríeden; мне ка́жется ich gláube

казни́ть hínrichten

казнь *ж* Hínrichtung *f* -en; сме́ртная ~ Tódesstrafe *f*

как wie; ~ ..., так и ... sowóhl ... als auch...; с тех пор ~ seit(dém); ~ бу́дто, ~ бы als, ob, als wenn; ~ то́лько sobáld; между тем ~ indéssen; до того́ ~ bevór; ~ пройти́ [прое́хать] ... wie kómme ich ...; ~ вас зову́т? wie héißen Sie?; ~ вы пожива́ете? wie geht es Íhnen?; ~ вы сказа́ли? wie bítte?

кака́о *с* Kakáo *m*

ка́к-нибудь 1. irgendwíe, auf írgendeine Wéise **2.** *небрежно* náchlässig **3.** *о времени* írgendeinmal, (éin)mal; gelégentlich (*при случае*)

како́й wélcher, was für éin(er); каки́м о́бразом? auf wélche Wéise?

како́й-нибудь, како́й-то irgendéin, irgendwélcher; belíebig (*любой*)

ка́к-то 1. *каким-то способом* irgendwíe **2.** *о времени* éinmal

кале́ка *м, ж* Krüppel *m* =

календа́рь *м* Kalénder *m* =; отрывно́й ~ Ábreißkalender *m*

калори́йн|ый: ~ая пи́ща kalorí|enreiche Kost

калькуля́тор *м:* карма́нный ~ Táschenrechner *m* =

ка́мбала *ж* Flúnder *f* =, Schólle *f* -n

камени́стый stéinig

ка́менный stéinern, Stein-

ка́менщик *м* Máurer *m* =

ка́мень Stein *m* -e

ка́мера *ж* **1.:** ~ хране́ния ручно́го багажа́ Gepäckaufbewahrung *f* **2.** *в тюрьме* Zélle *f* -n **3.** *кино, фото* Kámera *f* -s

ка́мерн|ый Kámmer-; ~ая му́зыка Kámmermusik *f*

каме́я *ж* Kamée *f* -n

ками́н *м* Kamín *m* -e

кампа́ния *ж* Kampagne [-´panjə] *f* -n; избира́тельная ~ Wáhlkampagne *f*

кана́ва *ж* Gráben *m, pl* Gräber

кана́л *м* **1.** Kanál *m* ..näle; ороси́тельный ~ Bewässerungskanal *m* **2.** *телевизионный* Kanál *m* ..näle, Férnsehkanal *m*

кана́т *м* Seil *n* -e, Tau *n* -e

кандида́т *м* **1.** Kandidát *m* -en **2.** *учёная степень:* ~ нау́к Dóktor der Wíssenschaften

кандидату́ра *ж* Kandidatúr *f* -en

кани́кулы *мн* Féri|en *pl*

кану́н *м* Vórabend *m*; в кану́н пра́здника vor dem Fest

канцеля́рия *ж* Kanzléi *f* -en

ка́пать trópfen

капита́л *м* Kapitál *n* -i|en

капита́н *м мор.* Kapitän *m* -e; *воен.* Háuptmann, *pl* Háuptleute; ~ кома́нды *спорт.* Mánnschaftskapitän *m*

ка́пля *ж* Trópfen *m* =

капри́з *м* Láune *f* -n

капу́ста *ж* Kohl *m*; цветна́я ~ Blúmenkohl *m*

кара́бкаться hináufklettern

караме́ль *ж* Bonbons [bɔŋ´bɔŋs] *pl*, Karaméllen *pl*

каранда́ш *м* Bléistift *m* -e; цветны́е ~и́ Fárbstifte *pl*

кара́сь *м* Karáusche *f* -n

карате́ *с* Karáte *n*

карау́л *м* Wáche *f* -n; почётный ~ Éhrenwache *f*

каре́та ж Kútsche f -n

карикату́ра ж Karikatúr f -en

ка́рлик м Zwerg m -e

карма́н м Tásche f -n

карнава́л м Karnevál [-v-] m -e, Fásching m -e

карп м Kárpfen m =

ка́рта ж Kárte f -n; Lándkarte f -n *(географическая)*

карти́н|а ж Bild n -er, Gemälde n = **~ка** ж Bild n -er; переводна́я ~ Ábziehbild n

карто́н м Páppe f

картоте́ка ж Kartéi f -en

карто́фель м Kartóffeln pl **~н|ый** Kartóffel-; **~ое** пюре́ Kartóffelbrei m

карто́шка ж разг. Kartóffeln pl; ва́рёная ~ Sálzkartoffeln pl

карусе́ль ж Karusséll n -e

карье́ра ж Karriére f -n, Láufbahn f -en

каса́ться 1. *дотрагиваться* berühren 2. *относиться* betréffen*, ángehen*

ка́сса ж Kásse f -n; театра́льная ~ Theáterkasse f

кассе́та ж Kassétte f -n

касси́р м Kassíerer m = **~ша** ж Kassíererin f -nen

кастрю́ля ж Kóchtopf m ..töpfe

катало́г м Katalóg m -e

ката́ться spazíerenfahren* *(прогуливаться);* ~ верхо́м réiten*; ~ на конька́х Schlíttschuh láufen*; ~ на велосипе́де rádfahren*

категори́ческий kategórisch

катего́рия ж 1. Kategoríe f ..i|en; Gáttung f -en 2. *спорт.* Klásse f -n

ка́тер м Kútter m =

като́к м *на льду* Éisbahn f -en; иску́сственный ~ Kúnsteisbahn f

като́лик м Kathólik m -en

католи́чество с Katholizísmus m

кату́шка ж 1.: ~ ни́ток Rólle f -n 2. *тех.* Spúle f -n

каучу́к м Káutschuk m

кафе́ с Café [ka-] n -s

ка́федр|а ж *в вузе* Léhrstuhl m ..stühle; заве́дующий **~ой** Léhrstuhlleiter m =

кафе́-моро́женое с Éisbar f -s

кача́ть scháukeln; wíegen* *(ребёнка)* **~ся** scháukeln; schwánken *(пошатываться)*

каче́ли мн Scháukel f -n

ка́честв|о с Qualität f; Éigenschaft f -en *(свойство);* вы́сшего **~а** höchster [béster] Qualität, érster Güte

ка́ша ж Brei m -e, Grütze f -n; гре́чневая ~ Búchweizengrütze f; овся́ная ~ Háferbrei m

ка́шлять hústen

кашта́н м 1. *плод* Kastánie f -n 2. *дерево* Kastánienbaum m ..bäume

каю́та ж Kajüte f -n, Kabíne f -n

квадра́т м Quadrát n -e

квалифика́ция ж Qualifikatión f -en

квалифици́рованный qualifiziert

кварта́л м 1. *часть города* Stádtviertel n =, Víertel n 2. *четверть года* Vierteljahr n, Quartál n -e

кварте́т м Quartétt n -e

кварти́ра ж Wóhnung f -en; двухко́мнатная ~ Zwéizimmerwohnung f

квартпла́та (кварти́рная пла́та) ж Miete f -n

кве́рху nach óben; hináuf *(по направл. от говорящего)*; heráuf *(по направл. к говорящему)*

квита́нция ж Quíttung f -en, Empfángsschein m -e

кекс м Rosínenkuchen m =

кем: ~ вы рабо́таете? was sind Sie von Berúf?; с ~ ты разгова́ривал? mit wem hast du gespróchen?

кибернéтика ж Kybernétik f

кива́ть, кивну́ть nícken; ~ кому́-л. j-m zúnicken

кида́ть wérfen*

кило́ с, **килогра́мм** м Kílo n -s, Kilográmm n =

киломе́тр м Kilométer n, m =

кинематогра́фия ж Fílmkunst f, Kinematographíe f

кино́ с Kíno n

кино|арти́ст м Fílmschauspieler m = **~арти́стка** ж Fílmschauspielerin f -nen **~карти́на** ж Fílm m -e **~коме́дия** Fílmlustspiel n -e **~сцена́рий** м Dréhbuch n ..bücher **~теа́тр** м Kíno n -s, Fílmtheater n = **~фестива́ль** м Fílmfestspiele pl

кио́ск м Kíosk m -e, Verkáufsstand m ..stände

кипе́ть kóchen, síeden*

кипято́к м kóchendes [síedendes] Wásser

кипячён|ый gekócht, ábgekocht; ~ая вода́ ábgekochtes Wásser

кирпи́ч м Zíegel m *(собирательно)*; Zíegelstein m -e *(одна штука)*

кирпи́чный Zíegel-; ~ дом Zíegelhaus n ..häuser

кисе́ль м Kissél m (eine Fruchtsaftnachspeise)

кислоро́д *м* Sáuerstoff *m*

кислота́ *ж* Säure *f* -n

ки́слый sáuer

ки́сточка *ж* 1. *для рисования* Pínsel *m* = 2. *украшение* Quáste *f* -n, Tróddel *f* -n 3.: ~ для бритья́ Rasíerpinsel *m* =

кисть *ж* 1. *руки́* Hand *f, pl* Hände 2. *виногра́да* Tráube *f* -n 3. *для рисования* Pínsel *m* = 4. *украшение* Quáste *f* -n

кла́виша *ж* Táste *f* -n

клад *м* Schatz *m, pl* Schätze

кла́дбище *с* Fríedhof *m* ..höfe

кла́пан *м* Ventíl [vɛn-] *n* -e

кларне́т *м* Klarinétte *f* -n

класс I *м обще́ственный* Klásse *f* -n; рабо́чий ~ Árbeiterklasse *f*

класс II *м в разн. знач.* Klásse *f* -n; Gáttung *f* -en (*в систематике и т. п.*); он спортсме́н мирово́го ~а er ist ein Spórtler von Wéltklasse

кла́ссик *м* Klássiker *m* =

классифика́ция *ж* Klassifizíerung *f* -en

класси́ческ|ий klássisch; ~ая му́зыка klássische Musík

кла́ссов|ый Klássen-; ~ое о́бщество Klássengesellschaft *f*

класть légen

кле́ить klében, léimen

клей *м* Leim *m* -e

клеймо́ *с* 1. Stémpel *m* =; фабри́чное ~ Fabríkmarke *f* -n 2. *перен.* Brándmal *n* -e

клён *м* Áhorn *m* -e

кле́тк|а *ж* 1. Käfig *m* -e; Báuer *n* = (*только для птиц*) 2. *биол.* Zélle *f* -n 3.: в ~у karíert, *о ткани тж.* gewürfelt

кле́тчатый karíert, gewürfelt

кле́щи *мн* Zánge *f* -n

клие́нт *м* Kúnde *m* -n

кли́мат *м* Klíma *n* -s

климати́ческ|ий klimátisch; ~ие усло́вия die klimátischen Verhältnisse *pl*

кли́ника *ж* Klínik *f* -en

кло́ун *м* Clown [klaun] *m* -s

клуб *м* Klub *m* -s

клубни́ка *ж* Gártenerdbeere *f* -n

клю́ква *ж* Móosbeere *f* -n

ключ I *м* Schlüssel *m* = (*тж. муз.*)

ключ II *м источник* Quélle *f* -n

кля́тва *ж* Schwur *m, pl* Schwüre, Eid *m* -e

кни́га *ж* Buch *n, pl* Bücher

кни́жка: сберега́тельная ~

Spárbuch *n*; записна́я ~ Notízbuch n

кни́жный Buch-, Bücher; ~магази́н Búchhandlung *f* -en; ~ шкаф Bücherschrank *m* ..schränke

кни́зу nach únten; hináb *(по направл. от говорящего);* heráb *(по направл. к говорящему)*

кно́пка *ж* 1. *канцелярская* Réißzwecke *f* -n, Zwécke *f* 2. *на одежде* Drúckknopf *m* ..knöpfe 3. *звонка и т. п.* Knopf *m*, *pl* Knöpfe

князь *м* Fürst *m* -en

ковёр *м* Téppich *m* -e

когда́ 1. *вопрос* wann?; ~ мы пое́дем? wann fáhren wir? 2. *в придат. предл.* als, wenn; ~ я жил в Москве́ als ich in Móskau lébte; мы пойдём, ~ все соберу́тся wir géhen, wenn sich álle versámmelt háben

когда́-нибудь írgendwann

кого́ wen; ~ вы име́ете в виду́? wen méinen Sie?

кое-где́ hier und da, stéllenweise

кое-ка́к 1. *с трудом* mit Mühe und Not 2. *небрежно* náchlässig, flüchtig

кое-како́й írgendein(er)

кое-кто́ írgendwer, máncher

кое-что́ írgendwas, éiniges

ко́жа *ж* 1. Haut *f*, *pl* Häute 2. *материал* Léder *n*

ко́жаный lédern, Léder-

коза́ *ж* Ziege *f* -n

ко́йка *ж:* больни́чная ~ Kránken(haus)bett *n* -e

кокте́йль *м* Cocktail [kɔk´te:l] *m* -s

колбаса́ *ж* Wurst *f*, *pl* Würste; копчёная ~ geräucherte Wurst *f*; варёная ~ Kóchwurst *f*

колго́тки *мн* Strúmpfhose *f* -n

колеба́ться 1. *качаться* schwíngen*; péndeln *(о маятнике)* 2. *перен.* schwánken, únschlüssig sein, zögern

коле́но *с* Knie, *pl* Kni|e

колесо́ *с* Rad *n*, *pl* Räder

колея́ *ж* Fáhrrinne *f* -n, Rádspur *f* -en; *ж.-д.* Gleis *n* -e

коли́чество *с* Quantität *f*; Ánzahl *f*, Ménge *f* -n *(масса)*

колле́га *м* Kollége *m* -n *(мужчина)*, Kollégin *f* -nen *(женщина)*

коллекти́в *м* Kollektív *n* -e; Belégschaft *f* -en

коллекти́вный kollektív, Kollektív-; ~ догово́р Kollektívvertrag *m* ..träge

коллекционе́р *м* Sámmler *m* =

колле́кция ж Sámmlung f -en

ко́локол м Glócke f -n

колоко́льня ж Glóckenturm m ..türme

колоко́льчик м 1. Glöckchen n =, Schélle f -n, Klíngel f -n 2. бот. Glóckenblume f -n

колониа́льный Koloniál-

колониза́ция ж Kolonisíerung f; Besíed(e)lung f (заселение)

коло́ния ж Kolonie f ..íen; Ánsied(e)lung f -en (поселение)

коло́нка ж 1. столбец Spálte f -n 2. автозаправочная Tánkstelle f -n 3. в ванной Bádeofen m ..öfen; га́зовая ~ Gástherme f -n 4. водопрово́дная м. Hydránt m -en 5. звукоусилитель Box f -en

коло́нна ж 1. Kolónne f -n 2. архит. Säule f -n

колыбе́ль ж Wíege f -n

кольцо́ с Ring m -e; обруча́льное ~ Éhering m; гимнасти́ческие ко́льца Rínge pl

коля́ска ж Wágen m =; Béiwagen m (мотоцикла); де́тская ~ Kínderwagen m

кома́нда ж 1. приказ Kommándo n -s, Beféhl m -e 2. воен. Kommándo n -s, Trupp m -s 3. мор. Mánnschaft f -en, Besátzung f -en 4. спорт. Mánnschaft f -en, die Elf (футбольная)

команди́р м 1. воен. Kommandeur m [-´dø:r] m -e, Chef [ʃɛf] m -s 2. мор., косм. Kommandánt m -en

командиро́вка ж Díenstreise f -n

кома́ндовать das Kommándo führen; kommandíeren, beféhligen

комбинезо́н м Overall [´o:vərɔ:l] m -s; Kombinatión f -en

коме́дия ж Komödi|e f -n, Lústspiel n -e

коме́та ж Komét m -en

комиссио́нный: ~ магази́н Gebráuchtwarengeschäft n -e

коми́ссия ж Kommissión f -en, Áusschuß m ..schüsse

комите́т м Komitée n -s, Áusschuß m ..schüsse; Междунаро́дный олимпи́йский ~ das internationále Olýmpische Komitée

коммента́рий м Kommentár m -e

коммента́тор м Kommentátor m ..tóren; спорти́вный ~ Spórtreporter m =

комменти́ровать kommentíeren, erläutern

коммерса́нт м Káufmann m ..leute

комме́рческий Händels-, kommerziéll

коммуна́льн|ый Kommunál-, kommunál; ~ые услу́ги kommunále Dienstleistungen *pl*

коммуника́бельный kontáktfähig, mítteilsam, óffen

коммута́тор: телефо́нный ~ Vermíttlung *f*

ко́мната *ж* Zímmer *n* =

компа́ктный kompákt

компа́ния *ж в разн. знач.* Geséllschaft *f* -en; торго́вая ~ Hándelsgesellschaft *f*

ко́мпас *м* Kómpaß *m* ..sse

компенса́ция *ж* Kompensatión *f* -en; Entschädigung *f* -en *(возмещение)*

компете́нтный kompetént; sáchkundig *(знающий)*

ко́мплекс *м* Kompléx *m* -e; спорти́вный ~ Spórtkomplex *m*

компле́кт *м* Satz *m*, *pl* Sätze; Garnitúr *f* -en

комплектова́ть kompletti̇́eren; ergänzen *(пополнять)*

комплиме́нт *м* Komplimént *n* -e; сде́лать ~ ein Komplimént máchen

компози́тор *м* Komponi̇́st *m* -en

компости́ровать *ж.-д.* lóchen; ~ биле́т éine Fáhrkarte ábstempeln lássen*

компо́т *м* Kompótt *n* -e

компре́сс *м* Úmschlag *m* ..schläge, Kompré̇sse *f* -n

компромети́ровать kompromitti̇́eren

компроми́сс *м* Kompromíß *m* ..sse; идти́ на ~ éinen Kompromíß éingehen*

компью́тер *м* Computer [kom´pju:-] *m* =; персона́льный ~ Personálcomputer *m*

кому́ wem; ~ принадлежи́т э́та кни́га? wem gehört dieses Buch?

комфорта́бельный komfortábel

конве́йер *м* Flíeßband *n* ..bänder

конве́рт *м* Úmschlag *m* ..schläge, Bríefumschlag *m*

конгре́сс *м* Kongréß *m* ..sse

конди́терск|ая *ж* Konditoréi *f* -en ~ий: ~ие изде́лия Süßwaren *pl*

кондиционе́р *м* Klímaanlage *f* -n

конду́ктор *м* Scháffner *m* =

коне́ц *м* Énde *n* -n; Schluß *m*, *pl* Schlüsse; Áusgang *m* ..gänge *(исход)*; в конце́ концо́в éndlich, schließlich

коне́чно natürlich, gewíß, sélbstverständlich *(разумеется)*

коне́чн|ый End-; ~ая ста́нция Éndstation *f*; ~ результáт Éndergebnis *n*

конкрéтный konkrét

конкурéнция *ж* Konkurrénz *f*

конкурúровать konkurríeren

кóнкурс *м* Préisausschreiben *n* =; Wéttbewerb *m* -e (*соревнование*)

консервати́вный konservatív [-v-]

консерватóрия *ж* Konservatórium [-v-] *n* ..ri|en

консéрвы *мн* Konsérven [-v-] *pl*; мяснЫ́е ~ Büchsenfleisch *n*; рЫ́бные ~ Físchkonserven *pl*

конституция *ж* Verfássung *f* -en

констрýктор *м* Konstrukteur [-´tø:r] *m* -e

констрýкция *ж* Konstruktión *f* -en

кóнсул *м* Kónsul *m* -n

кóнсульство *с* Konsulát *n* -e

консультáнт *м* Beráter *m* =

консультúровать éine Konsultatión ertéilen, beráten*

контáкт *м* Kontákt *m* -e (*тж. тех.*); установúть ~ Kontákt áufnehmen*, sich in Verbíndung sétzen

континéнт *м* Kontinént *m* -e, Féstland *n*

контóра *ж* Büró *n* -s, Kontór *n* -e

контрабáс *м* Kontrabáß *m* ..bässe, Báßgeige *f* -n

контрáкт *м* Vertrág *m* ..träge, Kontrákt *m* -e; заключúть ~ éinen Kontrákt schlíeßen*

контрáльто *с* tíefe Áltstimme

контролёр *м* Kontrolleur [´lø:r] *m* -e

контролúровать kontrollíeren

конферансьé *с* Ánsager *m* =, Moderátor *m* ..tóren

конферéнция *ж* Konferénz *f* -en

конфéта *ж* Konfékt *n* -e, Bonbon [bɔŋ´bɔŋ] *m*, *n* -s, Pralíne *f* -n (*шоколадная*)

конфлúкт *м* Konflíkt *m* -e, Stréitfall *m* ..fälle

концéрт *м* Konzért *n* -e; дать ~ ein Konzért gében*; пойтú на ~ ins Konzért géhen*

кончáть, кóнчить 1. beénden, beéndigen, schlíeßen* 2. *учебное заведение* absolvíeren [-v-] ~ся énden, zu Énde géhen*

конь *м* 1. Roß *n* ..sse 2. Spríinger *m* = (*шахматы*) 3. *спорт.* Pferd *n* -e

конькú *мн* Schlíttschuhe

pl, беговы́е ~ Schnéllaufschlittschuhe *pl*

конькобе́жец *м* Schlíttschuhläufer *m* =, Éisläufer *m* =

кооперати́вный genóssenschaftlich

копи́ть: ~ де́ньги Geld spáren

ко́пия *ж* Ábschrift *f* -en, Kopíe *f* ...íen; Dúrchschlag *m* ..schläge, Dúrchschrift *f* -en (*из-под копи́рки*); Ábzug *m* ..züge (*фото и т. п.*)

копчёный geräuchert

копь|ё с Speer *f* -e, Lánze *f* -n; мета́ние ~я́ Spéerwerfen *n*

кораблекруше́ние с Schíffsbruch *m* ..brüche

кора́бль *м* Schiff *n* -e

ко́рень *м* Wúrzel *f* -n

корея́нка *ж* Koreánerin *f* -nen

корзи́на *ж* Korb *m*, *pl* Körbe

коридо́р *м* Korridór *m* -e, Gang *m*, *pl* Gänge

кори́ца *ж* Zimt *m*

кори́чневый braun

ко́рка *ж* Krúste *f* -n, Rínde *f* -n; Schále *f* -n (*плода́*)

корми́ть 1. zu éssen gében* (*люде́й*); zu fréssen gében* (*скот*); füttern (*ребёнка, птиц, рыб, живо́тных*); здесь хорошо́ ко́рмят hier ißt man gut 2. *содержа́ть* ernähren, unterhálten*

коро́бка *ж* Scháchtel *f* -n; Karton [-'toŋ] *m* -s

коро́ва *ж* Kuh *f*, *pl* Kühe

короле́ва *ж* Königin *f* -nen

коро́ль *м* König *m* -e (*тж. ша́хматы*)

коро́нк|а *ж* зу́ба Záhnkrone *f* -n;

коро́тк|ий kurz; ~ое замыка́ние *эл.* Kúrzschluß *m* ..schlüsse

ко́рпус *м* 1. *туловище* Körper *m* = 2. *тех.* Gehäuse *n* =; Rumpf *m*, *pl* Rümpfe 3. *здание* Gebäude *n* = ◊ дипломати́ческий ~ das diplomátische Korps [ko:r]

корреспонде́нт *м* Korrespondént *m* -en, Beríchterstatter *m* =

корреспонде́нция *ж* 1. *почта* Korrespondénz *f* 2. *сообще́ние в газе́те* Zéitungsbericht *m* -e

корт *м* Ténnisplatz *m* ..plätze

коса́ I *ж* во́лосы Zopf *m*, *pl* Zöpfe; заплести́ ко́сы Zöpfe fléchten*

коса́ II *ж* с.-х. Sénse *f* -n

коса́ III *ж* геогр. Lándzunge *f* -n

косми́ческий kósmisch, Wéltraum-; ~ кора́бль Ráumschiff *n* -e

космодро́м *м* Kosmodróm *m* -e

космона́вт *м* Kosmonáut *m* -en

ко́смос *м* Kósmos *m*

косну́ться *см.* каса́ться

косо́й 1. schief, schräg **2.** *о глазах* scheel; schíelend

костёр *м* Lágerfeuer *n*; развести́ ~ Féuer (án)máchen

ко́сточка *ж* **1.** kléiner Knóchen =; Gräte *f* -n *(рыбья)* **2.** *плода* Kern *m* -e, Stein *m* -e

костыли́ *мн* Krücken *pl*

кость *ж* Knóchen *m* =

костю́м *м* Ánzug *m* ..züge *(мужской)*; Kostüm *n* -e *(дамский)*

косы́нка *ж* Kópftuch *n* ..tücher *(на голову)*; Hálstuch ..tücher *(на шею)*

кот *м* Káter *m* =

котёл *м* Késsel *m* =

котле́та *ж* Buléтte *f* -n; отбивна́я ~ Koteléтt *n* -s

кото́р|ый wélcher, der; der wíevielte *(который по счёту)*; дом, в кото́ром я живу́ das Haus, in dem ich wóhne; ~ час? wie spät ist es?; в ~ом часу́? um wíeviel Uhr?

ко́фе *м* Káffee *m*; чёрный ~ schwárzer Káffee; раствори́мый ~ Ínstantkaffee [-stənt-] *m*

кофе́йник *м* Káffeekanne *f* -n

кофемо́лка *ж* Káffeemühle *f* -n

ко́фта *ж*, **ко́фточка** *ж* Blúse *f* -n, Jácke *f* -n; вя́заная ~ Stríckjacke *f*; шерстяна́я ~ Wólljacke *f*

коча́н *м* Kóhlkopf *m* ..köpfe

кошелёк *м* Portemonnaie [pɔrtmɔ´ne:] *n* -s, Géldbörse *f* -n

ко́шка *ж* Kátze *f* -n

краб *м* Krábbe *f* -n

краеве́дческий: ~ музе́й Héimatmuseum *n* ..seen

кра́жа *ж* Díebstahl *m* ..stähle

край *м* **1.** *конец* Énde *f* -n, Rand *m*, *pl* Rände; Kánte *f* -n *(ребро, грань)* **2.** *местность* Gégend *f* -en, Land *n*, *pl* Länder **3.** *административная единица* Región *f* -en

кран *м* **1.** Hahn *m*, *pl* Hähne; водопрово́дный ~ Wásserhahn *m* **2.** *подъёмный* Kran *m*, *pl* -e *и* Kräne, Hébekran *m*

крапи́ва *ж* Brénnessel *f* -n

краса́в|ец *м* schöner Mann ~ица Schönheit *f* -en, schöne Frau

краси́вый schön

красить ánstreichen* *(забор и т. п.)*; färben *(ткань)*; schmínken *(губы и т. п.)*

красочный fárbenreich; *перен.* bílderreich; málerisch *(живописный)*

краткий kurz

креветка ж Krevétte [-v-] f -n

кредит м Kredít m -e; купить в ~ auf Kredít káufen

крем м *в разн. знач.* Creme [krɛ:m] f -s

кремль м Kreml m

крепк|ий 1. *прочный, тж. перен.* fest 2. *сильный* kräftig, stark; ~ чай stárker Tee, ~ие напитки stárke Getränke

крепления: лыжные ~ Skíbindung f -en

кресло с Séssel m =

крест м Kreuz n -e

крестьянин м Báuer m -n

крестьянский Báuern-, bäuerlich

кривой 1. krumm, schief 2. *одноглазый* éinäugig

кризис м Krise f -n; экономический ~ Wírtschaftskrise f

крик м Schrei m -e, Geschréi n

кристалл м Kristáll m -e

критерий м Kritérium n ..ri|en

критик м Krítiker m =

кричать schréien*

кровать Bett n -en

кровь ж Blut n

кролик м Kanínchen n =

кроме áußer; ~ того außerdém

крона ж Króne f *(денежная единица Швеции)*

кроссворд м Kréuzworträtsel n =

кроссовки мн Spórtschuhe pl

крот м Máulwurf m ..würfe

крошечный wínzig

крошка ж 1. Krümel m = 2. *о ребёнке* Kléinchen n =, Kíndchen n =

круг м 1. Kreis m -e; Ring m -e; спасательный ~ Réttungsring m 2. *среда* Kreis m -e; ~ знакомых Bekánntenkreis m

круглосуточн|ый rund um die Uhr; ~ое дежурство Tag und Náchtdienst m

круглый rund; ~ год das gánze Jahr (hindúrch)

кругозор м Gesíchtskreis m -e

кругом ríngsum

кругосветн|ый: ~ое путешествие Wéltreise f; ~ое плавание Wéltumschiffung f

кружево с Spítzen pl

кружиться (herúm)dréhen; у меня голова кружится mir wird schwínd(e)lig, mir schwíndelt

кру́жка ж Krug, pl Krüge; Bécher m = (небольшая); Séidel n = (пивная)

кружо́к м группа людей Zírkel m =

круиз м Kréuzfahrt f -en

кру́пный 1. большо́й groß 2. о зёрнах и т. п. groß 3. видный bedéutend

крути́ть dréhen

крут|о́й 1. отвесный steil 2. внезапный jäh, plötzlich; ~ поворо́т schárfe Wéndung [Kúrve] 3.: ~о́е яйцо́ hártgekochtes Ei; ~ кипято́к síedend heißes Wásser

круше́ние с 1. Katastróphe f -n, Únfall m ..fälle; Éisenbahnunglück n -e (по́езда); Schíffbruch m ..brüche (судна) 2. перен. Schéitern n, Zusámmenbruch ..brüche

крыжо́вник м Stáchelbeeren pl; Stáchelbeerstrauch m ..sträucher (куст)

крыло́ с Flügel m =

крыльцо́ с Áußentreppe f -n, Áufgang m ..gänge

кры́ша ж Dach n, pl Dächer

кры́шка ж Déckel m =

крюк м, крючо́к м Háken m =

кста́ти 1. вовремя geráde recht, zur réchten Zeit 2. уместно gelégen, ángebracht; э́то бы́ло бы ~ das wäre sehr ángebracht 3. между прочим béiläufig; nebenbéi

кто wer; ~ э́то? wer ist das? ~ там? wer ist da?

кто́-нибудь (írgend) jémand

кто́-то jémand

кувши́н м Krug m, pl Krüge, Kánne f -n

кувырка́ться Púrzelbäume [Rad] schlágen*

кувырко́м kopfüber

куда́ wohín; ~ мы пойдём? wohín géhen wir?

куда́-нибудь írgendwohín

ку́дри мн Lócken pl

кудря́вый lóckig (о волосах); kráushaarig (о человеке)

кузне́ц м Schmied m -e

кузне́чик м Héuschrecke f -n, Gráshüpfer m =

ку́зов м Wágenkasten m ..kästen (грузовика); Karosserie f ..i|en (легкового автомобиля)

ку́кла ж Púppe f -n

ку́кольный: ~ теа́тр Púppentheater n =

кукуру́за ж Mais m

куку́шка ж Kúckuck m -e

кулёк м Tüte f -n

кулинария ж *магазин* Menüladen *m* ..läden

кулисы *мн* Kulíssen *pl*

кулон Hálsschmuck *m*; Ánhänger *m* =

культура ж Kultúr *f* -en

культуризм *м* Kulturístik *f*

культурный Kultúr-, kulturéll; gebíldet *(образованный)*

куница ж Márder *m* =

купальник *м* Bádeanzug *m* ..züge; Bikíni *m* -s *(раздельный)*

купать báden ~ся báden

купе *с* Ábteil *n* -e

купить káufen

курить ráuchen; ~ воспрещается! Ráuchen verbóten!

курица Huhn *n*, *pl* Hühner

куропатка ж Rébhuhn *n* ..hühner

курорт *м* Kúrort *m* -e, Bádeort *m* -e, Bad *n*, *pl* Bäder

курс *м* 1. *направление* Kurs *m* -e; Ríchtung *f* -en 2. *учебный* Stúdi|enjahr *n* -e, Léhrgang *m* ..gänge 3.: ~ лечения Kur *f* -en; быть в ~e (дел) auf dem láufenden sein 4. *денег* Kurs *m*; ~ рубля Rúbelkurs *m*

курсировать verkéhren

курсы *мн* Kúrse *pl*

куртка ж Jácke *f* -n

курьер *м* Kuríer *m* -e, Bóte *m* -n

курящий Ráucher *m* =

кусок *м* Stück *n* -e

куст *м* Strauch *m*, *pl* Sträucher, Busch *m*, *pl* Büsche

кустарник *м* Gebüsch *n*

кушанье *с* Spéise *f* -n; Gerícht *n* -e *(блюдо)*

кушать éssen*

кушетка ж Líege *f* -n

Л

лаборант *м* Laboránt *m* -en ~ка ж Laborántin *f* -nen

лаборатория ж Labór *n* -s

лавина ж Lawíne *f* -n

лавр *м* Lórbeer *m* -en ~овый Lórbeer-; ~овый лист Lórbeerblatt *n* ..blätter

лагерь *м* Láger *n* =; туристский ~ Tourístenlager [tu-] *n*

ладно! gut!, éinverstanden!

ладонь ж Hándfläche *f* -n

ладья ж Turm *m*, *pl* Türme *(шахматы)*

лазить kléttern

лайнер *м* Überseeschiff *n*

-е *(судно)*; Großraumflugzeug *n* -е *(самолёт)*

лак *м* Lack *m* -e, Firnis *m* -se; ~ для ногтей Nagellack *m*

лампа *ж* Lampe *f* -n; настольная ~ Tischlampe *f*

лампочка *ж электрическая* Glühlampe *f* -n, Birne *f* -n

ландыш *м* Maiglöckchen *n* =

лапа *ж* Pfote *f* -n, Tatze *f* -n

лапша *ж* 1. Nudeln *pl* 2. *суп* Nudelsuppe *f* -n

ларёк *м* Verkaufsstand *m* ..stände, Kiosk *m* -e

ласковый zärtlich

ластик *м разг. для стирания* Radiergummi *m* -s

ласточка *ж* Schwalbe *f* -n

латинский lateinisch; ~ язык Latein *n*

лауреат *м* Preisträger *m* =, Laureat *m* -en

лаять bellen

лгать lügen*

лебедь *м* Schwan *m*, *pl* Schwäne

лев I *м* Löwe *m* -n

лев II *м* Lew [lɛf] *m*, *pl* Lewa *(денежная единица Болгарии)*

левый link

легальный legal

легенда *ж* Legende *f* -n, Sage *f* -n

лёгк|ий *в разн. знач.* leicht; ~ая атлетика Leichtathletik *f*

легкоатлет *м* Leichtathlet *m* -en

легковой: ~ автомобиль PKW [pe:ka:´ve:] *m* =, Personen(kraft)wagen *m* =

легкомысленный leichtsinnig, leichtfertig

лёд *м* Eis *n*

леденец *м* Fruchtbonbon [-bɔŋbɔŋ] *m* -s, Lutscher *m* =

ледник *м геогр.* Gletscher *m* =

ледокол *м* Eisbrecher *m* =

ледоход *м* Eisgang *m*

ледяной 1. *изо льда* Eis- 2. *холодный* eisig

лежать liegen*

лезвие *с* Schneide *f* -n, Klinge *f* -n; ~ для бритья Rasierklinge *f*

лейкопластырь *м* Leukoplast *n* -e

лейтенант *м* Leutnant *m* -e

лекарство *с* Arznei *f* -en, Medizin *f* -en

лектор *м* der Vortragende

лекция *ж* Vorlesung *f* -en, Vortrag *m* ..träge

лён *м* Flachs *m*, Lein *m*

ленивый faul

лениться faulenzen, faul sein

лента *ж* Band *n*, *pl* Bänder; магнитофонная ~ Tonband *n*

лень ж Fáulheit f

лепи́ть modellíeren, fórmen

лес м 1. Wald m, pl Wälder 2. *материал* Holz n

лесно́й Wald-, Forst-; ~ райо́н Wáldgebiet n -e

ле́стница ж Tréppe f -n *(в доме)*; Léiter f -n *(переносная)*

ле́стный schméichelhaft

лета́ мн: ско́лько вам лет? wie alt sind Sie?; мы одни́х лет wir sind gléichaltrig

лета́ть, лете́ть flíegen*

ле́тн|ий Sómmer-, sómmerlich; ~ сезо́н Sómmersaison [-zɛz5] f -s; ~ее пла́тье Sómmerkleid n -er

лётный: ~ая пого́да Flúgwetter n

ле́то Sómmer m =

ле́том im Sómmer

лётчик м Flíeger m =; ~-космона́вт Flíegerkosmonaut m -en

лече́бница ж Héilanstalt f -en

лече́бн|ый Heil-; ~ая гимна́стика Héilgymnastik f; ~ые тра́вы Héilkräuter pl

лече́ние с Kur f, (ärztliche) Behándlung f

лечи́ть (ärztlich) behándeln ~ся sich (ärztlich) behándeln lássen*

лечь sich hínlegen

лжец м Lügner m =

лгу́нья ж Lügnerin f -nen

ли ob; я не зна́ю, придёт ли он ich weiß nicht, ob er kommt; возмо́жно ли? ist es möglich?

либера́льный liberál

ли́бо óder; ~ ... ~ entwéder ... óder

либре́тто с Librétto n -s

ли́вень м Régenguß m ..güsse, Plátzregen m

ли́дер м 1. *полит.* Führer m = 2. *спорт.* Spítzenreiter m =

лиза́ть, лизну́ть lécken

ликвида́ция ж Liquidíerung f, Beséitigung f, Ábschaffung f

ликвиди́ровать liquidíeren, beséitigen, ábschaffen

лило́вый líla(farben)

лимо́н м Zitróne f -n

лимона́д м Limonáde f, Bráuse f

лине́йка ж Lineál n -e

ли́ния ж 1. Líni|e f -n; боковая ~ *спорт.* Séitenlini|e f 2. *транспортная* Líni|e f -n; трамва́йная ~ Stráßenbahnlini|e f

ли́па ж Línde f -n

ли́пкий klébrig

ли́рика ж Lýrik f

лири́ческий lýrisch

лиса́ ж Fuchs m, pl Füchse; черно-бу́рая ~ Sílberfuchs m

лист м 1. *бот.* Blatt n, pl Blätter 2. *бума́жный* Blatt n, pl Blätter, Bógen m, pl = u Bögen

листва́ ж Laub m

ли́ственница ж Lärche f -n

ли́ственный Laub-; ~ лес Láubwald m ..wälder

литера́тор м Literát m -en, Schríftsteller m =

литерату́ра ж Literatúr f -en; худо́жественная ~ schöne Literatúr

литерату́рный literárisch, Literatúr-

литр м Líter m, n =

лить gíeßen* ~ся flíeßen*

лифт м Fáhrstuhl m ..stühle, Áufzug m ..züge

лихора́дка ж Fíeber n

лихора́дочный fíeberhaft

лицеме́рный héuchlerisch

лице́нзия ж Lizénz f -en

лиц|о́ с 1. Gesícht n -er; черты́ ~á Gesíchtszüge pl 2. *челове́к* Persón f -en; на два ~á für zwei Persónen 3. *лицева́я сторона́* Vórderseite f -n

ли́чность ж Persönlichkeit f -en, Persón f -en

ли́чный persönlich; privát [-v-] *(ча́стный)*

лиша́ть, лиши́ть j-m etw. néhmen* ~ся verlíeren*, éinbüßen

ли́шн|ий 1. *нену́жный* überflüssig 2. *избы́точный* überschüssig; ~ вес Übergewicht n; нет ли у вас ~его биле́та? háben Sie éine Kárte übrig? 3.: три с ~им киломе́тра über drei Kilométer; за пять с ~им лет in gut fünf Jáhren

лишь nur, bloß; ~ то́лько kaum; ~ бы wenn nur

лоб м Stirn f -e

лови́ть fángen*; ~ ры́бу físchen; ángeln *(удочкой)*

ло́вкий geschíckt, gewándt

ло́вля Fang m; ры́бная ~ Físchfang m

лову́шка ж Fálle f -n

ло́гика ж Lógik f

ло́дка ж Boot n -e

ло́дочн|ый: ~ая при́стань Bóotssteg m -e, Ánlegeplatz m ..plätze; ~ая ста́нция Bóotsausleihstelle f -n

ло́жа ж *театр.* Loge [´loʒə] f -n

ложи́ться *см.* лечь

ло́жка ж Löffel m =; столо́вая ~ Éßlöffel m; ча́йная ~ Téelöffel m

ло́жный falsch

ложь ж Lüge f -n

локомотив *м* Lokomotíve [-v-] *f* -n, Lok *f* -s

локоть *м* Éll(en)bogen *m* =

ломать bréchen*, zerbréchen*

ломтик *м* (kléine) Schéibe *f* -n; ~ лимона Zitrónenscheibe *f*

лопата *ж* Scháufel *f* -n

лопаться, лопнуть (zer)plátzen, bérsten*

лососина *ж* Láchsfleisch *n*

лосось *м* Lachs *m* -e

лось Elch *m* -e

лосьон *м* Gesíchtswasser *n* =

лотерея *ж* Lotteríe *f* ..íen

лохматый zóttig

лошадь *ж* Pferd *n* -e; беговая ~ Rénnpferd *n*; верховая ~ Réitpferd *n*

луг Wíese *f* -n

луна Mond *m* -e

лупа *ж* Lúpe *f* -n

луч *м* Strahl *m* -en

лучше 1. *сравнит. ст. от* хорошо, хороший bésser; тем ~ désto bésser; ~ всего am bésten **2.** líeber; это было бы ~ для меня das wäre mir líeber

лучший der béste *(превосх. ст.);* der béssere *(сравнит. ст.)*

лыж|и *мн* Skier [ˈʃiːər] *pl*; кататься на ~ах Ski láufen*

лыжн|ик *м* Skiläufer [ˈʃiː-] *m* = ~ица *ж* Skiläuferin [ˈʃiː-] *f* -nen

лыжн|ый Ski- [ʃiː-], Schi-; ~ спорт Skísport *m*; ~ые ботинки Skístiefel *pl*

льдина *ж* Éisscholle *f* -n

льняной Lein-

льстить schméicheln

любезность *ж* Líebenswürdigkeit *f* -en

любезн|ый líebenswürdig; будьте ~ы..! séien Sie so líebenswürdig..!

любимец *м* Líebling *m* -e

любимый gelíebt; Líeblings- *(предпочитаемый)*

любитель *м* **1.** Líebhaber *m* =, Fan [fɛn] *m* -s; ~ музыки Musíkliebhaber *m* = **2.** *непрофессионал* Amateur [-ˈtøːr] *m* -e, Láie *m* -n

любить líeben, líebhaben; gern háben; я не люблю зимы ich mag den Wínter nicht; любите ли вы танцевать? tánzen Sie gern?

любоваться bewúndern

любовь *ж* Líebe *f* -n; ~ к родине Váterlandsliebe *f*

любознательность *ж* Wißbegierde *f*

любой belíebig; jéder *(каждый)*

любопытство *с* Néugier(de) *f*

люди *мн* Ménschen *pl*, Léute *pl*

люк *м* Lúke *f* -n

люкс *м* Lúxus *m*; *номер ~ в гостинице* Lúxuszimmer *n* =; *каюта ~* Lúxuskajute *f* -n

люстра *ж* Krónleuchter *m* =

лягушка *ж* Frosch *m*, *pl* Frösche

М

магазин *м* Láden *m*, *pl* Läden, Geschäft *n* -e; продовольственный [продуктовый] *~* Lébensmittelgeschäft *n*; универсальный *~* Wárenhaus *n* ..häuser; книжный *~* Búchhandlung *f* -en; *до какого часа открыт ~?* wie lánge háben Sie geöffnet?

магнит *м* Magnét *m* -e

магнитофон *м* Tónbandgerät *n* -e

мажор *м муз.* Dur *f* -en

мазать schmíeren, stréichen*; *~ хлеб маслом* éine Schnítte Brot mit Bútter stréichen*

мазь 1. *мед.* Sálbe *f* -n 2. Schmíere *f* -n; *лыжная ~* Skiwachs [´ʃi:-] *n* -e

май *м* Mai *m*

майонез *м* Majonnaise [majo´ne:zə] *f* -n

майор *м* Majór *m* -e

мак *м* Mohn *m*

макароны *мн* Makkaróni *pl*

макать éintauchen, túnken

макет *м* Modéll *n* -e

макияж *м* Make-up [me:k-´ap] *n* -s

максимальный maximál, Höchst-; höchstens

малахит *м* Malachít *m*

малейш|ий der geríngste, der míndeste; *у меня нет к этому ни ~его желания* ich hábe nicht die geríngste Lust dazú

маленький klein; wínzig (*крошечный*)

малина *ж* 1. *ягода* Hímbeeren *pl* 2. *куст* Hímbeerstrauch *m* ..sträuche

малиновый 1. Hímbeer- 2. *о цвете* hímbeerfarben

мало wénig; *у меня ~ времени* ich hábe wénig Zeit

малокалорийный kaloríǀenarm

малолитражный: *~ автомобиль* Kléinwagen *m* =

мало-помалу allmählich, nach und nach

малочисленный klein [geríng] an Zahl

малы́ш *м* der Kléine, Knirps *m* -e

ма́льчик *м* Júnge *m* -n

маля́р *м* Máler *m* =, Ánstreicher *m* =

маляри́я *ж* Malária *f*

ма́ма *ж* Mútter *f*, *pl* Mütter, Mútti *f* -s

мандари́н *м* Mandaríne *f* -n

мане́ж *м* Manege [-´ne:ʒə] *f* -n; Réitbahn *f* -en *(для верховой езды)*; Láufgitter *n* = *(детский)*

манеке́н *м* Kléiderpuppe *f* -n

манеке́нщица *ж* Mannequin [´manəkɛ *и* -´kɛ] *n*

мане́ра *ж* Art *f*, die Art und Wéise

мане́ры *мн* Maníeren *pl*, Úmgangsformen *pl*

манже́та *ж* Manschétte *f* -n

маникю́р *м* Maniküre *f*

манифе́ст *м* Manifést *n* -e

манифеста́ция *ж* Kúndgebung *f* -en

марафо́нский: ~ бег Márathonlauf *m*

маргари́н *м* Margaríne *f*

ма́рка *ж* 1. Márke *f* -n; почто́вая ~ Bríefmarke *f*; фабри́чная ~ Wárenzeichen *n* 2. *денежная единица* Mark *f* =

ма́рля *ж* Mull *m*

март *м* März *m*

марш *м* Marsch *m*, *pl* Märsche

ма́ршал *м* Márschall *m* ..schälle

маршру́т *м* Route [´ru:tə] *f* -n, Márschroute *f*; Réiseweg *m* -e

маршру́тн|ый: Líni|en-; ~ое такси́ Líni|entaxi *n* -s

ма́ска *ж* Máske *f* -n

маскара́д *м* Máskenball *m* ..bälle

ма́сло *с* 1. Bútter *f* *(коровье)*; Öl *n* -e *(растительное)* 2.: карти́на ~м Ölgemälde *n* =

масса́ж *м* Massage [-´sa:ʒə] *f* -n

массажи́ст *м* Masseur [-´sø:r] *m* -e -ка *ж* Masseuse [-´sø:zə] *f* -n

масси́вный massív

ма́стер *м* Méister *m* =; ~ спо́рта Méister des Sports

мастерска́я *ж* Wérkstatt *f* ..stätten; Atelier [ate´lje:] *n* -s *(художника, скульптора)*; обувна́я ~ Schúhmacherwerkstatt *f*

мастерство́ *с* Méisterschaft *f*

мате́рия *ж* 1. *филос., физ.* Matéri|e *f*, Úrstoff *m* 2. *ткань* Stoff *m* -e

матра́ц *м* Matrátze *f* -n

матро́с *м* Matróse *m* -n

матч *м* Wéttkampf *m*

..kämpfe; **футбо́льный ~** Fúßballspiel *n* -e

мать *ж* Mútter, *pl* Mütter

ма́фия *ж* Máffia *f*

маха́ть, махну́ть schwíngen*, schwénken; махну́ть на что-л. руко́й *перен.* etw. áufgeben*

ма́чеха *ж* Stíefmutter *f* ..mütter

маши́на *ж* 1. Maschíne *f* -n; стира́льная ~ Wáschmaschine *f* 2. *автомаши́на* Áuto *n* -s, Wágen *m*=

машина́льно mechánisch; únbewußt

машини́ст *м* Lók(omotív)führer *m* (*поезда*)

машини́стка *ж* Schréibkraft *f* ..kräfte, Maschínenschreiberin *f* -en

маши́нка *ж* 1. *пи́шущая* Schréibmaschine *f* -n 2. *шве́йная* Nähmaschine *f* -n

мая́к *м* Léuchtturm *m* ..türme

ма́ятник *м* Péndel *n* =

мгнове́ние *с* Áugenblick *m* -e; в одно́ ~ im Áugenblick, im Nu

ме́бель *ж* Möbel *n* =

меблиро́вка *ж* Möblíerung *f*; Éinrichtung *f*, Möbel *n* (*мебель*)

мёд *м* Hónig *m*

меда́ль *ж* Medaille [-´daljə] *f* -n; золота́я ~ Góldmedaille *f*; сере́бряная ~ Sílbermedaille *f*; бро́нзовая ~ Brónzemedaille *f*; завоева́ть ~ éine Medáille erríngen*

медве́дь *м* Bär *m* -en

медици́на *ж* Medizín *f*

ме́дленн|ый, ~ый lángsam

ме́длить zögern; záudern (*колеба́ться*)

ме́дный kúpfern, Kúpfer-

медсестра́ (медици́нская сестра́) Kránkenschwester *f* -n

медь *ж* Kúpfer *n*

ме́жду zwíschen; ~ двумя́ и тремя́ (часа́ми) zwíschen zwei und drei (Uhr) 2. ~ про́чим übrigens; ~ тем unterdéssen, indéssen; inzwíschen; ~ тем как während

междугоро́дный: ~ разгово́р Férngespräch *n* -e

междунаро́дный internatioál

межконтинента́льный interkontinentál

межпланетный interplanetár

мел *м* Kréide *f*

ме́лкий 1. *некру́пный* klein; fein (*напр. песок*) 2. *неглубо́кий* seicht; flach (*о посу́де*) 3. *незначи́тельный* únbedeutend

мелоди́чный melódisch;

wóhlklingend *(благозвучный)*

мелóдия *ж* Melodíe *f* ..i|en

мель *ж* Sándbank *f* ..bänke; сесть на ~ stránden

мéльница *ж* Mühle *f* -n

мельхиóр *м* Néusilber *n*

мемориáл *м* Gedénkstätte *f* -n

мемориáльн|ый Gedénk-, Gedächtnis-; ~ая доскá Gedénktafel *f* -n

мéнее wéniger, mínder

мéньше 1. *сравнит. ст. от* мáленький, мáлый kléiner 2. *сравнит. ст. от* мáло wéniger

мéньш|ий der kléinere; по ~ей мéре zumíndest, zum míndesten

меньшинствó *с* Mínderheit *f* -en

менЮ *с* Spéisekarte *f* -n

меня mich; для ~ für mich

менять (úm)táuschen *(на что-л.* gégen *A)*; ábwechseln *(сменять)*; wéchseln *(на что-л.* in *A -- деньги на иностранную валюту)*; verändern *(изменять)*

мёрзнуть fríeren*

мéрить méssen

мéрк|а *ж* Maß *n* -e; снимáть ~у Maß néhmen*; по ~е nach Maß

мероприятие *с* Máßnahme *f* -n, Máßregel *f* -n

мёртвый tot

мерцáть flímmern, schímmern

мести *подметать* fégen, kéhren

мéстность *ж* Gégend *f* -en, Gelände *n* =

мéстн|ый 1. örtlich, lokál; ~ое врéмя Órtszeit *f* 2. *здешний* híesig

мéсто *с* 1. Platz *m*, *pl* Plätze, Stélle *f* -n; Sitz *m* -e *(для сидения)*; все местá зáняты álle Plätze sind besétzt; уступить своё ~ séinen Platz ábtreten* 2. *местность* Ort *m* -e 3. *должность* Stélle *f* -n

местожительство *с* Wóhnort *m* -e; постоянное ~ ständiger Wóhnort

местонахождéние *с* Áufenthaltsort *m* -e

местоположéние *с* Láge *f* -n

местопребывáние *с* Áufenthaltsort *m* -e

месторождéние Vórkommen *n* =, Lágerstätte *f* -n

месть *ж* Ráche *f*

мéсяц *м* 1. Mónat *m* -e; ~ тому назáд vor éinem Mónat 2. *луна* Mond *m* -e

метáлл *м* Metáll *n* -e

металлический metállisch, metállen, Metáll-

мета́ние с Wérfen n; ~ копья́ Spéerwerfen n; ~ ди́ска Dískuswerfen n; ~ мо́лота Hámmerwerfen n

мета́ть wérfen*

мете́ль ж Schnéegestöber n =

метеорологи́ческ|ий meteorológisch, Wétter-; ~ая сво́дка Wétterbericht m -e

ме́тод м Methóde f -n, Verfáhren n =

метр м Méter n, m =

метро́ с, **метрополите́н** м Ú-Bahn f -en; Métro n -s (в России)

мех м Fell n -e, Pelz m -e

механи́зм м Mechanísmus m ..men

меха́ник м Mechániker m =

меха́ника ж Mechánik f

механи́ческий mechánisch

мехов|о́й Pelz-; ~а́я шу́ба Pélzmantel m ..mäntel

меч м Schwert n -e

мечта́ ж Traum m, pl Träume

мечта́ть о чём-л. von etw. träumen, schwärmenI

меша́ть I híndern (в чём-л. an etw. -- препя́тствовать); stören (нарушать покой)

меша́ть II 1. размешивать rühren, úmrühren 2. смешивать vermíschen

мешо́к м Sack m, pl Säcke

миг м Áugenblick m -e

ми́гом im Nu

мизи́нец м kléiner Fínger (на руке); kléine Zéhe (на ноге)

микро́б м Mikróbe f -n

микрокалькуля́тор Táschenrechner m =

микрорайо́н м: но́вый ~ ein néuer Wóhnkomplex

микрофо́н м Mikrofón n -e

миксту́ра ж Mixtúr f -en

милитариза́ция ж Militarisíerung f

милитари́зм м Militarísmus m

милиционе́р м Milizionär m -e

мили́ц|ия ж Milíz f; отделе́ние ~ии Milízrevier [-v-] n -e

миллиа́рд м Milliárde f -n

миллио́н м Millión f -en

миллионе́р м Millionär m -e

милосе́рдие с Bármherzigkeit f

ми́лый 1. в обраще́нии lieb, nett 2. привлека́тельный hübsch

ми́мика ж Mímik f

ми́мо vorüber, vorbéi; пройти́, прое́хать ~ чего-л. an etw. (D) vorbéigehen*, vorbéifahren*

мимохо́дом im Vorübergehen, béiläufig

минда́ль *м* Mándeln *pl*

~н|ый: ~ое пиро́жное Makróne *f* -n

минера́л Minerál *n* -e

минерало́гия Mineralogíe *f*

минера́льн|ый: ~ая вода́ Minerálwasser *n*

миниатю́рный ganzklein; zíerlich *(изящный)*

минима́льный minimál, Minimál-, Míndest-

министе́рство *с* Ministérium *n* ..ri|en

мини́стр *м* Miníster *m* =

мино́р *м муз.* Moll *n*

ми́нус *м* 1. *знак* Mínus *n* = 2. *недостаток* Mángel *m*, *pl* Mängel

мину́т|а *ж* Minúte *f* -n; де́сять мину́т второ́го es ist zehn Minúten nach eins; без трёх мину́т два drei Minúten vor zwei; одну́ ~у́! ein Áugenblick bítte!

мину́точку! Momént mal!

мир I *м в разн. знач.* Welt *f* -en; во всём ми́ре in der gánzen Welt

мир II *м отсутствие войны́, вражды́* Fríeden *m*

ми́рный fríedlich, Fríedens-; ~ догово́р Fríedensvertrag *m* ..verträge

мировоззре́ние *с* Wéltanschauung *f* -en

миров|о́й Welt-; ~а́я война́ Wéltkrieg *m* -e

миролюби́в|ый fríedliebend; ~ая поли́тика Fríedenspolitik *f*

ми́ска *ж* Schüssel *f* -n

ми́тинг *м* Meeting [´mi:-] *n* -s, Kúndgebung *f* -en

мише́нь *ж* Zíelscheibe *f* -n, Schíeßscheibe *f* -n

младе́нец *м* Kléinkind *n* -er; Säugling *m* -e *(грудно́й)*

мне mir; да́йте ~, пожа́луйста... gében Sie mir bítte...

мне́ние *с* Méinung *f* -en; Ánsicht *f* -en *(взгляд)*

мни́мый schéinbar

мно́гие víele; mánche *(некоторые)*

мно́го viel

многобо́рец *м спорт.* Méhrkämpfer *m* =

многобо́рье *с спорт.* Méhrkampf *m*

многоде́тный kínderreich

многокра́тный víelfach; ~ чемпио́н ми́ра méhrfacher Wéltmeister

многоле́тний víeljährig, lángjährig

многонациона́льн|ый: ~ое госуда́рство Nationalitätenstaat *m*

многосторонн|ий vielseitig; **~ее соглашение** multilaterales Abkommen

многоуважаемый *в обращении:* **~ господин ...** sehr geehrter Herr ...

многочисленный zahlreich

многоэтажный mehrstöckig

множество *с* Menge *f* -n

могучий mächtig; gewaltig *(мощный)* kräftig, kraftvoll *(крепкий, сильный)*

могущество *с* Macht *f*

модель *ж* Modell *n* -e

модернизация *ж* Modernisierung *f*

модн|ый modern, modisch, Mode-; **~ое платье** modernes Kleid

может быть vielleicht, (es) kann sein

можно man kann *(возможно)*; man darf *(разрешено)*; **~ здесь курить?** darf man hier rauchen?; **как ~ скорее [раньше]** möglichst schnell [bald]

мозаика *ж* Mosaik *n* -e

мозг *м* 1. *головной* Gehirn *n* -e, Hirn *n* -e 2. *костный* Mark *n*

мой [моя, моё] mein [meine, mein], der [die, das] meine, der [die, das] meinige

мокрый naß

мол *м* Mole *f* -n

молитва *ж* Gebet *n* -e

молиться beten

молниеносный blitzschnell

молния *ж* 1. Blitz *m* -e; **сверкает ~ es blitzt** 2. *застёжка* Reißverschluß *m* ..schlüsse 3. *телеграмма* Blitztelegramm *n* -e

молодёжн|ый Jugend-; **~ая мода** Jugendmode *f*

молодёжь *ж* Jugend *f*; junge Leute *(молодые люди)*

молодец молодчина Prachtkerl *m* -e

молодожёны *мн* junges Paar; Brautpaar *n* -e *(на свадьбе)*

молодой jung

молодость *ж* Jugend *f*

молоко *с* Milch *f*

молот *м* Hammer *m*, *pl* Hämmer; **метатель ~а** *спорт.* Hammerwerfer *m* =

молоток *м* Hammer *m*, *pl* Hämmer

молоть mahlen*

молочн|ый: **~ые продукты** Milchwaren *pl*

молчаливый schweigsam

молчание *с* Schweigen *n*

молчать schweigen*

моль *ж* Motte *f* -n

мольберт *м* Staffelei *f* -en

момéнт *м* Áugenblick *m* -e, Momént *m* -e; **в оди́н ~** *разг.* im Nu, im Hándumdrehen

момента́льный áugenblicklich; Momént-

монéта *ж* Münze *f* -n, Géldstück *n* -e

моноло́г *м* Monológ *m* -e

монопо́лия *ж* Monopól *n* -e

монта́ж *м* Montage [moŋ-ˊta:ʒə] *f*

монтёр *м* *разг.* **электромонтёр** Installateur [-ˊtø:r] *m* -e

монумéнт *м* Monumént *n* -e

мопéд *м* Móped *n* -s

мора́ль *ж* Morál *f*

морг *м* Léichen(schau)haus *n* ..häuser, Léichenhalle *f* -n

морга́ть zwínkern, blínzeln

мóре *с* Meer *n* -e, See *f* -n; **éхать ~м** mit dem Schiff fáhren*

морж *м* **1.** Wálroß *n* ..sse **2.** *любитель зимнего плавания* Éisbader *m* =

морко́вь *ж* Móhrrübe *f* -n, Möhre *f* -n

моро́женое *с* Eis *n*; **фрукто́вое ~** Frúchteis *n*

моро́з *м* Frost *m*, *pl* Fröste

моросить: **моросит** es níeselt

морск|о́й Méer(es)-, See-; *воен.* Maríne-; **~áя болéзнь** Séekrankheit *f*

морщи́на *ж* Rúnzel *f* -n, Falte *f* -n, Fúrche *f* -n

моря́к *м* Séemann *m* ..leute

москви́ч *м* Móskauer *m* =

моско́вский Móskauer

мост *м* Brücke *f* -n

мостки́ *мн* Steg *m* -e, Brétterweg *m* -e

мостова́я *ж* Pfláster *n* =; Fáhrdamm *m* ..dämme *(проезжая часть)*

мотéль *м* Motél *n* -s

мотив *м* **1.** *мелодия* Melodíe *f* ..iǝn **2.** *побуждение* Bewéggrund *m* ..gründe

мотокро́сс *м* Mótorradgeländerennen *n*, Móto-Cross [-kros] *m*

мото́р *м* Mótor *m* ..tóren

мотороллер *м* Mótorroller *m* =

мотоспо́рт *м* Mótorradsport *m*

мотоци́кл *м* Mótorrad *n* ..räder

мочь können*; **могу́ ли я помо́чь вам?** kann ich Íhnen hélfen?; **могу́ ли я идти́?** darf ich géhen?; **я могу́ вас спроси́ть?** darf ich Sie frágen?

мо́щность *ж* *тех.* Léistung *f* -en, Kapazität *f* -en

мо́щный mächtig; gewáltig, kräftig *(сильный)*

мощь ж Macht f; Kraft f (сила)

мрак м Finsternis f

мрамор м Marmor m

мраморн|ый Marmor-; ~ая статуя Marmorstatue f -n

мрачный düster, finster; trübe (о погоде)

мстить sich rächen (кому-л. за что-л. an j-m für A)

мудрость ж Weisheit f -en

мудрый weise

муж м Mann m, pl Männer, Ehemann m ..männer

мужественный mutig

мужество Mut m

мужской Männer-; Herren-; ~ зал (парикмахерской) Herrensalon [-lɔŋ] m

мужчина м Mann m, pl Männer

музей м Museum n ..seˈen; дом-~ Gedenkstätte f -n

музыка ж Musik f

музыкальн|ый Musik-; ~ая школа Musikschule f -n

музыкант м Musiker m =

мука ж Mehl n

мультфильм м (мультипликационный фильм) Trickfilm m -e

муравей м Ameise f -n

муравейник м Ameisenhaufen m =

муха ж Fliege f -n

мучить quälen

мчаться rennen* (бежать — о человеке); rasen (о машине и т. п.); daheineilen (о времени)

мы wir (G unser, D и A uns)

мылить einseifen

мыло с Seife f -n

мыльница ж Seifenschale f -n

мысль ж Gedanke m -n

мыть waschen* ~ся sich waschen*

мышца Muskel m -n

мышь ж Maus f, pl Mäuse

мэр м Bürgermeister m =

мягкий weich; mild (о погоде); sanft (нежный)

мясной Fleisch-

мясо с Fleisch n

мятн|ый Pfefferminz-, Minz-; ~ые конфеты Pfefferminzbonbons [-bɔŋbɔŋs] pl, Pfefferminzplätzchen pl

мять 1. одежду, бумагу и т. п. zerknüllen, zerknittern 2. месить kneten ~ся о материи и т. п. knittern

мяч м Ball m, pl Bälle; футбольный ~ Fußball m; волейбольный ~ Volleyball [v-] m; теннисный ~ Tennisball m

на 1. auf; на стол auf den Tisch; на столе auf dem Tisch **2.** an; на стену an die Wand; на стене an der Wand **3.** *обознач. направления* auf in, nach; на почту auf die [zur] Post; на запад nach Westen; я иду на выставку ich gehe in die Ausstellung **4.** *в определённом месте* an, auf, in; на берегу am Ufer; на улице auf der Straße; я живу на улице Герцена ich wohne in der Herzenstraße; на востоке im Osten **5.** *обознач. времени, срока* an, in; für, auf; на следующий день am nächsten Tag; на три дня auf drei Tage **6.** *для* zu; на память zum Andenken **7.** *на сумму* für; я купил книг на 300 рублей ich habe für 300 Rubel Bücher gekauft **8.** *при сравнении* um; он на пять лет старше меня er ist fünf Jahre älter als ich **9.** *в разн. знач.:* ехать на автомобиле Auto fahren*; на три части in drei Teile

наблюдать 1. beobachten; aufpassen *(за кем-л., чем-л.* auf *A)* **2.** *осуществлять надзор* beaufsichtigen, überwachen

наблюдение *с* **1.** Beobachtung *f* -en **2.** *надзор* Aufsicht *f*; взять под ~ unter Aufsicht nehmen*

набор *м* **1.** Aufnahme *f (учащихся);* Einstellung *f (рабочих, служащих);* Anwerbung *f (добровольцев)* **2.** *инструментов и т. п. тж. типографский* Satz *m, pl* Sätze

набрать 1. *собрать* sammeln **2.** *полигр.* setzen **3.:** ~ номер *(телефонный)* (die) Nummer wählen

наверное wohl; wahrscheinlich *(вероятно)*

наверх nach oben; aufwärts; hinauf *(по направл. от говорящего)* herauf *(по направл. к говорящему)*

наверху oben

навести: ~ порядок Ordnung schaffen; ~ на мысль auf den Gedanken bringen*; ~ справки Erkundigungen einziehen*

навестить, навещать besuchen

наводнение *с* Überschwemmung *f* -en

наволочка *ж* Kissenbezug *m* ..züge

навсегда für [auf] immer

навстречу entgegen-; идти кому-л. ~ j-m entgegenkommen *(тж. перен.)*

на́вык *м* Fértigkeit *f* -en

навяза́ть *кому-л. что-л.* áufdrängen, áufzwingen*

на́глый frech, únverschämt

нагля́дный ánschaulich

нагну́ться sich bücken, sich béugen

нагото́ве in Beréitschaft, beréit; держа́ть что-л. ~ etw. beréithalten*

награ́да *ж* Áuszeichnung *f* -en; Belóhnung *f* -en (*вознаграждение*)

награди́ть, награжда́ть belóhnen; áuszeichnen (*медалью и т. п.*)

нагрева́ть, нагре́ть (er)wärmen

нагрузи́ть beláden*

над 1. über; карти́на виси́т ~ дива́ном das Bild hängt über dem Sófa 2. an; рабо́тать ~ кни́гой an éinem Buch árbeiten 3. *в глагольных конструкциях* über; не сме́йся надо мно́й láche nicht über mich

наде́жда *ж* Hóffnung *f* -en

надёжный zúverlässig, sícher; verläßlich (*о человеке*)

наде́ть ánziehen* (*одежду*); áufsetzen (*шляпу, очки*)

наде́яться hóffen

на дня́х in díesen Tágen (*о предстоящем*); únlängst, vor kúrzem (*о прошлом*)

на́до (es ist) nötig, man muß; нам ~ уже́ идти́ wir müssen schon géhen

надо́лго auf lánge

на́дпись *ж* Áufschrift *f* -en, Überschrift *f* -en; Ínschrift *f* -en (*на камне и т. п.*)

наедине́ alléin; únter vier Áugen (*с глазу на глаз*)

нае́здник *м* Réiter *m* =

нае́сться sich satt éssen*

нажа́ть, нажима́ть drücken; нажми́те кно́пку drücken Sie auf den Knopf

наза́д zurück; год (тому́) ~ vor éinem Jahr

назва́ние *с* Náme *m* -n; Títel *m* = (*книги и т. п.*)

назва́ть (be)nénnen*, bezéichnen

назнача́ть, назна́чить 1. bestímmen; féstsetzen (*установить*) 2. *на должность* ernénnen*

назо́йливый áufdringlich, zúdringlich; lästig (*надоедливый*)

называ́ть *см.* назва́ть ~ся héißen*; как называ́ется э́та у́лица? wie heißt díese Straße?

наибо́лее höchst; ~ развито́й höchstentwickelt

наи́вный naív

наизна́нку verké́hrt; вы́вернуть ~ auf die línke [auf der línken] Séite kéhren

наизу́сть áuswendig

наиме́нее am (áller) wénigsten

наименова́ние с Bezéichnung f -en

найти́ fínden*; vórfinden* *(заста́ть)*; entdécken *(обнару́жить)*; я его́ там не нашёл ich: hábe ihn dort nicht vórgefunden; где мне ~ его́? wo tréffe ich ihn?

наказа́ние с Stráfe f -n; Bestráfung f *(де́йствие)*

наказа́ть, нака́зывать bestráfen

накле́ить áufkleben

накло́н м Néigung f -en; Gefälle n =

наклони́ть néigen *(го́лову)*; béugen *(ту́ловище)* ~ся sich béugen, sich bücken

накло́нный ábschüssig; genéigt

наконе́ц éndlich; ~-то! na, éndlich!

накопи́ть ánsammeln; éinsparen *(сэконо́мить)* ~ся sich ánsammeln

накорми́ть zu éssen gében*; füttern *(живо́тных)*

накрыва́ть, накры́ть bedécken; verdécken; ~ на стол den Tisch décken ~ся sich zúdecken; sich bedécken

нала́дить, нала́живать in Órdnung [in Gang] bríngen*

нале́во nach links *(на вопро́с «куда́?»)*; links, zur Línken *(на вопро́с «где?»)*

налегке́ 1. *без багажа́* óhne Gepäck 2. *в лёгкой оде́жде* leicht gekléidet

налива́ть, нали́ть éingießen*; füllen *(напо́лнить)*

налицо́: быть ~ vorhánden sein *(о веща́х)*; ánwesend sein *(о лю́дях)*

нам uns; да́йте ~... gében Sie uns...; где ~ выходи́ть? wo müssen wir áussteigen?

намека́ть, намекну́ть ándeuten; éinen Wink gében*

наме́рение с Ábsicht f -en, Vórhaben n =

наме́тить, намеча́ть 1. sich (D) etw. vórnehmen* *(запланирова́ть)* 2. *наброса́ть* entwérfen*, skizzíeren 3. *кандида́та* áufstellen

на́ми *см.* мы; пойдёмте с ~ kómmen Sie mit

намно́го viel, bedéutend; он ~ ста́рше er ist viel älter

нанести́ 1. *принести́* zusámmenbringen* 2. *причини́ть* zúfügen *(уще́рб и т. п.)*; versétzen *(уда́р и т. п.)*;

~ поражéние éine Níederlage béibringen* 3.: ~ визи́т ein Besúch ábstatten

наоборо́т 1. *совершенно иначе* úmgekehrt 2. *напротив* dagégen, im Géegenteil 3. *неправильно* verkéhrt

напада́ющий *м спорт.* Stürmer *m=*

нападе́ние *с* 1. Ángriff *m* -e; Überfall *m* ..fälle 2. *спорт. часть команды* Stürmer *pl*, Sturm *m*

напа́сть ángreifen*; überfállen*

напи́льник *м* Féile *f* -n

напи́т|ок *м* Getränk *n* -e; спиртны́е ~ки Spirituósen *pl*; прохлади́тельные ~ки erfríschende Getränke

напи́ться 1. trínken*; где здесь мо́жно ~? wo kriegt man hier éinen Schluck Wásser? 2. *пьяным* sich betrínken*

наплы́в *м:* ~ посети́телей Ándrang *m* [Zústrom *m*] der Besúcher

напо́лнить, наполня́ть füllen (*чем-л.* mit *D*) ~ся sich füllen, voll wérden*

наполови́ну halb, zur Hälfte

напомина́ть, напо́мнить erínnern; напо́мните мне за́втра о ... erínnern Sie mich mórgen an ...

напосле́док zu gúter letzt; zum Schluß (*в заключение*)

напра́вить 1. ríchten, lénken 2. *послать* schícken ~ся sich begében*, géhen*

направле́ние *с* Ríchtung *f* -en; Strömung *f* -en, Tendénz *f* -en (*перен.*)

напра́во nach rechts (*на вопрос «куда?»*); rechts, zur Réchten (*на вопрос «где?»*)

напра́сно umsónst, vergébens

наприме́р zum Béispiel

напрока́т: брать что-л. ~ etw. áusleihen*

напро́тив 1. gegenüber 2. *наоборот* im Gégenteil, hingégen

напряга́ть ánstrengen

напряже́ние *с* Spánnung *f* -en, Ánspannung *f* -en; Ánstrengung *f* -en (*усилие*); высо́кое ~ *эл.* Hóchspannung *f*

напряжённ|ость *ж* Spánnung *f*; разря́дка ~ости Entspánnung *f*;

наравне́ gleich (wie) (*одинаково*); in gléicher Höhe (*на одном уровне*)

нараста́ть, нарасти́ ánwachsen*; zúnehmen*

нарасхва́т: раскупа́ться ~ réißenden Ábsatz fínden*

нарисова́ть zéichnen; *перен.* schíldern

наро́д *м* 1. Volk *n*, *pl* Völker 2. *люди* Ménschen *pl*, Léute *pl*; на у́лице мно́го ~у auf der Stráße sind víele Ménschen

наро́дный Volks-; vólkstümlich; ~ та́нец Vólkstanz *m* ..tänze

наро́чно 1. *с намерением* ábsichtlich, mit Ábsicht 2. *специально* éigens, speziéll; он ~ для э́того прие́хал er ist éxtra deswégen gekómmen; как ~ wie áusgerechnet

наруше́ние *с* Verstóß *m* ..stöße; Verlétzung *f* -en; ~ пра́вил у́личного движе́ния Verkéhrsübertretung *f*; ~ догово́ра Vertrágsbruch *m*

нару́шить übertréten*, verlétzen *(закон, правило)* stören *(покой, порядок)*; ~ пра́вила игры́ die Spíelregeln verlétzen

нары́в *м* Geschwür *n* -e

наря́дный schmuck, elegánt

нас uns; не забыва́йте ~! vergéßt uns nicht!

насеко́мое *с* Insékt *n* -en

населе́ние *с* Bevölkerung *f*; Éinwohnerschaft *f* *(города, дома)*

населённый bevölkert; bewóhnt *(обитаемый)*; ~ пункт Síedlung *f* -en; Órtschaft *f* -en

наси́лие *с* Gewált *f*; Zwang *m* *(принуждение)*

насквозь durch und durch

наско́лько inwieférn, inwiewéit; ~ мне изве́стно sovíel ich weiß

на́скоро in áller Éile

наскочи́ть ánrennen*

наслади́ться, наслажда́ться geníeßen*

наслажде́ние *с* Genúß *m* ..nüsse

насле́дник *м* Érbe *m* -n; Náchfolger *m* = *(преемник)*

насо́с *м* Púmpe *f* -n

на́спех in áller Éile

наста́ивать bestéhen*, behárren

наста́|ть ánbrechen*, kómmen* *(о времени года, дне, ночи)*; éintreten*, begínnen* *(начаться)*; ~ла ночь die Nacht brach heréin; ~л день der Tag brach an

насто́йчивый behárrlich, hártnäckig; náchdrücklich *(о просьбе и т. п.)*

насто́лько so, sovíel

насто́льн|ый Tisch-; ~ая ла́мпа Tíschlampe *f* -n; ~ те́ннис Tíschtennis *n*

настоя́ть на чём-л. etw. dúrchsetzen; ~ на своём séinen Wíllen dúrchsetzen

настоя́щий 1. *истинный*

wahr, wírklich, echt 2. *о времени* gégenwärtig

настроéние *с* Stímmung *f* -en, Láune *f* -n

наступи́ть I на что-л. auf etw. tréten*

наступи́ть II *см.* настáть

наступлéн|ие I *с* Éintritt *m*; Ánbruch *m*; с ~ием дня bei Ánbruch des Táges; с ~ием темноты́ bei Ánbruch der Dúnkelheit

наступлéние II *с воен.* Ángriff *m* -e, Offensíve [-v-] *f* -n

насчи́тывать zählen ~ся *безл.:* насчи́тывается es gibt

натáлкиваться, натолкну́ться 1. *удариться* stóßen* (an *A*) 2. *встретить* stóßen* (auf *A*)

натерéть 1. *мазью* éinreiben* (mit *D*) 2.: я натёр себé нóгу ich rieb mir den Fuß wund

натурáльный natürlich, natúrrein *(природный)*; echt, Natúr- *(настоящий)*

натя́гивать, натяну́ть ánspannen, strággziehen*

наугáд aufs Gerátewohl

наýка *ж* Wíssenschaft *f* -en

научи́ть кого-л. чему́-л. j-m etw. béibringen* ~ся (er)lérnen

наýчно-исслéдовательский: ~ институ́т wíssenschaftliches Fórschungsinstitut *n*, Fórschungseinrichtung *f*

наýчно-популя́рный populärwissenschaftlich

наýшники *мн радио* Kópfhörer *pl*

находи́ть *см.* найти́ ~ся 1. sich befínden*; где нахóдится...? wo befíndet sich ...? 2. *найтись* sich fínden*

нахóд|ка *ж* Fund *m* -e; бюрó ~ок Fúndbüro *n*

нахóдчивый fíndig, schlágfertig

национáльн|ый nationál, Nationál-; ~ костю́м Vólkstracht *f*

нáция *ж* Natión *f* -en

начáл|о *с* 1. Ánfang *m*, Begínn *m*; в ~е áвгуста Ánfang Augúst; с сáмого ~а von Ánfang an; ~ спектáкля в ... часóв die Vórstellung begínnt um ... Uhr 2. *основа* Gŕundlage *f* -n

начáльник *м* der Vórgesetzte, Chef [ʃɛf] *m* -s; Léiter *m* = *(руководитель)*

начáльн|ый Ánfangs-; Elementár-; ~ое обучéние Ánfangsunterricht *m*

начáльство *с* die Vórgesetzten, Óbrigkeit *f*

нача́ть ánfangen*, begínnen* **-ся** ánfangen*, begínnen*

начина́ющий *м* Ánfänger *m =*

начи́нка *ж* Füllung *f* -en

на́чисто 1. *набело* ins réine 2. *разг. окончательно; решительно* rúnd(weg)

начи́танный belésen

наш [на́ша, на́ше] únser [únsere, únser], der [die, das] únsere, der [die, das] úns(e)rige

не nicht; kein; он не придёт er kommt nicht; я не зна́ю ich weiß nicht; не хоти́те ли... wóllen Sie nicht...; э́то не неме́цкая кни́га, а ру́сская das ist kein déutsches Buch, sóndern ein rússisches

неблагода́рный úndankbar

не́бо *с* Hímmel *m*

небольшо́й klein; geríng *(незначительный)*

небре́жный náchlässig

небыва́лый (noch) nie dágewesen; únerhört *(неслыханный)*

нева́жно 1. *см.* нева́жный 2.: я чу́вствую себя́ ~ ich fühle mich nicht wohl; э́то ~ das macht nichts (aus)

нева́жный 1. *несущественный* únbedeutend, únwesentlich 2. *посредственный* nicht besónders (gut), míttelmäßig

неве́жливый únhöflich

неве́рный falsch, únrichtig

невероя́тный ungláublich, únwahrscheinlich

неве́ста *ж* Braut *f, pl* Bräute

неве́стка *ж* Schwíegertochter *f* ..töchter

неви́данный (noch) nie geséhen; ohnegléichen *(бесподобный)*

неви́димый únsichtbar

невино́вный schúldlos, únschuldig

невку́сный nicht schmáckhaft

невнима́тельный únaufmerksam

невозмо́жно: э́то соверше́нно ~ das ist ganz (und gar) únmöglich

невозмути́мый gelássen, rúhig

нево́льно únwillkürlich

невоспи́танный úngezogen

невреди́мый únversehrt

невы́годный únvorteilhaft

невыполни́мый únerfüllbar

негати́в *м фото* Negatív *n* -e

не́где 1. *нет места* es ist kein Platz da, es ist nírgends

Platz 2. *неоткуда:* мне это ~ взять ich weiß nicht, wohér ich das néhmen soll

негóдный úntauglich; schlecht *(плохой)*

негодовáние *с* Entrüstung *f*

негодя́й *м* Schuft *m* -e, Lump *m* -en

негр *м* Néger *m* =

неграмотный 1. úngebildet, únwissend 2. *м* Analphabet *m* -en

недáвно vor kúrzem, néulich

недалекó únweit

недáром nicht óhne Grund [Úrsache] *(не без основания);* nicht umsónst *(не напрасно)*

недействи́тельный úngültig

недéл|я *ж* Wóche *f* -n; чéрез ~ю in acht Tágen, in éiner Wóche; ~ю тому назáд vor éiner Wóche; два - три рáза в ~ю zwei bis dréimal in der Wóche

недисциплини́рованный úndiszipliniert

недовéрие *с* Mißtrauen *n*

недовóльный únzufrieden

недодéржка *ж фото* Únterbelichtung *f*

недóлго nicht lánge

недооцéнивать, недооцени́ть unterschätzen

недооцéнка *ж* Unterschätzung *f*

недопусти́мый únzulässig

недóрого, недорогóй nicht téuer, préiswert

недоставáть féhlen, mángeln; чегó-л. недостаёт es fehlt, es mángelt an etw. *(D)*

недосту́пный únzugänglich; únerschwinglich *(о цене)*

нежелáтельный únerwünscht

неженáтый únverheiratet, lédig

нéжный zart; zärtlich *(ласковый)*

незабу́дка *ж* Vergißmeinnicht *n*

незадóлго: ~ до... kurz vor...

незамени́мый únersetzbar, únersätzlich

незамéтный únmerklich, únauffällig

незаму́жняя únverheiratet, lédig

нéзачем *делать что-л.* es lohnt (sich) nicht

нездорóвый úngesund; gesúndheitsschädlich *(врéдный)*

незнакóм|ый únbekannt; мы с ним ~ы wir kénnen uns nicht

незначи́тельный únbedeutend

незре́лый únreif; grün *(тж. перен.)*

неизве́стный únbekannt

неизлечи́мый únheilbar

неизме́нный únveränderlich; beständig *(постоянный)*

неиспра́вный nicht intákt, in schléchtem Zústand

нейтралите́т *м* Neutralität *f*

нейтра́льный neutrál

не́когда: мне ~ ich hábe kéine Zeit

некраси́вый únschön, häßlich

некста́ти úngelegen

не́куда: мне ~ сесть [торопи́ться] ich hábe kéinen Platz [kéine Éile]

нело́вкий úngeschickt; péinlich *(неприятный)*

нельзя́ man darf [soll] nicht; verbóten *(запрещено)*; man kann nicht *(невозможно)*

нема́ло nicht wénig

неме́дленно sofórt, únverzüglich

не́мец *м* der Déutsche

неме́цкий deutsch

не́мка *ж* die Déutsche

немно́го ein wénig, ein bißchen, étwas; подожди́те ~ wárten Sie ein bißchen

немо́й 1. stumm **2.** *м* der Stúmme

ненави́деть hássen

не́нависть *ж* Haß *m*

ненадо́лго für kúrze Zeit

нену́жный únnötig, únnütz

необду́манный únbedacht, únüberlegt

необходи́м|ый nötig, nótwendig; мне ~а по́мощь ich bráuche (dríngend) Hílfe; мне ~о позвони́ть по телефо́ну ich muß (dríngend) ánrufen

необыкнове́нный úngewöhnlich, áußerordentlich

неограни́ченный únbegrenzt, únbeschränkt

неоднокра́тно méhrmals, wiederhólt

неожи́данный únerwartet, únvermutet

нео́пытный únerfahren, óhne Erfáhrung

неосторо́жность Únvorsichtigkeit *f*

непло́хо nicht schlecht, recht gut

непого́да *ж* Únwetter *n*

неподходя́щий únpassend, únangemessen

непонима́ние *с* Únverständnis *n*

непоня́тный únverständlich

непостоя́нный únbeständig

непра́вда ж Únwahrheit f

непра́вильный 1. únregelmäßig 2. *неверный* únrichtig

непреме́нно unbedíngt, bestímmt

непреры́вный únunterbrochen

непривы́чный úngewohnt

непригóдный úntauglich, únbrauchbar

неприя́тность ж Únannehmlichkeit f -en

неприя́тный únangenehm, péinlich

непродолжи́тельный kurz, von kúrzer Dáuer

непромока́емый wásserdicht

непрóчный nicht dáuerhaft; nicht háltbar; zerbréchlich (*ломкий*)

нерабóчий: ~ день Rúhetag m (*в магазине и т. п.*); árbeitsfreier Tag (*у рабочего, служащего*)

неразбóрчивый 1. *о почерке* únleserlich 2. *неприхотливый* nicht wählerisch

неразговóрчивый wórtkarg

нерв м Nerv m -en

не́рвный nervös [-v-]

нере́дко öfters, nicht sélten

нереши́тельный únschlüssig, únentschlossen

несвоевре́менный únzeitig, únzeitgemäß

несессе́р м Réisenecessaire [-nesεsε:r] n -s

не́сколько 1. éinige, méhrere; ein paar (*два - три*); в не́скольких слова́х in wénigen Wórten 2. *слегка* ein wénig, étwas

несмотря́ на trotz, úngeachtet

несомне́нно óhne Zwéifel, zwéifellos

несправедли́вый úngerecht

нести́ 1. trágen*; bríngen* (*приносить*) 2.: ~ я́йца (*о курице*) Éier légen

несча́стный únglücklich, Únglücks-; ~ слу́чай Únglücksfall m ..fälle

несча́сть|е с Únglück n -e; к ~ю únglücklicherweise

нет I nein

нет II 1. *не имеется* es gibt nicht, es ist nicht da; у меня́ ~ вре́мени ich hábe kéine Zeit 2. *отсутствие кого-л., чего-л.*: никогó ~ es ist níemand da; когó сегóдня ~? wer fehlt héute?

нетóчный úngenau

нетрудоспосóбный árbeitsunfähig

неуве́ренный únsicher

неуда́ча ж Mißerfolg m -e; Pech n (разг.)

неуда́чн|ый mißlúngen, mißráten; ~ая попы́тка mißlúngener Versúch

неудо́бн|о, ~ый únbequem; únangenehm, péinlich (неприятный)

неудо́бство с Únbequemlichkeit f -en

неуже́ли ist es möglich?; ~ э́то пра́вда? soll das wírklich wahr sein?; ~ вы не зна́ете? wíssen Sie es denn nicht?

неуме́стный únpassend, únangebracht

неусто́йчивый schwánkend, labíl

неутоми́мый únermüdlich

нефть ж Érdöl n

неча́янно únabsichtlich; úngewollt; verséhentlich (по ошибке)

нече́стный únehrlich

нечётный úngerade

нея́сный únklar, úndeutlich

ни nicht; kein; ни... ни wéder ... noch; ни бо́льше, ни ме́ньше nicht mehr und nicht wéniger; как бы то ни́ было wie dem auch sei; ни ра́зу kein éinziges Mal

нигде́ nírgends

ни́жн|ий Únter-; der úntere (из двух); ~ эта́ж Érdgeschoß n; ~ее бельё Únterwäsche f

низ м Únterteil m; в са́мом низу́ ganz únten

ни́зменность ж равнина Níederung f -en

ни́зший der níedrigste

ника́к auf kéine Wéise; э́то ~ невозмо́жно das ist absolút únmöglich

никако́й kein

никогда́ nie, níemals

никто́ níemand

никуда́ 1. niergendwohín; я сего́дня ~ не пойду́ ich géhe héute níergends hin 2.: э́то ~ не годи́тся das taugt nichts

ниско́лько gar nicht, nicht im geríngsten

ни́тк|а ж Fáden m, pl Fäden; мн ~и Zwirn m; Garn n (для вышивания, вязания)

ничего́ 1. nichts 2. разг. удовлетворительно, сносно éinigermaßen, es geht, ganz [zíemlich] gut 3.: ~! das macht nichts!

ничу́ть kéineswegs; gar nicht, durcháus nicht

нищета́ ж Ármut f, Élend n

ни́щий 1. béttelarm 2. м Béttler m =

но áber; не только ..., но и... nicht nur..., sóndern auch...

новинка ж Néuheit f -en

новичо́к м Néuling m -e; Ánfänger m = (начинающий)

новобра́чные мн die Júngverheirateten

нового́дн|ий Néujahrs-; ~ие поздравле́ния Néujahrswünsche pl

новосе́лье с Éinzugsfeier f -n

новостро́йка ж Néubau m

но́вость ж Néuheit f -en, Néuigkeit f -en

но́в|ый neu; Но́вый год Néujahr n; что ~ого? was gibt es Néues?

ног|а́ ж Bein n -e (вся нога); Fuß m, pl Füße (ступня); идти в ~y Schritt hálten*

но́готь м (Fínger)Nágel m ..nägel

нож м Mésser n =

но́жницы мн Schére f -n

ноздря́ ж Nüster f -n, Násenloch n ..löcher

нока́ут ж Knockout [nɔk'aot] m (k.o.); победи́ть -ом durch k.o. síegen

нока́ун м спорт. Níederschlag m ..schläge

ноль м Null f -en

но́мер м 1. Númmer f -n; ~ до́ма Háusnummer f 2. размер Númmer f, Größe f -n; ~ о́буви Schúhgröße f 3. в гости́нице Hotélzimmer n =; ключ от ~a Zímmerschlüssel m =

норве́жский nórwegisch

но́рма ж Norm f -en

норма́льн|о, ~ый normál

нос м 1. Náse f -n 2. корабля́ Bug m, pl Büge

носи́льщик м Gepäckträger m =

носи́ть trágen*

носки́ мн Sócken pl

но́та I ж муз. Nóte f -n

но́та II ж дип. Nóte f -n

нота́риус м Notár m -e

но́ты мн муз. Nóten pl

ночева́ть übernáchten

ночле́г м Übernáchtung f -en; Náchtquartier n -e (ме́сто)

ночни́к м Náchtlampe f -n

ночно́й Nacht-, nächtlich

ночь Nacht f, pl Nächte; споко́йной но́чи! gúte Nacht!

но́чью in der Nacht, nachts

ноя́брь м Novémber m

нра́виться gefállen*; мне о́чень нра́вится es gefällt mir sehr

нужда́ ж 1. надобность Bedürfnis n 2. бедность Not f

нужда́ться bráuchen; bedürfen*, nötig háben; я нужда́юсь в о́тдыхе ich bráuche Rúhe

ну́жно es ist nötig; man muß [soll]; что вам ~? was wünschen Sie?

ну́жный nötig, nótwendig

нуль *м* Null *f* -en

ны́нешн|ий *разг.* jétzig, héutig; в ~ем году́ in díesem Jahr

нырну́ть (únter)táuchen, éintauchen

ныря́ть táuchen

ню́хать ríechen*

о, об 1. an, gégen; уда́риться о ка́мень gégen [an] éinen Stein stóßen* 2. *относи́тельно* von, über, an; ду́мать о нём an ihn dénken*; говори́ть о ней von ihr [über sie] spréchen*

о́ба béide, die béiden

обанкро́титься bankrótt máchen

обвине́ние *с* Beschúldigung *f* -en; *юр.* Ánklage *f* -n *(перед судо́м)*

обвини́ть, обвиня́ть beschúldigen *(в чём-л. G)*; *юр.* ánklagen

обду́мать, обду́мывать sich *(D)* etw. überlégen, bedénken*

обе́д *м* Míttag *m*, Míttagessen *n*

обе́дать zu Míttag éssen*

обе́денный Míttags-; ~ переры́в Míttagspause *f*

обезжи́ренный entféttet, féttfrei; máger *(постный)*

обезору́живать, обезору́жить entwáffnen

обезья́на *ж* Áffe *m* -n

обели́ск *м* Obelísk *m* -en

оберега́ть (be)hüten, bewáhren, (be)schützen ~ся sich hüten

оберну́ть *заверну́ть* éinwickeln; éinschlagen* ~ся sich úmdrehen *(на кого́-л., что-л.* nach *D)*, sich (úm)wénden*

обёртка *ж* Úmschlag *m* ...schläge

обеспе́чение *с* Versórgung *f*; социа́льное ~ Soziálfürsorge *f*

обеспе́ченный wóhlhabend, bemíttelt

обеспе́чивать, обеспе́чить versórgen, verséhen* *(снабди́ть);* síchern, gewährleisten *(гаранти́ровать)*

обесси́леть kráftlos wérden, von Kräften kómmen*

обеща́ние с Verspréchen n =

обеща́ть verspréchen*, zúsagen

обзо́р м краткое сообщение Übersicht f -en, Überblick m -e

обзо́рн|ый Überblicks-; ~ая экску́рсия Stádtrundfahrt f (по городу), Überblickführung f (в музее)

оби́да ж Kränkung f -en; Beléidigung f -en (оскорбление)

оби́деть kränken; beléidigen (оскорбить) ~ся sich gekränkt [beléidigt] fühlen

оби́дный kränkend, beléidigend

о́блако с Wólke f -n

областно́й Gebíets-

о́бласть ж Gebíet n -e; Beréich m -e (деятельности); Fach n, pl Fächer (науки)

о́блачный bewölkt, wólkig, bedéckt

облегча́ть, облегчи́ть erléichtern; líndern (боль); míldern (наказание и т. п.); stíllen (успокоить)

обледене́лый veréist

обледене́ть veréisen

облива́ть, обли́ть begíeßen*, übergíeßen ~ся sich begíeßen*

обло́жка ж 1. Búchumschlag m ..schläge, Búchdeckel m = (книги); Títelseite f -n (журнала) 2. для книг, тетрадей Hülle f -n, Úmschlag m ..schläge

облока́чиваться, облокоти́ться на что-л. sich mit den Éllenbogen auf etw. stützen

обло́м|ок м Brúchstück n -e, Brócken m =; мн ~ки Wrack n -e (судна, самолёта)

обма́н м Betrúg m; Täuschung f -en (заблуждение)

обману́ть, обма́нывать betrügen*; täuschen (доверие и т. п.)

обмеле́ть seicht wérden

обме́н м Tausch m, Úmtausch m; ~ мне́ниями Gedánkenaustausch m, Méinungsaustausch m; ~ де́нег Géldumtausch m; ~ жило́й пло́щади Wóhnungstausch m

обме́ниваться, обменя́ться áustauschen

обнадёживать, обнадёжить Hóffnung máchen [zúsprechen*]

обнаро́довать veröffentlichen, bekánntmachen

обнима́ть umármen

обновле́ние с Erneúerung f

обогна́ть überhólen, *перен. тж.* übertréffen*

ободри́ть, ободря́ть áufmuntern, ermútigen, Mut éinflößen

обознача́ть 1. *см.* обозна́чить 2. *означать* bedéuten, bezéichnen

обозначе́ние с Bezéichnung f -en

обозна́чить bezéichnen, kénnzeichnen

обозрева́тель м Kommentátor m ..tóren

обозре́ние с Übersicht f -en, Rúndschau f -en

обо́|и мн Tapéten pl; окле́ить ~ями tapezíeren

обойти́ 1. *вокру́г чего-л.* um etw. herúmgehen* 2.: ~ мно́гих знако́мых víele Bekánnte besúchen

обойти́сь 1. *без чего-л.* áuskommen [entbéhren] können*; áuskommen* *(чем-л.)* 2. *стоить* kósten, zu stéhen kómmen*; до́рого ~ téuer zu stéhen kómmen* *(тж. перен.)*

обокра́сть bestéhlen*

обоня́ние с Gerúchssinn m

обору́довать áusrüsten, áusstatten *(оснащать)*; éinrichten *(квартиру и т. п.)*

обоснова́ть, обосно́вывать begründen

обостре́ние с: ~ боле́зни Verschlímmerung f

обостри́ть, обостря́ть verschärfen, zúspitzen; ~ отноше́ния die Beziehungen zúspitzen

обою́дный gégenseitig, wéchselseitig

обраба́тывать, обрабо́тать beárbeiten; bebáuen *(землю)*

обра́довать erfréuen, Fréude beréiten ~ся sich fréuen, erfréut sein

о́браз м 1. *облик, вид* Gestált f -en; Bild n -er; Form f -en 2. *способ* Art f -en, Wéise f -n; ~ жи́зни Lébensweise f; гла́вным ~ом háuptsächlich; никои́м ~ом auf kéine Wéise

образе́ц м Múster n =; Vórbild n -er; Béispiel n -e *(пример)*

образова́ние I с 1. Bíldung f, Scháffung f, Gründung f *(создание)*; Entstéhung f *(возникновение)*

образова́ние II с *просвещение* Bíldung f; сре́днее ~ Míttelschulbildung f; вы́сшее ~ Hóchschulbildung f

образо́ванный gebíldet

образова́ть bílden; scháffen* *(создать)*; gründen, stíften *(основать)*; ~ся sich bílden; entstéhen* *(возникнуть)*

образцо́вый vórbildlich, músterhaft

обрати́ть: ~ внима́ние на кого́-л., на что́-л. auf j-n, auf etw. áufmerksam máchen, die Áufmerksamkeit auf j-n, auf etw. lénken **~ся** к кому́-л. sich an j-n wénden* *(адресоваться)*; j-n ánreden *(заговорить)*

обра́тно zurück

обраще́ние *с* 1. *к кому́-л.* Ánrede *f* -n, Ánsprache *f* -n 2. *обхождение* Behándlung *f*, Úmgang *m*

обре́зать ábschneiden*, beschnéiden* **~ся** sich schnéiden*

о́бруч *м* Réifen *m* =

обруча́льн|ый: ~ое кольцо́ Tráuring *m* -e

обры́в *м* (stéiler) Ábhang ..hänge

обрыва́ть(ся) *см.* оборва́ть(ся)

обря́д *м* Brauch *m*, *pl* Bräuche; Zeremoníe *f* ..i|en *(церемония)*

обсервато́рия *ж* Observatórium [-v-] *n* ..ri|en; *астр.* Stérnwarte *f* -n

обсле́довать untersúchen

обсле́дование *с мед.* Untersúchung *f* -en

обслу́живание *с* Bedíenung *f (в магазине, ресторане)*; Betréuung *f (населения)*; техни́ческое ~ *(автомаши́н)* Áutoservice [-sə:vis] *m* медици́нское ~ ärztliche Betréuung

обслу́живать, обслужи́ть bedíenen

обстано́вка *ж* 1. *мебель* Áusstattung *f*, Éinrichtung *f* 2. *положение* Situatión *f*, Láge *f*; Verhältnisse *pl (условия)*

обстоя́тельств|о *с* Úmstand *m*; *мн* ~а Verhältnisse *pl*; при любы́х ~ах únter állen Úmständen; ~а измени́лись die Úmstände háben sich geändert

обсуди́ть, обсужда́ть bespréchen*, erörtern, behándeln

обсужде́ние *с* Bespréchung *f* -en, Erörterung *f* -en

обсчита́ть *разг. в магазине* préllen

о́бувь *ж* Schúhe *pl*, Schúhwerk *n*; же́нская ~ Dámenschuhe *pl*; мужска́я ~ Hérrenschuhe *pl*

обусло́вить bedíngen

обу́ться Schúhe ánziehen*

обуче́ние *с* Únterricht *m*, Áusbildung *f*

обучи́ть léhren, unterríchten, béibringen* **~ся** (er)lérnen

обши́рный úmfangreich, áusgedehnt

обща́ться verkéhren, úmgehen*

общедосту́пный allgeméin* [jédem] zúgänglich

общеевропе́йский gesámteuropäisch

общежи́тие с Wóhnheim n -e; студе́нческое ~ Studénten(wohn)heim n, Internát n -e

общеизве́стный allgeméin bekánnt

общенаро́дный Volks-

обще́ние с Úmgang m, Verkéhr m, Verbíndung f

обще́ственность ж Öffentlichkeit f

о́бщество с в разн. знач. Geséllschaft f -en

о́бщий geméin (sam); állgemein (всеобщий); Totál, Gesámt- (полный, целый)

общи́тельный geséllig, kontáktfreudig

объедине́ние с 1. действие Veréinigung f, Zusámmenschluß m 2. союз Veréinigung f -en, Veréin m -e

объединённый veréinigt

объедини́ть veréinigen, veréinen ~ся sich veréinigen, sich veréinen

объе́зд м Úmleitung f -en

объе́кт м Objékt n -e

объекти́в м Objektív n -e

объекти́вный objektív

объе́хать 1. посетить beréisen 2. препятствие umfáhren*

объяви́ть bekánntgeben*, mítteilen (огласить); ánkündigen (о чём-л. предстоящем); ánsagen (номер — о конферансье); er klären (заявить)

объявле́ние с 1. извещение Informatión f -en; Ánkündigung f -en (о чём-л. предстоящем) 2. письменное Bekánntmachung f -en; Ánzeige f -n (в газете); Inserát n -e (в печати)

объясне́ние с Erklärung f -en

объясни́ть, объясня́ть erklären ~ся уладить недоразумение sich áussprechen*

обнима́ть, обня́ть umármen

обыгра́ть, обы́грывать в игре gewínnen*

обы́денный álltäglich, Álltags-

обыкнове́нный gewöhnlich, éinfach

обы́чай м Brauch m, pl Bräuche, Sítte f -n

обы́чный üblich; gewöhnlich (обыкновенный)

обя́занность ж Pflicht f -en

обяза́тельн|ый verbíndlich, obligatórisch; -ые упражне́ния *спорт.* Pflíchtübungen pl

обяза́тельство с Verpfíchtung f -en

обяза́ть, обя́зывать verpflíchten ~ся sich verpflíchten

овладева́ть, овладе́ть 1. *завладеть* in Besítz néhmen*, Besítz ergréifen* (von D) 2. *изучить* erlérnen, méistern, behérrschen

о́вощи *мн* Gemüse n

овощно́й Gemüse-; ~ суп Gemüsesuppe f

овра́г м Schlucht f -en

овца́ ж Schaf n -e

овцево́дство с Scháfzucht f

овча́рка ж Schäferhund m -e

оглавле́ние с Ínhaltsverzeichnis n -se

огло́хнуть taub wérden

оглуша́ть, оглуши́ть betäuben

огляде́ться, огля́дываться sich úmsehen*, sich úmschauen

огляну́ться zurückblicken

огнетуши́тель м Féuerlöscher m =

огова́риваться, оговори́ть-
ся *ошибиться* sich verspréchen*

ого́нь м Féuer n

огоро́д м Gemüsegarten m ..gärten

огорче́ние с Verdrúß m ..sse, Betrübnis f -se

огорчи́ть betrüben ~ся betrübt sein

огра́бить beráuben

огра́да ж Zaun m, pl Zäune; Umzäunung f -en; Máuer f -n *(стена)*; Gítter n = *(решётка)*; Hécke f -n *(живая изгородь)*

ограниче́н|ие с Beschränkung f -en, Éinschränkung f -en; ~ вооруже́ний Rüstungsbegrenzung f; без ~ия únbeschränkt

ограни́ченный begrénzt; beschränkt *(о человеке)*

огро́мный ríesig, gewáltig, úngeheuer, kolossál

огур|е́ц м Gúrke f -n; солёные -цы́ Sálzgurken pl

одарённый begábt

оде́жда ж Kléidung f, Kléider pl

одеколо́н м Kölnischwasser n

одержа́ть, оде́рживать; ~ верх die Óberhand gewínnen*; ~ побе́ду den Sieg davóntragen* [erríngen*]

оде́тый ángezogen

одéть ánziehen*, ánkleiden

одеяло c Décke f -n, Béttdecke f -n

одúн ein; eins (при счёте)

одинáковый gleich

однá éine

однáжды éines táges, éinmal

однáко doch, áber

однó ein; ~ и то́ же (ein und) dassélbe

одновремéнно gléichzeitig, zu gléicher Zeit

однодне́вный éintägig, Éintags-

однообрáзный éinförmig, éintönig

односторóнн|ий éinseitig (тж. перен.); ~ее движéние Éinbahnverkehr m

однофамúлец м Námensvetter m =

одноэтáжный éinstöckig

одобре́ние c Bílligung f; Zústimmung f (согласие)

одóбрить, одобря́ть bílligen, gútheißen*

одолжéние c Gefállen m =, Gefälligkeit f -en

одолжúть léihen*, bórgen

одувáнчик м Löwenzahn m ..zähne

одýматься zur Vernúnft kómmen*

ожере́лье c Kollier [-´lje:] n -s. Hálsschmuck m, Hálskette f -n

ожесточённ|ый erbíttert; ~ая борьбá erbítterter Kampf

оживлённый lébhaft

ожидáние c Erwártung f -en

ожидáть erwárten; wárten (auf A)

ожирéние c Verféttung f

ожóг м Brándwunde f -n

óзеро c See m -n

ознакóмить с чем-л. mit etw. bekánntmachen; in etw. éinführen ~ся с чем-л. etw. kénnenlernen; sich mit etw. bekánntmachen

означáть bedéuten; что означáет э́то слóво? was bedéutet díeses Wort?

озябнýть fríeren*

оказáть, окáзывать: ~ пóмощь Hílfe léisten; ~ гостеприúмство Gástfreundschaft üben ~ся sich erwéisen*; sich heráusstellen

океáн м Ózean m -e

окликáть, окли́кнуть zúrufen*

окнó c Fénster n =

óколо 1. возле nében; вы сидúте на концéрте ~ меня́ Sie sítzen im Konzért nében mir 2. приблизительно gégen, úngefähr, étwa

оконча́ние *с* Beéndigung *f*, Ábschluß *m*; Absolvíerung [-v-] *f* (*учебного заведения*)

оконча́тельный éndgültig, End-

око́нчить beénden, ábschließen*; absolvíeren [-v-] (*учебное заведение*) ~ся énden, zu Énde sein

о́корок *м* Schínken *m* =

око́шко *с* kléines Fénster=; Schálter *m* = (*кассы*)

окра́ина *ж* Stádtrand *m* ..rände (*города*); Dórfrand *m* ..rände (*села*); Vórort *m* -e, Vórstadt *f* ..städte (*пригород*)

окра́сить, окра́шивать färben, ánstreichen*; осторо́жно, окра́шено! Áchtung, gestríchen!

окре́пнуть erstärken

окре́стность *ж* Úmgebung *f*

о́круг *м* Bezírk *m* -e, Kreis *m* -e; избира́тельный ~ Wáhlbezirk *m*

окружа́ть *см.* окружи́ть

окружи́ть 1. umríngen*, umkréisen

окру́жность *ж* Kreis *m* -e

октя́брь *м* Október *m*

окули́ст *м* Áugenarzt *m* ..ärzte

о́кунь *м* Barsch *m* -e

олимпиа́да *ж* Olympiáde *f* -n

олимпи́йск|ий olýmpisch; Олимпи́йские и́гры die Olýmpischen Spíele; ~ого́нь das olýmpische Féuer

омле́т *м* Omelétt *n* -e, Éierkuchen *m*=

он er (*G* seiner, *D* ihm, *A* ihn)

она́ sie (*G* ihrer, *D* ihr, *A* sie)

онеме́ть 1. stumm wérden, verstúmmen 2. *о руке, о ноге* erstárren

они́ sie (*G* ihrer, *D* íhnen, *A* sie)

оно́ es (*G* séiner, *D* ihm, *A* es)

опаса́ться befürchten

опасе́ние *с* Befürchtung *f* -en, Besórgnis *f* -se

опа́сность *ж* Gefáhr *f* -en

опа́сный gefährlich

о́пера *ж* Óper *f* -n

опера́ция *ж в разн. знач.* Operatión *f* -en

опереди́ть, опережа́ть zuvórkommen* (*D*), überhólen

опере́тта *ж* Operétte *f* -n

опере́ться *см.* опира́ться

опери́ровать 1. *мед.* operíeren 2. чем-л. mit etw. operíeren; etw. hándhaben*

о́перный Ópern-; ~ теа́тр Ópernhaus *n*, Óper *f*

опеча́тка ж Drúckfehler m =

опира́ться sich stützen

о́пись ж Verzéichnis n -se

опла́та ж Bezáhlung f, Entlóhnung f; Lohn m, pl Löhne (зарплата)

оплати́ть, опла́чивать bezáhlen, begléichen*

опозда́н|ие с Verspätung f; без ~ия óhne Verspätung

опозда́ть sich verspäten, zu spät kómmen*; versäumen, verpássen (пропустить вследствие опоздания); мы опозда́ли wir háben uns verspätet; по́езд опозда́л der Zug traf verspätet ein

опо́ра ж Stütze f -n

оппозицио́нн|ый oppositionéll; ~ая па́ртия Oppositiónspartei f

оппози́ция ж Opposition f -en

оппоне́нт м Opponént m -en; Gútachter m = (при защите диссертации)

опра́в|а ж Éinfassung f -en, Fássung f -en; вста́вить в ~у éinfassen, fássen

определённый bestímmt

определи́ть, определя́ть bestímmen; definíeren (дать определение)

опроверга́ть, опрове́ргнуть wiederlégen, wiederrúfen*; dementíeren

опроверже́ние с Wiederlégung f; Deménti n

опроки́дывать, опроки́нуть úmwerfen*, úmstoßen*

опро́с м Befrágung f -en; юр. Vernéhmung f; всенаро́дный ~ Vólksbefragung f

опроси́ть befrágen; (áb)frágen (учащихся)

опря́тный sáuber, réinlich

о́птика ж Óptik f

опубликова́ть, опублико́вывать veröffentlichen, bekánntgeben*

опусте́ть leer wérden

опусти́ть 1. herúnterlassen*; sénken, sínken lássen* 2. пропустить fórtlassen*, áuslassen* ~ся sich sénken; sich níederlassen* (в кресло и т. п.); níedergehen* (о солнце); перен. herúnterkommen*

опуха́ть, опу́хнуть (án)schwéllen*

о́пыт м 1. навыки Erfáhrung f -en 2. эксперимент Experimént n -e

о́пытный 1. о человеке erfáhren 2. относящийся к опытам Versúchs-, Experiménts-

опя́ть wíeder, ábermals; aufs néue (снова)

ора́нжевый orange [oˊräʒ(ə)], orángenfarbig

ора́тор м Rédner m =

орбита́льн|ый: ~ая (косми́ческая) ста́нция Órbitálstation f

о́рган м *в разн. знач.* Orgán n -e

орга́н м Órgel f -n

организа́тор м Organisátor m ..tóren

организа́ция ж Organisatión f -en; Organisíerung f (*действие*)

органи́зм м Organísmus m ..men

организова́ть, организо́вывать organisíeren

о́рден м Órden m =; награди́ть ~ом mit éinem Órden áuszeichnen

орёл м Ádler m =

оре́х м Nuß f, pl Nüsse

оригина́л м 1. *подлинник* Originál n -e; Úrtext m -e 2. *чудак* Originál n -e

оригина́льный 1. *подлинный* originál, echt 2. *своеобразный* éigenartig, originéll

ориента́ция ж Oriɪentíerung f -en

ориенти́роваться sich oriɪentíeren, sich áuskennen*

орке́стр м Orchéster [-k-] n=; симфони́ческий ~ Sinfoníeorchester n; духово́й ~ Blásorchester n

орна́мент м Ornamént n -e

ороси́ть, ороша́ть bewässern

ороше́ние с Bewässerung f

ору́д|ие с 1. Wérkzeug n -e; Gerät n -e; ~ия произво́дства Produktiónswerkzeuge pl 2. *воен.* Geschütz n -e

ору́жие с Wáffe f, Wáffen pl; я́дерное ~ Kérnwaffe f; ~ ма́ссового уничтоже́ния Mássenvernichtungswaffen pl

оса́ ж Wéspe f -n

оса́дки мн Níederschläge pl

осве́домиться, осведомля́ться sich erkúndigen

освежа́ть, освежи́ть erfríschen; áuffrischen (*знания, воспоминания*)

освети́ть, освеща́ть erléuchten, beléuchten

освеще́ние с Beléuchtung f

освободи́ть, освобожда́ть befréien, fréilassen*, entlásten (*от обязательств и т. п.*)

освобожде́ние с 1. Befréiung f; Fréisetzung f; Fréilassung f (*из под стражи*) 2. *избавление* Erlösung f

освое́ние с 1. Méisterung f (*тж. тех.*); Áneignung f (*знаний*) 2. *земель, месторождений* Erschlíeßung f

освóить 1. *профессию, технику и т. п.* méistern; sich (D) etw. áneignen *(знания)* 2. *новые земли* erschlíeßen ~ся sich éinleben, sich zuréchtfinden*

осёл *м* Ésel *m* =

осéнний Herbst-, hérbstlich

óсень *ж* Herbst *m*

óсенью im Herbst

осётр *м* Stör *m* -e

осетрина *ж* Störfleisch *n*

осина *ж* Espe *f* -n

оскóлок *м* Schérbe *f* -n, Splítter *m* =

оскорбить beléidigen, verlétzen ~ся sich beléidigt [verlétzt] fühlen

оскорблéние *с* Beléidigung *f* -en

ослéпнуть erblínden, blind wérden

осложнéние *с* Komplikatión *f* -en *(тж. мед.)*

осмéливаться, осмéлиться wágen; sich erdréisten, sich unterstéhen* *(посметь)*

осмóтр *м* 1. *города, музея* Besíchtigung *f* 2. *мед.* Untersúchung *f* -en

осмотрéть 1. besíchtigen, beschéuen 2. *мед.* untersúchen ~ся sich úmsehen*

оснóва *ж* Grúndlage *f* -n, Básis *f* ..sen

основáтельный gründlich

основáть gründen; stiften *(учредить)*

основнóй Grund-, Haupt-

оснóвываться berúhen, sich gründen

осóбенно besónders

осóбенность *ж* Besónderheit *f* -en

осóбенный der besóndere; éigentümlich *(своеобразный)*

осóбый speziéll; Sónder-; gesóndert *(отдельный)*

остáвить, оставля́ть lássen*, zurücklassen*; überlássen* *(кому-л.)*; líegenlassen* *(забыть)*; verlássen* *(покинуть)*

остальнóй der übrige

останови́ть 1. ánhalten* 2. *прервать* unterbréchen* ~ся 1. stéhenbleiben*; ánhalten* *(о машине и т. п.)* 2. *в гостинице и т. п.* ábsteigen*

останóвка *ж* Háltestelle *f* -n; Statión *f* -en *(станция)*

остáток *м* Rest *m* -e; Überrest *m* -e

остáться bléiben*; übrigbleiben* *(от чего-л.)*

остерегáться sich in acht néhmen*, sich hüten

осторóжно vórsichtig; ~! Vórsicht!

осторо́жность ж Vórsicht f

осторо́жный vórsichtig

остриё с 1. *кончик* Spítze f 2. *лезвие* Schnéide f -n

остри́ть Wítze máchen

о́стров м Ínsel f -n

острота́ ж Schärfe f

остро́та ж Witz m -e

остроу́мный géistreich, wítzig

о́стрый 1. *заострённый* scharf; spitz *(об игле и т. п.)* 2. *перен.* bíssig, scharf *(язвительный);* wítzig *(остроумный)*

остыва́ть, осты́ть kalt wérden; ábkühlen, erkálten *(тж. о чувствах)*

осуше́ние с Entwässerung f

осуществи́ть, осуществля́ть verwírklichen, áusführen

ось ж Áchse f -n

от 1. von; от Москвы́ до Ки́ева von Móskau bis Kíjew 2. *в защиту, против* gégen; сре́дство от ка́шля ein Míttel gégen Hústen 3. *по причине* vor; от ра́дости vor Fréude 4.: от и́мени im Námen; вре́мя от вре́мени von Zeit zu Zeit

отбо́рный áuserlesen

отбо́рн|ый *спорт.* Áuswahl-; ~ые и́гры [соревнова́ния] Áusscheidungsspiele *pl*

отбыва́ть, отбы́ть 1. *уехать* wégfahren*; ábreisen, verréisen *(о человеке);* ábfahren *(о поезде и т. п.);* 2.: ~ наказа́ние éine Stráfe ábbüßen

отва́жный kühn, mútig, tápfer

отвезти́ fórtbringen*, fórtschaffen; ~ кого́-л. на вокза́л j-n zum Báhnhof bríngen*

отверга́ть, отве́ргнуть zurückweisen*, áblehnen

отверну́ть ábdrehen *(отвинтить);* áufdrehen *(кран)* ~ся sich ábwenden*

отве́рстие с Öffnung f -en; Loch n, pl Löcher *(дыра)*

отве́сный sénkrecht

отвести́ 1. *кого-л. куда-л.* bríngen* 2. *предназначить* bestímmen

отве́т м Ántwort f -en

отве́тить Ántworten, beántworten

отве́тственность ж Verántwortung f, Verántwortlichkeit f

отве́тственный verántwortlich

отвеча́ть 1. *см.* отве́тить 2.: ~ за что́-л. für etw. verántwortlich sein

отвлека́ть, отвле́чь áblenken ~ся ábkommen*, ábschweifen

отвыка́ть, отвы́кнуть от чего-л. sich entwöhnen (von *D*)

отвяза́ть, отвя́зывать lósbinden* ~ся 1. sich lósbinden* 2. *разг. отделаться* lóswerden*

отгада́ть, отга́дывать (er)ráten*

отгова́ривать, отговори́ть ábbringen*, ábraten*

отдава́ть, отда́ть ábgeben*, zurückgeben* *(возвратить)*

отдалённый entlégen, entférnt

отде́л *м* Abtéilung *f* -en

отделе́н|ие *с* 1. *действие* Trénnung *f*, Ábsonderung *f* 2. *часть чего-л.* Abtéilung *f* -en; Filiále *f* -n *(филиал)*; Statión *f* -en *(в больнице)*; почто́вое ~ *(связи)* Póstamt *n*; ~ мили́ции Milízrevier [-viːr] *n*; учи́ться на дневно́м, зао́чном ~ии im Diréktstudium, im Férnstudium studíeren 3. *концерта, программы* Teil *m* -e

отдели́ть trénnen, ábsondern ~ся sich lösen, sich ábtrennen

отде́лка *ж украшение* Besátz *m*, Schmuck *m*

отде́льный éinzeln, Sónder-

отдохну́ть sich erhólen, (sich) áusruhen

о́тдых *м* Erhólung *f*, Rúhe *f*

оте́ль *м* Hotél *n* -s

оте́ц *м* Váter *m*, *pl* Väter

оте́чество *с* Váterland *n*

о́тзыв *м* Gútachten *n* =

отзы́вчивый mítfühlend, ánteilnehmend

отка́з *м* Ábsage *f* -n *(отрицательный ответ)*; Verzícht *m* -e *(от чего-л.)*

отказа́ть ábsagen; ábschlagen*; ~ себе́ в чём-л. sich (*D*) etw. verságen ~ся от чего-л. auf etw. verzíchten; ~ся *(сделать что-л.)* sich wéigern (etw. zu tun); не откажу́сь! ich hätte nichts dagégen!

откидн|о́й: ~о́е сиде́нье Kláppsitz *m* -e

о́тклик *м* Wíderhall *m*

отклони́ть, отклоня́ть áblehnen, zurückweisen* ~ся ábweichen*

отко́с *м* Ábhang *m* ..hänge

открове́нный óffen; áufrichtig *(искренний)*

откры́тие *с* 1. *музея, выставки и т. п.* Eröffnung *f* 2. *научное* Entdéckung *f* -en

откры́тка *ж* Póstkarte *f* -n; ~ с ви́дом Ánsichtskarte *f*

откры́тый 1. óffen, geöffnet 2. *искренний* áufrichtig

откры́ть 1. öffnen, áufmachen 2. *памятник* enthüllen 3. *собрание, прения и т. п.* eröffnen 4. *обнаружить* entdécken

отку́да von wo, wohér

отку́да-нибудь irgendwoher

отку́порить entkórken, öffnen

откуси́ть ábbeißen*

отлёт *м* Ábflug *m* ..flüge

отли́в *м* Ébbe *f* -n

отлича́ть *см.* отличи́ть ~ся sich unterschéiden*

отли́чие *с* 1. *различие* Únterschied *m* -e 2. *награда:* диплом с ~м ein Diplóm mit Áuszeichnung

отличи́ть 1. *различить* unterschéiden* 2. *наградить* áuszeichnen ~ся sich áuszeichnen

отли́чно áusgezeichnet

отло́гий ábschüssig

отложи́ть 1. *положить в сторону* beiséite légen 2. *отсрочить* áufschieben*, verschíeben*

отломи́ть ábbrechen* ~ся ábbrechen*, ábfallen*

отме́тить ánmerken; notíeren, vermérken *(сделать заметку);* hervórheben* *(подчеркнуть)*

отме́тка *ж* 1. *оценка* Nóte *f* -n, Zensúr *f* -en 2. *заметка* Vermérk *m* -e

отмыва́ть, отмы́ть ábwaschen*, réinwaschen*

отнести́ híntragen*, hínbringen*

относи́тельно 1. relatív, verhältnismäßig 2. *насчёт* in bezúg auf

относи́ть *см.* отнести́ ~ся 1. *иметь отношение* betréffen*, sich bezíehen* 2. *обходиться с кем-л.* sich verhálten* (zu *D*)

отноше́ние *с* 1. *позиция, поведение* Verhálten *n* 2. *связь* Bezíehung *f* -en, Verhältnis *n* -se

отня́ть wégnehmen*

отобра́ть wégnehmen*; ábnehmen*

отовсю́ду von überallhér, von állen Séiten

отодвига́ть, отодви́нуть zurückschieben*, beiséite schíeben*; verschíeben* *(отсрочить)* ~ся sich ábrücken, zur Séite rücken

отойти́ wéggehen*; beiséite tréten*, zur Séite tréten*; sich entférnen *(удалиться);* ábfahren* *(о поезде и т. п.)*

отопле́ние *с* Héizung *f;* центра́льное ~ Zentrálheizung *f*

оторва́ть ábreißen* ~ся sich lósreißen*

отосла́ть ábschicken, ábsenden*

отпада́ть, отпа́сть ábfallen* *(отвалиться)*; *перен.* wégfallen* *(утратить смысл)*

отпере́ть, отпира́ть áufschließen*, öffnen

отплыва́ть, отплы́ть ábfahren*, in See stéchen*

отпо́р *м* Ábwehr *f*, Wíderstand *m*

отправи́тель *м* Ábsender *m* =

отпра́вить (áb)schícken, (áb)sénden* **~ся** sich begében*; ábfahren* *(о поезде и т. п.)*

отправле́ние *с* 1. *писем, багажа* Ábsendung *f*, Beförderung *f* 2. *поезда, судна* Ábfahrt *f*, Ábfertigung *f*

отправля́ть(ся) *см.* отпра́вить(ся)

о́тпуск *м* Úrlaub *m* -e; идти́ в ~ in [auf] Úrlaub géhen*; очередно́й ~ Jáhresurlaub *m*; ~ по бере́менности и ро́дам Schwángerschafts- und Wóchenurlaub *m*

отпуска́ть, отпусти́ть 1. *не задерживать* lóslassen*; géhen lássen* 2. *освободить* fréilassen* 3. *разг. о боли* náchlassen*

отрави́ть vergíften **~ся** sich vergíften

отравле́ние *с* Vergíftung *f* -en

отраже́ние *с* 1. Ábbildung *f* -en, Wíderspiegelung *f* -en 2. *изображение* Spíegelbild *n* -er 3. *нападения* Ábwehr *f*

отрази́ть 1. *выразить* wíderspiegeln 2. *отбить* ábwehren; paríeren *(удар)*

о́трасль *ж* Zweig *m* -e

отре́зать, отреза́ть ábschneiden*

отре́зок *м* Ábschnitt *m* -e

отрица́тельный negatív, vernéinend

отрица́ть vernéinen; léugnen *(оспаривать)*

отруба́ть, отруби́ть ábhauen, ábhacken

отры́вок *м часть чего-л.* Brúchstück *n* -e, Fragmént *n* -e; Áuszug *m* ..züge *(выдержка из книги и т. п.)*

отря́д *м воен.* Ábteilung *f* -en, Trupp *m* -s

отсро́чка *ж* Áufschub *m* ..schübe; Vertágung *f* -en *(заседания и т. п.)*; Verlängerung *f* -en *(продление)*

отста́лость *ж* Rückständigkeit *f*

отста́лый zurückgeblieben, rückständig

отста́ть zurückblieben*; náchgehen* *(о часах)*

отстёгивать, отстегну́ть

áufknöpfen *(пуговицы)*; áufhacken *(крючки)*; ábschnallen *(пряжку)*

отстоя́ть I entférnt sein

отстоя́ть II *защити́ть* vertéidigen; ~ свои́ права́ sein Recht behaúpten

отступа́ть, отступи́ть *перен.* (zurück)wéichen*; sich zurückziehen*; *перен.* ábweichen* *(от правила и т. п.)*

отступле́ние *с* Rückzug *m* ..züge; Ábweichung *f* -en *(от правила и т. п.)*

отсу́тствовать ábwesend sein, féhlen

отсю́да von hier (aus)

отта́ять áuftauen; schmélzen*

отте́нок *м* Schattíerung *f* -en

отте́пель *ж* Táuwetter *n*

оттесни́ть, оттесня́ть verdrängen; zurückdrängen *(назад, тж. воен.)*

оттого́ darúm, déshalb, dáher

отту́да von dort, von da

отча́сти zum Teil

отча́яние *с* Verzwéiflung *f*

отча́янный 1. *безнадёжный* verzwéifelt 2. *смелый* verwégen, tóllkühn

отча́яться verzwéifeln

отчего́ warúm, weshálb

о́тчество *с* Vátersname *m* -n

отчёт *м* Réchenschaft *f*; Berícht *m* -e *(доклад)*

отчётливый déutlich, klar

отчита́ться, отчи́тываться Berícht erstátten *(сообщать)*; Réchenschaft áblegen *(давать отчёт)*

отъе́зд *м* Ábfahrt *f*, Ábreise *f*; день ~а Ábreisetag *m*

отыска́ть fínden*, áufsuchen

офице́р *м* Offizíer *m* -e

официа́льный offiziéll, ámtlich

официа́нт *м* Kéllner *m* =; Óber *m* *(как обращение)* ~ка *ж* Kéllnerin *f* -nen

офо́рмить 1. *придать форму* gestálten 2. áusstellen *(документы, визу, авиабилет)*

оформле́ние *с* 1. *выполнение формальностей* Erlédigung *f* der Formalitäten; ~ багажа́ Gepäckabfertigung *f* 2. *художественное* Gestáltung *f*, Áusstattung *f*; Ráumgestaltung *f* *(помещения)*; Áufmachung *f* *(газеты, журнала)* сцени́ческое ~ Bühnenbild *n*

оформля́ть *см.* офо́рмить

офтальмо́лог *м* Áugenarzt *m* ..ärzte

охвати́ть, охва́тывать umfássen

охлади́ть, охлажда́ть (áb)kühlen

охо́та I *ж* Jagd *f* -en

охо́т|а II *ж разг. желание* Lust *f*; с ~ой gern

охо́титься jágen

охо́тник *м* Jäger *m* =

охо́тно gern

охраня́ть (be)schützen, wáchen

охри́пнуть héiser wérden

оце́нивать, оцени́ть (áb)schätzen; éinschätzen; *перен. тж.* würdigen

оце́нка *ж* 1. Schätzung *f* -en; Ábschätzung *f* -en 2. *перен.* Éinschätzung *f* -en; Würdigung *f*; Ánerkennung *f (признание)*

очарова́тельный bezáubernd, réizend

очеви́дно óffensichtlich, óffenbar

о́чень sehr

очередно́й (nächst)fólgend, nächst

о́черед|ь *ж* Réihe *f* -n; тепе́рь моя́ ~ ich bin jetzt an der Réihe; стоя́ть в ~и Schlánge stéhen*, ánstehen*

очи́стить, очища́ть 1. réinigen, säubern 2. *картофель, фрукты* schälen

очки́ *мн* Brílle *f* -n; защи́тные ~ Sónnenbrille *f (солнечные)*; Schnéebrille *f (лыжника)*

очути́ться híngeraten*, sich versétzt fínden*

ошеломи́ть, ошеломля́ть verblüffen

ошиба́ться, ошиби́ться sich írren, sich täuschen

оши́бка *ж* Féhler *m* =; Verséhen *n (недосмотр)*; Írrtum *m* ..tümer *(заблуждение)*

оштрафова́ть (be)stráfen

ощуще́ние *с* Empfíndung *f* -en; Wáhrnehmung *f (восприятие)*

павли́н *м* Pfau *m* -en

па́дать fállen*, stürzen

паке́т *м* Tüte *f* -n *(кулёк)*; Béutel *m* = *(сумка)*

пакт *м* Pakt *m* -e; Vertrág *m* ..träge

пала́та *ж* 1. *учреждение* Kámmer *f* -n 2. *в больнице* Kránkensaal *m* ..säle

пала́тка *ж* 1. Zelt *n* -e 2. *ларёк* Verkáufsstand *m* ..stände

па́лец *м* Fínger *m* = *(руки́)*; Zéhe *f* -n *(ноги́)*; большо́й ~ *(руки́)* Dáumen *m*; указа́тельный ~ Zéigefinger *m*; безымя́нный ~ Ríngfinger *m*

па́лка *ж* Stock *m*, *pl* Stöcke

па́луба *ж* Deck *n* -e

па́льма *ж* Pálme *f* -n

пальто́ *с* Mántel *m*, *pl* Mäntel

па́мятник *м* Dénkmal ..mäler

па́мять *ж* 1. Gedächtnis *n* 2. *воспоминание* Erínnerung *f*, Ándenken *n*; на ~ а) zum Ándenken б) *наизусть* áuswendig

па́ника *ж* Pánik *f*

панора́ма *ж* 1. *вид* Panoráma *n* ..men, Rúndblick *m* -e 2. *картина* Panoráma *n* ..men, Rúndgemälde *n* =

па́па I *м разг. отец* Pápa *m* -s, Váti *m* -s

па́па II: ~ ри́мский Papst *m*, *pl* Päpste

па́пка *ж* Máppe *f* -n

пар *м* Dampf *m*

пара́д *м* Paráde *f* -n

парали́ч *м* Paralýse *f* -n, Lähmung *f* -en

паралле́ль *ж* 1. *мат.* die Paralléle 2. *геогр.* Bréitenkreis *m* -e

парашю́т *м* Fállschirm *m* -e

парашюти́ст *м* Fállschirmspringer *m* = ~ка *ж* Fállschirmspringerin *f* -en

па́рень *м* Búrsche *m* -n, Kerl *m* -e

пари́ Wétte *f* -n; держа́ть ~ wétten

пари́к *м* Perücke *f* -n

парикма́хер *м* Friseur [-´zø:r] *m* -e

парикма́херская *ж* Frisíersalon [-lɔŋ] *m* -e

парк *м* Park *m* -s

парке́т *м* Parkétt *n* -e, Parkéttfußboden *m* ..böden

парла́мент *м* Parlamént *n* -e

парни́к *м* Tréibkasten *m* ..kästen, Frühbeet *n* -e

па́рн|ый páarig; ~ая игра́ *(в теннисе)* Dóppelspiel *n*; ~ое ката́ние Páarlauf *m*

парово́з *м* Dámpflokomotive [-v-] *f* -n, Dámpflok *f* -s

паров|о́й Dampf-; ~о́е отопле́ние Dámpfheizung *f*

паро́м *м* Fähre *f* -n

парохо́д *м* Dámpfschiff *n* -e, Dámpfer *m* =

парте́р *м театр.* Parkétt *n* -e; борьба́ в ~e *спорт.* Bódenkampf *m*

патрио́т *м* Patriót *m* -en

патриоти́зм *м* Patriotísmus *m*

патриоти́ческий patriótisch

патро́н м воен. Patróne f -n

патру́ль м Stréife f -n

пау́к м Spínne f -n

па́хнуть ríechen*; dúften (благоухать)

пацие́нт м Patient [-´tsiɛnt] m -e; der Kránke

па́чка ж: ~ ча́я ein Päckchen Tee; ~ сигаре́т éine Scháchtel Zigarétten; ~ ма́сла ein Stück Bútter

па́чкать beschmíeren, beschmútzen ~ся sich beschmútzen

па́шня ж Ácker m, pl Äcker

паште́т м Pastéte f -n

певе́ц м Sänger m =

певи́ца ж Sängerin f -nen

педаго́г м Pädagóge m -n

педагоги́ческий pädagógisch

педа́ль ж Pedál n -e

педиа́тр м Kínderarzt m ..ärzte

педикю́р м Pediküre f

пейза́ж м Lándschaft f -en

пека́рня ж Bäckeréi f -en

пе́карь м Bäker m =

пельме́ни мн Pelméni pl

пе́на ж Scháum m

пена́льти с в футболе Elfméter m=

пе́ние с Gesáng m

пенсионе́р м Réntner m =, Pensionär m -e

пе́нс|ия ж Rénte f -n, Pensión

пень м Báumstumpf m ..stümpfe

пе́рвенство с 1. Vórrang m 2. спорт. Méisterschaft f -en; ~ ми́ра по футбо́лу Fúßballweltmeisterschaft f

пе́рвое с блюдо érster Gang

первокла́ссный érstklassig, érsten Ránges, príma

первома́йский: ~ пра́здник Máifeier f

первонача́льный úrsprünglich, Ánfangs-

пе́рв|ый der érste; в ~ раз zum érstenmal; ~ого числа́ am Érsten; ~ час es geht auf eins; ~ эта́ж Érdgeschoß n

перебива́ть, переби́ть unterbréchen*

перева́л м Gebírgs|paß m ..pässe

перевари́ть 1. verdáuen 2. слишком долго варить zu lánge kóchen

перевезти́ befördern, transportíeren; übersetzen (на другой берег)

переверну́ть úmwenden*, úmdrehen; úmkippen (опрокинуть) ~ся sich úmwenden; úmkippen

перевести́ 1. в другое мес-

перевод *то* bríngen*., hinüberführen *(через дорогу и т. п.)*; überführen, versetzen *(на другую работу)* 2. *на другой язык* übersétzen; переведи́те, пожа́луйста! übersétzen Sie bítte! 3. *по почте* überwéisen* 4.: перевести́ стре́лки часо́в впере́д [наза́д] die Uhr vórstellen [náchstellen]

перево́д *м* 1. *в другое место* Überführung *f* -en; Versétzung *f* -en 2. *на другой язык* Übersétzung *f* -en 3. *почтовый* Überwéisung *f* -en

перево́дчик *м* Übersétzer *m*= Dólmetscher *m* =*(устный)*

перево́з *м* 1. *действие* Beförderung *f*, Transpórt *m* 2. *переправа* Überfahrt *f*, Fähre *f (паром)*

перевози́ть *см.* перевезти́

перевы́полнить, перевыполня́ть übererfüllen, überbíeten*

перевяза́ть 1. *рану* verbínden* 2. *связать* (zú)bínden*

перевя́зка *ж повязка* Verbánd *m* ..bände

перегля́дываться Blícke wéchseln

перегна́ть *обогнать* überhólen

перегово́рный: ~ (телефо́нный) пункт Férnsprechstelle *f* -n

перегоро́дка *ж* Zwíschenwand *f* ..wände, Trénnwand *f* ..wände

перегрузи́ть 1. *груз* 1. úmladen* 2. *перен.* überlásten *(кого-л. работой)*

пе́ред vor; ~ две́рью ~ vor der Tür; ~ за́втраком vor dem Frühstück

переда́тчик *м радио* Sénder *m* =

переда́ть 1. I. übergében*; réichen *(за столом)*; переда́йте ему́ мой приве́т ríchten Sie ihm bítte méinen Gruß aus 2. *сообщить* mítteilen 3. *по радио* sénden*

переда́ча *ж* 1. *по радио, телевидению* Séndung *f* -en 2. *спорт. мяча* Ábgabe *f* -n, Zúspiel *n* -e

передвига́ться 1. *см.* передви́нуться 2. *ходить* sich bewégen*

передвиже́н|ие *с* Fórtbewegung *f*; сре́дства ~ия Verkéhrsmittel *pl*

передви́нуть verschíeben* ~ся sich verschíeben*

пере́дний der vórdere, Vórder-, Vor

пере́дник *м* Schürze *f* -n

пере́дняя *ж* Vórzimmer *n* =, Díele *f* -n, Flur *m* -e

передов|о́й führend, Spitzen *(веду́щий)*; fórtschrittlich *(прогресси́вный)*; ~а́я статья́ Léitartikel *m*

передохну́ть Átem holen, sich ein wénig erhólen

переду́мать *изменить решение* sich (D) etw. ánders überlégen

переды́шка *ж* Erhólungspause *f* -n, Átempause *f*

перее́зд *м* 1. Überfahrt *f* -en *(через реку и т. п.)*; Úmzug *m* ..züge *(на другую квартиру)* 2. *ж.-д.* Báhnübergang *m* ..gänge

пережива́ть *принимать близко к сердцу* sich (D) etw. zu Hérzen néhmen*; ~ за кого́-л. sich (D) Sórgen um j-n máchen

пережи́ток *м* Überbleibsel *n* =

пережи́ть erlében, dúrchmachen *(испытывать)*; ertrágen* *(перенести)*

перезимова́ть überwintern

переизбира́ть, переизбра́ть neu wählen; wiederwählen *(снова выбрать)*

переизда́ние *с* Néuauflage *f*, Néuausgabe *f*

переименова́ть úmbenennen*

перейти́ hinübergehen* *(на другую сторону)*; ~ у́лицу die Stráße überquéren

переключа́ть, переключи́ть *тех.* úmschalten

перекрёсток *м* Stráßenkreuzung *f* -en, Kréuzung *f* -en

перекуси́ть *разг.* поесть ein wénig éssen*; einen Ímbiß néhmen*

перелётн|ый; ~ые пти́цы Zúgvögel *pl*

переложи́ть úmlegen; ánderswohin légen *(на другое место)*

перело́м *м* 1. *кости* Knóchenbruch *m* ..brüche 2. *резкое изменение* Krise *f* -n *(при болезни)*; Wéndung *f* -en *(перемена)*; Wéndepunkt *m* -e, Úmschwung *m* ..schwünge *(поворотный пункт)*

переме́на *ж* 1. Änderung *f* -en, Veränderung *f* -en; Wéchsel *m* = *(смена)*; ~ к лу́чшему; éine Wéndung zum Bésseren 2. *в школе* Páuse *f* -n

перемени́ть 1. *изменить* wéchseln ~ся sich (ver)ändern

перенести́, переноси́ть 1. hinübertragen* 2. *отложить* — *о сроке* vertágen, verlégen 3. *перен.* ertrágen*, dúrchmachen

переночева́ть übernáchten

переобува́ться, переобу́ться die Schúhe wéchseln

переодева́ть, переоде́ть

переодева́ть, переоде́ть 1. *кого-л.* úmziehen* 2. *что-л.* wéchseln ~ся sich úmziehen*

переоце́нивать, переоцени́ть 1. *слишком высоко ценить* überschätzen 2. *оценить по-другому* ánders [neu] bewérten

переписа́ть 1. *вновь* úmschreiben* 2. *списать* ábschreiben*

перепи́ска *ж* 1. *чего-л.* Ábschreiben *n* 2. *корреспонденция* Bríefwechsel *m*

перепи́сывать *см.* переписа́ть ~ся im Bríefwechsel stéhen*; дава́йте ~ся! wóllen wir im Bríefwechsel tréten!

переплёт *м* Éinband *m* ..bände; в ~е gebúnden; без ~а úngebunden

переплыва́ть, переплы́ть *вплавь* durchschwímmen*

перепу́тать *принять одно за другое* verwéchseln

перераба́тывать, перерабо́тать *сырьё и т. п.* verárbeiten

переры́в *м.* 1. *временное прекращение* Unterbréchung *f* -en; без ~а ununterbrochen 2. *время для отдыха* Páuse *f* -n; обе́денный ~ Míttagspause *f*

переса́дк|а *ж* 1. *растений* Verpflánzung *f* -en 2. *ж.-д.* Úmsteigen *n*; де́лать ~у úmsteigen* 3. *мед. органов* Transplantatión *f* -en

пересе́сть 1. den Platz wéchseln 2. *в другой поезд и т. п.* úmsteigen*

пересе́чь kréuzen ~ся sich kréuzen

пересла́ть übersénden*

пересоли́ть versálzen

переспроси́ть nóchmals frágen

переставать, перестать áufhören; не переставая únaufhörlich

перестро́йка *ж* 1. *здания и т. п.* Úmbau *m*, Rekonstruktión *f* 2. *реорганизация* Úmgestaltung *f*, Reorganisatión *f*

пересы́лка *ж* Überséndung *f*

переу́лок *м* Gásse *f* -n; Quérstraße *f* -n

переутоми́ться sich überánstrengen

переутомле́ние *с* Überánstrengung *f*, Übermüdung *f*

перехо́д 1. Übergang *m* ..gänge 2. *на чью-л. сторону* Übertritt *m* -e 3. *чего-л. во что-л.* Úmschlagen *n* 4.: пешехо́дный ~ Fúßgängerüberweg *m* -e; подзе́мный ~ Unterführung *f* -en, Fúßgängertunnel *m* -e

перехо́дный Übergangs; ~ пери́од Übergangsperiode *f*

пе́рец м Pféffer m *(чёрный)*; Páprika m *(красный)*

пе́речень м Verzéichnis n -se; Líste f -n *(список)*

перечи́слить, перечисля́ть 1. áufzählen, hérzählen 2.: ~ на счёт auf ein Kónto überwéisen*

пери́ла мн Geländer n =

пери́на ж Féderbett n -e

пери́од м Perióde f -n, Zéitraum m ..räume

периоди́ческий periódisch

перламу́тр м Pérlmutter f

перо́ с Féder n -n

перочи́нный: ~ нож Táschenmesser n=

перпендикуля́рный sénkrecht, wínkelrecht

перро́н м Báhnsteig m -e

персона́л м Personál n

перспекти́ва ж Áussicht f -e, Perspektíve [-v-] f -n

перча́тки мн Hándschuhe pl

перчи́ть pféffern

пе́сня ж Lied n -er

песо́к м Sand m -e; са́харный ~ Stréuzucker m, klárer Zúcker

пёстрый bunt

песча́ный sándig, Sand-; ~ пляж Sándstrand m ..strände

пе́тля ж 1. Schlínge f -n 2. *в вязании* Másche f -n 3. *в одежде* Knópfloch n ..löcher 4. *у двери* Türangel f -n

пету́х м Hahn m, pl Hähne

петь síngen*

печа́льный tráurig, betrübt

печа́тать 1. drúcken 2.: ~ на маши́нке maschíneschreiben*; típpen *(разг.)*

печа́ть I ж Síegel n =, Stémpel m =

печа́ть II ж 1. пресса Présse f 2. *печатание* Druck m

печёнка ж *кул.* Léber f -n

пече́нье с Gebäck n, Keks m -e

пе́чка ж *см.* печь I

печь I ж Ófen m, pl Öfen

печь II 1. bácken* 2. *о солнце* brénnen*

пешехо́д м Fúßgänger m = ~н|ый: ~ая доро́жка Fúßgängerüberweg m

пешко́м zu Fuß

пеще́ра ж Höhle f -n

пиани́но с Klavíer [-v-] n -e

пиани́ст м Klavíerspieler [-v-] m =, Pianíst m -en ~ка ж Pianístin f -nen

пиджа́к м Jácke f -n, Jackétt [ʒa-] n-e

пижа́ма ж Schláfanzug m ..züge

пик: часы́ ~ Spítzenzeit f -en; Háuptverkehrszeit f *(на* *транспорте);* Háuptgeschäftszeit *f (в торговле)*

пила́ *ж* Säge *f* -n

пили́ть sägen

пило́т *м* Pilót *m* -en, Flúgzeugführer *m*=

пилю́ля *ж* Pílle *f* -n

пинце́т *м* Pinzétte *f* -n

пипе́тка *ж* Pipétte *f* -n

пирами́да *ж* Pyramíde *f* -n

пиро́г *м* Pirógge *f* -n; Kúchen *m* = *(сладкий)*

пиро́жное *с* Kúchen *m* =

писа́тель *м* Schríftsteller *m* =

писа́тельница *ж* Schríftstellerin *f* -nen

писа́ть schréiben*

пистоле́т *м* Pistóle *f* -n

пи́сьменн|ый schríftlich; ~стол Schréibtisch *m* -e; ~ые принадле́жности Schréibzeug *n*

письмо́ *с* Brief *m* -e; заказно́е ~ éingeschriebener Brief; це́нное ~ Wértbrief *m*

пита́ние *с* Ernährung *f*; Verpflégung *f (отдыхающих, туристов и т. п.);* диети́ческое ~ Schónkost *f*, Diätkost *f*

пита́тельный nährhaft

пита́ться sich (er)nähren

пить trínken*; ~ за чьё-л. здоро́вье auf j-s Gesúndheit trínken*; я хочу́ ~ ich hábe Durst

питьев|о́й Trink-; ~а́я вода́ Trínkwasser *n*

пи́ща *ж* Náhrung *f*, Kost *f*

пла́вание *с* 1. Schwímmen *n; спорт.* Schwímmsport *m* 2. *на судне* Schíffahrt *f* -en; Séefahrt *f* -en; *(по морю)*

пла́вать 1. schwímmen* 2. *на судне* fáhren*

пла́вки *мн* Bádehose *f* -n

пла́вленый: ~ сыр Schmélzkäse *m*

плака́т *м* Plakát *n* -e; рекла́мный ~ Wérbeplakat *n*

пла́кать wéinen

план *м в разн. знач.* Plan *m, pl* Pläne; ~ го́рода Stádtplan *m*

плане́та *ж* Planét *m* -en

планета́рий *м* Planetárium *n* ..ri|en

плани́рование *с* Plánung *f*

пла́нка *ж* Látte *f* -n

пла́новый plánmäßig, Plan-

планоме́рный plánmäßig

пласти́нка *ж* 1. Plátte *f* -n, Schéibe *f* -n 2. *со звукоза́писью* Schállplatte *f* -n; долгоигра́ющая ~ Lángspielplatte *f* -n

пластма́сса *ж* Kúnststoff *m* -e, Plast *m* -e

пла́стырь *м* Pfláster *n* =

плáтина ж Plátin n

платить záhlen

платóк м Tuch, pl Tücher; носовóй ~ Táschentuch n

платфóрма ж 1. *перрон* Báhnsteig m -e 2. *перен.* Pláttform f -en

плáтье с 1. *женское* Kleid n -er 2. *одежда* Kléidung f

плацкáрта ж Plátzkarte f -n

плащ м Mántel m, pl Mäntel; Régenmantel m (*непромокаемый*)

племя́нник м Néffe m -n

племя́нница ж Níchte f -n

плёнка ж *фото, кино* Film m -e

плéчики мн *вешалка* Kléiderbügel m =

плеч|ó с Schúlter f -n, Áchsel f -n; пожáть ~áми die Áchseln zúcken

плитá ж 1. *каменная* Flíese f -n, Stéinplatte f -n 2. *кухонная* Herd m -e, Kóchherd m; гáзовая ~ Gásherd m

плитка ж 1. *керамическая* Flíese f -n 2.: ~ шоколáда ein Táfel Schokoláde 3.: электрическая ~ eléktrischer Kócher; гáзовая ~ Gáskocher m

плов м Piláw m

пловéц м Schwímmer m =

плод м Frúcht, pl Früchte

плодорóдный frúchtbar

плодотвóрный frúchtbringend, ersprießlich; erfólgreich (*успешный*)

плóск|ий flach, platt (*тж. перен.*); ~ая шýтка fáder Scherz

плоскогýбцы мн Fláchzange f -n

плóскость ж Ébene f -n, (ébene) Fläche f -n

плот м Floß n, pl Flöße

плотина ж Damm m, pl Dämme, Wehr n -e

плóтность ж Díchte f, Díchtigkeit f; ~ населéния Bevölkerungsdichte f

плóтный 1. dicht 2. *разг. о человеке* robúst, stämmig 3. *сытный* sättigend, réichlich; ~ зáвтрак ein réichliches Frühstück

плóхо schlecht; я чýвствую себя́ ~ ich fühle mich únwohl

плохóй schlecht; übel; schlimm

плóщадь ж 1. Platz m, pl Plätze 2. *мат.* Fläche f -n, Flächeninhalt m

плыть 1. schwímmen* 2. fáhren* (*на корабле*); ségeln (*под парусами*)

плюс м 1. *знак* Plus n = 2. *преимущество* Vórteil m -e

пляж *м* Strand *m*, *pl* Strände, Bádestrand m

плясáть tánzen

по 1. über; durch; auf; пройти́ по пло́щади über den Platz géhen*; уда́рить по́ столу auf den Tisch schlágen*; пойдём по э́той у́лице géhen wir durch díese Stráße **2.** *согласно, соотвéтственно* nach, laut, gemäß, auf; по сове́ту auf den Rat hin; по жела́нию nach Wunsch; по зако́ну laut Gesétz **3.** *вслéдствие* infólge, wégen, durch, aus; по боле́зни infólge Kránkheit, kránkheitshalber; по рассе́янности aus Zerstréutheit; по его́ вине́ durch séine Schuld **4.** *до* bis zu, bis über, bis an; по янва́рь bis zum Jánuar; по́ уши bis über die Óhren; по коле́но bis an die Knie **5.** *ж. при указании на количество* zu, je; по́ двое zu zwéi(en); ка́ждый получи́л по три тетра́ди jéder bekám (je) drei Héfte **6.** *посрéдством* durch, per; по по́чте per [mit der] Post

победи́ть, побежда́ть síegen, besíegen

побли́зости in der Nähe

побри́ть rasíeren **~ся** rasíeren *(самому́)*; sich rasíeren lássen* *(у парикма́хера)*

побыва́ть у кого́-л. j-n áufsuchen [besúchen]; sich áufhalten* *(где-л.)*

по́вар *м* Koch *m*, *pl* Köche

по-ва́шему éurer [Íhrer] Méinung nach (*о мне́нии*)

поведе́ние *с* Benéhmen *n*, Betrágen *n*

поверну́ть úmdrehen, úmkehren, wénden* **~ся** sich úmdrehen, sich úmwenden*

пове́рхность *ж* Óberfläche *f* -n

пове́сить 1. áufhängen **2.** *казни́ть* erhängen

по́весть *ж* Erzählung *f* -en

по-ви́димому ánscheinend

повинова́ться gehórchen

по́вод *м* Ánlaß *m* ..lässe, Veránlassung *f* -en; Vórwand *m* ..wände *(предло́г);* по ~у ánläßlich, aus Ánlaß

поворо́т *м* **1.** Dréhung *f* -en, Úmdrehung *f (колеса́, ключа́);* Bíegung *f* -en, Kúrve [-v-] *f* -n *(доро́ги и т. п.)* **2.** *перен.* Wéndung *f* -en, Úmschwung *m* ..schwünge

повреди́ть 1. *что-л.* beschädigen; verlétzen *(ранить)* **2.** *кому́-л., чему́-л.* Scháden zúfügen

повседне́вный alltäglich, Álltags-

повсю́ду überáll

повтори́ть, повторя́ть wie-

повы́сить, повыша́ть erhöhen, stéigern ~ся sich erhöhen, stéigen*

повыше́ние с Erhöhung f, Stéigerung f

повя́зк|а ж 1. Bínde f -n; нарука́вная ~ Ármbinde f 2. на ра́не Verbánd m ..bände; наложи́ть ~у verbínden*

погаси́ть (áus)löschen; ~ свет das Licht áusmachen

пого́д|а ж Wétter n; сво́дка ~ы Wétterbericht m

пограни́чник м Grénzsoldat m -en

пограни́чн|ый Grenz-; ~ая ста́нция ж.-д. Grénzstation f -en

по́греб м Kéller m =

погрузи́ть I *това́р* verláden*

погрузи́ть II *в во́ду* versénken

погру́зка ж Verládung f

под 1. únter; поста́вить ~ стол únter den Tisch stéllen; лежа́ть ~ столо́м únter dem Tisch líegen* 2. in; ~ те́нью im Schátten 3. *во́зле* bei, vor; ~ Москво́й bei [vor] Móskau 4. *на вопро́с «когда́?»* gégen; am Vórabend *(накану́не);* ~ у́тро gégen Mórgen 5. *для* für; помеще́ние ~ шко́лу Räume für die Schúle

подари́ть schénken, verschénken

пода́рок м Geschénk n -e

пода́ть 1. réichen; áuftragen*, servíeren [-v-] *(на стол);* éinreichen *(жа́лобу и т. п.)* 2. *спорт.* áufgeben* *(волейбо́л);* áufschlagen* *(те́ннис)*

подбо́р м Áuswahl f, Áuslese f

подборо́док м Kinn n -e

подва́л м Kéller m =

подверга́ть, подве́ргнуть 1. *прове́рке и т. п.* unterzíehen*, unterwérfen* 2. *опа́сности и т. п.* áussetzen ~ся: ~ся опа́сности sich éiner Gefáhr áussetzen; ~ся экза́мену éiner Prüfung unterzógen wérden

подвести́ 1. *куда́-л.* (zú)führen 2. *разг.* поста́вить в тру́дное положе́ние ánführen, im Stich lássen* 3.: ~ ито́ги die Bilánz zíehen*

по́двиг м Héldentat f -en

подвижно́й 1. bewéglich 2. *о челове́ке* lébhaft, rége

подви́нуть rücken, (herán)schíeben* ~ся rücken, sich rücken

подво́дн|ый Úntersee-; ~ая

лóдка Ú-Boot *n* -e, Únterseeboot *n* -e

подготовительный Vórbereitungs-

подготóвить vórbereiten ~ся sich vórbereiten

подготóвка *ж* Vórbereitung *f*; Áusbildung *f* (*обучение*)

пóдданный *м* der Stáatsangehörige

пóдданство *с* Stáatsbürgerschaft *f*

поддéлать fälschen, náchmachen

поддéлка *ж* Fälschung *f* -en; Náchahmung *f* -en (*подражание*); Imitatión *f* -en (*имитация*)

поддержáть, поддéрживать *помочь* unterstützen

поддéржка *ж* Unterstützung *f*, Hílfe *f*; Stütze *f* (*опора*)

подéйствовать *см.* дéйствовать

подзéмный únterirdisch; ~ толчóк Érdstoß *m* ..stöße

подклáдка *ж одежды* Fútter *n*

пóдкуп *м* Bestéchung *f* -en

подлúвка *ж* Sóße *f* -n

пóдлинник *м* Originál *n* -e; Úrschrift *f* -en (*литературный*)

пóдлинный 1. *истинный* echt 2. Originál-

пóдлый geméin, níederträchtig

подмести, подметáть fégen, kéhren

подмётка *ж* Sóhle *f* -n

под мышкой únter dem Arm

поднóжие *с горы* Fuß *m*, *pl* Füße

поднóс *м* Tablétt *n* -e; Servíerbrett [-v-] *n* -er

поднять áufheben* (*с земли*); hóchheben* (*вверх*); áufziehen* (*занавеску*); erhöhen (*цены*); ~ бокáл das Glas erhében*; ~ флаг die Fáhne híssen; ~ глазá die Áugen áufschlagen* ~ся sich erhében*, áufstehen*; stéigen* (*о ценах*); ~ся нá гору éinen Berg bestéigen*

подóбный ähnlich, gléichartig

подогревáть, подогрéть áufwärmen

подождáть wárten

подозревáть verdächtigen

подозрéние *с* Verdácht *m*

подозрительный verdächtig

подойти 1. *приблизиться* herántreten*; sich nähern 2. *годиться* pássen; entspréchen* (*соответствовать*)

подоко́нник *м* Fénsterbrett *n* -er

подписа́ние *с* Unterzéichnung *f*

подписа́ть unterschréiben*, unterzéichnen ~ся 1. *см.* подписа́ть 2. *на что-л.* abonníeren, bezíehen*

подпи́счик *м* Abonnént *m* -en, Bezíeher *m* =

подпи́сывать(ся) *см.* подписа́ть(ся)

по́дпись *ж* Únterschrift *f* -en

подполко́вник *м* Óberstleutnant *m* -e

подража́ть náchahmen

подро́бности *мн* Éinzelheiten *pl*

подро́бный áusführlich, éingehend

подро́сток *м* Teenager [ˈtiːneːdʒər] *m* =; der Hálbwüchsige

подру́га *ж* Fréundin *f* -nen

по-друго́му ánders

подружи́ться sich befréunden, Fréundschaft schlíeßen*

подря́д nacheinánder

подсве́чник *м* Kérzenhalter *m* =

подсчёт *м* Zählung *f* -en, Beréchnung *f* -en; ~ голосо́в Stímmenzählung *f*

подтверди́ть, подтвержда́ть bestätigen

подтвержде́ние *с* Bestätigung *f* -en

подтя́жки *мн* Hósenträger *pl*

поду́шка *ж* Kíssen *n* =

подхо́д *м* 1. *отношение* Behándlung *f* 2. *точка зрения* Stándpunkt *m* -e; Éinstellung *f* -en

подходя́щий pássend, geéignet; ánnehmbar *(приемлемый)*

подъе́зд *м вход* Éingang *m* ..gänge

подъезжа́ть *см.* подъе́хать

подъе́хать heránfahren* (an *D*), vórfahren* (an, bei *D*)

по́езд *м* Zug *m*, *pl* Züge; ско́рый ~ Schnéllzug *m*; пассажи́рский ~ Persónenzug *m*; това́рный ~ Güterzug *m*

пое́здка *ж* Fahrt *f* -en, Réise *f* -n

пое́хать 1. *см.* е́хать 2. *куда-л.* hínfahren*

пожа́ловать: добро́ ~! willkómmen!

пожа́луй wahrschéinlich, wohl

пожа́луйста bítte (sehr), bítte schön

пожа́р *м* Brand *m*, *pl* Brände

пожа́рный 1. Féuer- 2. *м* Féuerwehrmann *m* ..leute

пожа́ть: ~ ру́ку die Hand drücken; ~ плеча́ми die Áchseln zúcken

пожела́ние *с* Wunsch *m*, *pl* Wünsche

пожив|а́ть: как вы ~а́ете? wie geht es Íhnen?

пожило́й bejáhrt, bei Jáhren

позавчера́ vórgestern

позади́ 1. *кого-л., чего-л.* hínter 2. *сзади* hínten

позапро́шл|ый: в ~ом году́ im vórvorigen Jahr

позволе́н|ие *с* Erláubnis *f* -se; проси́ть ~ия um Erláubnis bítten*; с ва́шего ~ия wenn Sie erláuben [gestátten]

позво́лить, позволя́ть erláuben, gestátten

позвони́ть läuten, klíngeln; ~ кому́-л. по телефо́ну j-n ánrufen*

поздрави́тельный Glückwunsch-

поздра́вить, поздравля́ть gratulíeren; beglückwünschen; поздравля́ю вас! méinen Glückwunsch!

по́зже später

пози́ция *ж* Stéllung *f* -en, Position *f* -en

познако́мить bekánnt máchen ~ся kénnenlernen (*с кем-л.*); sich bekánnt máchen (*с чем-л.*)

позоло́та *ж* Vergóldung *f*

позоло́ченный vergóldet

позо́р *м* Schmach *f*, Schánde *f*

по́иски *мн* Súche *f*, Súchen *n*

пои́ть zu trínken gében*; tränken (*животных*)

пойма́ть fángen*; erwíschen, ertáppen (*врасплох*)

пойти́ géhen*

пока́ 1. solánge (*в то время как*); bis (*до тех пор пока*) 2. *в ожидании* vórläufig, éinstweilen; ~! *разг.* bis bald!, Tschüß!

пока́з *м* Vórführung *f* -en

показа́ть, пока́зывать 1. *что-л.* zéigen; vórführen 2. *дать показания* áussagen

покида́ть, поки́нуть verlássen*; im Stich lássen* (*оставить без помощи*)

покло́н *м* Verbéugung *f* -en; Gruß *m*, *pl* Grüße (*приветствие*)

поклони́ться sich verbéugen

поко́й *м* 1. Rúhe *f* 2.: (приёмный) ~ (*в больнице*) Empfángsraum *m*

поколе́ние *с* Generatión *f* -en

поко́нчить с *чем-л.* áb-

покро́й *м одежды* Schnitt *m* -e

покрыва́ло *с на кровать* Béttdecke *f* -n

покрыва́ть, покры́ть 1. bedécken, zúdecken 2. *издержки* bedécken ~ся sich bedécken, sich zúdecken

покры́шка *ж авто* Réifen *m* =

покупа́тель *м* Käufer *m* =, Kúnde *m* -n

поку́пк|а *ж* Kauf *m*, *pl* Käufe; я сде́лал ~и ich hábe Éinkäufe gemácht

пол I *м* Fúßboden *m* ..böden, Díele *f* -n

пол II *биол.* Geschlécht *n* -er

пол- *в сложн.* = *половина* halb;. полкило́ ein hálbes Kílo

полага́ть méinen, gláuben; ánnehmen* *(предполагать)*; я ~а́ю... ich néhme an [gláube]...

полго́да *м* ein hálbes Jahr

по́лдень *м* Míttag *m*

по́ле *с* Feld *n* -er; футбо́льное ~ Fúßballplatz *m*

поле́зный nützlich; gesúnd *(для здоровья)*

поле́мика *ж* Polémik *f*

полёт *м* Flug *m*, *pl* Flüge

по́лзать, ползти́ kríechen*

schließen*; erlédigen; ~ с собо́й Sélbstmord begéhen*

полиграфи́ческий polygráphisch

поликли́ника *ж* Poliklínik *f* -en

поли́тика *ж* Politík; ми́рная ~ Fríedenspolitik *f*

полити́ческий polítisch

поли́ть begíeßen*

полице́йский 1. polizéilich, Polizéi- 2. Polizíst *m* -en

поли́ция *ж* Polizéi *f*

по́лка *ж* Fach *n*, *pl* Fächer, Regál *n* -e; ве́рхняя [ни́жняя] ~ der óbere [úntere] Platz *(в спальном вагоне)*

полко́вник *м* Óberst *m* -en

полнолу́ние *с* Vóllmond *m*

полномо́чие *с* Vóllmacht *f* -en

полномо́чный bevóllmächtigt; ~ представи́тель bevóllmächtigter Vertréter

по́лностью ganz, vóllständig, völlig

полнота́ *ж* 1. Fülle *f* 2. *человека* Körperfülle *f*, Beléibtheit *f*

полноце́нный vóllwertig, hóchwertig

по́лночь *ж* Mítternacht *f*

по́лный 1. *наполненный* voll 2. *целый, весь* ganz, vóllständig 3. *о человеке* wóhlbeleibt

полови́на *ж* Hälfte *f* -n

полово́дье с Hóchwasser n

положе́ние с 1. *местоположение* Láge f -n 2. *состояние* Zústand m ..stände 3. *в обществе* Stóllung f -en

положи́тельный pósitiv

положи́ть hínlegen

положи́ться sich verlássen*

поло́мка ж Pánne f -n (*напр. автомобиля*)

полоса́ ж 1. Stréifen m = 2. *область* Lándstrich m -e, Zóne f -n

полоска́ть spülen; ~ го́рло gúrgeln

полоте́нце с Hándtuch n ..tücher

полотно́ с 1. Léinwand f, Léinen n = 2. *картина* Gemälde n = 3.: ~ желе́зной доро́ги Éisenbahndamm m

полотня́ный léinen, Lein-

поло́ть jäten

полтора́ ánderthálb

полуботи́нки *мн* Hálbschuhe pl

полуго́дие с Hálbjahr n

полуо́стров м Hálbinsel f -n

полупроводни́к м *эл.* Hálbleiter m=

полуфабрика́т м Hálbfabrikat n -e

полуфина́л м *спорт.* Hálbfinale n -n

получа́тель м Empfänger m =

получа́ть, получи́ть bekómmen*, erhálten*, empfángen*; éinnehmen* (*доход*)

полуша́рие с Hálbkugel f -n

полчаса́ м éine hálbe Stúnde; че́рез ~ in éiner hálben Stúnde

по́льз|а ж Nútzen m; Vórteil m -e (*выгода*); 3:1 [три ~ оди́н] в ~у «Дина́мо» 3:1 [drei zu eins] für «Dynámo»

по́льзование с Benútzung f, Nútzung f; Gebráuch m (*употребление*)

по́льзоваться benútzen; gebráuchen (*употреблять*)

полюби́ть líebgewinnen*

по́люс м Pol m -e; Се́верный ~ Nórdpol m; Ю́жный ~ Südpol m

поля́на ж Wáldwiese f -n, Líchtung f -en

поля́рный polár, Polár-; ~ круг Polárkreis m

пома́да ж: губна́я ~ Líppenstift m

помести́ть 1. únterbringen*; hínstellen (*поставить*); hínlegen (*положить*) 2. *капитал* ánlegen ~ся Platz fínden*, hinéingehen* (*вместиться*)

поме́ха ж Störung f -en;

Híndernis *n* -se *(препятствие)*

помеще́ние *с* 1. *квартира и т. п.* Raum *m*, *pl* Räume 2. *действие* Unterbríngung *f* 3. *капитала* Investíerung [-v-] *f*

помидо́р *м* Tomáte *f* -n

поми́ловать begnádigen

по́мнить sich erínnern *(кого́-л., что́-л. или о чём-л.* an *A)*; dénken* *(о чём-л.* an *A)*

по-мо́ему méiner Méinung nach

помо́чь hélfen*

помо́щник *м* Hélfer *m* =; Gehílfe *m* -n

по́мощ|ь *ж* Hílfe *f*; Béistand *m* *(содействие)*; оказа́ть ~ Hílfe léisten; при ~и mit Hílfe

помы́ть *см.* мыть; где мо́жно ~ ру́ки? wo kann man die Hände wáschen?

пона́добиться nötig sein, gebráucht wérden; е́сли пона́добится wenn nötig

по-на́шему *о мнении* únserer Méinung nach

понеде́льник *м* Móntag *m* -e; в ~ am Móntag; по ~ам móntags

по-неме́цки deutsch; вы говори́те ~? spréchen Sie deutsch?

понемно́гу nach und nach, allmählich

понижа́ть sénken; herábsetzen ~ся fállen*, sínken*

по-но́вому auf néue Art (und Wéise)

поня́ти|е *с* Begríff *m* -e; я не име́ю ~я ich hábe kéine Áhnung

поня́тный verständlich, begréiflich; déutlich *(ясный)*

поня́ть verstéhen*, begréifen

поочерёдно der Réihe nach; ábwechselnd *(посменно)*

поощри́ть, поощря́ть ánspornen, áufmuntern; fördern *(содействовать)*

поп *м* Rópe *m* -n

попада́ть, попа́сть 1. *очути́ться* geráten*; híngeraten*; как попа́сть на вокза́л? wie kómme ich zum Báhnhof? 2. *в цель* tréffen*

поперёк quer, querdúrch, querüber

попереме́нно ábwechselnd

поплати́ться büßen, bezáhlen

поп-му́зыка *ж* Pópmusik *f*

попола́м 1. *на две равные части* in zwei gléiche Téile, entzwéi 2. *наполовину* zur Hälfte

попо́лнить, пополня́ть ergänzen

попра́вить verbéssern; wiederhérstellen *(здоровье)*; áusbessern, reparíeren *(починить)* ~ся 1. *выздороветь* gesúnd wérden, genésen* 2. *пополнеть* zúnehmen*

попрáвка *ж* 1. *исправление* Korrektúr *f* -en, Verbésserung *f* -en 2. *к резолюции* Ábänderungsvorschlag *m* ..schläge

по-прéжнему wie früher; nach wie vor

попугáй *м* Papagéi *m*

популя́рный populär, belíebt, bekánnt

попу́тн|ый: éхать на ~ой маши́не per Ánhalter fáhren*

попы́тка *ж* Versúch *m* -e; пéрвая ~ érster Versúch

порá *ж* Zéit *f* -en; с каки́х пор? seit wann?; с тех пóр seitdém; до сих пóр bis jetzt; давнó ~ ... es ist höchste Zeit ...

поражéние *с* Niederlage *f* -n

порази́тельный erstáunlich, verblüffend

порази́ть 1. tréffen*; befállen* *(о болезни)*; ~ цель das Ziel tréffen* 2. *удивить* überráschen, in Erstáunen sétzen ~ся erstáunt sein

попу́тчик *м* Réisegefährte *m* -n

попу́тчица *ж* Réisegefährtin *f* -nen

по-рáзному verschíeden, únterschiedlich

порвáть 1. zerréißen* 2. с кем-л. mit j-m bréchen* ~ся réißen*

порéз|ать schnéiden*; я ~ал себé пáлец ich hábe mich in den Fínger geschnítten ~аться sich schnéiden*

пóровну in gléiche Téile

порóг *м* 1. *у двери* Schwélle *f* -n 2. *реки* Strómschnelle *f* -n

поросёнок *м* Férkel *n* =

пóрох *м* Púlver *n*

порошóк *м* Púlver *n* =; стирáльный ~ Wáschpulver *n*

порт *м* Háfen *m*, *pl* Häfen

портни́ха *ж* Schnéiderin *f* -nen

портнóй *м* Schnéider *m*=

портóвый Háfen-

портрéт *м* Bild *n* -er, Bíldnis *n* -se, Porträt [-´trɛ:] *n* -s

портсигáр *м* Zigaréttenetui [-ɛtvi:] *n* -s

портфéль *м* Áktentasche *f* -n

портьé *м* Portier [-´tje:] *m* -s

по-рýсски rússisch; вы говори́те ~? spréchen Sie rússisch?

поручéн|ие *с* Áuftrag *m* ..träge; по ~ию... im Áuftrag von ...

поручи́ть 1. (be)áuftragen 2. *доверить* ánvertrauen

по́ручни *мн* Geländerstange *f* -n

по́рция *ж* Portión *f* -en

поры́в *м* 1.: ~ ве́тра Windstoß *m* ..stöße 2. Áusbruch *m* ..brüche; в ~e ра́дости vor Fréude

поря́док *м* Órdnung *f*

поря́дочный 1. *честный* ánständig 2. *довольно большой* órdentlich, gehörig

посади́ть 1. *растение* pflánzen, éinpflanzen 2. *усадить* sétzen, hínsetzen; ~ кого-л. в такси́ j-n in ein Táxi sétzen; ~ кого-л. на самолёт, на по́езд j-n zum Flúgzeug, zum Zug bríngen*

по-сво́ему auf éigene Art

посвяти́ть, посвяща́ть 1. wídmen 2. *в тайну и т. п.* éinweihen

поселе́ние *с* Ánsiedlung *f* -en

посели́ть ánsiedeln ~ся sich ánsiedeln; zíehen* *(у кого-л.* zu *D)*

посёлок *м* Síedlung *f* -en

посереди́не in der Mítte

посети́тель *м* Besúcher *m* =

посети́тельница *ж* Besúcherin *f* -nen

посети́ть, посеща́ть besúchen, áufsuchen

посеще́ние *с* Besúch *m* -e

поскользну́ться áusgleiten*, áusrutschen

посла́ть schícken, sénden*

по́сле 1. später, nachhér; об э́том мы поговори́м ~ darüber spréchen wir nachhér 2. nach; ~ конце́рта nach dem Konzért; ~ того́ как nachdém

посо́бие *с* 1. Unterstützung *f* -en, Béihilfe *f* -n; ~ по безрабо́тице Árbeitslosenunterstützung *f* 2. *учебник* Léhrbuch *n* ..bücher

посо́л *м* Bótschafter *m* =

после́довательный 1. aufeinánderfolgend 2. *логический* fólgerichtig; konsequént

после́дствие *с* Fólge *f* -n; Ergébnis *n* -se *(результат)*

послеза́втра übermorgen

посло́вица *ж* Spríchwort *n* ..wörter

поспе́шно éilig, hástig

посреди́ inmítten, in der Mítte

посре́дник *м* Vermíttler *m* =

посре́дничать vermítteln

посре́дством míttels, vermíttels

поссо́риться *см.* ссо́риться

пост I *м* Pósten *m* =

пост II *м рел.* Fásten *pl*, Fástenzeit *f*

поста́вка *ж* Líeferung *f* -en

поста́вить 1. *поместить куда-л.* (hín)stéllen; áuflegen *(пластинку; компресс)*; párken *(машину на стоянку)* 2. *театр.* áufführen 3.: ~ ча́йник Téewasser áufsetzen; ~ буди́льник den Wécker stéllen

постанови́ть beschlíeßen*

постано́вка *ж* 1. *театр.* Áufführung *f* -en 2.: ~ вопро́са Frágestellung *f*

постановле́ние *с* Beschlúß *m* ..schlüsse, Bestímmung *f* -en

по-ста́рому wie bishér

посте́ль *ж* Bett *n* -en ~ный Bett-; ~ные принадле́жности Béttzeug *n*; ~ное бельё Béttwäsche *f*

постепе́нный allmählich

посторо́нний fremd; únbekannt

постоя́нно beständig

постоя́нный ständig; únveränderlich *(неизменный)*

пострада́вший *м* der Geschädigte; der Verúnglückte

постри́чь schéren* ~ся sich (*D*) das Haar schnéiden lássen*

постро́ить báuen, áufbauen

постро́йка 1. *ж действие* Bau *m*; Áufbau *m* 2. *здание* Bau *m* -ten, Gebäude *n* =

поступи́ть 1. hándeln, verfáhren* 2. *на службу* éintreten* 3. *в вуз* géhen* (an *A*); das Stúdium begínnen* (an *D*) 4. *о заявлении, жалобе и т. п.* éingehen*, éinlaufen*

посту́пок *м* Hándlung *f* -en, Tat *f* -en

посу́да *ж* Geschírr *n*

посы́лка *ж* 1. *действие* Ábsenden *n* 2. *пакет* Pakét *n* -e; почто́вая ~ Póstpaket *n*

пот *м* Schweiß *m*

по-тво́ему déiner Méinung nach *(о мнении)*

потемне́|ть dúnkel wérden; у неё ~ло в глаза́х ihr wúrde schwarz vor den Áugen

поте́ря *ж* Verlúst *m* -e

потеря́ть verlíeren*

поте́ть schwítzen

потоло́к *м* Décke *f* -n

пото́м 1. *после* später, nachhér 2. *затем* dann

потому́ dárum, déshalb; ~ что weil, denn

потребле́н|ие *с* Verbráuch *m*; *эк.* Konsúm *m*; предме́ты широ́кого ~ия Mássenbedarfsartikel *pl*, Konsúmgüter *pl*

потряса́ющий erschütternd

потрясе́ние *с* Erschütterung *f* -en

похвала́ *ж* Lob *n*

похо́д м Marsch m, pl Märsche; тури́стский ~ Wánderung f -en; Áusflug m ..flüge *(экскурсия)*

похо́дка ж Gángart f -en, Gang m

похо́жий ähnlich

поцелу́й м Kuß m, pl Küsse

по́чва ж Bóden m, pl Böden

почём: ~ э́то? was kóstet das?, wie téuer ist das?

почему́ warúm, weshálb

по́черк м Hándschrift f -en

почёт м Éhre f, Áchtung f; круг ~а *спорт.* Éhrenrunde f

почётный éhrenvoll, Éhren-; ~ член Éhrenmitglied n -er

почини́ть paríeren, áusbessern

почи́нка ж Reparatúr f, Áusbesserung f

по́чта ж Post f

почтальо́н м Bríefträger m =

почта́мт м Póstamt n ..ämter

почти́ fast, beináhe

почти́тельный áchtungsvoll, éhrerbietig

почти́ть éhren

почто́вый Post-; ~ я́щик Bríefkasten m ..kästen

по́шлина ж Zoll m, pl Zölle; Gebühr f -en *(сбор)*

пощáд|а ж Gnáde f, Erbármen n; без ~ы schónungslos

пощёчина ж Óhrfeige f -n

поэ́зия ж Poesíe, Díchtung f

поэ́т м Díchter m =, Poét m -en

поэти́ческий díchterisch, poétisch

поэ́тому dárum, déshalb, déswegen

появи́ться 1. *показаться* erschéinen* 2. *возникнуть* entstéhen*

по́яс м 1. Gurt m -e, Gürtel m = 2. *зона* Zóne f -n

поясне́ние с Erläuterung f -en; Erklärung f -en

поясни́ть erläutern, erklären

поясни́ца ж Kreuz n -e

пра́вда ж Wáhrheit f; не ~ ли? nicht wahr?

правди́вый 1. wahr, wáhrheitsgetreu 2. *искренний* wáhrheitsliebend

правдоподо́бный gláubwürdig

пра́вил|о с Régel f -n; ~а у́личного движе́ния Verkéhrsregeln pl; по ~ам nach den Régeln; как ~ in der Régel

пра́вильный ríchtig; korrékt *(без ошибок)*

прави́тельственный Regíerungs-

прави́тельство Regíerung f -en

правле́ние с 1. *управление государством* Regíerung f 2. *выборный орган* Vórstand m ..stände

пра́в|о I с 1. Recht n -e; ~á челове́ка Ménschenrechte pl 2.: мн права́ *(водителя машины)* Fáhr|erlaubnis f -se

пра́во II *вводн. сл.* wírklich, wahrháftig

правосла́вный orthodóx

правосу́дие с Réchtspflege f, Justíz f

пра́вый I recht

пра́вый II *справедливый* geréсht; он прав er hat recht

пра́здник м Fest n -e, Féiertag m -e

пра́здновать féiern

пра́ктика ж Práxis f, Übung f

практика́нт м Praktikánt m -en

превзойти́, превосходи́ть übertréffen*

превосхо́дный vortréfflich, áusgezeichnet, vorzüglich

превы́сить, превыша́ть überstéigen*; übertréffen*, überbíeten*

прегра́да ж Schránke f -n; Híndernis n -se *(препятствие)*

прегради́ть, прегражда́ть (ver)spérren, ábsperren

пре́данный ergében; treu *(верный)*

преда́тель м Verräter m =

преда́тельство с Verrát m

преда́ть verráten*

предвари́тельн|ый vórläufig; Vor-; ~ая прода́жа биле́тов Kártenvorverkauf m

предвзя́тый vóreingenommen

предви́деть voráussehen*

предвы́борн|ый Wahl-; ~ая кампа́ния Wáhlkampagne [-paɲjə] f

предго́рье с Vórgebirge n =

преде́л м Grénze f -n, Schránke j -n

предисло́вие с Vórwort n

предложе́ние с 1. Vórschlag m ..schläge, Ántrag m ..träge; внести́ ~ éinen Vórschlag máchen 2. *эк.* Ángebot n -e 3. *грам.* Satz m, pl Sätze

предложи́ть vórschlagen*; ánbieten*

предме́т м 1. Gégenstand m ..stände; Artíkel m =*(товар)* 2. *в преподавании* Léhrfach ..fächer

предназна́чить, предназнача́ть voráusbestimmen, bestímmen

предоста́вить, предоставля́ть überlássen*; gewähren

предостереже́ние с Wárnung f -en

предостере́чь wárnen

предотврати́ть, предотвраща́ть verhüten, ábwenden*

предпосле́дний der vórletzte

предпосы́лка ж Voráussetzung f -en

предпоче́сть, предпочита́ть vórziehen*, bevórzugen; что вы предпочита́ете, чай и́ли ко́фе? was zíehen Sie vor, Tee óder Káffee?

предпочте́ние с Bevórzugung f; Vórzug m; отда́ть ~ den Vórzug gében*

предприи́мчивый unternéhmungslustig

предпринима́тель м Unternéhmer m =; Geschäftsmann m ..leute

предпринима́ть, предприня́ть unternéhmen*, vórnehmen*

предприя́тие с 1. произво́дственное Betríeb m -e; ма́лое ~ Kléinbetrieb m -e 2. Unternéhmen n =

предрассу́док м Vórurteil n -e

председа́тель м der Vórsitzende

предсказа́ть, предска́зывать voráussagen

представи́тель м Vertréter m =

представи́тельство с Vertrétung f -en

предста́вить 1. vórstellen; разреши́те ~ вам ...erláuben Sie, Íhnen ... vórzustellen; ~ себе́ что-л. sich etw. vórstellen 2. на сце́не áufführen, vórführen ~ся sich vórstellen

представле́ние с 1. поня́тие Vórstellung f -en; Begríff m -e 2. спекта́кль Áufführung f -en

предстоя́ть bevórstehen*

предубежде́ние с Vórurteil n -e

предупреди́ть, предупрежда́ть 1. предостере́чь wárnen, спорт. verwárnen 2. извести́ть réchtzeitig benáchrichtigen 3. предотврати́ть vórbeugen (D), verhüten

предупрежде́ние с 1. предостереже́ние Wárnung f -en, спорт. Verwárnung f -en 2. извеще́ние Benáchrichtigung f -en 3. предотвраще́ние Verhütung f, Vórbeugung f

предусма́тривать, предусмотре́ть vorhérsehen*; voráussehen*; vórschen* (обеспе́чивать)

предусмотри́тельность ж Voráussicht f, Vórsorge f; Úmsicht f (осторо́жность)

предчу́вствие с Vórgefühl n -e; Áhnung f -en

предчу́вствовать áhnen

предъяви́ть, предъявля́ть vórweisen*, vórzeigen

предыду́щий vorhérgehend, vórig

пре́жде 1. vórher, früher **2.:** ~ всего́ vor állem

преждевре́менный vórzeitig, frühzeitig

пре́жний früher, éhemalig

президе́нт м Präsidént m -en

прези́диум м Präsidium n ..di|en

презира́ть veráchten

презре́ние с Veráchtung f

прекра́сный (wúnder)schön, hérrlich; vórtrefflich (отличный)

преле́стный réizend, entzückend

премирова́ть prämiíeren

премье́ра ж театр. Premiere [prə´mje:rə] f -n

премье́р-мини́стр м Minísterpräsident m -en

пренебрега́ть, пренебре́чь mißáchten, vernáchlässigen

преоблада́ть vórherrschen, überwíegen*

преобразова́ние с Úmwandlung f -en, Úmgestaltung f -en

преодолева́ть, преодоле́ть überwínden*, überwáltigen

преподава́ние с Únterricht m

преподава́тель м Léhrer m =; Hóchschullehrer m (в вузе)

преподава́ть unterríchten

препя́тствовать híndern, hémmen

прерва́ть, прерыва́ть unterbréchen*; ábbrechen* (прекратить)

пресле́дование с Verfólgung f -en

пресле́довать verfólgen

пре́сн|ый úngesalzen; ~ая вода́ Süßwasser n

пре́сса ж Présse f

претенде́нт м Ánwärter m =

прете́нзия ж Ánspruch m ..sprüche

преувеличе́ние с Übertréibung f -en

преувели́чивать, преувели́чить übertréiben*

при 1. возле, около an, bei; ~ вхо́де am Éingang **2.** в присутствии in Gégenwart **3.** в эпоху zur Zeit, únter **4.** в каких-л. условиях bei; ~ дневно́м све́те bei Tágeslicht

приба́вить 1. в разговоре hinzúfügen **2.** zúnehmen* (в весе) **3.** к чему́-л. dazúgeben*

прибега́ть, прибежа́ть herbéilaufen*

приблизи́тельно úngefähr, ánnähernd, zírka

приблизи́ться sich nähern, náhen

прибо́й м Brándung f

прибо́р м 1. Gerät n -e; Vórrichtung f -en (приспособление) 2. столовый Bestéck n -e

при́быль ж Gewínn m -e, Profít m -e

прибы́ть 1. ánkommen* 2. увеличиться zúnehmen*; stéigen* (о воде)

прива́л м Rast f -en, Halt m -e; сде́лать ~ rásten

приватиза́ция ж Privatisíerung [-v-] f

привезти́ (mit)bríngen*

привести́ 1 bríngen*, herbéiführen 2. факты, данные ánführen; zitíeren (цитату)

приве́т м Gruß m, pl Grüße; переда́йте от меня́ ~ ... grüßen Sie ... von mir

приве́тливый fréundlich

приве́тствие с Begrüßung f -en

приве́тствовать begrüßen

приви́вка ж 1. мед. Ímpfung f -en 2. бот. Pfrópfung f -en

привиле́гия ж Privilég [-v-] n -i|en

приви́ть 1. мед. ímpfen; ~ кому́-л. о́спу j-n gégen Pócken ímpfen 2. бот. pfrópfen 3. перен. ánerziehen*; béibringen* (обучить)

при́вкус м Béigeschmack m

привлека́тельный ánziehend, attraktív

привыка́ть, привы́кнуть sich gewöhnen

привы́чка ж Gewóhnheit f -en

привы́чный gewöhnt

привяза́ть, привя́зывать ánbinden*

пригласи́ть, приглаша́ть éinladen*; áuffordern (на танец)

приглаше́ние с Éinladung f -en

пригово́р м Úrteil n -e

приговори́ть verúrteilen

пригоди́ться nützlich sein

при́город м Vórort m -e ~ный Vórort-; ~ный по́езд Vórortzug m ..züge

пригото́вить vórbereiten; zúbereiten (пищу и т. п.)

приготовле́ние с Vórbereitung f; Zúbereitung f (пищи и т. п.)

придви́нуть (her)ánrücken (к чему-л. an A) ~ся heránrücken

приде́рживаться чего-л. sich hálten* (an A): ~ пра́вила ~ éine Régel befólgen; ~ мнéния der Méinung sein

придýмать, придýмывать áusdenken*, erdénken*

приéзд м Ánkunft f; c ~ом! willkómmen!

приéзжий м der Zúgereiste, der Frémde

приёмная ж Empfángszimmer n = (в учреждении); Spréchzimmer n = (врача); Wártezimmer n = (для ожидания)

приёмник м радио Empfänger m =; транзи́сторный ~ Transístorgerät n -e

приёмн|ый 1. усыновлённый, усыновивший Adoptív; ~ сын Adoptívsohn m; ~ые роди́тели Adoptíveltern pl 2.: ~ые часы́ Spréchstunden pl

приéхать kómmen* (nach D), ánkommen*, éintreffen* (in D)

приз м Preis m -e

призвáние с Berúfung f -en; Néigung f -en (склонность)

призвáть herbéirufen*; ~ кого-л. на пóмощь j-n zu Hílfe rúfen*; ~ на воéнную слýжбу zum Militär éinberufen*

приземлéние с ав. Lándung f -en

приземли́ться, приземля́ться ав. lánden

при́знак м Zéichen n =; Kénnzeichen n, Mérkmal n -e (отличительный)

признáние с 1. Ánerkennung f 2. в чём-л. Geständnis n -se

признáть ánerkennen* ~ся в чём-л. gestéhen*

призы́в м 1. Áufruf m -e; Zúruf m; Lósung f -en (лозунг) 2. воен. Éinberufung f.

прийти́ 1. kómmen*; ánkommen* (о письме и т. п.) 2. в известное состояние geráten* ◊ ~ в себя́ (wíeder) zu sich (D) kómmen*

прикáз м **приказáние** с Beféhl m -e

приказáть, прикáзывать beféhlen*, verórdnen

прикладн|óй ángewandt; ~ое искýсство ángewandte Kunst

приключéние с Ábenteuer n =

прикоснýться berühren; ánrühren

прикрепи́ть, прикрепля́ть beféstigen

прилáвок м Ládentisch m -e; Théke f -n (стойка)

прилагáтельное с Ádjektiv n -e

прилежáние с Fleiß m

прилéжный fléißig

прилетáть, прилетéть herbéifliegen*; ánkommen* (прибыть)

прили́в м 1. Flut f; ~ и отли́в Ébbe und Flut, Gezéiten pl 2.: ~ кро́ви мед. Blútandrang m

прили́чия мн Ánstand m; соблюдать ~ den Ánstand wáhren

прили́чный 1. *пристойный* ánständig 2. *довольно хороший* ganz gut, ziemlich gut

приложе́ние с 1. *применение* Ánwendung f 2. *к журналу и т. п.* Ánhang m ..hänge, Béilage f -n

примене́ние с Ánwendung f; Gebráuch m (*употребление*)

примени́ть, применя́ть ánwenden*; gebráuchen (*употребить*)

приме́р м Béispiel n -e; Múster n =; Vórbild n -er (*образец*)

приме́рить ánprobieren

приме́рка ж Ánprobe f -n

приме́рный 1. *образцовый* mústergültig, vórbildlich 2. *приблизительный* ánnähernd

примеча́ние с Ánmerkung f -en

примире́ние с Versöhnung f -en

примкну́ть *присоединиться* sich ánschließen* (*D*, an *A*)

примо́рский See-, Küsten-; ~ го́род Stadt am Meer

принадлежа́ть gehören; ángehören

принести́ bríngen*, hólen

прину́дить, принужда́ть zwíngen*

при́нцип м Grúndsatz m ..sätze, Prinzíp n -ien

принципиа́льный 1. *важный* prinzipiéll, grúndsätzlich 2. *о человеке* prinzípi|enfest

приня́ть 1. *кого-л.* empfángen* (*посетителей*); áufnehmen* (*куда-л.*) 2. *что-л.* ánnehmen*; entgégennehmen* (*заказ и т. п.*) 3. éinnehmen* (*лекарство*)

приобрести́, приобрета́ть erwérben*, ánschaffen; ~ друзе́й Fréunde gewínnen*

припе́в м Refrain [-´frɛŋ] m -s

припомина́ть, припо́мнить что-л. sich an etw. erínnern, sich auf etw. besínnen*

приро́да ж Natúr f

приро́дн|ый natürlich, Natúr-; ~ые усло́вия Natúrbedingungen pl

присва́ивать, присво́ить 1. *завладеть* sich (*D*) áneignen 2. *звание и т. п.* verléihen*

присла́ть schícken, sénden*

прислони́ть, прислоня́ть ánlehnen ~ся sich ánlehnen

присни́ться: мне присни́лся сон ich hátte éinen Traum

присоедини́ть, присоединя́ть ángliedern ~ся sich ánschließen*

приспосо́бить ánpassen ~ся sich ánpassen

при́стальный *о взгляде* únverwandt, durchdríngend

при́стань *ж* Ánlegestelle *f* -n

приста́ть 1. *мор.* ánlegen 2. *присоедини́ться* sich ánschließen* 3. *прили́пнуть* ánhaften, hängenbleiben* 4. *разг. надоесть* belästigen; sich áufdrängen (*навяза́ться*)

приступа́ть, приступи́ть begínnen*, in Ángriff néhmen*

присуди́ть, присужда́ть *пре́мию и т. п.* zúerkennen*, verléihen*

прису́тствие *с* Ánwesenheit *f*, Gégenwart *f*

прису́тствовать ánwesend sein, dabéi sein

притвори́ться, притворя́ться sich verstéllen

притесня́ть bedrängen; unterdrücken (*подавля́ть*)

прито́м dabéi

притяза́ние *с* Ánspruch *m* ..sprüche

приуча́ть, приучи́ть кого-л. к чему-л. j-n an etw. (*A*) gewöhnen

прихо́д I *м прибытие* Ánkunft *f*

прихо́д II *м церковный* Geméinde *f* -n

приходи́ть см. прийти́

прице́п *м* Ánhänger *m* =

прича́л *м* Ánlegestelle *f* -n

прича́ливать, прича́лить ánlegen

причём 1. wobéi 2.: ~ здесь он? was hat er damít zu tun?

причеса́ть 1. kämmen 2. *сде́лать кому-л. причёску* frisíeren ~ся 1. sich kämmen 2. *сде́лать причёску* sich frisíeren lássen* (*у парикма́хера*)

причёска *ж* Frisúr *f* -en

причи́на *ж* Grund *m*, *pl* Gründe, Úrsache *f* -n

причини́ть, причиня́ть verúrsachen, zúfügen

пришива́ть, приши́ть ánnähen

пришло́сь: мне ~ ждать ich mußte wárten

прия́тель *м* Freund *m* -e, Kamerád *m* -en

прия́тный ángenehm

про über, von

про́ба *ж* 1. *действие* Versúch *m* -e, Próbe *f* -n, Test *m* -s 2. *образчик* Próbe *f* -n,

Múster n = 3. *на драгоценных металлах* Próbe f -n

пробежа́ть 1. durchláufen*, láufen*; vorbéilaufen* *(мимо)* 2. *глазами* dúrchsehen*; überflíegen*

проби́ть *о часах* schlágen*

про́бка *ж* 1. Kork *m* (*тж. материал);* Pfrópfen *m* =; Stöpsel *m* = *(стеклянная)* 2. *разг. в уличном движении* Stáuung *f* -en

пробле́ма *ж* Problém *n* -e

про́бовать versúchen, probíeren; kósten *(пищу)*

пробо́р *м* Schéitel *m* =

пробы́ть verwéilen, bléiben*, sich áufhalten*; я про́был там не́сколько дней ich hielt mich dort éinige Táge auf

проведе́ние *с осуществление* Dúrchführung *f*

провезти́ hínschaffen; ~ с собо́й mítführen

прове́рить kontrollíeren; náchprüfen, überprüfen

прове́рка *ж* Kontrólle *f* -n, Prüfung *f* -en, Náchprüfung *f*; ~ паспорто́в *(на границе)* Páßkontrolle *f*

провести́ 1. dúrchführen 2. *осуществить* áusführen, dúrchsetzen 3. *разг. обману́ть* ánführen, betrügen* 4.: ~ вре́мя die Zeit verbríngen* [vertréiben*]

прове́тривать, прове́трить lüften

про́вод *м* Léitung *f* -en *(проводка);* Draht *m, pl* Drähte, Kábel *n* = *(кабель)*

проводни́к I *м* 1. *в горах и т. п.* Führer *m* = 2. *в поезде* Scháffner *m* =

проводни́к II *физ.* Léiter *m* =

провозгласи́ть, провозглаша́ть verkünden; áusrufen*; ~ тост éinen Trínkspruch áusbringen*

провока́ция *ж* Provokatión [-v-] *f* -en

про́волока *ж* Draht *m, pl* Drähte

прогла́тывать, проглоти́ть verschlúcken

прогна́ть fórttreiben*, vertréiben*

прогно́з *м* Prognóse *f* -n; ~ пого́ды Wéttervorhersage *f*

проголода́|ться húngrig wérden; я ~лся ich hábe Húnger

програ́мма *ж* Prográmm *n* -e

прогре́сс *м* Fórtschritt *m*

прогресси́вный fórtschrittlich

прогу́л *м* Árbeitsbummelei *f*

прогу́лка *ж* Spazíergang *m* ..gänge

продав|е́ц м Verkäufer m = **~щи́ца** ж Verkäuferin f -nen

прода́жа ж Verkáuf m ..käufe

прода́ть verkáufen

продли́ть verlängern

продово́льствие с Lébensmittel pl

продолжа́ть *см.* продо́лжить **~ся** dáuern, währen

продолже́ние с Fórtsetzung f -en

продолжи́тельность ж Dáuer f

продо́лжить 1. fórtsetzen 2. *продли́ть* verlängern

проду́кт м Erzéugnis n -se, Prodúkt n -e; *моло́чные* **~ы** Molkeréiprodukte pl

продукти́вный produktív

продукто́вый: *~ магази́н* Lébensmittelgeschäft n -e

проду́кция ж Produktión f, Erzéugnisse pl

проду́мать, проду́мывать durchdénken*, überlégen

прое́зд м 1. Dúrchfahrt f; *пла́та за ~* Fáhrgeld n 2. *у́лица* Nébenstraße f -n

проездно́й: *~ биле́т* Zéitkarte f -n

прое́кт м Entwúrf m ..würfe, Projékt n -e

прое́хать 1. .. fáhren* *(что-л., по чему-л. или через что-л.* über A, durch A); *как мне ~ к вокза́лу?* wie kómme ich zum Báhnhof? 2. *ми́мо* vorbéifahren* (an D) 3. *в каком-л. ме́сте* dúrchkommen*, dúrchfahren* 4. *какое-л. расстоя́ние* zurücklegen; *~ две остано́вки* zwei Háltestellen fáhren*

прожива́ть 1. *жить* wóhnen 2. *см.* прожи́ть 2

прожи́ть 1. *некоторое время* (éine Zéitlang írgendwo) lében [wóhnen] 2. *истра́тить* áusgeben*

про́за ж Prósa f

прозра́чный dúrchsichtig; klar *(ясный)*

прои́грыватель м Pláttenspieler m

про́игрыш м Verlúst m -e

произведе́ние с Werk n -e; *~ иску́сства* Kúnstwerk n

произвести́ 1. erzéugen, produzíeren 2. *вы́полнить* áusführen; *~ поса́дку ав.* lánden 3.: *~ хоро́шее впечатле́ние* éinen gúten Éindruck máchen

производи́тельный produktív, léistungsfähig

произво́дственный Produktións-; Betríebs-

произво́дство с 1. Produktión f 2. *фабрика, завод* Betríeb m -e

произнести́, произноси́ть áussprechen*

произношéние *с* Áussprache *f*

произойти́, происходи́ть 1. geschéhen*; passieren (с кем-л. *D*) 2. *возникнуть* kómmen*

происхождéние *с* 1. Hérkunft *f*, Ábstammung *f* 2. *возникновение* Entstéhung *f*, Úrsprung *m*

происшéствие *с* Vórfall *m* ..fälle

пройти́ 1. géhen*(*по чему-л. или через что-л.* über *A*, durch *A*); как нам ~ к вокза́лу? wie kómmen wir zum Báhnhof? 2. *мимо* vorbéigehen* 3. *в каком-л. месте* dúrchgehen*; разреши́те ~! lássen Sie mich bitte durch! 4. *о времени* vergéhen*; прошло́ два часа́ es sind zwei Stúnden vergángen 5. *прекратиться* vorbéi sein, áufhören; дождь прошёл das Régen hat áufgehört

прока́т *м* Verléih *m*; пункт ~а Áusleihstelle *f*, Áusleihe *f*

прокуро́р *м* Stáatsanwalt *m* ..wälte

проли́в *м* Méerenge *f* -n

пролива́ть, проли́ть vergíeßen*

промахну́ться 1. *при стрельбе* danébenschießen* 2. *ошибиться* éinen Féhler máchen

промедлéние *с* Verzögerung *f* -en

промежу́ток *м* 1. *времени* Zéitspanne *f* -n, Zwíschenzeit *f* -en 2. *пространство* Ábstand *m* ..stände, Zwíschenraum *m* ..räume

промока́ть, промо́кнуть naß wérden, durchnäßt sein

промочи́ть durchnässen

промтова́рный: ~ магази́н Industríewarengeschäft *n* -e

промтова́ры (промы́шленные товáры) *мн* Industríewaren *pl*

промы́шленность *ж* Industríe *f* ..i|en

промы́шленн|ый industri|éll, Industríe-; ~ая о́бласть Industríegebiet *n* -e

пропада́ть verlórengehen*, abhánden kómmen*

пропа́жа *ж* Verlúst *m* -e

про́пасть *ж* Ábgrund *m* ..gründe, Kluft *f*, *pl* Klüfte (*тж. перен.*)

прописа́ть 1. *лекарство* verschréiben* 2. *на жительство* (polizéilich) ánmelden ~ся sich ánmelden

про́пуск *м* 1. *документ* Passíerschein *m* -e 2. *непосещение* Versäumnis *f*, n -se 3. *пробел* Lücke *f* -n

пропуска́ть, пропусти́ть 1. *кого-л. куда-л.* dúrchlassen*

2. *не явиться* versäumen 3. *опустить, не заметить* áuslassen*; übersého* *(ошибку)* 4. *опоздать* verpássen

прораба́тывать, прорабо́тать dúrcharbeiten

проси́ть bítten*; ~ *разрешения* um Erláubnis bítten*; прошу́ вас! wenn ich bítten darf!; ~ *кого-л. к столу́* j-n zu Tisch bítten*; вас про́сят к телефо́ну Sie wérden am Telefón verlángt

просла́вленный berühmt

просмо́тр *м* Dúrchsicht *f*; Vórführung *f (фильма и т. п.)*

просмотре́ть 1. dúrchsehen* 2. *не заметить* übersého*

просну́ться erwáchen

проспа́ть 1. *не встать вовремя* verschláfen* 2. *в течение какого-л. времени* dúrchschlafen*

проспе́кт I *м улица* Allée *f* -n; Prospékt *m* -e *(в России)*

проспе́кт II *м реклама* Prospékt *m* -e, Wérbeprospekt *m*

просро́чить (éinen Termín) versäumen

простира́ться sich (áus-)strécken, sich áusdehnen, sich áusbreiten

прости́ть verzéihen*, vergében*; прости́те! Verzéihung!

прости́ться sich verábschieden, Ábschied néhmen*

просто́й éinfach *(несложный)*; beschéiden *(скромный)*

простоква́ша *ж* sáure [dícke] Milch, Sáuermilch *f*

просто́р *м* wéiter Raum, Wéite *f* -n; *перен.* Fréiheit *f*

просто́рный geräumig; weit *(об одежде)*

простра́нство *с* Raum *m*, *pl* Räume

просту́да *ж* Erkältung *f* -en

простуди́ться, простужа́ться sich erkälten

просту́пок *м* Vergéhen *n* =

простыня́ *ж* Láken *n* =

просчита́ться sich verréchnen

про́сьба *ж* Bítte *f* -n

проте́з *м* Prothése *f* -n

протека́ть 1. *о реке, ручье* fließen* 2. *просачиваться* dúrchsickern 3. *прохудиться* úndicht sein, Wásser dúrchlassen; leck wérden *(о лодке)*

проте́ст *м* Protést *m* -e

про́тив 1. *напротив* gegenüber 2. *навстречу* gégen 3.: кто ~? wer ist dagégen?

проти́вник м Gégner m =

противоде́йствие с Wíderstand m *(сопротивление)*; Gégenwirkung f *(реакция)*

противополо́жный entgégengesetzt; gegenüberliegend *(расположенный напротив)*

противопоста́вить, противопоставля́ть entgégensetzen; gegen überstellen *(сравнить)*

противоре́чие с Wíderspruch m ..sprüche

противоре́чить widerspréchen*

протоко́л м Protokóll n -e

профессиона́льн|ый Berúfs-; ~ое обуче́ние Berúfsausbildung f; ~ сою́з Gewérkschaft f

профе́сс|ия ж Berúf m -e; кто вы по ~ии? was sind Sie von Berúf?

прохла́да ж Kühle f

прохла́дный kühl

прохо́д м Dúrchgang m ..gänge; го́рный ~ Gebírgspaß m ..pässe

прохо́жий м Passánt m -en

процвета́ть blühen, gedéihen*

проце́нт м Prozént n -e; Zins m -en *(на капитал)*

профе́ссор м Proféssor m ..ssóren

проце́сс м Prozéß m ..sse, Vórgang m ..gänge

проче́сть, прочита́ть dúrchlesen*, lésen*

про́чный fest; dáuerhaft *(длительный)*

прочь weg, fort; ~ отсю́да! weg von hier!

прошлого́дний vórjährig

про́шлое с Vergángenheit f

про́шлый vergángen, vórig; ~ раз das létzte Mal

проща́й(те) lébe [lebt, lében Sie] wohl

проща́ние с Ábschied m -e; на ~ zum Ábschied

проще́ни|е с Verzéihung f; проси́ть ~я um Verzéihung bítten*

прояви́ть, проявля́ть 1. zéigen; bekúnden *(обнаружить)* 2. *фото* entwíckeln

проясни́ться, проясня́ться *о погоде* sich áufheitern

пруд м Teich m -e

пружи́на ж Féder f -n

пры́гать, пры́гнуть spríngen*

прыжо́к м Sprung m, pl Sprünge; ~ в высоту́ Hóchsprung m; ~ в длину́ Wéitsprung m; ~ с шесто́м Stábhochsprung m; тройно́й ~ Dréisprung m; прыжки́ на лы́жах с трампли́на Schíspringen n, прыжки́ с вы́шки (в во́ду) Túrmspringen n

пря́мо 1. geráde; иди́те ~ géhen Sie geradeáus **2.** *откровенно* áufrichtig, óffen

прямо́й 1. geráde **2.** *непосредственный* dirékt **3.** *без пересадок, остановок* dirékt, dúrchgehend **4.** *откровенный* áufrichtig, óffen

пря́ник *м* Pféfferkuchen *m* =

пря́ности *мн* Gewürze *pl*

пря́тать verstécken, verbérgen* **-ся** sich verstécken

пти́ца *ж* Vógel *m, pl* Vögel; *дома́шняя* ~ Geflügel *n*

пу́блика *ж* Públikum *n*

публикова́ть veröffentlichen

пу́говица *ж* Knopf *m, pl* Knöpfe

пу́дра *ж* Púder *m*

пу́дреница *ж* Púderdose *f* -n

пу́дриться sich púdern

пункт *м* Punkt *m* -e; Ort *f* -e; Stélle *f* -n *(место)*

пунктуа́льный pünktlich, genáu

пуска́ть, пусти́ть lássen*; lóslassen* *(отпустить);* (hin)éinlassen* *(впустить)*

пусто́й leer; hohl *(полый);* öde *(пустынный)*

пусты́ня *ж* Wüste *f* -n

пусть laß, soll, mag; ~ он войдет! soll [mag] er éintreten!; ну и ~! méinetwegen!

пустя́к *м* Kléinigkeit *f* -en

путёвка *ж* Ánweisung *f* -en; ~ в дом о́тдыха Féri|enscheck *m*, Úrlaubsscheck *m*; Réisescheck *m* *(туристическая)*

путеводи́тель *м* Führer *m* =; Réiseführer *m* = *(туристический справочник)*

путеше́ственник *м* der Réisende

путеше́ствие *с* Réise *f* -n

путеше́ствовать réisen

пут|ь *м* **1.** Weg *m* -e; Bahn *f* -en; на обра́тном ~и́ auf dem Rückwege; во́дный ~ Wásserweg *m*; возду́шным ~ём auf dem Lúftwege **2.** Réise *f* -n; счастли́вого ~и́! glückliche Réise! **3.** *железнодорожный* Gleis *n* -e

пух *м* Flaum *m*, Dáunen *pl*; ни пу́ха ни пера́! Halsund Béinbruch!

пушни́на *ж* Pélzwerk *n*, Ráuchwerk *n*

пчела́ *ж* Bíene *f* -n

пшени́ца *ж* Wéizen *m*

пшено́ *с* Hírse *f*

пылесо́с *м* Stáubsauger *m* =

пыль *ж* Staub *m*

пыта́ться versúchen

пы́шный üppig *(о растительности и т. п.);* práchtvoll, prúnkvoll *(роскошный)*

пьеса *ж* Theáterstück *n* -e

пюре́ Pürée *n*, Brei *m* -e

пятёрка *ж* Fünf *f*

пя́теро fünf

пя́титься rückwärts géhen*

пя́тка *ж* Férse *f* -n

пятна́дцать fünfzehn

пя́тница *ж* Fréitag *m*

пятно́ *с* Fleck *m* -e

пя́тый der fünfte

пять fünf

пятьдеся́т fünfzig

пятьсо́т fünfhúndert

Р

рабо́та *ж* Árbeit *f* -en

рабо́тать 1. árbeiten 2. *о машине и т. п.* funktioníeren

рабо́тник *м* Árbeiter *m* =; нау́чный ~ Wíssenschaftler *m*

рабо́чий I *сущ. м* Árbeiter *m* =

рабо́чий II *прил.* Árbeiter-; Árbeits- *(трудовой)*; ~ день Árbeitstag *m* -e

равни́на *ж* Ébene *f* -n

равно́: мне всё ~ mir ist es (ganz) egál

равноду́шный gléichgültig

равноме́рный gléichmäßig

равнопра́вие *с* Gléichberechtigung *f*

ра́вный gleich

рад froh; я ~ вас ви́деть ich fréue mich, Sie zu séhen

ра́ди wégen *(часто после сущ.)*; um ... wíllen; ~ меня́ [тебя́, его́ *и т. д.*] um méinetwillen [déinetwillen, séinetwillen usw.]; ~ э́того déswegen

ра́дио|веща́ние *с* Rúndfunk *m* ~-**гра́мма** *ж* Fúnkspruch *m* ..sprüche ~-**люби́тель** *м* Amateurfunker [-´tø:r-] *m* = ~ **переда́ча** *ж* Rúndfunksendung *f* -en ~**приёмник** *м* Rúndfunkempfänger *m* = ~**програ́мма** *ж* Rúndfunkprogramm *n* -e ~**слу́шатель** *м* Rúndfunkhörer *m* = ~**ста́нция** *ж* Fúnkstation *f* -en, Sénder *m* = ~**това́ры** *мн* Rádioartikel *pl* ~-**электро́ника** *ж* Fúnkelektronik *f*

ради́ровать fúnken

ра́диус *м* Rádius *m* ..di|en, Hálbmesser *m* =

ра́довать erfréuen ~**ся** sich fréuen

ра́достный fréudig, fröhlich

ра́дость ж Fréude f -n

ра́дуга ж Régenbogen m ..bögen

раду́шный hérzlich; gástlich, gástfreundlich *(гостеприимный)*

раз 1. м Mal n -e; вся́кий ~ jédesmal 2. *при счёте* eins 3. *если* wenn

разбега́ться, разбежа́ться 1. *в разные стороны* auseinánderlaufen* 2. *спорт.* éinen Ánlauf néhmen*

разби́ть 1. zerschlágen*, zerbréchen* 2. *машину и т. п.* kapútt máchen 3.: ~ проти́вника den Gégner schlágen* ~ся zerbréchen*; ~ся на́смерть tödlich stürzen

разбо́рчивый 1. *о почерке* léserlich 2. *о человеке* wählerisch

разбуди́|ть wécken; ~те меня́ в во́семь часо́в wécken Sie mich um acht Uhr

разва́лины мн Trümmer pl, Ruínen pl

ра́зве denn *(неужели)*; wírklich *(на самом деле)*; ~ вы не зна́ете? wíssen Sie denn nicht?

разве́дка ж 1. *воен.* Áufklärung f 2. *организация* Gehéimdienst m -e

разверну́ть, развёртывать áufmachen, áufpacken *(свёрток)*; entfálten *(газету, карту)* ~ся sich áufmachen; sich ábspielen *(о событиях)*

развесели́ть áufheitern, lústig stímmen ~ся sich áufheitern

развести́ 1. *вырастить* ánbauen *(растения)*; züchten *(животных, растения)* 2. *растворить* áuflösen; verdünnen *(разбавить)* 3. *огонь* Féuer (án)máchen

разветви́ться, разветвля́ться sich verzweigen, sich gabeln

разви́тие с Entwícklung f

разви́ть entwíckeln ~ся sich entwíckeln

развлече́ние с Zerstréuung f -en

развле́чь zerstréuen *(рассеять)*; unterhálten* *(занять)* ~ся sich zerstréuen; sich unterhálten*; sich amüsíeren *(позабавиться)*

развяза́ть lósbinden*; *перен.* entfésseln

развя́зка ж Lösung f -en; Áusgang m ..gänge *(исход)*

развя́зный úngeniert [-ʒe-]

разгова́ривать spréchen*, réden

разгово́р м Gespräch n -e, Unterháltung f -en

разгово́рник м Spráchführer m =

разгово́рный úmgangssprachlich; ~ язы́к Úmgangssprache f

разгово́рчивый gesprächig, rédselig

разгроми́ть 1. *неприятеля* zerschlágen* 2. *разрушить* demolíeren, zertrümmern

разгружа́ть, разгрузи́ть ábladen* *(товар)*; entláden* *(транспортное средство)*; löschen *(судно)*

разгру́зка *ж* Entláden *n*; Löschen *n* *(судна)*

раздави́ть zerdrücken, zerquétschen

разда́ть vertéilen

разда́ться *о звуке* ertönen, erschállen

раздева́лка *ж* Garderóbe *f* -n

разде́л *м* 1. *действие* Téilung *f* 2. *в книге и т. п.* Ábschnitt *m* -e, Teil *m* -e

раздели́ть, разделя́ть téilen; *мат.* dividíeren [-v-]; vertéilen *(распределить)*

разде́ть áusziehen* ~ся sich áusziehen*

раздража́ть verdríeßen* ~ся sich ärgern

разду́мать es sich (*D*) ánders überlégen

разже́чь, разжига́ть ánzünden; *перен.* entfáchen

разлива́ть, разли́ть 1. *пролить* vergíeßen* 2. *налить* éingießen*; éinschenken *(вино)*

разли́чный verschíeden

разложи́ть 1. áusbreiten 2. *на составные части* zerlégen, zerglíedern

разлу́ка *ж* Trénnung *f*; Ábschied *m* *(прощание)*

разлуча́ть, разлучи́ть trénnen ~ся sich trénnen

разлюби́ть nicht mehr líeben

разма́хивать schwíngen*; ~ рука́ми mit den Händen herúmfuchteln

разме́н *м* Wéchseln *n*; ~ де́нег Géldwechsel *m*

разме́нивать, разменя́ть wéchseln

разме́нн|ый: ~ автома́т Wéchselautomat *m* -en; ~ая моне́та Kléingeld *n*

разме́р *м* Áusmaß *n* -e; Größe *f* -n *(платья, обуви)*

размести́ть, размеща́ть áufstellen *(расставить)*; únterbringen* *(поместить)*

размно́жить *текст и т. п.* vervíelfältigen ~ся sich verméhren

размышле́ние *с* Náchdenken *n*, Überlégen *n*

размышля́ть náchdenken*

ра́зница *ж* Únterschied *m* -e

разнови́дность Ábart *f* -en

разногла́сие *с* Méinungsverschiedenheit *f* -en

разнообра́з|ие *с* Mánnigfaltigkeit *f*; для ~ия zur Ábwechslung

разнообра́зный mánnigfaltig, víelfältig

разноро́дный verschíedenartig

разносторо́нний víelseitig

разноцве́тный bunt

ра́зный verschíeden

разоблача́ть, разоблачи́ть entlárven (*кого-л.*); enthüllen (*что-л.*)

разобра́ть 1. *на части* auseinándernehmen* 2. *прочитать* entzíffern

разогрева́ть, разогре́ть warm máchen, áufwärmen

разойти́сь 1. *уйти́* auseinándergehen* 2. *о супругах* sich schéiden lássen* 3. *разминуться* aneinánder vorbéigehen*, einánder verféhlen

разорва́ть zerréißen* ~ся zerréißen*; explodíeren (*о снарядах и т. п.*)

разори́ть 1. zerstören (*разрушить*); verwüsten (*опустошить*) 2. *экономически* ruiníeren ~ся ruiníert sein

разочарова́ние *с* Enttäuschung *f* -en

разочарова́ть, разочаро́вывать enttäuschen ~ся enttäuscht sein

разре́з *м* Schnitt *m* -e; Schlitz *m* -e (*у платья*); продо́льный ~ Quérschnitt *m*

разре́зать, разреза́ть zerschnéiden*; áufschneiden* (*хлеб*)

разреше́ние *с* 1. *задачи, проблемы* Lösung *f* -en 2. *позволение* Erláubnis *f* -se; Bewílligung *f* -en (*одобрение*); ~ на въезд в страну Éinreisegenehmigung *f* -en; ~ на вы́воз Áusfuhrbewilligung *f*

разреши́ть 1. *задачу и т. п.* lösen 2. *позволить* erláuben; bewílligen (*одобрить*)

разру́ха *ж* Zerrüttung *f*, Verfáll *m*

разруша́ть, разру́шить zerstören; verníchten (*уничтожить*)

разры́в *м* Riß *m*, *pl* Rísse; *перен.* Bruch *m*, *pl* Brüche; Ábbruch *m* (*отношений*)

разря́д I *м эл.* Entládung *f* -en

разря́д II *м категория* Kategoríe *f* ..íen, Klásse *f* -n

разубеди́ть, разубежда́ть áusreden

ра́зум *м* Vernúnft *f*, Verstánd *m*

разуме́ется natürlich, gewíß, sélbstverständich

разу́мный vernünftig, geschéit

разу́ться die Schúhe áusziehen*

разу́чивать, разучи́ть éinüben, éinstudieren

разучи́ться verlérnen

разъедини́ть, разъединя́ть trénnen, ábsondern

разъясне́ние с Erklärung f -en

разъясни́ть, разъясня́ть erklären, auseinándersetzen

разыска́ть áusfindig máchen

разы́скивать súchen

рай м Paradíes n

райо́н 1. *область* Gebíet n -e; Gégend f -en *(местность)* 2. *административный* Rayon [rɛ´jɔŋ] n -e; Bezírk m -e *(в городе)*

раке́та ж Rakéte f -n; косми́ческая ~ Wéltraumrakete f

ра́ковина ж 1. Múschel f -n 2. *водопроводная* Wáschbecken n =

ра́ма ж Ráhmen m =

ра́на ж Wúnde f -n

ра́нний früh, frühzeitig

ра́ньше früher, vórher

рапи́ра ж Florétt n -e; фехтова́ние на ~х Floréttfechten n

раскида́ть, раски́дывать *вещи и т. п.* auseinánderwerfen*, herúmwerfen*

расколо́ть zerspálten; knácken *(орех)*

раско́пки мн Áusgrabungen pl

раскры́ть 1. áufmachen, öffnen 2. *разоблачить* áufdecken ~ся 1. sich öffnen 2. *обнаружиться* sich heráusstellen

распакова́ть, распако́вывать áuspacken

распа́хивать, распахну́ть áufmachen; áufreißen* *(дверь и т. п.)*

распеча́тать, распеча́тывать 1. *вскрыть* öffnen; áufreißen* *(конверт)*; ánbrechen* *(пачку сигарет и т. п.)* 2. *размножить* vervíelfältigen

расписа́н|ие с Fáhrplan m ..pläne *(поездов, автобусов и т. п.)*; Flúgplan m *(авиарейсов)*; по ~ию fáhrplanmäßig

расписа́ться 1. *поставить подпись* unterzéichnen, unterschréiben* 2. *разг. зарегистрировать брак* stándesamtlich héiraten

распи́ска ж Quíttung f -en

распла́та ж 1. Bezáhlung f; Ábrechnung f *(расчёт)* 2.

перен. Ábrechnung *f*; Vergéltung *f (возмездие)*

расплати́ться, распла́чиваться 1. bezáhlen; záhlen *(в ресторане и т. п.)* 2. *отомстить* ábrechnen, vergélten

располага́ть 1. *см.* расположи́ть 2. *иметь в распоряжении что-л.* über etw. (A) verfügen

расположе́ние *с* 1. *порядок* Ánordnung *f* -en; Áufstellung *f* -en 2. *местоположение* Láge *f* -n 3. *симпатия* Sympathíe *f* ..íˌen

расположи́ть 1. *расставить* áufstellen 2. *вызвать в ком-л. симпатию* j-s Sympathíe erwécken

распоряди́ться, распоряжа́ться 1. *приказать* ánordnen 2. *чем-л.* über etw. (A) verfügen

распоря́д|ок *м* Órdnung *f* -en; Reglement [-´maŋ] *n* -s; пра́вила вну́треннего ~ка Háusordnung *f*

распоряже́н|ие *с* 1. *приказание* Beféhl *m* -e, Ánordnung *f* -en 2.: име́ть в своём ~ии zur Verfügung háben

распределе́ние *с* Vertéilung *f*

распредели́ть, распределя́ть vertéilen

распространи́ть, распространя́ть verbréiten; áusdehnen *(расширить)* ~ся sich verbréiten; áusströmen *(о запахе, тепле)*

распу́тать, распу́тывать entwírren; *перен.* lösen

рассве́т *м* Tágesanbruch *m*, Mórgendämmerung *f*; на ~е bei Tágesanbruch

рассе́янный zerstréut

расска́з *м* Erzählung *f* -en, Geschíchte *f* -n

рассказа́ть, расска́зывать erzählen

рассма́тривать betráchten, ánsehen* *(тж. перен.)*

рассмотре́ть séhen*; unterschéiden* *(различить)*; erblícken *(увидеть)*

расспра́шивать, расспроси́ть áusfragen

рассро́чк|а: в ~у rátenweise, in Ráten

расста́вить, расставля́ть áufstellen

расста́ться sich trénnen

расстёгивать, расстегну́ть áufknöpfen *(пуговицы)*; áufschnallen *(пряжку)*; áufhaken *(крючки)*

расстоя́ние *с* Entférnung *f* -en

расстра́ивать 1. *что-л.* verwírren; veréiteln *(планы)*; zerrütten *(здоровье)* 2.

кого-л. verstímmen ~ся 1. in Verwírrung geráten*; schéitern *(не удаться)* 2. *огорчаться* verstímmt sein

расстре́ливать, расстреля́ть erschíeßen*

рассу́док *м* Verstánd *m*; Vernúnft *f (разум)*

рассужда́ть *думать* überlégen; erwägen

рассужде́ние *с* Überlégung *f* -en; Erwägung *f* -en

рассчита́ть áusrechnen, beréchnen

рассчи́тывать на *кого-л.,* на *что-л.* auf j-n, auf etw. réchnen

раста́ять (áuf)táuen, schmélzen*

раствори́мый lösbar; ~ ко́фе Instantkaffee [´ɪnstənt-] *m*

раствори́ть, растворя́ть I *раскрыть* áufmachen, öffnen

раствори́ть, растворя́ть II *в жидкости* áuflösen

расте́ние *с* Pflánze *f* -n, Gewächs *n* -e

растерянный verwírrt, verlégen

растеря́ться verléngen sein, verwírrt sein

расти́ wáchsen*; zúnehmen* *(увеличиваться)*

расти́тельность *ж* Pflánzenwelt *f*, Flóra *f*

расторга́ть, расто́ргнуть 1. *договор* áufheben*, annullíeren 2. *брак* schéiden*

растро́гать rühren

растяну́ть 1. *вытянуть* (áus)déhnen 2. *во времени* in die Länge zíehen* ~ся sich áusstrecken, sich déhnen

расхо́д *м* Verbráuch *m (топлива и т. п.);* мн ~ы Áusgaben *pl*, Kósten *pl*

расхо́довать verbráuchen; áusgeben*, veráusgaben *(деньги)*

расхоте́ть die Lust verlíeren*

расцвести́ áufblühen *(тж. перен.)*

расцве́т *м* Blüte *f*; Blütezeit *f (период расцвета)*

расце́нивать, расцени́ть 1. *товар* taxíeren, ábschätzen 2. *как что-л.* für etw. ánsehen*; als etw. betráchten

расчеса́ть *волосы* kämmen

расчёска *ж* Kamm *m*, *pl* Kämme

расчёт *м* 1. Beréchnung *f* -en 2. *увольнение* Entlássung *f* -en

расшире́ние *с* Erwéiterung *f*; Áusdehnung *f*; ~ культу́рных свя́зей die Erwéiterung der kulturéllen Bezíehungen

расши́рить, расширя́ть erwéitern; áusdehnen ~ся sich erwéitern, sich áusdehnen

ратифици́ровать ratifizieren

рациона́льный rationéll

рва́н|ый zerríssen; ~ая ра́на Réißwunde f -n

реаги́ровать reagíeren

реакти́вный reaktív; ~ дви́гатель Stráhltriebwerk n -e

реали́зм m Realísmus m

реа́льн|ый reál, reéll; ~ая за́работная пла́та Reállohn m

ребёнок m Kind n -er

ребро́ с 1. Ríppe f -n 2. *край* Kánte f -n

ребя́та мн *парни* Jungs pl

ребя́ческий kíndisch

ревни́вый éifersüchtig

ре́вность ж Éifersucht f

революцио́нный revolutionär [-v-], Revolutións-

револю́ция ж Revolutión [-v-] f -en

регистра́ция ж Registríerung f, Éintragung f

регистри́ровать egistríeren; éinnehmen* *(вноси́ть)*

регла́мент m Reglement [-'maŋ] n -s; Geschäftsführung f -en *(поря́док рабо́ты)*; Rédezeit f *(вре́мя на выступле́ние)*

регули́ровать régeln

регуля́рный régelmäßig

редакти́ровать redigíeren

реда́ктор м Redakteur [-'tø:r] m -e; Léktor m -e *(изда́тельства)*

реда́кция ж 1. Redaktión f -en 2. Fássung f *(вариа́нт)*

реди́ска ж Radíes|chen n =

ре́дкий 1. sélten 2. *негусто́й* dünn

ре́дька ж Réttich m

ре́же séltener

режиссёр м Regisseur [reʒi'sø:r] m -e

ре́зать 1. schnéiden* 2. *скот, пти́цу* schláchten

резе́рв м Resérve [-v-] f -n; Vórrat m ..räte *(запа́с)*

рези́на ж Gúmmi m

рези́нка ж Gúmmiband n ..bänder *(ле́нта)*; Radíergummi m = *(для стира́ния)*; Káugummi m = *(жева́тельная)*

рези́нов|ый Gúmmi-; ~ые сапоги́ Gúmmistiefel pl

ре́зкий héftig, stark *(си́льный)*; schroff *(гру́бый)*; schrill *(о зву́ке)*; scharf *(о слова́х)*

результа́т м Ergébnis n -se, Resultát n -e

резолю́ция ж Resolutión f -en

рейд м *мор.* Réede f -n

рейс м 1. *а́вто, мор.* Fahrt f -en 2. *ав.* Flug m, pl Flüge

рекá ж Fluß m, pl Flüsse; Strom m, pl Ströme *(большая)*

реклáма ж Reklámе f, Wérbung f

рекламировать wérben*

рекомендáция ж Empféhlung f -en

рекомендовáть empféhlen*

рекóрд м Rekórd m -e; Höchstleistung f -en; установить ~ éinen Rekórd áufstellen; побить [улучшить] ~ éinen Rekórd bréchen* [verbéssern]

рекордсмéн м Rekórdhalter m = ~ка Rekórdhalterin f -nen

рéктор м Réktor m ..tóren

религия ж Religión f -en

рéльс|ы мн Schíenenweg m, Gleis n; сойти с ~ов entgléisen

ремéнь м Ríemen m; ~ безопáсности *авто*, привязнóй ~ *ав.* Sícherheitsgurt m -e

ремéсленник м Hándwerker m =

ремеслó с Hándwerk n -e; Gewérbe n = *(профессия)*

ремешóк: ~ для часóв Léderarmband n ..bänder

ремóнт м Reparatúr f -en *(починка);* Renovíerung [-v-] f *(квартиры и т. п.)*

ремонтировать reparíeren *(чинить);* renovíeren [-v-] *(квартиры и т. п.)*

рентáбельный rentábel

реоргани зáция ж Reorganisatión f

рéпа ж Rübe f -n

репертуáр м Spíelplan m ..pläne

репетиция ж Próbe f -n; генерáльная ~ Generálprobe f

репортáж м Reportáge [-´ta:ʒə] f -n

репрéссия ж Repressálie f -n

репродýктор м Láutsprecher m =

репродýкция ж Reproduktión f -en

репутáция ж Ruf m; имéть хорóшую ~ию éinen gúten Ruf háben

ресницы мн Wímpern pl

респýблика ж Republík f -en

рессóра ж Féder f -n

реставрáция ж Restauratión f

реставрировать restauríeren

ресторáн м Restaurant [rɛsto´raŋ] n -s, Gáststätte f -n

ресýрсы мн Ressoúrsen [rɛ´sursən] pl

рефо́рма ж Refórm f -en

реце́нзия ж Rezensión f -en

реце́пт м 1. *врача* Rezépt n -e; вы́писать ~ ein Rezépt áusstellen 2. *кул.* Rezépt n -e

речн|о́й Fluß-; -áя при́стань Flúßhafen m ..häfen

речь ж 1. Réde f -n; Ánsprache f -n *(обращение);* приве́тственная ~ Begrǘßungsansprache f 2. *язык* Spráche f 3.: ~ идёт о том... es hándelt sich dárum...

реша́ть(ся) *см.* реши́ть(ся)

реша́ющий entschéidend; áusschlaggebend

реше́ние с 1. Entschéidung f -en; Beschlúß m ..schlüsse *(постановление);* ~ суда́ Réchtsspruch m ..sprüche 2. *задачи и т. п.* Lösung f -en

решётка ж Gítter n =

реши́мость, реши́тельность ж Entschlóssenheit f, Entschíedenheit f

реши́ть 1. *принять решение* entschéiden*, beschlíeßen* 2. *задачу и т. п.* lösen ~ся sich entschlíeßen*; sich entschéiden* *(о деле)*

ржаве́ть rósten

ржа́вый róstig

ржано́й Róggen-; ~ хлеб Róggenbrot n

ринг м Ring m -e, Bóxring m

рис м Reis m

риск м Rísiko n

рискну́ть, рискова́ть riskíeren; wágen *(осмелиться)*

рисова́ть zéichnen; málen *(красками)*

рису́нок м Zéichnung f -en

ритм м Rhýthmus m ..men

ри́фма ж Reim m -e

робе́ть zághaft [schüchtern] sein

ро́бкий zághaft, scheu; schüchtern

ро́бот м Róboter m =

рове́сник м Áltersgenosse m -n

ро́вный 1. *гладкий* ében, glatt 2. *равномерный* gléichmäßig

ро́дина ж Héimat f; Váterland n *(отчизна)*

роди́тели мн Éltern pl

роди́ть gebären*, zur Welt bringen* ~ся 1. gebóren wérden 2. *возникнуть* entstéhen*

родно́й 1. *по крови* léiblich 2. *близкий* náhe 3. Héimat-; ~ язык Múttersprache f

родня́ ж Verwándtschaft f

ро́дственник м der Verwándte

родство́ с Verwándtschaft f

рожде́н|ие с Gebúrt f -en; день ~ия Gebúrtstag m -e

рождество́ *с* Wéihnachten *pl*

рожь Róggen *m*

ро́за *ж* Róse *f* -n

ро́зничн|ый: ~ая торго́вля Éinzelhandel *m*

ро́зовый *цвет* rósa(farben)

рок-му́зыка *ж* Róckmusik *f*

ро́лики *мн* Róllschuhe *pl*

роль *ж* Rólle *f* -n

рома́н *м* Román *m* -e

рома́нс *м* Románze *f* -n, Lied *n* -er

рома́шка *ж* Kamílle *f* -n

роня́ть fállen lássen*

роса́ *ж* Tau *m*

роско́шный prächtig, práchtvoll; luxuriös

ро́скошь *ж* Pracht *f*; Lúxus *m*

ро́спись *ж* Maleréi *f* -en, Bemálung *f*; стенна́я ~ Wándmalerei *f*

росси́йский rússisch

рост 1. *человека* Wuchs *m*, *pl* Wüchse 2. *процесс* Wáchsen *n*, Wáchstum *n*; *перен.* Ánwachsen *n*, Zúnahme *f*

рот *м* Mund *m*, *pl* Münder

ро́ща *ж* Hain *m* -e, Gehölz *n* -e

роя́л|ь *м* Flügel *m* =, Klavíer [-v-] *n* -e; игра́ть на ~e Klavíer spíelen

руба́шка *ж* Hemd *n* -en

рубе́ж *м* Grénze *f* -n; за ~о́м im Áusland

руби́н *м* Rubín *m* -e

руби́ть hácken, háuen; fällen *(деревья)*

рубль *м* Rúbel *m* =

руга́ть schímpfen ~ся schímpfen; sich zánken *(ссориться)*

руда́ *ж* Erz *n* -e

ружьё *с* Gewéhr *n* -e; Flínte *f* -n *(охотничье)*

рука́ *ж* Hand *f*, *pl* Hände *(кисть)*; Arm *m* -e *(вся рука)*; пода́ть ру́ку die Hand réichen; пожима́ть ру́ку die Hand drücken; идти́ по́д руку éingehakt géhen*; брать по́д руку sich éinhaken ◊ на ско́рую ру́ку flüchtig; in áller Éile; взять себя́ в ру́ки sich zusámmenfassen

рука́в *м одежды* Ärmel *m* =

руководи́тель *м* Léiter *m* =; Führer *m* = *(лидер)*

руководи́ть léiten; führen

ру́копись *ж* Manuskrípt *n* -e

рукопожа́тие *с* Händedruck *m*..drücke

руль *м* Stréuer *n* = *(штурвал)*; Lénkrad *n* ..räder *(автомобиля)*

румя́на *мн* Rouge [ruːʒ] *n*

румя́ный rot; rótwangig (*о человеке*)

ру́сло *с* Flúßbett *n* -en

ру́сский 1. rússisch **2.** *м* der Rússe

ру́хнуть usámmenstürzen, zusámmenbrechen*; *перен.* schéitern

руча́ться bürgen

ручéй *м* Bach *m*, *pl* Bächer

ру́чка *ж* **1.** *рукоятка* Griff *m* -e, Stiel *m* -e; Hénkel *m* = (*сосуда, корзины*); Klínke *f* -n (*дверная*); Ármlehne *f* -n (*кресла*) **2.** *для письма* Füller *m* =; ша́риковая ~ Kúgelschreiber *m* =

ручно́й 1. Hand-; ~ бага́ж Hándgepäck *n* **2.** *прирученный* zahm

ры́ба *ж* Fisch *m* -e

рыба́к *м* Físcher *m* =

ры́бный Fisch-; ~ суп Físchsuppe *f* -n

рыболо́в *м* Ángler *m* =

ры́жий rot (*о волосах*); róthaarig (*о человеке*)

ры́нок *м* **1.** Markt *m*, *pl* Märkte; Márkthalle *f* -n (*крытый*) **2.** *эк.* Markt *m*; вну́тренний ~ Bínnenmarkt *m*; мирово́й ~ Wéltmarkt *m*

рысь *ж* Luchs *m* -e

рыть grában*, schárren

ры́царь *м* Rítter *m* =

рыча́г *м* Hébel *m* =

ряби́на *ж* **1.** *ягода* Vógelbeere *f* -n **2.** *дерево* Vógelbeerbaum *m* ..bäume

ряд *м* Réihe *f* -n

ря́дом nében, nebenán; nebeneinánder

с 1. mit; я пойду́ с ним ich géhe mit ihm **2.** *откуда* von; со стола́ vom Tisch; с пра́вой стороны́ von der réchten Séite **3.** *с каких пор* seit, von... an, ab; с января́ seit Jánuar; с сего́дняшнего дня von héute an, ab héute **4.** *по причине* vor, aus; со стра́ху vor [aus] Angst **5.** *приблизительно* úngefähr, étwa, gégen; прошло́ с неде́лю es verging úngefähr [étwa] éine Wóche

сад *м* Gárten *m*, *pl* Gärten

садо́вник *м* Gärtner *m* =

садово́дство *с* Gártenbau *m*

сажа́ть 1. sétzen **2.** *растения* pflánzen

саксофо́н *м* Saxophón *m* -e

сала́т *м* Salát *m* -e

са́ло *с* Fett *n*, Speck *m*; Schmalz *n*

салфе́тка ж Serviétte [-v-] f -n

са́льто с Sálto m -s

сам selbst, sélber; само́ собо́й (разуме́ется) sélbstverständlich; само́ собо́й *(самостоя́тельно)* von selbst

самова́р м Samowár m -e

самодержа́вие с Sélbstherrschaft f

самодея́тельность ж Sélbstbetätigung f; худо́жественная ~ Láienkunst f

самодово́льный sélbstzufrieden, sélbstgefällig

самокри́тика ж Sélbstkritik f

самолёт м Flúgzeug n -e

самолюби́вый éhrgeizig, stolz; empfíndlich *(легкорани́мый)*

самолю́бие с Éhrgeiz m, Sélbstgefühl n

самомне́ние с Éigendünkel m, Éinbildung f

самонадея́нный überhéblich, éingebildet

самооблада́ние с Sélbstbeherrschung f

самообразова́ние с Sélbstbildung f

самообслу́живан|ие с Sélbstbedienung f; магази́н ~ия Sélbstbedienungsgeschäft n -e

самосва́л м Kípper m =

самостоя́тельность ж Sélbständigkeit f

самостоя́тельный sélbständig

самоуби́йство с Sélbstmord m -e

самоуве́ренный sélbstsicher, éingebildet, ánmaßend

самоучи́тель м Léitfaden m ..fäden, Léhrbuch n ..bücher für den Sélbstunterricht

самочу́вствие с Befínden n; как ва́ше ~? wie fühlen Sie sich?

са́мый 1.: тот ~ dersélbe; в са́мом нача́ле ganz [gleich] am Ánfang; в са́мом де́ле in der Tat, tátsächlich 2. *с прилаг. в превосх. ст. оконча́ние* -(e)ste; ~ си́льный (áller)stärkste

санато́рий м Sanatórium n ..ri|en

са́нки мн Schlítten m =

санкциони́ровать sanktioníeren

са́нкция ж Sanktión f -en

сантиме́тр м Zentiméter n, m =

сапо́г м Stíefel m =

сапо́жник м Schúhmacher m =, Schúster m =

сарде́лька ж Bóckwurst f ..würste

сати́ра ж Satíre f -n

са́хар м f -n Zúcker

са́харница ж Zúckerdose f -n

са́харный Zúcker-; ~ песо́к Stréuzucker m

сбе́гать 1. *срочно пойти куда-л.* láufen*; сбегай в апте́ку geh mal in die Apothéke **2.** schnell hólen *(за чем-л.)*; hólen *(за кем-л.)*

сбереже́ния мн Erspárnisse pl

сбере́чь 1. *сохранить* áufbewahren **2.** *скопить* (er)spáren

сбить 1. herúnterschlagen* *(висящий предмет)*; ábschießen* *(самолёт)* **2.** *сливки* schlágen* **3.**: ~ с ног zu Fall bríngen*

сближе́ние с Ánnäherung f

сбли́зить nähern, zusámmenbringen* ~ся sich (einánder) nähern; *перен.* náhetreten*; sich befréunden *(подружиться)*

сбо́ку an der Séite; von der Séite, séitlich

сбор м **1.** Sámmeln n; ~ фру́ктов Óbsternte f **2.** *налог* Stéuer f -n; Gebühren pl *(почтовый, таможенный)* **3.** *собрание* Versámmlung f -en **4.** *мн в дорогу* Réisevorbereitungen pl

сбо́рник м Sámmlung f -en

сбра́сывать, сбро́сить hinábwerfen*; stürzen *(свергнуть)*

сбыва́ться in Erfüllung géhen*

сбыт м Ábsatz m; ры́нок ~a Ábsatzmarkt m ..märkte

сва́дебн|ый Hóchzeits-; ~oe путеше́ствие Hóchzeitsreise f -n

сва́дьба ж Hóchzeit f -en

сва́ливать, свали́ть 1. *опрокинуть* úmwerfen* **2.** *в кучу* zusámmenwerfen*

сведе́н|ие с **1.** *известие* Náchricht f -en; Áuskunft f ..künfte **2.** *мн ~ия знания* Kénntnis f -se; довести́ до ~ия in Kénntnis sétzen; приня́ть к ~ию zur Kénntnis néhmen*

свежезаморо́женн|ый: ~ые фру́кты Féinfrostobst n

све́жий *в разн. знач.* frisch; kühl *(прохладный)*

свёкла ж róte Rübe; са́харная ~ Zúckerrübe f -n

свёкор м Schwíegervater m ..väter

свекро́вь ж Schwíegermutter f ..mütter

сверга́ть, све́ргнуть stürzen

сверка́ть fúnkeln, blítzen, blínken

сверкну́ть áufblitzen, áufleuchten

сверло́ *с* Bóhrer *m* =

сверну́ть 1. zusámmenlegen *(сложить);* zusámmenrollen *(скатать)* 2. с *пути* ábbiegen*

свёрток *м* Pakét *n* -e; Rólle *f* -n *(трубкой)*

сверх 1. über *(A)* ... (hináus): ~ пла́на über den Plan (hináus) 2. *кроме* áußer *(D)*; ~ того́ áußerdem, óbendrein

све́рху 1. *на вопрос «отку́да?»* von óben heráb 2. *на вопрос «где?»* óben; über *(D)*

свет I *м* Licht *n*; при ~е bei künstlicher Beléuchtung

свет II *м мир* Welt *f* -en

света́|ть: ~ет es tagt, es wird Tag

свети́льник *м ла́мпа* Lámpe *f* -n

свети́ть léuchten, schéinen*

све́тлый hell, licht; klar

светофо́р *м* Verkéhrsampel *f* -n

свеча́, све́чка *ж* Kérze *f* -n, Licht *n* -er

свида́н|ие *с* Rendezvous [raɲde´vu:] *n* = *(тж. влюблённых);* Verábredung *f* -en *(деловое);* до ~ия! auf Wíedersehen!

свиде́тель *м* Zéuge *m* -n

свини́на *ж* Schwéinefleisch *n*

свинья́ *ж* Schwein *n* -e

свист *м* Pféifen *n*; Pfiff *m* -e

свисте́ть, сви́стнуть pféifen*

свисто́к *м* Pféife *f* -n

сви́тер *м* Pullóver [-v-] *m*=, Stríckjacke *f* -n

свобо́да *ж* Fréiheit *f* -en; ~ сло́ва Rédefreiheit *f*; ~ печа́ти Préssefreiheit *f*; ~ со́вести Gewíssensfreiheit *f*

свобо́дный frei

своевре́менный róchtzeitig

своеобра́зный éigentümlich; éigenartig

свой mein, dein, sein, ihr, únser, éuer, ihr я [ты, он *и т. д.*]; я потеря́л свою́ кни́гу ich hábe [du hast, er hat *usw.*] mein [dein, sein *usw.*] Buch verlóren; сам не ~ áußer sich

сво́йство *с* Éigenschaft *f* -en, Bescháffenheit *f* -en

свы́ше *сверх.* über, mehr als

связа́ть (ver)bínden*

связь *ж* Verbíndung *f* -en; Beziéhung *f* -en *(отношение);* Zusámmenhang *m* ..hänge *(зависимость)*

свято́й 1. héilig 2. *м* der Héilige

свяще́нник *м* Príester *m* =, der Géistliche

свяще́нн|ый héilig

сговáриваться, сговори́ться 1. *договориться* verábreden 2. *достигнуть взаимопонимания* éinig wérden

сгорáть, сгорéть verbrénnen*

сгущённ|ый: ~ое молокó Kondénsmilch *f*

сдать 1. ábgeben*; áufgeben* *(багаж)*; ~ десять рублéй сдáчи zehn Rúbel heráusgeben* 2. *внаём* vermíeten; verpáchten *(в аренду)* ~ся sich ergében*; kapitulíeren

сдáч|а *ж деньги* Rest *m*; получи́ть, дать два рубля́ ~и zwei Rúbel heráusbekommen*, heráusgeben*

сдвигáть, сдви́нуть 1. *с места* wégschieben*, wégrücken, von der Stélle rücken 2. *в одно место* zusámmenschieben*, zusámmenrücken

сдéлать máchen, tun*

сдéлка *ж* Geschäft *n* -e, Ábmachung *f* -en; Ábkommen *n* = *(соглашение)*

сдéржанный zurückhaltend

сдержáть, сдéрживать zurückhalten*; ~ слóво (sein) Wort hálten* ~ся sich behérrschen

сеáнс *м в кино* Vórstellung *f* -en

себестóимость *ж* Sélbstkosten *pl*, Sélbstkostenpreis *m*

себя́ mich, uns *(о 1-м лице)* dich, euch *(о 2-м лице)* sich *(о 3-м лице)*; прийти́ в ~ zu sich kómmen*

сев *м* Saat *f*, Áussaat *f*

сéвер *м* Nórden *m*

сéверный Nord-, nördlich

сéверо-востóк *м* Nordósten *m*

сéверо-зáпад *м* Nordwésten *m*

сегóдня héute; ~ у́тром héute früh; ~ вéчером héute ábend

сегóдняшний héutig

седóй gráu(haarig)

седьмóй der síebente

сезóн *м* Saison [zɛˈzɔŋ] *f* -s; Jáhreszeit *f* -en *(время года)*

сейф *м* Safe [seːf] *m* -s; Tresór *m* -e

сейчáс 1. *теперь* jetzt; ében 2. *скоро* gleich, sofórt; я ~ приду́ ich kómme gleich; ~ же sogléich, sofórt

секрéт *м* Gehéimnis *n* -se

секретáрь *м* Sekretär *m* -e

секу́нд|а *ж* Sekúnde *f* -n; сию́ ~у! éinen Áugenblick bítte!

секундомéр *м* Stóppuhr *f* -en

сельдь ж Héring m -e

сéльск|ий Dorf-, Land-; **~ое хозя́йство** Lándwirtschaft f

сельскохозя́йственный lándwirtschaftlich

семéйн|ый Famíli|en-; **~ые обстоя́тельства** Famíli|enverhältnisse pl

семенá мн Sámen pl, Sáatgut n

семéстр м Semésteŕ n =

семинáр м Seminár n -e

семнáдцать síebzehn

семь síeben

сéмьдесят síebzig

семьсóт síebenhúndert

семь|я́ ж Famílie f -n; **члéны ~и́** Famíli|enmitglieder pl

сéмя с Sámen m =

сéно с Heu n

сенокóс м Héuernte f, Mahd f

сенсáция ж Sensatión f -en

сентиментáльный sentimentál

сентя́брь м Septémber m

сервúз м Táfelgeschirr n, Service [zɛr´viːs] m, pl = [-´viːs]

сéрвис м Kúndendienst m, Service [´zøːrvis] m

сердéчный 1. задушевный hérzlich, ínnig 2. мед. Herz-; **~ прúступ** Hérzanfall m

сердúтый böse; zórnig (гневный); ärgerlich (рассерженный)

сердúть ärgern, böse máchen **~ся** sich ärgern, böse sein

сéрдце с Herz n -en; **от всегó ~a** von gánzem Hérzen

серебрó с Sílber n

серéбряный sílbern, Sílber-

середúна ж Mítte f -n; Míttelstück n -e (средняя часть)

сержáнт м воен. Sergeant [-´ʒant] m -en

сéрия ж 1. Série f -n, Réihe f -n 2. кино Teil m -e

сéрый grau

сéрьги мн Óhrringe pl

серьёзный érnst(haft)

сéссия ж 1. Tágung f -en 2.: **экзаменациóнная ~** Prüfungszeit f, Prüfungen pl

сестрá ж Schwéster f -n

сесть 1. sich sétzen, sich hínsetzen 2. о солнце úntergehen* 3. в вагон и т. п. éinsteigen*

сéтка ж, **сеть** ж Netz n -e

сéять säen

сжать zusámmendrücken, zusámmenpressen

сжечь, **сжигáть** verbrénnen*

сзáди 1. von hínten 2. позади hínter

сибúрский sibírisch

сибиря|к м Sibíri|er m = ~чка ж Sibíri|erin f -nen

сига́ра ж Zigárre f -n

сигаре́та ж Zigarétte f -n

сигна́л м Signál n -e

сигнализи́ровать signalisíeren, Signále gében*

сиде́нье с Sitz m -e

сид|е́ть 1. sítzen*; ~и́те! не вставайте bléiben Sie sítzen! 2.: платье хорошо сиди́т das Kleid sitzt gut

си́ла ж Kraft f, pl Kräfte; Macht f (мощь); ~ во́ли Wíllenskraft f; изо всех сил aus állen Kräften; общими си́лами mit veréinten Kräften

си́льный stark; mächtig (мощный)

симпати́чный sympáthisch

симфони́ческий sinfónisch, Sinfoníe-

симфо́ния ж Sinfoníe f ..i|en

си́ний (dúnkel)blau

сини́ца ж Méise f -n

синтети́ческий synthétisch

синя́к м bláuer Fleck -e

сире́нь ж Flíeder m

сиро́п м Sírup m

сирота́ м, ж Wáise f -n

систе́ма ж Systém n -e

систематический systemátisch

си́тец м Kattún m

си́то с Sieb n -e

ситуа́ция ж Situatión f -en

сия́ние: се́верное ~ Nórdlicht n

сказа́ть ságen

ска́зка ж Märchen n =

скака́ть 1. прыгать spríngen*, hüpfen 2. на коне im Galópp réiten*

скала́ ж Féls(en) m =

скаме́йка ж, **скамья́** ж Bank f, pl Bänke

сканда́л м Skandál m -e

скандина́в м Skandinávier [-vjər] m =

ска́терть ж Tíschtuch n ..tücher

скафа́ндр м Táucheranzug m ..züge; (водолаза) Wéltraumanzug m ..züge (космонавта)

ска́чки мн Pférderennen n =

скачо́к м Sprung m, pl Sprünge

скважина ж Öffnung f -en, Loch n, pl Löcher

сквер м Grünanlage f -n

сквозня́к м Zúgluft f, Zug m

сквозь durch

скворе́ц м Star m -e

скворе́чник м Stárkasten m ..kästen

скелет м Skelétt n -e, Geríppe n =

скидка ж Ermäßigung f -en, Rabátt m-e

склад м Láger n =, Magazín n -e

сковорода, сковородка ж Pfánne f -n

скользить gléiten*, rútschen

скользкий glatt, schlüpfrig

сколько wievíel; ~ раз wie oft; ~ времени? wit spät ist es?

скончаться stérben*

скоро 1. *быстро* schnell, rasch 2. *вскоре* bald

скороварка ж Schnéllkochtopf m ..töpfe

скоростной: ~ лифт Schnéllaufzug m ..züge; ~ бег на коньках Eisschnellauf m

скорость ж 1. Geschwíndigkeit f -en, Schnélligkeit f 2. *авто* Gang m, pl Gänge; включить третью ~ den drítten Gang éinschalten

скор|ый 1. *быстрый* schnell, rasch; ~ поезд Schnéllzug m ..züge; ~ая помощь Schnélle Hílfe f 2. *близкий по времени* báldig; до ~ой встречи! auf baldiges Wídersehen!

скрипач м Géiger m =

скрипеть knárren, schnárren

скрипка ж Géige f -n, Violíne [v-] f -n

скромный beschéiden; éinfach *(простой)*

скрытый verstéckt; gehéim *(тайный)*

скрыть verhéimlichen; verschwéigen* *(умолчать)* ~ся flíehen* *(убежать)*; verschwínden* *(исчезнуть)*

скука ж Lángeweile f

скульптор м Bíldhauer m =

скульптура ж 1. *искусство* Bíldhauerei f 2. *произведение* Skulptúr f -en

скупой géizig

скучать sich lángweilen

скучный lángweilig; tráurig *(печальный)*

слабый schwach

слава ж 1. Ruhm m 2. *репутация* Ruf m

славный 1. berühmt, rúhmvoll 2. *хороший* gut, nett

славянин м Sláwe m -n

славянка ж Sláwin f -nen

славянский sláwisch

сладкий süß

сладости мн Süßigkeiten pl

слайд м Diapositív n -e, Día n -s, Líchtbild n -er

слева von links, von der línken Séite; *(на вопрос «откуда?»)*; links von *(на вопрос «где?»)*

слегка́ leicht; ein wénig *(немножко)*; léise *(тихонько)*

след *м* Spur *f* -en

следи́ть 1. fólgen *(за кем-л. D)* 2. *наблюдать* beóbachten 3. *присматривать* áufpassen *(за кем-л., чем-л.* auf *A)*

сле́довательно álso, fólglich

сле́довать 1. fólgen *(за кем-л. D)* 2. *проистекать* sich ergében* 3.: сле́дует сказа́ть, что ... man muß ságen, daß ...

сле́дом hinterhér

сле́дующий fólgend, nächst; в ~ раз das nächste Mal; кто ~? wer ist der nächste?

слеза́ *ж* Träne *f* -n

слепо́й 1. blind 2. *м* der Blínde

слепота́ *ж* Blíndheit *f*

сле́сарь *м* Schlósser *m* =

сли́ва *ж* Pfláume *f* -n

сли́вки *мн* Sahne *f*, Rahm *m*; взби́тые ~ Schlágsahne *f*

слова́рь *м* Wörterbuch *n* ..bücher

сло́вно wie; als ob *(будто)*

сло́во *с* Wort *n*, *pl* Wörter

сло́вом mit éinem Wort, kurzúm

слоён|ый: ~ое пиро́жное Blätterteiggebäck *n*

сложе́ние *с мат.* Additión *f*

сложи́ть 1. zusámmenlegen *(в одно место)*; zusámmenfalten *(газету и т. п.)* 2. *мат.* addíeren

сло́жный 1. komplizíert, verwíckelt 2. *составной* zusámmengesetzt

слой *м* Schicht *f* -en

сло́манный kapútt, zerschlágen

слома́ть zerbréchen*, ábbrechen* *(снести)* ~ся kapútt géhen*

слон *м* 1. Elefánt *m* -en 2. Läufer *m* = *(шахматы)*

слуга́ *м* Díener *m* =

слу́жащий *м* der Ángestellte

слу́жба *ж* Dienst *m* -e; Amt *n*, *pl* Ämter *(должность)*

служи́ть díenen

слух *м* 1. Gehör *n* 2. *молва* Gerücht *n* -e

слу́ч|ай *м* 1. Fall *m*, *pl* Fälle; Vórfall *m* ..fälle *(происшествие)*; во вся́ком ~ае jédenfalls; ни в ко́ем ~ае auf kéinen Fall 2. *возможность* Gelégenheit *f* -en; при ~ае bei Gelégenheit 3. *случайность* Zúfall *m* ..fälle

случа́йно zúfällig

случа́йность ж Zúfall m ..fälle

случа́йный zúfällig, Zúfalls-; gelégentlich (*по случаю*)

случа́ться, случи́ться geschéhen*, passíeren, vórkommen*

слу́шатель м Zúhörer m =

слу́шать hören; zúhören (*кого-л. D*) ~ся gehórchen

слы́шать hören

сма́зать, сма́зывать schmíeren; ölen (*маслом*)

сме́лость ж Kühnheit f, Mut m

сме́лый kühn, mútig

сме́на ж 1. *действие* Wéchsel m; Áblösung f (*дежурного и т. п.*) 2. *на заводе и т. п.* Schicht f -en 3. *новое поколение* Náchwuchs m

смени́ть, сменя́ть wéchseln; ersétzen; (*заменить*) áblösen (*на посту и т. п.*)

сме́нн|ый *по сменам* Schicht-; ~ая рабо́та Schíchtarbeit f

смерка́|ться: ~ется es dämmert, es wird dúnkel

смерте́льный tödlich

сме́ртность ж Stérblichkeit f

смерть ж Tod m

смета́на ж sáure Sáhne f

сметь wágen; dürfen* (*иметь право*)

смех м Láchen n, Gelächter n

смеша́ть, сме́шивать (ver)míschen; verwéchseln (*перепутать*)

смешно́й kómisch, lächerlich; dróllig (*забавный*)

смея́ться láchen

сморо́дина ж 1. *ягоды* Johánnisbeeren pl 2. *куст* Johánnisbeerstrauch m ..sträuche

смотре́ть séhen, scháuen; ~ за кем-л. auf j-n áufpassen; ~ на кого́-л., что́-л. j-n. etw. ánschauen [ánsehen*]

смуще́ние с Verlégenheit f, Verwírrung f

смысл м Sinn m; Bedéutung f -en (*значение*)

смычо́к м Violínbogen [v-] m ..bögen

снабже́ние с Versórgung f

снару́жи von áußen

снаряди́ть, снаряжа́ть áusrüsten

снаряже́ние с Áusrüstung f -er

снача́ла 1. *сперва* zuérst, ánfangs 2. *снова* von Ánfang an

снег м Schnee m; идёт ~ es schneit; покры́тый ~ом éingeschneit

снегопа́д м Schnéefall m ..fälle

Снегу́рочка ж Schnéewittchen n, Schnéemädchen n

сне́жн|ый Schnee-; ~ая ба́ба Schnéemann m ..männer

снести́ 1. *отнести* fórtbringen*, fórttragen* 2. *разрушить* níederreißen*

сниже́ние с Sénkung f -en, Herábsetzung f -en; Ábbau m (*зарплаты и т. п.*); ~ цен Préissenkung f -en

сни́зить sénken, herábsetzen ~ся 1. sich sénken, sínken* 2. *ав.* herúntergehen*

сни́зу von únten

сни́мок м Áufnahme f -n

снисходи́тельный 1. *нетребовательный* náchsichtig 2. *высокомерный* heráblassend

сни́ться träumen; мне сни́лось ich träumte

сно́ва 1. *сначала* von Ánfang an 2. *опять* wíeder, aufs néue, von néuem

сноп м Gárbe f -n

сно́сный léidlich, erträglich

снотво́рное Schláfmittel n =

снять 1. (áb)néhmen* 2. *помещение* míeten 3. *одежду* áblegen, áusziehen* 4. *фото* áufnehmen* ~ся sich fotografíeren lássen*

соба́ка ж Hund m -e

собесе́дник м Gesprächspartner m =

собесе́дование с Áussprache f -n

соблазни́ть, соблазня́ть verführen; verléiten (*склонять к чему-л.*)

соблюда́ть éinhalten*, wáhren; ~ дисципли́ну die Disziplín wáhren; ~ дие́ту Diät hálten*

соболе́знование с Béileid n; вы́разить ~ sein Béileid áussprechen*

со́боль м 1. Zóbel m = 2. *мех* Zóbelfell n -e, Zóbel m =

собра́ние с 1. Versámmlung f -en 2. *коллекция* Sámmlung f -en; ~ сочине́ний gesámmelte Wérke pl

собра́ть sámmeln; versámmeln (*кого-л.*); pflücken (*цветы, ягоды*); pácken (*вещи, чемодан*); montíeren (*машину*) ~ся 1. sich versámmeln 2. *приготовиться* sich beréitmachen

со́бственность ж Éigentum n; ча́стная ~ privátes Éigentum

со́бственный éigen

собы́тие с Eréignis n -se

сова́ ж Éule f -n

соверше́нно vollkómmen, völlig; ganz; ~ ве́рно ganz ríchtig, ganz recht

совершеннолетний mündig, völljährig

совершенство с Vollkómmenheit f

совершить 1. verríchten, vóllbringen* 2. *проступок и т. п.* begéhen* ~ся geschéhen*, sich vollzíehen*

совесть ж Gewíssen n

советовать ráten; empféhlen* *(рекомендовать)*

совещание с Berátung f -en

совещаться (sich) beráten*, berátschlagen*

совместн|ый geméinsam, geméinschaftlich; ~ое предприятие geméinsamer Betríeb

совпадение с Zusámmenfallen n

совпасть zusámmenfallen*

современник м Zéitgenosse m -n

современность ж Gégenwart f

совсем völlig, gänzlich, ganz; не ~ nicht ganz

согласие с 1. Zústimmung f 2. *взаимопонимание* Éinverständnis n, Éintracht f

согласиться 1. séine Zústimmung gében*; с чем-л. in etw. (A) éinwilligen 2. *договориться* überéinkommen*; sich éinigen

согласно laut; gemäß; ~ закону laut Gesétz

согласный éinverstanden; я с этим согласен ich bin damít éinverstanden

согласовать, **согласовывать** koordiníeren, veréinbaren

соглашение с Veréinbarung f -en; Ábkommen n = *(договор)*; заключить ~ ein Ábkommen tréffen*

содействие с Béistand m; Béihilfe f *(помощь)*

содействовать béistehen*, unterstützen; ~ тому, чтобы ... dazú béitragen*, daß ...

содержание с 1. *книги и т. п.* Ínhalt m -e 2. *количество чего-л.* Gehált m

содержать 1. *кого-л.* erhálten*, unterhálten* 2. *вмещать* enthálten* ~ся enthálten sein

содружество с Zusámmenarbeit f *(сотрудничество)*; Geméinschaft f -en *(сообщество)*

соединить(ся), **соединять(ся)** 1. sich verbínden* 2. *объединиться* sich veréinigen

сожалеть bedáuern, beklágen

создание с 1. *действие* Erscháffung f 2. *произведе-*

ние Schöpfung *f* -en, Werk *n* -e 3. *существо* Geschöpf *n* -e

созда́ть scháffen*, erzéugen; gründen *(основать)*

сознава́ть 1. erkénnen*, éinsehen* 2. *отдавать себе отчёт в чём-л.* sich (*D*) bewúßt sein (*G*) **-ся** *см.* созна́ться

созна́ние *с* Bewúßtsein *n*

созна́тельно bewúßt; ábsichtlich *(намеренно)*

созна́тельный bewúßt; vórsätztlich *(намеренный)*

созрева́ть, созре́ть réifen, reif wérden

сойти́ 1. hinúntergehen* *(по направл. от говорящего);* herúntergehen*, herábsteigen* *(по направл. к говорящему);* ábsteigen*, áussteigen* *(с автобуса, трамвая и т. п.)* 2. *о краске и т. п.* verschwínden*, ábgehen*

сойти́сь 1. *собраться* zusámmenkommen*, sich versámmeln 2. *согласиться* sich éinigen, übereínkommen* 3. *сблизиться* näher treten*, Fréundschaft schlíeßen* 4. *совпасть* zusámmenfallen*

сок *м* Saft *m*, *pl* Säfte; виногра́дный ~ Tráubensaft *m*

сократи́ть, сокраща́ть 1. *сделать короче* (áb)kürzen 2. *уменьшить* verríngern, vermíndern 3. *штаты* ábbauen **-ся** 1. *стать короче* sich verkürzen 2. *уменьшиться* sich verríngern, sich vermíndern

сокро́вище *с* Schatz *m*, *pl* Schätze

сокруши́тельный verníchtend

солда́т *м* Soldát *m* -en

солёный sálzig, gesálzen, Salz-

соли́дный solíde

соли́ст *м* Solíst *m* -en ~**ка** *ж* Solístin *f* -nen

соли́ть sálzen*

со́лнечн|ый Sónnen-, sónnig; ~ая ва́нна Sónnenbad *n* ..bäder

со́лнце *с* Sónne *f*

солове́й *м* Náchtigall *f* -en

соль *ж* Salz *n* -e

соля́рий *м* Solárium *n* ..ri|en

сомнева́ться в чём-л. an etw. zwéifeln; etw. bezwéifeln

сомне́ни|е *с* Zwéifel *m* =; без ~я zwéifellos

сон *м* 1. Schlaf *m* 2. *сновидение* Traum *m*, *pl* Träume; ви́деть ~ träumen, éinen Traum háben

сона́та *ж муз.* Sonáte *f* -n

сообрази́тельный verständig, áufgeweckt; fíndig *(находчивый)*

сообща́ geméinsam, geméinschaftlich, zusámmen

сообще́ние *с* 1. *известие* Mítteilung *f* -en 2. *связь* Verkéhr *m*, Verbíndung *f* -en; прямо́е ~ dirékte Verbíndung

сообщи́ть mítteilen, mélden

сооруди́ть, сооружа́ть erríchten, erbáuen

сооруже́ние *с* Ánlage *f* -n, Báuwerk *n* -e

соотве́тствовать entspréchen*; mit etw. überéinstimmen

соотноше́ние *с* Verhältnis *n* -se; Wéchselbeziehung *f* -en

сопе́рник *м* Mitbewerber *m*=; Rivále [-v-] *m* -n

сопе́рничество *с* Rivalität [-v-] *f*

сопоста́вить, сопоставля́ть gegenüberstellen

сопра́но *с* 1. *голос* Soprán *m* 2. *певица* Sopranístin *f* -nen

сопровожда́ть begléiten, geléiten

сопровожда́ющий 1. Begléit- 2. *м* Begléiter *m* =

сопротивля́ться Wíderstand léisten; sich stémmen (*чему-л.* gégen A -- *проти́виться*)

сорва́ть 1. ábreißen*, pflücken (*цветы и т. п.*) 2. *провалить* veréiteln ~ся 1. ábstürzen 2. *о слове* entschlüpfen 3. *разг. не удаться* mißlíngen*, schéitern

соревнова́ние *с* 1. Wéttbewerb *m* -e 2. *спорт.* Wéttkampf *m* ..kämpfe

соревнова́ться wétteifern; im Wéttbewerb miteinánder stéhen*; *спорт.* sich méssen*

со́рок víerzig

соро́чка *ж* Hemd *n* -en

сосе́д *м* Náchbar *m* -n

сосе́дний benáchbart, Náchbar

соси́ска *ж* Würstchen *n* =

соску́читься sich séhnen (*по кому-л., по чему-л.* nach D)

сослужи́вец *м* Árbeitskollege *m* -n, Kollége *m* -n

сосна́ *ж* Kíefer *f* -n, Föhre *f* -n

сосно́вый Kíefern-, Föhren-; ~ лес Kíefernwald *m* ..wälder

соста́вить 1. zusámmenstellen, zusámmensetzen 2. *сочинить* ábfassen; áusfertigen (*документ*) 3. *в итоге* áusmachen

состоя́ние *с* 1. *положение* Zústand *m* ..stände, Láge *f* -n 2. *имущество* Vermögen *n*

состоя́ть 1. bestéhen* (aus D) 2. *быть в составе* sein* 3. *заключаться* bestéhen*

~ся státtfinden*; ве́чером состои́тся конце́рт am Ábend findet ein Konzért statt

состяза́ние *с* Wéttkampf *m* ..kämpfe; ~ в пла́вании Wéttschwimmen *n*

состяза́ться wétteifern

сосу́лька *ж* Éiszapfen *m* =

сосчита́ть (zusámmen)zählen

со́тня Húndert *n* -e

сотру́дник *м* Mítarbeiter *m* =, Kollége *m* -n; der Ángestellte *(служащий)*

сотру́дничать zusámmenarbeiten

сотру́дничество *с* Zusámmenarbeit *f*, Mítarbeit *f*

со́ус *м* Sóße *f* -n

сохрани́ть, сохраня́ть áufbewahren; erhálten* *(не утратить)* **~ся** erhálten bléiben*

социа́льн|ый soziál-; ~ое страхова́ние Soziálversicherung *f*

сочине́ние *с* 1. *действие* Verfássen *n* 2. *произведение* Werk *n* -e

сочини́ть, сочиня́ть 1. verfássen; díchten *(стихи)* 2. *муз.* komponíeren 3. *разг. выдумать* erdíchten, áusdenken*

со́чный sáftig, sáftvoll *(тж. перен.)*

сочу́вствие *с* Mítgefühl *n*, Téilnahme *f*

сочу́вствовать mítfühlen; sympathisíeren *(симпатизировать — кому-л.* mit *j-m)*

сою́зник *м* der Verbündete, Búndesgenosse *m* -n, der Alliíerte

сою́зн|ый 1. *о государствах* verbündet, Búndes-; ~ые держа́вы die Alliíerten *pl (во 2-ой мировой войне)*

спа́льный Schlaf-; ~ ваго́н Schláfwagen *m* =

спа́льня *ж* Schláfzimmer *n* =

спаса́тельн|ый Réttungs-; ~ая ло́дка Réttungsboot *n* -e; ~ по́яс Réttungsgurt *m* -e

спасе́ние *с* Réttung *f*

спаси́бо! dánke!; большо́е ~! víelen Dank!, bésten Dank!

спасти́ rétten **~сь** sich rétten

спать schláfen*

спекта́кль *м* Vórstellung *f* -en, Áufführung *f* -en

спе́лый reif

спе́реди vórn(e); von vórn(e)

спеть I. *о плодах* réifen, reif wérden

спеть II *песню* síngen*

специали́ст *м* Fáchmann *m* ..leute, Spezialíst *m* -en

специа́льност|ь *ж* Fach, *pl* Fächer; Berúf *m* -e *(профе́ссия);* кто вы по ~и? was sind Sie von Berúf?

спеши́ть 1. éilen, sich beéilen **2.** *о часа́х* vórgehen*, ва́ши часы́ спеша́т Íhre Uhr geht vor

спе́шн|ый éilig, éildringend

спин|а́ *ж* Rücken *m* =; пла́вание на ~é *спорт.* Rückenschwimmen *n*

спи́сок *м* liste *f* -n, Verzéichnis *n* -se

спи́чка *ж* Stréichholz *n* ..hölzer

сплав I *м ле́са* Flößen *n*

сплав II *м мета́ллов* Legíerung *f* -en

сплошно́й 1. *пло́тный* dicht, kompákt **2.** *непреры́вный* únunterbrochen, dúrchgehend

сплошь durchwég(s); gänzlich *(по́лностью)*

споко́йный rúhig, still

споко́йствие *с* Rúhe *f*, Stílle *f*

спор *м* Streit *m*

спо́рить stréiten*, sich stréiten*

спо́рный stréitig, stríttig, Streit-

спорт *м* Sport *m*; занима́ться ~ом Sport tréiben*

спортклу́б (спорти́вный клуб) *м* Spórtklub *m* -s

спортсме́н *м* Spórtler *m* = ~ка *ж* Spórtlerin *f* -nen

спортова́ры (спорти́вные това́ры) *мн* Spórtartikel *pl*

спо́соб *м* Art *f* -en, (Art und) Wéise *f*; Verfáhren *n (приём)*

спосо́бность *ж* Fähigkeit *f* -en; Begábung *f* -en *(одарённость)*

спосо́бный fähig; begábt *(тала́нтливый)*

спосо́бствовать fördern *(чему́-л. A)*; béitragen* *(чему́-л. zu D)*

споткну́ться, спотыка́ться stólpern

спра́ва von rechts, von der réchten Séite *(на вопро́с «отку́да?»)*; rechts von *(на вопро́с «где?»)*

справедли́вость *ж* Geréchtigkeit *f*; Wáhrheit *f*, Ríchtigkeit *f (пра́вильность)*

справедли́вый gerécht *(беспристра́стный);* wahr, ríchtig *(пра́вильный)*

спра́виться 1. *осве́домиться* sich erkúndigen; náchfragen *(о чём-л., о ком-л.* nach *D)* **2.** *смочь сде́лать что-л.* scháffen; fértig sein (mit *D*); bewältigen *(преодоле́ть)*

спра́вк|а *ж* **1.** *докуме́нт* Beschéinigung *f* -en; вы́дать ~у éine Beschéinigung áuss-

спра́вочник *м* Náchschlagebuch *n* ..bücher

спра́вочн|ый Áuskunfts-; ~ое бюро́ Áuskunftsstelle *f* -n

спрос *м* Náchfrage *f*; Bedárf *m*; ~ и предложе́ние *эк.* Ángebot und Náchfrage

спроси́ть frágen; разреши́те ~? darf ich frágen?

спря́тать verstécken, verbérgen*; áufbewahren *(сохранить)* ~ся sich verstécken, sich verbérgen*

спуска́ть, спусти́ть hináblassen* *(по направл. от говорящего);* heráblassen* *(по направл. к говорящему)* ~ся hinábsteigen* *(по направл. от говорящего);* herábsteigen* *(по направл. к говорящему); ав.* lánden

спустя́ nach, später; ~ неде́лю nach éiner Wóche, éine Wóche später

спу́тник *м* 1. Gefáhrte *m* -n; Réisegefährte *m* -n *(по путешествию)* Begléiter *m* = *(сопровождающий)* 2. *астр.* Satellít *m* -en, Trabánt *m* -en; Spútnik *m* -en *(искусственный)*

сравне́ние *с* Vergléich *m* -e

сравни́тельно verháltnismäßig, relatív

сравни́ть vergléichen*

сража́ться kämpfen

сраже́ние *с* Schlacht *f* -en, Gefécht *n* -e

сра́зу 1. sofórt, auf éinmal 2. *одновременно* zugléich

среда́ I *ж окружение* Umgébung *f* -en, Úmwelt *f*

среда́ II *ж день недели* Míttwoch *m*

среди́ 1. únter 2. *посредине* mítten in

сре́дн|ий 1. míttlerer, Míttel-; Dúrchschnitts-; в ~ем im Dúrchschnitt, dúrchschnittlich 2. *посредственный* míttelmäßig

сре́дств|о *с* 1. *способ, приём* Míttel *n* =; всéми ~ами mit állen Míttel 2. *лекарство* Mittel *n* =; ~ от ка́шля ein Míttel gégen Hústen 3. *мн* ~а *(денежные)* Géldmittel *pl*

срок *м* Frist *f* -en, Termín *m* -e

сро́чный éilig, dríngend

ссо́ра *ж* Streit *m* -e, Zank *m*, *pl* Zänke

ста́вить 1. hínstellen, sétzen 2. *пьесу* áufführen

стадио́н *м* Stadión *n* ..di|en

ста́дия *ж* Stádium *n* ..di|en

стаж: трудово́й ~ Berúfsjahre *pl*

стака́н *м* Glas *n*, *pl* Gläser

стально́й stählern, Stahl-

станда́ртный Standárd-, Normál-

стано́к *м* Wérkbank *f* ..bänke, Wérkzeugmaschine *f* -n; печа́тный ~ Drúckpresse *f* -n; тка́цкий ~ Wébstuhl *m* ..stühle

ста́нция *ж* Statión *f* -en; Háltestelle *f* -n *(остановка)*; автозапра́вочная ~ Tánkstelle *f* -n

стара́ться sich bemühen; sich (*D*) Mühe gében*

старе́ть alt wérden*

стари́к *м* der Álte, Greis *m* -e

стари́нный alt; áltertümlich *(старомодный)*

старомо́дный áltmodisch

ста́рость *ж* (hóhes) Álter *n*

старт *м* Start *m* -s; дать ~ stárten lássen*

стартова́ть stárten

стару́ха *ж* die Álte, Gréisin *f* -nen

ста́рший 1. *по годам* der ältere; са́мый ~ der älteste 2. *по положению* Óber-, Chef- [ʃɛf-]

ста́рый alt

стати́стика *ж* Statístik *f*

статуэ́тка *ж* Statuétte *f* -n

ста́туя *ж* Státue *f* -n, Stándbild *n* -er

стать 1. *сделаться* wérden* 2. *начать* ánfangen*, begínnen* 3. *встать* sich hínstellen; во что бы то ни ста́ло um jéden Preis; kóste es, was es wólle

статья́ *ж в газете и т. п.* Artíkel *m* =; Áufsatz *m* ..sätze

стекло́ *с* Glas *n*, *pl* Gläser; Schéibe *f* -n; Glásscheibe *f (в окне, витрине)*; ветрово́е [лобово́е] ~ Wíndscheibe *f*

стекля́нный Glas-, gläsern

стели́ть áusbreiten; ~ посте́ль das Bett máchen

стемне́|ть dämmern; ~ло es ist dúnkel gewórden

стена́ *ж* Wand *f*, *pl* Wände; Máuer *f* -n *(каменная)*

стенд Stand *m*, *pl* Stände

стеногра́фия *ж* Stenographíe *f*

сте́пень *ж* 1. Grad *m* -e, Stúfe *f* -n; учёная ~ akadémischer Grad 2. *мат.* Poténz *f* -en

степь *ж* Stéppe *f* -n

стерео|аппарату́ра *ж* Stéreoanlage *f* -n ~за́пись Stéreoaufnahme *f* -n ~магнитофо́н *м* Stéreorecorder *m* =

стере́чь hüten, bewáchen

стесни́ть, стесня́ть beéngen, éinschränken

стесня́ться sich geníeren [ʒe-]; говори́те не стесня́ясь spréchen Sie ganz óffen; не стесняйтесь, пожалуйста! máchen Sie sich kéine Úmstände!

стипе́ндия ж Stipéndium n ..di|en

стира́льн|ый: ~ая маши́на Wáschmaschine f -n; ~ порошо́к Wáschpulver n

стих м Vers m -e; Gedícht n -e *(стихотворение);* сбо́рник ~о́в Gedíchtsammlung f -en

сти́хнуть rúhig [still] wérden*; sich légen *(о ветре)* áufhören *(прекратиться)*

стихотворе́ние с Gedícht n -e

сто húndert

стог м Schóber m =

сто́имость ж эк. Wert m -e; Preis m -e *(цена);* ~ прое́зда Fáhrpreis m -e

сто́ить 1. kósten 2. *разг. заслуживать* sich lóhnen, wert sein

сто́йк|а ж 1. *спорт.*: ~ на рука́х Hándstand m; ~ на голове́ Kópfstand m 2. *в буфете и т. п.* Théke f -n, Schánktisch m -e

сто́йкий 1. *прочный* fest, háltbar 2. *непоколебимый* stándhaft

стол м 1. Tisch m -e; накрыва́ть на ~ den Tisch déck-

en; приглаша́ть к ~ý zu Tisch [zum Éssen] bítten* 2. *еда* Kost f

столб м Pfósten m =, Pfahl m, pl Pfähle

столбе́ц м Spálte f -n

столе́тие с 1. *век* Jahrhúndert n -e 2. *столетняя годовщина* Hundertjáhrfeier f -n

столи́ца ж Háuptstadt f ..städte

столкнове́ние с Zusámmenstoß m ..stöße

столкну́ть 1. hinábstoßen* *(по направл. от говорящего);* herábstoßen* *(по направл. к говорящему)* 2. *вместе* zusámmenstoßen* ~ся zusámmenstoßen*; zusámmentreffen* *(встретиться)*

столо́вая ж Sélbstbedienungsgaststätte f -n *(общественная);* Kantíne f -n *(заводская);* Ménsa f ..sen *(студенческая);* Éßzimmer n =, Spéisezimmer n *(в квартире)*

сто́лько sovíel; ~ же ébensoviel

столя́р м Tíschler m =

стомато́лог м Stomatóloge m -n, Záhnarzt m ..ärzte

стоп! stopp!, halt!

сто́рож м Wächter m =, Wärter m =

сторона́ ж 1. Séite f -n; обра́тная ~ Kéhrseite f 2. *в споре и т. п.* Séite f -n, Partéi f -en

стоя́ть stéhen*; stíllstehen* *(не двигаться);* по́езд стои́т здесь 10 мину́т der Zug hat hier 10 Minúten Áufenthalt; часы́ стоя́т die Uhr steht

страда́ние с Léiden n =

страда́ть léiden*

страна́ ж Land n, pl Länder

страни́ца ж Séite f -n

стра́нный séltsam, mérkwürdig

стра́нствовать wándern

стра́стный léidenschaftlich

страсть ж Léidenschaft f -en

страте́гия ж Strategíe f ..íen

страх м Angst f, Furcht f

страхова́ние с Versícherung f; ~ жи́зни Lébensversicherung f

страхова́ть versíchern

стра́шный schrécklich, fürchterlich, fúrchtbar

стрела́ ж Pfeil m -e

стре́лка ж 1. *часов* Zéiger m = 2. *ж.-д.* Wéiche f -n

стреля́ть schíeßen*

стреми́ться к чему-л. nach etw. (D) strében

стремле́ние с Strében n, Drang m

стре́мя с Stéigbügel m =

стресс м Streß m ..sse

стричь schéren* ~ся sich (D) das Haar schnéiden lássen*

стро́гий streng

строи́тель м *рабочий* Báuarbeiter m =

строи́тельн|ый Bau; ~ые материа́лы Báustoffe pl

строи́тельство с 1. *действие* Bau m 2. *строительное дело* Báuwesen n 3. *созидание, построение* Áufbau m

стро́ить báuen; erríchten *(сооружать)*

строй м Órdnung f -en; обще́ственный ~ Geséllschaftsordnung f; *спорт., воен.* Front f -en

стро́йка ж Bau m; Báuplatz m ..plätze *(площадка)*

стро́йный schlank

строка́ ж, **стро́чка** ж Zéile f -n

струна́ ж Sáite f -n

стру́нн|ый: ~ые инструме́нты Sáiteninstrumente pl; ~ые смычко́вые инструме́нты Stréichinstrumente pl

струя́ ж Strahl m -en; ~ воды́ Wásserstrahl m; ~ во́здуха Lúftzug m ..züge

студе́нт м Studént m -en ~ка ж Studéntin f -nen

студе́нческ|ий studéntisch,

Studénten-; ~ая столо́вая Ménsa *f* ..sen

сту́день *м* Sülze *f*

стук *м* Klópfen *n*, Póchen *n*

стул *м* Stuhl *m*, *pl* Stühle

ступе́нь *ж* Stúfe *f* -n

ступня́ *ж* Fuß *m*, *pl* Füße

стуча́ть klópfen, póchen ~ся klópfen (*к кому-л.* bei *D*)

стыд *м* Scham *f*, Schánde *f*

стыди́ться sich schämen

сты́нуть, стыть kalt wérden

суббо́та *ж* Sónnabend *m* -e, Sámstag *m* -e

сувени́р *м* Souvenir [suvə´niːr] *n* -s

суверените́т *м* Souveränität [zuvə-] *f*

суд *м* Gerícht *n* -e

суда́к *м* Zánder *m* =

суди́ть 1. ríchten 2. *отзываться, обсуждать* úrteilen (*о ком-л., чём-л.* über *A*); beúrteilen (*о ком-л., чём-л.* über *A*)

су́дно *с* Schiff *n* -e

судьба́ *ж* Schícksal *n* -e, Los *n* -e

судья́ *м* Ríchter *m* =; трете́йский ~ Schíedsrichter *m* (*тж. спорт.*)

сукно́ *с* Tuch *n*

сумасше́дший 1. wáhnsinnig, írrsinnig, verrückt 2. *м* der Wáhnsinnige, der Verrückte

сумато́ха *ж* Durcheinánder *n*, Wírrwarr *m*

су́мерки *мн* Dämmerung *f*

суме́ть können*

су́мка *ж* Tásche *f* -n; да́мская ~ Hándtasche *f*; хозя́йственная ~ Éinkaufstasche *f*; доро́жная ~ Réisetasche *f*

су́мма *ж* Súmme *f* -n, Betrág *m* ..träge

су́нуть (éin)stécken

суп *м* Súppe *f* -n

супру́г *м* Gátte *m* -n, Éhemann *m* ..männer

супру́га *ж* Gáttin *f* -nen, Éhefrau *f* -ens

суро́вый streng, hart, rauh; ~ кли́мат ráuhes Klíma

су́тки *мн* Tag und Nacht, víerundzwanzig Stúnden

сухари́ *мн* Zwíeback *m*

су́ша *ж* Féstland *n*

сушёный getrócknet; gedörrt, Dörr (*о фруктах и т. п.*)

суши́ть trócknen; dörren (*фрукты и т. п.*) ~ся trócknen

суще́ственный wésentlich

существи́тельное *с грам.* Súbstantiv *n* -e

существо́ *с* Wésen *n* =; Geschöpf *n* -e (*создание*)

существова́ние *с* Existénz *f*; Dásein *n* (*жизнь*)

существова́ть existíeren, bestéhen*, dásein*

су́щность *ж* Wésen *n*; ~ де́ла Kern *m* der Sache

сфе́ра *ж* Beréich *m* -e

схвати́ть 1. gréifen*; fássen, pácken 2. *разг.*: ~ боле́знь sich (*D*) éine Kránkheit hólen (zúziehen*)

схо́дство *с* Ähnlichkeit *f* -en

сце́на *ж* 1. Bühne *f* -n 2. *в пьесе* Áuftritt *m* -e, Széne *f* -n

сцена́рий *м* Dréhbuch *n* ..bücher

счастли́вый glücklich

сча́стье *с* Glück *n*

счёт *м* Réchnung *f* -en

счётчик *м* Zähler *m* =

счита́ть 1. zählen, réchnen 2. кем-л. für j-n hálten* 3. *полагать* méinen, gláuben, der Ánsicht sein -ся 1. с кем-л., чем-л. j-n, etw. berücksichtigen 2. *слыть* gélten* (*кем-л.* als *N*)

сшить 1. nähen (*самому*); nähen lássen* (*у портного*) 2. *соединить швом* zusámmennähen

съе́здить hínfahren*; éinen Ábstecher máchen (*куда-л.* nach *D* -- завернуть по пути*)

съестн|о́й: ~ы́е припа́сы Lébensmittel *pl*

съесть áufessen*

съе́хаться zusámmenkommen*; sich versámmeln

сыгра́ть spíelen; vórspielen (*исполнить*)

сын *м* Sohn *m*, *pl* Söhne

сы́пать stréuen, schütten

сыр *м* Käse *m* =; пла́вленый ~ Schmélzkäse *m*

сыро́й 1. *влажный* feucht 2. *неварёный* roh, úngekocht

сы́рость *ж* Féuchtigkeit *f*

сырьё *с* Róhstoff *m* -e

сы́тный sättigend; réichlich (*обильный*)

сы́тый satt

сэконо́мить (éin)spáren

сюда́ hierhér

сюрпри́з *м* Überráschung *f* -en

Т

таблéтка ж Tablétte f -n, Táfel f -n

табурéт м, **табурéтка** ж Schémel m =

таи́нственный gehéimnisvoll

тайгá ж Táiga f

тайкóм héimlich, insgehéim, im stíllen

тáйна ж Gehéimnis n -se

тáйн|ый gehéim, Gehéim-; ~ое голосовáние gehéime Ábstimmung

так 1. so 2. *утверждение* ja, fréilich; не ~ ли? nicht wahr? 3. *настолько* so, dérmaßen 4.: и ~ дáлее (*сокр.* и т. д.) und so wéiter (usw.)

тáкже auch, ébenfalls, gléichfalls

так как weil, da, denn

так|óй ein sólcher; so(lch) éiner; ~и́м óбразом so, auf díese Wéise; álso

такси́ с Táxi n =

такти́чный táktvoll; féinfühlig (*деликатный*)

так что so daß

талáнт м е Talént n -e

талáнтливый taléntvoll

тáлия ж Taille ['taljə] f -n

талóн м Márke f -n; Talon [-'lõŋ] m -s; Gútschein m -e (*на получение товара*)

там dort, da

тамóженный Zoll-; ~ досмóтр Zóllkontrolle f; ~ сбор Zóllgebühr f -en, Zoll m, pl Zölle

тамóжня ж Zóllamt n ..ämter

тáнец м Tanz m, pl Tänze

танк м Pánzer m =

танцевáльн|ый Tanz-; ~ая му́зыка Tánzmusik f

танцевáть tánzen

тáпочки мн Háusschuhe pl (*домашние*)

таракáн м Schábe f -n

тарéлка ж Téller m =; мéлкая ~ flácher Téller; глубóкая ~ Súppenteller m; десéртная ~ Ábendbrotteller m

тари́ф м Tarí́f m -e

тахтá ж Couch [kaotʃ] f -(e)s, Líege f -n

тащи́ть zíehen*, schléppen ~ся sich schléppen

тáять schmélzen*, táuen

твёрдый hart; fest; *перен.* stándhaft (*стойкий*)

твой [твоя́, твоё] dein [déine, dein], der [die, das] déine, der [die, das] déinige

творéц м Schöpfer m =

твори́ть scháffen*

твори́ться: что здесь твори́тся? was geht hier vor?

тво́рог *м* Quark *m*

те jéne, diejenigen, die

теа́тр *м* Theáter *n* =; драмати́ческий ~ Scháuspielhaus *n* ..häuser; о́перный ~ Ópernhaus *n* ..häuser

театра́льный 1. Theáter- 2. *деланный* theatrálisch

тебе́ dir

тебя́ dich

текст *м* Text *m* -e; Wórtlaut *m* (*дословный*)

тексти́льный Textíl

теку́щий láufend; díeser (*этот*)

теба́шня *ж* Férnsehturm *m* ..türme

телеви́дение *с* Férnsehen *n*

телеви́зор *м* Férnsehapparat *m* -e

телегра́мма *ж* Telegrámm *n* -e

телегра́ф *м* Telegráf *m*

телеграфи́ровать telegrafíeren

телезри́тель *м* Férnsehzuschauer *m* =

телека́мера *ж* Férnsehkamera *f* -s

телепереда́ча *ж* Férnsehsendung *f* -en

телеско́п *м* Teleskóp *n* -e

телета́йп *м* Férnschreiber *m* =

телефа́кс *м* Telefáx *n*

телефи́льм *м* Férnsehfilm *m* -e

телефо́н *м* Telefón *n* -e, Férnsprecher *m* =; **~-автома́т** *м* Férnsprechautomat *m* -en, Münzfernsprecher *m* =

телефо́нн|ый telefónisch, Telefón-, Férnsprech-; ~ая тру́бка Hörer *m* =; ~ая ста́нция Telefónzentrale *f* -n, Férnsprechamt *n* ..ämter; ~ая бу́дка Telefónzelle *f* -n; ~ разгово́р Telefóngespräch *n* -e

телеце́нтр *м* Férnsehzentrum *n* ..tren

тем *см.* **тот** ~ не ме́нее nichtsdestowéniger

те́ма *ж* Théma *n* ..men

темне́|ть dúnkel [fínster] wérden; ~ет es dúnkelt

темнота́ *ж* 1. Dúnkelheit *f*, Fínsternis *f* 2. *невежество* Únwissenheit *f*

тёмный dúnkel, fínster

темп *м* Témpo *n*

тени́стый scháttig

те́ннис *м* Ténnis *n*, Ténnisspiel *n*; насто́льный ~ Tíschtennis *n*

теннисист *м* Ténnisspieler *m* = ~ка *ж* Ténnisspielerin *f* -nen

те́нор *м* Tenór *m* ..nöre (*голос и певец*)

тент *м* Sónnendach *n* ..dächer

тень ж Schátten m =

теория ж Theoríe f ..i|en; Léhre f -n (*учение*)

теперь jetzt, nun; héutzutage (*в настоящее время*)

тепло 1. warm; сегодня ~ héute ist es warm 2. *с* Wärme f

теплоход м Mótorschiff n -e

тёплый warm

тереть réiben*

термин м Fáchausdruck m ..drücke, Términus m ..ni

термометр м Thermométer n =

термос м Thérmosflasche f -n

терпеть 1. *запастись терпением* sich gedúlden 2. *выносить* ertrágen*, léiden*; áushalten* 3. *допускать* dúlden

терраса ж Terrásse f -n

территориальный territoriál, territoriál

территория ж Territórium n ..ri|en

терять verlíeren*; ~ время Zeit verlíeren* ~ся 1. *о вещах* verlórengehen* 2. *смущаться* in Verwírrung geráten*

тесто *с* Teig m

тесть м Schwíegervater m ..väter

тетрадь ж Heft n -e

тётя ж Tánte f -n

техник м Téchniker m =

техника ж Téchnik f

техникум м Fáchschule f -n

технический téchnisch

течен|ие *с* Strömung f -en; Lauf m; Verláuf m (*ход*); вéрхнее ~ Óberlauf m; срéднее ~ Míttellauf m; нижнее ~ Únterlauf m; (вниз) по ~ию stromábwärts; против ~ия stromáufwärts; gégen den Strom (*тж. перен.*)

течь 1. flíeßen*; strömen; rínnen* (*медленно*) 2. *о времени* verflíeßen*, vergéhen*

тёща ж Schwíegermutter f ..mütter

тигр м Tíger m =

типичный týpisch

типография ж Druckeréi f -en

тир м Schíeßstand m ..stände

тираж м *книги, газеты* Áuflage f -n

тих|ий, ~о léise, still, rúhig (*спокойный*); lángsam (*медленный*)

тише 1. léiser 2.: ~! still!, Rúhe!

тишина ж Stílle f; Rúhe f

ткань ж Gewébe n =, Stoff m -e

ткач *м* Wéber *m* -n ~**и́ха** *ж* Wéberin *f* -nen

то I jénes, das jénige, das

то II so, dann; то... то... bald... bald...; то тут, то там bald hier, bald da; а (не) то sonst, ándernfalls

тобо́й, тобо́ю *см.* ты; я пойду́ с тобо́й ich géhe mit (dir)

това́р *м* Wáre *f* -n; Artíkel *m* = *(изделие)*

това́рищ *м* **1.** Kamerád *m* -en; Freund *m* -e **2.** Kollége *m* -n, *о женщине* Kollégin *f* -nen *(по работе и т. п.)*

това́рный: ~ знак Wárenzeichen *n*; ~ поезд Güterzug *m* ..züge

товарооборо́т *м* Wárenumsatz *m*

тогда́ 1. dann, da **2.** *в то время* dámals **3.:** ~ как während

то есть (т. е.) das heißt (d. h.)

то́же auch, gléichfalls

ток *м* эл. Strom *m*

то́карь *м* Dréher *m* = *(по металлу)*; Dréchsler *m* = *(по дереву)*

толк *м* Sinn *m*; Nútzen *m* *(польза)*; с ~ом vernünftig; mit Verstánd; бе́з ~у únnütz

толкну́ть 1. (án)stóßen* **2.** *перен.* ánregen **3.** *спорт.* stóßen*

толко́вый geschéit *(смышлёный)*; vernünftig; *(разумный)*; klar *(ясный)* **2.:** ~ слова́рь erklärendes Wörterbuch

толкотня́ *ж* Gedränge *n*

толпа́ *ж* Ménge *f* -n, Ménschenhaufen *m* =

то́лстый dick, stark

толчо́к *м* **1.** Stoß *m*, *pl* Stöße, Ruck *m* -e; подзе́мный ~ Érdstoß *m* ..stöße **2.** *перен.* Ánstoß *m* ..stöße, Ánregung *f* -en, Impúls *m* -e **3.** *спорт.* Stóßen *n*

толщина́ *ж* Dícke *f*; Stärke *f* *(стены и т. п.)*

то́лько nur; lédiglich; alléin *(исключительно)*; е́сли ~ возмо́жно wenn írgend möglich; ~ что soében, ében (erst)

том *м* Band *m*, *pl* Bände

тома́т *м* **1.** *помидор* Tomáte *f* -n **2.** *паста* Tomátenmark *n*

тома́тный Tomáten-; ~ сок Tomátensaft *m*

тому́ наза́д *см.* тот

то́нкий dünn; fein; scharf *(о слухе, уме)*; verféinert *(утончённый)*

то́нна *ж* Tónne *f* -n

тону́ть ertrínken* *(о человеке)*; úntergehen*, versínken* *(о судне)*

топи́ть I *отапливать* héizen

топи́ть II *в воде* ertränken *(кого-л.)*; versénken *(что-л.)*

то́пливо *с* Brénnstoff *m* -e, Héizmaterial *n*; Kráftstoff *m (для автомобиля)*

то́поль *м* Páppel *f* -n

топо́р *м* Beil *n* -e, Axt *f*, *pl* Äxte

топта́ть (zer)tréten*

торгова́ть hándeln

торго́вля *ж* Hándel *m*

торго́вый Hándels-; ~ центр Hándelszentrum *n* ..tren

торже́ственный féierlich

торжество́ *с* 1. *праздник* Féier *f* -n, Fest *n* -e 2. *победа* Tríumph *m* -e

то́рмоз *м* Brémse *f* -n

тормози́ть brémsen; *перен.* hémmen

торопи́ть beéilen; ántreiben* ся éilen, sich beéilen; я о́чень тороплю́сь ich hábe es sehr éilig

торопли́вый hástig, éilig

торт *м* Tórte *f* -n

торше́р *м* Stéhlampe *f* -n

тоска́ *ж* Schwérmut *f*; Tráuer *f (печаль)*; ~ по ро́дине Héimweh *n*

тост *м* Toast [to:st] *m* -e, Trínkspruch *m* ..sprüche; подня́ть ~ за кого́-л. éinen Toast auf j-n áusbringen*

тот jéner, dérjenige, der; год тому́ наза́д vor éinem Jahr

то́тчас sofórt, gleich

точи́ть schärfen, wétzen *(нож)*; spítzen *(карандаш)*

то́чка *ж* Punkt *m* -e; ~ зре́ния Gesíchtspunkt *m*, Stándpunkt *m*

то́чно genáu, exákt; ~ в пять (часо́в) Punkt fünf (Uhr)

то́чность Genáuigkeit *f*; Pünktlichkeit *(пунктуальность)*

то́чный genáu; pünktlich *(пунктуальный)*

точь-в-то́чь *разг.* (ganz) genáu, aufs Haar

трава́ *ж* Gras *n*, *pl* Gräser; Kraut *n*; лека́рственные тра́вы Héilkräuter *pl*

тра́вма *ж* Verlétzung *f* -en

траге́дия *ж* Tragödi|e *f* -n

традицио́нный traditionéll

тра́ктор *м* Tráktor *m* ..tóren

трамва́й *м* Stráßenbahn *f* -en

транзи́стор *м* *приёмник* Kófferradio *n* -s

транзи́т *м* Transít *m* ~ный Transít-; ~ная ви́за Transítvisum [-v-] *n* ..sen

трансли́ровать sénden*, übertrágen*

трансля́ция ж Übertragung f, Séndung f

тра́нспорт м Transpórt m, Verkéhr m, Verkéhrswesen n

тра́тить verbráuchen; veráusgaben (*деньги*) vergéuden (*время*)

тра́ур м 1. Tráuer f; день ~а Tráuertag m -e 2. *одежда* Tráuerkleidung f

тре́бование с Fórderung f -en; Ánspruch m ..sprüche (*претензия*)

тре́бовательный ánspruchsvoll

тре́бовать fórdern, verlángen; bedürfen* (*нуждаться в чём-л.*) ~ся nötig sein, erfórderlich sein

трево́жить beúnruhigen; áufregen

тренирова́ть trainíeren [trɛ-] ~ся (sich) trainíeren

трениро́вка ж Tráining [´trɛ:-] n

треск м Kráchen n, Knácken n

треска́ ж Dorsch m -e

тре́тий der drítte

треть ж Dríttel n =

тре́тье с *блюдо* Náchtisch m

треуго́льник м Dréieck n -e

трехэта́жный dréistöckig

трещать kráchen, knácken

тре́щина ж Riß m ..sse, Spálte f -n

три drei

трибу́на ж Tribüne f -n

три́дцать dréißig

три́жды dréimal

трикота́ж м Stríckwaren pl, Wírkwaren pl

трина́дцать dréizehn

три́ста dréihúndert

тро́йка ж 1. *цифра, отметка* Drei f -en 2. *лошадей* Tróika f -s, Dréigespann n -e

тро́е drei

тролле́йбус м Óbus m -se

тро́нуть 1. berühren, ánrühren, ánfassen 2. *растрогать* rühren

тропи́нка ж Pfad m -e

тростни́к м Schilf n, Schílfrohr n

трость ж Spazíerstock m ..stöcke

тротуа́р м Bürgersteig m -e, Géhsteig m -e

труба́ ж 1. Rohr n -e, Röhre f -n; дымова́я ~ Schórnstein m -e 2. *муз.* Trompéte f -n

труби́ть trompéten, die Trompéte blásen*

тру́бка ж 1. Röhre f -n 2. *телефонная* Hörer m = 3. *для курения* Pféife f -n

труд м 1. *работа* Árbeit f -en 2. *усилие* Mühe f, Bemühung f -en; с -о́м mit Mühe und Not 3. *научное сочинение* Werk n -e

труди́ться árbeiten *(над чем-л.* an *D)*; sich bemühen *(стараться)*

тру́дность *ж* Schwíerigkeit *f* -en

тру́дный schwer, schwíerig; mühsam *(утомительный)*

трудолюби́вый árbeitsam; fléißig *(прилежный)*

трудолю́бие *с* Árbeitsamkeit *f*; Fleiß *m* *(прилежание)*

трудоспосо́бный árbeitsfähig

тру́ппа *ж* Trúppe *f* -n

трус *м* Féigling *m* -e

тру́сить sich fürchten, Angst hában

тру́сость *ж* Féigheit *f*

трусы́ *мн* Slip *m* -s *(бельё)*; Túrnhose *f* -n, Spórthose *f* -n *(спортивные)*

тря́пка *ж* Láppen *m* =

трясти́ schütteln; rütteln *(встряхивать)* **~сь** sich schütteln; zíttern, bében *(дрожать)*

туале́т *м* 1. *одежда* Toilétte [toa-] *f* -n; вече́рний ~ Ábendkleid *n* -er 2. *процедура* Toilétte [toa-] *f* -n; занима́ться ~ом Toilétte máchen 3. *уборная* Toilétte [toa-] *f* -n

туго́й stramm, straff

туда́ dorthín, dahín; ~ и сюда́ hin und her; ~ и обра́тно hin und zurück

ту́ловище *с* Rumpf *m*, *pl* Rümpfe

тума́н *м* Nébel *m* =

тума́нный néblig, díesig, Nébel-; *перен.* nébelhaft, únklar

тупо́й 1. stumpf; dumpf *(о боли)* 2. *о человеке* stúmpfsinnig

турби́на *ж тех.* Turbíne *f* -n

туре́цкий türkisch

тури́зм *м* 1. Tourísmus [tu-] *m* 2. *вид спорта* Touristik [tu-] *f*

тури́ст *м* Tourist [tu-] *m* -en

туристи́ческий, тури́стский Touristen- [tu-]

тут 1. *о месте* hier 2. *о времени* da

ту́фли *мн* Schúhe *pl*; Pantóffeln *pl (домашние)*

ту́ча *ж* 1. Wólke *f* -n; Régenwolke *f (дождевая)* 2. *разг. множество* Únmenge *f*

туши́ть I *гасить* (áus)löschen

туши́ть II *кул.* dämpfen, schmóren

тушь *ж* Túsche *f* -n; ~ для ресни́ц Wímperntusche *f*

тща́тельный sórgfältig

ты du *(G* dein(er), *D* dir, *A* dich)

ты́ква ж Kürbis m -se

ты́сяч|а táusend; ~ и людéй Táusende von Ménschen

тьма ж 1. Fínsternis f, Dúnkel n 2. разг. множество Únmenge f

тю́бик м Túbe f -n

тюк м Pack m -e, Bállen m =

тюле́нь м Séehund m -e, Róbbe f -n

тюль м Tüll m

тюльпа́н м Túlpe f -n

тюрьма́ ж Gefängnis n -se

тяжёлый 1. schwer 2. суровый hart

тя́жесть ж 1. Schwére f 2. груз Last f -en

тяну́ть 1. zíehen*, schléppen 2. медлить in die Länge zíehen* ~ся 1. простираться sich áusdehnen 2. о времени sich hínziehen*

у 1. около an; я жду вас у автобусной остано́вки ich wárte auf Sie an der Búshaltestelle 2. у кого-л. bei; жить у роди́телей bei den Éltern lében; у меня́ есть... ich hábe...

убеди́ть überzéugen; überréden ~ся sich überzéugen

убежа́ть davónlaufen*; fórtlaufen*; entflíehen* (спастись бегством)

убежде́н|ие с Überzéugung f -en; мн ~ия (взгляды) Gesínnung f

убеждённый überzéugt

уби́йство с Mord m -e, Ermórdung f -en

уби́йца м Mörder m =

уби́ть töten, ermórden, erschlagen*

убо́рка ж 1. Áufräumen n, Réinemachen n 2. с.-х.: ~ урожа́я Érnte f, Éinernten n

убо́рная ж 1. Toilétte [toa-] f -n 2. театр. Ánkleideraum m ..räume

убо́рщица ж Pútzfrau f -en, Réinigungskraft f ..kräfte

убра́ть 1. прочь wégräumen, wégschaffen 2. привести в порядок áufräumen 3. положить куда-л. räumen, légen, stéllen

уважа́ем|ый geáchtet, ángesehen, geéhrt; ~ые да́мы и господа́! sehr geéhrte Dámen und Hérren!

уважа́ть áchten, (ver)éhren; schätzen (ценить)

уваже́ние с Áchtung f, Respékt m

увезти́ fórtbringen*, fórtführen

увеличе́ние с Vergrößerung f; Verméhrung f; (в количестве); Zúnahme f (прибавление)

уве́ренно sícher, zúversichtlich

уве́ренность ж Sícherheit f; Gewißheit f; Überzéugung f (убеждённость)

уве́ренн|ый überzéugt; sícher; быть ~ым в успе́хе des Erfólges sícher sein

увертю́ра ж муз. Ouvertüre [uvɛr-] f -n

уверя́ть versíchern, betéuern (кого-л. D)

увеселе́ние с Belústigung f -en, Erhéiterung f -en

увести́ fórtführen, wégführen

увида́ть, уви́деть séhen*, erblícken

увлека́тельный spánnend, hínreißend, ánregend

увлече́ние с Begéisterung (чем-л. für A); Hóbby n -s (хобби); Vórliebe f (пристрастие)

увле́чь 1. с собой mítziehen*, mítreißen* 2. пленить hínreißen* ~ся sich hínreißen láßen* (чем-л. von D), sich begéistern (чем-л. für A)

уво́лить, увольня́ть entlássen*, kündigen (кого-л. D)

увяда́ть, увя́нуть (ver)wélken

угада́ть, уга́дывать erráten*; угада́й! ráte mal!; я угада́л! erráten!

углов|о́й Eck-; ~а́я ко́мната Éckzimmer n =; ~ уда́р спорт. Éckstoß m ..stöße

углубле́ние с Vertíefung f -en

угнета́ть 1. подавлять unterdrücken 2. удручать bedrücken

угова́ривать 1. zúreden 2. см. уговори́ть

уговори́ть überréden

угоди́ть gefällig sein; zufríedenstellen

уго́дно: что вам ~? was wünschen Sie?; как вам ~ wie Sie wünschen, wie es Íhnen belíebt

у́гол м Wínkel m =; Écke f -n; на углу́ an der Écke; заверну́ть за́ угол um die Écke bíegen*

уголо́вник м der Kriminélle

уголо́вный Kriminál-, kriminéll

угости́ть, угоща́ть: j-n mit etw. bewírten, j-m etw. ánbieten*; угоща́йтесь! gréifen Sie zu!

угощéние *с еда* Éssen *n*

удали́ть, удаля́ть entférnen; beséitigen *(устранить)* ~ся sich entférnen, sich zurückziehen*

ударéние *с* Betónung *f* -en

уда́рить schlágen* ~ся sich stóßen* *(обо что-л.* an *D*, gégen *A*)

уда́рник *м музыкант* Schlágzeuger *m* =

уда́рн|ый: ~ые инструмéнты Schlágzeug *n*

уда́ться gelíngen*, glücken

уда́ча *ж* Erfólg *m* -e *(успех)*; Glück *n (счастье)*

уда́чный gut gelúngen; glücklich

удиви́тельный erstáunlich, bewúndernswert

удиви́ть (ver)wúndern, in Erstáunen sétzen ~ся stáunen, sich wúndern

удивлéние *с* Verwúnderung *f*, Erstáunen *n*

уди́ть ángeln

удлини́ть, удлиня́ть verlängern, länger máchen

удо́бн|о, ~ый bequém; günstig *(благоприятный)*

удобрéние *с* 1. *вещество* Dünger *m* =, Düngemittel *n* = 2. *действие* Düngung *f*

удо́бств|о *с* Bequémlichkeit *f*; со всéми ~ами mit állen Bequémlichkeiten

удовлетворéние *с* Befríedigung *f*, Genúgtuung *f*

удовлетвори́тельный befríedigend

удовлетвори́ть, удовлетворя́ть befríedigen, zufríedenstellen ~ся sich begnügen, sich zufríedengeben*

удово́льствие *с* Vergnügen *n* =; Gefállen *m*; с больши́м ~м mit gróßem Vergnügen

удостоверéние *с документ* Áusweis *m* -e; Beschéinigung *f* -en; Zéugnis *n* -se *(свидетельство)*

у́дочка *ж* Ángel *f* -n

уезжа́ть, уéхать verréisen, ábreisen

у́жас *м* Entsétzen *n*, Schréck(en) *m*, Gráuen *n*

ужа́сный entsétzlich, schrécklich

ужé schon, beréits

у́жин *м* Ábendbrot *n* -e, Ábendessen *n* =

у́жинать zu Ábend éssen*

узбéк *м* Usbéke *m* -n

узбéкский usbékisch

узбéчка *ж* Usbékin *f* -nen

у́зел *м* 1. Knóten *m* = 2. *свёрток* Bündel *n* = 3. *перен.* Knótenpunkt *m* -e

у́зкий schmal; eng *(тесный)*

узнава́ть, узна́ть erkénnen* *(кого-л.)*; erfáhren*

(что-л.); узнáйте, когдá мы éдем frágen Sie bítte nach, wann wir ábfahren

узо́р *м* Múster *n* =

уйти́ wéggehen*, fórtgehen*, géhen*

укáз *м* Erláß *m* ..sse

указáтель *м* Ánzeiger *m* =; Índex *m* -e *(в кни́ге)*; доро́жный ~ Wégweiser *m* =

указáть, укáзывать zéigen; hínweisen*, verwéisen* *(обрати́ть внимáние на что-л.* auf A*)*

укороти́ть (áb)kürzen

укрáдкой héimlich, verstóhlen

украи́н|ец *м* Ukraíner *m* = ~ка *ж* Ukraínerin *f* -nen

украи́нский ukraínisch

укрáсить schmücken, verzíeren, dekoríeren

укрáсть stéhlen*

украшéние *с* 1. *дéйствие* Áusschmückung *f* 2. *предмéт* Schmuck *m* -e; Verzíerung *f* -en *(отдéлка)*

укрепи́ть, укрепля́ть féstmachen *(на чём-л.)*; stárken *(здоро́вье)*; féstigen *(упро́чить)*

укрывáть, укры́ть 1. *прикры́ть* bedécken, zúdecken 2. *спря́тать* verbérgen* ~ся 1. *прикры́ться* sich zúdecken 2. *спря́таться* sich verbérgen*

у́ксус *м* Éssig *m*

уку́с *м* Biß *m* ..sse; Stich *m* -e *(насекóмых)*

укуси́ть béißen*

улáдить, улáживать régeln, in Órdnung bríngen*; schlíchten *(спор)*

у́лей *м* Bíenenstock *m* ..stöcke, Bíenenkorb *m* ..körbe

улетáть, улетéть wégfliegen*

ули́тка *ж* Schnécke *f* -n

у́лица *ж* Stráße *f* -n; я живу́ на у́лице Пу́шкина ich wóhne in der Púschkinstraße

у́личн|ый Stráßen-; ~ое движéние Stráßenverkehr *m*

уло́в *м* Fang *m*

уложи́ть hínlegen; pácken, éinpacken *(упаковáть)*

улучшáть verbéssern ~ся sich béssern

улучшéние *с* Verbésserung *f* -en

улу́чшить verbéssern ~ся sich béssern

улыбáться lächeln

ум *м* Verstánd *m*, Geist *m* -er

умéлый geschíckt, gewándt

умéние *с* Fértigkeit *f* -en; Fáchkenntnis *f* -se *(знáния)*

уменьшáть verkléinern, vermíndern ~ся kléiner wér-

den, **ábnehmen***; **náchlassen*** (*смягчиться*)

уменьше́ние *с* Verkléinerung *f* -en, Vermínderung *f* -en

уме́ренный mäßig

умере́ть stérben*

уме́ть können*, verstéhen*

умножа́ть *мат.* multiplizíeren

умноже́ние *с мат.* Multiplikatión *f* -en

у́мный klug, gescheit

умоля́ть fléhen (*о чём-л.* um A)

у́мственный géistig

умыва́ть, **умы́ть** wáschen* ~**ся** sich wáschen*

умы́шленный ábsichtlich, vórsätzlich

унести́ fórttragen*, fórtbringen*

универма́г (универса́льный магази́н) *м* Wárenhaus *n* ..häuser, Káufhaus *n* ..häuser

универса́м (универса́льный магази́н) *м* Káufhalle *f* -n; Súpermarkt *m* ..märkte

университе́т *м* Universität [-v-] *f* -en

уничтожа́ть, **уничто́жить** verníchten

унывá́ть den Mut sínken lássen*

упáдок *м* Verfáll *m*

упаковáть éinpacken, verpácken

упаковка *ж* Verpáckung *f* -en

упа́сть fállen*

упла́та *ж* Bezáhlung *f*

уплати́ть, **упла́чивать** bezáhlen; áuszahlen (*выплатить*)

упомина́ть, **упомяну́ть** erwähnen

упо́рный hártnäckig, behárrlich

употреби́тельный gebräuchlich; üblich (*обычный*)

употреби́ть gebráuchen, benützen; verwénden* (*применить*)

употребле́ние *с* Gebráuch *m*; Verwéndung *f* -en (*применение*)

управле́ние *с* Verwáltung *f*, Léitung *f* (*тж. учреждение*); оркéстр под ~м ... das Orchéster únter der Léitung von...

упражня́ться sich üben

упрёк *м* Vórwurf *m* ..würfe

упрека́ть, **упрекну́ть** кого́-л. в чём-л. j-m etw. vórwerfen*

упру́гий elástisch; fédernd

упря́мый éigensinnig, díckköpfig, trótzig; hártnäckig (*упорный*)

ураган *м* Orkán *m* -e, Húrrikan *m* -e

уран *м* Urán *n*

урегули́ровать régeln

у́ровень *м* Niveau [-ˊvoː] *n* -s, Ébene *f* -n; ~ мо́ря Méeresspiegel *m*; жи́зненный ~ Lébensstandard *m* -s; на вы́сшем у́ровне *полит.* auf höchster Ébene; встре́ча на вы́сшем у́ровне Gípfeltreffen *n* =

урожа́й *м* Érnte *f* -n

уроже́нец: ~ Москвы́ aus Móskau gebürtig

уро́к *м* 1. Stúnde *f* -n 2. *задание* Áufgabe *f* -n

урони́ть fállen lássen*; вы что-то ~ли Sie háben étwas fállen lássen

усе́рдие *с* Éifer *m*

усе́рдный éifrig

усиле́ние *с* Verstärkung *f*; Verschärfung *f* (*обострение*)

усили́тель *м радио* Verstärker *m* =

уси́лить verstärken; verschärfen (*обостри́ть*) ~ся sich verstärken

уско́рить, ускоря́ть beschléunigen

усло́ви|е *с* 1. Bedíngung *f* -en; ни при каки́х ~ях únter kéinen Úmständen 2. *соглашение* Verábredung *f* -en; Überéinkunft *f* ..künfte

усло́виться, усло́вливаться sich verábreden; как усло́вились wie ábgemacht

усло́вный 1. bedíngt 2. *усло́вленный* verábredet

услу́г|а *ж* Dienst *m* -e; Gefállen *m* =; Gefälligkeit *f* -en (*любезность*); мн ~и Díenstleistungen *pl*

услу́жливый díenstfertig; gefällig

услыха́ть, услы́шать hören, vernéhmen*

усмотре́н|ие: по ~ию nach Belíeben

усну́ть éinschlafen*

усоверше́нствовать vervóllkommnen ~ся sich vervóllkommnen

успева́ть, успе́ть zur (réchten) Zeit kómmen*, zuréchtkommen*; Fórtschritte máchen, voránkommen* (*в учёбе*)

успе́х *м* Erfólg *m* -e; жела́ю вам ~а ich wünsche Íhnen (viel) Erfólg; по́льзоваться ~ом Erfólg háben

успе́шный erfólgreich; gelúngen

уста́лость *ж* Müdigkeit *f*, Ermüdung *f*

уста́лый müde, ermüdet

устана́вливать, установи́ть 1. *поставить* áufstellen 2. *ввести* éinführen 3.

определить féstsetzen, féststellen ~ся éintreten* *(наступить)*; ánhalten* *(о погоде)*

устарева́ть, устаре́ть verálten

устаре́вший, устаре́лый veráltet; únmodern *(несовременный, немодный)*

уста́ть müde wérden

у́стный mündlich

усто́йчивый háltbar; stabíl *(стабильный)*; dáuernd, beständig *(постоянный)*

устрани́ть, устраня́ть beséitigen, wégschaffen

устреми́ться, устремля́ться sich stürzen; sich ríchten *(направиться)*

устро́ить 1. *организовать* organisíeren, veránstalten 2. *привести в порядок* órdnen, régeln 3. *кого-л.* únterbringen* *(в помещении)*; j-m éine Stélle verscháffen *(на работу)* ~ся 1. sich éinrichten *(напр. в квартире)*; Árbeit fínden* *(на работу)* 2. *наладиться* sich régeln

усту́пка *ж* 1. Zúgeständnis *n* -se; Ábtretung *f* -en *(чего-л.)* 2. *в цене* Préisermäßigung *f* -en

у́стье *с реки́* Mündung *f* -en

усы́ *мн* Schnúrrbart *m* ..bärte

утверди́тельн|ый bejáhend, zústimmend; отве́тить ~о bejáhen

утверди́ть bestätigen

утвержде́ние *с* Bestätigung *f* -en; Beháuptung *f* -en *(высказывание)*

утеша́ть, уте́шить trösten

утиха́ть, ути́хнуть sich berúhigen; náchlassen*; sich légen *(о ветре, боли)*

у́тка *ж* Énte *f* -n *(тж. перен.)*

утоли́ть, утоля́ть stíllen

утоми́тельный ermüdend, erschöpfend

утоми́ть ermüden ~ся müde wérden, ermüden

утомле́ние *с* Müdigkeit *f*

утону́ть ertrínken*

утопи́ть ertränken

уточни́ть, уточня́ть präzisíeren

утра́та *ж* Verlúst *m* -e

у́тренний Mórgen

у́тро *с* Mórgen *m* =; до́брое ~! gúten Mórgen!; в во́семь часо́в утра́ (um) acht Uhr früh

у́тром am Mórgen, mórgens

утю́г *м* Bügeleisen *n* =

уха́ *ж* Físchsuppe *f* -n

уха́живать 1. pflégen (*A*) 2. *за женщиной* den Hof máchen (*D*)

ухвати́ться sich fésthalten* (an *D*); sich ánklammern (an *A*)

у́хо *с* Ohr *n* -en

ухо́д *м* 1. Wéggehen *n*; Ábgang *m* ..gänge (*отход*) 2. *за кем-л., за чем-л.* Behándlung *f*, Pflége *f*

ухудше́ние *с* Verschléchterung *f*; Verschlímmerung *f* (*положения*)

уча́ствовать téilnehmen*, sich betéiligen (an *D*); ~ в соревнова́ниях an den Wéttkämpfen téilnehmen*

уча́стник *м* Téilnehmer *m* =

уча́сток *м* 1. *земли́* Grúndstück *n* -e 2. *часть чего-л.* Ábschnitt *m* -e 3. *административный* Revíer [-v-] *n* -e; избира́тельный ~ Wáhlbezirk *m* -e; Wáhllokal *n* -e (*место голосования*)

у́часть *ж* Schícksal *n* -e

уча́щийся *м* Schüler *m* = (*школьник*); der Studíerende (*студент*)

учёба *ж* Stúdium *n*, Lérnen *n*

уче́бник *м* Léhrbuch *n* ..bücher

уче́бн|ый Lehr-, Schul-; Únterrichts-; ~ое заведе́ние Léhranstalt *f* -en

уче́ние *с* 1. *учёба* Lérnen *n* 2. *система теорий, идей* Léhre *f* -n

учени́|к *м* Schüler *m* =; Léhrling *m* -e (*на производстве*) ~ца *ж* Schülerin *f* -nen

уче́сть berücksichtigen; учти́те, что... zíehen Sie in Betrácht, daß...

учи́лище *с* Schúle *f* -n; худо́жественное ~ Kúnstschule *f*

учи́тель *м* Léhrer *m* = ~ница *ж* Léhrerin *f* -nen

учи́ть 1. *кого-л.* léhren; unterríchten (*преподавать*) 2. *изучать* lérnen, studíeren ~ся lérnen, studíeren

учрежде́ние *с* 1. *действие* Gründung *f* 2. *заведение* Ánstalt *f* -en; госуда́рственное ~ Behörde *f* -n, Amt *n*, *pl* Ämter

ушиби́ть stóßen*, verlétzen ~ся sich an etw. stóßen*, sich verlétzen

ую́т *м* Gemütlichkeit *f*

ую́тный gemütlich, beháglich

фабрика ж Fabrík f -en

фа́кел м Fáckel f -n

факт м Tátsache f -n

факти́ческий tátsächlich

факультати́вный fakultatív

факульте́т м Fakultät f -en

фами́лия ж Famíli̦enname m -n, Náchname m, Náme m; как ва́ша ~? wie héißen Sie (mit dem Famíli̦ennamen)?, wie ist Ihr Náme?

фанта́зия ж 1. Phantasíe f ..i̦en; Éinbildungskraft f (воображение) 2. разг. каприз Grílle f -n

фанта́стика ж Phantástik f; Science Fiction [´saeəns ´fikʃən] f (литература)

фантасти́ческий phantástisch

фа́ртук м Schürze f -n

фарфо́р м Porzellán n

фарфо́ровый Porzellán-, aus Porzellán

фаса́д м Fassáde f -n

фасо́ль ж Bóhnen pl

фасо́н м Fasson [-´sɔŋ] f -s, Schnitt m -e

фа́уна ж Fáuna f ..nen, Tíerwelt f

фая́нс м Stéingut n (материал); Fajence [fa´jaŋs] f (изделия)

февра́ль м Fébruar m

федерати́вный föderatív

федера́ция ж Föderatión f -en; Bund m, pl Bünde

фейерве́рк м Féuerwerk n -e

фельето́н м Feuilleton [føjə´tɔŋ] n -s

фен м Fön m -e

феноме́н м Phänomén n -e

феодали́зм м Feudalísmus m

фе́рма ж Farm f -en

фестива́ль м Féstspiele pl, Festíval [-v-] n -e

фехтова́льщик м Féchter m = ~ица ж Féchterin f -nen

фехтова́ние с Féchten n

фиа́лка ж Véilchen n =

фигу́ра ж 1. Figúr f -en, Gestált f -en 2. личность Figúr f -en, Persönlichkeit f -en

фигу́рн|ый: ~ое ката́ние (на коньках) Éiskunstlauf m

фи́зик м Phýsiker m =

фи́зика ж Physík f

физиоло́гия ж Physiologie f

физи́ческий 1. относящийся к физике physikálisch, Physík- 2. *мускульный* körperlich, phýsisch

физкульту́ра *ж* Körperkultur *f*

филармо́ния *ж* Philharmoníe *f* ..í|en

филатели́ст *м* Philatelíst *m* -en, Bríefmarkensammler *m* =

филатели́я *ж* Philatelíe *f*

филиа́л *м* Filiále *f* -n, Zwéigstelle *f* -n

фило́лог *м* Philológe *m* -n

филоло́гия *ж* Philologíe *f*

фило́соф *м* Philosóph *m* -en

филосо́фия *ж* Philosophíe *f*

фильм *м* Film *m* -e; худо́жественный ~ Spíelfilm *m*; документа́льный ~ Dokumentárfilm *m*; мультипликацио́нный ~ Zéichentrickfilm *m*; снима́ть ~ éinen Film dréhen

финанси́ровать finanzíeren

фина́нсовый finanziéll, Finánz-

фина́нсы *мн* Finánzen *pl*

финиши́ров|ать *спорт.* ins Ziel géhen*; он ~ал пе́рвым er war als érster am Ziel

фи́нишн|ый *спорт.*: ~ая пряма́я Zíelgerade *f* -n; ~ая ле́нточка Zíelband *n* ..bänder

фиоле́товый violétt [v-]

фи́рма *ж* Fírma *f* ..men

фи́рменн|ый Fírmen-; ~ое блю́до Spezialität *f* -en

флаг *м* Flágge *f* -n, Fáhne *f* -n; подня́ть ~ die Flágge híssen

флако́н *м* Flakon [-´koŋ] *m, n* -s; ~ духо́в ein Flakón Parfüm

фле́йта *ж* Flöte *f* -n

флома́стер *м* Fílzstift *m* -e

флот *м* Flótte *f* -n

фля́га, фля́жка *ж* Réiseflasche *f* -n, Féldflasche *f*

фойе́ *с* Foyer [foa´je:] *n* -s, Wándelhalle *f* -n

фо́кусник *м* Záuberkünstler *m* =

фолькло́р *м* Folklóre *f*

фон *м* Grund *m, pl* Gründe, Híntergrund *m*

фона́рик: карма́нный ~ Táschenlampe *f* -n

фона́рь *м* Latérne *f* -n

фонд *м* Fonds [foŋ] *m* = [foŋs]

фонта́н *м* Spríngbrunnen *m* =

форе́ль *ж* Forélle *f* -n

фо́рм|а *ж* 1. Form *f* -en; быть в ~е *спорт.* in Form sein 2. *одежда* Uniform *f* -en 3. *тех.* для отли́вки Gíeßform *f* -en

форма́льност|ь ж Formalität f -en; вы́полнить ~и die Formalitäten erlédigen

фо́рмула ж Fórmel f -n

формули́ровать formulíeren

фортепья́но с Klavíer [-v-] n -e

фо́рточка ж Lüftungsklappe f -n

фо́рум м Fórum n ..ren

фотоаппара́т м Fótoapparat m -e, Kámera f -s

фото́граф м Fotográf m -en

фотографи́ровать fotografíeren, áufnehmen* ~ся sich fotografíeren lássen*

фотогра́фия ж *снимок* Fóto n -s, Fotografíe f ..i|en

фотокорреспонде́нт м Bíldreporter m =

фотоплёнка ж Film m -e

фототова́ры мн Fótoartikel pl

франк м Franc [frã] m, Frank m *(денежная единица Франции)*

францу́женка ж Französin f -nen

францу́з м Französe m -n

францу́зский französisch

фре́ска ж Fréske f -n

фрукт м Frucht f, pl Früchte; мн ~ы Obst n

фрукто́вый Obst-; ~ сад Óbstgarten m

фунда́мент м Fundamént n -e, Gründlage f -n

фуникулёр м Dráhtseilbahn f -en

функциони́ровать funktioníeren

фу́нкция ж Funktión f -en

футбо́л м Fúßball m

футболи́ст м Fúßballspieler m =, Fúßballer m =

футбо́лка ж Spórthemd n -en, Trikot [-´ko:] n -s, T-Shirt [´ti:ʃø:(r)t] n -s

футбо́льн|ый Fúßball-; ~ая кома́нда Fúßballmannschaft f -en

хала́т м 1. Mórgenrock m ..röcke 2. *для работы* Árbeitskittel m =

халва́ ж Halwá f

хара́ктер м Gharákter [ka-] m ..tére; Bescháffenheit f *(состояние)*

характери́стика ж Charakterístik [ka-] f -en

характе́рный charakterístisch [ka-], bezéichnend

хвали́ть lóben, préisen* ~ся sich rühmen, práhlen

хвата́ть I *схватывать* ergréifen*, fássen, pácken ~ся за что-л. gréifen* (nach *D*); sich klámmern (an *D*) *(цепляться)*

хвата́ть II *быть достаточным* áusreichen, genügen; не ~ mángeln, féhlen; хва́тит! es genügt!, genúg!

хво́йный Nádel-; ~ лес Nádelwald *m* ..wälder

хвост *м* Schwanz *m*, *pl* Schwänze, Schweif *m* -e

хвоя́ *ж* Nádeln *pl*

хи́мик *м* Chémiker *m* =

хими́ческий chémisch

хи́мия *ж* Chemíe *f*

химчи́стка *ж* chémische Réinigung

хиру́рг *м* Chirúrg *m* -en

хи́трость *ж* Schláuheit *f* -en, List *f* -en

хи́трый schlau, lístig

хи́щник *м* Ráubtier *n* -e *(зверь)*; Ráubvogel *m* ..vögel *(птица)*

хладнокро́вие *с* Káltblütigkeit *f*; Gelássenheit *f* *(спокойствие)*

хлеб *м* 1. *печёный* Brot *n* -e; чёрный ~ Schwárzbrot *n*; бе́лый ~ Wéißbrot *n* 2. *злаки, зерно* Getréide *n*, Korn *n*

хлев *м* Stall *m*, *pl* Ställe

хло́пать, хло́пнуть klátschen; Béifall klátschen *(аплодировать)*

хло́пок *м* Báumwolle *f*

хло́поты *мн* Sórgen *pl (заботы)*; Scheréien *pl (возня)*

хму́рый fínster *(мрачный)* trübe *(о погоде)*

хо́бби *с* Hobby [´hɔbɪ] *n* -s

ход *м* 1. *движение* Gang *m*, Lauf *m* 2. *вход* Éingang *m* ..gänge 3. *развитие, течение* Verláuf *m*, Gang *m* 4. *в игре* Zug *m*, *pl* Züge

ходи́ть 1. géhen*; ~ в теа́тр ins Theáter géhen*; ~ на лы́жах Ski [ʃiː] láufen* 2. *о транспорте* verkéhren, fáhren* 3. *в игре* áusspielen *(карт.);* zíehen*, éinen Zug máchen *(шахматы)*

ходьба́ *ж* Géhen *n*; спорти́вная ~ Géhen *n*, Géhsport *m*

хозя́ин *м* 1. *владелец* Besítzer *m* = 2. Gástgeber *m* = *(принимающий гостей)*

хозя́йка *ж* 1. *владелица* Besítzerin *f* -nen 2. Háusfrau *f* -en *(ведущая домашнее хозяйство)*

хозя́йство *с* Wírtschaft *f* -en

хоккеи́ст *м* Hóckeyspieler [´hɔke-] *m* =

хоккéй *м:* ~ с шáйбой Éishokey [-hɔke] *n*; ~ с мячóм Bandy [´bɛndɪ] *n*; ~ на травé Rásenhokey *n*; игрáть в ~ (с шáйбой) Éishokey spíelen

холм *м* Hügel *m* =

хóлод *м* Kälte *f*

холоди́льник *м* Kühlschrank *m* ..schränke *(шкаф)*; Kühlraum *m* ..räume *(помещение)*

хóлодно, хóлодный kalt; на у́лице хóлодно es ist kalt (dráußen)

хор *м* Chor [ko:r] *m*, *pl* Chöre

хореóграф *м* Choreógraph *m* -en

хореографи́ческий choreográphisch; ~ ансáмбль Tánzensemble [-asabl] *n* -s

хоровóд *м* Réigen *m* =

хорóший, хорошó gut; всегó хорóшего! álles Gúte!

хотéть wóllen*, mögen*; wünschen

хоть, хотя́ obgléich, wenn auch

хóхот *м* Gelächter *n*

хохотáть (laut) láchen

хрáбрость *ж* Tápferkeit *f*

хрáбрый tápfer

хранéние *с* Áufbewahrung *f*; отдáть на ~ in Verwáhrung gében*

храни́ть 1. *беречь* bewáhren **2.** *сохранять* áufbewahren

христиáнство *с* Chrístentum [-k-] *n*

хромáть hínken

хромóй 1. lahm **2.** *м* der Láhme

хрóника *ж* Chronik [´kro:] *f*; Wóchenschau *f* -en *(в кино)*

хрономéтр *м* Chronométer [kro-] *n*=

хру́пкий zerbréchlich, spröde; *перен.* zart

хрустáль *м* Kristáll *n*; Kristállglas *n* *(сорт стекла)*

худóжественн|ый Kunst-, künstlerisch; ~ое произведéние Kúnstwerk *n* -e

худóжник *м* **1.** *деятель искусства* Künstler *m* = **2.** *живописец* Máler *m* =, Kúnstmaler *m* =

худóй I *тонкий* máger; dürr *(тощий)*

худóй II 1. *дырявый* ábgenutzt, ábgetragen **2.** *плохой* schlecht, schlimm

худощáвый háger

ху́дший der schléchteste

ху́же schléchter, schlímmer; тем ~ um so schlímmer

хулигáн *м* Rowdy [´raodi] *m* -s

цари́ца ж Zárin f -nen; Káiserin f -en *(императрица)*

царь м Zar m -en; Káiser m = *(император)*

цвести́ blühen

цвет м 1. *окраска* Fárbe f -n 2. *перен. самое лучшее* Blüte f

цветн|о́й fárbig, bunt; ~ые мета́ллы Búntmetalle pl

цвето́к м Blúme f -n

цвету́щий blühend *(тж. перен.)*

це́лить(ся) zíelen

целлофа́н м Zellophán n

целова́ть küssen ~ся küssen, sich küssen

це́лый 1. *неповреждённый* heil, únversehrt 2. *полный* ganz

цель ж Ziel n -e; *перен.* Zweck m -e; с какой це́лью? zu wélchem Zweck?

цеме́нт м Zemént m -e

цен|а́ ж Preis m -e; любой ~о́й um jéden Preis

цени́ть schätzen; *перен.* würdigen

це́нность ж 1. Wert m -e 2. *предмет* Kóstbarkeit f -en

це́нн|ый kóstbar, wértvoll; ~ое письмо́ Wértbrief m -e

це́нтнер м Dóppelzentner m =

центр м Zéntrum n ..tren; Míttelpunkt m -e *(середина; тж. перен.)*

центра́льный zentrál, Zentrál-

цепо́чка, цепь ж Kétte f -n

церемо́н|ия ж Zeremonie f ..í|en; без ~ий óhne Úmstände

церко́вный kírchlich, Kírchen-

це́рковь ж Kírche f -n

цивилиза́ция ж Zivilisatión [-v-] f -en

цивилизо́ванный zivilisíert [-v-]

цикл м Zýklus m ..klen

цирк м Zírkus m -se

цирков|о́й Zírkus-; ~ арти́ст Artíst m -en; ~óе представле́ние Zírkusvorstellung f -en

цити́ровать zitíeren, ánführen

цифербла́т м Zífferblatt n ..blätter

ци́фра ж Zíffer f -n, Zahl f -en

цука́ты мн kandíerte Früchte pl

цыга́н м Zigéuner m = ~ка ж Zigéunerin f -nen

цыга́нский zigéunerisch, Zigéuner-

цыплёнок *м* Küken *n* =

чаевы́е *мн* Trínkgeld *n*

чай *м* Tee *m*; пригласи́ть кого́-л. на ~ j-n zum Tee éinladen*

ча́йка *ж* Möwe *f* -n

ча́йная *ж* Téestube *f* -n

ча́йник *м* Téekanne *f* -n

час *м* Stúnde *f* -n; кото́рый ~? wie spät is es?; че́рез ~ in éiner Stúnde; ~ дня ein Uhr (náchmittags)

часово́й I 1. *о часах* Uhr-, Úhren-; ~ механи́зм Úhrwerk *n* -e **2.** *продолжающийся час* éinstündig

часово́й II *м* Pósten *m* =

часовщи́к *м* Úhrmacher *m* =

ча́стный privát [-v], Privát-

ча́сто oft, häufig

ча́стый 1. häufig, wiederhólt **2.** *густой* dicht

часть *ж* Teil *m* -e; Abtéilung *f* -en *(отдел)*; составна́я ~ Bestándteil *m*; бо́льшей ча́стью größtenteils, méistens **2.** *воен.* Éinheit *f* -en, Trúppenteil *n* -en

часы́ *мн* Uhr *f* -en; ручны́е ~ Ármbanduhr *f*

ча́шка *ж* Tásse *f* -n; Schále *f* -n *(миска)*

чего́ *см.* что I; для ~ э́то? wozú das?

чей 1. *в вопросе* wéssen **2.** *в придат. предлож.* déssen (*m и n*), déren (*f и pl*)

чей-либо, чей-нибудь, чей-то (írgend) jémandes

челове́к *м* Mensch *m* -en

челове́ческий ménschlich, Ménschen-

челове́чество *с* Ménschheit *f*

чем I *см.* что I

чем II als; чем... тем... je... désto...

чемода́н *м* Kóffer *m* =

чемпио́н *м* *спорт.* Méister *m* =; ~ ми́ра Wéltmeister *m*

чему́ *см.* что I; ~ вы ра́дуетесь? worüber fréuen Sie sich?

чепуха́ *ж* Únsinn *m*, dúmmes Zeug; Quatsch *m* *(разг.)*

черда́к *м* Bóden *m* =, Dáchboden *m*

чередова́ться ábwechseln, (der Réihe nach) fólgen

че́рез 1. *поверх* über; перепры́гнуть ~ ручей über den

Bach spríngen* 2. *сквозь* durch; доро́га идёт ~ лес der Weg geht durch den Wald 3. *по проше́ствии* in; nach; nach Verláuf von; ~ два часа́ in zwei Stúnden; ~ не́которое вре́мя nach éiniger Zeit 4. *при посре́дстве* vermíttels; durch

черне́ть 1. *де́латься чёрным* schwarz wérden 2. *видне́ться* sich schwarz ábheben*

черни́ка *ж* Héidelbeeren *pl*

черни́ла *мн* Tínte *f*

черновик *м набросок* Entwúrf *m* ..würfe; Konzépt *n* -e

чернозём *м* Schwárzerde *f*

черносли́в *м* Báckpflaumen *pl*

чёрный schwarz; ~ ход Híntertreppe *f* -n

чёрствый 1. *о хлебе* hart, trócken 2. *безду́шный* hart, hártherzig

чёрт *м* Téufel *m* =

черта́ *ж* 1. Strich *m* -e 2. *лица́, хара́ктера* Zug *m*, *pl* Züge

чертёж *м* Zéichnung *f* -en, Riß *m* ..sse

черти́ть zéichnen

чеса́ть 1. *во́лосы* kämmen 2. *те́ло* krátzen ~ся júcken; у меня́ че́шется спина́ mir juckt der Rücken

чесно́к *м* Knóblauch *m*

че́ствовать éhren

че́стн|ый éhrlich, rédlich; ~ое сло́во Éhrenwort *n*

честолюби́вый éhrgeizig

честолю́бие *с* Éhrgeiz *m*

честь *ж* Éhre *f*

четве́рг *м* Dónnerstag *m* -e

че́тверо vier

че́тверть *ж* Víertel *n* -

четвёртый der víerte

чёткий déutlich, klar; léserlich (*о по́черке*); genáu (*то́чный*)

четы́ре vier

четы́реста víerhúndert

четы́рнадцать víerzehn

чини́ть I *исправля́ть* áusbessern, reparíeren; flícken (*што́пать*)

чини́ть II *каранда́ш* (án)spítzen

чи́сленность *ж* Zahl *f*; Ánzahl *f*; Stärke *f* (*воен.*)

числ|о́ *с* 1. Zahl *f*; в том ~é darúnter; davón 2. *да́та* Dátum *n*; како́е сего́дня ~? der wievielte ist héute?

чи́стить pútzen, réinigen; bürsten (*щёткой*)

чистота́ *ж* Sáuberkeit *f*; Réinheit *f* (*отсу́тствие при́меси*)

чи́ст|ый rein, sáuber; blank; ~ая шерсть réine Wólle, Schúrwolle *f*

читáльный: ~ зал ж Lésesaal m ..säle

читáтель м Léser m =

читáть lésen*

чихáть, чихнýть níesen

член м 1. Glied n -er 2. *организации* Mítglied n -er; **~-корреспондéнт** korrespondíerendes Mítglied

члéнский Mítglieds-; ~ билéт Mítgliedskarte f -n, Mítgliedsbuch n ..bücher

чрезвычáйный áußerordentlich, áußergewöhnlich; äußerst

чрезмéрный übermäßig

чтéние с Lésen n, Lektüre f

что I *мест*. 1. was?; ~? wie (bítte)?; ни за ~! auf kéinen Fall!; um kéinen Preis!; нé за ~ (благодарúть)! kéine Úrsache (zu dánken)! 2. *в придат. предл*. der [die, das]

что II *союз* daß; он сказáл, ~ придёт er ságte, daß er kommt

чтóбы daß, damít; um... zu; вмéсто того́, ~ anstátt zu

что-либо, что-нибýдь, чтó-то írgend(et)was, (ét)was

чувствúтельный empfíndlich, empfíndsam

чýвство с Gefühl n -e; Empfíndung f -en; о́рганы чувств Sínnesorgane pl; лишúться чувств óhnmächtig wérden; die Besínnung verlíeren*; прийтú в ~ zu sich [zur Besínnung] kómmen*

чýвствовать fühlen; empfínden*, spüren *(ощущáть)*

чудáк м Sónderling m -e, kómischer Kauz

чудéсный, чýдный wúnderbar, wúnderschön

чýдо с Wúnder n =

чýждый fremd

чужóй fremd

чулкú *мн* Strümpfe pl

чýткий 1. féinhörig; wáchsam; ~ сон léiser Schlaf 2. *перен*. féinfühlig

чуть не beináhe, fast

чуть(-чýть) ein bíßchen, ein (klein) wénig

чьё с, **чьи** *мн*, **чья** ж *см*. чей

шаг м Schritt m -e

шагáть schréiten*

шáгом im Schritt

шалúть áusgelassen [únartig] sein; не шалú! sei ártig!

шáлость ж Streich m -e

шампýнь м Shampoo [ʃam'pu:] n -s, Háarwäsche f -n

шанс м Chance [´ʃaŋsə] f -n; у него́ хоро́шие ~ы на побе́ду er hat gúte Cháncen zu síegen

ша́пка ж Mütze f -n, Káppe f -n

шар м Kúgel f -n; земно́й ~ Érdball m; возду́шный ~ Lúftballon m -s

шарж м Karikatúr f -en

ша́риков|ый: ~ая ру́чка Kúgelschreiber m =

шарф м Schal m -e; вя́заный ~ Stríckschal m

шата́ться 1. schwánken, wánken 2. *разг.* слоня́ться herúmschlendern, búmmeln

ша́ткий 1. wáck(e)lig 2. *перен.* únsicher; únbeständig (*переменчивый*)

шахмати́ст м Scháchspieler m = ~ка ж Scháchspielerin f -nen

ша́хматн|ый Schach-; ~ турни́р Scháchturnier m -e; ~ая доска́ Scháchbrett n -er

ша́хматы *мн* Schach n, Scháchspiel n

ша́шки *мн игра* Dámenspiel n

шашлы́к м Scháschlyk m -s

швейн|ый Näh-; Konfektións-; ~ая маши́на Nähmaschine f -n; ~ая промы́шленность Konfektiónsindustrie f

швейца́р м Portier [-´tje:] m -s, Pförtner m =

швейца́рский schwéizerisch

швырну́ть, швыря́ть schléudern, wérfen*

шевели́ть bewégen; rühren ~ся sich régen, sich bewégen, sich rühren

шеде́вр м Méisterwerk n -e

шезло́нг м Líegestuhl m ..stühle, Líegesessel m =

шёлк м Séide f -n; иску́сственный ~ Kúnstseide f

шёлковый séiden, Séiden-

шёпот м Flüstern n, Geflüster n

шёпотом léise, im Flüsterton

шепта́ть flüstern ~ся miteinánder flüstern

шерсть ж Wólle f (*ткань, пряжа*); Haar n (*у животных*)

шерстяно́й Woll-, wóllen

шерша́вый rauh

шест м Stánge f -n; Stab m

ше́стеро sechs

шестна́дцать séchzehn

шесть sechs

шестьдеся́т séchzig

шестьсо́т séchshúndert

шеф м Chef [ʃεf] m -s; der Vórgesetzte

шеф-по́вар *м* Chefkoch [´ʃɛf-] *m* ..köche

ше́фство *с* Pátenschaft *f*

ше́фствовать die Pátenschaft áusüben

ше́я *ж* Hals *m*, *pl* Hälse

ши́н|а *ж* Rádreifen *m* =, Reifen *m*; *мн* ~ы Beréifung *f*

шипе́ть zíschen

шипо́вник *м* 1. *куст, цветок* Héckenrose *f* -n 2. *плод* Hágebutte *f* -n

шипу́чий schäumend, Schaum-

ширина́ *ж* Bréite *f*; Wéite *f* (*одежды*)

широ́кий breit; weit (*об одежде*)

широкоэкра́нный: ~ фильм Bréitwandfilm *m* -e

шить nähen

шифр *м* 1. *условное письмо* Schiffre [´ʃifər] *f* 2. *цифровой код* Kode [koːt] *m* -s, Schlüssel *m* =

шкату́лка *ж* Kästchen *n* -n, Schatúlle *f* -n

шкаф *м* Schrank *m*, *pl* Schränke

шко́ла *ж* Schúle *f* -n; нача́льная ~ Elementárschule *f*; сре́дняя ~ Míttelschule *f*; вы́сшая ~ Hóchschule *f*

шко́льн|ик *м* Schüler *m* = ~ица *ж* Schülerin *f* -nen

шко́льный Schul-

шку́ра *ж* Fell *n* -e, Haut *f*, *pl* Häute

шлем *м* Helm *m* -e

шлюз *м* Schléuse *f* -n

шлю́пка *ж* Boot *n* -e, Schalúppe *f* -n

шля́па *ж* Hut *m*, *pl* Hüte

шнуро́к *м* *для ботинок* Schnür|senkel *m* =, Schnürband *n* ..bänder

шов *м* Naht *f*, *pl* Nähte

шокола́д *м* Schokoláde *f* -n; пли́тка -а éine Táfel Schokoláde

шокола́дный Schokoláden-

шо́рох *м* Geräusch *n* -e

шоссе́ *с* Chaussee [ʃɔ´seː] *f* ..sé|en

шофёр *м* Fáhrer *m* =

шпа́га *ж* Dégen *m* =; фехтова́ние на ~х *спорт.* Dégenfechten *n*

шпио́н *м* Spión *m* -e ~ка *ж* Spiónin *f* -nen

шпиона́ж *м* Spionáge [-ʒə] *f*

шприц *м* Sprítze *f* -n

шпро́ты *мн* Sprótten *pl*

шрам *м* Nárbe *f* -n, Schrámme *f* -n

шрифт *м* Schrift *f* -en

штамп *м* 1. Stémpel *m* = 2. *перен.* Klischée *n* -s

шта́нга *ж* Hántel *f* -n, Schéibenhantel *f*

штанги́ст *м* Gewíchtheber *m* =

штаны́ *разг. мн* Hóse *f*, Hósen *pl*

штáтский zivíl [-v-], Zivíl-

штéмпель *м* Stémpel *m* =

штéпсель *м* Stécker *m* =

штиль *м* Wíndstille *f*

штóпать stópfen

штóра *ж* Vórhang *m* ..hänge, Gardíne *f* -n; Róllo *n* -s (*в виде рулона*); Store [ʃtoːr] *m* -s

штрафовáть éine Géldstrafe áuferlegen (*кого-л. D*)

штýка *ж* Stück *n* -e

штýчный Stück-; ~ товáр Stückware *f* -n

шýба *ж* Pelz *m* -e, Pélzmantel *m* ..mäntel

шум *м* Lärm *m*; Geräusch *n* -e (*лёгкий*)

шумéть lärmen, Lärm máchen; ráuschen (*о дожде, листьях, море*)

шýмн|ый lärmend, garäuschvoll

шутúть spáßen, schérzen, Spaß máchen

шýтка *ж* Spaß *m*, *pl* Späße; Witz *m* -e (*острóта*)

шутлúвый spáßhaft, schérzhaft

шутнúк *м* Spáßmacher *m* =

щадúть schónen

щéдрость *ж* Fréigebigkeit *f*

щéдрый fréigebig

щекá *ж* Wánge *f* -n, Bácke *f* -n

щекотáть kítzeln

щель *ж* Spálte *f* -n, Riß *m* ..sse, Schlitz *m* -e

щётка *ж* Bürste *f* -n; одёжная ~ Kléiderbürste *f*; сапóжная ~ Schúhbürste *f*; ~ для волóс Háarbürste *f*

щи *мн* Kóhlsuppe *f*

щипкóв|ый: ~ые инструмéнты Zúpfinstrumente *pl*

щипцы́ *мн* Zánge *f* -n; ~ для завúвки волóс Brénnschere *f* -n

щит *м* Schild *m* -e

щýка *ж* Hecht *m* -e

щýпать befühlen, betásten

эвакуи́ровать evakuíeren [-v-], ábtransportieren

эволю́ция ж Evolutión [-v-] f

эгои́зм м Egoísmus m

эгоисти́чный egoístisch

экза́мен м Prüfung f -en; вступи́тельные ~ы Aufnahmeprüfungen pl; выпускны́е ~ы Ábschlußprüfungen pl

экземпля́р м Exemplár n -e

экологи́ческий ökológisch

эколо́гия ж Ökologie f

эконо́мика ж Wírtschaft f

экономи́ст м Ökonóm m -en

эконо́мить spáren

экономи́ческий wirtschaftlich, ökonómisch

эконо́мия ж Éinsparung f; ~ эне́ргии Energíeeinsparung f

эконо́мный spársam

экра́н м Fílmleinwand f ..wände (в кино); Bíldschirm m -e (телевизора)

экскурса́нт м Áusflügler m = ~ка ж Áusflüglerin f -nen

экску́рсия ж Áusflug m ..flüge, Exkursión f -en

экскурсово́д м Führer m = (в музее и т. п.) Réiseleiter m = (сопровождающий в поездке)

экспеди́ция ж Expeditión f -en

экспериме́нт м Experimént n -e

экспе́рт м der Sáchverständige, Expérte m -n

эксперти́за ж Expertíse f -n

эксплуата́тор м Áusbeuter m =

эксплуата́ция ж 1. Áusbeutung f 2. тех. Betríeb m

эксплуати́ровать áusbeuten

экспози́ция ж 1. выставка Áusstellung f -en, Exposition f -en 2. фото Belíchtung f

э́кстренный Éxtra-; Sónder- (чрезвычайный) Eil-, eilig (срочный); ~ вы́пуск (газеты) Éxtrablatt n ..blätter

эласти́чный elástisch

элева́тор м Getréidespeicher m =

элега́нтный elegánt, fein

эле́ктрик м разг. Eléktriker m =

электрифика́ция ж Elektrifizíerung f

электри́ческий eléktrisch

электро́ника *ж* Elektrónik *f*

электро́нно-вычисли́тель|н|ый: ~ая маши́на (ЭВМ) Elektrónenrechner *m* =, Computer [kəm´pju:tər] *m* =

электро́нный Elektrónen-, elektrónisch

электро|ста́нция *ж* Kráftwerk *n* -e ~това́ры *мн* Eléktroartikel *pl* ~эне́ргия *ж* Eléktroenergie *f*, Strom *m*

элеме́нт *м в разн. знач.* Elemént *n* -e

эмбле́ма *ж* Emblém *n* -e

эмигра́нт *м* Emigránt *m* -en, Áuswanderer *m* =

эмигра́ция *ж* Emigratión *f*, Áuswanderung *f*

эмигри́ровать emigríeren, áuswandern

энерги́чный enérgisch

эне́ргия *ж* Energíe *f*

энтузиа́ст *м* Enthusiást *m* -en

энциклопе́дия *ж* Enzyklopädie *f* ..í|en

эпило́г *м* Epilóg *m* -e; Náchwort *n* -e *(послесловие)*

эпо́ха *ж* Epóche *f* -n

э́ра *ж* Ära *f*, *pl* Ären

эруди́ция *ж* (hóhe) Bíldung; Belésenheit *f* *(начитанность)*

эскала́тор *м* Rólltreppe *f* -n

эски́з *м* Skízze *f* -n, Úmriß *m* ..sse; Entwúrf *m* ..würfe *(набросок)*

эстафе́та *ж* Stáffel *f* -n

эстафе́тный Stáffel-; ~ бег Stáffellauf *m* ..läufe

эсто́н|ец *м* Éste *m* -n ~ка *ж* Éstin *f* -nen

эсто́нский éstnisch

эстра́да *ж* 1. *сцена* Bühne *f* 2. *вид искусства* Unterháltungskunst *f*

эстра́дн|ый: ~ый конце́рт Unterháltungskonzert *n* -e; ~ое представле́ние Show [ʃo:] *f* -s

э́та díese

эта́ж *м* Stock *m*, *pl* Stóckwerke, Stóckwerk *n* -e, Etáge [-ʒə] *f* -n; на второ́м ~е́ im érsten Stock

э́ти díese

этике́т *м* Etikétte *f*

этике́тка *ж* Etikétt *n* -e

э́то das; díeses

э́тот díeser

этю́д *м* Stúdi|e *f* -n

эфи́р *м* Äther *m*

эффе́кт *м* Effékt *m* -e, Wírkung *f* -en

эффекти́вный effektív, wírksam, éindrucksvoll

эффе́ктный efféktvoll, wírkungsvoll

Ю

юбилей *м* Jubiläum *n* ..läen
юбилейный Jubiläums-
юбка *ж* Rock *m*, *pl* Röcke
ювелир *м* Juwelíer *m* -e
ювелирн|ый Juwelíer-; ~ые изделия Juwelíerwaren *pl*
юг *м* Süden *m*
юго-восток *м* Südósten *m*
юго-запад *м* Südwésten *m*
южный südlich, Süd-
юмор *м* Humór *m*
юмористический humorístisch
юность *ж* Júgend *f*
юноша *м* Jüngling *m* -e
юношество *с* Júgend *f*
юный jung; с юных лет von jung auf
юридический jurístisch, Rechts-
юрист *м* Juríst *m* -en

Я

я ich (*G* mein, méiner, *D* mir, *A* mich)
яблоко *с* Ápfel *m*, *pl* Ápfel
яблоня *ж* Ápfelbaum *m* ..bäume
яви|ться 1. kómmen*, erschéinen* 2. *быть* sein; это ~лось причиной... das war die Úrsache...; он является ведущим специалистом er ist führender Fáchmann; *представиться* sich (dár)bíeten*
явление *с* Erschéinung *f* -en
явный óffenkundig, óffenbar
ягнёнок *м* Lamm *n*, *pl* Lämme
ягода *ж* Béere *f* -n
яд *м* Gift *n* -e
ядовитый gíftig, Gift-
ядро *с* Kern *m*; *спорт.* Kúgel *f* -n
язык *м* 1. *анат.* Zúnge *f* -n 2. *речь* Spráche *f* -n
яичница *ж* Rührei *n* -er; Spíegelei *n* -er (*глазунья*)
яйцо *с* Ei *n* -er
якобы ángeblich
яма *ж* Grúbe *f* -n

янва́рь *м* Jánuar *m*

янта́рь *м* Bérnstein *m*

япо́н|ец *м* Japáner *m* = ~ка *ж* Japánerin *f* -nen

япо́нский japánisch

я́ркий grell, hell; ~ приме́р krásses Béispiel

я́рмарка *ж* Jáhrmarkt *m* ..märkte, Mésse *f* -n

я́рость *ж* Wut *f*

я́сли *мн детские* Kríppe *f* -n

я́сный 1. klar; hell *(све́тлый)* **2.** *отчётливый* déutlich **3.** *очеви́дный* óffenbar

я́стреб *м* Hábicht *m* -e

я́хта *ж* Jacht *f* -en

яхт-клу́б *м* Jáchtklub *m* -s

я́щерица *ж* Éidechse *f* -n

я́щик *м* Kásten *m*, *pl* Kästen; Kíste *f* -n; выдвижно́й ~ *(стола́)* Schúblade *f* -n; Schúbfach *n* ..fächer; почто́вый ~ Bríefkasten *m*

ГЕОГРАФИЧЕСКИЕ НАЗВАНИЯ

Австра́лия *ж* Austráli|en *n*
А́встрия *ж* Österreich *n*
А́зия *ж* Ási|en *n*
Азо́вское мо́ре das Asówsche Méer
Алта́й *м* der Altái
А́льпы *мн горы* die Álpen
Аля́ска *ж* Aláska *n*
Амазо́нка *ж* der Amazónas, der Amazónenstrom
Аме́рика *ж* Amérika *n*
Амстерда́м *м* Amsterdám *n*
Аму́р *м* der Ámur
Ангара́ *ж* die Ángara
А́нглия *ж* Éngland *n*
Антаркти́да *ж* die Antárktika
Анта́рктика *ж* die Antárktis
Ара́льское мо́ре der Arálsee
Аргенти́на *ж* Argentíni|en *n*
А́рктика *ж* die Árktis
Арха́нгельск *м* Archángelsk *n*
А́страхань *ж* Ástrachan *n*
Атланти́ческий океа́н der Atlántik, der Atlántische Ózean
А́угсбург *м* Áugsburg *n*
Афганиста́н *м* Afghánistan *n*
Афи́ны *мн* Athén *n*

А́фрика *ж* Áfrika *n*
Бава́рия *ж* Báyern *n*
Бага́мские острова́ *мн* die Bahámainseln, die Bahámas
Багда́д *м* Bágdad *n*
Ба́ден-Вю́ртемберг *м* Báden-Württemberg *n*
Байка́л *м* der Báikalsee
Балка́ны *мн* der Bálkan
Балти́йское мо́ре die Óstsee
Бангко́к *м* Bángkok *n*
Бангладе́ш *м* Bangladesh [-ˈdeʃ] *n*
Ба́ренцево мо́ре die Bárentssee
Бейру́т *м* Béirut *n*
Белгра́д *м* Bélgrad *n*
Бе́лое мо́ре das Wéiße Meer
Белару́сь *ж* Wéißrußland *n*
Бе́льгия *ж* Bélgi|en *n*
Бенга́льский зали́в der Golf von Bengálen
Бе́рингов проли́в die Béringstraße
Берли́н *м* Berlín *n*
Берму́дские острова́ *мн* die Bermúdainseln, die Bermúdas
Берн *м* Bern *n*
Болга́рия *ж* Bulgári|en *n*
Боли́вия *ж* Bolívi|en [-v-] *n*

ГЕОГРАФИЧЕСКИЕ НАЗВАНИЯ

Бонн *м* Bonn *n*
Босфо́р *м* der Bósporus
Брази́лия *ж* **1.** *гос-во* Brasíli|en **2.** *г.* Brasília *n*
Бранденбу́рг *м* Brándenburg *n*
Бре́мен *м* Brémen *n*
Брест *м* Brest *n*
Брюссе́ль *м* Brüssel *n*
Будапе́шт *м* Búdapest *n*
Бухаре́ст *м* Bukarést *n*
Буэ́нос-А́йрес *м* Buénos Áires *n*
Валле́тта *ж* Valétta [v-] *n*
Варша́ва *ж* Wárschau *n*
Ватика́н *м* der Vatikán [v-]
Вашингто́н *м* Washington [ˈwɔʃiŋtən] *n*
Ве́ймар *м* Wéimar *n*
Великобрита́ния *ж* Gróßbritanni|en *n*
Ве́на *ж* Wien *n*
Ве́нгрия *ж* Úngarn *n*
Венесуэ́ла *ж* Venezuéla [v-] *n*
Вене́ция *ж* Venédig [v-] *n*
Ви́льнюс *м* Vílnius [v-] *n*
Ви́сбаден *м* Wíesbaden *n*
Ви́сла *ж* die Wéichsel, die Wísla
Ви́ттенберг *м* Wíttenberg *n*
Владивосто́к *м* Wladiwóstok *n*
Влади́мир *м* Wladímir *n*
Во́лга *ж* die Wólga
Волгогра́д *м* Wólgograd *n*
Вьетна́м *м* Vietnám [vjet-] *n*
Гаа́га *ж* Den Haag
Гава́на *ж* Havánna [-v-] *n*
Гаи́ти *с* Haíti *n*
Га́мбург *м* Hámburg *n*
Га́на *ж* Ghana [ˈgaː-] *n*
Ганг *м* der Gánges
Ганно́вер *м* Hannóver *n*
Герма́ния *ж* Déutschland *n*
Ге́ссен *м* Héssen *n*
Гибралта́рский проли́в die Stráße von Gibráltar
Гимала́и *мн горы* der Himálaja
Голла́ндия *ж* Hólland *n*; *см.* Нидерла́нды
Гольфстри́м *м* der Gólfstrom
Гонко́нг *м* Hóngkong *n*
Гре́ция *ж* Gríechenland *n*
Дака́р *м* Dákar *n*
Дама́ск *м* Damáskus *n*
Да́ния *ж* Dänemark *n*
Дарданне́ллы *мн* die Dardanéllen
Де́ли *м* Delhi [ˈdeːli] *n*
Джака́рта *ж* Jakárta *n*
Днепр *м* der Dnepr
Днестр *м* der Dnestr
Дон *м* der Don
До́ртмунд *м* Dórtmund *n*
Дре́зден *м* Drésden *n*
Ду́блин *м* Dublin [ˈdab-] *n*

ГЕОГРАФИЧЕСКИЕ НАЗВАНИЯ

Дуна́й *м* die Dónau
Дюссельдо́рф *м* Düsseldorf *n*
Евро́па *ж* Európa *n*
Еги́пет *м* Ägýpten *n*
Екатеринбу́рг *м* Jekaterínburg *n*
Енисе́й *м* der Jenisséj
Жене́ва *ж* Genf *n*
За́льцбург *м* Sálzburg *n*
За́мбия *ж* Sámbia *n*
Зимба́бве *с* Simbábwe *n*
Иерусали́м *м* Jerúsalem *n*
Инди́йский океа́н der Índische Ózean
И́ндия *ж* Índiǀen *n*
Индоне́зия *ж* Indonésiǀen *n*
Иорда́ния *ж* Jordániǀen *n*
Ира́к *м* der Irák
Ира́н *м* der Irán
Ирла́ндия *ж* Írland *n*
Исла́ндия *ж* Ísland *n*
Испа́ния *ж* Spániǀen *n*
Ита́лия *ж* Italiǀen *n*
Йе́мен *м* Jémen *m*
Йе́на *ж* Jéna *n*
Кабу́л *м* Kabúl *n*
Кавка́з *м* der Káukasus
Калу́га *ж* Kalúga *n*
Кальку́тта *ж* Kalkútta *n*
Кари́бское мо́ре das Karíbische Meer
Карпа́ты *мн горы* die Karpáten
Каспи́йское мо́ре das Káspische Meer
Кёльн *м* Köln *n*
Ке́ния *ж* Kénia *n*
Ки́ев *м* Kíǀew *n*
Кипр *м* Zýpern *n*
Кита́й *м* Chína *n*
Кишинёв *м* Kíschinjow *n*
Коло́мбо *м* Colómbo *n*
Колу́мбия *ж* Kolúmbiǀen *n*
Ко́льский п-ов die Hálbinsel Kóla
Копенга́ген *м* Kopenhágen *n*
Коре́я *ж* Koréa *n*
Ко́ста-Ри́ка *ж* Kostaríka *n*
Кра́сное мо́ре das Róte Meer
Крым *м* die Krim
Ку́ба *ж* Kúba *n*
Куве́йт *м* Kuwéit *n*
Кури́льские о-ва́ die Kurílen
Ла́дожское о́зеро der Ládogasee
Ла-Ма́нш *м* der Ärmelkanal
Лао́с *м* Láos *n*
Лати́нская Аме́рика Latéinamerika *n*
Ле́йпциг *м* Léipzig *n*
Ле́на *ж* die Léna
Лихтенште́йн *м* Lichtenstein *n*
Ломе́ *м* Lomé [´loːmeː] *n*
Ло́ндон *м* Lóndon *n*
Луа́нда *ж* Luánda *n*
Львов *м* Lwow *n*

Люксембу́рг м Lúxemburg n

Ма́гдебург м Mágdeburg n

Магелла́нов проли́в die Magellánstraße

Мадагаска́р м Madagáskar n

Мадри́д м Madríd n

Майн м der Main

Майнц м Mainz n

Ма́йсен м Méißen n

Мекленбу́рг -- Пере́дняя Помера́ния ж Mécklenburg-Vórpommern n

Ме́ксика ж México n

Ме́хико м México n

Минск м Minsk n

Миссиси́пи ж der Mississíppi

Миссу́ри ж der Missouri [-´su:-]

Мозамби́к м Moçambique [mosamˊbi:k] n

Мона́ко с Monáco n

Монго́лия ж die Mongoléi

Монтевиде́о м Montevidéo [-v-] n

Москва́ ж 1. г. 1. Móskau n 2. р. die Móskwa

Му́рманск м Murmánsk n

Мю́нхен м München n

Ниге́рия ж Nigéria n

Нидерла́нды мн die Niederlande

Ни́жний Но́вгород Níshni Nówgorod n

Ни́жняя Саксо́ния Níedersachsen n

Никара́гуа ж Nikarágua n

Нил м der Nil

Но́вая Зела́ндия Neuséeland n

Но́вгород м Nówgorod n

Новоросси́йск м Noworossíjsk n

Новосиби́рск м Nowosibírsk n

Норве́гия ж Nórwegen n

Нью-Йо́рк м New York [njuːˊjɔːrk] n

Нюрнберг м Nürnberg n

Объединённые Ара́бские Эмира́ты Veréinigte Arábische Emiráte

Обь ж der Ob

О́дер м Óder

Оде́сса ж Odéssa n

Ока́ ж die Oká

Океа́ния ж Ozeáni̯en n

Оне́жское о́зеро der Onégasee

О́сло м Óslo n

Отта́ва ж Óttawa n

Охо́тское мо́ре das Ochótskische Meer

Пакиста́н м Pákistan n

Палести́на ж Palästína n

Памир м der Pámir

Пана́ма ж Pánama n

ГЕОГРАФИЧЕСКИЕ НАЗВАНИЯ

Пана́мский кана́л Pánamakanal *m*
Парагва́й *м* Paragúay *n*
Пари́ж *м* París *n*
Пеки́н *м* Péking *n*
Перси́дский зали́в der Pérsische Golf
Перу́ *с* Perú *n*
Пирене́и *горы* die Pyrenäen
Португа́лия *ж* Pórtugal *n*
Потсда́м *м* Pótsdam *n*
Пра́га *ж* Prag *n*
Прето́рия *ж* Pretória *n*
Псков *м* Pskow *n*
Пхенья́н *м* Pjöngjáng *n*
Рейкья́вик *м* Reykjavik [-v-] *n*
Рейн *м* der Rhein
Ри́га *ж* Riga *n*
Ри́жский зали́в die Rígaer Méerbusen
Рим *м* Rom *n*
Ри́о-де-Жане́йро *м* Rio de Janeiro [-за´ne:-] *n*
Росси́я *ж* Rúßland *n*
Ро́сток *м* Róstock *n*
Румы́ния *ж* Rumäni|en *n*
Саксо́ния *ж* Sáchsen *n*
Саксо́ния-Анга́льт *ж* Sáchsen-Ánhalt *n*
Сальвадо́р *м* El Salvadór [-v-] *n*
Санкт-Петербу́рг *м* Sankt-Pétersburg *n*

Сан-Мари́но *с* San Marino *n*
Сан-Сальвадо́р *м* San Salvadór [-v-] *n*
Са́нто-Доми́нго *м* Sánto Domíngo *n*
Сан-Хосе́ *м* San José [xo´se:] *n*
Сау́довская Ара́вия Saudi-Arábi|en *n*
Сахали́н *м* Sachalín *n*
Саха́ра *ж* die Sa|hára
Севасто́поль *м* Sewástopol *n*
Се́верная Аме́рика Nordamérika *n*
Се́верное мо́ре die Nórdsee
Се́верный Ледови́тый океа́н der Árktische Ózean
Се́верный Рейн-Вестфа́лия Nórdrhein-Westfálen *n*
Сиби́рь *ж* Sibíri|en *n*
Сингапу́р *м* Síngapur *n*
Си́рия *ж* Sýri|en *n*
Скандина́вский п-ов die Skandinávische [-v-] Hálbinsel
Слова́кия *ж* die Slowakéi
Соединённые Шта́ты Аме́рики (США) die Veréinigten Stáaten von Amérika (USA)
Софи́я *ж* Sófia *n*
Средизе́мное мо́ре das Míttelmeer
Сре́дняя А́зия Mittelasi|en *n*
Стокго́льм *м* Stóckholm *n*
Су́здаль *м* Súzdal *n*

Сукре́ *м* Súcre *n*

Суэ́цкий кана́л der Súezkanal, der Súeskanal

США *см.* Соединённые Шта́ты Аме́рики

Тверь *ж* Twer *n*

Тегера́н *м* Téheran *n*

Ти́хий океа́н der Pazifík, der Stílle Ózean

То́кио *м* Tókio *n*

Три́поли *м* Trípolis *n*

Ту́ла *ж* Túla *n*

Туни́с *м* 1. *гос-во* Tunésien 2. Túnis *n*

Ту́рция *ж* die Türkéi

Тюри́нгия *ж* Thüringen *n*

Тянь-Ша́нь *м горы* der Tienschán

Украи́на *ж* die Ukraíne

Ула́н-Ба́тор *м* Úlan-Bátor *n*

Ура́л *м* der Urál

Уругва́й *м* Uruguáy *n*

Федерати́вная Респу́блика Герма́ния (ФРГ) die Búndesrepublik Déutschland (BRD)

Филиппи́ны *мн* die Philippínen

Финля́ндия *ж* Fínnland *n*

Фи́нский зали́в der Fínnische Méerbusen

Фра́нкфурт-на-Ма́йне *м* Fránkfurt *n* am Main, Fránkfurt *n* (Main)

Фра́нкфурт-на-О́дере *м* Fránkfurt *n* an der Óder, Fránkfurt *n* (Óder)

Фра́нция *ж* Fránkreich *n*

ФРГ *см.* Федерати́вная Респу́блика Герма́ния

Хаба́ровск *м* Chabárowsk *n*

Хано́й *м* Hanói *n*

Ха́рьков *м* Chárkow *n*

Хе́льсинки *м* Hélsinki *n*

Хироси́ма *ж* Hiroschíma, Hiroshima [-´ʃi-] *n*

Центра́льная Аме́рика Míttelamerika *n*

Центра́льно-Африка́нская Респу́блика die Zentrálafrikanische Republík

Цю́рих *м* Zürich *n*

Чёрное мо́ре das Schwárze Meer

Че́хия *ж* Tschéchien *n*

Чика́го *м* Chicágo [ʃi-] *n*

Чи́ли *с* Chile [´tʃi:-] *n*

Чуко́тский п-ов die Tschúktschenhalbinsel

Шва́рцвальд der Schwárzwald

Швейца́рия *ж* die Schweiz

Шве́ция *ж* Schwéden *n*

Шле́звиг-Го́льштейн *м* Schléswig-Hólstein *n*

Шпре́(е) *ж* die Spree

Шри-Ла́нка *ж* Sri Lánka *n*

ГЕОГРАФИЧЕСКИЕ НАЗВАНИЯ

Шту́тгарт *м* Stúttgart *n*
Эвере́ст *м* der Mount Everest [maont´ɛvərist]
Эквадо́р *м* Ekuadór *n*
Э́льба *ж* die Élbe
Эльбру́с *м* der Élbrus
Э́рфурт *м* Érfurt *n*
Э́ссен *м* Éssen *n*

Ю́жная Аме́рика Südamérika *n*
Ю́жно-Африка́нская Респу́блика die Republík Südáfrika
Я́лта *ж* Jálta *n*
Яма́йка *ж* Jamáika *n*
Япо́ния *ж* Jápan *n*
Япо́нское мо́ре das Japánische Meer

ТАБЛИЦА СКЛОНЕНИЯ ПРИЛАГАТЕЛЬНОГО

Склонение прилагательного с определённым и неопределённым артиклем и неопределённым числительным

	Единственное число Singular	Множественное число Plural
Мужской род Maskulinum	N der gute Freund G des guten Freundes D dem guten Freund(e) A den guten Freund	die guten Freunde der guten Freunde den guten Freunden die guten Freunde
	N ein guter Freund G eines guten Freundes D einem guten Freund(e) A einen guten Freund	viele gute Freunde vieler guter Freunde vielen guten Freunden viele gute Freunde
Женский род Femininum	N die schöne Blume G der schönen Blume D der schönen Blume A die schöne Blume	die schönen Blumen der schönen Blumen den schönen Blumen die schönen Blumen
	N eine schöne Blume G einer schönen Blume D einer schönen Blume A eine schöne Blume	viele schöne Blumen vieler schöner Blumen vielen schönen Blumen viele schöne Blumen
Средний род Neutrum	N das kleine Kind G des kleinen Kindes D dem kleinen Kind(e) A das kleine Kind	die kleinen Kinder der kleinen Kinder den kleinen Kindern die kleinen Kinder
	N ein kleines Kind G eines kleinen Kindes D einem kleinen Kind(e) A ein kleines Kind	viele kleine Kinder vieler kleiner Kinder vielen kleinen Kindern viele kleine Kinder

Склонение прилагательного без артикля

	Единственное число Singular	Множественное число Plural
Мужской род Maskulinum	*N* guter Freund G guten Freundes *D* gutem Freund(e) *A* guten Freund	gute Freunde guter Freunde guten Freunden gute Freunde
Женский род Femininum	*N* gute Mutter G guter Mutter *D* guter Mutter *A* gute Mutter	gute Mütter guter Mütter guten Müttern gute Mütter
Средний род Neutrum	*N* gutes Kind G guten Kindes *D* gutem Kind(e) *A* gutes Kind	gute Kinder guter Kinder guten Kindern gute Kinder

ТАБЛИЦА СПРЯЖЕНИЯ ГЛАГОЛА В ОСНОВНЫХ ВРЕМЕННЫХ ФОРМАХ

Действительный залог (Aktiv)

Изъявительное наклонение (Indikativ)

Präsens

ich sage — wir sagen
du sagst — ihr sagt
er sagt — sie sagen

Präteritum

ich sagte — wir sagten
du sagtest — ihr sagtet
er sagte — sie sagten

Perfekt

ich habe gesagt — wir haben gesagt
du hast gesagt — ihr habt gesagt
er hat gesagt — sie haben gesagt
ich bin gegangen — wir sind gegangen
du bist gegangen — ihr seid gegangen
er ist gegangen — sie sind gegangen

Plusquamperfekt

ich hatte gesagt — wir hatten gesagt
du hattest gesagt — ihr hattet gesagt
er hatte gesagt — sie hatten gesagt
ich war gegangen — wir waren gegangen
du warst gegangen — ihr wart gegangen
er war gegangen — sie waren gegangen

Futur I

ich werde sagen — wir werden sagen
du wirst sagen — ihr werdet sagen
er wird sagen — sie werden sagen

Сослагательное наклонение (Konjunktiv)

Präsens

ich sage	wir sagen
du sagest	ihr saget
er sage	sie sagen

Präteritum

ich sagte	wir sagten
du sagtest	ihr sagtet
er sagte	sie sagten

Perfekt

ich habe gesagt	wir haben gesagt
du habest gesagt	ihr habet gesagt
er habe gesagt	sie haben gesagt
ich sei gegangen	wir seien gegangen
du sei(e)st gegangen	ihr seiet gegangen
er sei gegangen	sie seien gegangen

Plusquamperfekt

ich hätte gesagt	wir hätten gesagt
du hättest gesagt	ihr hättet gesagt
er hätte gesagt	sie hätten gesagt
ich wäre gegangen	wir wären gegangen
du wär(e)st gegangen	ihr wär(e) gegangen
er wäre gegangen	sie wären gegangen

Futur I

ich werde fragen	wir werden fragen
du werdest fragen	ihr werdet fragen
er werde fragen	sie werden fragen

СПИСОК ГЛАГОЛОВ СИЛЬНОГО И НЕПРАВИЛЬНОГО СПРЯЖЕНИЯ

Infinitiv неопределённая форма	Präsens настоящее время (3-е лицо ед. ч.)	Imperfekt прошедшее время (1-е и 3-е лицо ед. ч.)	Partizip II причастие прошедшего времени
backen	backt	buk	gebacken
befehlen	befiehlt	befahl	befohlen
beginnen	beginnt	begann	begonnen
beißen	beißt	biß	gebissen
bergen	birgt	barg	geborgen
bersten	birst	barst	geborsten
bewegen	bewegt	bewog	bewogen
biegen	biegt	bog	gebogen
bieten	bietet	bot	geboten
binden	bindet	band	gebunden
bitten	bittet	bat	gebeten
blasen	bläst	blies	geblasen
bleiben	bleibt	blieb	geblieben
braten	brat	briet	gebraten
brechen	bricht	brach	gebrochen
brennen	brennt	brannte	gebrannt
bringen	bringt	brachte	gebracht
denken	denkt	dachte	gedacht
dreschen	drischt	drosch	gedroschen
dringen	dringt	drang	gedrungen
dürfen	darf	dürfte	gedurft
empfehlen	empfiehlt	empfahl	empfohlen
erlöschen	erlischt	erlosch	erloschen
erschrecken	erschrickt	erschrak	erschrocken
essen	ißt	aß	gegessen
fahren	fährt	fuhr	gefahren
fallen	fällt	fiel	gefallen
fangen	fängt	fing	gefangen
fechten	ficht	focht	gefochten
finden	findet	fand	gefunden
flechten	flicht	flocht	geflochten
fliegen	fliegt	flog	geflogen
fliehen	flieht	floh	geflohen
fließen	fließt	floß	geflossen

Infinitiv неопределён- ная форма	Präsens настоящее время (3-е лицо ед. ч.)	Imperfekt прошедшее время (1-е и 3-е лицо ед. ч.)	Partizip II причастие прошедшего времени
fressen	frißt	fraß	gefressen
frieren	friert	fror	gefroren
gären	gärt	gor	gegoren
gebären	gebärt	gebar	geboren
geben	gibt	gab	gegeben
gedeihen	gedeiht	gedieh	gediehen
gehen	geht	ging	gegangen
gelingen	gelingt	gelang	gelungen
gelten	gilt	galt	gegolten
genesen	genest	genas	genesen
genießen	genießt	genoß	genossen
geschehen	geschieht	geschah	geschehen
gewinnen	gewinnt	gewann	gewonnen
gießen	gießt	goß	gegossen
gleichen	gleicht	glich	geglichen
gleiten	gleitet	glitt	geglitten
glimmen	glimmt	glomm *u* glimmte	geglommen *u* geglimmt
graben	gräbt	grub	gegraben
greifen	greift	griff	gegriffen
haben	hat	hatte	gehabt
halten	hält	hielt	gehalten
hängen	hängt	hing	gehangen
hauen	haut	haute *u* hieb	gehauen
heben	hebt	hob	gehoben
heißen	heißt	hieß	geheißen
helfen	hilft	half	geholfen
kennen	kennt	kannte	gekannt
klingen	klingt	klang	geklungen
kneifen	kneift	kniff	gekniffen
kommen	kommt	kam	gekommen
können	kann	konnte	gekonnt
kriechen	kriecht	kroch	gekrochen
laden	lädt	lud	geladen
lassen	läßt	ließ	gelassen
laufen	läuft	lief	gelaufen

Infinitiv неопределённая форма	Präsens настоящее время (3-е лицо ед. ч.)	Imperfekt прошедшее время (1-е и 3-е лицо ед. ч.)	Partizip II причастие прошедшего времени
leiden	leidet	litt	gelitten
leihen	leiht	lieh	geliehen
lesen	liest	las	gelesen
liegen	liegt	lag	gelegen
lügen	lügt	log	gelogen
mahlen	mahlt	mahlte	gemahlen
meiden	meidet	mied	gemieden
melken	melkt	melkte	gemelkt *u* gemolken
messen	mißt	maß	gemessen
mißlingen	mißlingt	mißlang	mißlungen
mögen	mag	mochte	gemocht
müssen	muß	mußte	gemußt
nehmen	nimmt	nahm	genommen
nennen	nennt	nannte	genannt
pfeifen	pfeift	pfiff	gepfiffen
preisen	preist	pries	gepriesen
quellen	quillt	quoll	gequollen
raten	rat	riet	geraten
reiben	reibt	rieb	gerieben
reißen	reißt	riß	gerissen
reiten	reitet	ritt	geritten
rennen	rennt	rannte	gerannt
riechen	riecht	roch	gerochen
ringen	ringt	rang	gerungen
rinnen	rinnt	rann	geronnen
rufen	ruft	rief	gerufen
salzen	salzt	salzte	gesalzen *u* gesalzt
saugen	saugt	saugte *u* sog	gesaugt *u* gesogen
schaffen	schafft	schuf	geschaffen
scheiden	scheidet	schied	geschieden
schelten	schilt	schalt	gescholten
scheren	schiert	schor	geschoren
schieben	schiebt	schob	geschoben

Infinitiv неопределённая форма	Präsens настоящее время (3-е лицо ед. ч.)	Imperfekt прошедшее время (1-е и 3-е лицо ед. ч.)	Partizip II причастие прошедшего времени
schießen	schießt	schoß	geschossen
schinden	schindet	schund	geschunden
schlafen	schläft	schlief	geschlafen
schlagen	schlägt	schlug	geschlagen
schleichen	schleicht	schlich	geschlichen
schleifen	schleift	schliff	geschliffen
schließen	schließt	schloß	geschlossen
schlingen	schlingt	schlang	geschlungen
schmeißen	schmeißt	schmiß	geschmissen
schmelzen	schmilzt	schmolz	geschmolzen
schneiden	schneidet	schnitt	geschnitten
schreiben	schreibt	schrieb	geschrieben
schreien	schreit	schrie	geschri(e)en
schreiten	schreitet	schritt	geschritten
schweigen	schweigt	schwieg	gescwiegen
schwellen	schwillt	schwoll	geschwollen
schwimmen	schwimmt	schwamm	geschwommen
schwinden	schwindet	schwand	geschwunden
schwingen	schwingt	schwang	geschwungen
schwören	schwört	schwor	geschworen
sehen	sieht	sah	gesehen
sein	ist	war	gewesen
senden	sendet	sandte	gesandt
singen	singt	sang	gesungen
sinken	sinkt	sank	gesunken
sinnen	sinnt	sann	gesonnen
sitzen	sitzt	saß	gesessen
sollen	soll	sollte	gesollt
spalten	spaltet	spaltete	gespaltet *u* gespalten
speien	speit	spie	gespie(e)n
spinnen	spinnt	spann	gesponnen
sprechen	spricht	sprach	gesprochen
sprießen	sprießt	sproß	gesprossen
springen	springt	sprang	gesprungen
stechen	sticht	stach	gestochen

Infinitiv неопределённая форма	Präsens настоящее время (3-е лицо ед. ч.)	Imperfekt прошедшее время (1-е и 3-е лицо ед. ч.)	Partizip II причастие прошедшего времени
stehen	steht	stand	gestanden
stehlen	stiehlt	stahl	gestohlen
steigen	steigt	stieg	gestiegen
sterben	stirbt	starb	gestorben
stinken	stinkt	stank	gestunken
stoßen	stößt	stieß	gestoßen
streichen	streicht	strich	gestrichen
streiten	streitet	stritt	gestritten
tragen	trägt	trug	getragen
treffen	trifft	traf	getroffen
treiben	treibt	trieb	getrieben
treten	tritt	trat	getreten
trinken	trinkt	trank	getrunken
trügen	trügt	trog	getrogen
tun	tut	tat	getan
verderben	verdirbt	verdarb	verdorben
verdrießen	verdrießt	verdroß	verdrossen
vergessen	vergißt	vergaß	vergessen
verlieren	verliert	verlor	verloren
verzeihen	verzieht	verzieh	verziehen
wachsen	wächst	wuchs	gewachsen
wagen	wagt	wog	gewogen
waschen	wäscht	wusch	gewaschen
weichen	weicht	wich	gewichen
weisen	weist	wies	gewiesen
wenden	wendet	wandte u wendete	gewandt u gewendet
werben	wirbt	warb	geworben
werden	wird	wurde	geworden
werfen	wirft	warf	geworfen
wiegen	wiegt	wog	gewogen
winden	windet	wand	gewunden
wissen	weiß	wußte	gewußt
wollen	will	wollte	gewollt
ziehen	zieht	zog	gezogen
zwingen	zwingt	zwang	gezwungen

случайна / zufällig

Для заметок

Справочное издание

Немецко-русский и русско-немецкий словарь школьника

Ответственный за выпуск
А.П. Астахов

Подписано в печать с готовых диапозитивов 04.04.01.
Формат $70 \times 100^1/_{32}$. Бумага газетная. Гарнитура
«Школьная». Печать высокая с ФПФ. Усл. печ. л. 19,5.
Доп. тираж 8000 экз. Заказ 788.

Налоговая льгота — Общегосударственный
классификатор Республики Беларусь
ОКРБ 007-98, ч. 1; 22.11.20.650.

Издательство «Современное слово»,
лицензия ЛВ № 132 от 23.12.97 г.
220117, г. Минск, проспект газеты «Известия», 43.
Тел./факс в Минске (017) 242-07-52, 230-31-42, 266-34-39;
в Москве (095) 171-28-13, 170-06-50.

При участии ООО «Харвест». Лицензия ЛВ № 32 от
10.01.2001. 220040, Минск, ул. М. Богдановича, 155-1204.

Республиканское унитарное предприятие
«Полиграфический комбинат имени Я. Коласа».
220600, Минск, ул. Красная, 23.

Кристина'с Словарь